CÓDIGO DE UMBANDA

Rubens Saraceni

CÓDIGO DE UMBANDA

© 2023, Madras Editora Ltda.

Editor:
Wagner Veneziani Costa (*in memoriam*)

Produção e Capa:
Equipe Técnica Madras

Revisão:
Augusto do Nascimento
Marcia Alves Batista

(Dados Internacionais de Catalogação na Publicação (CIP)
(Câmara Brasileira do Livro, SP, Brasil)

Código de umbanda / Espíritos Diversos; [psicografado por] Rubens Saraceni.
8. ed. – São Paulo : Madras, 2023.
ISBN 978-85-370-0338-1
1. Orixás 2. Psicografia 3. Umbanda (Culto)
I.Espíritos Diversos. II. Saraceni, Rubens, 1951-.
08-02579   CDD-299.60981
        Índices para catálogo sistemático:
        1. Umbanda : Religiões afro-brasileiras
              299.60981

Proibida a reprodução total ou parcial desta obra, de qualquer forma ou por qualquer meio eletrônico, mecânico, inclusive por meio de processos xerográficos, incluindo ainda o uso da internet, sem a permissão expressa da Madras Editora, na pessoa de seu editor (Lei nº 9.610, de 19/02/1998).

Todos os direitos desta edição reservados pela

MADRAS EDITORA LTDA.
Rua Paulo Gonçalves, 88 — Santana
CEP: 02403-020 – São Paulo/SP
Tel.: (11) 2281-5555 – (11) 98128-7754
www.madras.com.br

Esta é uma obra mediúnica inspirada pelos Mestres da Luz
Senhor Ogum Beira-Mar,
Pai Benedito de Aruanda,
Li Mahi Am Seri yê,
Seiman Hamiser yê e
Mestre Anaanda

e psicografada por
Rubens Saraceni.

    Imaginemos cada quadrante do universo visível e invisível sendo varrido pelo fluxo contínuo e ordenado de uma Vontade Superior; imaginemos células macrocósmicas e microcósmicas organizadas rigidamente no sentido de garantir este ordenamento.

    Imaginemos todas as formas possíveis, das mais densas às mais sutis, todos os seres e criaturas reunidos em uma explosão de vida que perpassa todas as dimensões, submetidas a ciclos vitais inexoráveis; imaginemos a Presença Divina em cada gesto, em cada palavra, em cada vontade nutrida procurando o bem de todos e o consolo de cada um.

    Imaginemos tudo isso acontecendo simultaneamente, e estaremos começando a penetrar no universo sublime e maravilhoso do Ritual de Umbanda Sagrada.

Índice

Apresentação 15
Introdução 19
Uma Palavra do Autor 21

Livro 1

Doutrina e Ritual de Umbanda 25
    Despertando uma Consciência Religiosa 27
    A Semeadura de uma Religião: os Orixás 31
    O Médium de Umbanda 35
    A Umbanda e a Sociedade 41
    Literatura e Doutrina Religiosa 44
    Doutrina Religiosa 51
    Divindades 56
    Os Mistérios 67
    Os Procedimentos 79
    Consagrações e Oferendas 82
    Ritual 84

Livro 2

Magia de Umbanda — Conhecimentos Básicos e Fundamentais ... 91
    O Verdadeiro Sentido da Umbanda 93
    Os Rituais 95
    A Importância da Educação Mediúnica 97

Mitos	98
Preconceitos	98
O Campo Eletromagnético do Médium	99
A Lei das Afinidades	105
Elementos de Magia	110
Sinais ou Símbolos Sagrados	117
Os Símbolos Mágicos	122
A cruz gamada	124
A estrela de cinco pontas	124
A serpente do arco-íris	124
A pirâmide equilátera	124
O triângulo equilátero	125
O círculo quadriculado	125
A cobra-coral	126
A serpente dourada	126
As sete luas	126
Magia: Transmissão	131
Magia: Ativação	135
Magia: Deveres e Obrigações	137
O Processo de Assentamento Mágico	138
Mestres de Magia	140
Instrumentos e Meios Mágicos	145
Magos	147
Escritas Mágicas	150
Fundamentos da Magia	151
Magos: Instrumentos da Lei e da Vida	154
Poderes Mágicos Individuais	160
A Magia das Pedras	162
Assentamento	163
Fundamentos	163
Pedra Fundamental	163
Assentamento de um Orixá	163
Tabela Completa	165

XANGÔ-IANSÃ 502
OGUM-OROINÁ 503
OBALUAIÊ-NANÃ 503
IEMANJÁ-OMOLU 503
Orixás Assentados nos Níveis Vibratórios das Linhas de Forças 505
Localização dos Orixás 515
    OS ENTRECRUZAMENTOS 517
    4º XANGÔ — 4ª IANSÃ 522
Orixás Regentes dos Níveis Vibratórios 530
As Divindades 542
Exu 562
Considerações Finais 569
Nota Final 573

Apresentação

Muitos devem estar achando pretensiosa a obra que ora chega às suas mãos, caro leitor, e nós até entendemos o ceticismo e a inquietação que deve despertar uma obra como esta, que se propõe a "comentar" as linhas mestras que orientam a ciência, a doutrina e a prática religiosa da Umbanda.

Mesmo nós, que estamos completamente envolvidos no trabalho de levar a público as obras inspiradas pelos mestres da Luz que assistem ao médium-psicógrafo desta obra, ponderamos acerca do efeito psicológico de se usar um título com o "peso" de um termo como este: "código".

Sim, porque todo código se impõe como um apanhado de ideias e procedimentos destinados a efetivar uma prática, seja ela de que natureza for.

Em razão da diversidade de conceitos e práticas que pululam no meio umbandista, em princípio, e mesmo confiando firmemente naquilo que os mestres passavam, achávamos uma temeridade utilizar esse termo, pois a intenção nunca foi ferir suscetibilidades, e parecia-nos muito provável que isso ocorresse. Até aquele momento, a obra ainda não estava perfeitamente delineada e o que tínhamos era uma ideia vaga de um livro abordando alguns fundamentos do mistério "Orixás", assim como da ciência divina que está por trás de suas manifestações dentro do Ritual de Umbanda Sagrada.

Mas os mestres insistiam no termo e, aos poucos, apresentavam desdobramentos do tema original ("A Ciência dos Orixás") que se estendiam até os limites da prática religiosa. Assim, o material que seria editado em quatro livros diferentes foi unido e acrescido de textos formulados pelos mestres e pelo autor material, destinados a serem apresentados em palestras.

O resultado foi um conjunto de temas e assuntos tão abrangente que, se não representava formalmente um "código religioso", tratava-se, no mínimo, de uma "codificação" extensa de vários polos relativos aos fundamentos do Ritual de Umbanda Sagrada, tanto ao nível de sua estruturação no astral quanto de consciência religiosa e práticas rituais.

Código de Umbanda divide-se em quatro partes: a primeira parte preocupa-se em argumentar a favor da formação de uma "consciência religiosa de Umbanda" para fazer frente aos distratos recebidos de outros setores religiosos, assim como ao descaso que contamina a mídia como um todo. Aborda, também, doutrina e ritual. A segunda parte trata de magia e busca desmistificar a ideia generalizada de que magia de Umbanda é praticada por qualquer um. As duas últimas partes estão voltadas para a exposição das bases científicas sobre as quais se assentam as manifestações dos Orixás dentro do Ritual de Umbanda Sagrada.

O **"Livro 1 — Doutrina e Ritual de Umbanda"** confere ao livro como um todo o caráter de "código religioso", não só pela associação da religião de Umbanda com vários polos da vida civil (sociedade, cultura, etc.), como também pela descrição exaustiva dos preceitos que devem ser observados pelos fiéis, tanto em sua vida religiosa quanto em sua vida social.

No **"Livro 2 — Magia de Umbanda (Conhecimentos Básicos e Fundamentais)"**, os mestres fazem questão de mostrar as possibilidades que se abrem para o médium "autorizado" a penetrar no universo das manipulações magistas, mas nunca deixam de orientar a respeito dos limites colocados para sua utilização. Vale salientar que o livro não ensina ninguém a ser um "mago", já que esta é uma condição que não se adquire por meio da leitura de um livro.

O **"Livro 3 — Orixás: Os Tronos de Deus"** mergulha fundo na questão do magnetismo dos Orixás e discute a importância desse polo na formação de pares vibratórios, energéticos, energomagnéticos e magnéticos que atuam sobre os médiuns e sobre todas as coisas, seres e criaturas, nas diversas dimensões do todo planetário, tanto no seu lado cósmico e ativo quanto no seu lado universal e passivo. Na sequência, temos uma descrição de todos os catorze Orixás que formam as sete linhas do Ritual de Umbanda Sagrada, suas qualidades, atributos e atribuições, bem como seus níveis de intermediação, campos de atuação, banhos e oferendas. Este livro fecha a parte de fundamentos científicos que permeiam as manifestações das hierarquias divinas dentro do Ritual e introduz a importância de uma consciência religiosa de Umbanda.

O **"Livro 4 — A Ciência dos Orixás (A Ciência dos Entrecruzamentos)"** aprofunda os conhecimentos em torno da ciência dos entrecruzamentos que regula as intermediações dos Orixás nos diversos níveis e sentidos da Vida. Essa discussão, iniciada nos livros *A Tradição Comenta a Evolução* e *As Sete Linhas de Umbanda**, dá subsídios para o entendimento

---
* *As Sete Linhas de Umbanda,* Rubens Saraceni, Madras Editora

da existência de vários Orixás para apenas umas poucas linhas de ação e de trabalho. A forma clara e didática, auxiliada pelo grande número de gráficos explicativos, faz dessa parte do "Código" um manual acerca de como, a partir da natureza e das polaridades, os Orixás se relacionam e atuam nas várias dimensões da Vida.

Código de Umbanda não é, portanto, um código no sentido de "um conjunto de regras", mas sim no sentido de "um conjunto de conhecimentos, conceitos e preceitos" que devem ser observados para que a prática religiosa se mantenha dentro de padrões que permitam à religião de Umbanda cumprir aquilo para o qual ela foi idealizada: *acelerar o processo evolucionista de espíritos encarnados e desencarnados que se encontrarem estacionados nas diversas "encruzilhadas" da vida.*

Muitos que se interessam exclusivamente por manipulações magistas e por chaves de acesso a compartimentos secretos poderão achar o livro pouco interessante, mas não porque ele não abra a possibilidade para aquelas manipulações ou porque não traga as chaves que desejam, mas sim porque coloca como condições fundamentais para qualquer iniciação a retidão, a resignação, a humildade, a fé, o amor e a caridade, que são os preceitos básicos para o exercício do Ritual de Umbanda Sagrada, isso porque:

Umbanda é Fé,
Umbanda é Amor,
Umbanda é Conhecimento,
Umbanda é Justiça,
Umbanda é Lei,
Umbanda é Evolução,
Umbanda é Vida.

Acreditamos que aqueles que lerem este livro, umbandistas ou não, não hesitarão em afirmar a grandeza e a importância da obra.

Como dissemos no princípio de nossa apresentação, não é interesse dos mestres da Luz que orientam o trabalho, nem nosso, que somos seus instrumentos, ferir suscetibilidades ou criar polêmicas infundadas. O livro está colocado para apreciação pública e não é a última palavra a respeito do assunto.

Introdução

Este Código de Umbanda traz em si mesmo o poder dos Orixás e a força imanente da Religião de Umbanda, que é espiritualista e espiritualizadora, e que em momento algum deixou de lado suas raízes religiosas, mas tão somente as reinterpretou e as adaptou à sociedade brasileira e à pluralidade religiosa e cultural de um povo em cuja raiz estão os vermelhos indígenas, os negros africanos e os brancos europeus. Ciência e Magia, Religião e Filosofia geram um fator renovador do entendimento das coisas divinas, das divindades e da consciência dos seres humanos.

Portanto, orientados pelos sagrados Orixás, já renovados na Religião de Umbanda, que é um ritual religioso aberto, os mestres da Luz Li Mahi Am Seri yê (Senhor Xangô das Cachoeiras) e Pai Benedito de Aruanda, orientados o tempo todo pelo Senhor Ogum Beira-Mar e por todos os Senhores Orixás, eis que, finalmente, trazemos à luz do conhecimento do Ritual de Umbanda Sagrada o seu código, *Código de Umbanda*! Esta obra traz em si mesma o poder divino dos Orixás e dos Tronos de Deus regentes da natureza, que são as divindades sustentadoras da evolução dos seres, criaturas e espécies.

Muito do que falta, porque não abriram toda a ciência divina ao plano material, aqui encontrarão. E vocês descobrirão, neste livro, chaves do Ocultismo, do Hermetismo, da Cabala, do Esoterismo e das religiões, tanto as que já cumpriram suas missões na face da terra quanto as que ainda estão vivas e atuando em benefício da evolução humana. E encontrarão essas chaves porque o Ritual de Umbanda Sagrada é a síntese de todas elas e as manifesta por intermédio de suas linhas de ação e trabalhos espirituais, despertadoras de uma nova consciência religiosa.

Tenham uma boa leitura e despertem em vocês esta nova e renovadora consciência religiosa.

Rubens Saraceni

Uma Palavra do Autor

Todos ficam curiosos a respeito da Umbanda, e muitos se lançam em pesquisas cuja finalidade é alcançar suas origens.

Entendemos que a Umbanda, enquanto religião, é nova e é brasileira. Está fundamentada nos Orixás africanos trazidos pelos nossos irmãos negros, assim como nos rituais aqui praticados pelos pajés indígenas.

É certo que a comunicação com o mundo espiritual não surgiu com a Umbanda, pois em civilizações antiquíssimas já acontecia. Mas da forma como acontece nos centros de Umbanda, onde linhas hierarquizadas desde o alto até o embaixo se manifestam, bem, aí só mesmo a Umbanda faculta tais manifestações.

Se as práticas de Umbanda não são novas, no entanto, nova é a forma como elas acontecem dentro dos centros. Mas, se assim acontecem, isso se deve à forma como a Umbanda foi idealizada para auxiliar a evolução espiritual de milhões de seres humanos.

O astral superior idealizou toda uma religião de massa que pudesse acolher os milhões de espíritos, os quais reencarnariam em solo brasileiro já no início do século XX, e que antes haviam encarnado neste mesmo solo como indígenas, adoradores das forças da natureza, ou em solo africano, onde adoravam os Orixás.

Tentar dar à Umbanda uma origem muito diferente desta é faltar com o bom senso, pois ela surgiu timidamente como a linha das Umbandas que baixava em barracões de Candomblé, desde meados do século XIX, e que no início do século XX já era tão poderosa que se havia espalhado por muitos rincões do Brasil.

Mas tudo foi coordenado pelo astral superior. Ordenado pelos Orixás e fundamentado em experiências religiosas anteriores, todas tidas como muito positivas para acelerar a evolução dos espíritos humanos.

A palavra "Umbanda" deriva de "m'banda", que em kibundo significa sacerdote ou curador. Isso é Umbanda, onde todos os praticantes são um templo vivo no qual os Sagrados Orixás se manifestam, assim como todos os nossos amados guias espirituais.

Umbanda é a religião, m'banda é o sacerdote.
Umbanda é a caridade, m'banda é o curador.
Umbanda é o meio, m'banda é o médium.
Umbanda é a evolução, m'banda é o ser evoluindo.

Por isso, quando nos perguntam qual é a origem da Umbanda, simplesmente respondemos isto: a origem da Umbanda está nos Sagrados Orixás que, por amor à humanidade, manifestam-se em locais humildes, desprovidos da pompa e do luxo, pois assim falam mais intimamente com seus amados filhos de Umbanda.

Muitos já escreveram a respeito do Ritual de Umbanda Sagrada e muito ainda está para ser escrito. Afinal, a Umbanda é uma religião nova e até agora não foi feita sua codificação maior. O máximo que se tem até o momento é uma tentativa de explicá-la a partir da herança religiosa africana, que nos legaram os nossos irmãos negros trazidos de além-mar durante o período escravagista.

Povos com culturas diferentes e divindades semelhantes se amalgamaram e daí surgiram panteões confusos ou mal explicados, pois os mesmos Orixás atendiam por nomes diferentes devido às diferentes línguas faladas pelos escravos.

Com o tempo, alguns desses nomes foram caindo no esquecimento e dando lugar a outros, porém com as mesmas qualidades, atributos e atribuições. Tudo isso contribuiu para que surgisse uma infinidade de Orixás, formando grupos mais ou menos afins entre si. Vários são regidos pelo fogo, outros pela terra, pela água, pelo ar, pelo vegetal, pelo mineral, pelo cristal e pelo tempo.

Com o tempo, os próprios Orixás ancestrais estimularam o surgimento de uma linha aberta de trabalhos espirituais na qual espíritos, que se identificavam como Caboclos, Pretos-Velhos, crianças e Exus, deram início à linha de Umbanda.

Essa linha começou a se destacar nos barracões de Candomblé e foi adquirindo feições próprias, sobrepondo-se junto aos frequentadores, que encontravam nas consultas com os "guias" espirituais as respostas às suas dificuldades imediatas.

Apesar de toda perseguição sofrida, a Umbanda cresceu de forma espantosa e foi se desligando do Candomblé e aproximando-se, em alguns polos, do Espiritismo.

Aconteceu de tudo nessa explosão de manifestações espirituais que abrangeu todo o Brasil. Afinal, se a Umbanda uniu o negro, o índio e o europeu, e isso atendendo a uma vontade dos Senhores Orixás, sua tendência natural seria a de abranger todas as manifestações de espíritos que incorporavam em médiuns e identificavam-se como Caboclos, Pretos-Velhos, crianças e Exus.

Hoje, um século depois, a Umbanda começa a ultrapassar as fronteiras do Brasil e já está se instalando em vários países. Se isso acontece é porque a Umbanda é de fato uma religião e é regida pelos Sagrados Orixás.

Mas se isso foi conseguido, no entanto, um enigma ficou a atormentar o meio umbandista, desde o surgimento da Umbanda: as suas sete linhas.

Sim, em muitos lugares surgiram comentários acerca das Sete Linhas de Umbanda. Uns as descreviam de uma forma e outros de outra, criando-as a partir de nomes dos Orixás que mais se destacavam.

As pessoas que tentavam ordenar as tão cantadas Sete Linhas de Umbanda faziam suas ordenações a partir do que viam ou acreditavam ser.

Enfim, temos na literatura umbandista várias tentativas de codificação, mas todas foram feitas de baixo para cima, sendo fundamentadas nos muitos nomes que nos legaram os nossos irmãos africanos, e nenhuma se impôs ou se destacou entre tantas tentativas de codificá-la.

Nós não temos a pretensão de lançar uma codificação do Ritual de Umbanda Sagrada. Apenas somos intérpretes de uma corrente espiritual formada, toda ela, por mestres da Luz ou instrutores espirituais que participaram da fundamentação do Ritual de Umbanda Sagrada no astral e, posteriormente, auxiliaram na sua concretização no plano material, quando atuaram, e ainda atuam, como guias ou mentores espirituais.

Psicografia, bem sabemos, é um processo coordenado pelo Alto, que visa à transmissão integral e irretocável do que a espiritualidade deseja ver fixado no plano material, pois atende às necessidades de todos os praticantes do mesmo ritual religioso.

Então, como médium psicógrafo, tenho fixado no papel o que desejam realmente os regentes do Ritual de Umbanda Sagrada, e um dos conhecimentos a mim transmitidos aborda exatamente as tão cantadas "Sete Linhas de Umbanda".

Os mestres instrutores têm alertado para o fato de que se muitos são os nomes dos Orixás já conhecidos no plano material e no meio umbandista, entretanto, só recorrerão a eles porque o próprio tempo se encarregará de colocar cada um desses nomes em seu lugar dentro das Sete Linhas de Umbanda, pois se só sete linhas existem, no entanto, em cada uma delas todos os Orixás já conhecidos são facilmente encontráveis e identificáveis.

Usaremos nomes de Orixás que mais se identifiquem com as Sete Linhas, para que assim, pontificando-as, comece toda uma ordenação que aqui se inicia.

Os leitores terão acesso ao processo científico de identificação dos Sagrados Orixás que, se assumem nomes, é mais para nos satisfazer na nossa limitada capacidade de compreensão do mundo invisível aos nossos olhos materiais.

Aquietem seus conhecimentos e abram um espaço para o que agora começarão a absorver e verão que muitas lacunas existentes começarão a ser preenchidas. Coisas ainda incompreensíveis assumirão uma lógica irrefutável, pois serão calcadas no conhecimento dos mistérios da "Ciência dos Orixás" e muito no bom senso humano.

Muitos são os níveis pelos quais fluem os mistérios, mas a Ciência Superior dos Orixás só é acessível aos espíritos que alcançam a 5ª esfera ascendente. É justamente dos mestres da Luz que temos recebido nossos ensinamentos, ainda que via psicografia ou transmissão mental.

Que todos os médiuns que possuam como seus mentores espíritos nesse grau os inquiram acerca do que aqui está sendo fixado no papel e no plano material, e com certeza ouvirão isto: "Finalmente, um pouco de luz do saber no meio de tantas trevas da ignorância humana!"

Rubens Saraceni

Código de Umbanda

Doutrina e Ritual de Umbanda

Livro 1

Sobre a necessidade de formação de uma consciência religiosa de natureza umbandista, e sobre polos dos procedimentos e das práticas rituais de Umbanda.

PRIMEIRO CAPÍTULO

Despertando uma Consciência Religiosa

A crendice popular, alimentada pela ignorância de muitos e pela perfídia de outros, tem-se esmerado em relacionar os Orixás, sobretudo os Orixás cósmicos que atuam na Umbanda, com histórias de medo e de terror desenroladas em cenários de desolação e dor.

Por outro lado, as próprias lendas (que têm sido, para muitos, a única fonte de referências) contribuem para alimentar esse clima entre os umbandistas.

São incongruências como estas que às vezes ofuscam os nossos amados Orixás. E, ainda que saibamos que um certo desconhecimento de causa levou muitos a difundirem essas versões sombrias, no entanto, não deixamos de combatê-las, semeando um conhecimento verdadeiro que, se colocado em prática pelos dirigentes umbandistas, só engrandecerá a própria ritualística, a religiosidade e a caridade praticada por milhões de médiuns de Umbanda.

Eu costumo dizer que nos cultos africanos se cultuam os Orixás e na Umbanda se "trabalha" para os Orixás. E acho que não estou longe da verdade, pois um médium de Umbanda analisa sua religiosidade pelo trabalho que realiza enquanto incorporado pelos seus guias; espíritos que atuam sob a irradiação direta dos Orixás e manifestadores humanos de suas qualidades divinas.

Assim sendo, um médium não se conforma só em frequentar seu centro: ele quer trabalhar incorporado pelo seu guia. E se isso não acontecer em sua vida religiosa, logo se desencantará e se afastará, muito triste, já que irá julgar-se inútil.

Porém, ele não atenta para um detalhe muito importante na religião de Umbanda: desde que se integrou à corrente espiritual de um centro de Umbanda, ele se tornou um beneficiário direto dos Orixás que a sustentam e passou a receber suas irradiações diretas, que o ampararão e o direcionarão dali em diante. E isso significa que, mesmo que sua mediunidade de incorporação demore para aflorar (ou nunca aconteça), no entanto, sua fé o religa com os Orixás e o torna importante para a corrente, que confiará a ele algum outro tipo de trabalho dentro das atividades do centro.

Afinal, se todos incorporarem, quem auxiliará os trabalhos dos guias, quem orientará a assistência, quem cantará os pontos dos Orixás, quem tocará os atabaques, etc.?

Uma corrente não é formada só de médiuns de incorporação. E todos os membros de uma corrente estão sob a irradiação direta dos Orixás.

O fato de estar sob a irradiação direta é fundamental para o médium umbandista poder cultuar todos os Orixás dentro de seu templo, receber o amparo de todos eles e ativar seus poderes e mistérios em benefício de sua corrente.

Logo, um médium de Umbanda, se esclarecido e ensinado, pode, e deve, estabelecer uma ligação mental direta com todos os Orixás e recorrer àquele que sentir que resolverá mais facilmente algum problema que se lhe apresente.

Um médium não incorporador não pode e não deve assumir a responsabilidade de solucionar uma demanda. Mas pode, e deve, encaminhar alguém perturbado por uma demanda a um médium capacitado, ou mesmo recomendar-lhe que vá até um ponto de forças que forma um campo magnético, energético e vibratório com o Orixá que o rege, e nele deverá solicitar o auxílio e o amparo para superar as dificuldades, perturbações e obsessões espirituais que o estão desequilibrando advindas com a demanda.

Por isso, o conhecimento a respeito dos Orixás é importante e fundamental ao umbandista, seja ele um médium de incorporação ou não. Médium significa "um meio". E todos podem ser mediadores entre os dois planos da vida, desde que tenham sido bem instruídos e "apresentados" aos sagrados Orixás.

Na instrução está a absorção de conhecimentos, seus campos de atuação, suas qualidades, seus atributos e suas atribuições. E isso não se consegue de uma hora para outra. É preciso estudar e munir-se de muito bom senso, senão nunca se será um bom "médium", mesmo sendo incorporador, já que todas as suas ações individuais ficarão sujeitas ao guia, o qual terá de assumir pessoalmente todas as etapas da ajuda a alguém necessitado do socorro espiritual.

Mas, com um médium bem instruído, algumas etapas de uma ação ou trabalho espiritual são resolvidas sem precisar da incorporação do seu guia espiritual, que deixa ao médium a realização delas.

Já a apresentação aos Orixás é fundamental para quem deseja ser médium beneficiário dos poderes e mistérios dos Orixás, pois eles só reconhecem alguém como apto a encaminhar-lhes pessoas com problemas espirituais ou dificuldades materiais se este alguém lhes foi apresentado, e corretamente, já que, quando se procede de forma correta, estabelece-se uma ligação mental direta entre o Orixá e o médium que se lhe está sendo apresentado, e que irá encaminhar-lhe pedidos de ajuda, socorro espiritual e amparo material a várias pessoas.

Essas apresentações têm sido realizadas de forma inconsciente pelos médiuns quando seus guias ordenam que vão até uma cachoeira, mar, pedreira, cemitério, etc., e ali façam uma oferenda ao Orixá Regente daquele ponto de forças naturais.

Nesses casos (a maioria), o apresentante consciente é o guia do médium, que já está ligado ao Orixá, e o médium é apresentado ou iniciado de uma forma inconsciente, pois dali em diante existirá uma ligação entre o médium e o Orixá Regente daquele campo magístico, ao qual poderá recorrer sempre que precisar.

Mas a melhor apresentação é aquela que o pai ou mãe espiritual realiza para seus filhos espirituais, pois os conscientiza das ligações que se estabelecerão e facilitarão, e muito, os trabalhos que o médium assumirá dali em diante sob a orientação de seu guia chefe, que é o realizador deles e responsável pelas ações de seu médium.

O lado prático da Umbanda já está bem definido e dispensa maiores comentários, pois a espiritualidade tem suprido a carência de teoria ou conhecimentos fundamentais dos médiuns de Umbanda. Logo, esses comentários visam a suprir esta lacuna dentro do Ritual de Umbanda e a fornecer aos médiuns todo um alicerce teórico que tanto facilitará o entendimento de sua religião como o conhecimento verdadeiro a respeito dos Orixás, e facilitará seus trabalhos práticos pois se, sem a teoria, já realizam um trabalho inestimável em nome dos Orixás, então com a teoria à mão mostrarão aos frequentadores de seus templos o quanto é divino o universo religioso habitado e regido pelos sagrados Orixás. Saibam todos que os Orixás não regem só os que "rasparam no Santo" ou são médiuns.

Isso seria um contrassenso em se tratando de divindades, pois bem sabemos que alguém, para ser "cristão" e ser beneficiário do amparo divino de Jesus Cristo, nosso amado pai, não precisa tornar-se padre. Se assim o fosse, o Cristianismo logo seria uma religião só de "pais", mas sem filhos. Estéril, religiosamente falando.

Portanto, o contrassenso é eloquente no culto dos Orixás. Falta desenvolverem a teoria que ensine aos pais e mães sacerdotes essa consciência religiosa, que estimularia os frequentadores de seus templos para que eles também desenvolvessem em seus íntimos a religiosidade que existe na Umbanda e a qual encontra seus fundamentos nas suas divindades naturais: os nossos amados Orixás, os senhores do alto do Altíssimo Olorum.

Nós entendemos que falta uma genuína "teologia de Umbanda" para que se ensine a teoria aos frequentadores das tendas e os convertam à religião dos Orixás e a fim de que todos assumam uma consciência religiosa que dará aos fiéis de Umbanda os recursos teológicos para que deixem de ser tão dependentes dos guias espirituais, dos médiuns e dos trabalhos práticos e vivenciem suas religiosidades como uma ligação contínua com os sagrados Orixás, que são, todos eles, manifestadores de Olorum, o Senhor Nosso Criador.

A Umbanda, como um todo, é uma via rápida de evolução e coloca seus fiéis em contato direto com o mundo dos espíritos e com o universo dos Orixás — hierarquias divinas aceleradoras e sustentadoras das evoluções.

Mas quem é o fiel de Umbanda?

Será que é correto restringi-la apenas aos médiuns praticantes, ou devemos estender esse termo aos frequentadores das tendas?

É claro que devemos estender aos frequentadores e desenvolver junto a eles uma consciência religiosa de Umbanda, franqueando-lhes todo um conhecimento teológico que os coloque em comunhão direta com os sagrados Orixás. Com isso, estaremos criando, no plano material, uma egrégora religiosa poderosíssima que irradiará sua luz sobre a casa e a vida de todo fiel umbandista, e que se manifestará em sua jornada carnal enquanto ela durar. Também se estenderá à espiritual, que se iniciará após o desencarne, pois sua consciência religiosa o direcionará, quando no mundo espiritual, às faixas vibratórias celestiais reservadas à religião de Umbanda.

Sim, porque toda religião que surge na face da terra atende a uma vontade do Divino Criador, que reserva no plano espiritual faixas específicas que acolherão seus fiéis após o desencarne, pois a religiosidade de um ser não deve sofrer descontinuidade. E, com os fiéis de Umbanda assumindo conscientemente essa afinidade que têm com os Orixás, isto lhes facultará no pós-morte todo um universo afim com a religiosidade desenvolvida no universo religioso habitado por Orixás, Caboclos, Pretos-Velhos, crianças e Exus.

Logo, já é tempo de desenvolvermos uma teologia umbandista de fácil assimilação pelos médiuns e de fácil transmissão aos frequentadores das tendas de Umbanda.

Temos de ensinar os Orixás de uma forma simples e estimular os fiéis de Umbanda a cultuá-los em seus lares, mas mentalmente e com orações e cantos de fundo religioso em cerimônias fechadas dedicadas apenas ao fortalecimento da fé no núcleo familiar.

Só assim, com a disseminação contínua do culto aos Orixás, esta egrégora religiosa sairá dos templos de Umbanda, que é onde ela se manifesta atualmente, e se espalhará por todos os lares umbandistas, já em sintonia religiosa com as tendas que frequentam semanalmente.

Fundamentados nessa necessidade de preencher, e logo, esta lacuna na religião umbandista, reunimos nestes comentários toda uma teologia de Umbanda que fornecerá uma teoria afim com os trabalhos práticos já realizados nas tendas de Umbanda. Tenham uma boa leitura e absorvam com amor e fé os conhecimentos básicos e fundamentais à religiosidade regida pelos nossos amados Orixás.

SEGUNDO CAPÍTULO

A Semeadura de uma Religião; os Orixás

Muito se tem escrito a respeito dos sagrados Orixás e muito ainda terão de escrever, já que os Orixás são mistérios divinos e, dependendo de quem os descreve, assumem as mais diversas feições. E, ainda que mantenham suas qualidades essenciais (de "essência") ou elementais (de "elemento"), no entanto, cada um os descreve como os interpreta, entende ou idealiza.

As idealizações, ainda que sejam divergentes, são necessárias pois, mais dias menos dias, uma delas se imporá em definitivo sobre todas as outras e, daí em diante, todos os umbandistas rezarão pela mesma "cartilha". Mas, enquanto isso não acontecer, não tenham dúvidas de que continuarão os estímulos para que lancem idealizações, as mais próximas possíveis do nível consciencial da maioria dos adeptos de Umbanda.

Os próprios Orixás Regentes estimulam as idealizações pelos praticantes instrutores, pois ou alcançam uma concepção ideal ou os umbandistas nunca falarão a mesma língua. Lembrem-se de que a Umbanda é uma religião nova e neste seu primeiro século de vida tudo é experimental. Não pensem que os Orixás sagrados estão alheios ao que ocorre, pois não estão.

Eles observam todas as idealizações humanas que tentam tomá-los compreensíveis a todos os umbandistas e têm amparado os idealizadores, não negando a oportunidade de propagarem suas concepções acerca do mistério "Orixás".

Uns idealizadores são mais felizes e alcançam um número respeitável de adeptos. Mas outros, por causa das numerosas dificuldades inerentes à missão de semeador de conhecimentos, logo desistem e decepcionam-se com a pouca acolhida aos seus escritos. Isso é assim mesmo e não pensem que com os idealizadores de outras religiões as coisas foram diferentes, pois não foram.

Para não irmos muito longe, saibam que o Cristianismo, em seu início, teve muitos idealizadores, e cada um descreveu Jesus Cristo segundo sua visão, concepção, entendimento e compreensão do mistério divino que ele era e é em si mesmo.

Não pensem que para os idealizadores do Cristianismo as coisas foram fáceis, pois eles também não conseguiam impor-se sobre a maioria dos cristãos. Tantos escreveram a respeito de Jesus Cristo que foi preciso um concílio para que ordenassem a confusão reinante nos três primeiros séculos da Era Cristã.

Hoje é fácil para um cristão, ao folhear o Novo Testamento, visualizar um Jesus Cristo divino e humano ao mesmo tempo em que lê suas mensagens ou sermões. Mas será que ele era visualizado assim, facilmente, no início do Cristianismo? É claro que não! O que sustentou a nascente religião foram os prodígios e os fenômenos religiosos (conversões e milagres) que ocorreram por toda parte, e sempre em nome de Jesus Cristo.

Prodígios e fenômenos são as chaves de toda semeadura religiosa e com a Umbanda não seria diferente, pois eles acontecem a todo instante por todo o Brasil e surpreendem os descrentes, os ateus, os zombeteiros e até... os fiéis umbandistas, já acostumados a eles nos seus trabalhos rituais.

Saibam que, em se tratando de coisas divinas, os prodígios e os fenômenos são coisas comuns e acontecem em todas as religiões, pois só assim o senso comum cede lugar à fé e permite que toda uma vida desregrada seja reordenada e colocada na senda luminosa da evolução espiritual e consciencial.

Afinal, de nada adianta só a teoria acerca dos Orixás, se as práticas religiosas realizadas em seus nomes não suplantarem o senso comum arraigado como "normal", religiosamente falando.

Neste aspecto, a Umbanda tem sido pródiga, pois os prodígios de alguns médiuns e os fenômenos realizados pelos mentores espirituais provam a todos que por trás do visível está o invisível (Deus).

E, se fôssemos listar os prodígios e fenômenos, nunca terminaríamos, porque estes estão se renovando a todo instante em lugares distantes, e sem qualquer ligação material entre si. Mas se assim o é, é porque assim acontece com todas as semeaduras religiosas.

Alguns médiuns mais afoitos endeusam quem realiza prodígios e não entendem que o correto seria meditarem no porquê de eles estarem acontecendo. Não percebem que os prodígios visam a dar provas concretas dos mistérios ocultos regidos pelos sagrados Orixás e que estes visam a fornecer meios mais "terra" para a propagação horizontal da religião umbandista.

A Umbanda ainda é muito recente para prescindir dos prodígios e dos fenômenos. E nós esperamos que nunca os dispense, pois as pessoas mais descrentes ou arredias só se convencem da existência dos poderes divinos quando se deparam com os prodígios realizados pelos médiuns. Aí, sim, deixam de lado o senso comum, despertam para a fé e dedicam parte do tempo à religião.

A Umbanda é nova e talvez daqui a uns três séculos os seus dirigentes se reúnam e, tendo muitas idealizações sobre suas mesas, optem por uma que mais fale aos corações dos umbandistas de então.

E porque três séculos demoram para passar, e porque as idealizações existentes até o momento são muito "pessoais", então vamos colocar a nossa à disposição para análise e, quem sabe, ela possa ser adotada, no todo ou em parte, quando forem comentar nossa religião.

Mas não esqueçam que, se os primeiros cristãos são vistos como exemplo a ser cultivado no campo religioso do Cristianismo pelo seu desprendimento, fé inabalável e tenacidade na defesa da religião que adotaram, vocês, os umbandistas de hoje, serão vistos, no futuro, pela forma que se portarem diante das dificuldades que esta nova religião está encontrando, considerando que ela é combatida pelas mais velhas com todas as armas, recursos e truculências que têm à disposição.

Afinal, os romanos tinham o circo onde atiravam os cristãos de então aos leões. Os neocristãos de hoje têm à disposição a televisão, na qual atiram os umbandistas às hienas mercadoras da fé em Jesus Cristo.

Ou não é verdade que aqueles mercadores da fé, travestidos em "bispos", divertem-se à custa dos humildes umbandistas, colocados a todo instante diante de inúmeras dificuldades econômicas para levarem adiante, e com dignidade, amor e respeito, a fé nos sagrados Orixás, enquanto eles se locupletam com o desespero e a aflição de pessoas humildes e de boa-fé, que acorrem aos seus templos movidos pelas promessas miraculosas de enriquecimento rápido em nome de um tal "desafio a Deus"?

Quem, em sã consciência, ousaria colocar as questões de fé e religiosidade nesses termos, senão as mesmas hienas famintas que afluíam ao circo romano em busca de prazer? Quem, em sã consciência, ousaria colocar a religiosidade diante de Deus como uma prova de enriquecimento material, senão mercadores da fé? Quem, senão apóstatas, ousaria levantar a *Bíblia Sagrada* e desafiar Deus a enriquecê-los, se nesta mesma *Bíblia* estão escritas, com o fogo da Fé, o sangue da Vida e as lágrimas dos humildes, as santificadas palavras de Jesus Cristo, "*É mais fácil um camelo passar pelo buraco de uma agulha do que um rico (materialista) entrar no reino do céu*"? Quem, senão os mercadores do templo, ousaria subverter a pregação de Cristo ao rico, conclamando-o a deixar tudo para trás, até mesmo sua ambição, luxúria e apego aos bens materiais, pois só assim poderia segui-lo e conquistar um lugar à direita de Deus Pai?

Irmãos umbandistas, tudo se repete em religião. E, se bem já fez alguém quando disse que da primeira vez é uma tragédia, mas da segunda é uma comédia, então tudo está se repetindo, pois os primeiros cristãos eram lançados aos leões nos circos romanos, já os primeiros umbandistas, que somos nós, estamos sendo lançados às hienas da televisão... dos mercadores do templo, expulsos por Jesus a dois mil anos atrás, mas que, travestidos de neocristãos, estão — até isso — desafiando Deus a enriquecê-los!!!

Que Deus se apiede do espírito destes vis mercadores que envergonham o próprio Jesus Cristo, pois usam de seu santo nome para locupletarem-se à custa do sofrimento humano diante de tantas injustiças sociais, que não são menores do que as que se abatiam sobre a sofrida plebe romana.

Irmãos em Oxalá, atentem bem para o que acabamos de externar e fortaleçam sua fé, pois os sagrados Orixás são eternos e vocês os estão renovando no meio humano, e renovando a fé e a religiosidade de milhões de irmãos desencantados com as religiões mais velhas e tão comprometidas com o atual estado de coisas que não conseguem, com os recursos da fé, alterar as injustiças sociais ou despertar a religiosidade no coração de seus fiéis atuais.

Tenham consciência do momento atual de sua religião e portem-se à altura do que de vocês esperam os sagrados Orixás, já renovados no Ritual de Umbanda Sagrada. E, creiam, daqui a alguns séculos as hienas se terão calado, pois terão encontrado a resposta de Deus a seus desafios.

Mas, até que isso aconteça, fortaleçam sua fé no amor aos sagrados Orixás, pois eles são as divindades regentes desse nosso abençoado planeta. E, se são chamados de "encantados" é porque encantam a quem a eles se consagra e não se deixam abater pelas críticas sofridas, pelas zombarias assacadas ou pela falta de uma literatura umbandista mais incisiva para o momento atual e mais esclarecedora acerca dos mistérios divinos que são os Orixás.

Correspondam ao momento atual de sua religião e, no futuro, quando todos rezarem por uma mesma cartilha, aí se realizarão e dirão: "Meus amados Orixás, valeu a pena minha tenacidade, resignação, humildade, amor e fé, pois minha religião prosperou entre os homens!"

Saravá, meus Orixás! Saravá, irmãos em Oxalá!

TERCEIRO CAPÍTULO

O Médium de Umbanda

O médium de Umbanda, ainda que muitos não o valorize, é o ponto-chave do ritual de Umbanda no plano material.

E por sê-lo, deve merecer dos filhos de Fé já maduros (iniciados) toda atenção, carinho e respeito quando adentram no espaço interno das tendas, pois é mais um filho da Umbanda que é "dado" à luz. E tal como quando a generosa mãe dá à luz mais um filho, em que tanto o pai quanto os irmãos se acercam do recém-nascido e o cobrem de bençãos, amor, carinho e... compreensão para com seus choros, o novo filho de Fé ainda é uma criança que veio à luz e precisa de amparo e todos os cuidados devido à sua ainda frágil constituição íntima e emocional.

Do lado espiritual, todo o apoio lhe é dado, pois nós, os espíritos guias deles, sabemos que este é o período em que mais frágil se sente um ser que traz a mediunidade.

Para um médium iniciante, este é um momento único em sua vida, e também um período de transição, onde todos os seus valores religiosos anteriores de nada lhe valem, pois outros valores lhe estão sendo apresentados.

Para todos os seres humanos este é um período extremamente delicado em suas vidas. E não são poucos os médiuns que se decepcionam com a falta de compreensão para sua fragilidade diante do novo e do ainda desconhecido.

É tão comum uma pessoa dotada de forte mediunidade e de grandes medos ser vista como "fraca" de cabeça pelos já "tarimbados" médiuns. Mas estes não param para pensar um pouco no que realmente incomoda o novo irmão e, com isso, o Ritual de Umbanda Sagrada vê mais um dos seus recém-nascidos filhos perecer na maior angústia, e socorrer-se a outros rituais que primam pela ignorância do mundo espiritual e sufocam nos seus fiéis seus mais elementares dons naturais.

Muitos apregoam que tantos e tantos brasileiros são umbandistas, e que isso demonstra o vigor da religião umbandista. Mas, infelizmente, isso não é verdade, e só serve para diminuir o que poderia ser uma grande verdade.

Vários milhões de brasileiros já assumiram suas mediunidades por completo e são médiuns praticantes, que incorporam regularmente seus guias dentro das tendas onde trabalham, ou nas suas reuniões mais íntimas em suas próprias casas.

Mas alguns milhões de filhos de Fé com um potencial mediúnico magnífico já foram perdidos para outros rituais, porque os diretores das tendas não deram a devida atenção ao "fator médium" do ritual de Umbanda, assim como não atentaram para o fato de que aqueles que lhes são apresentados pelos guias zeladores dos novos médiuns, se lhes são enviados, o são pelo próprio espírito universal e universalista que anima a Umbanda Sagrada, e que é o seu espírito religioso, que no lado espiritual tem meios sutis de atuar sobre um filho de Fé, mas no lado material depende fundamentalmente dos sacerdotes, animadores materiais desse corpo invisível, mas ativo e totalmente religioso.

É tão comum vermos médiuns já "iniciados" que não têm a menor noção da existência desse corpo religioso umbandista que se move através do plasma universal que é Deus, é fé e é religiosidade. "Eu sou filho de tal Orixá...", e pronto! Sua fé acaba a partir daí, e sua ligação com este plasma divinizado em uma religião fica restrito a isto: "Eu sou filho de tal Orixá".

Incorpora seus guias, estes trabalham, e maravilhosamente, pois estão em comunhão total com esse espírito ativo que é o corpo religioso umbandista, corpo este que assume a forma de Orixás ou de seus pontos de forças, mas que não deixam de irradiar essa energia divina chamada "Fé".

O ritual é aberto a todas as manifestações, mas o lado material (médiuns) tem de ser esclarecido de que as manifestações só acontecem por causa desse espírito religioso invisível conhecido por Ritual de Umbanda Sagrada, e que fora dele não há manifestações, mas tão somente possessões espirituais.

É este espírito invisível que sustenta todas as manifestações, quando em nome da Umbanda Sagrada são realizadas.

Houve um tempo em que os Orixás foram sincretizados com santos católicos, pois aí a concretização do ritual aconteceria. As imagens "mascaravam" a verdade oculta e as perseguições religiosas, políticas e policiais foram abrandadas.

Mas, atualmente, isso já não é preciso como meio de expansão da Umbanda Sagrada. Hoje já existe liberdade suficiente para que todos digam abertamente: "Sou um filho de Fé, sou um filho de Umbanda!"

Mas, para que isso possa ser realmente dito, é chegado o tempo de a Umbanda deixar de perder seus filhos recém-nascidos para religiões que ainda recorrem a princípios medievais, quando não obscurantistas.

Há de ser criada uma forte linha de fé doutrinadora dos sentimentos religiosos dos filhos de Fé, pois só assim a Umbanda Sagrada sairá do interior das tendas e dos lares e abarcará, em um movimento abrangente e envolvedor, os milhões de irmãos que afluem às tendas ou aos médiuns à procura de uma palavra de consolo, conforto ou esclarecimento.

É chegado o momento de todos os médiuns, diretores espirituais, dirigentes espirituais e pais e mães no Santo imprimirem aos seus trabalhos mais uma vertente da Umbanda Sagrada: a doutrinação dos irmãos e irmãs que afluem às tendas nos dias de trabalho.

É preciso uma conscientização dos pais e mães no Santo de que os necessitados, os aflitos e os carentes afluirão não só às tendas de Umbanda, mas também a todas as outras portas abertas onde há uma promessa, um vislumbre de socorro imediato. Mas só aquelas portas que, ao lado do socorro imediato, oferecerem uma luz para toda a vida alcançarão seu real objetivo, pois ao par do imediato também oferecem o bem duradouro, que é a fé forte em uma religião. E a Umbanda Sagrada é uma religião!

Por isso, ela tem de sair da tendas e conquistar os corações dos que a ela afluem nos dias de trabalho, e conquistar o respeito e a confiança de todos os cidadãos no seu trabalho de doutrinação e salvação de almas.

Nós temos acompanhado com carinho e atenção os irmãos umbandistas que têm oferecido a maior parte de suas vidas a esta necessidade da religião umbandista. Abençoados são estes verdadeiros filhos de Umbanda, mas temos acompanhado a vida de todos os pais e mães de Santo e temos visto que bloqueiam a si próprios e às suas potencialidades doutrinadoras dentro da Umbanda Sagrada, quando limitam a si e sua religião aos trabalhos dentro de suas tendas, quando os seus guias incorporam e... trabalham.

Limitam-se só a isso e limitam à própria religião umbandista, pois não concedem a si próprios as qualidades que seus Orixás lhes mostram serem possuidores. Muitos filhos de Fé, movidos por nobres e dignificantes intenções, buscam nas línguas a explicação do termo "Umbanda". Alguns chegam a mergulhar no passado ancestral em busca do real significado desta palavra.

Nada a opor de nossa parte, mas melhor fariam e mais louvável aos olhos dos Orixás seriam seus esforços, caso já tivessem atinado com o real e verdadeiro sentido do termo "Umbanda".

Umbanda significa: o sacerdócio em si mesmo, na m'banda, no médium que sabe lidar tanto com os espíritos quanto com a natureza humana. Umbanda é o portador das qualidades, atributos e atribuições que lhe são conferidas pelos senhores da natureza: os Orixás! Umbanda é o veículo de comunicação entre os espíritos e os encarnados, e só um Umbanda está apto a incorporar tanto os do Alto, quanto os do Embaixo, assim como os do Meio, pois ele é, em si mesmo, um templo.

Umbanda é sinônimo de poder ativo.
Umbanda é sinônimo de curador.
Umbanda é sinônimo de conselheiro.
Umbanda é sinônimo de intermediador.
Umbanda é sinônimo de filho de Fé.
Umbanda é sinônimo de sacerdote.
Umbanda é a religiosidade do religioso.

Umbanda é o veículo, pois traz em si os dons naturais pelos quais os encantados da natureza falam aos espíritos humanos encarnados.

Umbanda é o sacerdote atuante, que traz em si todos os recursos dos templos de tijolos, pedras ou concreto armado.

Umbanda é o mais belo dos templos, onde Deus mais aprecia ser manifestado, ou mesmo onde mais aprecia estar: no íntimo do ser humano!

Umbandas foram os primeiros espíritos dos sacerdotes, que aos poucos foram criando para si, no íntimo dos médiuns filhos de Santo já preparados para recebê-los, uma linha tão poderosa, mas tão poderosa, que realizavam curas milagrosas nos frequentadores dos terreiros de "macumba".

Umbandas eram os Caboclos índios que dominavam os quiumbas e libertavam os espíritos encarnados de obsessores vingativos e perseguidores.

Umbandas eram os Pretos-Velhos que baixavam nas "mesas brancas" e faziam revelações que não só deixavam admirados quem os ouviam, mas encantavam também.

Umbandas eram os Exus e Pombagiras brincalhões, debochados e francos, tanto quanto os encarnados, pois falavam a estes de igual para igual, e com isso iam rompendo o temor dos filhos de Santo para com seus "santos".

Umbanda era o início do rompimento da casca grossa do ritual do culto aos eguns (os sacerdotes) já no outro lado da vida.

Umbanda, o sacerdócio; embanda, o chefe do culto; Umbanda, o ritual aberto do culto aos ancestrais.

Umbanda, onde na banda do "Um", mais um todos nós somos, pois tudo o que nos cerca, por meio de nós pode manifestar-se.

Umbanda, na banda do "Um", um todos são e sempre serão, desde que limpem seus templos íntimos dos tabus a respeito dos Orixás e os absorvam por intermédio da luz divina que irradiam seus mistérios. Daí em diante, serão todos "mais um", plenos portadores dos mistérios dos Orixás.

Na Umbanda, o médium não é esvaziado, mas tão somente enriquecido com a riqueza espiritual de todos os Orixás.

Umbanda provém de "m'banda", o sacerdote, o curador.

Umbanda é sacerdócio na mais completa acepção da palavra, pois coloca o médium na posição de "doador" das qualidades de seus Orixás, que, impossibilitados de falarem diretamente ao povo, falam a partir de seus templos humanos: os filhos de Fé!

Despertem para esta verdade, pais e mães de Santo! Olhem para todos os que chegam até vocês, não como seres perturbados, mas sim como irmãos em Oxalá que desejam dar "passagem" às forças da natureza que lhes chegam, mas encontram seus templos (mediunidade) ocupados por escolhos inculcados neles, ao longo dos séculos e séculos que estiveram afastados de seus ancestrais Orixás. Não inculquem mais escolhos dizendo a eles que há Orixá brigando pela cabeça deles, ou que Exu está cobrando alguma coisa.

Tratem os filhos que Olorum, o Incriado, envia-lhes com o mesmo amor, carinho e cuidados que devotam a seus filhos encarnados.

Cuidem deles; transmitam a eles amor aos Orixás, pois Orixá é o amor do Criador às Suas criaturas.

Ensinem-lhes que, na lei de Oxalá, ninguém é superior a ninguém, pois na banda do "Um", mais um todos são.

Mostrem-lhes que Orixá é um santo, mas é mais do que isso: Orixá é a natureza divina se manifestando de forma humana, para os espíritos humanos.

Não percam tempo tentando contar lendas dos tempos de cativeiro, quando irmãos de cultos diferentes, raças diferentes e formações as mais diversas possíveis eram reunidos em uma só senzala e evitavam a mistura dos Orixás com medo de perderem seus últimos vestígios humanos: seus "santos" de cabeça e de fé. O tempo de escravidão já é passado e Umbanda é liberdade de manifestação dos Orixás por intermédio dos seus veículos naturais: os médiuns.

Ensinem-lhes que, estando aptos a incorporar o "seu" pai de cabeça, também estão aptos a serem as moradas de todos os outros "pais", pois Orixá é, antes de mais nada e acima de tudo, isto: senhor da cabeça. É senhor da coroa luminosa que paira em torno do mental purificado do filho de Fé já liberto dos escolhos que o mantinham acorrentado e escravizado a tabus e dogmas religiosos, que antes de mais nada visavam a impedi-lo de ser mais um na banda do "Um", e mantê-lo na eterna dependência da vontade dos carnais, senhores dos cultos ao Criador, em que um é o pastor e o restante, só rebanho, ovelhas mesmo!

Digam que, na banda do "Um", o rebanho é composto só de pastores, pois "Umbanda" é sacerdócio.

Esclareçam ao filho recém-chegado que se sente incomodado que isso não é nada de ruim, pois há todo um santuário aprisionado em seu íntimo tentando explodir por meio de sua mediunidade magnífica.

Conversem demoradamente com ele e procurem mostrar-lhe que Umbanda não é a panaceia para todos os males do corpo e da matéria, mas sim o aflorar da espiritualização sufocada por milênios e milênios de ignorância e descaso com as coisas do espírito.

Expliquem que pode fazer o que quiser com seu corpo material, mas deve preservar sua coroa (cabeça), pois é nela que a luz dos Orixás lhe chega e o liberta dos vícios da carne e do materialismo brutal.

Ensinem-lhe que, como templos, deve manter limpos seu íntimo, pois nesse íntimo há uma centelha divina animada pelo fogo divino que a tudo purifica, e que o purificará sempre que entregar sua coroa ao seu Orixá. Instrua-os com seu mentor e guia chefe, irmãos e irmãs (pais e mães de Santo).

Estabeleçam um dia da semana ou do mês dedicado exclusivamente a um guia doutrinador que lhe falará da Umbanda a partir da visão mais acurada desta religião, em que os fiéis são mais que fiéis: são "meios" pelos quais toda uma gama magnífica de seres de altíssima evolução se manifestam como humildes Pretos-Velhos, garbosos mas amáveis Caboclos, inocentes crianças ou humanos Exus e pomba giras. Sim, porque nós conhecemos irmãos Exus que possuem muito mais luz do que vocês imaginam. E, se preferem atuar como Exus, é porque assim, bem humanos, chegam mais rápido até onde desejam: aos consulentes sofredores e veículos de espíritos sofredores afins.

Ensinem aos médiuns que eles trazem consigo mesmos todo um templo já santificado e que nele se assentam os Orixás sagrados. E que por intermédio desse templo muitas vozes podem falar, e serem ouvidas, pois Umbanda provém de Embanda: sacerdote!

E o médium é um sacerdote, um embanda, um Umbanda, ou mais um na banda do um, a Umbanda!

QUARTO CAPÍTULO

A Umbanda e a Sociedade

A tímida Umbanda, nascida às escondidas, hoje se mostra como uma religião de fato, e a cada dia sua existência vem se destacando no cenário religioso brasileiro e adquirindo uma respeitabilidade ímpar, pois ela é, de fato, a religião brasileira por excelência. Não fica nada a dever às outras religiões que aqui se fixaram.

A Umbanda ainda está na sua primeira idade e já mostra um vigor, uma exuberância, digna do povo brasileiro, também jovem, exuberante e cordial.

A Umbanda é, talvez, a única religião que pode ser chamada de social, pois tem se dedicado desde seu nascimento às pessoas e suas necessidades básicas e imediatas.

Os sacerdotes de Umbanda são oriundos de todas as classes sociais e trazem como formação pessoal suas lides diárias com os vários problemas que assolam a sociedade brasileira e espezinham a vida dos seus cidadãos.

A tímida Umbanda do começo do século XX dedicava-se a consolar, esclarecer e confortar o coração e a mente das pessoas que procuravam nos médiuns um primeiro socorro espiritual.

Esta sua faceta social e socorrista impôs-se como uma de suas características fundamentais. O tempo provou como foram sábios os espíritos semeadores da religião de Umbanda, pois até hoje a Umbanda é sinônimo de socorro imediato e pronto socorro espiritual.

Não são poucas as pessoas que acorrem aos centros de Umbanda quando se sentem desenganadas com a medicina, desiludidas com outras religiões e desencantadas com o amparo que a própria sociedade lhes deveria proporcionar. É nos centros, acolhidos por sacerdotes despidos de toda pompa e de todos os tiques religiosos (pois são pessoas simples, mas portadoras de dons espirituais), que os aflitos consulentes recebem palavras de conforto espiritual, consolo fraternal e esclarecimentos que lhes devolverão a fé em Deus e a confiança em si mesmos, auxiliando-os em suas caminhadas terrenas.

Grande tem sido o trabalho realizado pelos sacerdotes de Umbanda, pois sendo eles parte desse povo que luta, sofre e evolui a duras penas, são conhecedores das mazelas da vida daqueles que os procuram.

Divino tem sido o trabalho dos dirigentes umbandistas que, discretamente, têm sustentado em torno de suas federações os muitos centros que nascem naturalmente por todo o Brasil e, desprovidos de recursos materiais, mas movidos pela fé e pela boa vontade, têm imposto uma ordem às manifestações espirituais que acontecem em todos os cantos e a todo instante, mantendo uma convivência pacífica com as outras religiões desde o nascedouro da Umbanda, quando ela se realizava no fundo dos barracões.

A Umbanda nasceu humilde, entre os humildes, e tem falado a todos os brasileiros por intermédio da humildade. A Umbanda não constrói templos gigantescos ou luxuosos, pois pompa e luxo não fazem parte de seus fundamentos.

A Umbanda não se preocupa senão com a espiritualização das pessoas e em cuidar daqueles que são portadores de dons naturais, mas que nas outras religiões são segregados ou excluídos.

Grande tem sido o trabalho da Umbanda no campo social, pois acolhe pessoas desesperadas, confundidas e desacreditadas de suas próprias potencialidades e, pouco a pouco, vai devolvendo-lhes a esperança, esclarecendo-as da transitoriedade de suas situações e devolvendo-lhes a fé em Deus e a esperança de um futuro de paz, harmonia e fraternidade.

E se em alguns aspectos a sociedade brasileira ainda não reconheceu o imenso e ordenador trabalho realizado pela Umbanda, isso se deve aos próprios sacerdotes de Umbanda, que creditam suas realizações neste campo à espiritualidade, aos Orixás e a Deus.

Talvez por estarem conscientes da transitoriedade da vida na carne, os sacerdotes de Umbanda não procuram o reconhecimento da sociedade para o imenso trabalho que realizam em favor desta mesma sociedade, da qual também são membros.

Mas, com certeza, dispensam as luzes dos holofotes porque preferem ser iluminados pela luz do amor divino, amor este que os move diuturnamente e os leva ao encontro das vontades divinas, que são o amor fraterno, a concórdia entre todos os seres e a espiritualização da sociedade brasileira, berço natal da Umbanda, a única religião que reuniu em si três outras religiões: a europeia, a indígena e a africana, mostrando a todos que divisões religiosas só existem na mente dos racistas ou dos preconceituosos, pois aos olhos de Deus todos somos Seus filhos diletos e amados.

A Umbanda, enquanto religião nascente, ainda não está livre da presença dos aproveitadores da boa-fé das pessoas, mas até desses o tempo se encarregará de afastá-los e devolvê-los às suas origens pré-Umbanda.

A nós, os responsáveis no plano material pela guarda da simplicidade da Umbanda e pela sua mensagem fraternal, social e espiritual, compete mantê-la em seu curso natural. É só uma questão de tempo para que a sociedade reconheça o imenso trabalho que ela realiza em benefício do povo brasileiro, sem exigir nada em troca, pois não foi para pedir, exigir ou dominar que ela foi criada. Deus a criou para doar, doar e doar!

A Umbanda doa consolo, conforto, esclarecimentos, fé e amor. E nós, os umbandistas, só queremos doar nossos dons naturais em favor de nossos semelhantes.

Que Deus os abençoe em nome da Umbanda, pois é só uma questão de tempo para todos reconhecerem nela uma benção de Deus e uma dádiva dos sagrados Orixás.

Saravá, meus irmãos em Oxalá!

QUINTO CAPÍTULO

Literatura e Doutrina Religiosa

Todas as religiões têm escolas de evangelização e doutrinação de crianças. Nestas escolas busca-se passar conceitos religiosos e doutrinários para a vida civil dos fiéis, que os encontrarão novamente em suas leituras diárias, pois estes conceitos e doutrinas saem dos templos e passam a fazer parte do dia a dia das pessoas.

Mas e a Umbanda, já tem isto para assumir seu espaço na sociedade brasileira?

É claro que não, principalmente porque lhe falta uma literatura só sua, que espelhe seus conceitos filosóficos modeladores do caráter dos seus praticantes. Também lhe falta um código doutrinário no qual se fundamente toda sua religiosidade. Por isso, estamos lutando por uma literatura tipicamente umbandista, em que os seus conceitos sejam fixados e passados à sociedade de forma compreensível. Mas os obstáculos são vários e alguns são de tal monta que os vemos como intransponíveis.

Um desses obstáculos é a falta de uma consciência umbandista. Ela é, talvez, o maior obstáculo a ser superado pelos dirigentes do culto caso queiram retirar a Umbanda do gueto religioso em que ela ainda se encontra e alçá-la à condição de modeladora da sociedade brasileira e sustentáculo de uma consciência religiosa pontificada pelos princípios que norteiam a espiritualidade que se manifesta nos templos de Umbanda: o universalismo.

Sim, porque o universalismo é a tônica dos trabalhos realizados nos templos de Umbanda, onde não se admite racismo de espécie alguma e não se pergunta qual é a religião das pessoas que regularmente vão tomar passes e consultar os guias espirituais.

Só que esta realidade interna da nossa religião não é passada para a sociedade e por isto o espaço natural ocupado pela Umbanda na vida dos seus fiéis e simpatizantes não é refletido na sociedade, que marginaliza os menos aptos na transmissão de suas doutrinas, sejam elas de que natureza forem.

Nós sabemos que o número de médiuns e o número de pessoas que afluem aos templos de Umbanda nos dias de culto é elevado. Mas se podemos estimá-lo em um quinto da população, no entanto, quando observamos o espaço que a Umbanda ocupa na mídia, uma sensação de impotência nos assoma, pois ele é nulo... Isso quando não é negativo, porque é patrocinado por pessoas movidas por interesses escusos ou por adversários religiosos mercantilistas.

Então, perguntamo-nos: "Por que uma religião com tantos praticantes e com tantos frequentadores de seus cultos está relegada ao ostracismo na mídia? Será que é por causa do nosso comodismo, do nosso desinteresse em mostrar nosso trabalho em prol das pessoas que nos procuram, ou será pela falta de uma consciência religiosa e de uma conscientização acerca do papel fundamental que temos na vida das pessoas que frequentam nossos templos?

Às vezes, assistindo a reuniões nas quais deveriam ser discutidos os rumos de nossa religião, deparamos com a autopromoção e a exposição de egos que desejam ser acariciados, bajulados e papariçados. E ainda não ouvimos uma só voz que chame para si a missão de despertar a consciência umbandista e de assumir corajosamente a condução da grande massa umbandista ao seu verdadeiro lugar dentro da sociedade brasileira.

Já é hora de despertarmos e olharmos para horizontes mais amplo se quisermos dar à Umbanda, enquanto religião de massas, uma respeitabilidade que ela só alcançará se levarmos à sociedade sua grandeza como religião espiritualizadora e modeladora de um caráter universal, que é a tônica que a tem sustentado neste seu primeiro século de existência.

Nossa religião é a única que lida com os mistérios divinos de forma aberta, e, no entanto, a sociedade a vê como sinônimo de magia barata ou mesmo de magia negra. E são tão poucas as vozes que a levantam para refutar este conceito errôneo que até são inaudíveis.

Rechaçá-las nas reuniões fechadas não adianta, porque estamos falando para nós mesmos. Então, o caminho é conquistarmos nosso espaço e levarmos nossa mensagem universalista à sociedade. Só assim alteraremos alguns conceitos preestabelecidos contra a religião de Umbanda e desfaremos alguns mitos que denigrem as práticas da mesma.

Um desses mitos refere-se aos trabalhos com a esquerda, que deve ser abordada não a partir do que é o senso comum, e sim a partir da verdade acerca dos espíritos que atuam em suas linhas.

Nós sabemos que associam a esquerda ao demônio cristão com o único intuito de denegrir a Umbanda. Mas quem levantou sua voz para desfazer o mal-estar que o termo Exu desperta nas pessoas que não conhecem este mistério da Lei Maior?

Foram poucos, não?

Pouquíssimos — respondemos nós.

Afinal, não são poucos os próprios umbandistas que desconhecem este mistério e também o temem justamente porque pessoas aptas a desmistificá-lo são raras. A maioria só o mistifica ainda mais, pois vê nele um recurso para se impor dentro do seu meio, quando, por intermédio do poder manifestado pelo seu guardião cósmico, sente-se possuidora de uma força superior à de seus semelhantes. Outros usam do poder de suas entidades para obterem reconhecimento pessoal, etc.

Mas a grande maioria silenciosa atende aos objetivos da Umbanda e não vê nas suas esquerdas senão um recurso da Lei Maior colocado à disposição dos frequentadores dos templos de Umbanda.

Porém, não podemos esquecer que é pelo elo mais fraco de uma corrente que se avalia sua capacidade de resistência. E justamente a esquerda é o elo mais fraco da Umbanda, pois seus detratores recorrem ao desconhecido Exu para associar o culto de Umbanda com práticas de magia negra.

Nós temos assistido a encenações dantescas pela televisão, nas quais charlatões mistificam um dos mistérios da Umbanda, que é Exu, e usam estas mistificações exatamente contra nossa religião, com o único intuito de denegrir nossos trabalhos espirituais e nossa religiosidade.

Por que esses charlatões obtêm tanto sucesso e se acham no direito de denegrir nossa religião? Porque falta unidade entre os umbandistas. Justamente porque lhes falta uma consciência religiosa coletiva e direcionada para um só objetivo. Esse objetivo só será alcançado quando surgir uma língua comum a todos os dirigentes de Umbanda, o que só ocorrerá se uma literatura tipicamente umbandista conquistar seu espaço tanto entre os umbandistas quanto na sociedade.

Saibam que uma literatura tem o dom de disseminar o conhecimento de uma forma sutil e esclarecedora. No caso da Umbanda, esta literatura deve atender a diretrizes impostas pelos mentores da religião, visando a caracterizá-la como a genuína literatura umbandista, e apoiar-se no universo magístico da Umbanda; seus personagens devem guardar relação com os personagens que se manifestam nos trabalhos práticos realizados dentro dos templos de Umbanda. Com isso, desmistificando o mistério "Exu" e dando a ele uma nova interpretação, já dentro de um universo habitado por espíritos humanos, veremos que este universo não é o mesmo que os adversários da Umbanda reservaram para Exu. Devemos fazer o que for possível para descaracterizá-lo como o campo de ação da Umbanda.

Se digo que devemos fazer o possível, é porque é justamente na própria Umbanda que temos encontrado a maior dificuldade em disseminar uma literatura de Umbanda consequente com o intuito de criar uma consciência coletiva de Umbanda, fundamentada em um universo pelo qual transitam nossos Orixás e nossos guias de direita e de esquerda.

O umbandista ainda não descobriu a força que uma literatura traz em si mesma e desconhece o poder que as letras têm como modeladoras de consciências e disseminadoras dos conhecimentos que os mentores espirituais gostariam de ver divulgados na forma mais fácil de ser assimilados: em livros. Sim, porque um livro fala a muitos ao mesmo tempo e leva toda uma mensagem, facilitando o trabalho dos dirigentes responsáveis pela doutrinação de médiuns.

Os nossos irmãos espíritas têm recorrido, e com sucesso, à literatura espírita kardecista. Durante seus cursos de doutrinação, recomendam as leituras e o estudo das mensagens que trazem. Esperamos que o mesmo aconteça na Umbanda, abrindo ao público o universo mágico e religioso que se manifesta nos templos espalhados por todo o Brasil. Só assim, daqui a algumas décadas, a Umbanda, falará uma só língua, pois terá uma linguagem literária só sua que a distinguirá entre tantas outras já estabelecidas na consciência literária da sociedade civil brasileira.

Só o tempo fará surgir uma consciência religiosa coletiva dentro da Umbanda, que será sua voz forte e audível na consciência da sociedade civil, avessa às vozes das consciências religiosas.

Pedimos compreensão e também que reflitam um pouco a respeito do que aqui está sendo comentado, e talvez percebam por que todas as outras religiões primeiro apossam-se dos meios de comunicação, para só depois começarem a disseminar, coletivamente, suas mensagens e suas pregações doutrinárias.

Talvez descubram que, se um doutrinador pode ensinar aos seus filhos de Santo uma literatura de Umbanda, pode ensinar a toda uma sociedade, porque fala a todos em geral, sempre por meio da mente de quem apreender suas mensagens.

Perguntem-se por que poderosos grupos econômicos, sustentados por associações religiosas, estão tão interessados em abocanhar os meios de comunicação, e talvez descubram o porquê de a Umbanda não ter acesso à mídia e de não ter uma voz só sua a falar de seu universalismo para a sociedade brasileira, deixando o campo para que nossos adversários religiosos nos sufoquem, denegrindo nossa religião.

Reverter este quadro depende de os senhores dirigentes dos templos de Umbanda conscientizarem-se de que uma literatura umbandista é mais um recurso à disposição deles para melhor desenvolverem suas doutrinações religiosas.

Afinal, não são poucos os dirigentes que se julgam autossuficientes nos conhecimentos de Umbanda e não só não recomendam a leitura aos seus filhos, como muitos nem admitem que se leia algum livro, porque acham que esse procedimento irá atrapalhar o médium em seu desenvolvimento mediúnico.

Mas estão enganados ao pensar assim e não percebem que uma religião precisa do auxílio de uma literatura para perpetuar-se no tempo, no coração e na mente de seus adeptos e fiéis.

Estes dirigentes, por serem portadores de dons naturais, acham que só isso sustentará a Umbanda enquanto religião. Mas se esquecem de que dons são intransferíveis, enquanto os conhecimentos de uma religião são a certeza de sua continuidade.

Afinal, não são poucos os casos de pais e mães no Santo que manifestavam dons maravilhosos e atraíam multidões aos seus templos, onde atendiam centenas de pessoas em uma só sessão de trabalhos. Mas quando eles desencarnaram também cessaram os trabalhos, e tudo desapareceu.

Sabem por que isso aconteceu e continuará a acontecer?

Porque estas pessoas só se preocupavam com os fenômenos que seus dons produziam e perderam uma ótima oportunidade de criar toda uma religiosidade de Umbanda na mente e no coração das pessoas que as procuravam quando precisavam do auxílio dos dons que elas manifestavam... e achavam que religião é isto: frequentar um templo só quando se está com problemas.

Até quando esta mentalidade predominará dentro da Umbanda? Até quando os dirigentes de Umbanda só se preocuparão em curar os doentes? Quando será que entenderão que os fenômenos de cura são comuns a todas as religiões, pois os mistérios espirituais não pertencem a esta ou àquela religião em especial, e sacerdotes portadores de dons surgem em todas elas?

Até quando a Umbanda só valorizará os fenômenos mediúnicos e relegará ao segundo plano sua missão evangelizadora e formadora de uma moral, um caráter e uma consciência religiosa que espelhe os valores espirituais que a têm sustentado e que a eternizarão no tempo como uma religião de fato?

Muitos dirigentes dizem que não precisam dos livros porque conhecem muito mais do que quem os escreve. Mas eles se esquecem de que o que aprenderam desaparecerá assim que eles desencarnarem, mas um livro, este permanecerá e será objeto de estudo para as gerações futuras.

Os livros canônicos das outras religiões são a prova do que estamos defendendo aqui. São os modeladores da consciência religiosa de seus adeptos e fiéis, assim como ajudam seus sacerdotes a falar uma mesma língua ao longo dos tempos, porque todos pregam a mesma coisa o tempo todo.

A Umbanda possui uma escola teórica que defenda uma doutrina só sua?

Não! — respondemos nós.

E isso acontece porque muitos dirigentes decoraram as lendas a respeito dos Orixás e julgam que isso é suficiente para a religião de Umbanda.

Mas não é, irmãos!

As práticas de Umbanda pertencem à espiritualidade porque, sem o concurso dos guias espirituais, elas não se realizam, e os fenômenos não acontecem. Já os conhecimentos religiosos de uma doutrina umbandista, se são teóricos, no entanto sustentarão, na fé aos Orixás, todas as pessoas que se identificam tanto com as práticas e com a religião de Umbanda.

Só que esse lado teórico que dará sustentação à religião umbandista está relegado a segundo plano ou não atrai dirigentes de Umbanda, que só se preocupam em cumprir sua missão e esquecem-se de que uma religião de verdade não se descuida de seu caráter doutrinário, porque só assim se perpetuará no coração e na mente das pessoas.

Observem isto: as pessoas só vão aos médicos ou aos hospitais quando estão doentes. Mas, assim que se curam, esquecem-se dos médicos que o atenderam e esperam não ter de voltar, nunca mais, aos hospitais. E isso costuma acontecer com as pessoas que frequentam os templos de Umbanda, sabem?

Mas isso só acontece porque à Umbanda ainda falta uma consciência religiosa que olhe a pessoa que procura seus templos como um ser humano que precisa de um amparo maior, que só será conseguido se despertar nele a mesma fé em Deus e o amor aos Orixás que sustenta o médium que o atende com amor, respeito e dedicação.

Saibam que os médiuns não são os curadores de fato; são só de direito e nada mais. Quem cura os doentes são os espíritos ou os Orixás que se manifestam durante os trabalhos e que gostariam de ver aquelas pessoas, curadas por eles, retornando aos templos e professando uma religiosidade equilibrada e continuada.

Muitos dirigentes de Umbanda até dizem às pessoas que os procuram: "Você não tem mais nada. Logo, não tem por que voltar. Só volte quando sentir necessidade!" Isto eu mesmo já ouvi, irmãos. Portanto, não estou falando por falar, e sim porque sei que assim ocorre.

A esses dirigentes falta a consciência religiosa que só uma formação teórica, e de nível superior, irá proporcionar, tornando-os, realmente, sacerdotes de sua religião. Essa consciência os estimulará a transformar os templos que dirigem em um ponto de encontro, confluência e apoio religioso às pessoas que os procuraram quando estavam doentes, que gostariam de continuar a frequentá-los porque confiam nos guias que ali se manifestam e na forma como ali a religiosidade é professada.

Mas não é isso que nós vemos acontecer, pois, assim que as pessoas são curadas, passam a ser vistas como "dispensáveis" pelos médiuns, que dizem: "Fulano já não possui mais nada, mas insiste em vir consultar meus guias!"

Isso é consciência religiosa ou religiosidade, senhores?

Não — respondemos nós.

Sim, porque nas outras religiões, quando alguém se achega, logo recebe uma gama de sugestões para que fique em seus templos, já que possuem seus valores religiosos, que logo são passados ao novo fiel, o qual por sua vez logo os estará manifestando no seu dia a dia.

Mas na Umbanda isso não acontece porque grande parte dos seus dirigentes não é manifestadora de religiosidade. São apenas curadores. Não se preocupam com nada mais além de dar o socorro imediato a quem os procura, esquecendo-se de que também devem dar um amparo a longo prazo, que é a doutrinação e o despertar de uma consciência religiosa em quem gosta de frequentar seu templo de Umbanda.

Esta é a diretriz que deve ser imprimida a uma literatura tipicamente umbandista, na qual toda uma religiosidade, consciente, perpetuar-se-á no tempo e dará sustentação à fé que os guias espirituais despertam nas pessoas desesperançadas que os procuram para serem orientadas.

Temos a esperança de um dia vermos as pessoas procurando instruir-se por meio de genuínos livros doutrinários de Umbanda, depois de serem atendidas por médiuns conscientes da beleza espiritual da religião que abraçaram com fé, amor e confiança.

Peço a todos que não se sintam ofendidos se algumas das minhas colocações são críticas. Desculpem-me se sou direto e vou logo tocando nas deficiências de nossa maravilhosa religião, mas em mim esta consciência religiosa já despertou e tenho tentado despertá-la em outros, ainda que muitos dirigentes, por serem mais velhos, julguem-se os donos da Umbanda e não aceitem a renovação dos conceitos religiosos comuns a todos os umbandistas. Afinal, se maturidade é sinônimo de sabedoria, idade nem sempre é sinônimo de sapiência. E digo isso porque tenho visto nos jovens umbandistas uma vontade muito grande de aprender, enquanto nos velhos umbandistas tenho visto um certo cansaço, de tantas perguntas que já responderam.

Logo, recomendo aos mais velhos e maduros, já cansados de ensinar individualmente, que indiquem aos jovens curiosos a leitura de livros umbandistas, pois os conhecimentos práticos, estes só mesmo os verdadeiros dirigentes espirituais dos templos de Umbanda estão aptos a transmitir. Mas uma boa prática não dispensa uma boa teoria, que só os livros podem fornecer, pois são escritos justamente com objetivo de fornecer a base teórica dos trabalhos práticos realizados nos templos de Umbanda.

SEXTO CAPÍTULO

Doutrina Religiosa

A doutrina de Umbanda tem caráter universalista e absorveu conceitos e fundamentos de outras religiões, os quais se têm mostrado positivos e universais, descartando os dogmas e o Ocultismo.

Os dogmas foram descartados porque paralisam a evolução dos fiéis e petrificam, no tempo, as religiões. Já o Ocultismo foi descartado porque só se adapta a ordens fechadas e seletivas.

Como a Umbanda não é seletiva, mas sim universalista e aberta a todos, sem distinção de qualquer espécie, então o Ocultismo seria um entrave à livre manifestação da religiosidade dos médiuns, que se veriam impossibilitados de tecer comentários acerca de suas práticas religiosas.

E, como a Umbanda tem por finalidade acelerar a evolução dos espíritos, os dogmas não foram aceitos.

Parte do atraso espiritual da humanidade se deve justamente a eles. Dogmas tais como:
- à mulher é vedada a direção ou condução de rituais religiosos;
- o sacerdote não deve ter contato com o sexo oposto;
- o sacerdote deve colocar-se acima dos fiéis;
- os sacerdotes formam uma casta à parte;
- os fiéis devem obediência cega aos sacerdotes.

E muitos outros, que adentram no conhecimento das divindades cultuadas, mas que se mantêm estáticos no tempo, foram descartados pelos espíritos superiores que idealizaram o Ritual de Umbanda Sagrada. Muitas vezes, por trás de um dogma oculta-se a falta de um conhecimento profundo da natureza e dos mistérios de Deus. E isso quando não visam a interesses escusos ou dominadores da consciência coletiva de todo um povo.

Por isso, a doutrina de Umbanda é universalista e está aberta à incorporação de conceitos já consagrados, de interesse da maioria e estimuladores da religiosidade livre do fanatismo e do sectarismo.

Conceitos tais como:
— só existe um Deus;
— o homem é criação de Deus;
— o homem-carne é animado por um espírito imortal;

— o homem foi feito à semelhança de Deus;
— ao espírito é dado o direito de reencarnar;
— o ser justo e virtuoso ascende aos céus;
— o ser injusto e viciado desce às trevas;
— a toda ação corresponde uma reação;
— a prática do bem traz recompensa, e a prática do mal acarreta débitos;
— uma encarnação deve ser bem aproveitada pois possibilita a aquisição de uma consciência virtuosa;
— existência do carma coletivo e do individual;
— existência do recurso da reencarnação retificadora;
— sujeição à Lei das Afinidades;
— superioridade dos bens espirituais aos bens materiais;
— prática regular da prece;
— consagração do ser ao serviço religioso;
— fraternidade total em relação à raça, à cor, à religião e à cultura;
— aceitação de hierarquias espirituais e divinas a serviço de Deus na condução do destino dos espíritos menos evoluídos ou dos encarnados;
— aceitação da manifestação dos espíritos durante as sessões religiosas, quando incorporam e dão orientações, realizam curas, afastam obsessores, anulam magias negativas, etc;
— evolução contínua dos espíritos.

Enfim, muitos são os conceitos incorporados à religião de Umbanda, mas que foram absorvidos de outras doutrinas pois são vistos e tidos como verdadeiros e indiscutivelmente têm servido para alavancar a evolução da humanidade como um todo. E, como o Ritual de Umbanda Sagrada realiza em seus trabalhos muitas práticas religiosas já antiquíssimas, pois seus idealizadores espirituais são oriundos de muitas religiões, algumas já extintas no plano material, nada mais correto do que incorporar os conceitos verdadeiros que auxiliaram os mentores a evoluir quando, também eles, viveram suas muitas encarnações.

Como todas as outras religiões, a Umbanda adotou o simbolismo como um véu diáfano e ocultador dos mistérios divinos que se manifestam durante os trabalhos práticos.

Por trás dos nomes simbólicos dos guias espirituais está a atuação de inúmeros mistérios divinos que sustentaram muitas religiões, ou ainda estão sustentando as que atuam no plano material. Muitas já cumpriram suas missões e recolheram-se ao mundo espiritual, onde continuam ativas e amparando seus afins.

O simbolismo é o meio mais prático de salvaguardar os mistérios divinos que, se não forem velados, logo são profanados por pessoas inteligentíssimas, mas movidas por interesses sombrios, tais como as que tentam negar a origem superior e divina de Jesus Cristo, só porque o nosso amado mestre divino se humanizou e nasceu para a carne por intermédio do ventre bendito de Maria.

Tentam, apegando-se a esse procedimento geral ditado por Deus para todo ser vivente na carne, negar a divindade de Jesus Cristo. Mas nós bem sabemos que, se o divino mestre não se furtou a essa regra divina, foi para humanizar-se e se mostrar igual àqueles aos quais consagrou sua existência, que somos todos nós.

Jesus Cristo é um mistério de Deus e assim deve ser entendido e cultuado por todos os que encontram nele o lenitivo para as dores da alma e para a comunhão plena com Deus, que por intermédio dele fala aos seus filhos, tanto os encarnados como os que vivem no mundo espiritual.

Por isso, o simbolismo usado na Umbanda: ele visa a preservar as divindades que sustentam linhas ou correntes espirituais de alcance planetário, que atuam em todas as religiões. Recorrendo ao simbolismo, a Umbanda oculta as divindades que, a exemplo de Jesus Cristo, consagraram-se à humanidade e têm atuado no amparo e na evolução dos espíritos a eles confiados por Deus.

Sim, porque Deus é o Pai de todos, e as divindades, diferenciadas d'Ele, são Seus mistérios, são os pais de coletividades de espíritos afins ou em um mesmo grau de evolução espiritual. E é às divindades que Deus recorre para falar de frente, e no mesmo nível, com Seus filhos espalhados por toda a face da terra; aos que vivem na dimensão dos espíritos e aos que vivem nas dimensões naturais paralelas à dimensão humana, assim como aos seres que vivem em outras orbes planetárias, já que é um contrassenso acreditar que o homem é o único ser inteligente no Universo ou seu único beneficiário.

As razões que levaram os espíritos superiores a recorrer ao simbolismo visavam a preservar as divindades que atuariam no Ritual de Umbanda Sagrada, e também a hierarquizar as manifestações dos espíritos que atuariam no nível vibratório "terra" por meio da incorporação nos médiuns de Umbanda.

O nome simbólico ocultador das qualidades da divindade seria comum a todos os espíritos regidos ou ligados ao mistério de Deus, que a divindade é em si mesma.

Não seria o espírito "José da Silva" servo do senhor Xangô que se apresentaria, mas sim um Caboclo, Preto-Velho ou Exu Sete Montanhas, e ponto final, pois o simbólico nome "Sete Montanhas" oculta uma divindade intermediária da divindade maior que rege os mistérios da Justiça Divina e à qual chamamos de Orixá Xangô.

E assim, sucessivamente, aconteceria com todas as divindades e com todos os espíritos que, por meio da Umbanda, manifestariam-se, sustentariam as práticas rituais religiosas e magísticas e acelerariam a evolução de seus afins ainda encarnados ou retidos em faixas vibratórias negativas.

Muitos dos nomes simbólicos dos Orixás, tais como Senhor Xangô das Sete Montanhas, Senhora Oxum do Coração, Senhor Ogum Megê Sete

Espadas, Senhor Oxóssi "Curador", (Hermes, o deus egípcio), etc., estão ocultando os nomes que assumiram no plano material quando, a exemplo de Jesus Cristo ou de Buda, humanizaram-se e consagraram-se à evolução e ao amparo religioso de todos nós, os espíritos humanos.

Existe todo um conhecimento oculto pela Lei Maior, mas que envia até nós alguns raios luminosos que nos esclarecem acerca de como surgem as religiões e de que fim levam as divindades que as sustentaram, enquanto estiveram ativas no plano material.

A mais antiga religião ainda em atividade no plano material é a judaica, e, no entanto, ela só tem uns cinco mil anos solares de existência. Logo, os nossos irmãos judeus não devem preocupar-se com os que tentam acabar com sua religião, pois não conseguirão, uma vez que o tempo concedido a todas as religiões é de, no mínimo, sete mil anos solares. E, como assim são as religiões, ainda restam dois mil anos de árduos trabalhos religiosos aos nossos amados irmãos rabinos, no sentido de preservarem a fé em Deus Pai por meio da dogmática doutrina religiosa que tem preservado uma religião maravilhosa como a deles, a qual tem servido de fonte inspiradora a muitas outras religiões, ainda jovens. Ou o Cristianismo e o Islamismo não são jovens se comparados ao Judaísmo? Ambas beberam do saber dos rabinos para fundamentarem as doutrinas que as sustentam e sustentarão por muitos milênios.

Nenhuma religião se fecha ou se recolhe antes de concluir sua missão na face da terra, esse é um imperativo divino. E, por mais que as outras tentem, mais tenaz é a resistência de seus adeptos ou fiéis, que retiram desses obstáculos a prova da fé que têm em Deus.

Mas algumas, quando concluem suas missões antes do tempo já citado de sete mil anos, e que é um ciclo religioso, recolhem-se e deixam no plano material apenas uma ordem religiosa que outra religião nascente logo incorpora e da qual extrai muitos dos fundamentos que a alicerçarão e darão sustentação à sua nova ou renovadora doutrina religiosa.

Por isso, a doutrina de Umbanda Sagrada adotou o simbolismo como forma de velar os mistérios que, por meio das suas práticas rituais, manifestam-se e passam despercebidos tanto dos assistentes como da maioria dos médiuns.

Por trás de um espírito que responde pelo nome simbólico "Sete Pedreiras" está o mistério divino "Iansã Sete Pedreiras", que tem por trás a divina Orixá Iansã — uma manifestação diferenciada ou individualizada de Deus por meio de um de Seus mistérios.

Por isso, a doutrina de Umbanda é universalista: seus mistérios (divindades), conservaram-se os nomes africanos dos Orixás, não se restringem unicamente ao continente africano e manifestam-se sob outros nomes para atender a outras culturas e expectativas religiosas. Mas sempre atuam por meio de suas hierarquias, as quais possuem graus intermediários justamente para atender à diversidade cultural e religiosa da humanidade.

O simbolismo adotado mostrou-se fundamental à Umbanda e em pouco tempo alguns nomes de Caboclos, Pretos-Velhos, crianças e Exus se tornaram tão populares que dispensavam explicações ou apresentações, já que eram sinônimo de Umbanda e de trabalhos espirituais.

Até a simbologia, ou signos cabalísticos, tornou-se conhecida, e nos pontos simbólicos riscados todos reconhecem na espada o Orixá Ogum, na cruz o Orixá Obaluaiê, no raio o Orixá Xangô, etc.

Então, por essa facilidade de assimilação do simbolismo, a Umbanda também é simbólica e se mostra por meio de símbolos sagrados ou consagrados conhecidos em outras religiões e aceitos como sinais gráficos religiosos.

SÉTIMO CAPÍTULO

Divindades

A doutrina de Umbanda, por ser universalista, não veta ou despreza nenhuma divindade cultuada em outras religiões. O conhecimento mais profundo das hierarquias divinas revela que uma divindade ou um espírito ascenso, ou que se divinizou, tem caráter universal e atende, dentro dos limites da Lei Maior, a todos os que o invocarem solicitando auxílio ou sua interseção junto a Deus.

A própria transposição dos Orixás da natureza para o interior das nascentes tendas de Umbanda processou-se por meio dos santos católicos, e até do divino Jesus Cristo, que ocultava com sua singela imagem humana o divino mestre Oxalá.

Por isso, a doutrina de Umbanda não refuta o uso de imagens nos templos: por trás da imagem de um espírito santificado oculta-se a presença de um Orixá "humanizado" por intermédio, justamente, do santo já conhecido de todos.

O conhecimento superior das hierarquias divinas nos mostra que um espírito, quando se universaliza, abre um campo de atuação tão amplo que ultrapassa a religião que possibilitou sua elevação e ascensão dentro das hierarquias divinas sustentadoras da evolução de toda a humanidade.

Por isso, a doutrina da Umbanda recorre aos ícones sagrados de outras religiões e os acolhe como sinais exteriores de divindades pouco conhecidas, mas muito atuantes nos dois planos da vida. E, onde um espírito afim com ela se manifesta como guia de Umbanda, ali se encontra uma imagem, um ícone religioso ou um símbolo gráfico que assinala a regência da tenda e dos trabalhos espirituais pela divindade que o tem amparado no lado espiritual da vida.

E, mesmo que a muitos isso tenha passado despercebido, o fato é que se muitas tendas de Umbanda ostentam em seus altares imagens de hindus, elas estão sinalizando que um espírito que ali se manifesta não foi índio ou negro, mas sim um hindu, em sua última encarnação. E que sua formação religiosa se processou em solo hindu, onde ele cultuava uma divindade conhecida por seu nome em sânscrito, que não era um nome africano ou americano e muito menos cristão.

Divindades

Mas, como o conhecimento das divindades, já em níveis superiores, diz-nos que não existe mais do que um Deus e nem que dois mistérios sejam absolutamente iguais, no entanto, esse mesmo conhecimento nos diz que um mistério divino tem alcance planetário, multidimensional e possui suas hierarquias espalhadas por todas as religiões. Quando uma nova religião é fundada, as divindades planetárias deslocam algumas de suas hierarquias espirituais para que se unam às hierarquias das outras divindades planetárias e deem sustentação à nascente religião até que ela própria consiga estabelecer suas hierarquias humanas constituídas só por espíritos formados já dentro de sua doutrina religiosa.

Por isso é que na Umbanda se manifestam tantos espíritos "estrangeiros", quando o lógico e natural seria só se manifestarem espíritos de africanos, índios brasileiros e cristãos convertidos às duas religiões naturais que deram origem à Umbanda.

O fato é que hierarquias inteiras foram deslocadas de seus campos de atuação, dentro das religiões que as formaram, e foram colocadas à disposição das divindades regentes do nascente Ritual de Umbanda Sagrada. Trouxeram para a Umbanda suas formações religiosas, suas apresentações humanas e suas formas particulares de cultuar o Divino Criador, mas já se adaptando às linhas mestras traçadas pelos espíritos superiores que idealizaram a nascente Umbanda.

O sábio hindu se manifestaria sob o amparo de um dos Orixás, assumiria um nome simbólico de fácil assimilação pelos médiuns e pelos consulentes das tendas de Umbanda. Assim, um espírito já ascensionado, e cuja última formação religiosa se havia processado em solo estrangeiro, manifestaria-se em solo brasileiro por novo ritual com um nome simbólico de fácil assimilação, mas que indicasse as irradiações sob as quais se manifestava. E surgiu uma linha de Caboclos "Sultão das Matas", que se manifestaram logo nas primeiras tendas de Umbanda e fixaram este nome dentro da nova religião. "Sultão" é sinônimo de imperador, e "matas" é sinônimo do elemento vegetal. Logo, o nome simbólico "Caboclo Sultão das Matas" significa Caboclo do Orixá Oxóssi, regente planetário que atua por intermédio da essência, do elemento e da energia vegetal.

Só que o espírito já ascensionado que fundou a linha de Caboclos Sultão das Matas é um "mestre da Luz" hindu cuja última encarnação ocorreu a 1.800 anos atrás e já atua em várias religiões, até mesmo na cristã, na qual possui uma ordem religiosa a qual não podemos revelar porque a lei do silêncio dos mistérios nos impede.

O fato é que ele, o mestre da Luz Caboclo Sultão das Matas, já atua em oito religiões diferentes, nas quais encarnaram e encarnam espíritos há muito já amparados pela hierarquia espiritual fundada por ele no astral, sustentada por uma divindade conhecida na Índia pelo seu nome hindu. No entanto, essa mesma divindade é uma intermediária da divindade planetária que atua por meio da essência, do elemento e da energia vegetal, que na Umbanda todos conhecem e cultuam com o nome de Oxóssi.

Viram como o Ritual de Umbanda Sagrada é universalista? Ele congrega espíritos de todas as esferas espirituais e, dotando-os com nomes simbólicos identificadores das qualidades dos Orixás planetários e multidimensionais, possibilita a eles ampararem seus afins encarnados em solo brasileiro, já atuando dentro dos limites de uma religião brasileira, pois, se as práticas espirituais são comuns a toda a humanidade, no entanto, hierarquizadas como as do Ritual de Umbanda Sagrada, só em solo brasileiro elas acontecem.

Em nenhum lugar do mundo e em nenhuma época ocorreram manifestações espirituais tão espontâneas como acontece na Umbanda.

Mas isso escapa aos mais desatentos ou pouco conhecedores das vontades divinas, que se mostram como "religiões".

Então a Umbanda aceita todas as divindades como exteriorizações dos mistérios divinos, acolhe a todas e reserva a cada uma um meio de melhor amparar os espíritos que Deus Pai lhes confiou.

E as divindades manifestam seus mistérios por linhas de ação e trabalhos, mas os ocultam atrás de nomes simbólicos ou de ícones religiosos pois, assim, sem ferirem a suscetibilidade de ninguém, continuam a falar de frente com os seus amados filhos adormecidos na carne, onde estão se aperfeiçoando em algum dos sete sentidos capitais.

A doutrina de Umbanda não se antagoniza com nenhuma religião. O Ritual de Umbanda Sagrada congrega espíritos de outras formações religiosas e aceita que todas as divindades manifestem seus mistérios, desde que ocultados por nomes simbólicos identificadores dos Orixás planetários, aos quais estão ligadas e que são seus regentes ancestrais.

Sim, porque se uma divindade humanizou-se, ela o fez sob uma das sete irradiações divinas, ou sete mistérios religiosos de Deus, que no Ritual de Umbanda Sagrada nominamos de "os sete Orixás essenciais", que são:

— Orixá Essencial da Fé
— Orixá Essencial do Amor
— Orixá Essencial do Conhecimento
— Orixá Essencial da Justiça
— Orixá Essencial da Lei
— Orixá Essencial da Evolução
— Orixá Essencial da Geração

A essência da Fé é cristalina; a essência do Amor é mineral; a essência do Conhecimento é vegetal; a essência da Justiça é ígnea; a essência da Lei é eólica ou aérea; a essência da Evolução é telúrica; a essência da Geração é aquática.

Esses sete Orixás essenciais não têm nomes humanos, mas manifestam-se como vontades divinas por intermédio dos Orixás ancestrais, que se manifestam como irradiações divinas por meio dos Orixás naturais, que se manifestam por intermédio das divindades intermediárias, que são os regentes dos níveis vibratórios das sete irradiações divinas.

Essas divindades intermediárias humanizaram-se e amparam milhões de espíritos em evolução, todos afins com as qualidades essenciais dos Orixás ancestrais que as regem pelo alto. Por isso, a doutrina que fundamenta o Ritual de Umbanda Sagrada aceita todas as divindades e as nomina por meio do simbolismo de Umbanda.

A doutrina de Umbanda sempre recorre à analogia ou à comparação para identificar uma divindade e descobrir a qual das sete irradiações divinas é ligada. Quando completa a identificação, sempre encontra na divindade a essência divina que se manifesta por meio dela e o mistério que ela é em si mesma, pois manifesta qualidades essencialmente divinas.

Por isso, a doutrina não aceita certas colocações que tacham de "pagãs" as divindades das religiões que já cumpriram suas missões junto aos espíritos ou no plano material. Por que pagãs? Só porque eram divindades cultuadas por meio de rituais religiosos antiquíssimos e anteriores até às doutrinas judaica, cristã e islâmica?

O conhecimento nos revela que as divindades não são Deus, mas sim manifestadoras de mistérios divinos. Por isso, atendem a desígnios divinos e, se não as aceitamos, devemos respeitá-las e entender que só se humanizaram para auxiliar a evolução da humanidade e amparar espíritos afins com suas qualidades divinas e qualificações humanas.

A analogia da Umbanda Sagrada nos mostra que as divindades das religiões mais antigas são regidas pelo setenário sagrado, e estudos mais acurados nos mostram que elementos as regem. E o mesmo nos revela o estudo dos Orixás, os quais são cultuados por meio da natureza terrestre e possuem locais específicos para serem oferendados.

Estudando os Orixás, descobrimos a qual hierarquia divina cada um deles está ligado. E, se nos aprofundarmos um pouco mais, descobriremos que eles sustentam evoluções paralelas à humana, e que acontecem nas dimensões naturais, habitadas por seres que nunca encarnam e que evoluem sem o recurso do corpo carnal.

Estudando o meio onde vivem esses nossos irmãos naturais, descobrimos que eles nos conhecem muito bem e até nos auxiliam em nossa evolução, pois nos enviam continuamente suas irradiações de fé, amor e estímulo.

E, indo um pouco mais fundo no estudo dos nossos irmãos naturais, descobrimos que se preocupam conosco porque, dizem eles, nós já vivemos ao lado deles em nosso estágio anterior da evolução. Tanto isso é verdade que muitos deles se integram às hierarquias naturais regidas pelos senhores Orixás intermediários, que são divindades, pois assim podem vir até a dimensão espiritual e nos auxiliar melhor em nossa evolução.

Todos nós temos irmãos naturais que se preocupam com nossa evolução e sofrem com nossas dificuldades, às vezes aparentemente insuperáveis. Por isso, nunca estamos sozinhos em nossa jornada humana.

E, se nos identificamos com um Orixá ou divindade natural, com certeza recebemos dela um amparo direto. Também algum irmão natural regido por ela nos acompanha bem de perto e desdobra-se para superar rapidamente as nossas dificuldades em evoluir para nos reunirmos a eles nas esferas celestiais. Por isso, a doutrina de Umbanda aceita como natural e correto o culto às divindades identificadas com a natureza e as estuda profundamente, sempre na certeza de encontrar nelas as qualidades superiores dos mistérios divinos.

E, se não torna obrigatório que o culto aos Orixás se realize unicamente nos seus campos vibratórios na natureza, no entanto, recomenda que de vez em quando os médiuns devam ir até um desses campos vibratórios altamente magnéticos e energizadores para neles reverenciarem os sagrados Orixás — divindades naturais, ou "natureza".

Por isso, o termo "pagão" é refutado porque possui caráter pejorativo, oculta a ignorância das pessoas quanto às qualidades terapêuticas das energias condensadas nos campos vibratórios onde se realizam os rituais religiosos de culto aos Orixás.

Divindade significa um ser superior irradiador de qualidades divinas e que, se compreendidas, muito nos auxiliam. Logo, a religião de Umbanda, na qual muitas divindades antiquíssimas manifestam seus mistérios por intermédio das linhas de ação e dos trabalhos espirituais, recomenda o respeito a todas as divindades ou seres manifestadores de mistérios divinos.

A doutrina de Umbanda fundamenta-se no conhecimento profundo do universo ainda invisível aos espíritos encarnados, e mesmo de muitos dos que desencarnaram e mantiveram-se ligados à matéria.

Por isso, toda tenda de Umbanda dedica uma parte dos seus trabalhos mediúnicos à doutrinação e esclarecimento dos espíritos recém-desencarnados ou ainda adormecidos no materialismo paralisador da evolução. E, sempre que possível, integra-os ao nível terra das hierarquias espirituais do Ritual de Umbanda Sagrada, onde começam a despertar para o universo natural regido pelos sagrados Orixás, divindades naturais assentadas nos níveis vibratórios das sete irradiações divinas do nosso Divino Criador.

E, quando estes espíritos começam a despertar para a grandiosidade do universo regido pelas divindades, um grosso manto escuro é descerrado e eles encantam-se com os Orixás, que os inundam de irradiações de fé, amor e compreensão, pois as divindades sabem que estes seus filhos haviam tido suas memórias imortais adormecidas, e só assim não retornariam antes do tempo às dimensões onde já haviam vivido e evoluído "naturalmente". Sim, quando um espírito tem sua memória imortal e ancestral despertada, descobre que já havia vivido e evoluído nas dimensões naturais amparado pelos senhores Orixás, aos quais muitas vezes havia refutado quando viveu no plano material sob uma cultura religiosa mesquinha, que negava a existência das divindades e o afastava das hierarquias divinas.

Mas os Orixás acompanham a evolução humana desde sempre, e sabem que o obscurantismo religioso faz parte da humanidade, e muitas vezes atendem à própria necessidade dos espíritos ainda incapazes de conviver em harmonia com seus irmãos não encarnantes, chamados por nós de elementais, encantados ou seres naturais.

O obscurantismo religioso serve à Lei Maior para manter afastados do universo natural os espíritos ainda incapazes de conviver em harmonia com seus irmãos ancestrais. E se assim procede a Lei Maior é porque, enquanto não alcançar uma evolução "consciencial", um espírito levará para as dimensões naturais todos os seus vícios humanos e seus desequilíbrios emocionais. Com eles desequilibrarão tanto os seus irmãos naturais como o meio onde eles vivem, pois o universo natural é essencialmente energético e passível de influências mentais negativas.

Deus é perfeito em tudo e até o obscurantismo religioso serve aos Seus desígnios divinos, pois as doutrinas obscurantistas são essencialmente mentalistas e abstratas. Servem para aprisionar os seres em si mesmos e com isso negam-lhes um universo onde não estão aptos a habitar em espírito. Pelo menos, por enquanto!

Por isso, as doutrinas obscurantistas negam as divindades, que chamam de "deuses pagãos", ou a divindade dos Orixás, aos quais chamam de...

Bom, o fato é que o obscurantismo religioso é a prisão da Lei e as doutrinas obscurantistas têm servido muito bem aos desígnios divinos, que em momento nenhum pune a quem quer que seja. Apenas retém em si mesmo quem ainda não está preparado consciencial e emocionalmente para viver no universo sem fronteiras, que são as dimensões naturais habitadas pelos nossos irmãos elementais, encantados e naturais.

Mas que todos saibam que, se o obscurantismo religioso é uma necessidade dos espíritos menos evoluídos, no entanto não é uma condição insuperável, porque o aspecto "evolução espiritual" é discutível e depende muito da aceitação, pelo ser, da doutrina que lhe está sendo ensinada. E se, em dado momento, o ser tomar consciência de que vinha dando mau uso ao seu livre-arbítrio, reconhecerá que mesmo dentro de uma doutrina obscurantista está Deus, que nela o retém para seu próprio bem, e que nela o reterá até que recupere sua capacidade de lidar com os mistérios divinos sem prejudicar a si ou aos seus semelhantes. Sim, porque é muito comum as pessoas serem colocadas diante do mistério "Orixás" e não saberem interpretá-los ou lidar com eles por lhes faltar um conhecimento profundo e correto de como eles atuam em nossas vidas. Então recorrem erroneamente aos mistérios, desconhecendo até mesmo o que significa a palavra "mistério".

Muitos confundem mistério com Ocultismo, com Esoterismo, com cabala, etc., pois a palavra já perdeu seu significado original e hoje se presta mais a encobrir a ignorância religiosa do que a esclarecer os procedimentos religiosos.

Houve um tempo (três milênios, para sermos exatos) em que a palavra "mistério" significava o supra-humano, o incognoscível acerca das divindades. E os sábios que interpretavam os mistérios eram tidos em alto conceito junto aos fiéis, que os distinguiam e os tinham como as pessoas aptas a lidar com o mundo sobrenatural.

Os "mystas" eram os babalaôs de então e formavam uma casta religiosa na Grécia antiga, assim como os "magos" formavam outra na Pérsia. Eram pessoas preparadas para emitir as interpretações humanas dos mistérios de Deus e que, quando abriam as comemorações ou datas religiosas festivas, praticavam rituais invocatórios específicos às divindades.

Como o Cristianismo frutificou rapidamente em uma Grécia exaurida e escravizada pelos romanos, a palavra "mistérios" foi incorporada à religião cristã pelos primeiros padres, que assumiram o lugar dos "mystas" e adaptaram os mistérios à nascente doutrina cristã. Mas faltou a esses primeiros cristãos o conhecimento profundo dos mistérios, que, se todos conheciam por meio dos rituais públicos, só uns poucos os conheciam em profundidade. A partir de então, divagações acerca dos mistérios pululuaram, e o conhecimento verdadeiro se perdeu.

Mas, para reparar a lacuna surgida com o desaparecimento dos mystas, nasceram os doutores em Teologia, ou teólogos, que extraíram dos filósofos as interpretações abstratas a respeito de Deus e as incorporaram à doutrina cristã, que se enriqueceu em conceitos abstratos acerca de Deus, mas, por outro lado, ficou carente quanto às hierarquias divinas.

O único meio de reparar essa falta de conhecimento (que só os mystas e os magos possuíam) foi "santificar" expoentes religiosos cristãos, que passaram a ser adorados no lugar das divindades naturais, tão conhecidas pelos antigos sacerdotes "pagãos" e tão temidas pelos padres.

Esse temor só se justifica pela ignorância, pois, se eles acreditavam na divindade de Jesus Cristo, não precisavam temer o poder das divindades alheias. Porém, não só desconheciam as divindades alheias e suas atribuições divinas, mas também lhes interessava dominar a mente das pessoas. Assim, nada melhor do que negar qualquer divindade ou ícone de outras religiões e lançar-lhes a pecha de "deuses pagãos".

Isso se repete periodicamente na história religiosa da humanidade, e toda doutrina nascente se escuda na negação da divindade da religião que está chegando ao seu ocaso. E um obscurantismo religioso se instala porque só assim a nova doutrina alcança seu objetivo: dominar pela fé a mente das pessoas.

Por isso, a doutrina de Umbanda não proíbe os seus adeptos de estudar doutrinas alheias. Ela entende que as pessoas precisam comparar os conhecimentos colocados à disposição de tantos quantos se interessarem pelo assunto.

Hoje, temos umbandistas que estudam Teosofia, Gnose, Maçonaria, Budismo, Hinduísmo, Lamaísmo, Cristianismo, Islamismo, Xamanismo, etc., etc., etc. E, com isso, enriquecem ainda mais o Ritual de Umbanda Sagrada, pois estão dotando-o com o que de melhor possuem estas outras doutrinas religiosas.

Uma Umbanda esclarecida e escudada em conceitos universais é a melhor garantia de que um líder obscurantista não empolgará esta religião nascente ou que um "papa" não criará seu trono particular, do qual ditará dogmas que assegurarão o domínio da fé e da mente de muitas pessoas.

Afinal, ou uma divindade conquista seus fiéis pelas afinidades, ou não os auxiliará de fato, porque o tempo se encarregará de lançá-la no esquecimento religioso.

E o Ritual de Umbanda Sagrada é pródigo em divindades naturais. No seu panteão estão assentadas todas as divindades existentes, ainda que não se manifestem com os nomes pelos quais ficaram conhecidas no passado, já que seus mistérios manifestam-se ocultados nos nomes simbólicos das linhas de trabalho de Umbanda.

A linha da Fé, por exemplo, constituiu tantas sublinhas quantas lhes foram solicitadas pelas divindades. E se sob a regência de Oxalá todos os mistérios da Fé se manifestam, no entanto, eles assumem características próprias e realizam suas missões por meio das linhas de ação e dos trabalhos pontificadas por espíritos já ascensionados, que as formaram há séculos ou milênios sob a irradiação das divindades regentes dos mistérios da Fé.

Citemos só um exemplo da antiguidade das divindades que manifestam seus mistérios da Fé por intermédio de uma linha de ação e trabalhos de Umbanda Sagrada: a linha de Caboclos Arco-íris.

O Arco-íris divino é um símbolo religioso cultuado pelos antigos magos caldeus, que o receberam como herança religiosa da antiga civilização veda, que o havia recebido de outra civilização ainda mais antiga e que remonta à era da mitológica Atlântida, civilização esta que deixou seus símbolos religiosos espalhados por toda a face da terra. Até o famoso castiçal de sete braços foi-nos legado por ela, que colocava nele sete velas coloridas, cada uma de uma cor.

Como o tempo a tudo renova, eis que entre os Orixás encontramos o simbólico Arco-íris Sagrado guardado pelo mito do Orixá Oxumaré, e que é representado pela Serpente do Arco-íris.

Mas uma ordem religiosa astral conservou todos os fundamentos e conhecimentos da religião que tinha como símbolo máximo o arco-íris e que cultuava uma divindade planetária que se renovou em solo africano como Oxumaré. E ele se renovou no Ritual de Umbanda Sagrada, deslocando para o ritual nascente uma de suas hierarquias, que assumiu o expressivo nome de "linha de Caboclos Arco-íris", presentes já nas primeiras manifestações umbandistas.

O Orixá Oxumaré possui as mesmas qualidades, atributos e atribuições do divino *"lá-ór-me-ri-iim-de-re-yê"*, cujo nome é um mantra invocador da divindade regente da Fé durante a era Atlântida, quando era simbolizada por um arco-íris que se projetava para o alto e para o infinito.

A divindade da Atlântida é o mesmo Oxumaré africano, que se renovou na linha de Caboclos Arco-íris, que está recolhendo seus afins remanescentes por meio do Ritual de Umbanda Sagrada e reconduzindo-os às esferas luminosas; onde se reintegrarão às hierarquias naturais regidas pela divindade da fé, regente de um mistério que até os velhos babalaôs africanos desconheciam e por isso não o ensinavam aos seus herdeiros religiosos.

O divino Oxumaré é uma divindade tripolar, pois atua no alto, no meio e no embaixo, ou seja, tem hierarquias que atuam na Luz, tem as que atuam junto aos encarnados e tem as que atuam nas Trevas.

Suas hierarquias são tão numerosas, mas tão numerosas, que se espalham por todas as religiões atualmente existentes. E não há sequer uma que não manifeste o mistério da Fé regido pelo divino *"lá-ór-me-ri-iim-de-re-yê"*, ou nosso amado pai Oxumaré, renovado na Serpente do Arco-íris. Todo Caboclo Arco-íris é um semeador da fé e saúda o divino Oxalá, pois é por meio do mistério da Fé que ele se manifesta dentro do Ritual de Umbanda Sagrada.

— Oxumaré é um Oxalá?
— Não.
— Oxumaré é o quê?

Oxumaré é um mistério divino que rege a renovação dos seres por intermédio do amor divino, simbolizado por um coração, que por sua vez simboliza uma das Oxuns intermediárias que se humanizou como "Ísis", a deusa egípcia ainda muito conhecida, pois, igual a toda Oxum, é uma divindade maternal e amorosa.

Viram como o conhecimento religioso abstrato desconhece completamente as hierarquias divinas, como Deus procede e quem são realmente as divindades naturais?

O mentalismo abstrato acerca das coisas divinas foi o único meio de o obscurantismo religioso impor-se e dominar, pois precisava aprisionar os espíritos rebelados contra a rigidez das hierarquias espirituais estabelecidas no astral desde eras remotas e desconhecidas da atual civilização.

O Cristianismo apagou o conhecimento guardado pelos mystas e o Islamismo apagou o conhecimento que os magos guardavam com muito zelo. Por isso, as culturas religiosas cristã e islâmica negam as divindades naturais e canalizam a fé unicamente para Deus: os espíritos rebelados contra a rigidez das divindades naturais só se deixariam conduzir se fosse por meio de doutrinas adaptadas às suas necessidades mais imediatas, que é o retomo ao rebanho divino, do qual se haviam afastado e relutavam em retornar.

Deus Pai, em Sua infinita bondade, criou novas religiões e dotou-as com doutrinas obscurantistas que têm acolhido milhões de espíritos rebelados contra a rigidez das hierarquias espirituais regidas pelas divindades naturais.

Se duvidam do que aqui afirmamos, deem uma rápida olhada no que acontece atualmente dentro da recente Umbanda: espíritos encarnados chamados para religarem-se com os Orixás, que são as divindades naturais, não aceitando submissamente a rigidez das hierarquias, simplesmente viraram-lhes as costas e abrigaram-se no espaço religioso da mais obscurantista das seitas cristãs e, escudados em uma religiosidade que beira o fanatismo, chafurdam a Umbanda e os Orixás com epítetos próprios de suas consciências maculadas pelo desrespeito aos mistérios de Deus. Mas Este, generoso como sempre, está dando a eles uma doutrina obscurantista. Assim, não confundirão nem a si nem aos seus semelhantes, pois não aceitaram a rigidez das hierarquias espirituais regidas pelos sagrados Orixás.

Muitos daqueles que hoje ocupam púlpitos e esbravejam contra a Umbanda, ontem frequentaram os terreiros, onde só sabiam pedir por bens materiais, tais como: carro novo, nova namorada, afastar do caminho um concorrente, etc. Mas como viram neles meros mercadores da fé, as hierarquias os afastaram e só restou a eles o obscurantismo das seitas neocristãs, pois até o Catolicismo de antes não atendia aos seus anseios imediatistas e materialistas.

Deus Pai, em Sua infinita bondade e tolerância, os encaminhou e encaminhará sempre a outra doutrina, que, além de ser obscurantista, é muito mais rígida que a Umbanda. Por isso, o Ritual de Umbanda Sagrada respeita todas as doutrinas religiosas, e a doutrina de Umbanda respeita e aceita todas as divindades.

Afinal, o aguerrido Orixá Ogum, divindade aplicadora da Lei Maior, concede muito mais liberdade de pensamento aos seus fiéis que o sereno Jesus Cristo, quando comparamos um fiel da Umbanda com um fiel evangélico, já que a este último muitas coisas são proibidas.

A doutrina de Umbanda estimula os umbandistas a estudar as religiões e as divindades, mas sob a ótica comparativa. Com certeza, encontrarão respostas a muitos problemas sociais da atualidade se estudarem as recomendações das divindades aos seus fiéis, a postura dos religiosos enquanto intermediadores dos fiéis junto à divindade e os procedimentos dos fiéis diante da divindade e da doutrina que fundamenta sua religião.

1º — Descobrirão que as divindades exigem dos seus fiéis que sejam generosos, amorosos, humildes, obedientes, submissos, caridosos, etc.

2º — Descobrirão que os religiosos ensinam estas virtudes aos fiéis.

3º — Descobrirão que, apesar de todo esse esforço, os fiéis têm muita dificuldade em proceder como exige a divindade e como recomendam os religiosos.

Nós nunca devemos julgar uma divindade pelo comportamento dos seus fiéis, pois estes não são um espelho vivo refletindo as qualidades excelsas de seu regente divino.

Em Jesus Cristo, temos tudo o que um ser precisa para ascender aos céus, e, no entanto, o inferno está coalhado de cristãos. Em Oxum, temos amor suficiente para conquistar o coração divino, no entanto, as Trevas estão coalhadas de filhos e filhas da Mãe do Amor.

Por que isso?

Porque as divindades, que são mistérios de Deus, semeiam doutrinas virtuosas e os religiosos apregoam que só os virtuosos ascendem aos céus, mas os espíritos encarnados, avessos à hierarquia, pois esta implica obediência e renúncia pessoal, preferem a autossatisfação e uma liberdade religiosa que beira a libertinagem consciencial.

A doutrina de Umbanda recomenda aos seus adeptos o respeito e a reverência a todas as divindades, assim como aos seus hierarcas humanos, encarnados ou não, mas que externem as qualidades ordenadoras e excelsas de seu regente divino. Mesmo tendo tantas divindades e tantos instrutores encarnados, ainda assim as pessoas continuam desencarnando... e indo estacionar nas faixas vibratórias negativas.

Logo, a existência do inferno ou Trevas não se deve a esta ou àquela divindade, mas sim à rebeldia natural dos espíritos e à pouca atenção que dão ao que deles esperam as divindades.

OITAVO CAPÍTULO

Os Mistérios

O que é um mistério?

"Mistério é um mistério, oras!", responde a maioria das pessoas, desinformadas do real significado desta palavra, que se perdeu no tempo e assumiu ares de Ocultismo ou "coisa misteriosa". Mas a doutrina de Umbanda esclarece o que é um mistério, e mergulhou no passado ancestral para devolver a esta palavra seu real significado.

Afinal, dizer que a distribuição do pão e do vinho é um mistério, no mínimo, demonstra um desconhecimento do real significado das palavras ou dos rituais religiosos.

A renovação da presença da divindade no corpo do ser pelo concurso de alimentos consagrados não é um mistério em si mesmo, e sim um procedimento que visa a revitalizar a fé no poder imanente da divindade cultuada. É apenas a absorção do poder ou axé da divindade por meio de alimentos. E isso fazem todas as religiões desde que este mundo é mundo, e assim sempre será. Basta estudar os rituais religiosos que sempre encontraremos o homem e as divindades se renovando na partilha de alimentos.

As oferendas rituais atendem a essa necessidade do ser e das divindades em compartilharem os alimentos consagrados, pois ceia é sinônimo de fraternidade, confraternização e vida.

Agora, o que é ativado com a oferenda ritual, aí sim, é um mistério. Um mistério é algo intangível, mas que tem vida própria e só precisa ser ativado pelo fiel.

As divindades são mistérios de Deus e não existe mistério que não seja a manifestação de alguma divindade. Em Oxalá, encontramos o mistério da Fé, e a fé é irradiada por ele o tempo todo. Em Oxum, encontramos o mistério do Amor, e o amor é irradiado por ela o tempo todo.

Se o ser vibra a fé pura, é inundado pelas irradiações de Oxalá; se vibra amor puro, é inundado pelas irradiações de Oxum. Mas, se o ser vibra descrença, não é alcançado pelas irradiações de Oxalá, e se vibra ódio, não é alcançado pelas irradiações de Oxum.

Por que as coisas acontecem assim?

Bom, cada mistério vibra em um padrão específico e basta nos colocarmos conscientemente em sintonia vibratória com ele para que nos inunde com suas irradiações.

Então já sabemos que os mistérios vibram, cada um em um padrão próprio, e os encontramos em nós mesmos, mas na forma de sentimentos, certo? E que, para os ativarmos, basta que estejamos vibrando intensamente o sentimento afim com cada um deles. Se vibramos fé, somos inundados pelas irradiações do mistério da Fé. E se vibramos amor, somos inundados pelas irradiações do mistério do Amor, pois estas irradiações não cessam nunca, e só precisamos estar vibrando no mesmo padrão para recebê-las.

É isto, então?

Exatamente, é isto mesmo!

Então não há Ocultismo algum. Ou há?

Há, sim, Senhor.

Onde entra o Ocultismo?

Bem, ele surgiu quando ocultaram que os mistérios de Deus, todos eles, também estão em nós, e um tolo qualquer interpretou que a expressão *"o homem feito à semelhança de Deus"* diz respeito à semelhança física!

O fato é que, na doutrina de Umbanda, estudam-se as divindades recorrendo à analogia para identificá-las por meio dos mistérios que irradiam. Também se estuda o homem para **descobrir com qual ou quais** mistérios ele está ligado, e descobrimos que, vibratoriamente, podemos acessar mentalmente todos os mistérios de Deus, desde que estejamos irradiando sentimentos afins com as irradiações deles.

Este "todos os mistérios de Deus" é relativo aos nossos limites humanos, certo? Aqui, limitamo-nos à interpretação do homem feito à imagem e semelhança de Deus.

A doutrina de Umbanda buscou na ancestralidade a origem dos mistérios e encontrou os mesmos mistérios em divindades aparentemente diferentes.

Em Oxalá, Buda, Atom, Cristo, etc., encontrou o mistério da Fé; em Oxum, Ísis, Afrodite, Quanyn, etc., encontrou o mistério do Amor em seu sentido mais amplo. Logo, se essas divindades irradiam continuamente a fé ou o amor, todas são mistérios da Fé ou do Amor. E não dependem de nós para existir ou irradiar as vibrações de fé ou de amor, pois são divindades manifestadoras dos mistérios divinos da Fé e do Amor.

Agora, para nos inundarmos com as irradiações de fé e de amor, basta vibrarmos os sentimentos de fé e de amor e direcionarmos nossa mente a Oxalá e Oxum e, no mesmo instante, nosso espírito imortal é envolvido pelas irradiações vibradas por estes Orixás.

Isto sim, é um mistério, pois existe e se manifesta em nós, pouco importando onde estivermos.

Um espírito, ainda que esteja no "paraíso", se começa a perder sua fé, cai vibratoriamente e, se não a recuperar, poderá descer até as Trevas. Outro, estando no inferno, se começar a vibrar a fé em Deus, poderá ascender às esferas da Luz.

Isto é um mistério e, desde que o acessemos por meio dos nossos sentimentos, puros e verdadeiros, seremos atuados com intensidade.

Então já sabemos que os rituais de oferendas alimentares são recursos legítimos para estimular o ser em uma direção bem definida pelo próprio ritual e servem para ajudar o ser a se concentrar e ativar um mistério. Por isso, a doutrina de Umbanda recomenda a oferenda ritual como um dos recursos que as divindades, em infinita generosidade, permitem que usemos, pois facilita a nossa elevação vibratória, assim como o acesso mental ao padrão vibratório por onde fluem as irradiações do mistério de Deus, do qual ela é manifestadora natural pois é uma divindade.

E se as divindades estimulam os rituais, é porque sabem que nós temos em nós mesmos tantos padrões vibratórios que basta que ativemos um, o da fé, por exemplo, para inundarmo-nos de fé, e também para que nos tornemos irradiadores da fé.

Isto, sim, é um mistério!

Um cristão mentaliza Jesus Cristo, põe-se em oração e se sente inundado de irradiações de fé; um budista mentaliza Buda, põe-se em oração e se sente inundado de irradiações de fé; um umbandista mentaliza Oxalá, põe-se em oração e se sente inundado de irradiações de fé.

Mistério é isto: algo que existe por si só e está à disposição de todos, desde que entrem em sintonia vibratória com o padrão por onde ele flui o tempo todo. As vibrações de fé podem estar direcionadas a divindades diferentes; mas, como são mistérios de Deus e manifestadoras divinas do mistério da Fé, todos os fiéis do nosso exemplo sentem-se inundados pelos eflúvios das irradiações vibradas pelas divindades manifestadoras do mistério da Fé.

Logo, a fé é um mistério de Deus que encontramos em nós mesmos, e também irradiamos eflúvios estimuladores em nossos semelhantes quando estamos vibrando intensamente na fé. Já as divindades Oxalá, Buda e Jesus são mistérios da Fé porque estão irradiando a fé em Deus o tempo todo. Se observarmos o amor, veremos que o mesmo ocorre com ele, porque é um sentimento divino manifestado por quem vibra no amor.

Com todos os mistérios ocorre a mesma coisa: se nos sintonizarmos vibratoriamente com eles, tanto receberemos suas irradiações divinas como nos tornaremos irradiadores deles. Se isso acontece, é porque fomos feito à imagem e semelhança de Deus e, guardadas as proporções, somos micro irradiadores dos Seus mistérios divinos.

Somos capazes de irradiar fé, amor, justiça, ordem, conhecimento e até podemos gerar, a partir de nós mesmos, novos seres semelhantes a nós, inventos, ideias, etc.

Então a doutrina de Umbanda vê o homem como o ser feito à imagem e semelhança de Deus, e portador dos mistérios divinos concernentes à espécie humana.

Por isso, a exemplo dos antigos mystas e magos, ela recomenda o estudo dos mistérios; pois, sempre que se estuda um, descobrimos que somos capazes de ativá-lo externa e internamente. No externo, a ativação acontece quando vibramos um sentimento afim com **uma divindade**. E internamente acontece quando, após nos colocarmos em sintonia com o mistério irradiado pela divindade, conscientemente passamos a irradiar o mistério dela para nossos semelhantes.

As divindades irradiam seus mistérios no sentido vertical e nós os irradiamos no sentido horizontal, ainda que as irradiações aconteçam em um círculo de 360 graus, igual à circunferência.

Assim, um médium dotado de várias faculdades mediúnicas precisa passar por um aprendizado durante o qual irá aperfeiçoar-se e colocar-se em sintonia vibratória com as divindades portadoras dos mistérios que ele está apto a manifestar.

As divindades são mistérios em si mesmas, porque estão de tal forma sintonizadas com Deus que manifestam os mistérios d'Ele, a origem de todos os mistérios. Logo, o médium tem de fortalecer cada vez mais sua fé em Deus, pois só assim ele, o micro, será uma individualização do macro e irradiará horizontalmente o que lhe chega na vertical, ou do alto!

A diversidade de dons mediúnicos é a prova da existência dos mistérios. Uns irradiam mistérios da Fé, outros irradiam mistérios do Amor, do Conhecimento, da Justiça, da Evolução, da Ordenação, da Geração.

O estudo das divindades nos dá o conhecimento necessário para identificarmos com qual delas um médium está ligado. E, descobrindo isso, só precisamos estimulá-lo a se aperfeiçoar e direcioná-lo conscientemente no sentido do seu dom ou mistério. O resto ele fará por si, pois traz em si mesmo a centelha divina que crescerá a partir de seu íntimo e sustentará suas irradiações de amor, fé, etc.

Muitos acham cansativo ou enfadonho esse estudo dos mistérios. Mas o descaso que os teólogos de plantão têm dedicado aos mistérios é a causa de tantas decepções com os corpos mediúnicos das tendas de Umbanda. E mesmo nos centros espíritas os mistérios também não são estudados, ou se o são, fazem-no de forma incorreta, estudando-os de baixo para cima, quando o correto é estudá-los de cima para baixo.

Jamais chegaremos aos mistérios se nos limitarmos somente ao estudo do homem, o qual não pode ser dissociado de Deus e das divindades.

Deus está no topo de todas as hierarquias divinas. As divindades formam seus degraus e graus. O homem forma a base de todas as hierarquias, por meio das quais vai evoluindo e galgando graus consciencias cada vez mais elevados. E tanto galga esses graus que muitas das hierarquias do Ritual de Umbanda Sagrada são pontificadas por espíritos humanos já ascensionados.

Por ascensos entendam espíritos que evoluíram tanto, mas tanto, que se transformaram em mistérios de Deus... em si mesmos. E consagraram-se à humanidade, auxiliando os espíritos que ainda estão trilhando o caminho que conduz às esferas celestiais.

O homem não é um ser perfeito em si mesmo, mas, por ser uma centelha divina portadora dos mistérios de Deus, passa então por aperfeiçoamentos conscienciais que o tornam manifestador dos mistérios divinos herdados do seu Divino Criador.

Assim como o homem-carne herda as características genéticas de seu pai, também homem-carne, o homem-espírito herdou de Deus os mistérios divinos, todos eles armazenados na centelha divina que o anima e o sustenta vivo, vibrante, irradiante e pensante.

Nesta herança divina guardada na centelha original está o sêmen original que, depositado no ventre da mãe divina, que é o Universo, gera um ser análogo a Deus, mas limitado à sua condição de ser espiritual, ainda sujeito a tornar-se um ser divino.

A doutrina de Umbanda fundamenta nos mistérios os nomes simbólicos das linhas espirituais que baixam nos centros. Um espírito, ao apresentar-se com um nome simbólico, certamente é manifestador de um mistério regido por alguma divindade.

Por isso, a identificação dos guias espirituais é importante. É por meio dela que ficamos sabendo se um guia é manifestador de um mistério do Orixá Oxóssi, de Ogum, de Xangô, etc.

— *um Caboclo Sete Flechas manifesta um mistério de Oxóssi*
— *um Caboclo Sete Espadas manifesta um mistério de Ogum*
— *um Caboclo Sete Montanhas manifesta um mistério de Xangô*

Os três são espíritos que entraram em sintonia vibratória com os respectivos Orixás e evoluíram sob a irradiação direta ou vertical deles. E chegaram a tal grau de afinidade que se tornaram irradiadores de um mistério dos seus respectivos regentes divinos.

— *a flecha simboliza Oxóssi*
— *a espada simboliza Ogum*
— *a montanha simboliza Xangô*

Oxóssi irradia em sete níveis vibratórios, e um Caboclo Sete Flechas atua nas sete irradiações do Orixá do Conhecimento; Ogum irradia em sete níveis vibratórios, e um Caboclo Sete Espadas atua nas sete irradiações do Orixá da Lei; Xangô irradia em sete níveis vibratórios, e um Caboclo Sete Montanhas atua nas sete irradiações do Orixá da Justiça.

Com isso explicado, então podemos aquilatar o alcance dos mistérios desses três espíritos, já que se tornaram irradiadores de várias qualidades de seus regentes, desenvolveram atributos em seus íntimos antes pertencentes só aos seus regentes e assumiram atribuições que antes só seus regentes possuíam. E por isso são tidos na conta de espíritos de "elite", que anularam a si mesmos e passaram a ser irradiadores de mistérios que antes só os Orixás irradiavam.

Por que eles se tornaram irradiadores de mistérios?

Porque desenvolveram "conscientemente" seus dons divinos e consagraram suas vidas ao mistérios divinos que mais os atraiu e com os quais se identificaram totalmente. Dentro de suas centelhas originais, estes mistérios também já existiam e eram suas heranças divinas. São micromistérios dos macro mistérios que são os Orixás.

E a tendência natural será ascenderem cada vez mais, até que chegará um tempo em que não serão vistos como espíritos, mas sim como seres divinos que dedicaram suas vidas à humanidade, pois é isso que acontece com todos os seres que se consagram aos mistérios de Deus.

Na doutrina de Umbanda, estudam-se os mistérios e dedica-se uma atenção especial à forma como eles se mostram, atuam e influem na vida dos espíritos, porque eles não existem apenas por existir. Eles atendem a desígnios de Deus e são manifestadores de qualidades, atributos e atribuições pertencentes somente a Ele, o Divino Criador.

Em Deus está a origem, meio e fim de todos os mistérios.

Uma divindade tanto manifesta quanto guarda em si mesma um ou vários mistérios. Logo, mistério e divindade são sinônimos de algo que pertence a Deus e é indissociável d'Ele, pois só n'Ele encontra sua origem, sustentação e finalidade.

Sim, a finalidade de todo mistério e divindade é facilitar, de alguma forma, nosso crescimento interior, nossa evolução individual ou coletiva e nossa ascensão vibratória.

Por isso citamos o caso da oferenda ritual e dissemos que não são mistérios, mas, sim, chaves que ativam os mistérios de Deus. E também citamos o homem feito à imagem e semelhança de Deus, como um portador natural de dons análogos aos mistérios divinos.

Existe um Orixá Oxóssi, que é o irradiador natural de muitos ou todos os mistérios "vegetais" de Deus, e também existem espíritos que respondem pelo nome simbólico "Sete Flechas", irradiadores de um ou vários mistérios do Orixá Oxóssi. Dão continuidade às hierarquias divinas, ocupando seus graus vibratórios humanos, pois são espíritos e são humanos.

E, sendo um mistério imensurável e irradiado por uma divindade natural, então o Orixá Oxóssi nos chega do alto do Altíssimo e é tão vasto que, só no Ritual de Umbanda Sagrada, já formou centenas de hierarquias, cada uma manifestando um de seus mistérios vegetais que, embora sejam em "essência" vegetais, no entanto, distribuem-se horizontalmente a todos os seres e a todos os outros elementos e essências.

Os Orixás são mistérios de Deus e nunca os conheceremos em sua totalidade. Mas o estudo dos mistérios vai nos mostrando onde e como eles atuam.

Muito se tem escrito acerca dos mistérios de "Elêusis", dos mistérios "Egípcios", dos mistérios da Tábua de Esmeralda, etc. Mas a nenhum estudioso ocorreu que os Orixás são todos esses mistérios naturais, ocultados por rituais religiosos, normalmente fechados aos não iniciados.

As castas religiosas guardavam a sete chaves os modos de ativar estes mistérios ou suas chaves rituais; assim conservavam em suas mãos o poder e controlavam a mente e os corações dos seus fiéis.

Toda uma pompa religiosa ocultava das massas a forma simples de se entrar em contato com as divindades. Os fiéis só obtinham os favores delas caso se curvassem diante dos mystas, dos magos, dos hierofantes e dos sacerdotes de então. E hoje, apesar de toda a evolução espiritual e de todo o progresso material, ainda assistimos à ostentação ridícula de alguns sacerdotes dos Orixás, que se paramentam espalhafatosamente e denotam uma superioridade sem substância alguma e que não resiste a um exame acurado de sua capacidade intelectual ou de seus supostos dons ou pendores naturais.

Mas, com relação a religião e comportamento humano, nada de novo surgiu na face da terra desde o desaparecimento dos antigos mystas, magos e hierofantes e, assim, aqueles que aprendem um pouco mais a respeito dos mistérios, logo se cobrem de forma a impressionar as massas de fiéis, achando-se superiores aos comuns mortais.

Mas a verdade é que os tão procurados mistérios de Elêusis, da Tábua de Esmeralda ou os mistérios egípcios estão ocultos por trás dos nomes simbólicos usados pelos espíritos guias de Umbanda e foram conservados em suas essências pelos Orixás. São as mesmas divindades invocadas pelos mystas, pelos magos, pelos hierofantes, pelos cabalistas, só que com outros nomes, pois eles falavam outras línguas e os mostravam com outras aparências em razão de outras culturas e etnias os humanizarem para serem mais bem cultuados... e ocultados.

Simples, não?

Muito simples sim, senhor.

Afinal, seria um contrassenso Deus criar a todo instante uma nova divindade e um novo mistério só para atender às nossas necessidades imediatistas acerca do mundo sobrenatural.

A verdade é que as divindades maiores ou planetárias são só umas poucas e sempre foram as mesmas, mas possuem inúmeras hierarquias e recorrem a elas quando precisam atender a um povo, ou mesmo a um numeroso grupo de espíritos afins e no mesmo nível evolutivo. Aí, a hierarquia intermediária escolhida acerca-se de espíritos intermediadores afins com as necessidades dos espíritos confiados a ela, e abre ao plano material o seu mistério intermediário, o qual atrairá todos os espíritos afins nos dois planos da vida. Assim, surge na face da terra uma nova religião ou uma seita dissidente de uma religião já existente e muito antiga.

Afinal, Deus não cria a todo instante novas divindades e novos mistérios só para nossa satisfação pessoal. Mas Ele, em Sua infinita bondade, renova antigas divindades e antigos mistérios e os adapta às nossas necessidades atuais. Assim, nunca nos deixa desamparados em nossa contínua renovação íntima, que acontece toda vez que reencarnamos.

Atentem para isso e entenderão que os antigos mistérios, famosos mas desconhecidos de todos, na verdade, estão renovados, e dentro do Ritual de Umbanda Sagrada. Eles não são outros senão os nossos sagrados Orixás, tão cantados mas pouco conhecidos, porque ninguém e nenhum dos seus estudiosos se dispôs a analisá-los segundo o modelo preconizado pela doutrina de Umbanda Sagrada, que, antes de mais nada, estuda o humano por meio do divino, e vice-versa. Só assim, cruzando os mistérios humanos com os mistérios divinos, descobrimos que macro e micro se correlacionam e que realmente fomos feito à imagem e semelhança de Deus!

Tentar estudar os mistérios por intermédio das lendas é uma tarefa árdua e, às vezes, inócua. Mas estudá-los a partir das qualidades divinas dos Orixás e das qualidades "humanas" dos espíritos, aí sim, sempre chegamos a bom termo pois descobrimos que *a pedra que forma o ápice de uma pirâmide e as que formam sua base são feitas da mesma substância.*

Então, se quisermos saber da consistência da pedra localizada no ápice inalcançável, o melhor meio é estudarmos a pedra da base, que está ao nosso alcance e sustenta toda a construção erigida sobre ela.

Uma das dificuldades de se estudar uma divindade ou um mistério reside na facilidade com que ambos se adaptam a todos os povos e níveis evolutivos. Assim, o mito hebraico do dilúvio, que já é uma "versão" pois ocorreu muito antes do surgimento dos hebreus, foi adaptado posteriormente aos povos vizinhos sob a forma mítica.

Por isso, nem sempre uma lenda reflete as reais qualidades, atributos e atribuições de um Orixá, ainda que as verdadeiras sejam identificadas no micro, ou nos espíritos (seus manifestadores humanos) regidos por eles.

E todos os estudos acerca dos Orixás têm se fundamentado em alguns poucos estudos antropológicos, realizados desde o final do século XIX até meados do século XX, e em deficientes estudos da cabala, que se entrecruzaram de forma aleatória ou incorreta, dando à Umbanda prática uma aparência não muito afim com os mistérios ocultados pelos nomes simbólicos reveladores das divindades manifestadoras deles.

Classificações espúrias das hierarquias surgiram e tornaram mais difícil a compreensão do Ritual de Umbanda Sagrada, simbólico por sua natureza iniciática e sagrado por ser manifestador dos mistérios divinos trazidos ao nível vibratório e consciencial por meio dos médiuns de Umbanda.

Pessoas despreparadas, mas motivadas, ora pelo ego, ora pela vontade de ensinar, acabaram por bloquear um código aceitável que norteasse a nascente religião regida pelos mesmos Orixás cultuados pelos gregos, fenícios, egípcios, hindus, chineses, japoneses, indonésios, etc., e que regem tanto o Candomblé como as religiões dos nossos irmãos da África.

Se insistimos no assunto "Mistério" é porque ele é importantíssimo para o entendimento da religiosidade. A Umbanda recorre em seu ritual prático a muitas divindades, umas opostas às outras quando estudamos os seus mistérios, mas que se manifestam em um mesmo espaço dedicado às práticas religiosas. Se estudamos o mistério "Ogum do Fogo", descobrimos que o ar e o fogo são seus elementos básicos. No elemento ar, ele é ordenador da Lei, e no elemento fogo é aplicador da Justiça. Mas, se estudamos o mistério "Oxum das Cachoeiras", descobrimos que o mineral, a água e o ar são seus elementos básicos. No elemento mineral, ela é energizadora; no elemento água, é geradora; e no elemento ar é purificadora.

Então, sabendo de tudo isso, perguntamo-nos por que as encantadas da Orixá Oxum das Cachoeiras formam, naturalmente, pares vibratórios com os encantados do Orixá Ogum do Fogo, já que o fogo é diluidor da energia mineral, é antagônico à energia aquática e consome a energia ar, da qual se alimenta.

O estudo dos mistérios nos mostra que todo Ogum é ar na sua essência original, e que o Ogum do Fogo usa dessa energia, pois a manipula conforme suas necessidades, já que tanto o alimenta quanto o enfraquece, sempre de acordo com as necessidades de seu mistério ordenador ou da Lei. Mostra-nos, também, que, justamente por ele não ser fogo, mas por controlá-lo naturalmente, então forma um par energético ideal com Oxum das Cachoeiras, que irradia seu elemento básico (mineral) muito mais facilmente quando é "aquecido" pelo fogo, irradiado na forma de calor por Ogum, e não como chamas, que só Xangô consegue irradiar.

O fogo do Ogum do Fogo chega a Oxum das Cachoeiras como o calor que ele irradia através de seu elemento básico ar, e este calor não altera o composto energético das irradiações da Oxum das Cachoeiras, porque aquece seu mineral, sua água e seu ar, dando-lhe maior mobilidade ou aumentando seu padrão vibratório, sem alterar a energia composta que flui junto com suas irradiações. Adquirindo maior mobilidade, ela aumenta seu campo de ação e, aumentando sua vibração, ela realiza mais rapidamente o que seus fiéis lhe solicitam, pois os energiza com muito mais intensidade.

Já um Xangô tem como elemento básico o fogo e irradia sua energia na forma de chamas, que chegam ao elemento básico mineral de Oxum por meio do elemento ar, formando o composto energético irradiado por ela... mas por ele consumido, porque precisa dele para aumentar sua temperatura e tornar "líquido" o mineral, que, maleável, fluirá através do elemento água, junto com o mineral e o ar, formando a energia composta irradiada pelo seu mistério.

O Ogum do Fogo dá mobilidade ao mineral de Oxum das Cachoeiras, aquecendo seu ar e sua água. Já o Xangô do Fogo precisa consumir o ar dela para diluir seu mineral e aquecer sua água, intensificando suas vibrações e acelerando suas irradiações energéticas.

É dessa maneira que as lendas devem ser interpretadas, e não como querem alguns, que nada entenderam e dão às "ligações" elementais a interpretação de procedimentos humanos.

Parece complicado, não?

Pois saibam que é mesmo. E por isso a doutrina de Umbanda repele as codificações espúrias feitas ao sabor das vaidades dos médiuns dotados de pouco ou nenhum conhecimento a respeito da natureza elemental básica dos Orixás, ou acerca dos seus mistérios e das energias puras ou compostas que eles irradiam.

Divindades naturais, Orixás e mistérios de Deus são sinônimos. Não será fundamentado nas lendas e em um intelectualismo sofista que o Ritual de Umbanda Sagrada concretizará, no plano material, os conhecimentos fundamentais que sua doutrina precisa transmitir aos médiuns, manipuladores dos mistérios dos Orixás, invocados nos trabalhos práticos por intermédio dos nomes simbólicos adotados pelo Ritual de Umbanda Sagrada.

Quando um médium invoca um Orixá — Xangô, por exemplo —, tanto pode chamar pelo Senhor da Justiça Divina, o Orixá maior, como pode invocar o regente de um dos mistérios da Justiça Divina, Xangô das Pedreiras, por exemplo. Logo, a hierarquia existe, é ativa e ocupa todos os níveis vibratórios das irradiações da Justiça Divina.

Esse conhecimento não é visível por intermédio do estudo das lendas ou dos mitos, mas sim por meio da correta interpretação do mistério de Deus denominado "Justiça Divina". Mas a doutrina de Umbanda estudou esse mistério e encontrou em cada um dos Orixás Xangôs os manifestadores dos mistérios derivados do mistério "Justiça Divina", em que cada um atua como seu irradiador nas linhas de forças regidas pelos outros senhores Orixás ancestrais.

Todos os Orixás Xangôs são divindades regentes de hierarquias planetárias e cada um atua em um nível vibratório específico, pois se irradiam através dos elementos.

no elemento fogo é o Xangô do Fogo que atua
no elemento ar é o Xangô dos Raios que atua
no elemento água é o Xangô das Águas que atua
no elemento terra é o Xangô da Terra que atua
no elemento vegetal é o Xangô Vegetal que atua
no elemento mineral é o Xangô das Pedras que atua
no elemento cristalino é o Xangô do Tempo que atua

Cada um desses Xangôs intermediários atua na irradiação desses elementos, que possuem vibrações próprias, pois são originados de essências diferentes.

Eles também recebem nomes simbólicos pelos quais são invocados durante os trabalhos práticos realizados pelos médiuns. Cada um deles possui suas hierarquias intermediadoras que atuam na horizontal, ou nível terra, onde nós nos localizamos juntamente com todos os espíritos.

Às vezes, os médiuns encontram dificuldades para interpretar corretamente os nomes simbólicos dos Orixás, já que lhes falta este conhecimento, que não está à disposição em livros que abordam os Orixás. Por isso, recomendamos estudarem com atenção os nomes simbólicos das linhas de Caboclos e de Exus, pois estes são as chaves para os mistérios ocultados pelos nomes simbólicos dos Orixás.

Vamos dar aqui um pouco da correta interpretação do mistério "Justiça Divina" regido pelo Orixá Xangô ancestral e manifestado nos níveis vibratórios por onde fluem as sete irradiações divinas. Atentem para este conhecimento e depois o usem para estudar os outros mistérios divinos.

1 — Essência cristalina: irradiação dos mistérios da Fé
2 — Essência mineral: irradiação dos mistérios do Amor
3 — Essência vegetal: irradiação dos mistérios do Conhecimento
4 — Essência ígnea: irradiação dos mistérios da Justiça
5 — Essência eólica: irradiação dos mistérios da Lei
6 — Essência telúrica: irradiação dos mistérios da Evolução
7 — Essência aquática: irradiação dos mistérios da Geração

O Xangô ancestral é em si mesmo a irradiação da Justiça Divina, e a emite para as outras irradiações divinas por intermédio de seus Orixás Xangôs intermediários.

- O Xangô do Fogo é o irradiador para a própria linha da justiça ou faixa vibratória por onde flui a irradiação pura ou elemental do fogo da Justiça Divina, purificador dos excessos.

- O Xangô do Tempo é o irradiador da Justiça Divina para a linha cristalina ou vibratória da Fé, regida por Oxalá e Logunã.

- O Xangô das Pedras é o irradiador da Justiça Divina para a linha mineral ou vibratória do Amor e da Concepção, regida por Oxum e Oxumaré.

- O Xangô Vegetal é o irradiador da Justiça Divina para a linha vegetal ou vibratória do Conhecimento, regida por Oxóssi-Obá.

- O Xangô dos Raios é o irradiador da Justiça Divina para a linha do ar ou vibratória da Lei, regida por Ogum e Oroiná.

- O Xangô da Terra é o irradiador da Justiça Divina para a linha da terra ou vibratória da Evolução, regida por Obaluaiê e Nanã Buruquê.

- O Xangô da Água é o irradiador da Justiça Divina para a linha da água ou vibratória da Geração, regida por Iemanjá e Omolu.

Esses sete Xangôs são divindades ou Orixás intermediários do mistério "Justiça Divina" regido pelo ancestral Orixá Xangô, um mistério de Deus em si mesmo.

Eles irradiam os mistérios da Justiça Divina para as linhas de forças regidas por outros Orixás e nelas, com suas irradiações já incorporadas, fluem naturalmente distribuindo a Justiça Divina.

Isso significa que eles não aplicam "pessoalmente" a Justiça Divina, mas sim que a irradiam e a fazem fluir junto com as vibrações dos Orixás Regentes das linhas de forças que irradiam outros mistérios de Deus.

Um Orixá não entra pessoalmente na faixa vibratória dos outros, pois não é preciso. Ele é um mistério em si mesmo e irradia continuamente um padrão específico que interpenetra todas as faixas, ainda que sejam de diferentes graus vibratórios.

As faixas vibratórias localizam-se na horizontal e as irradiações divinas ou dos Orixás acontecem na vertical.

Aqui só mostramos um pouco do conhecimento ainda não abertos à Umbanda praticada nas tendas, mas todo ele já codificado como noção fundamental do Ritual de Umbanda Sagrada e ensinado nas escolas iniciáticas existentes no astral.

O tempo possibilitará que esse conhecimento seja trazido para o plano material e assimilado pelos estudiosos dos mistérios. Automaticamente, as construções falaciosas surgidas de tempo em tempo cederão lugar a uma doutrina uniforme também no plano material, pois ainda estamos no experimentalismo religioso.

E se não adquirirem aqui, no plano material, certamente adquirirão no plano espiritual. Tudo é uma questão de tempo, e o primeiro passo foi dado quando se religaram às hierarquias de Umbanda.

NONO CAPÍTULO

Os Procedimentos

A doutrina de Umbanda estimula os procedimentos corretos e incorporou aqueles mais afins com a própria natureza divina dos Orixás.

A um médium é solicitado que conheça o mínimo indispensável para que possa realizar as práticas de Umbanda e seus rituais. Também é exigido que estude um pouco, porque só assim entenderá tudo o que acontece dentro de um templo de Umbanda durante a realização das giras de trabalho.

Cada religião tem seus paramentos ou vestes litúrgicas, e a Umbanda também tem os seus: vestes brancas.

Por que o branco é a cor preferencial da Umbanda?

O branco é a cor de Oxalá, o regente da Fé no Ritual de Umbanda Sagrada. Logo, como a fé é o mistério religioso por excelência, o astral tem estimulado o uso dos paramentos brancos. O simbolismo da veste branca é bem visível, além de permitir uma uniformidade na apresentação do corpo mediúnico.

Mas, se alguém se veste de branco e assume o grau de médium, dele também se exige que purifique seu íntimo, reformule seus antigos conceitos com relação à religiosidade e se porte de acordo com o que dele esperam os Orixás sagrados, pois serão estes que o ampararão daí em diante.

A doutrina de Umbanda tem por objetivo primeiro o auxílio espiritual, e estimula o despertar da consciência religiosa nos médiuns. Os doutrinadores sabem que têm de ser pacientes, pois precisar lidar com pessoas oriundas de outras religiões, nas quais já desenvolveram uma consciência mais ou menos de acordo com o que pregam suas doutrinas.

A doutrina tem como um de seus procedimentos basilares nunca obrigar alguém a renegar a religião que praticava, pois nenhuma religião deve ser renegada ou criticada. O máximo tolerado pela doutrina é a crítica aos mercadores da fé, aos fanatizantes líderes religiosos das doutrinas obscurantistas, e, ainda assim, se eles forem os primeiros a agredir a religião umbandista, como sempre ocorre, já que sentem uma ameaça invisível aos seus feudos religiosos nas religiões libertadoras do espírito, como o são a Umbanda e o Espiritismo.

As verdades semeadas pelos espíritos são superiores às que eles semeiam e tratam logo de combatê-las. Mas, fora essas escaramuças em nível terra, a doutrina de Umbanda reprova toda tentativa de diminuir outras religiões, pois todas se fundamentam em Deus e em Suas divindades. Logo, o universalismo adotado pela doutrina de Umbanda não permite críticas às outras religiões, tampouco obriga alguém a renegar sua antiga crença.

Quem proceder de outra forma não é, ainda, um verdadeiro médium de Umbanda Sagrada, a mais ecumênica das religiões. Em seus templos manifestam-se espíritos trazendo ainda vibrantes as suas antigas formações religiosas que lhes possibilitaram a ascensão espiritual aos níveis superiores da Luz.

Manifestam-se espíritos vindos de todas as outras religiões e regiões do planeta. Uns são hindus, outros são árabes, outros são judeus, budistas, cristãos... e até índios brasileiros e negros africanos, os seus fundadores espirituais.

Logo, dentro dos procedimentos recomendados está o de absterem-se de qualquer crítica a outras religiões ou de alimentarem preconceitos religiosos mesquinhos.

Outro procedimento recomendado é respeitar os templos de todas as religiões e seus espaços religiosos, pois, aquele que não respeita a casa alheia, não respeita a própria.

Se não consegue ver em um templo alheio uma morada de Deus, então não é digno de dizer que, no seu templo, Ele habita. Em verdade, onde pessoas se reúnem para louvarem a Deus, Ele ali se estabelece e se manifesta, não importando que O invoquem com outros nomes que não o de "Olorum" ou "Zambi". Deus é único e os nomes que Lhe dão são apropriações humanas de Suas qualidades divinas manifestadas a todos o tempo todo. Afinal, Ele é tudo em Si mesmo e temos de invocá-Lo por um nome que mais nos fale ao coração, certo?

Outros procedimentos recomendados, e já bastante divulgados, são relativos às práticas rituais:

- em dia de trabalhos mediúnicos, não se deve comer alimentos de difícil digestão ou ingerir bebidas alcoólicas, pois estas entorpecem a mente e anulam a percepção extrassensorial, assim como abrem o campo mediúnico às vibrações negativas e estimulam o emocional dos médiuns;
- a mediunidade só deve ser desenvolvida com o recurso da concentração dos cantos rituais e dos atabaques, e nunca com o concurso de qualquer produto alucinógeno, o qual cria delírios emocionais e animismos;
- médium desequilibrado deve ser afastado do corpo mediúnico e encaminhado para tratamento médico-psicológico e espiritual;
- médium alcoolizado, ainda que minimamente, não deve realizar trabalhos práticos, ou deles participar;

- médium que não realizar a higiene espiritual e pessoal, tal como banho com ervas, firmar uma vela para seu anjo da guarda, firmar sua esquerda e direita, etc., não está apto a realizar um bom trabalho mediúnico. Nessa higiene pessoal, inclui-se a bucal, pois não há coisa mais desagradável que um consulente ter de suportar o mal hálito de um médium relapso;
- estar sempre vestido com roupas limpíssimas;
- portar-se com respeito e silêncio dentro das tendas — espaços consagrados às divindades e aos rituais religiosos praticados dentro da Umbanda.

DÉCIMO CAPÍTULO

Consagrações e Oferendas

Quando um médium vai consagrar sua coroa ao seu Orixá, deve guardar preceito de sete dias se quiser apresentar-se em equilíbrio vibratório e energético diante de seu Orixá Regente.

Nesses sete dias, não deve se alimentar com carnes de qualquer espécie; não deve ingerir bebidas alcoólicas; não deve manter nenhum contato íntimo com o sexo oposto ou relação sexual e deve acender uma vela de sete dias ao seu anjo da guarda e outra ao seu Orixá. Não deve, ainda, entrar em locais de grande aglomeração de pessoas; deve dormir sozinho e de preferência sobre uma esteira; deve dedicar uma hora antes de dormir a preces e mentalização de seu Orixá; não deve emitir pensamentos ou palavras negativas; deve ele mesmo fazer seu banho de ervas rituais todos os dias; deve incensar seu quarto de dormir antes de se deitar; deve manter sua "esquerda" iluminada com velas pretas, vermelhas e brancas; de preferência, acesas em triângulo. E outros procedimentos mais que seu pai ou mãe no Santo lhe recomendar.

Quando o médium só vai oferendar seu Orixá ou algum dos outros Orixás em algum dos pontos de forças da natureza, deve se abster de contatos sexuais pelo menos nas últimas setenta e duas horas e nas doze horas posteriores. Só depois desse período de isolamento energético está liberado para retomar a rotina em sua vida particular.

Isso é necessário para que, quando se apresentar diante do Orixá, não esteja impregnado com as energias que normalmente absorve do sexo oposto. Quanto mais o médium estiver puro energeticamente, mais facilmente sintonizará vibratoriamente as irradiações dos Orixás.

Para as incorporações que acontecem durante os trabalhos práticos é recomendado um resguardo durante as vinte e quatro horas anteriores aos mesmos. Esses procedimentos visam a desobstruir os pontos de captação de energias e afinizar a vibração do médium em seu padrão pessoal.

Outras recomendações preconizadas pela doutrina de Umbanda já estão bastante difundidas e nos dispensamos de as inserir nestes comentários.

Mas o fato é que, em se tratando de doutrina, sempre é bom que se saliente o comportamento do indivíduo e o estimule a se sintonizar vibratoriamente com as divindades para que uma intensa permuta energética aconteça, tanto durante os trabalhos práticos como durante as oferendas rituais nos pontos de forças da natureza, que é onde mais facilmente absorvemos as irradiações dos Orixás.

Bem, já comentamos acerca das divindades as suas atuações dentro do Ritual de Umbanda Sagrada por intermédio das linhas de trabalhos, onde as encontramos veladas por nomes simbólicos. E também analisamos os mistérios, tão desconhecidos dos atuais instrutores religiosos, que normalmente recorrem ao termo mas que, quando perguntados acerca de sua origem, demonstram ignorância a respeito do assunto.

Procuramos comentar os aspectos mais relevantes da doutrina de Umbanda visando a despertar no leitor a consciência de que Umbanda é religião. E deve ser entendida, respeitada e tida como tal, pois todas as divindades atuam nela visando a auxiliar a evolução espiritual da humanidade e a harmonia religiosa na face da terra.

Assim, se um dia virem ou ouvirem um guia espiritual manifestando qualquer tipo de preconceito, refutem-no de imediato, porque com certeza é só um espírito paralisado nos próprios vícios emocionais. A Umbanda surgiu por meio de um sincretismo religioso e de uma miscigenação racial, espiritual e religiosa, coordenada pelos sagrados Orixás e implementada, religiosamente, na mente das pessoas pelos espíritos mensageiros dos mistérios de Deus, que nos ama a todos em geral e a cada um de nós em particular, independentemente de nossa cor, raça ou religião, pois somos Seus filhos e Suas criações.

Um saravá da Umbanda a todas as outras religiões!
Um saravá dos umbandistas a todos os seus outros irmãos!

DÉCIMO PRIMEIRO CAPÍTULO

Ritual

O Ritual de Umbanda Sagrada, ao contrário do que muitos pensam, não aconteceu por acaso e, antes de sua concretização religiosa no plano material como "Umbanda", foi pensado e idealizado no astral. E não está fundamentado só nas necessidades dos espíritos e nas razões e princípios religiosos humanos.

Não. O fato é que a Umbanda, enquanto religião de massas, possui características próprias que a distinguem de todas as outras religiões existentes na terra, até mesmo do Candomblé.

Podem ser encontradas práticas semelhantes em alguns aspectos. Mas a Umbanda é, ritualmente, tão rica que as outras religiões também realizam algumas práticas comuns à ela, mas nunca possuem todos os recursos dos umbandistas ou de sua própria mediunidade, como:

culto aos ancestrais ou antepassados;
culto aos mortos ou às almas;
culto às divindades ou Orixás;
culto aos espíritos ascensionados ou santificados;
culto aos espíritos luminares ou mentores;
culto às forças da natureza;
culto aos elementos da natureza e aos encantados.

E, o mais fundamental, o culto a Deus, que também chamamos de Olorum! Enfim, ao lado de uma extensa gama de práticas magísticas, o umbandista realiza uma infinidade de rituais, que são encontradas em uma religião, ou em outra, e assim por diante. Ao fim de uma vida na carne, um umbandista pode olhar para o alto e exclamar:

"Bondoso Deus, fostes tão generoso comigo. O que distribuístes em várias religiões, concentrastes na minha amada Umbanda! Obrigado por acelerar minha espiritualização de tal modo que até me tornei um templo vivo, onde meus irmãos em espíritos puderam manifestar-se desembaraçadamente e melhor cumpriram suas missões junto aos meus irmãos encarnados!"

E Deus dirá:

"Filho de Umbanda, não se constranja em assumir sua religião, pois, em verdade, você é o Meu Templo Vivo, dentro do qual se manifestam seus irmãos em espíritos e Minhas divindades auxiliares, que são os seus amados Orixás, que muitas vezes se manifestaram aos seus por intermédio de você, meu amado Templo Vivo. Saiba que, nas Minhas outras religiões, Meus filhos precisam construir templos suntuosos para que, no recinto cercado por paredes de pedras, eles possam adorar-Me e cultuar Minhas divindades. Mas a você concedi a condição de ser Meu Templo Vivo, dentro do qual minhas divindades podem manifestar-se!"

É isso, filhos de Umbanda!

O Ritual de Umbanda Sagrada é tão rico em meios e recursos que todo médium de Umbanda é um templo em si mesmo, dentro do qual se manifestam as divindades ou Orixás, os espíritos luzeiros e até nossos irmãos Exus de Lei, também filhos de Deus resgatando seus carmas.

O motivo pelo qual um médium de Umbanda é tão incompreendido, temido e invejado, não sabemos. Nem todos nascem médiuns; no entanto, aqueles que o são têm uma vida atribulada até aprenderem a lidar com suas faculdades mediúnicas e entenderem que tudo o que acontece à sua revelia ocorre porque são "templos vivos" ungidos por Deus para as práticas religiosas do Ritual de Umbanda Sagrada.

Funções do médium:
- *imposição das mãos;*
- *passes magnéticos;*
- *curas espirituais;*
- *desobsseções;*
- *magias;*
- *incorporações;*
- *emissão de oráculos.*

Enfim, uma infinidade de funções está reservada ao médium de Umbanda, o qual as realiza onde quer que esteja, pois ele é um templo vivo e tem em si ou carrega consigo tudo o que as pessoas veem no interior dos templos de Umbanda.

As pessoas veem imagens de Caboclos, Pretos-Velhos, Exus, crianças, Orixás; veem cruzes, estrelas, espadas, flechas, lanças, pedras, sinais cabalísticos, garfos de Exu e ponteiros, etc., e não associam este universo material às faculdades mediúnicas dos médiuns, que são os templos vivos por onde todo um universo oculto, ali simbolizado materialmente, manifesta-se.

Mas, se observarem atentamente, verão que em um momento o médium está manipulando pedras, em outro está com uma espada ou uma cruz nas mãos; em outro, manipulando velas ou riscando signos cabalísticos, em outro está manipulando ervas ou ativando forças ocultas, etc.

Em outras religiões, para afastar um espírito obsessor, realiza-se todo um cerimonial que beira o inimaginado, enquanto o médium de Umbanda invoca seu Exu e vai logo pedindo ao guia que acorrente aquele obsessor que está perturbando seu irmão encarnado. O espírito trevoso, quiumba ou egum é levado e recebe um corretivo para que pare de perturbar a casa e a vida daquele irmão. O "templo vivo", por trazer em si mesmo tantos recursos, pode solicitar ao seu Exu que cuide do caso daquele irmão encarnado, o qual, se fosse em outra religião, com certeza não seria compreendido ou seria tachado de maluco; isto se não fosse chamado de "escravo do maligno", certo?

O médium de Umbanda Sagrada faz tão naturalmente o que os sacerdotes das outras religiões temem fazer que até são evitados por eles, que, se são sacerdotes, nem sempre são templos vivos... Muitos são verdadeiros túmulos das coisas divinas, pois temem tanto o sobrenatural que melhor fariam se abandonassem o sacerdócio. Mas nisso não estão sós. Muitos médiuns, por falta de conhecimentos e entendimento de sua mediunidade, também temem o sobrenatural e bloqueiam suas faculdades mediúnicas e o trabalho espiritual que só por meio dele se realizará.

Afinal, se meu médium não tivesse a faculdade psicográfica e não a mantivesse ativa e desobstruída, eu não poderia estar fixando no papel estes comentários, já que sou um espírito que recebeu dos sagrados Orixás esta missão mediúnica, e só a cumprirei se tiver o concurso do meu médium.

E o mesmo acontece com todos os outros espíritos-guias de Umbanda, que só cumprirão as missões que lhes confiaram os sagrados Orixás se seus médiuns desenvolverem suas faculdades mediúnicas e mantiverem seus canais comunicativos livres de obstruções.

Mas desenvolver a mediunidade significa que a pessoa que é médium deve passar por todo um aprendizado e conscientização, senão suas faculdades mediúnicas ficarão obstruídas por escolhos religiosos, pelos tabus, dogmas e medos já incorporados por ela ao seu dom natural, que é pessoal e intransferível!

O Ritual de Umbanda Sagrada adotou o recurso do desenvolvimento mediúnico como meio rápido de desobstruir os canais mediúnicos e desenvolver as faculdades extrassensoriais do médium. Só assim ele começa a distinguir claramente as manifestações que ocorrem em seu íntimo, já que ele é, em si mesmo, um templo vivo onde ressoam causas passadas de sua vida e vibram acontecimentos exteriores e alheios à sua vontade, pois provêm daqueles que vivem à sua volta.

O método é conhecido por todos os dirigentes espirituais, que o seguem à risca. Já se mostrou positivo e acelerador da espiritualização e conscientização das pessoas que são médiuns e templos vivos, em cujo íntimo ressoam tanto as vibrações dos espíritos quanto das divindades.

Desenvolver a mediunidade não significa dar algo a quem não está habilitado a recebê-lo, mas habilitar alguém a assumir conscientemente o dom com o qual foi ungido. Ao contrário do que apregoam, mediunidade não é punição, e sim bênção divina, concedida ao espírito no momento em que encarna.

Se salientei este tópico, foi para mostrar que, ao contrário do que muitos imaginam, o Ritual de Umbanda Sagrada não aconteceu por acaso, e a mediunidade também não acontece por acaso. Ambos atendem a uma vontade divina muito ordenada, que visa a acelerar a evolução espiritual individual e coletiva. Sempre foi assim! Houve um tempo em que os médiuns eram chamados de magos, hierofantes, mystas, etc.

O Ritual de Umbanda Sagrada possui uma ritualística própria que o distingue das outras religiões e o amolda a essa vontade divina manifestada pelas suas divindades maiores, os sagrados Orixás Regentes do planeta, que ordenaram às suas hierarquias que idealizassem uma religião fundamentada em seus mistérios divinos, em seus axés, em seus pontos de forças, em suas qualidades, atributos e atribuições e a adaptassem tanto aos espíritos quanto às pessoas.

A Umbanda nasceu no meio do culto de Nação, ou Candomblé, e foi se destacando até poder caminhar com as próprias pernas e trilhar seu caminho luminoso. Gêges, nagôs, ketos, angolas, minas, bantos, indígenas, etc., todos contribuíram com a Umbanda, e todos em suas linhas, assim como estão em suas divindades, não importando se os chamam de Orixás, voduns, inquices, etc.

Na Umbanda, todos recebem o nome de "Orixás, os Senhores do Alto!" Mas antes ela foi toda pensada no astral e idealizada para que tivesse em si mesma tantos recursos quantos lhes fossem possíveis ou permitidos. Todo um ritual criado hoje já é bem visível nas milhares de tendas de Umbanda espalhadas por todo o Brasil.

O ritual é simples e, às vezes, até impressiona pela forma como o realizam. Mas, sempre que uma engira é formada, a onipresença dos sagrados Orixás é percebida pelos médiuns já plenamente desenvolvidos percepcionalmente e com os canais mediúnicos abertos.

Normalmente, as tendas centralizam seus trabalhos na linha dos Caboclos, Pretos-Velhos e Exus. Mas algumas abrem seu espaço religioso para que outras linhas espirituais possam atuar por meio da incorporação e comunicação mediúnica.

Quem iniciou as linhas de baianos, boiadeiros e marinheiros, isso não importa, porque o fato é que os espíritos manifestam-se de forma característica e visam a descontrair os ambientes de trabalhos espirituais.

Nós temos os Pretos-Velhos, ou "linha das Almas", regidos pelo mistério "Obaluaiê"; temos os Caboclos de Oxóssi, de Ogum, de Xangô, etc.; temos as caboclas de Oxum, Iansã, Nanã e Iemanjá, etc.; temos os Exus de todos os Orixás.

Logo, perguntam-nos:
- Quem são os baianos, os boiadeiros e os marinheiros?

Bom, os baianos são regidos pelo Tempo (Logunã) e são os espíritos que antes de desencarnarem cultuavam os encantados (Orixás) e eram, em sua maioria, pais e mães no Santo.

Os boiadeiros, em sua maioria, são espíritos que estavam incorporados às linhas de Exus, mas adquiriram créditos para atuarem à direita dos senhores Orixás intermediários, pois Umbanda é evolução espiritual contínua e não nega a ninguém uma oportunidade de ascender nas suas linhas de trabalho. Só os ignorantes negam essa possibilidade aos espíritos que atuam nas linhas de Umbanda. Uns tolos até duvidam quando um boiadeiro diz que já foi Exu, mas que adquiriu grau para atuar em uma linha de "direita".

Já vimos alguns umbandistas escreverem livros de Umbanda nos quais negam essa possibilidade, essa ascensão nas linhas de Umbanda. Mas tais pessoas desconhecem a extrema mobilidade que existe nessas linhas. Nelas, os graus de evolução individual são os diferenciadores. E, se nas linhas de Exus a Umbanda incorpora todos os espíritos que desejam reparar seus erros, falhas e pecados; no entanto, não paralisa a nenhum deles. Muito pelo contrário, estimula-os a resgatarem seus carmas e a se libertarem das ligações com as trevas mais densas, pois só assim ascenderão aos níveis superiores da espiritualidade.

Esses supostos escritores de Umbanda nada entendem de evolução, religião ou Orixás. Tentam passar a falsa ideia de que se um espírito é, hoje, um Exu, amanhã terá de continuar Exu, senão não tem um aproveitamento positivo dentro da Umbanda.

Ledo engano. O que mais distingue a Umbanda como religião é justamente essas oportunidades que oferece aos espíritos, que assim vão evoluindo e ascendendo dentro de suas linhas de ação e trabalhos espirituais.

Pessoas desprovidas do real conhecimento da Umbanda melhor fariam se permanecessem caladas, pois não são poucos os atuais Caboclos que no início da Umbanda atuavam como Exus de Lei, mas que evoluíram e ascenderam tanto que optaram por atuar a partir da "direita".

Umbanda é evolução e ascensão, e não nega a nenhum espírito uma oportunidade, regido pela Lei de Umbanda Sagrada, de retomar a senda da Luz, da Lei e da Vida.

- *os baianos são regidos pelo Tempo (Logunã)*
- *os boiadeiros são regidos pela Lei (mistos)*
- *os marinheiros são regidos pelas Águas (mistos)*
- *as sereias são regidas pelo Mar (Iemanjá)*

Por "mistos" entendam vários Orixás. Então, temos:
- *o mistério "Caboclo"*
- *o mistério "Preto-Velho"*
- *o mistério "Criança"*
- *o mistério "Baiano"*
- *o mistério "Boiadeiro"*
- *o mistério "Marinheiro"*
- *o mistério "Exu"*

Logunã, caso não saibam, é a regente feminina da linha de forças religiosa conhecida como "linha do Tempo". Nessa linha, ela forma um par vibratório com o Orixá Obaluaiê.

Ela recolhe os eguns e os encaminha a Obaluaiê, que os ordena e os distribui nos subníveis vibratórios, para que retomem suas evoluções, já ordenadas pela Lei (Ogum) e amparadas pela Justiça (Xangô), para que retornem à Vida (Iemanjá) e voltem a vibrar sentimento de Amor (Oxum) para toda a Humanidade (Oxalá).

Obaluaiê, como já ensinamos em outros livros, é o polo masculino regente da linha da Evolução, que tem em seu polo feminino a Orixá Nanã Buruquê.

Infelizmente, os escritores de Umbanda só veem em Obaluaiê o curador de doenças da matéria, pois foi isso que mais o distinguiu entre os sacerdotes africanos, e o que mais se destaca em sua lenda. Desconhecem que, sendo ele uma divindade planetária, atua mais sobre o espírito do que sobre a carne e que, se cura as "almas", é porque as recoloca na senda da evolução mental e da ascensão espiritual.

Bom, deixemos de ser críticos ásperos e retomemos o tema de nosso comentário.

O fato é que o ritual é simples, e se os Caboclos estão incorporados atendendo os fiéis de Umbanda, no entanto, estão presentes, e invisíveis, muitos espíritos que pertencem a outras linhas de trabalho. Por isso, quando uma "sobe", outra é chamada e se manifesta. Se o dirigente espiritual tem afinidades e desenvolveu suas ligações com linhas de baianos, boiadeiros e marinheiros, basta a ele invocá-las com cantos rituais próprios que eles se manifestam amparados pelos Orixás.

Isso deve ser salientado, porque dentro de um centro de Umbanda Sagrada só se manifestam espíritos regidos pelos Orixás. Mesmo os quiumbas, os sofredores, etc. são regidos pelos Orixás, só que ainda desconhecem isso e vão sendo despertados lentamente quando doutrinados pelos médiuns.

Eventuais quiumbas, zombeteiros, eguns soltos no tempo, etc. só se manifestam e mistificam um trabalho se os Orixás se afastaram do dirigente dos trabalhos. Mas aí, bem, aí o "Tempo" o está punindo e redirecionando, porque ele falhou em alguma coisa, e de forma tão acentuada que, ou retoma a linha reta ou será escravo do baixo astral, que o usará e dele abusará, em uma justa punição.

Afinal, se o ritual é simples e nos coloca em comunicação com o universo astral regido pelos sagrados Orixás, a simplicidade visa a dar maior praticidade aos trabalhos e não admite desleixo, desrespeito ou falta de fé no que se faz.

Entidades que faltam com o respeito às pessoas, estes são os tão falados quiumbas. Em um espaço dedicado às práticas religiosas de Umbanda não se admitem palavras de baixo calão ou ofensas aos frequentadores, como fazem alguns espíritos mistificadores que incorporam em médiuns relapsos.

Mas estes, se doutrinados ou chamados à atenção, logo se emendam... ou se afastam... ou são afastados por guias doutrinadores aplicadores de corretivos nos espíritos indisciplinados.

O ritual procura ser prático e recorre à simplicidade, não exigindo dos espíritos manifestantes a erudição verborrágica, mas tão somente a comunicação simples e objetiva que toca fundo no íntimo dos consulentes.

Código de Umbanda

Magia de Umbanda
Conhecimentos Básicos e Fundamentais

Livro 2

Sobre fundamentos, requisitos, alcance e limites da Magia de Umbanda, bem como sobre o grau de "Mago" e a qualificação do médium para as manipulações magísticas.

PRIMEIRO CAPÍTULO

O Verdadeiro Sentido da Umbanda

A Umbanda, ao contrário do que muitos imaginam, não é só trabalhos magísticos ou despachos na "encruza". Como religião, ela possui todo um fundo magístico, mas que se desdobra em recursos acessíveis a todos que dela se aproximam.

Muitos buscam na Umbanda a cura para seus espíritos enfraquecidos nas lides diárias, e muitos encontram nela uma via natural pela qual se religam espiritualmente com seus afins do plano astral. Esse religamento acelera a evolução espiritual de tal forma que, após alguns anos, o umbandista possui uma noção muito ampla do que seja o outro lado da vida.

E, como na Umbanda direita e esquerda se manifestam dentro de um equilíbrio regido pelo alto, mais fácil é a compreensão dos umbandistas a respeito das ações e reações, causas e efeitos e acerca do carma individual.

Umbanda é religião, é conhecimento, é magia e espiritualização, animados pela fé interior de cada um que resulta no que chamamos de "religião umbandista", em que o socorro espiritual convive com o despertar da consciência para as verdades maiores.

Por isso, temos assentado que o verdadeiro sentido da Umbanda é acelerar a evolução espiritual e o aperfeiçoamento consciencial e religioso dos seus praticantes. Se não, vejamos:

- a Umbanda não recusa fiéis de outras religiões entre os consulentes que frequentam assiduamente suas tendas de trabalho.

- a Umbanda não obriga ninguém a renegar sua religião para poder participar de suas engiras.

- todas as outras religiões estão representadas dentro do Ritual de Umbanda Sagrada, na qual linhas de ação e trabalhos cristãs, hinduístas, islâmicas, persas e egípcias atuam ocultadas por nomes simbólicos ainda não interpretados corretamente, ou sequer apercebidas mesmo pelos médiuns que incorporam espíritos ligados a elas.

Com isso, queremos dizer que a Umbanda Sagrada é o congraçamento de todos os espíritos e a reunião do que há de melhor em todas as religiões ainda ativas ou já adormecidas na mente dos espíritos encarnados, que somos nós. Umbanda é fé, é caridade, é conhecimento, é magia e é ecumenismo religioso. Sob o teto de um templo de Umbanda manifesta-se o Caboclo índio, o Preto-Velho, o mestre hindu, o sábio chinês, o descontraído Exu e a exuberante Pombagira.

Aí está sintetizado o verdadeiro sentido da Umbanda: união de todas as correntes astrais e de todas as linhas de pensamento que têm norteado a humanidade e a harmonização do ser com todas as religiões.

SEGUNDO CAPÍTULO

Os Rituais

Para que servem?
Quando os utilizar?
Até que ponto resolvem?

Comecemos por definir o que seja ritual:
Ritual é uma forma particular de se cultuar o alto do Altíssimo e cada religião possui seu ritual próprio, que a distingue de todas as outras e proporciona aos seus fiéis uma individualização no momento em que se colocam em contato mental com a divindade maior que rege sua religião.

Dentro do ritual de uma religião nós temos os subníveis, ou suas práticas religiosas.

O ritual identificador de uma religião tem como função envolver, estimular e congraçar em um mesmo nível vibratório mental e religioso todos os seus fiéis. É quando todos os seres reunidos em um mesmo espaço desarmam seus emocionais, anulam suas intolerâncias, animosidades, receios, medos e angústias e passam a vibrar em um mesmo sentido a fé em Deus.

Se nos fosse possível sintetizar o significado superior da palavra "ritual", diríamos: "É o ordenamento emocional, o direcionamento mental e a vibração consciente que nos colocam em sintonia direta com as divindades maiores".

Quando os utilizar:
Como dissemos há pouco, temos os rituais utilizados no sentido de harmonização vibratória das pessoas reunidas em um mesmo espaço e sob uma mesma irradiação religiosa, com as mesmas práticas sub-rituais. As práticas sub-rituais são utilizadas em muitas ocasiões. Citemos algumas:

• Encontro de fiéis de uma mesma religião, quando recorrem a um modo particular de cumprimento e saudação.

• Modo íntimo ou pessoal de se orar às divindades, nos espaços religiosos ou nos momentos de congraçamento familiar.

• Oferendas rituais, votivas, propiciatórias, divinatórias, consagratórias, etc., quando cada sub-ritual, ainda que conserve em sua essência os fundamentos do ritual, tem seu modo e ritualística próprios para cada fim que se almeja alcançar.

Até que ponto resolvem:

Essa é a questão mais discutível. Mesmo realizando uma prática ritual com um fim específico, fatores imponderáveis podem alterar os resultados finais. Vamos imaginar um exemplo:

1º — Um fiel de uma religião vai inaugurar uma loja ou casa de comércio.

2º — Ele solicita ao seu sacerdote que realize um ritual propiciatório ao êxito e prosperidade de seu novo local, onde irá ganhar o seu pão abençoado.

3º — O sacerdote recorre a uma prática sub-ritual e consagra e abençoa o lugar em questão, tornando-o vibratoriamente positivo ao bom êxito e à prosperidade.

1ª ocorrência: o fiel em questão, movido pela sua fé religiosa e confiança no seu trabalho e na sua capacidade profissional, inaugura sua loja... e prospera rapidamente.

2ª ocorrência: o local foi tornado positivo, mas o fiel, apesar de sua imensa fé, não é um bom profissional no trato dos seus clientes, na escolha das mercadorias a serem expostas, ou na obtenção do menor custo, etc., e não prospera.

Conclusão:

"Nos rituais propiciatórios, tanto o ritual utilizado quanto o santo invocado pouco resolvem se o beneficiário não fizer por merecer!"

TERCEIRO CAPÍTULO

A Importância da Educação Mediúnica

A educação mediúnica é de suma importância para quem realiza práticas magísticas ou religiosas de fundo espiritual, espiritualista ou espiritualizador.

Se não, vejamos:

Quando alguém adentrar pela primeira vez em um templo de Umbanda, notará que os praticantes fazem certas saudações rituais de significado ou valor por ele desconhecidos. O comportamento exterior dos praticantes se altera, eles se tornam diferentes dentro do recinto consagrado às práticas religiosas.

Tudo isso faz parte da educação mediúnica e os comportamentos têm de estar afinizados com o que se realiza dentro de um espaço consagrado.

Mas até aqui ainda estamos abordando aspectos exteriores da formação religiosa, pois, ao nos voltarmos para o interior dela, deparamo-nos com a educação mediúnica. Para colocar o médium em sintonia com o mundo invisível, cria-se uma predisposição às manifestações espirituais e aos rituais magísticos.

A educação mediúnica é muito importante, pois só se reeducando internamente é que um médium alcança níveis vibratórios mentais e conscienciais que lhe facultam os níveis espirituais superiores, a sintonização mental com seu mestre individual, a neutralização de possíveis vícios antagônicos com as práticas religiosas e a compreensão ou percepção do que acontece à sua volta, mas não é visível, assim como do que está acontecendo dentro de seu campo mediúnico. Quando bem educado mediunicamente, sua sensitividade é capaz de identificar presenças positivas ou negativas que adentrem em seus limites vibratórios.

Aí temos, em poucas linhas, um apanhado de como a boa educação mediúnica auxilia os praticantes ou médiuns.

Mitos

Os mitos sempre têm um pouco de verdade e um pouco de fantasia.

É comum dizer que quem desenvolve sua mediunidade torna-se mais capaz do que quem não a desenvolve.

Isso é uma verdade se quem se desenvolveu também compreendeu os compromissos que assumiu. Mas é pura fantasia se ele nada entendeu e logo começou a enfiar os pés pelas mãos, pois, se ele adquiriu um poder relativo, começa a se chocar com um poder absoluto: a Lei de Ação e Reação. Assim, sua suposta superioridade logo o lança em um sensível abismo consciencial.

Portanto, tratando-se de mediunidade, todo cuidado é pouco e toda precaução não é o suficiente, se não estiver presente uma forte dose de humildade e compreensão de que um médium não é um fim em si mesmo, mas sim e tão somente um meio.

Preconceitos

Muitos são os preconceitos quanto à educação mediúnica. Muitas pessoas temem certas inverdades divulgadas à solapa por desconhecedores das religiões espiritualistas.

Vamos a algumas colocações correntes que pululam no meio religioso:

- a mediunidade é uma provação
- a mediunidade é uma punição cármica
- a mediunidade escraviza os médiuns
- a mediunidade limita o ser

Comecemos por desmentir estas colocações negativas:

1º — mediunidade não é uma provação, mas somente a exteriorização de um dom que aflorou no ser e que, se bem desenvolvida, irá acelerar sua evolução espiritual;

2º — não é uma punição cármica, mas um ótimo recurso que a Lei nos facultou para nos harmonizarmos com nossas ligações ancestrais;

3º — não escraviza o médium, apenas exige dele uma conduta de acordo com o que esperam os espíritos que por intermédio dele atuam no plano material para socorrer os encarnados necessitados tanto de amparo espiritual como de uma palavra de consolo, conforto ou esclarecimento;

4º — não limita o ser, pois é um sacerdócio. Ou é entendida como tal ou de nada adianta alguém ser médium e não assumir conscientemente sua mediunidade.

Para concluir, podemos dizer que a mediunidade, por ser um dom, tem de ser praticada com fé, amor e caridade. Só assim nos mostramos dignos do Senhor de Todos os Dons: nosso Divino Criador!

QUARTO CAPÍTULO

O Campo Eletromagnético do Médium

Comentar a respeito do campo mediúnico é necessário porque tudo o que se tem escrito nas literaturas esotérica, iniciática, espírita, umbandista, teosófica, orientalista, etc., não aborda este que é o mais importante dos conhecimentos que um médium deve possuir.

Todos sabemos que um ser humano, uma planta, um mineral e muitos animais não racionais possuem uma aura que os envolve, protegendo-os do meio exterior. Assim como sabemos que esta aura também é refletora da energia interior dos corpos inanimados. Nos seres vivos, é a refletora dos sentimentos e dos padrões energomagnéticos e está intimamente relacionada com o campo emocional.

Muitos conhecimentos profundos e elucidativos a respeito dos chacras também estão disponíveis aos estudiosos dos mistérios dos "corpos" dos seres.

Portanto, não nos tornemos repetitivos e vamos ao conhecimento ainda não comentado por nenhum espiritualista. E se há alguém que possua este conhecimento, então o guardou só para si, demonstrando que não foi digno de possuí-lo pois deveria tê-lo passado adiante.

O campo mediúnico inicia-se no corpo elementar básico e expande-se uniformemente ao redor dele por aproximadamente uns trinta centímetros, e até uns setenta, no máximo. Este campo mediúnico ou eletromagnético é comum a todos os seres humanos, independentemente de sua formação cultural ou religiosa. E aqui nos limitaremos só aos seres humanos, certo?

O fato é que esse campo eletromagnético tem sua sede no mental, que é a "coroa" ou chacra coronário, iniciando-se ao seu redor e derramando-se em torno do corpo elemental básico. "Elemental" porque é elemento puro, e básico porque é o primeiro "corpo" que o ser humano teve formado em um estágio virginal no qual evoluiu.

O campo mediúnico abre-se para o plano espiritual e é por seu intermédio que são estabelecidas ligações magnéticas com o mundo espiritual.

Esse campo interpenetra outras dimensões, mas não as sente ou é sentido por quem vive nelas. O mesmo acontece com os espíritos em relação ao plano material: atravessam paredes, corpos, etc., sem alterar suas estruturas espirituais ou as estruturas físicas dos objetos tocados por eles.

"No Universo, tudo vibra e tudo é vibração."

Logo, se tudo o que existe no plano material obedece ao padrão vibratório "atômico", no plano espiritual o padrão vibratório é o "etérico". "Etérico", de éter ou energia sutilizada a níveis suprafísicos.

Em cada padrão vibratório específico, tudo se nos mostra regido pelas mesmas leis que sustentam as formas no plano material: agregados energéticos que, por magnetismos específicos, dão formação às massas ou corpos físicos.

Na dimensão onde vivem os espíritos, existe um magnetismo semelhante ao do plano material, e sustenta tudo o que nela possa existir. A única diferença está no relacionamento energético e na mudança do padrão vibratório, tanto dos seres quanto das formas, plasmadas a partir do éter.

Dessa forma, então saibam que todos nós temos um campo mediúnico que se abre para muitas dimensões da vida, e que as interpenetra, ainda que disso não nos apercebamos, pois nosso percepcional espiritual está graduado no mínimo para captar as vibrações exclusivas da dimensão humana e no máximo para captar vibrações espirituais.

Mas esse campo mediúnico interpenetra as dimensões ígneas, aquáticas, terrosas, eólicas, mistas, cristalinas, minerais, vegetais, etc. Se desenvolvermos conscientemente nosso rústico percepcional, então poderemos captar as energias circulantes existentes nelas e que nos chegam de forma muito sutil.

Esse campo mediúnico que, à falta de palavras de melhor definição, preferimos chamar de "campo eletromagnético", é justamente a nossa tela refletora na qual as ligações invisíveis costumam acontecer.

É nesse campo pessoal dos seres humanos que se alojam focos vibratórios ou acúmulos energéticos que refletem na aura e a rompem, alcançando o corpo energético ou mesmo o físico, afetando a saúde. Embora em um primeiro momento os padrões vibratórios sejam diferentes, tudo o que nele se alojou vai pouco a pouco sendo induzido pelo nosso magnetismo a adequar-se ao nosso padrão pessoal. Então, começa a ser internalizado por magnetismo.

Isso é comum nos casos de obsessão espiritual, quando um ser não afim conosco aloja-se em nosso campo eletromagnético.

O padrão vibratório do intruso é outro; só passamos a ser incomodados quando ele adequa seu padrão ao nosso. Então, suas vibrações mentais, conscientes ou não, interferem no nosso mental por meio de nosso emocional, conduzindo-nos a desequilíbrios energéticos profundos.

Essas interferências, se muito duradouras ou intensas, costumam desequilibrar-nos de tal forma que passamos a ter duas personalidades antagônicas em um mesmo ser e um mesmo espaço mediúnico.

E como nosso corpo físico reage a estes estímulos vibrados pelo intruso alojado em nosso campo eletromagnético, então começamos a sentir desequilíbrios (dores) no próprio corpo físico. São as doenças não diagnosticadas pelos médicos.

Os "passes" ministrados por médiuns magnetizadores e doadores de energias têm como função descarregar este campo dos acúmulos de energias negativas nele formados no decorrer do tempo.

Por esse motivo, os passes magnéticos são fundamentais em um tratamento espiritual, pois os mentores curadores precisam ter em seus pacientes este campo totalmente limpo, quando então começam a operar no corpo energético, onde realizam cirurgias corretivas ou desobstrutoras, chegando mesmo a retirar "tumores" formados unicamente por energias negativas internalizadas pelo corpo energético.

Só depois de equilibrar o campo eletromagnético e o corpo energético dos seres é que os mentores curadores atuam no corpo físico de seus pacientes encarnados, os quais a eles recorrem porque realizam curas maravilhosas onde a limitada medicina falha.

É fundamental que saibam disso pois só assim entenderão o porquê dos passes realizados em todos os centros espíritas ou de Umbanda: é para realizar a limpeza dos campos mediúnicos de seus frequentadores.

Porém, enquanto nos centros espíritas usa-se o passe magnético, nos centros de Umbanda também se recorre aos passes energéticos, quando são usados diversos materiais (fumo, água, ervas, pedras ou colares, etc.) que descarregam os acúmulos negativos alojados nesses campos eletromagnéticos.

O uso de guias ou colares pelos médiuns possui esta função durante os trabalhos práticos: as energias captadas vão se condensando (agregando) às guias e não são absorvidas pelos seus corpos energéticos, não os sobrecarregando e não os desarmonizando durante os trabalhos espirituais.

Nem sempre o que parece folclore ou exibicionismo realmente o é. Se os mentores dos médiuns de Umbanda exigem determinados colares de pedras, eles sabem para que servem e dominam seu magnetismo, assim como as energias minerais cristalinas irradiadas pelas pedras. Ervas e fumo, quando potencializadas com energias etéricas pelos mentores, também se tornam poderosos limpadores de campos eletromagnéticos.

Enfim, existe muita ciência por trás de tais procedimentos dos espíritos que atuam no Ritual de Umbanda Sagrada.

Há também um outro aspecto que todos devem conhecer: quando alguém realiza uma magia contra ou em favor de alguém, ela primeiro reflete neste campo eletromagnético, para só depois afixar-se nele e ser internalizada.

Se a magia é positiva, ela é imediatamente absorvida e alcança tanto o emocional quanto o corpo físico, melhorando o estado geral do ser. Se a magia é negativa, então surge uma reação física, energética, magnética, emocional e mental por parte do ser-alvo, visando repeli-la.

Mas nem sempre isso é conseguido. Então as defesas do ser enfraquecem-se e ele começa a internalizar os fluxos negativos direcionados que inundam seu campo eletromagnético com energias que, pouco a pouco ou rapidamente, o atingirão, o enfraquecerão, o adoecerão, ou o desequilibrarão emocionalmente, **abrindo** um amplo campo no qual atuações diretas começarão a acontecer.

Essa é a mecânica de funcionamento das magias negras.

Nas magias positivas, o campo eletromagnético absorve de imediato as energias que lhe chegam por meio de sua tela coletora de vibrações positivas e as internalizam, anulando parcialmente os efeitos de doenças físicas, psíquicas ou espirituais. Enquanto durar a vibração direcionada via orações e irradiações acionadas a partir da ativação de materiais potencializados, etc., durará a captação das energias que chegarão.

Tudo o que comentamos até aqui deve ser estudado atentamente, pois o campo mediúnico ou eletromagnético não é a aura. Esta é tão somente composta por irradiações do corpo energético, um gerador energético por excelência.

A aura é um espelho etérico do estado geral do ser e mostra, por meio de suas cores, os tipos de sentimentos vibrados e o padrão vibratório estabelecido no mental, que é o centro magnético do espírito.

Nos processos de desenvolvimento mediúnico, todo esse campo eletromagnético tem seu padrão reajustado para que as incorporações se realizem da forma mais natural possível.

No princípio, quando os espíritos adentram nesse campo, por estarem vibrando em um outro padrão, o médium se sente zonzo, dormente, desequilibrado, etc., pois seu equilíbrio gravitacional mental sofre uma interferência poderosa. Mas à medida que os mentores vão reajustando o padrão vibratório de seus médiuns, os choques vibratórios vão desaparecendo e as incorporações acontecem de modo quase imperceptível a quem está assistindo ao processo. Nesse ponto do desenvolvimento mediúnico, o campo eletromagnético do médium já foi totalmente reajustado e foi afinizado com o padrão vibratório espiritual, pois antes quem o graduava era o padrão vibratório atômico (físico).

Na Umbanda, recorre-se às giras de desenvolvimento, quando vários recursos são usados ao mesmo tempo:

defumações
palmas
cantos
atabaques e outros instrumentos
danças

Vamos comentar rapidamente estes recursos:

Defumações: descarregam o campo mediúnico e sutilizam suas vibrações, tornando-o receptivo às energias de ordem positiva.

Palmas: se cadenciadas e ritmadas, criam um amplo campo sonoro cujas vibrações agudas alcançam o centro da percepção localizado no mental dos médiuns. Com isso, predispõem-nos a vibrar ordenadamente, facilitando o trabalho de reajustamento de seus padrões magnéticos.

Cantos: a Umbanda recorre aos cantos ritmados que atuam sobre alguns plexos, os quais reagem aumentando a velocidade de seus giros. Com isso, captam muito mais energias etéricas, que sutilizam rapidamente todo o campo mediúnico, facilitando a incorporação.

Atabaques e outros instrumentos: as vibrações sonoras têm o poder de adormecer o emocional, estimular o percepcional, alterar as irradiações energéticas e atuar sobre o padrão vibratório do médium. Ao desestabilizar o padrão vibratório, o mentor aproveita esta facilidade e adentra no campo eletromagnético, adequando-o ao seu próprio padrão e fixando-o no mental de seu médium por meio de vibrações mentais direcionadas. Em pouco tempo, o médium adequa-se e torna-se, magneticamente, tão etérico em seu padrão vibratório que já não precisa do concurso dos instrumentos para incorporar. Basta colocar-se em sintonia mental com quem irá incorporá-lo para que o fenômeno ocorra.

Danças: a Umbanda e o Candomblé recorrem às "danças rituais" pois, durante seu transcorrer, os médiuns se desligam de tudo e concentram-se intensamente em uma ação em que o movimento cadenciado facilita seu envolvimento mediúnico.

Nas "giras" (danças rituais), as vibrações médium-mentor se interpenetram de tal forma que o espírito do médium fica adormecido, já que é paralisado momentaneamente. O médium, em princípio, sente tonturas ou enjoos. Mas essas reações cessam se a entrega for total e não houver tentativa de comandar os movimentos, pois estes serão comandados pelo seu mentor.

Um médium plenamente desenvolvido pode "dançar" durante horas seguidas que não se sentirá cansado após a desincorporação. Isso se deve ao fato de não ter gasto suas energias espirituais. Não raro, sente-se leve, enlevado, pois seu corpo energético, influenciado pelo corpo etérico do mentor, sobrecarregou-se de energias sutis e benéficas.

Não entendemos algumas críticas infundadas ou conceitos errôneos com relação ao desenvolvimento da mediunidade com recursos sonoros como os que acabamos de descrever.

Eles são ótimos e foram aperfeiçoados por mentores de "elite" que ordenaram todo o Ritual de Umbanda Sagrada a partir do astral. Se tais recursos fossem nocivos ou não proporcionassem facilidades ao ato de incorporação, com certeza já teriam sido banidos das tendas de Umbanda.

E todos os médiuns cujo desenvolvimento prescindiu do uso do atabaque e dos cantos fortes, quando participam de uma engira, sentem uma diferença qualitativa na incorporação, pois se sentem realmente incorporados, quando antes só se sentiam irradiados.

Nada é por acaso. Se o Ritual de Umbanda optou pelo uso de atabaques, cantos e danças rituais, não tenham dúvidas: as incorporações acontecem ou não, mas ninguém fica na dúvida se incorporou ou se o guia só encostou.

Na dança ritual, o médium não comanda os movimentos em momento nenhum. E se tentar interferir cairá no solo, pois desligará seu corpo energético do ponto de equilíbrio vibratório localizado justamente no mental superior do guia nele incorporado.

Médiuns caem durante as danças rituais porque não se entregam totalmente, ou tentam comandá-las. A simples interferência consciente é suficiente para anular as vibrações mentais de seu guia, ou enfraquecê-las, desequilibrando toda a dança, pois assume seu padrão vibratório e desarmoniza-se com o de seu guia incorporante.

Essa interferência é nociva durante o desenvolvimento mediúnico, porém é nosso recurso para repelirmos incorporações indesejáveis ou negativas, quando quem tenta incorporar é um espírito do baixo astral. É a nossa capacidade de impormos o nosso próprio padrão vibratório, o qual nos resguarda das investidas dos obsessores interessados em nos causar desequilíbrios mentais.

Tudo o que acabamos de comentar está relacionado com o campo mediúnico ou campo eletromagnético de um ser.

QUINTO CAPÍTULO

A Lei das Afinidades

Algumas leis ou princípios divinos, já enunciados pelos mestres em todos os tempos, estão assentados nos meios espiritualistas como verdades. Temos:

- a Lei do Carma,
- a Lei do Retorno,
- a Lei de Ação e Reação, etc.

Portanto, aqui vamos comentar a "Lei das Afinidades", cujo enunciado mais conhecido é este: "Os semelhantes se atraem e os opostos se repelem".

Esse enunciado sintetiza todo um princípio de natureza divina que está no magnetismo dos muitos níveis onde as afinidades acontecem. Mas existem casos em que a atração só ocorre entre os "aparentemente" opostos.

Um homem é do sexo oposto ao de uma mulher. Mas essa oposição é aparente, uma vez que, em verdade, são apenas "diferentes". Quando se unem, fecham uma ampla afinidade, já acontecida em outros níveis conscienciais. As afinidades podem ter ocorrido no campo racional, área do intelecto; ou no emocional, área dos sentimentos; assim como no visual, área das formas e aparências.

A Lei das Afinidades abrange toda a tela magnética que permeia e flui pelo todo planetário: criação e criaturas.

Dessa forma, ela atua lado a lado com as Lei do Carma e com a Lei de Ação e Reação, também reguladas pela tela magnética que permeia toda a criação e todas as criaturas.

Essa tela abrange todos os níveis conscienciais, todos os níveis espirituais, todos os níveis energéticos, magnéticos e vibratórios.

Nada que ocorre deixa de ressoar nessa tela, invisível aos olhos humanos carnais ou espirituais, mas que pode ser vislumbrada pelos espíritos que, sublimando a "visão das coisas", adquirem uma visão divina.

Os regentes da natureza, os Orixás, não nos observam com outra visão além dessa visão divina. Cor, beleza, altura, etc., aos olhos deles, estes atributos humanos são vistos de um ângulo tal que a cor é a tonalidade de nossas vibrações; a beleza é a quantidade de luz que irradiamos; e a altura ou tamanho é o alcance das irradiações coloridas que emitimos. Assim, na visão divina existe cor, beleza e tamanho. Mas, por nos observar de um ângulo divino, possui outros valores para "mensurar-nos".

Por isso, um ser da natureza não dá o menor valor aos nossos tão caros atributos "físicos". Na escala visual, a partir de um nível ou grau, os valores são substituídos pelos atributos íntimos do ser visualizado (sentimentos).

Um espírito é visto unicamente pela sua cor, luz e irradiação!

Mas... voltando à Lei das Afinidades sem que dela tenhamos nos afastado, ela regula a aproximação ou a repulsão entre os seres, e estas coisas ocorrem em todos os níveis conscienciais e graus evolutivos.

As afinidades energéticas acontecem naturalmente logo à primeira vista e ao primeiro contato. Mas, no nível mental, ela começa a acontecer somente após trocas de energias em níveis pessoais ou individuais.

É muito comum vermos uma pessoa em uma festa, ou em uma palestra, e nos sentirmos atraídos pela irradiação, luz e cor que ela nos envia, ainda que não tenhamos a visão dessas qualidades. Mas a afinidade natural acontece, independentemente de nossa vontade: tudo ocorre naturalmente.

Também é comum que, após uma primeira reação de distanciamento (antipatia), ouvindo as "ideias" de um não afim visualmente, venhamos a nos sentir atraídos pelo conteúdo oculto daquela pessoa. Aí a afinidade se processa na área do magnetismo, que escapa à cor, luz e irradiação. Magnetismo é o acúmulo energético que acontece no mental de um ser em função da intensa vivenciação íntima de sentimentos positivos... ou negativos, pois as atrações ocorrem em ambas as polaridades magnéticas. É comum sentirmo-nos atraídos por um humorista chulo, uma atriz devassa, ou um personagem sanguinário, não?

Sim, isso acontece. E isso ocorre porque nós possuímos em nosso magnetismo os dois polos.

Uma pessoa, se colocada diante de um assassino armado, desmoronaria. Mas, assistindo a uma peça ou filme, torce para que matem o homicida cruel.

Nesse caso específico, a afinidade está ocorrendo entre o negativo do assistente e sua reação a uma ação negativa. Na Lei de Ação e Reação, o mais correto seria a lei desarmar o assassino e interná-lo para que psiquiatras o "curassem" de seu instinto assassino. Mas a reação vai processar-se exatamente no polo negativo dessa lei que, quando acionado, anula o iniciador de uma ação negativa.

Aí a afinidade não aconteceu em desacordo com a lei. Apenas processou-se em seu polo negativo, que nada mais é que a Lei de Talião ou do "olho por olho e dente por dente": quem matou tem de ser morto.

Por isso, os defensores da pena de morte têm seus adeptos, e aqueles contrários a ela também os têm.

Podemos encontrar as afinidades com o polo negativo da Lei de Ação e Reação nos executores da Lei nas Trevas. Já o polo positivo da lei, é encontrado nas esferas da Luz, onde nenhum espírito deseja a anulação de um "oposto" seu nas Trevas, apenas esforça-se para transformá-lo em um ser afim, magnética e emocionalmente falando.

Essa Lei das Afinidades é responsável pelo direcionamento dos espíritos após o desencarne ou a separação com a matéria.

A separação até pode ocorrer com o auxílio de espíritos socorristas, mas o direcionamento que conduzirá o desencarnante à esfera afim com seu magnetismo, espírito algum impedirá que ocorra.

Em muitos casos, quando espíritos afins e vivendo nas esferas da Luz tentam auxiliar um familiar magneticamente negativo, sofrem muito devido ao negativismo mental do recém-desencarnado, já que ele mesmo, por uma reação da Lei das Afinidades, começa a deslocar-se para as regiões onde o magnetismo negativo afim o está atraindo. E, se acontecer uma tentativa de retê-lo em uma esfera positiva, em um incômodo ele se tornará, causando muita desarmonia ao seu redor.

Por essa razão, a Lei possui milhares de abrigos para receber os recém-desencarnados, todos eles localizados em um plano em tudo afim com o magnetismo do plano material.

Nesses abrigos, os espíritos permanecem até que sejam esclarecidos de seus estados pós-desencarne e possam ser orientados para a evolução de acordo com as leis e os princípios da vida na Luz.

Mas, se a opção for por continuar em uma via negativa, aí o jeito é liberá-lo para que vá ao encontro de seus afins magneticamente negativos. Uma pedra não se sustenta no ar (luz) e um gás nobre não pode ser retido nas entranhas da terra. Tudo é uma questão de afinidade.

Essa afinidade no nível da matéria também é responsável pela formação das substâncias no plano material. Assim, átomos afins se unem facilmente e permanecem unidos até que sofram uma ação forte que quebre a ligação estabelecida entre eles, os quais tendem a permanecer unidos desde que em repouso magnético.

É certo que a Física e a Química criaram muitas substâncias a partir da combinação dos átomos de elementos diferentes. Mas isso só é possível se houver afinidade entre eles, os quais, ao se unirem, completam-se e dão forma a novas substâncias.

A Lei das Afinidades está presente em tudo.

Nos variados tipos de solo e clima, tanto a flora quanto a fauna são completamente afins, e, se forem deslocados para outros ambientes não afins, tendem a perecer ou a ter suas populações reduzidas.

Tudo se deve à Lei das Afinidades, a qual regula a natureza em todos os seus aspectos, níveis e formas.

A afinidade, enquanto lei auxiliar da criação, é um princípio imutável e atua também nos sentidos. Esses princípios são sete:
Fé
Razão
Amor
Conhecimento
Lei
Sabedoria
Geração ou Vida

Comecemos pelo sentido da Fé.

A Lei das Afinidades atua com tanta intensidade no sentido da Fé que, se uma religião não nos é afim, dela nos afastamos, dando a impressão de que não cremos ou não amamos Deus. Mas a verdade é bem outra, pois, desde que encontremos uma religião ou ritual afim com nossas concepções acerca de Deus, imediatamente nos identificamos com ela, e nossa religiosidade aflora novamente.

Muitos, senão a maioria dos fiéis de uma religião, não observam esse aspecto na religiosidade das pessoas e vivem criticando os adeptos das outras formas e modos de se louvar a Deus. Mas, se conhecessem a Lei das Afinidades, com certeza entenderiam que para Deus não importa como O cultuemos e louvemos, desde que o façamos, pois Ele, o nosso Criador, não nos "fez" todos iguais, mas tão somente, semelhantes.

Cada ser é um indivíduo, um espírito e uma alma (natureza) única, gerado em uma inspiração única do único Criador. Então, como podem querer que rezemos pela mesma "bíblia" se temos concepções parecidas, mas não iguais, sobre como devemos realizar nossa fé em Deus?

Se existem tantas religiões, ritos e concepções, todas surgiram inspiradas pelo nosso Criador e todas têm suas funções e seus graus de abrangência extensivo a um grande número de indivíduos mais ou menos afins.

Ninguém põe em discussão a unicidade de Deus e muito menos as Suas hierarquias auxiliadoras na regência da criação e das criaturas. Se observarmos, veremos que por trás das aparências só existe uma hierarquia divina, um único Deus e Suas hierarquias celestiais: Anjos, Arcanjos, Querubins, Serafins, Tronos, etc. Mudam os nomes ou as concepções de como são essas hierarquias, mas os fundamentos são os mesmos.

Saindo das religiões mentais e adentrando nas religiões naturais, sempre encontramos um Deus supremo: Zeus, Olorum, Zambi, Tupã, mas cada um com suas hierarquias de divindades regentes dos múltiplos aspectos da natureza e da vida.

Mas... se usarmos da analogia e do bom senso, aos poucos iremos identificando qualidades, atributos e atribuições semelhantes em todos os aspectos entre todas as religiões.

A Lei das Afinidades

Isso se deve ao fato de Deus ser único, mas se adaptar facilmente às mais variadas concepções que d'Ele tenhamos.

Isso ocorre porque Ele é o Criador de tudo e de todos, e fala a todos o tempo todo, em todas as línguas, em todos os lugares e em todos os níveis conscienciais.

Hoje, já conscientes para estas verdades, às vezes temos dificuldade em entender a razão de tantas discórdias, no plano material, com relação a coisas que não merecem ser discutidas: as diferenças de rituais e as formas e os modos de louvarmos a Deus!

Embora hoje isso nos pareça de fácil compreensão, em um passado não muito distante nós também alimentávamos nossas diferenças, pois vivíamos em um meio no qual as dúvidas eram tantas que nos sentíamos perdidos quanto às coisas da fé.

Porém, por nossa imensa afinidade com a paz e a concórdia entre os povos, fomos atraídos para junto de irmãos afins, vivendo em esferas afins com os nossos mais íntimos desejos.

Como nos alongamos bastante ao comentarmos a Lei das Afinidades no sentido da Fé, cremos que bastará aos leitores transpor os conceitos aqui expostos aos outros seis sentidos capitais e tudo compreenderão: a Lei das Afinidades está presente em nossas vidas, na natureza e em Deus.

Quanto ao restante, bem, é só o restante!

SEXTO CAPÍTULO

Elementos de Magia

Nós, mentores responsáveis pela linha do Conhecimento no Ritual de Umbanda Sagrada, às vezes (muitas, para ser franco) nos sentimos magoados com a falta de explicação acerca dos elementos de magia, pois ela é de competência dos pais e mães de Umbanda. Infelizmente, eles têm dedicado tão pouca atenção a esse assunto que muitos guias de Lei (espíritos atuantes na incorporação) sentem-se constrangidos quando têm de "receitar" certas obrigações aos consulentes das tendas onde atuam.

Sim, existe um descaso total nesse aspecto, e isso tem dado farta munição aos adversários religiosos da Umbanda, e mesmo do Candomblé, pois esse desconhecimento de causa pelos próprios médiuns os tem impedido de sustentarem suas próprias práticas mediúnicas, todas fundamentadas na movimentação de elementos mágicos ou magísticos.

Mágico = movimentação de energias
Magístico = ativação de processos mágicos

Quantos médiuns não desconhecem o próprio significado das velas coloridas que acendem aos seus Orixás?

Quantos não desconhecem o porquê da queima de pólvora, dos banhos de ervas ou de sal grosso?

Quantos fazem obrigações, mas intuitivamente, porque desconhecem seus reais fundamentos?

Quantos não cantam os "pontos", mas sem convicção ou vibração, só porque desconhecem seus fundamentos ocultos, seus poderes vibratórios e magísticos, e mesmo seus valores rituais?

Quantos, ao fazerem um "despacho", não se sentem constrangidos pois desconhecem o real significado e valor simbólico que eles têm para quem os recebe?

São tantas perguntas semelhantes a estas que é melhor pararmos por aqui e comentarmos o que já temos, senão nosso livro irá virar uma enciclopédia. Mas seremos objetivos para não nos alongarmos demais nesse capítulo.

Vamos aos elementos rituais:

Elementos de Magia 111

Normalmente uma oferenda contém vários elementos materiais que à primeira vista parecem não ter fundamento. Mas, na verdade, todos têm e são facilmente explicáveis.

Frutas, velas, bebidas, flores, perfumes, fitas, comidas, etc., tudo obedece a uma ordem de procedimentos, todos afins com o fim a que se destinam. Vejamos:

Frutos: são fontes de energias com várias aplicações no plano etérico. Cada fruta é uma condensação de energias que forma um composto energético sintético que, se corretamente manipulado pelos espíritos, torna-se plasma astral usado por eles até como reserva energética durante suas missões socorristas.

As frutas também servem como fontes de energias sutilizadoras do corpo energético dos espíritos e como densificadoras dos corpos elementares dos seres encantados regidos pelos Orixás e que atuam na dimensão espiritual, onde sofrem desgastes acentuados por atuarem em um meio etérico que não é o deles.

Para efeito de comparação, podemos recorrer aos trabalhadores que manipulam certos produtos químicos e precisam ingerir grandes quantidades de leite para desintoxicá-los ou aos que trabalham em fornalhas e precisam ingerir grandes quantidades de líquidos para se reidratarem. Sim, os encantados são seres que, quando fora das suas dimensões de origem, sofrem fortes desgastes energéticos.

E esse mesmo desgaste sofrem os espíritos que atuam como curadores, quando doam suas próprias energias aos enfermos, tanto os desencarnados como os encarnados.

É certo que para si só um espírito ou um encantado não precisa de alimento nenhum, ou mesmo da luz de uma vela. Mas os que atuam nas esferas mais densas sofrem esgotamentos parecidos com os mineiros que trabalham em minas profundas. E os que atuam como curadores doam tanto de suas energias que muitos precisam descansar um pouco após socorros mais demorados junto aos enfermos.

Já escreveram tanto a respeito de Umbanda, de Espiritismo e de Candomblé e, no entanto, ensinam muito pouca ciência espiritual no que escrevem!

Bem, voltando ao nosso comentário, o fato é que as frutas têm muitas utilidades aos espíritos e aos seres encantados que atuam junto aos médiuns umbandistas.

Romã, mamão, manga, uva, abacaxi, laranja, jabuticaba, pitanga e outras frutas fornecem energias que podem ser armazenadas dentro de "frascos cristalinos" existentes no astral e que, depois de armazenadas, basta aos seus manipuladores lhes acrescentar uma energia mineral que o conteúdo do frasco se transforma em uma fonte irradiante, e inesgotável, de um poderoso plasma energético ao qual recorrerão para curar espíritos enfermos ou pessoas doentes sempre que precisarem.

Afinal, se fosse só para "comer" os frutos, para que um guia espiritual recomendaria ao seu médium uma trabalhosa oferenda? Seria mais prático ele comer na própria casa do médium ou ir a algum mercado, onde se fartaria de tantas frutas que neles existem, não é mesmo?

Só que ninguém atenta para isto: uma oferenda é um ato religioso realizado no ponto de forças de um Orixá que irá fornecer ao espírito que trabalha com o médium um de seus axés, utilizado de imediato, ou posteriormente, em trabalhos os mais diversos.

Uma oferenda obedece a todo um ritual magístico, que, por isso mesmo, ou é feito religiosamente ou não passará de uma panaceia. Orixá algum admite panaceias em seus campos vibratórios e domínios energéticos (axés)!

Reflitam acerca do que foi escrito porque a oferenda ritual, seja ela como ou qual for, é um procedimento religioso. E tem de ser entendida e respeitada como tal, pois no lado oculto e invisível sempre há uma divindade que nela atuará diretamente, ou por intermédio de seus encantados ou de espíritos incorporados às suas hierarquias ativas.

Esse procedimento é correto, recomendável e fundamentado em preceitos religiosos. Só durante uma oferenda ritual os guardiões dos axés, após se certificarem de que terão um uso amparado pela Lei Maior, liberam-nos para o uso particular dos espíritos atuantes nas tendas. Ou alguém acredita que os axés são liberados para uso profano?

Só um tolo acredita que sim.

Atentem bem para o que foi escrito aqui. Só um ignorante acerca dos procedimentos ritualísticos desconhece o fundamento das oferendas rituais.

Afinal, para que um Exu de Lei perderia seu tempo acompanhando todo o ritual de despacho de algumas garrafas de marafo na terra? Não seria mais lógico ele ir a uma destilaria e embriagar-se com os vapores etílicos, lá emanados em abundância?

Existe toda uma ciência divina nos processos ritualísticos, e um Exu de Lei a conhece muito bem, além de saber manipular as energias a extrair dos elementos materiais oferendados.

Apenas uma advertência aos incautos de boa-fé: já vimos frango assado em oferendas. Ou quem oferendou nada entende de oferendas rituais ou está sendo enganado por algum quiumba muito astuto, pois frango assado não tem valor ritualístico, e muito menos magístico ou energético.

Até onde sabemos, só eguns (espíritos soltos no tempo) alimentamse das emanações etéricas dos alimentos cozidos ou de uso na mesa das pessoas. Mas, que há uma porção de eguns atuando disfarçados de Exus de Lei, isso tem! Logo, que seus afins encarnados os alimente, certo?

Bem, o fato é que muitos Exus, quando exigem o sacrifício de uma ave (galo) ou de um animal de quatro patas (bode), assim procedem por causa da poderosa emanação energética que colherá durante o ritual por atuar em níveis vibratórios muito mais densos que o do plano material. Existe todo um conhecimento a respeito, mas ele não está aberto a comentários pois é ritual fechado.

As suas oferendas têm de obedecer a uma completa ritualística ou é melhor nada fazer. Além do mais, Exu que vive pedindo despachos, ou está "pagando" dívidas pessoais ou não tem a força que faz seu médium crer que possua, pois Exu assentado obedece aos mesmos procedimentos rituais dos Orixás: nos dias de trabalho, o médium tanto deve firmar o congá como a tronqueira onde o Exu está assentado.

Assim têm procedido com todos os Exus guardiões dos médiuns dirigentes de tendas, e assim devem proceder com os Exus dos médiuns que os auxiliam: devem firmar sua esquerda na tronqueira do terreiro de seu pai ou mãe espiritual enquanto frequentarem os trabalhos dirigidos por eles e sustentados no astral, tanto pelos Orixás da casa como pelo Exu guardião dela. Só procedendo assim é que nenhum trabalho realizado pelos guias dos médiuns auxiliares refletirá sobre suas vidas pessoais.

Mas... quantos pais e mães de Umbanda têm uma tronqueira assentada corretamente, e com espaço suficiente para acomodar o assentamento de seus filhos e filhas de Fé? E a quantos deles isso foi ensinado por seus pais espirituais?

Dentro dos rituais, muitas coisas têm sido relevadas pelos Orixás. Eles não imputam aos seus filhos o ônus de um procedimento errado, pois sabem que nada nesse sentido lhes foi ensinado no plano material.

Mas, se os dirigentes espirituais souberem e se dispuserem a ter uma tronqueira nesses moldes, sentirão de imediato como se fortaleceu a esquerda "geral" da tenda que dirigem. Sim, pois a partir do assentamento da esquerda de seus filhos espirituais, os Exus guardiões deles (não os Exus de Lei), passarão a dar cobertura direta aos seus médiuns, e com isso diminuirá em muito os problemas pessoais dos médiuns e o amparo que têm de receber do Exu guardião da tenda que frequentam.

Isso é ciência, filhos de Fé!

Todo ritual ou procedimento ritualístico possui fundamentos pouco estudados pelos dirigentes espirituais, que vivem assoberbados com tantos pedidos de socorro e ajuda que recebem tanto de seus médiuns auxiliares como dos frequentadores das tendas que dirigem.

Saibam que vela é elemento magístico por excelência. Uma vela acendida pelos médiuns, ao redor do assentamento do Exu guardião da tenda, mas aos seus próprios Exus, de imediato ativa os mistérios cósmicos guardados por eles, e os coloca à disposição dos protetores dos trabalhos que serão realizados.

Saibam que, se todo médium tem um Orixá de mesmo grau que o do dirigente espiritual, eles também possuem um Exu guardião com o mesmo grau que o do guardião da tronqueira. Mas, assim como o Orixá do dirigente atua em um campo e os de seus médiuns atuam em outros, assim acontece com os Exus guardiões deles.

Exu Guardião não é o mesmo que Exu de Lei. Exu de Lei é o que incorpora e atua no nível terra dando consultas ou guardando seus médiuns.

Já os Exus guardiões zelam mistérios cósmicos (negativos) e atuam em níveis vibratórios onde as energias ali existentes são poderosíssimas; e são manipuladas só por eles, os Exus guardiões dos processos magísticos negativos ou cósmicos.

Muitos médiuns possuem em suas esquerdas Exus com os nomes Tranca Ruas, Marabô, Sete Encruzilhadas, Porteira, etc., mas estes Exus são os que chamamos Exus de Lei ou Exus de trabalho no plano terra, e são, todos eles, sustentados pelos Exus guardiões dos mistérios, que também respondem por esses nomes simbólicos só para não se revelarem ao plano material.

Saibam que os Orixás Regentes das linhas de Umbanda, ao contrário do que dizem ou ensinam muitos livros de Umbanda, regem tanto a direita quanto a esquerda, pois nelas Exu não é um elemento solto ou que atua livremente. Todos obedecem aos Orixás.

Vamos traçar alguns gráficos para que entendam como funcionam as hierarquias regidas pelos Orixás.

Na linha vertical, em seus níveis vibratórios, estão assentados os Orixás que, por regerem faixas vibratórias, ocupam as linhas horizontais. Nas

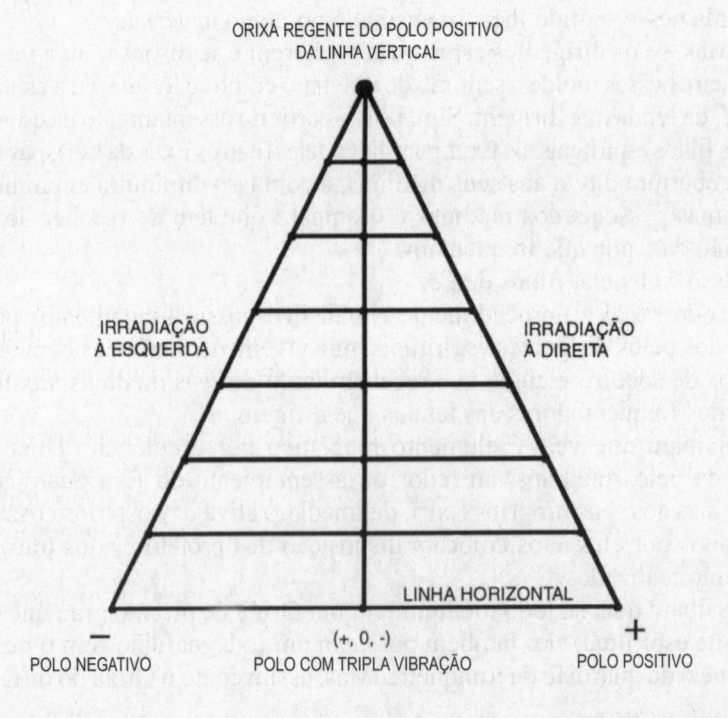

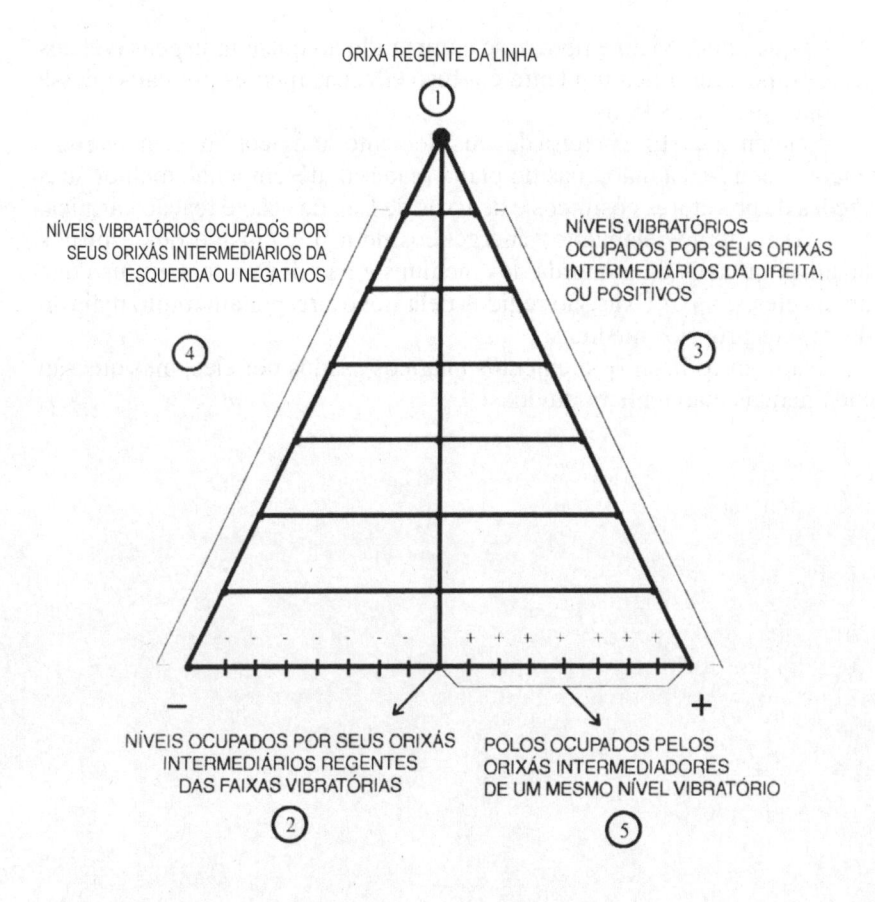

Elementos de Magia 115

ORIXÁ REGENTE DA LINHA
(1)

NÍVEIS VIBRATÓRIOS OCUPADOS POR SEUS ORIXÁS INTERMEDIÁRIOS DA ESQUERDA OU NEGATIVOS
(4)

NÍVEIS VIBRATÓRIOS OCUPADOS POR SEUS ORIXÁS INTERMEDIÁRIOS DA DIREITA, OU POSITIVOS
(3)

NÍVEIS OCUPADOS POR SEUS ORIXÁS INTERMEDIÁRIOS REGENTES DAS FAIXAS VIBRATÓRIAS
(2)

POLOS OCUPADOS PELOS ORIXÁS INTERMEDIADORES DE UM MESMO NÍVEL VIBRATÓRIO
(5)

linhas horizontais, ou faixas vibratórias, os Orixás assentam à direita suas hierarquias positivas e à esquerda as hierarquias negativas, que na Umbanda formam as linhas de Caboclos e Exus, caboclas e Pombagiras, etc.

Os assentados à esquerda dos Orixás intermediários assumem o grau de Exus guardiões e regem hierarquias que assumem os nomes simbólicos com que seus membros se apresentam quando incorporam nos médiuns para realizar trabalhos magísticos.

Assim, se o médium firma seu Exu de trabalho na tronqueira do Exu guardião do templo, este passa a contar com o auxílio velado do Exu guardião do médium, que não pode ser assentado ali pois é tronqueira de outro Exu guardião com o mesmo grau hierárquico, já que ambos respondem aos Orixás regentes das faixas vibratórias.

Existe todo um conhecimento ainda pouco aberto ao plano material a respeito do mistério "Exu de Umbanda".

O que temos visto é pouco, se comparado ao que é indispensável aos médiuns, pois tudo fica um tanto confuso em suas mentes por causa desse tabu que envolve os Exus.

Saibam que o Exu precisa de seus elementos mágicos ou recursos energéticos. Tendo-os à mão, mas no plano material, desempenha melhor suas funções de protetores cósmicos e de Exus de Lei, de ação e reação cármica.

Assim, temos elementos energéticos de uso exclusivo dos espíritos que atuam através da esquerda dos médiuns e não devem temer o uso que darão a eles, pois os Exus são regidos pela Lei e a respeitam muito mais do que os seus próprios médiuns.

Não vamos listar os elementos mágicos usados por eles, mas que são fundamentais, não tenham dúvidas!

SÉTIMO CAPÍTULO

Sinais ou Símbolos Sagrados

Muitos têm escrito suas interpretações pessoais dos símbolos sagrados, mas a todos falta a ciência das linhas de forças sustentadoras das evoluções.

Vamos interpretar alguns dos símbolos usados pelos guias de Umbanda quando riscam pontos cabalísticos firmadores de "trabalhos" ou anuladores de magias negativas.

Comecemos pela estrela de cinco pontas, o símbolo sagrado identificador de todo o estágio da evolução regido pela linha de forças mista Oxalá-Iemanjá, ou cristalina aquática. Esse estágio da evolução é natural (não reencarnacionista) e atrai naturalmente os seres ainda no 4º estágio da evolução.

Cinco dimensões se fundem no 5º estágio da evolução, e por isso os Orixás naturais deste estágio são chamados de pentaelementais ou pentagonais.

Essa dimensão, energeticamente superior à dimensão humana, tem dupla polaridade magnética, e se um Orixá "Estrela" a rege pelo alto e está assentado em seu polo positivo, ele possui um par vibratório oposto dentro da mesma linha. Esse seu par oposto é identificado, também, por uma estrela de cinco pontas, mas invertida, significando que este Orixá "Estrela Cósmica" é atrator, concentrador e sustentador dos seres pentaelementais que seguiram uma evolução cósmica ou negativa.

A estrela positiva é irradiante, multicolorida e suas energias são do padrão corrente contínua. Esta é a "Estrela Guia", tão comentada e tão mal interpretada no plano material. A estrela invertida, negativa, possui um magnetismo poderosíssimo que a torna atratora de todas as outras energias cósmicas e por ser cristalina e ígnea. Nós a identificamos como a "Estrela Rubra" ou "Estrela da Lei nas Trevas".

Atentem para isto: a estrela está no "alto" e simboliza o 5º estágio natural da evolução. Os seres naturais no 5º estágio da evolução são os últimos a ainda atuarem na dimensão humana. A partir do 6º estágio natural da evolução, os seres serão direcionados ou para outras dimensões planetárias, onde atuarão como regentes naturais, ou estagiarão em outras orbes planetárias (outros planetas). Portanto, no 5º estágio da evolução estão os últimos seres naturais ainda voltados para nós, os "espíritos humanos".

As interpretações dos símbolos sagrados, todas elas, têm sido pensadas unicamente sob a ótica do bem ou do mal, tão comum a todos os pensadores humanos.

Se, nas suas magias, usam uma estrela guia para simbolizar um poder, força ou energia divina, até aí estão próximos da verdade. Agora, quando riscam a estrela rubra e alegam que ali está fixado um símbolo do mal ou das Trevas, estão completamente enganados.

Nós sabemos que a dimensão humana possui um "céu" e um "inferno". Possui um lado iluminado e um lado sem luz. Possui, também, um polo positivo (alto ou +) e um polo negativo (embaixo ou -). Isso, todas as outras dimensões possuem, mas apenas com estas classificações:

Lado positivo = luminoso, irradiante, universal e passivo
Lado negativo = escuro, sem cor, cósmico e ativo

Gráfico de uma dimensão natural:

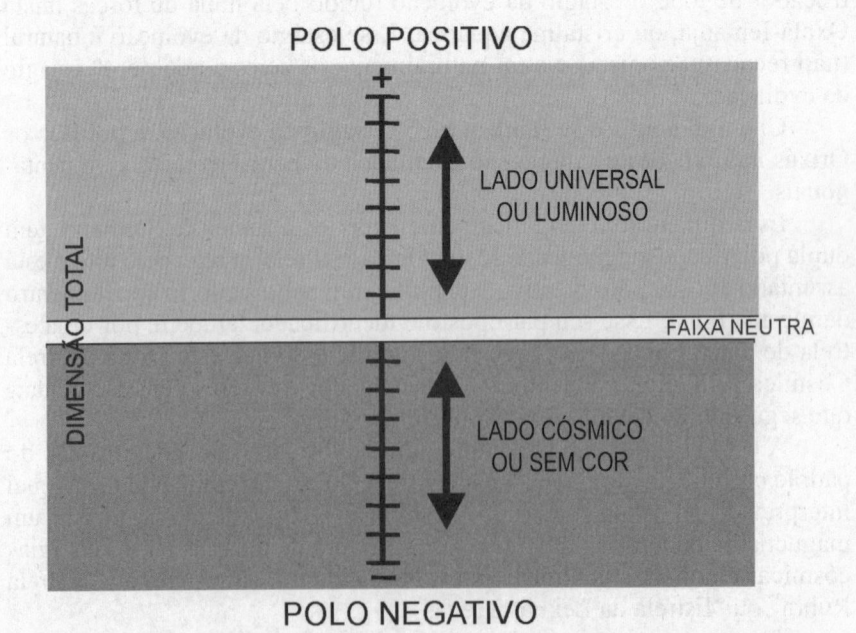

POLO POSITIVO

LADO UNIVERSAL OU LUMINOSO

DIMENSÃO TOTAL

FAIXA NEUTRA

LADO CÓSMICO OU SEM COR

POLO NEGATIVO

Para cima, ascenderão os seres irradiantes (positivos, magneticamente falando). Para baixo, descerão os seres concentradores (negativos, magneticamente falando).

Sinais ou Símbolos Sagrados

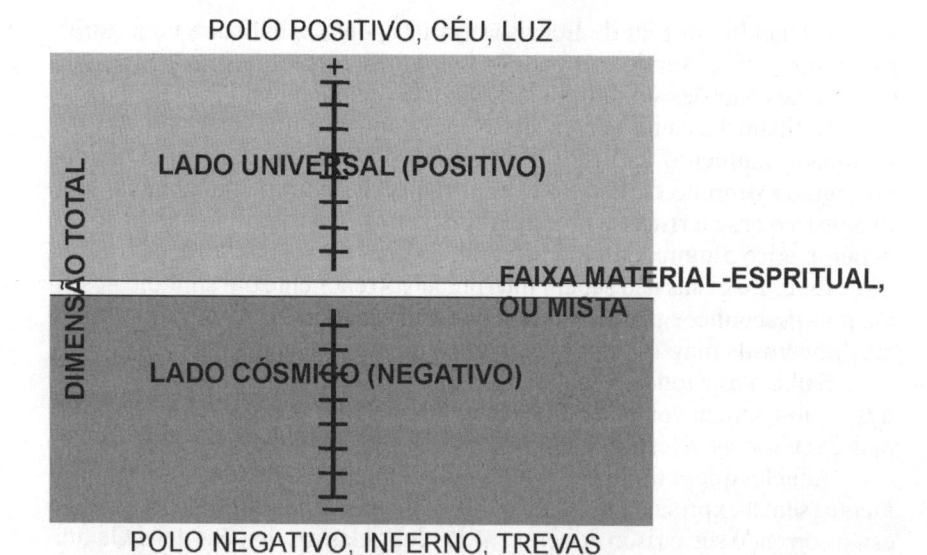

```
            POLO POSITIVO, CÉU, LUZ
    ┌──────────────┼──────────────┐
    │              +              │
    │      LADO UNIVERSAL (POSITIVO)│
  ┤ │              ┼              │
  A │              │              │
  T │              ┼              │
  O │              │              │
  T ├──────────────┼──────────────┤
  O │          FAIXA MATERIAL-ESPRITUAL,
  Ã │              OU MISTA
  S │              ┼              │
  N │      LADO CÓSMICO (NEGATIVO)│
  E │              ┼              │
  M │              │              │
  I │              ─              │
  D └──────────────┼──────────────┘
          POLO NEGATIVO, INFERNO, TREVAS
```

Na interpretação humana os bons vão para o céu e os ruins vão para o inferno, certo?

Errado, respondemos nós. Para o céu vão os espíritos virtuosos e para o inferno vão os espíritos viciados. Espíritos virtuosos são consciencialmente racionais; espíritos viciados são consciencialmente emocionais.

• no racional estão as vontades;

• no emocional estão os desejos.

• no racional está o equilíbrio mental;

• no emocional está o desequilíbrio mental.

• no racional desenvolve-se um magnetismo positivo;

• no emocional desenvolve-se um magnetismo negativo.

• o racional irradia energias (é doador);

• o emocional absorve energias (é acumulador).

Estas definições ajudam a entender as duas estrelas simbolizadoras de polos magnéticos de uma mesma dimensão e do 5º estágio da evolução natural (não encarnacionista).

Com isso em mente, então entendam que quando um guia espiritual risca uma estrela guia, ele está fixando dentro de um ponto cabalístico um padrão vibratório superior a qualquer um dos quatro padrões básicos dos processos mágicos ou energomagnéticos (terra, água, ar, fogo). Seu padrão é o cristalino, que tanto dilui esses quatro elementos como os anula ou os neutraliza, pois pode envolvê-los e paralisá-los.

E quando um Exu de Lei risca em um ponto cabalístico uma estrela rubra, ele está afixando um padrão vibratório com o mesmo poder, mas relativo aos padrões vibratórios cósmicos dos elementos.

Reflitam bastante acerca disso, pois um tolo qualquer, em um determinado momento da história religiosa, vislumbrou os poderes divinos do sagrado símbolo da Estrela e, com sua pervertida mente humana, logo imaginou que se a riscasse invertida com certeza estaria submetendo ao seu poder mágico algum demônio infernal, ao qual daria suas "ordens".

Esses magistas não sabem interpretar corretamente um símbolo positivo, pois desconhecem suas origens, poderes e mistérios, e ainda se arvoram em "poderosos magos" movimentadores de magias negativas.

Saibam que todos os que riscam a torto e a direito os símbolos sagrados estão condenados a serem executados pela lei que rege a ativação de poderes e forças celestiais.

Aqueles que, a título de grandes magos iniciados, riscam-nos aleatoriamente (sem a expressa autorização de um guardião dos símbolos sagrados) estão correndo sério risco de serem atingidos pelas irradiações dele. Quanto aos que riscam os símbolos cósmicos ou negativos, mas também sagrados, pensando que estão escravizando um ser infernal, só estão afrontando a lei que rege as grafias mágicas.

Saibam que a origem, a fonte energética e o mistério celestial sustentador dos mistérios "Estrela Guia" e "Estrela Rubra" é um Trono Celestial reverentemente nominado por nós de *"Sagrado lá-ór-is-ra-iimyê"*, o regente celestial do 5º estágio da evolução natural, que se processa em paralelo com a nossa, que é o estágio da quintessenciação dos seres humanizados, ou seja, o estágio de suas "cristificações", quando então assumem responsabilidades afins com os regentes planetários.

Os guardiões celestiais desta dimensão são todos os Orixás intermediários cristalinos, sejam eles regidos pelo polo positivo ocupado por Oxalá ou pelo polo negativo ocupado por Logunã:

Oxalá é Trono da Fé
Logunã é Trono do Tempo

Aí tem a verdadeira origem do sagrado símbolo que é a estrela de cinco pontas ou Estrela Guia, assim como de seu par oposto, a Estrela Rubra, consumidora dos negativismos.

Portanto, cuidado quando alguém lhes ensinar que, riscando pontos cabalísticos aleatoriamente, solucionarão possíveis demandas espirituais, anularão magias ou dominarão à sua vontade e desejo os espíritos negativos.

Deixem os pontos riscados com seus mentores ou guias chefes pois eles, sim, quando riscam um ponto, sabem o que estão fixando no plano material humano, mas que está assentado, sempre, em outra dimensão da vida. Afinal, "Orixá" não é espírito humano, mas regente das muitas dimensões da vida, incluindo a humana.

Todos os símbolos sagrados eram ensinados nos planos material e espiritual humano durante a Era Cristalina (mito Atlântida), mas a ciência que tratava deles foi recolhida após esta era, e nunca mais foi tratada de forma "aberta" pelos verdadeiros magos. Só a ensinavam a discípulos da mais absoluta confiança, os quais, jurando pela "lei do silêncio", procediam do mesmo modo com seus discípulos, velando todo o conhecimento interditado ao plano material.

Observem o quão poderoso é um símbolo sagrado, pois a "Santa Cruz" sustenta o Cristianismo há dois milênios e nunca teve o seu poder diminuído ou abalado. Observem a estrela de cinco ou de seis pontas, ou mesmo o castiçal de sete braços, os quais também jamais perderam suas forças ou seus poderes. Observem o triângulo sagrado e verão o mesmo poder e força. Observem a espada, a lança ou o escudo e perceberão nestes símbolos a força da Lei. Observem a "montanha" sagrada e verão o poder e a força da Justiça Divina. Observem na seta espiralada o poder e a força do Tempo.

Vejam nas sete cruzes os sete estágios da evolução; nas sete flechas, as sete direções; nas sete lanças, as sete vias evolutivas e nas sete estrelas, os sete Guardiões cristalinos que respondem aos guardiões celestiais da Coroa Regente Planetária.

Enfim, descubram nos nomes simbólicos de seus Caboclos, Caboclas, Pretos e Pretas-Velhas, Exus e Pombagiras, por meio de seus nomes "simbólicos" ou nomes regidos pelos símbolos, a quais Orixás eles estão ligados e a que pontos de forças da natureza recorrem durante seus trabalhos magísticos ou espirituais. Descubram que os nomes simbólicos ocultam mistérios sagrados regidos pelos símbolos, que trazem em si mesmos toda ciência divina por excelência.

Meditem, reflitam e raciocinem profundamente no porquê de seus mentores espirituais nada ensinarem a respeito dos pontos riscados, e no mais íntimo de suas consciências uma voz cristalina lhes dirá: "Se nada dizem ou ensinam é porque eu, o seu Regente Ancestral, fi-los jurar pela "lei do silêncio" que nada revelariam acerca da grafia mágica dos sagrados Orixás, que, mais do que simbolizadores, são símbolos vivos e identificadores do Divino Criador".

Mesmo o tão polêmico "tridente" de Exu é só uma grafia simbólica usada pelos guardiões cósmicos dos lados negativos dos pontos de forças regidos pelo mistério sagrado *"La-mu-ba-yê"*.

Vocês sabem quem é o sagrado e cósmico Guardião Celestial "La-mu-ba-yê?

Vocês sabem o que significa um tridente apontando para alguma das sete "vias" positivas ou negativas?

Não?

Então vocês ainda não são verdadeiros magos iniciados nos mistérios da escrita magica simbólica de Umbanda Sagrada.

OITAVO CAPÍTULO

Os Símbolos Mágicos

Sempre que alguém deseja penetrar nos mistérios, depara-se com uma barreira, uma defesa, que se aparentemente tudo revela, no entanto tudo oculta.

São os símbolos sagrados!

Uma cruz encerra em si mesma tantas interpretações quantas conseguirmos formular.

Uma estrela comporta tantas analogias que nada lhe escapa.

Um duplo triângulo entrelaçado fascina tanto que nos é impossível escaparmos de suas influências.

Uma espada nos lança em um confronto com nosso íntimo sobre as nossas mais convictas crenças, certezas e concepções.

Uma balança tem o poder de lançar-nos na maior das dúvidas: estou certo ou errado?

É claro que aí são apresentados como símbolos arquétipos que encerram em si mesmos poderes, qualidades, atributos e atribuições supra-humanas e que por isso mesmo nos atraem, envolvem e nos conduzem por meio dos encantos, magias e mistérios da criação.

O grande enigma de sempre, e que tanto incomoda os pensadores, é a natureza de Deus. Mas, mesmo sendo inalcançável, podemos senti-la sob a influência de um símbolo sagrado.

Ou não é assim que acontece?

Um cristão, um budista ou um espírita pode estudar a religião islâmica que nunca conseguirá tocar em seus mistérios mais ocultos e muito menos sentir a magnífica e divina irradiação que o luminoso quarto crescente traz encerrado em si mesmo, sendo sensível somente àqueles que se colocam conscientemente e religiosamente sob sua influência.

Toda uma religião e seus mistérios divinos estão sintetizados "simbolicamente" em uma das fases da lua: o quarto crescente!

Para um islamita, este símbolo encerra toda a lei revelada, e ao mesmo tempo revela toda uma lei. E mais não precisa ser acrescentado ao seu sagrado quarto crescente, pois em si mesmo seu símbolo sagrado a ele tudo revela, bastando para tanto que se coloque sob sua irradiação divina.

Esta mesma interpretação um cristão pode dar em relação à sua cruz sagrada. E um judeu tem sua estrela de seis pontas a ampará-lo onde quer que esteja. Por isso, na Tradição, o estudo dos símbolos sagrados nos atrai tanto: eles encerram e ocultam mistérios sequer imaginados por nós! Na Tradição, o estudo dos símbolos sagrados é fonte inesgotável de conhecimentos dos mistérios, divinos por natureza e sagrados por suas excelências divinas.

Jamais, por mais que os estudemos, conseguiremos esgotar os mistérios por trás dos símbolos sagrados. E, se assim ocorre, é porque eles são, ao mesmo tempo, chaves e portas para infinitos vestíbulos totalmente ocupados por mistérios da criação, que têm por função conduzir-nos ao "interior" de Deus.

Nós, atualmente, temos símbolos sagrados novos ou recentes, que sustentam a fé e a religiosidade de toda a humanidade.

Temos a cruz, a estrela de seis pontas, o yin e yang — e mais alguns para não nos aprofundarmos muito — que atendem a todas as necessidades imediatas da humanidade no seu atual estágio cultural e evolutivo.

Mas no passado longínquo tivemos outros símbolos, também sagrados, e que ainda encerram e ocultam em si mesmos todos os mistérios da criação.

Vamos a alguns deles:
a cruz gamada
a estrela de cinco pontas
a serpente do arco-íris
a pirâmide equilátera
o triângulo equilátero
o círculo quadriculado
a cobra-coral
a serpente dourada
as sete luas

Fiquemos só com estes símbolos sagrados, senão abordaremos religiões pertencentes a outras eras, tão antigas quanto incomprováveis no plano material devido ao imenso lapso de tempo já existente.

Estes símbolos, todos eles, conduzem-nos a mistérios divinos que, se neles fixarmos nossos olhos e nossa curiosidade, atrairão-nos com tanta força que, quando nos dermos conta, já estaremos sendo envolvidos por suas influências, convidando-nos a mergulharmos nas imortais fontes de conhecimentos ocultos que eles têm guardado para nós, os visionários e curiosos de sempre.

A Tradição, em seus centros de estudos localizados na faixa celestial, tem, codificados e guardados, todos os símbolos sagrados já ativados no meio material pelas hierarquias celestiais naturais regentes do nosso todo planetário. Eles foram codificados pelos guardiões dos mistérios quando se "abriram" para o meio material. E, quando cumpriram suas missões, foram recolhidos ao plano espiritual, de onde continuam a atuar no inconsciente coletivo da humanidade.

A cruz gamada

Infelizmente, um ser alucinado e possuído por fúrias infernais tornou este símbolo sagrado de uma era e civilização em um símbolo do mal, da morte e da dor. Mas se a besta humana Hitler a usou com propósitos condenáveis, também foi absorvido pelo lado negro (plano infernal) da religião que encerrava e ocultava os mistérios da criação neste símbolo.

Nós, os Sete Espadas, por excelência guardiões dos símbolos sagrados, conhecemos o destino final de Hitler, Himler, Goebles, Hess, etc., o lado tenebroso, escuro e impenetrável do símbolo sagrado da cruz gamada, cuja religião está cristalizada na Luz e petrificada nas Trevas, mas que continua a irradiar o inconsciente coletivo da humanidade.

A estrela de cinco pontas

Esse símbolo sintetizou em si mesmo tantos mistérios sagrados que até hoje ainda é muito influente no plano material. Jamais a humanidade conseguiu esgotá-lo na matéria. E, se desde outras eras ele continua a irradiar o inconsciente coletivo, então nunca será recolhido ou se recolherá em si mesmo na faixa celestial.

Isso ocorre porque ela, a estrela de cinco pontas, foi absorvida pelos regentes planetários e incorporada à emanação religiosa contínua do Setenário Sagrado, tornando-se um símbolo universal.

A serpente do arco-íris

Esse símbolo sagrado pertenceu à era na qual a religiosidade era transmitida pelos magos da natureza. Nas sete cores eles sintetizavam os sete sentidos da vida: a Fé, o Amor, o Conhecimento, a Razão, a Lei, o Saber e a Geração da Vida.

O arco-íris, com suas sete cores, encerra tantos mistérios da criação que, por nunca terem sido esgotados no plano material seus mistérios estimuladores da religiosidade nos seres humanos, também foi absorvido pelos regentes planetários e é irradiado pelo Setenário Sagrado por meio das religiões naturais. Os Orixás sagrados, com suas cores, sintetizam o Arco-íris Sagrado.

A pirâmide equilátera

A pirâmide equilátera nada mais é do que a simbolização dos Degraus, a hierarquia celestial regente da criação.

Esse símbolo não é um privilégio do Egito antigo, mas tem nele toda uma civilização que foi influenciada em grande parte por este símbolo sagrado, assim como por muitos outros, pertencentes a eras já apagadas da memória consciente da humanidade, mas muito ativas em seu inconsciente coletivo.

Restos de pirâmides simbólicas podem ser encontrados em várias partes do planeta, e não só no Egito. Elas simbolizam os Degraus regentes da natureza planetária e por isso são muito ativas no inconsciente coletivo.

O triângulo equilátero

Esse símbolo, pertencente a uma Era muito antiga, foi incorporado pelos mestres egípcios à sua religião. Só não se recolheu porque, durante o êxodo, os seguidores de Moisés, o Grande Mago das Sete Montanhas Sagradas, incorporou-o à tradição "judaica", revitalizou-o e o imortalizou no plano material.

Ele agiu assim porque os sacerdotes egípcios, ao reavivá-lo no plano material, potencializaram-no tanto que ele se tornou imortal (inesgotável) no plano material. O triângulo sagrado foi absorvido pelo Setenário Sagrado, que o irradia por meio de quase todas as religiões atuais.

O círculo quadriculado

Esse símbolo, enigmático por forma e excelência, predominou em uma era e em uma civilização que atrai muito os estudiosos da história e os espiritualistas em geral.

Isso acontece porque a religião era, toda ela, assentada nos regentes da natureza, os atuais "Orixás", e fundamentava-se nos quatro elementos (terra, água, ar e fogo), em que cada quadrante simboliza um deles. Na religião atuante, às vezes usava-se a cruz cujos "braços" possuíam as mesmas medidas, em que o segmento de reta na vertical simboliza o alto e o embaixo, Luz no alto e Trevas no embaixo, e o segmento na horizontal simboliza a direita e a esquerda. Unindo-os em cruz, temos em um só símbolo o alto, o embaixo, a direita e a esquerda, que, recolhidos dentro do círculo (o Todo), dá origem a toda a criação, que encerra dentro de seus limites todas as criaturas.

Desse símbolo sagrado, recolhido após haver cumprido suas funções religiosas, ainda nos chegam suas irradiações poderosas enviadas ao inconsciente coletivo da humanidade. Ele foi incorporado pelo Setenário Sagrado que o irradiou posteriormente, originando o sagrado símbolo do I Ching, em que yin (positivo) e yang (negativo), ou os opostos, entrelaçam-se ocupando tudo o que está contido no todo, que é o "círculo".

É um símbolo inesgotável pois é divino por excelência e elemental por sua formação.

A cobra-coral

Esse símbolo, que se perdeu no tempo, mas ainda é encontrado no esoterismo mágico, é a serpente que morde o próprio rabo, visto em algumas descrições, imperfeitas como fonte de uma infinidade de mistérios sagrados.

A cobra-coral, multicolorida, venenosíssima e devoradora de outros ofídios, pertenceu aos magos, que receberam há muitos milênios a missão de revitalizar no plano material a tradição do Arco-íris Sagrado.

É um símbolo mágico por excelência, na Umbanda Sagrada é representado pela hierarquia espiritual que atende pelo nome simbólico de: Caboclos e Exus Cobra Coral.

Foi trazido ao plano material pelos magos em uma era já não identificável pelos arqueólogos ou historiadores e jamais foi recolhido à faixa celestial. Dizem os magos, eu entre eles, Sete Espadas M..L.., que quando a Lei solta uma de suas serpentes mágicas, nem a própria Lei consegue recolhê-la sem antes matá-la. Como a Lei não mata nada, muito menos um de seus mistérios mágicos por excelência, a Coral da Lei continua ativa.

Afinal, a Cobra Coral da Lei é a única serpente (simbólica) que consegue anular a grande Cobra Negra sem ter de matá-la: apenas a devora e incorpora seu veneno nas suas listras negras, tornando-se, assim, ainda mais poderosa.

Todo aquele que tiver uma "coral" à sua direita está sendo amparado pela Lei. E quem a tiver à sua esquerda, pela Lei está sendo "vigiado".

Interpretem isso como quiserem ou puderem, mas não deixem de meditar acerca desse comentário pois ele é simbólico.

A serpente dourada

Esse símbolo também foi aberto ao conhecimento humano em uma era fora do alcance da História. Mas simbolizava, e ainda simboliza, o saber puro, e, tal como a Cobra Coral, jamais foi recolhido à faixa celestial, pois a Serpente Dourada (o Saber) é a única que consegue eliminar a Serpente Negra (a Ignorância) sem sofrer nenhuma contaminação.

Esse símbolo encerra em si mesmo tantos mistérios da natureza que jamais conseguiremos esgotá-lo.

As sete luas

Esse símbolo, a lua, pertenceu às religiões naturais ligadas à geração e estava ligado à agricultura, à fecundidade e à renovação da vida em seus ciclos sempre repetitíveis.

Pertenceu a uma era muito anterior à atual e, apesar de sua antiguidade, até hoje irradia tanto o inconsciente religioso como o iniciático da humanidade. Sua penetração é tão profunda que, no Ritual de Umbanda, há toda uma hierarquia (Degrau) regida pelo símbolo das sete luas, os Caboclos Sete Luas!

Aqui apresentamos uma pequena relação de religiões que predominaram em civilizações do passado e influíram na vida dos "nossos antepassados" que, com certeza, fomos nós mesmos. E suas hierarquias estão atuantes no Ritual de Umbanda Sagrada.

Bem, com isso comentado, adentremos nas grafias.

Por grafias entendemos línguas escritas por meio de símbolos, números, letras e signos. A grafia divide-se em três categorias:

1- *Popular ou aberta (exotérica)*
2- *Iniciática ou fechada (esotérica)*
3- *Divina ou sagrada (secreta)*

• a grafia aberta mostra a relação entre os dois "lados" da religião.
• a grafia iniciática mostra seu lado oculto sem, no entanto, revelá-lo.
• a grafia sagrada ativa os mistérios sem, no entanto, abri-los ou revelá-los.

Por isso, é comum as hierarquias da Umbanda Sagrada (linhas de ação e de trabalhos) recorrerem a estas três grafias quando riscam seus pontos de firmeza, de trabalho, de descargas de energias negativas ou de fixação de energias positivas.

Muitos creem que existe só uma grafia, e olham todas as outras com reservas. Mas isso não é verdade, pois cada uma dessas religiões aqui citadas, e que já cumpriram suas missões no plano material, possuem uma grafia completa que, sem precisar recorrer a outras, sustentam todas as suas hierarquias espirituais.

A exemplo da cabala judaica, toda ela fundamentada em números, letras e sons hebraicos, formam uma hierarquia celestial muito ativa que ocupa todo o espectro astralino da religião seguida pelos seus adeptos.

É certo que, ao partirem do Egito, os hebreus levaram muitos conhecimentos e alguns mistérios cultivados pelos egípcios. Também é certo que, anteriormente, absorveram mistérios da Caldeia e, posteriormente, da Babilônia, assim como adquiriram outros dos magos persas, que acabavam codificados em uma nomenclatura simbólica e numerológica própria, só interpretada pelos seus codificadores: os "rabis hebreus!"

Toda esta suposta cabala que pulula nos meios iniciáticos materiais nada mais é do que uma sombra da verdadeira cabala, nunca revelada, até hoje, em seu todo, sendo que, mesmo para a maioria dos judeus, ela não se revela ou é revelada pelos verdadeiros guardiões de seus mistérios.

Muitos tentaram apossar-se de seus mistérios, mas o máximo que conseguiram foi facilitar o trabalho dos seus guardiões, pois ao difundirem que haviam penetrado em seus mistérios desviaram o foco da verdadeira cabala e o centraram em uma sombra, em uma ilusão e uma cópia sabiamente embaralhada para melhor enganar os "curiosos".

Relatemos um pequeno caso envolvendo a cabala hebraica:

Havia, na França, um rei "iniciado" nos mistérios, mas que desejava tornar-se "senhor" da magia cabalística. Tanto fez que trouxe de Jerusalém três rabis cabalistas e, separando-os em celas isoladas, torturou um até que, exangue, o rabi concordou em revelá-la ao rei. De posse da revelação, o rei chamou os outros dois rabis e, mostrando o torturado, ordenou:

— Ou vocês revelam, separados, a verdadeira cabala ou serão torturados até a morte.

Um dos rabis, antevendo um fim nada natural para os três, astutamente propôs ao rei:

— Eu, e só eu, lhe darei a verdadeira cabala. Mas, se isso eu fizer, sentirei-me morto perante meus irmãos iniciados em seus mistérios. Logo, entre morrer agora e perecer em vida, há uma longa distância a ser coberta com alguns bens divinos e muitos bens humanos.

— O que deseja, rabi? — perguntou o rei.

Os bens divinos são nossas próprias vidas e os bens humanos podem ser uma boa recompensa que permita a nós uma vida tranquila em algum lugar longe de nossa terra e de nosso povo.

— Se eu achar por bem recompensá-los, não tenham dúvidas, serão recompensados! — concordou o rei, que já possuía uma cópia muito detalhada da "verdadeira" cabala hebraica.

Os dois rabis foram devolvidos às suas celas e, após alguns dias, um e outro chamaram o rei e com ele falaram:

— Majestade, o que vou entregar-lhe é o poder, a glória e a força. Irá compartilhá-lo com seus sábios que, de posse disso, poderão destroná-lo e matá-lo?

— O quê?!! — perguntou o rei, muito assustado.

— O que ouviu, majestade. Nós, os rabis cabalistas, fazemos um juramento secreto de nunca usar o poder dos mistérios contra nenhum ser vivente. Mas e eles? O que irá impedi-los de, mais dias menos dias, usarem estes poderes para destroná-lo e usurparem seu trono e sua coroa?

Após pensar um pouco, o rei perguntou:

— O que sugere, sábio rabi?

— Nada, nobre rei. Apenas espero que adquira a verdadeira cabala de um modo honesto: cumprindo nosso acordo!

Mais uma meditação e o rei disse:

— Eu cumprirei, desde que tenha uma prova de que terei a posse da verdadeira cabala. O que tem a oferecer-me como garantia?

— Eu tenho toda ela escrita aqui, se ela diferir da que meus outros irmãos lhe passaram, quero que me mate. Mas, se eles também lhe passaram a verdadeira, aí quero que nos liberte e nos recompense com muitos bens, para que purguemos longe dos nossos a nossa traição.

Dê-me seus manuscritos, rabi! — concordou o rei.

Após alguns dias, os três foram levados diante do rei e dele ouviram:
— Sábios rabis, os três manuscritos não diferem em uma letra sequer.
— Ótimo! — exclamou o rabi mais "astuto". — Então estamos livres e ricos e poderemos ir para algum lugar onde ninguém nos conheça!
— Aí é que está o problema, senhores! — exclamou o rei.
— Não o entendo, majestade! O nosso acordo...
— Esqueçam o acordo, senhores. Se traíram o juramento de nunca revelarem a verdadeira cabala, o que irá impedi-los de saírem por aí a "vendê-la" a tantos outros interessados nos poderes e magias dela?
— Mas...
— Serão, os três, executados daqui a pouco. Mas os pouparei da dor.
Eles foram executados ingerindo uma dose fulminante de veneno, deixando ao rei a sua mais nova aquisição: os poderes e mistérios da poderosa cabala hebraica. A "verdadeira"!
Mas os sábios da corte, desejosos de conhecê-la, começaram a incomodar o rei que a havia ocultado deles.
O rei, muito precavido, riscou o signo da morte e o da riqueza e, invocando seus poderes, ordenou que lhe dessem muitas riquezas e que matassem seus inimigos. Imediatamente, o rei caiu morto!
Havia conseguido o que tanto desejava, por meio da verdadeira cabala hebraica: para um tolo como ele, a maior riqueza é a morte, e isso ele recebeu, pois não se invocam poderes divinos para a obtenção de bens materiais. E quanto à morte de seus inimigos, também conseguiu, pois eram os seus vícios: ambição, inveja, cobiça, todos nele mesmo, foram mortos junto com ele.
Mas os manuscritos acabaram caindo em poder de outros curiosos e estão por aí até os dias de hoje a dar riquezas a uns e a morte a outros. O rei não atinou com uma coisa: se os três manuscritos não difeririam nem em uma só letra, então aquela não era a verdadeira cabala, pois a verdadeira e única parte do princípio da interpretação de seus mistérios pertence aos conhecimentos de cada um que nela é iniciado.
O que o rei havia obtido era um manuscrito onde os nomes, números e grafia haviam sido de tal forma misturados que, quando alguém pedia a riqueza, a estava pedindo ao Anjo da Morte, e quando alguém pedisse a morte a seus inimigos, estava invocando o anjo que pune os vícios.
Ora, pedir a riqueza ao Anjo da Morte é um ato estúpido perpetrado por um idiota, e aos olhos dele, o Anjo, a maior riqueza que alguém assim merece é livrar-se de si mesmo.
E pedir a morte de alguém ao anjo punidor dos vícios é o mesmo que colocar a cabeça no cepo e soltar o laço que segura a lâmina da guilhotina.
Moral desta pequena história:
"É melhor nos contentarmos com os mistérios de nossa simples e — compreensível religião do que ambicionarmos os mistérios complicados e incompreensíveis das religiões de nossos semelhantes!"

Portanto, aos umbandistas, em grafia, contentem-se com a que seus mentores são portadores e a ela recorram quando acharem necessário, sabendo que ela se processa em três níveis:

1- *O material*

2- *O espiritual*

3- *O celestial*

Quanto ao mais, confiem neles pois, mais do que cabalistas, vocês devem ser bons médiuns e virtuosos filhos de Fé do Ritual de Umbanda Sagrada. Ou por acaso acreditaram que eu, um Sete Espadas M..L.. iria revelar-lhes toda uma grafia dos Orixás?

Em tempo, muitos médiuns ficam inseguros quando os babalaôs ordenam-lhes: "Irmão, incorpore seu mentor pois quero ver, pelo ponto riscado dele, se é um guia verdadeiro". Ou, quando não, para ver se "é um guia da Luz ou um quiumba".

Nunca se preocupe, pois se sua fé é verdadeira e sua vontade em servir aos Orixás sagrados é pura, seu mentor, em um piscar de olhos, extrai do subconsciente do seu examinador todo o conhecimento ali acumulado e risca um ponto que irá impressioná-lo profundamente, fundamentado naquilo que ele tem como a verdadeira magia riscada. E vocês serão vistos como portadores de verdadeiros guias de luz e de sábios mentores, o que é uma verdade, mas que não precisa ser comprovada desta forma.

Afinal, se isso fosse necessário, a corrente espírita, que dispensa a magia e a cabala, não estaria tão ativa, arregimentadora e iluminadora de mentes e corações como está. Em se tratando de fé, e os Orixás são a "fé" manifestada na criação, mais vale um ato de fé do que mil escritos inconsequentes.

Acreditem nisso e tenham muita fé em seus Orixás, porque só assim em vocês eles confiarão... e a vocês, quem sabe, um dia venha a ser revelada as originais grafias da Fé, do Amor, do Conhecimento, da Razão, da Lei, do Saber e da Vida, todas veladas por eles, os seres regentes da natureza e Orixás sagrados no Ritual de Umbanda.

NONO CAPÍTULO

Magia: Transmissão

Magia. O que é magia?

Bom, para início de comentário, aí está a pergunta básica que todos se fazem quando se põem a meditar acerca desse assunto. Tentaremos ser precisos e concisos ao mesmo tempo para que a compreensão se processe sem muitas divagações.

Magia é o ato consciente de ativar e direcionar energias elementares positivas ou negativas, universais ou cósmicas, e ponto final!

Agora... que energias são estas, aí já é outra questão.

O verdadeiro mago não ativa uma energia se antes não possuí-la já padronizada em seu todo mental e energético. Mas... voltemos ao início, certo?

Vamos aos processos mágicos:

1- Transmissão limitada

Ninguém olha para o fogo e diz: fogo, quero que você queime todas as energias negativas condensadas em meu campo energético e me livre destes incômodos que estou sentindo.

Não é assim que as coisas funcionam!

Mas se alguém for a uma tenda de Umbanda e um guia espiritual que atende por um nome simbólico, como Sete Espadas, disser a este alguém: "Filho, você deverá acender dentro de sua casa uma vela azul e colocar ao lado dela um copo de água, que deverá ser jogada fora assim que a vela for consumida", então não tenha dúvidas: um processo mágico será posto em ação e acontecerá uma descarga de energias negativas.

Como? Isto é magia?

Claro que é. Isto é magia positiva e irá anular energias negativas condensadas dentro da casa do consulente. Ali, após a vela ser acesa e o copo com água colocado ao seu lado, os quatro elementos estão à disposição do Caboclo magista por excelência, que terá o fogo, a água, o ar e a terra à sua disposição para, usando de seus conhecimentos magísticos, ativá-los e, potencializando o elemento fogo, expandi-los com o ar e direcioná-los com a terra, que descarregará na água do copo todas as energias negativas que venham a estar circulando dentro daquela casa.

O consulente conhecia magia?

Não.

O consulente dominava o processo magístico?

Não.

Então o que realmente ali ocorreu?

Apenas um guia espiritual que domina um processo magístico o transmitiu a um irmão encarnado, para que este recorresse a ele e tivesse sua casa livre das energias negativas que tanto o incomodavam.

Isso é transmissão de um processo mágico com duração limitada (tempo) e alcance limitado (espaço). No caso descrito, o tempo é a duração da consumação da cera da vela pela chama, e o espaço é o interior da casa onde o processo mágico foi aberto.

No caso de o espaço ter de abarcar outras dimensões ou faixas vibratórias, aí o processo deverá ser realizado em um ponto de forças análogas à que o guia espiritual pediu: velas acesas ao pé de uma cachoeira, à beira de um lago, rio ou à beira-mar, juntamente com outros condensadores de energias afins com as que o guia "manipulará" no astral ou nos reinos elementais.

O tempo terá a duração da chama da vela, mas o espaço adentrará em outras faixas vibratórias ou dimensões fora do plano material. Mas, mesmo aí, o processo todo foi uma transmissão limitada, pois tinha um fim específico.

2- Transmissão localizada e parcial

Mas ocorrem, em outro nível e com outras finalidades, outras formas de transmissão de processos magísticos. Como exemplo podemos citar o caso em que o mentor espiritual de um médium ordena que seu aparelho esteja no dia tal, na hora tal, em tal lugar e que, após uma oferenda a tal e tal Orixá, recolha o objeto tal, purifique-o na água e no fogo, consagre-o a ele sob a vigilância, amparo e irradiação do Orixá tal e depois envolva o objeto consagrado em uma toalha branca e o guarde, oculto da vista dos curiosos, para que, quando se fizer necessário, ele use este objeto para tais e tais finalidades.

Eis uma transmissão, do guia ao seu aparelho, de um recurso mágico totalmente potencializado e pronto para ser usado por ambos, caso seja necessário, e sem que o médium tenha de se deslocar até algum ponto de forças da natureza velado por aquele Orixá sagrado que, por transmissão de poderes, potencializou o objeto e o tornou portador de poderes iguais aos do ponto de forças, guardados por um Orixá.

Por que o Orixá permitiu isso? Foi só pelo médium?

Não. O Orixá só concedeu isso porque, no astral, aquele guia do médium está ligado a uma hierarquia regida por ele. E a ele o guia responderá

pelo bom ou mal direcionamento que o médium vier a dar ao poder potencializado naquele objeto mágico.
- o Orixá é doador do poder;
- o guia é o manipulador das energias potencializadas;
- o médium é o ativador de todo um processo mágico que, quando ativado, abre uma comunicação energética com aquele ponto de fora onde consagrou seu objeto portador de poderes mágicos.

Normalmente, a duração deste poder mágico estende-se até que o médium desencarne, para que então, de imediato, toda a magia potencial contida no objeto reflua automaticamente para o ponto de forças do Orixá doador.

Mas acontecem casos em que, pelas mais diversas razões, o médium deixa de exercer sua mediunidade. Quando isso acontece, todo o potencial mágico fica adormecido. O manipulador, que é o guia espiritual, recolhe-se à sua hierarquia de trabalho e ação, e o potencial, sem ele para manipular suas energias, fica "desligado", impedindo assim que o médium venha a dar um mau uso aos seus poderes mágicos.

Esta é uma precaução da Lei, senão muitos erros seriam cometidos.

3- Transmissão total de poderes mágicos

Acontece quando alguém adquire um grau consciencial de tal nível que está pronto para, finalmente, ter despertado em si poderes análogos aos existentes na natureza e velados pelos seus guardiões naturais: os "Orixás".

A transmissão só ocorre depois de um "ato de fé", em que o magista se consagra ao Orixá e está consciente de que o mal uso que der aos poderes que serão despertados em si o conduzirão ao encontro do seu negativo, onde será punido com severidade.

Sim, isso acontece realmente e muitos médiuns magistas já se arrependeram amargamente de terem dado a seus poderes um uso negativo.

4- Magia por apropriação

Nesse caso, extremamente grave, pode acontecer de um médium extremamente poderoso, mentalmente falando, cair sob a influência de algum "ser das Trevas", que se apropriou de processos mágicos levados até as Trevas na memória imortal de magos que se desvirtuaram no plano material.

Esses magos, caindo nas esferas negativas mais "profundas", são levados aos seus limites na dor, quando, sem domínio nenhum de seu mental, são esgotados de seus poderes mágicos pelos seres das Trevas. Perdem seus poderes, suas energias e são escravizados, pois seus dominadores podem levá-los à loucura da dor apenas com a manipulação em sentido inverso das energias que um dia lhes pertenceram.

Aí acontecem os piores horrores. Esses seres das Trevas, senhores de vastos domínios da escuridão, não têm nenhum escrúpulo, nenhum limite a respeitar, e usam dos poderes adquiridos à custa da anulação dos reais portadores deles contra tudo e contra todos.

Então, centram seus poderosos mentais sobre o mental de médiuns também poderosos e, em um processo de envolvimento por afinidades negativas, aos poucos vão enfraquecendo-os, até que os levam a um ponto em que, ao vislumbrarem na magia um poder que já não possuem, recorrem aos mais negativos "servos das Trevas" e começam a se escravizar para sempre.

Nesta apropriação da magia estão envolvidos tantos, que é impossível contá-los, uma vez que, em consequência do esgotamento no plano material da missão espiritualizadora de muitas religiões, seus poderes mágicos passados ao meio material estão espalhados e de vez em quando, por afinidade, alguém "topa" com eles e deles se apropria, dando início à sua "seita" pessoal, na qual se sente o todo-poderoso a manipular outras consciências.

Mal sabem que das brumas do tempo sairão espectros assustadores que um dia até eles se achegarão... e cobrarão caro pelo uso de uma magia usada sem o consentimento de seus "reais" e verdadeiros guardiões.

Bem, quando o assunto é magia, melhor cada um meditar muito antes de ir aceitando as ofertas de iniciações fáceis para se tornar portador de um poder que não possui ou, se o tem, este ainda se encontra adormecido.

Aí temos as principais formas de transmissão de poderes mágicos.

De nossa parte, só recomendamos os três primeiros métodos. Quanto aos outros, que cada um, com seu livre arbítrio (consciência), faça a opção!

DÉCIMO CAPÍTULO

Magia: Ativação

A ativação de processos mágicos implica aquisição de todos os "apetrechos" necessários para que ela seja possível.

Esses apetrechos ou "meios" são de suma importância ao médium magista. Sem eles, a tendência é o médium esgotar a si mesmo na realização de suas ações mágicas. De nada adianta ativarmos um processo mágico se não possuirmos seus fixadores, seus canalizadores, seus direcionadores e seus finalizadores.

E não pensem que aqui vamos ensiná-los, pois não vamos... Senão, bem, aí qualquer tolo iria querer tornar-se um "mago", certo?

Mas por falar em tolos, já presenciamos, daqui do astral, não iniciados nos mistérios das Sete Espadas ostentando espadas até que "bonitinhas" de se ver... mas que eram mais inúteis do que uma "faca cega". Mas tudo bem, pois é melhor um tolo se encantar com sua espada "inútil" do que um sábio ser encantado pelo mistério da verdadeira "espada mágica".

Expliquemos isso, certo?

Bem, aí vai: um tolo, ao manipular sua "faca cega", conseguirá, no máximo, o desprezo dos senhores da magia. Mas um sábio, tendo sido encantado pelo poder de uma "espada mágica", com certeza atrairá para si a ira dos guardiões dos mistérios simbolizados pela espada.

E aí? Você possui uma "faca cega", uma "espada que o encanta" ou uma "espada mágica"? Não sabe? Bom... então trate de se livrar dela enquanto por ela ainda não foi "cortado", certo?

Para se manipular uma espada mágica é preciso adquirir todos os "apetrechos" mágicos por ela simbolizados. Podemos citar alguns:

- nobreza,
- honradez,
- caráter,
- lealdade,
- fidelidade,
- obediência,
- resignação,
- submissão,

- ordenação,
- grau hierárquico,
- título simbólico,
- nome iniciático,
- iniciador verdadeiro,
- hierarquia ativa,
- regência celestial,
- regente divino,
- conhecimento da Lei,
- ordem nos conhecimentos,
- submissão aos ditames da Lei das Sete Espadas.

O quê? Acharam demais?

Pois saibam que estes predicados são só os exigidos para serem aceitos na Ordem dos Cavaleiros da Lei. E, para que possam vir a portar uma espada, outros tantos deverão adquirir após a iniciação na Ordem das Sete Espadas dos Guardiões da Lei. Só para que saibam como é de suma importância estas aquisições, vamos citar um outro caso que presenciamos certa vez:

Um médium, encantado por sua "espada negativa", encenava toda uma pantomina na invocação de sua esquerda para realizar um "trabalho mágico". Curiosos, fomos ver quem era seu "esquerda".

Ao localizá-lo, constatamos que ele, o verdadeiro esquerda do médium, não era um guardião portador de "espada simbólica", mas sim um guardião portador de um cetro mágico que simboliza os "sete sentidos negativos".

Inquirimos dele por que razão toda aquela ritualística por parte do seu "burro", e ouvimos o seguinte:

— O que posso fazer? O idiota gostou tanto da espada que um dia viu seu pai de Santo manipular, pois ele era um portador natural dela, que foi encantado por ela, a espada mágica.

— Por que você não interferiu, uma vez que, mais adiante, a espada da Lei irá voltar-se contra aquele tolo? — perguntamos.

— Eu nunca interfiro nesses casos de encantamento.

— Mas, como Senhor Exu Guardião do Mistério dos Sete Sentidos Negativos, devia ter intervindo enquanto era tempo.

— Não fui chamado pelo iniciador dele, que o "encantou" com seus próprios mistérios. E se alguma proteção eu ainda dou, isso se deve unicamente em respeito ao Senhor da Luz que o rege. Mas... caso esteja pensando em executá-lo, bem... aí então... cumpra com seus deveres e deixe-me de fora, pois a mim nunca consultaram ou invocaram. E, mais uma vez, lavo minhas mãos, certo?

— Certo,... Pilatos! (e o médium foi executado!)

Bem, viram como os "apetrechos" são importantes caso venham a "ativar" processos mágicos?

DÉCIMO PRIMEIRO CAPÍTULO

Magia: Deveres e Obrigações

Deveres e obrigações, eis as palavras que um médium magista deve ter em mente o tempo todo.

Afinal, aquele procedimento seguido pelos filhos de Santo no ritual de Candomblé, que é o de dar de "comer ou beber" aos seus objetos mágicos, é fundamental para um magista, pois sempre que faz isso descarrega as energias "opostas" agregadas ao seu "instrumental", assim como o revitaliza, aumentando seu potencial mágico.

As "limpezas" têm o mesmo efeito de quando vocês, na matéria, limpam um filtro purificador ou espanam uma imagem empoeirada, certo? Este é um dever do médium magista: cuidar de manter "limpos" todos os seus objetos mágicos!

Quanto às obrigações, bem, uma delas é vigiar a si mesmo, pois em dado momento poderá extrapolar-se em suas ações e "invadir" limites alheios. E aí... bem, aí, cuide-se: sempre que isso acontece a reação é instantânea e fulminante.

Médium, você já viu onde terminam seus limites?

Não?

Bem... então cuidado, certo? Ser ungido com um mistério não dá a ninguém o direito de usá-lo contra seus semelhantes. E, se não puder usá-lo em benefício do todo, não o use contra ninguém, pois o primeiro a ser atingido poderá ser você, certo?

Ainda desejam ser magos, ou o bom e nada comprometedor grau de médium já os satisfaz?

DÉCIMO SEGUNDO CAPÍTULO

O Processo de Assentamento Mágico

O processo de assentamento de forças e poderes mágicos é muito importante para os médiuns que por "ventura" possuam "guias executores da Lei". Esses "guias" são mais comuns do que imaginam os médiuns de Umbanda.

Geralmente são guias "demandadores", no sentido positivo, certo?

Estes guias, portadores de atribuições da Lei do Carma, atuam por atração... e seus médiuns vivem chocando-se violentamente com seres paralisados no tempo e petrificados nos domínios das Trevas.

Estes seres, extremamente negativos, quando descobrem um médium magista, sentem um prazer todo especial em "provocá-lo" para, em um descuido do médium, derrotá-lo e extrair de sua memória as chaves dos seus "poderes mágicos individuais".

Os médiuns portadores de guias executores da Lei precisam possuir sólidos assentamentos mágicos, pois eles serão seus escudos protetores contra essas investidas bem urdidas nos sombrios abismos habitados pela escória das religiões: os famosos "magos negros", aqueles que manipulam os processos mágicos deletérios ou destrutivos.

Um assentamento mágico tem de possuir sintonia em três níveis:
1 — *Orixá*
2 — *Guia*
3 — *Médium*

Só assim, com esses elos da corrente mágica sintonizados em um só assentamento, a segurança é total, pois um perfeito "para-raios cósmico" foi criado... e ativado. Afinal, do que adianta um filho de Fé regido por Xangô colher elementos mágicos de Iemanjá e assentá-los nos domínios e irradiação de Ogum?

Forma-se uma miscelânea que, no máximo, voltar-se-á contra o próprio médium, se ele vier a ativá-lo ou se confiar somente em seu assentamento.

E isso ocorre com certa frequência. Muitos pais e mães no Santo, julgando-se senhores do dom de Ifá (jogadores de búzios), acabam identificando como regente natural o Orixá desta encarnação do médium. Afinal, muitos são os Orixás que atuam junto a um médium de alto potencial magista. Mas só um é seu regente natural, desde que o médium tenha vivido em um reino elemental.

O Orixá responsável por esta encarnação atua no "sentido" em que o médium ainda está evoluindo, e não nos seus sete sentidos, o que só é possível ao Orixá Regente.

Um assentamento mágico fundamentado no Orixá de frente, ou da atual encarnação, é suficiente para as engiras normais de consultas, para a magnetização (passes), para a desobsessão, para o doutrinamento de médiuns (desenvolvimento de mediunidade) para a formação de médiuns dirigentes. Mas só o assentamento fundamentado na afinidade mágica entre os três níveis já citados dá total segurança ao médium magista portador de um potencial mágico e de guias executores da Lei que atuam nos choques cármicos.

Uma corrente poderosa estabelece-se desde o positivo do médium (seu Orixá) até seu negativo (seu Exu guardião) e o sustentará em todos os níveis vibratórios e energéticos em que terá de atuar. Um escudo protetor o envolverá, impedindo que seres petrificados nas Trevas venham a paralisá-lo na matéria e a desequilibrá-lo no espiritual.

Médium, você tem certeza de que aquele Orixá que disseram ser seu regente é realmente ele, o seu regente? Não?

Bem, geralmente seu Exu de trabalhos incorporante não é o seu Exu guardião. Mas com certeza ele atua sob a irradiação do seu regente. Logo,... descubra por meio do nome simbólico dele o elo entre você e um Orixá e aí, bem, aí medite um pouco e logo, logo, começará a receber sinais luminosos do seu verdadeiro Orixá Regente.

Mais do que isso, não pode ser comentado aqui. Um abraço!

DÉCIMO TERCEIRO CAPÍTULO

Mestres de Magia

Os verdadeiros mestres de magia não surgem de um momento para outro, assim, em um passe de mágica! Não, não e não!

Nós, daqui, assistimos com tristeza quando alguém, iniciado em algumas magias e com parcos conhecimentos dos reais fundamentos da magia, anuncia "cursos" de formação de magos. Isso é a loucura e a insensatez elevadas a níveis exponenciais incalculáveis. Esse tipo de transmissão do conhecimento de processos magísticos assemelha-se aos cursos de "tiro ao alvo". O incauto aprende a atirar e depois acha-se no direito de portar uma arma, que, ao menor sinal de ameaça, é sacada e disparada, atingindo inocentes na maioria das vezes.

Magia é, antes de mais nada e acima de tudo, uma integração do ser com a criação, em harmonia e equilíbrio com todas as criaturas.

Mas não é isso o que observamos, não é mesmo?

Uns anunciam um tipo de arte divinatória; outros, magias da prosperidade, e mais outros, magias com duendes, silfos, anjos cabalísticos, elementares, etc., etc. e etc. Mas quantos realmente anunciam a maior das iniciações mágicas: o "auto conhecimento", que despertará o ser para a magia das magias: nosso Excelso Criador?

Todos os que procedem daquelas formas, será que possuem a real noção do que seja a ativação de um processo magístico? Não lhes ocorre que a ativação de um processo magístico implica a movimentação de forças e poderes imponderáveis?

Tudo o que é imponderável, imensurável e extra-humano implica riscos incalculáveis e responsabilidades intransferíveis perante a Lei.

Dizemos que é muito fácil apossar-se de um processo mágico. Mas é muito difícil livrar-se dele após os primeiros contatos e trocas de energias afins. E quando se tenta abandoná-lo, o processo mágico ou volta-se contra quem dele se apropriou e já não o quer mais, ou passa a alimentar-se das energias humanas, espirituais e mentais do magista fugitivo.

O Ritual de Umbanda Sagrada, como já comentamos em um capítulo anterior, só recomenda alguns procedimentos mágicos, e nunca a apropriação indébita de processos mágicos.

Afinal, só podem apropriar-se destes processos os magistas ligados às fontes naturais das energias circulantes em todas as dimensões da vida. Essas dimensões são em número de setenta e sete, incluindo a dimensão material. E, ao que nos consta, vocês mal conhecem a dimensão material e a espiritual, certo?

Logo, o que dizer das outras dimensões, as não humanas?

A preparação de um mestre de magias, ou de um verdadeiro mago, implica integrar o ser à natureza, na qual em cada dimensão da vida ele irá assentando-se e dela extraindo sua "pedra fundamental", até que, reunindo todas elas em si mesmo, em mais um processo mágico em si mesmo venha a se transformar. Mas não é isso que temos visto acontecer.

É certo que dentro de uma religião vários processos mágicos são colocados à disposição dos seus adeptos (fiéis) para que a eles recorram quando se sentirem fracos, ameaçados ou perturbados. Mas daí a ser um mestre de magias vai uma grande distância, composta de muitos graus conscienciais.

Querem aprender Numerologia, Astrologia, Quiromancia, Cristalogia, Runas, Tarô, Grafologia, etc., etc., etc.? Ótimo! Isso faz parte das aquisição de elevados graus conscienciais que facultarão ao ser melhor compreensão de si mesmo, levando-o a reconhecer-se como mais um dos elementos da obra divina: a criação!

Mas nunca se esqueçam de que tudo isso é apenas o início do despertar de faculdades, dons e qualidades comuns à espécie humana. Quanto ao real sentido que damos à magia, bem... aí as coisas complicam.

Um mago precisa, antes de ser iniciado, renunciar ao seu livre-arbítrio e depositá-lo (devolvê-lo) nas mãos do Criador. Depois, precisa aquietar-se e ficar no aguardo das instruções de seu mestre pessoal, que sempre será um ser já ascenso, ou seja, que já ultrapassou o ciclo reencarnatório.

Pensavam que um mestre de magia, encarnado, iria prepará-los? Enganaram-se!

Nos verdadeiros templos iniciáticos da Índia, do Tibete, da China e da Arábia Saudita o discípulo deixa o "exterior" e adentra o "interior" conduzido por um mago que o integra ao corpo de um templo, ou ao seio de uma fraternidade, irmandade ou ordem iniciática, onde irá estudar, ouvir, trabalhar e viver sua vida, tão comum quanto a de todos os seus semelhantes.

Foi iniciado, não?
Foi sim.
Já é um mago?
De jeito nenhum!
Então...?!

Bem, dentro de uma ordem, ele, já consagrado, irá aguardar a manifestação de seu mestre pessoal, que só o fará se o seu discípulo realmente estiver apto a integrar-se à natureza e ao Criador.

Se isto, a manifestação do mestre, realmente acontecer, então o discípulo será levado a fazer as iniciações que ele, o seu mestre pessoal, irá exigir e ordenar que faça. Mas aí será conduzido por mestres de magia que saberão como lidar com as forças e poderes às quais o discípulo será apresentado e com as quais se ligará. O discípulo só será apresentado às forças afins com ele em todos os níveis conscienciais: divino, espiritual, humano, natural e elemental, etc.

Após a apresentação, caso o discípulo seja aceito pelo processo mágico planetário afim, então seu mestre pessoal entrará em contato com o mestre pessoal de seu iniciador encarnado e aí finalmente começará sua verdadeira iniciação, para que um dia venha a se tornar um verdadeiro mestre de magia.

Mas, se em dado momento venha a falhar ou a titubear, terá de recolher-se e aguardar nova manifestação de seu mestre pessoal, que estará atuando sutilmente em suas sub e hiperconsciências, preparando-o inconscientemente para que possa superar os obstáculos exteriores e interiores que o paralisaram por algum ou muito tempo.

Só o mestre pessoal tem acesso a determinados níveis sub e hiperconscienciais, inacessíveis a todos os demais, pois isso lhe foi concedido pelo guardião natural do processo mágico a que o discípulo se integrou, e que o sustentará por todo o sempre, ou o punirá caso venha a cometer excessos. E só quando o próprio regente natural do processo mágico do discípulo indicar ao seu mestre pessoal é que realmente será considerado um mestre de magia.

Parece difícil, não?

Muito mesmo!

Claro, ou imaginavam que ser um mestre de magia é fazer um curso de duas horas e sair por aí com uma espada mágica a realizar proezas?

Um verdadeiro mestre de magia nunca diz que é um mago. No máximo, ele concorda em apresentar-se como um mestre aprendiz ou um mestre iniciado, ou mesmo um discípulo da senda sem retorno, pois é ela que nos reconduz às nossas origens: a natureza!

E se todas essas precauções são necessárias, isso é para o próprio bem do discípulo. Se em algum momento ele não conseguir superar seus próprios bloqueios conscienciais, apenas se aquietará e aguardará que o tempo e sua evolução natural venham auxiliá-lo nos pontos ou obstáculos íntimos aos quais nem seu ascensionado mestre pessoal foi capaz de ajudá-lo a ultrapassar.

Para os que desconhecem as ordens, fraternidades, ou irmandades iniciadoras na sociedade ocidental, temos a recomendar o Ritual de Umbanda Sagrada como meio magnífico e excelente para que tomem os primeiros contatos com seu mestre pessoal, único iniciador habilitado pela Lei a conduzi-lo de volta ao processo mágico planetário a que um dia pertenceram.

No Ritual de Umbanda Sagrada, o mestre pessoal será sempre um Orixá intermediário, nunca um guia espiritual. Lembrem-se disso, caso venham a seguir essa nossa recomendação, filhos de Fé!

Na Umbanda Sagrada, o Orixá intermediário apresenta seu discípulo a todos os Orixás maiores, os regentes naturais de todos os processos mágicos por excelência. Um deles irá assumir o discípulo e o absorverá, incorporando-o em uma hierarquia de alcance planetário que o sustentará... ou o punirá.

É comum entre os filhos de Santo do Candomblé chamarem-se, digamos, Alberto de Ogum, Maria de Oxum, José de Oxóssi, Inês de Iansã, João de Oxalá, etc. Isso significa que foram apresentados pelo seu Orixá intermediário e foram aceitos pelo Orixá que acrescentam aos seus nomes e estão integrados a toda uma hierarquia planetária, regente de um processo mágico natural e de atuação em todas as setenta e sete dimensões da vida.

Só que este último detalhe, as setenta e sete dimensões, eles talvez desconheçam, pois só agora, por intermédio de nosso médium receptor de ensinamentos, se está começando a codificação destes mistérios dos Orixás sagrados: os naturais regentes de todas as setenta e sete dimensões da vida!

E se com nosso médium os mistérios começam a ser revelados, isso só foi possível porque, quando seu mestre pessoal foi apresentá-lo aos Orixás sagrados, um fato surpreendente aconteceu:

- na primeira apresentação, que foi a Iemanjá, a regente planetária não só o aceitou como o "assumiu";
- na segunda apresentação, a Iansã, a regente planetária também o aceitou e o "assumiu";
- na terceira apresentação, a Xangô, o regente planetário o aceitou e o "assumiu";
- na quarta apresentação, a Oxóssi, o regente planetário o aceitou e o "assumiu";
- na quinta apresentação, a Oxum, a regente planetária o aceitou e o "assumiu";
- na sexta apresentação, a Obaluaiê, o regente planetário o aceitou e o "assumiu". E como o assumiu!!!;
- na sétima apresentação, a Ogum, o regente planetário o aceitou e o "assumiu". Por isso, nós, os Sete Espadas, aqui estamos falando a vocês por meio dele;
- na oitava apresentação, a Nanã, a regente planetária o aceitou, o "assumiu", e o assentou imediatamente, durante a apresentação;
- na nona apresentação, a Ibeji, a regente natural, cujo nome é proibido revelar, também o aceitou, o "assumiu" e dele se "apossou";

- na décima apresentação, a Ossain, regente dos gênios vegetais, também o aceitou e o "assumiu";
- na décima primeira apresentação, a Exu, ele o aceitou e exigiu assumir seu lado cósmico e hiperativo;
- na décima segunda apresentação, a Ifá, ele o aceitou, assumiu e... bem, aqui estamos escrevendo por meio dele, certo?;
- finalmente, na décima terceira apresentação, a Oxalá, ele não só foi aceito e assumido, como tudo foi esclarecido: o Lógus Natural e Demiurgo Planetário, regente pelo alto de todas as hierarquias naturais atuantes nas setenta e sete dimensões da vida, "falou":

"Se eu o enviei a eles para 'multiplicá-los' nas consciências humanas no plano material, então por que tanta surpresa em tão naturais aceitações e na vontade manifestada por todos os regentes em assumi-lo? Se é uma vontade divina que todos tenham um pai e uma mãe, ter muitos pais e muitas mães naturais é uma dádiva divina."

E vocês, filhos de Santo e filhos de Fé? Não acham também que é uma dádiva divina terem, dentro do culto aos Orixás sagrados, em todos eles, seus pais e mães naturais?

Até quando irão insistir em ser filho deste ou daquele Orixá sagrado, se todos eles desejam ser seus pais e mães?

DÉCIMO QUARTO CAPÍTULO

Instrumentos e Meios Mágicos

Os instrumentos mágicos são variados e precisam trazer em si a capacidade de acumuladores de energias que, se ativadas, atuam no sentido de realizar um processo mágico.
Nós não vamos enumerá-los aqui por duas razões.
A primeira delas deve-se ao fato de que não existe uma regra para os instrumentos.
Cada médium magista traz em si potenciais distintos e, embora semelhantes, encontram-se em diferentes níveis conscienciais e vibratórios.
Assim, se um médium obtém um resultado magnífico com o instrumento "X", outro médium poderá obter um resultado medíocre.
Já citamos o caso em que um médium julgava possuir uma espada mágica quando na verdade possuía uma inútil faca cega, certo?
Também já presenciamos médiuns realizando ações magníficas com um simples colar de pedras de cristal de quartzo, e muitos que, ostentando um inútil fetiche de multicoloridos colares de vidro ou, o que é pior, de plástico, nada fazem.
Na questão dos instrumentos, o conhecimento das qualidades é imprescindível aos médiuns magistas, pois é comum eles nada estudarem a respeito dos verdadeiros condensadores de energias, dos acumuladores, dos potencializadores e dos irradiadores.
Assim, um médium magista bem instruído pelos seus iniciadores só irá facilitar o trabalho realizado pelos seus guias nos dois planos da vida: o espiritual e o material!
Quanto aos meios mágicos, aí a magia resume-se a uns poucos e... nada mais. Vamos a alguns:
Horas mágicas:
6 horas
9 horas
12 horas
18 horas
21 horas
24 horas

- De 0 hora até 6 horas da manhã, o espaço pertence às forças negativas ou cósmicas (Trevas);
- De 6 horas até 18 horas, o espaço pertence às forças positivas ou universais (Luz);
- De 18 horas até 24 horas, o espaço pertence às forças mistas: positivas-negativas; universais-cósmicas; Luz-Trevas.

E mais a respeito destes horários não vamos revelar. A seguir, vamos dar os campos ativos:
ar
água
terra
fogo
cristais
minerais
vegetais
e outros não reveláveis

Também nada ensinaremos acerca dos campos ativos onde os processos mágicos por excelência se realizam. Descubram vocês os pontos de forças mágicas naturais.

A seguir, vamos enumerar alguns meios mentais de ativação de magias:
cantos ativadores de forças
mantras ativadores de poderes
encantamentos sonoros
rezas ativadoras de ações e orações fixadoras de poderes divinos
E mais não revelaremos a respeito dos meios mentais.

Quanto ao último meio que aqui revelaremos, os meios recorrentes, vamos a eles:
pontos riscados
oferendas específicas
fixações mágicas limitadas no tempo
fixações mágicas abertas e duráveis
fixações mágicas simbólicas
fixações mágicas ocultas

Chamamo-las de recorrentes porque só funcionam se houver afinidades entre o magista encarnado e os recorrentes desencarnados, que as realizarão. Afinal, como pode, alguém, afinizado em um nível cósmico (negativo), recorrer em um nível universal (positivo) e vice-versa?

Quem está sintonizado com a Luz só deve recorrer às Trevas se seu mentor ordenar, e vice-versa. Só um tolo imagina que quem está nas Trevas vá recorrer à Luz, e ser atendido, sem antes passar por uma transformação e regeneração interior, certo?

DÉCIMO QUINTO CAPÍTULO

Magos

Magos! Eis um assunto que desperta a curiosidade de todos os apreciadores das coisas iniciáticas ou esotéricas. Retornemos no tempo, e muito!

Houve uma época em que o sacerdote com o grau de mago tinha obrigações e deveres análogos aos dos verdadeiros pais e mães no Santo:
- cuidavam do templo;
- eram responsáveis pelos seus "fundamentos";
- formavam outros magos;
- atendiam os perturbados por obsessões espirituais;
- anulavam mágicas deletéricas (negativas);
- curavam os doentes, pois dominavam as ciências das ervas e dos minerais, assim como das energias elementares, etc.;
- realizavam batizados, casamentos, atos fúnebres, etc.;
- orientavam religiosamente os frequentadores dos templos que dirigiam;
- tinham acesso aos senhores regentes da natureza (os nossos Orixás) e dominavam processos mágicos que estes regentes lhes concediam, caso fossem merecedores.

Enfim, faziam mais ou menos aquilo que um sacerdote africano, o m'banda, fazia e ainda faz em sua aldeia, onde é responsável por todos os aspectos religiosos.

Por falar em m'banda, desta palavra africana, que simboliza sacerdote, desdobrou o termo "umbanda" que "batizou" o ritual brasileiro de culto aos Orixás africanos.

Quanto a tudo o mais que dizem por aí no meio material, é só uma vã tentativa de retirar dos africanos e de seus cultos os méritos pela semeadura desta filha dileta dos Orixás sagrados, a Umbanda.

Por falar em filha dileta (a Umbanda), o filho direto dos Orixás em solo brasileiro é o ritual de Candomblé, que em muitos aspectos já é superior aos atuais cultos realizados em solo africano.

Nós temos visto o esforço titânico de alguns filhos de Fé em tirar dos negros africanos esta herança divina concedida aos brasileiros pelos Orixás africanos. Mas, apesar de tanto esforço em provar que a Umbanda é muito antiga, anterior mesmo à vinda dos negros ao solo brasileiro, temos de salientar aqui que se há alguma coisa muito antiga, esta chama-se Tradição, e ela foi a responsável pela semeadura do ritual aberto de culto aos Orixás sagrados.

A "Tradição" é a hierarquia espiritual formada pela Lei para atuar em paralelo, tanto na horizontal (esquerda-direita) como na vertical (alto-embaixo), com a hierarquia natural regida pelos senhores Orixás planetários, os regentes de todas as setenta e sete dimensões da vida existentes neste nosso abençoado planeta chamado Terra.

A Tradição é tão antiga quanto o ciclo reencarnacionista ou estágio humano da evolução. É composta por espíritos formados nas mais diversas religiões já exauridas no plano material ou naquelas ainda cumprindo suas missões.

A Tradição recebeu dos regentes planetários formadores do Setenário Sagrado a missão de formar, a partir do culto aos Orixás realizados em solo brasileiro pelos irmãos africanos, pelos índios brasileiros e pelos insatisfeitos com o Cristianismo, uma religião aberta, na qual tanto o adepto (filho de Fé) quanto o fiel (consulentes e frequentadores) teriam total liberdade no culto e livre-arbítrio em entrar, ficar ou afastar-se.

A Tradição, regida em seu sexto nível pelos espíritos excelsos, "abriu", de acordo com a "vontade" expressada pelo Setenário Sagrado, uma linha de trabalho e ação dentro dos "centros" onde os mais variados rituais de culto às forças da natureza se realizavam.

E aos poucos foi estabelecendo linhas de trabalho nas quais os espíritos que baixavam apresentavam-se com seus nomes simbólicos e identificadores de suas ligações com os Orixás. Tudo aconteceu de maneira tão sutil que, quando a linha de "m'bandas" atingiu sua maioridade, médiuns poderosos e movidos por uma vontade "messiânica" abriram para o público a filha dileta dos Orixás sagrados: a Umbanda!

Tudo aquilo que os estudiosos tentam buscar em uma língua comum muito antiga, e já não falada atualmente, é apenas a comprovação de que o m'banda africano é realmente um remanescente da religião natural que um dia, em um passado remoto, floresceu em todo o planeta Terra, e envolveu todos os povos, culturas e níveis conscienciais.

A busca sempre conduz a um denominador comum e nós esperamos que este venha a ser o de que quem rege, guia e sustenta a Umbanda são os sagrados regentes planetários (os Orixás), e quem a difunde nos dois lados da vida são os membros das muitas hierarquias humanas, formadas exclusivamente por espíritos humanos, regidos em seus mais elevados graus hierárquicos por magos excelsos e já ascensionados, por nós chamados de "Grandes Magos da Luz Cristalina", os G..M..L..C..

Se agora isso está sendo revelado, é porque a filha dileta dos Orixás sagrados já deu mostras de que cresceu, evoluiu, expandiu-se e já debutou como mais uma religião de caráter universalista, na qual todos são bem-vindos, não importando de onde venham, ou por onde tenham andado ou estagiado.

Logo, após este comentário, o que mais podemos dizer a respeito dos magos?

Se dissermos que nosso amado mestre divino, o Cristo Jesus, antes de reencarnar e iniciar o Cristianismo era um mago excelso que se derramou através da matéria e ascendeu ao seu trono celestial de onde guia, sustenta e multiplica o Cristianismo, vocês entenderão melhor o termo mago?

Se revelarmos que os senhores Ogum de Lei, Megê, Beira-Mar, Rompe-Matas, Sete Pedreiras, Iara e Matinata, todos eles são magos excelsos, entenderão melhor o que significa o termo "mago"?

Bom, esperamos que sim, porque aqui não nos vamos ater ao termo "mago", sua origem, sua grafia, etc. Isso deixamos àqueles que, por não entenderem a singeleza do seu significado na mente das pessoas, procuram suas raízes em alguma língua do passado.

Afinal, para alguém ser um bom cristão não é preciso que aprenda o hebraico ou fale com Jesus Cristo em uma língua estranha, com um nome que certamente o afastará de sua fé pura e da simplicidade de sua compreensão de como Deus, Jesus, ou... os Orixás devem ser invocados.

Para concluirmos este comentário, podemos dizer:

Umbandistas, todos podem vir a ser; filhos de Fé, quase todos podem vir a ser; pais e mães no Santo, muitos podem vir a ser; mestres de Umbanda, uns poucos serão; agora, magos de Umbanda Sagrada, só alguns, e com muito esforço, resignação, humildade, perseverança, dedicação, fidelidade, e se ungidos pelos Orixás sagrados, conseguirão ser.

Os autoungidos irão ocupar os graus negativos no lado cósmico do Ritual de Umbanda Sagrada.

Certo, irmãos em Oxalá?

Certíssimo, filhos de Fé!

DÉCIMO SEXTO CAPÍTULO

Escritas Mágicas

Vamos comentar muito sucintamente este assunto, pois é muito delicado abordar processos ativadores de magias muito poderosas.

"A escrita mágica é, na sua essência, a codificação gráfica dos poderes contidos em um mistério."

Esta é a verdadeira definição do que é a escrita mágica.

Na escrita mágica, um símbolo representando, digamos, uma serpente, não está querendo dizer que se está lidando com uma delas, mas sim com poderes, ou com cores semelhantes, ou com energias perigosas e poderosas semelhantes às da serpente ali representada.

As escritas geralmente possuem dissimuladores com características tais que um não iniciado no mistério das escritas mágicas acaba entendendo uma coisa quando, na verdade, outra se está dizendo.

Os papiros egípcios, remanescentes de uma religião magista por excelência, são um bom exemplo do que queremos dizer.

Em uma leitura linear e aberta, alguma coisa é descrita ou algum assunto é comentado. Mas em uma leitura que segue a evolução celestial de algum planeta, ou os graus de uma circunferência, ou a evolução de um relógio que marca suas horas por meio da sombra projetada, é possível decifrar-se todo o formulário de magia de altíssimo poder, ou todo o processo mágico de alcance planetário. Afinal, tudo está em código ou grafado com outros sentidos.

Bem, não nos vamos alongar, senão revelaremos alguma coisa que o tempo, senhor dos mistérios, ocultou quando a religião egípcia cumpriu sua missão no plano material.

E... para os tolos que acreditam que o barbarismo romano queimou a monumental biblioteca mágica de Alexandria, podemos adiantar que quem realmente ateou fogo nela foram seus guardiões egípcios, pois perceberam, a tempo de impedir, que se todo aquele vastíssimo conhecimento caísse nas mãos de uma religião alheia, certamente não se respeitaria o primeiro artigo do código dos magos:

"Nada revelarás a um não iniciado nos deveres e obrigações da Ordem Celestial dos Magos da Luz."

E ponto final!

DÉCIMO SÉTIMO CAPÍTULO

Fundamentos da Magia

A magia fundamenta-se nas naturezas, sejam elas humana, natural, material ou elementar.

Nas naturezas estão todos os fundamentos da verdadeira magia. E nós, seres que já estagiamos em várias dimensões naturais antes do atual estágio humano da evolução, também trazemos princípios que nos regem e que são análogos aos que regem a natureza.

Por isso, quando se diz que o micro é análogo ao macro, significa que o visível e "palpável" na natureza é sensível e perceptível em um ser humano.

Quando se diz que o homem foi feito à semelhança de Deus, significa que, se Deus nos criou, então nossa gênese é divina e somos semelhantes a Ele, o nosso Pai e Criador. Ou os filhos não herdam algumas características de seus pais? É claro que herdam!

Afinal, ao fazermos um cesto, alguém poderá dizer-nos: "Este cesto não se parece com você!"

Respondemos:

"O cesto não, mas o modo como foi trançado é tipicamente meu, certo?"

Com isso, queremos dizer que nós não nos parecemos com Deus na forma, mas sim na natureza, que é uma característica divina que herdamos d'Ele.

Na natureza, as leis físicas se repetem; na magia, os princípios mágicos também se repetem.

Então, é só conhecê-los para que os processos se realizem. Mas, conhecê-los não significa decorar uma fórmula de encantamento ou algo semelhante, pois isso não é magia. A magia possui fundamentos baseados em princípios, e estes só são ativados por nós se antes os despertarmos em nós mesmos.

Vamos ser mais específicos:

1 — *Todos os espíritos encarnados possuem dons pessoais, dons gerais e dons ocultos.*

1.1 — *Nem todos os encarnados conseguem desenvolver seus dons, porque muitos estão distantes do nível consciencial onde eles fluem naturalmente.*

2 — *Todas as pessoas estão sujeitas às influências mentais, energéticas e emocionais dos espíritos.*

2.1 — *Incorporar guias, nem todos os encarnados conseguem, porque suas mentes criam bloqueios que impedem uma completa incorporação.*

Assim, vivenciar um dom ou ser um médium de incorporação exige um reajustamento íntimo de tal natureza que mentalmente precisamos colocar-nos em uma vibração em que tudo flua naturalmente.

O mesmo ocorre na magia: para atinarmos com seus fundamentos, antes precisamos localizá-los em nós mesmos. Senão, ouviremos alguém dizer: "O fogo é um elemento altamente mágico!", mas por não o possuirmos ativo em nós mesmos, só veremos nele uma chama, e nada mais.

A natureza nos oferece tudo o que, em magia, precisamos. Mas só conseguimos recolher nela o que precisamos se antes já nos tivermos colocado em um nível consciencial em que poderes análogos estejam vibrando ou latejando intensamente em nós.

No ar, fluem energias, forças e poderes inimagináveis, mas... colocando-nos em uma vibração afim, começamos a notar certos "detalhes" que nos permitem compreender os fundamentos (princípios) que regem estas forças e poderes.

Um físico ou um químico entende toda a estrutura dos elementos químicos, não?

Pois um verdadeiro mago tem de entender todo o ciclo de um processo mágico, senão nunca dominará as energias que está manipulando. Assim, o fogo só começa a ser um elemento mágico se entendermos todo o seu ciclo e tivermos bem identificados onde estão seus fundamentos (princípios), certo?

Afinal, acender velas e orar, todos são capazes. Mas acender uma vela e mentalmente direcionar suas energias ígneas (seu poder mágico), só uns poucos realmente conseguem.

E se o conseguem, não é porque a chama crepita no alto da vela, pois aquela chama rubra não é o elemento mágico do fogo.

Voltando ao ponto onde dissemos que não é o nosso corpo físico que nos torna semelhantes a Deus, aqui podemos dizer que não é a chama que torna uma vela um elemento mágico por excelência.

Os fundamentos das magias ígneas encontram-se em outro nível, onde os princípios energéticos são outros: os fundamentos mágicos encontram-se nas "essências".

Uma rosa perfuma um ambiente por completo. Mas não é a sua bela cor que faz isso. Não. Quem o faz é seu odor próprio. E no caso do fogo, os fundamentos encontram-se no calor que ele irradia, e que pode ser direcionado mentalmente.

Entenderam?

O calor é o "espírito" do fogo, e só quem possuir esse espírito, esse princípio em si mesmo, conseguirá manipular mentalmente o fogo, energia cósmica que aquece nossas vidas, nossa natureza, nossa matéria e todas as naturezas elementares.

Não acreditem que de outra forma as coisas acontecem, pois, tal como em física, alguns corpos (matéria) são ótimos condutores, acumuladores ou geradores de energias, enquanto outros, bom, os outros são bloqueadores, neutralizadores e... inúteis para os fins energéticos.

Todos os fundamentos mágicos encontram-se nas naturezas, sejam elas exteriores ou interiores.

DÉCIMO OITAVO CAPÍTULO

Magos: Instrumentos da Lei e da Vida

Já comentamos muitos dos aspectos da magia e alguma coisa a respeito dos magos. Agora vamos aprofundar-nos em um outro aspecto, tão ou mais importante que tudo o que até aqui já comentamos: o grau de "mago".

A Tradição possui vários graus excelsos, e o grau de mago é um deles.

Já comentamos como se processam as iniciações e as funções exercidas por um verdadeiro mago; agora vamos abordá-las segundo a visão da Lei e da Vida, nosso campo de ação e atuação.

O grau de mago existe na Tradição, desde tempos remotos e imemoriais. Portanto, não temos como datá-lo no tempo, e o mesmo acontece com a própria Tradição. Isso ocorre porque quem sabe de algo nesse sentido nada revela, e se o revela é porque nada sabe, certo? São as leis do silêncio e dos mistérios!

O fato é que, dentro da Tradição, possuir o grau de mago significa ter renunciado ao seu livre-arbítrio e ter se colocado em um nível consciencial tal que se tornou instrumento da Lei e da Vida. Como instrumento, obedece às ordens de seus superiores hierárquicos sem discutir. A ordem é dada, obedecida e cumprida, e ponto final!

Muitos já comentaram acerca do fato de alguns Exus guardiões serem portadores de "grandes luzes". E nós também já comentamos isso.

Saibam que esses Exus guardiões, que ocultam suas luzes sob suas vestes negras, em verdade são grandes magos que, por possuir uma natureza íntima ativa, desempenham melhor suas funções se atuarem nas faixas cósmicas, sem luz e cor, mas extremamente sobrecarregadas de energias, perigosas para o espírito humano.

Nós já comentamos que os Oguns intermediários, na verdade, são grandes magos da Luz Cristalina. E se o fizemos, foi com a autorização deles, certo?

Aqui vamos citar, com sua autorização, alguns Exus guardiões, todos eles grandes magos, uns da Luz Azul, outros da Luz Verde, outros da Luz Roxa, outros da Luz Amarela, outros da Luz Vermelha.

Existem três categorias, níveis ou graus de Exus: os Exus guardiões; os Exus de Lei e os Exus iniciantes. Menos ou mais que isto não existe, e quem afirmar o contrário é porque desconhece o mistério "Exu" ou é um tolo metido a entendido em assuntos iniciáticos velados pela Lei.

Os Exus iniciantes são espíritos recém-resgatados de seus polos negativos sombrios e integrados às hierarquias que os resgataram. Eles, servindo nelas, estão retomando sua evolução natural em acordo com a sua natureza ainda viciada pelos métodos humanos de solucionar choques, inimizades, desavenças, inafinidades ou antipatias. Enfim, os Exus iniciantes não diferem em nada dos encarnados: agem e reagem segundo as circunstâncias e os meios de que se dispõem, não se preocupando muito se agem corretamente ou não. A eles o que importa é cumprir as ordens recebidas... e nada mais.

Já os Exus de Lei possuem seus pontos de forças onde estão "assentados", possuem o ponto identificador da hierarquia a que pertencem e obedecem. Eles atuam tanto junto dos médiuns incorporadores quanto de pessoas designadas para serem protegidas por eles. Também atuam no astral, protegendo abrigos e moradas da Lei e da Vida instaladas nas esferas cósmicas ou na faixa celestial, mas em seus planos mistos (dia e noite). Vigiam tendas de Umbanda, roças de Candomblé, agrupamentos com finalidades espirituais, etc.

Então chegamos à categoria dos Exus guardiões.

Esta categoria está ligada diretamente à Lei, e todo Exu guardião está assentado em um dos muitos pontos de forças da natureza, em seus lados cósmicos ou negativos, e são regidos pelos sete guardiões da Lei que atuam nas Trevas.

Estes sete guardiões são seres divinos mas de natureza cósmica (ativa). E, dentro do culto dos Orixás, são os negativos dos Orixás da Luz, se é que entendem isso. Portanto, eles também são poderes naturais, mas regidos por leis cósmicas que não podem ser comentadas aqui.

Então temos aí sete guardiões originais e naturais, os quais regem todas as hierarquias da Lei que atuam nas Trevas (lado cósmico da Vida).

As hierarquias são muitas e abrangem todos os "aspectos" dos seres caídos nas Trevas. E cada uma delas é comandada por um Exu guardião, que responde na Luz aos Orixás sagrados, nas Trevas aos sete guardiões cósmicos da Lei, e, em nível planetário, respondem ao Orixá Cósmico "Original" nominado nas lendas africanas de "Exu". Este é apenas um termo humano utilizado para designar uma divindade de natureza negativa que atua nos espíritos humanos a partir dos polos negativos que todos nós possuímos.

Este "Exu Cósmico" é natural, é regente planetário e é em si mesmo um processo mágico por sua excelência divina.

Portanto, seus auxiliares diretos precisam ser magos naturais por excelência ou serão atingidos pelas energias, forças e poderes que terão de "manipular" no desempenho de suas atribuições enquanto "Exus guardiões".

Aí entram os grandes magos das luzes "coloridas".

Quando a Tradição deu início à codificação astral do Ritual de Umbanda, seus idealizadores encontraram muitos pontos de forças naturais "vazios" em seus lados negativos. E a única solução foi ocupar seus graus cósmicos (Tronos Regentes negativos locais) com magos e grandes magos da Luz.

Muitos desses Tronos foram deslocados, em um passado remoto, da faixa celestial para as esferas negativas (inferno mesmo), e uma das missões do Ritual de Umbanda Sagrada é reconduzi-los aos polos negativos dos pontos de forças da natureza, todos eles localizados na faixa celestial — faixa dual que separa as esferas de luz das esferas sem luz.

Há todo um "conhecimento" acerca disso já comentado em outros livros inspirados por nós ao nosso médium, portanto não vamos nos alongar aqui, certo?

O fato é que grandes magos foram ordenados Exus guardiões por uma divindade cósmica (Orixá negativo) ou algo semelhante, que não vamos revelar.

Estes Exus guardiões, por serem grandes magos, são os intermediários junto aos Orixás naturais regentes do Ritual de Umbanda Sagrada e dominam todos os aspectos mágicos que suas funções exigem.

Assim, ser mago é atuar com intensidade nas esferas espirituais positivas ou negativas, ou na faixa celestial, que é bipolar.

Atuar nas esferas luminosas ou no lado positivo da faixa celestial é compreensível em alguém que ascendeu em todos os sentidos. Mas... um ser já ascensionado ter de atuar nas esferas negativas ou no lado escuro da faixa celestial, só mesmo os estoicos grandes magos conseguem. Um dia, eles renunciaram ao livre-arbítrio em favor da Lei e da Vida. Em instrumentos da Lei e da Vida se tornaram, e assim servem melhor à humanidade. Eles ocuparam seus postos junto aos pontos de forças dos Orixás sagrados, assumiram suas naturezas cósmicas e deram início à formação das hierarquias cósmicas negativas que atuam na "banda da esquerda", dentro do Ritual de Umbanda Sagrada.

Para eles, não foi fácil, todos nós reconhecemos. Dessa forma, insistimos em recomendar aos filhos de Fé que respeitem este poder mágico por excelência nominado de "Exu".

Com exceção das hierarquias naturais africanas, cedidas temporariamente ao Ritual de Umbanda Sagrada pelos Orixás ancestrais, todas as outras foram ocupadas pelos grandes magos da "Tradição".

Magos: Instrumentos da Lei e da Vida   157

Aí vão algumas hierarquias do Ritual de Umbanda Sagrada e a cor da pedra fundamental dos grandes magos que as pontificam:

Hierarquia	Mago Dirigente
Trancas-Ruas	G..M..L..A.. Grande Mago da Luz Azul
Sete Porteiras	G..M..L..R.. Grande Mago da Luz Roxa
Sete Montanhas	G..M..L..D.. Grande Mago da Luz Dourada
Sete Encruzilhadas	G..M..L..V.. Grande Mago da Luz Vermelha
Sete Cruzeiros	G..M..L..R.. Grande Mago da Luz Roxa
Sete Lagoas	G..M..L..R.. Grande Mago da Luz Roxa
Sete Pedreiras	G..M..L..V.. Grande Mago da Luz Vermelha
Sete Chifres	G..M..L..V.. Grande Mago da Luz Vermelha
Sete Cruzes	G..M..L..V.. Grande Mago da Luz Verde
Arranca-Toco	G..M..L..D.. Grande Mago da Luz Dourada
Sete Estrelas	G..M..L..D.. Grande Mago da Luz Dourada
Sete Chaves	G..M..L..D.. Grande Mago da Luz Dourada
Sete Portas	G..M..L..R.. Grande Mago da Luz Roxa

E muitos outros.

Quanto às senhoras Pombagiras, eis algumas hierarquias ocupadas por grandes magas da Luz:

Hierarquia	Maga Dirigente
P. do Cruzeiro	G..M..L..R.. Grande Maga da Luz Roxa
P. das Sete Encruzilhadas	G..M..L..V.. Grande Maga da Luz Vermelha
P. das Sete Saias	G..M..L..V.. Grande Maga da Luz Vermelha
P. Sete Giras	G..M..L..A.. Grande Maga da Luz Azul
P. das Sete Praias	G..M..L..D.. Grande Maga da Luz Dourada
P. do Fogo (sem cor, ou todas)	G..M..L..C.. Grande Maga da Luz Cristalina
P. das Matas	G..M..L..V.. Grande Maga da Luz Verde
P. das Almas	G..M..L..R.. Grande Maga da Luz Roxa
P. das Sete Coroas	G..M..L..D.. Grande Maga da Luz Dourada
P. dos Sete Raios	G..M..L..D.. Grande Maga da Luz Dourada
P. Encantada	G..M..L..V.. Grande Maga da Luz Vermelha
P. Tira-Teimas	G..M..L..V.. Grande Maga da Luz Verde

Aí estão somente as hierarquias dirigidas por magos e magas que, aceitando servir à Lei e à Vida no lado "esquerdo" do Ritual de Umbanda Sagrada, já completaram todos os graus dos Degraus que ocupavam após cobrir seus corpos espirituais com os mantos negros ou vermelhos. Mas muitos outros que ainda não completaram os graus de seus Degraus também são magos, e grandes magos.

Se algum dos muitos "sabichões" existentes no meio umbandista duvidar dessas "informações" aqui reveladas, então que vá aos pontos de forças onde estão assentados todos os Exus e Pombagiras guardiões aí citados, invoque-os ritualmente, e comprovarão que o elemento mágico "Exu" é muito superior a todas as concepções até agora formuladas pela especulação religiosa.

Nós, os Sete Espadas M..L.. até recomendamos que façam isso caso sejam o que realmente dizem ser: "iniciados"(!), pois um dos deveres de um iniciado é conhecer verdadeiramente os mistérios com os quais trata diretamente.

Ou será que são iniciados só no papel ou dentro de seus "centros"?

Bom, em caso de dúvidas, deem um "pulinho" até os pontos de forças guardados pelos "magos" aqui citados, e certamente serão bem recebidos, bem esclarecidos e, depois, muito úteis às verdadeiras finalidades do Ritual de Umbanda Sagrada com certeza se tornarão. Assim compreenderão que por trás de um nome simbólico, como Tranca-Ruas, está um grande Mago da Luz Azul, responsável por um "momento" da vida de milhões de espíritos humanos abandonados nas Trevas por aqueles que evoluíram e ascenderam, e recusam-se a voltar às esferas negativas, onde resgatariam os seus "afins" menos evoluídos.

Mas... enquanto isto não fazem, pois nas suas concepções religiosas mesquinhas "Trevas" é domínio de "demônios", um grande Mago da Luz Azul deixou seu posto e grau na 6ª esfera ascendente e, assentando-se à esquerda do Senhor Ogum, deu início ao resgate de espíritos caídos devido ao negativismo que vivenciaram no plano material. Isto em um tempo no qual a "filha dileta" dos Orixás sagrados ainda não havia sido "dada" à luz da Lei e da Vida!

Mas, embora nos fixamos no nome simbólico Tranca-Ruas, e com a autorização do próprio Senhor Exu Tranca-Ruas, muitos outros senhores Exus guardiões, que em hipótese nenhuma aceitam a pecha de "demônios" que certas religiões tentam impingir-lhes, também nos pediram para serem citados. Não citamos todos porque suas hierarquias, ou seus "Degraus", ainda estão incompletos justamente por obstáculos impostos a eles pelos executores negativos dos "pecadores" dessas religiões abstratas, cujos "líderes" vivem a chafurdar a Umbanda Sagrada com a única coisa que têm a oferecer a seus semelhantes: sua ignorância imensa de como realmente são e funcionam as coisas no outro "lado" da vida.

Mas... como sempre dizem os Exus guardiões, magos ocultos por excelência, eles não perdem por esperar!
Pois bem, ser mago é isto, filhos de Fé!
É aceitar servir à Lei tanto no alto, quanto no meio, assim como no embaixo, certo?
Ainda desejam ser magos?
Não?
Bom, então continuem a ser o que os sagrados Orixás esperam de vocês: que todos venham a ser dedicados filhos de Fé, amados "m' bandas", ou sacerdotes de Umbanda, os zeladores do Ritual de Umbanda Sagrada.

DÉCIMO NONO CAPÍTULO

Poderes Mágicos Individuais

Comentar os poderes mágicos individuais é mostrar a todos em geral, e a cada um em particular, que todos nós somos portadores de "dons" que nos tornarão aptos a ativar processos mágicos positivos em favor dos nossos semelhantes, bastando para tanto que nos coloquemos em uma vibração e grau consciencial afim com os regentes dos dons.

Um médium, ao colocar o nome de alguém junto à imagem simbólica de um Orixá sagrado, já está realizando a ativação dos poderes daquele Orixá, pois sua fé o moveu.

Este é o princípio da magia!

Mas quando, sob a proteção de algum dos seus guias espirituais, realiza uma descarga à base da queima de pólvora, um ato mágico também está sendo realizado.

Quando vai à beira-mar, ao cemitério ou a uma cachoeira, locais mágicos por excelência, onde, fazendo uma oferenda invocatória a um Orixá, pede o auxílio dele para "descarregar" um consulente perturbado por seres negativos, também está realizando um ato de ativação de um processo mágico, pois os Orixás são processos mágicos em si mesmos, por excelência e atribuições divinas.

Se isto um humilde filho de Fé realiza tão bem, é porque traz em si mesmo poderes mágicos que o sustentam e o conduzem a locais afins, onde melhor fluirá seu potencial magista.

Assim, se após alguns anos dentro do Ritual de Umbanda Sagrada, você, médium, notar que certas faculdades magistas começam a se manifestar, procure seu mestre pessoal, que é o seu mentor espiritual, e descubra com ele o que você deverá fazer para, ordenadamente e em acordo com a Lei e a Vida, deixar que venham à tona (sua consciência) seus poderes mágicos individuais.

Mas aí vai um alerta: só comente acerca de seus poderes com alguém totalmente digno de sua confiança e da confiança do seu mestre pessoal, que é seu mentor, pois, em caso contrário, poderá ser bloqueado pelo seu regente natural, que o vem preparando há muito tempo para que, dentro de um ritual religioso afim com seus poderes individuais, você possa direcioná-los a serviço da Lei e da Vida.

O maior "inimigo" dos poderes individuais dos médiuns de Umbanda é a "ignorância pessoal" a respeito da lei do silêncio que proíbe que se comente os processos mágicos, assim como suas "línguas compridas" que não se controlam, e começam a se vangloriar acerca de um assunto que deveria ser tratado com o maior respeito e a máxima cautela possíveis.

VIGÉSIMO CAPÍTULO

A Magia das Pedras

As pedras são elementos mágicos por excelência. Porém, sem conhecer seus fundamentos, de nada adiantará manipulá-las. Será pura perda de tempo e nada mais. Mas, um médium-magista que conheça o poder oculto de seu guia-chefe, Exu, ou mesmo do reino elemental regido pelo seu regente natural (Orixá ancestral), este sim poderá manipular as suas "pedras mágicas" afins e facilitar em muitos casos a ação de descarga, ou mesmo cortar os efeitos (energias) de magias negativas.

A Umbanda já tem uma codificação que consideramos ótima no item "pedras dos Orixás". Mas ainda não é a codificação por excelência, pois um mesmo Orixá é o "senhor natural" de várias pedras. Portanto, não se limitem unicamente à codificação "astrológica" que já existe. Procurem nas "pedras afins" recursos mais amplos para a realização de trabalhos magísticos, ou de fundamentação mágica de suas tendas onde praticam o mistério dos Orixás: a evolução.

Sim, porque a evolução só acontece com a espiritualização, e a Umbanda a acelera e conduz o médium até seu regente ancestral, que passa a atuar com mais intensidade na vida de seu filho natural ou filho de Fé.

O mistério das pedras é comum a todas as religiões e, quando se fala em pedra fundamental, está se referindo à pedra que sustentará uma obra, pois ela tem poderes mágicos. Quando um templo é projetado, o sacerdote lança sua pedra fundamental, à qual consagra com orações, invocações e mentalização da divindade que será cultuada dentro dele depois de estar construído.

Toda religião tem seus rituais próprios e ocultos das massas curiosas. Muitas não admitem, mas que têm, isso têm.

Com a Umbanda não seria diferente. Em religião, tudo é semelhante, ainda que não seja igual. Assim sendo, desde o passado, os pais no Santo, quando consagram um espaço material aberto ou fechado à manifestação dos Orixás, afixam nele um assentamento mágico fundamental coletivo, ou de todos os Orixás. Mas também assenta sua pedra fundamental que tem correspondência com seu Orixá Regente, aquele que é quem o sustentará no decorrer de sua vida de sacerdote. Até o seu Exu Guardião tem de ter sua pedra mágica fundamental em seu assentamento, para que possa resistir às investidas energéticas do baixo astral.

A consagração das pedras mágicas fundamentais pertence ao próprio médium, sempre orientado pelo seu mestre pessoal (mentor) e por seu pai no Santo. Por isso, não entraremos em detalhes dos assentamentos individuais, pois eles mudam de médium para médium.

Quanto aos assentamentos coletivos, a respeito destes comentaremos como podem ser feitos, já que a maioria dos umbandistas desconhece como fazê-los, para que servem e como ativá-los ou desativá-los.

Vamos a algumas definições:

Assentamento

Afixação de elementos condensadores de energias que são magnetizados e recolhidos a um local fechado que serve como um ponto de forças e para-raios de energias.

Fundamentos

Origem, identidade, base, alicerce, motivo, razão, justificativa.

Pedra Fundamental

Pedra da divindade que rege a vida do templo e é a base de sustentação dos trabalhos magísticos realizados pelos médiuns.

Assentamento de um Orixá

Afixação, em um local pré-escolhido e consagrado ritualmente, da pedra fundamental e de outros objetos magísticos, energéticos e magnéticos que foram imantados pelo Orixá e possuem seu axé ou força vital. Com essa definições já podemos continuar nosso assunto, que são as pedras mágicas.

Cada Orixá possui a sua e a imanta com seu axé, tornando-a ativa e capaz de irradiar energias elementais ou de absorver e neutralizar irradiações oriundas do baixo astral direcionadas contra o templo sob sua guarda, evitando que elas se espalhem pelo espaço consagrado aos trabalhos espirituais, onde poderiam atingir os médiuns e perturbar as sessões de passes e consultas.

É preciso saber qual é a pedra do Orixá e consagrá-la em um ponto de forças da natureza afim com ele. Cada Orixá possui sua pedra fundamental; no entanto, como são muitos os Orixás, então recorreremos àquelas afins com os regentes das Sete Linhas de Umbanda Sagrada. As sete linhas são estas:

Linha Cristalina ou da Fé — Oxalá — Logunã

Linha Mineral ou do Amor — Oxum — Oxumaré

Linha Vegetal ou do Conhecimento — Oxóssi — Obá

Linha Ígnea ou da Justiça — Xangô — Iansã

Linha Eólica ou da Lei — Ogum — Oroiná

Linha Telúrica ou da Evolução — Obaluaiê — Nanã

Linha Aquática ou da Geração — Iemanjá — Omolu

Pedras: Oxalá — Quartzo transparente
Logunã — Quartzo fumê rutilado
Oxum — Ametista
Oxumaré — Opala
Oxóssi — Esmeralda
Obá — Calcedônia
Xangô — Pedra-do-sol
Iansã — Citrino
Ogum — Rubi ou Granada
Oroiná — Topázio
Obaluaiê — Turmalina negra
Nanã — Rubelita
Iemanjá — Diamante ou Zircão
Omolu — Ônix Preto

Orixá	**Pedra**	**Dia**	**Hora**
Oxalá	Quartzo Transparente	Todos	12
Logunã	Quartzo Fumê Rutilado	Todos	21
Oxum	Ametista	Sexta	8
Oxumaré	Opala	Sábado	18
Oxóssi	Esmeralda	Terça	9
Obá	Calcedônia	Segunda	22
Xangô	Pedra-do-sol	Quarta	7
Iansã	Citrino	Quinta	16
Ogum	Rubi/Granada	Quinta	6
Oroiná	Topázio	Terça	23
Obaluaiê	Turmalina	Segunda	11
Nanã	Rubelita	Quarta	19
Iemanjá	Diamante	Domingo	10
Omolu	Ônix Preto	Segunda	24

Minérios: Oxalá — Ouro
Logunã — Estanho
Oxum — Cobre
Oxumaré — Antimônio
Oxóssi — Manganês (manganita)
Obá — Hematita
Xangô — Pirita
Iansã — Níquel
Ogum — Ferro
Oroiná — Magnetita
Obaluaiê — Cassiterita
Nanã — Prata
Iemanjá — Platina
Omolu — Molibdênio (Molibdenita)

Orixá	**Minério**	**Dia**	**Horário**
Oxalá	Ouro	Domingo	16
Logunã	Estanho	Terça	13
Oxum	Cobre	Quarta	7
Oxumaré	Antimônio	Sexta	14
Oxóssi	Manganês (Manganita)	Terça	8
Obá	Hematita	Sábado	15
Xangô	Pirita	Quinta	9
Iansã	Níquel	Domingo	16
Ogum	Ferro	Quarta	10
Oroiná	Magnetita	Quinta	17
Obaluaiê	Cassiterita	Sábado	11
Nanã	Prata	Segunda	18
Iemanjá	Platina	Sábado	12
Omolu	Molibdênio (Molibdenita)	Sexta	18

Tabela Completa

Orixá	**Pedra**	**Dia**	**Hora**	**Minério**	**Dia**	**Hora**
Oxalá	Quartzo Cristalino	Todos	12	Ouro	Domingo	6
Logunã	Quartzo Fumê Rutilado	Todos	21	Estanho	Terça	13
Oxum	Ametista	Sexta	8	Cobre	Quarta	7
Oxumaré	Opala	Sábado	18	Antirnônio	Sexta	14
Oxóssi	Esmeralda	Terça	9	Manganês	Terça	8
Obá	Calcedônia	Segunda	22	Hematita	Sábado	15
Xangô	Pedra-do-Sol	Quarta	7	Pirita	Quinta	9

Orixá	Pedra	Dia	Hora	Minério	Dia	Hora
Iansã	Citrino	Quinta	16	Níquel	Domingo	16
Ogum	Rubi/Granada	Quinta	6	Ferro	Quarta	10
Oroiná	Topázio	Terça	23	Magnetita	Quinta	17
Obaluaiê	Turmalina	Segunda	11	Cassiterita	Sábado	11
Nanã	Rubelita	Quarta	19	Prata	Segunda	18
Iemanjá	Diamante ou Zircão	Domingo	10	Platina	Sábado	12
Omolu	Ônix Preto	Segunda	24	Molibdenita (Molibdênio)	Sexta	18

O tamanho das pedras e dos minérios não importa, pois uma pequena pedra colocada em sua posição correta, e ativada, irá produzir o mesmo efeito que uma grande, já que ela será só o recurso material irradiador do axé do Orixá. Isso sem contar que alguns são caríssimos, como o rubi, que pode ser substituído pela granada, e o diamante, que pode ser trocado pelo zircão.

A posição desse assentamento fundamentado no poder das pedras é essencial para que, após ele ser ativado, crie no espaço astral do templo um campo magnético indestrutível e resistente a todo tipo de irradiação negativa que porventura venha a ser direcionada contra o templo, tanto no nível terra como no baixo astral.

Esse assentamento é tão poderoso porque obedece às correspondências energéticas, magnéticas e vibratórias com os Orixás Regentes das Sete Linhas de Umbanda Sagrada. Ele foi criado no astral e agora está sendo transmitido ao plano material para que a Umbanda o adote, pois é científico e protegerá as tendas que o adotarem das irradiações negativas vindas do baixo astral.

Observem a tabela e vejam que há um dia e uma hora em que as pedras e os minérios devem ser consagrados aos seus respectivos Orixás nos respectivos pontos de forças. A lua deve estar na sua fase crescente para as pedras e na sua fase cheia para os minérios. Estas são as fases mais propícias às imantações desses materiais com os axés dos Orixás.

O médium terá de guardar preceito por três dias para poder consagrar esses fundamentos. E quando for consagrá-los, terá de lavá-los com água corrente, enxugá-los e envolver as pedras em tecidos brancos e os minérios em tecidos vermelhos, e de preferência que sejam de seda. Isso pode ser feito em sua própria casa. Quando estiver no ponto de forças, deve formar um círculo de velas com as sete cores, sempre colocando a vela branca no norte magnético do círculo. Depois colocará a azul, a verde, a roxa, a vermelha, a amarela e a roxa. Por isso, terá de estar munido de uma bússola para localizar o norte magnético da Terra.

Após firmar o círculo e invocar o Orixá senhor da pedra que está consagrando, então abre o tecido dentro do círculo de velas, deixando-a à mostra. Em seguida, invoca todos os outros treze Orixás e recita esta oração consagratória:

"Em nome de Olorum, meu Divino Criador, consagro esta pedra (...) ao Orixá (...) na presença de todos os regentes das sete linhas de forças do Ritual do Umbanda Sagrada. Que o Orixá (...), senhor do axé dessa pedra fundamental, imante-a com seu axé divino e a potencialize com suas irradiações energéticas, tornando-a magneticamente ativa, e consagre-a para que eu possa afixá-la no assentamento coletivo de meu templo de Umbanda Sagrada."

Após fazer esta oração, deve derramar pó de pemba branca em volta do círculo de velas; depois, deve ajoelhar-se de frente para o círculo, posicionado para o norte, pondo-se a cantar pontos do Orixá senhor da pedra que está consagrando. Após cantar três pontos três vezes, deve pegar a pedra e apresentá-la ao alto, ao embaixo, à direita, à esquerda e ao redor, dizendo o seguinte: "Eu apresento esta pedra fundamental do senhor Orixá (...) ao alto, ao embaixo, à direita, à esquerda e ao redor para que a reconheçam como uma das pedras mágicas fundamentais do meu templo de Umbanda".

Depois deve, ainda ajoelhado, e com as mãos em concha, elevá-las a uma altura acima da cabeça, mas com elas dentro do círculo de velas, e dizer: "Meu senhor Orixá (...), imante esta pedra em minhas mãos com seu axé divino, assim como a mim, para que o senhor, esta sua pedra fundamental e eu venhamos a formar uma só linha de forças mágicas irradiantes e para que seja criado um magnetismo afim entre o senhor, o divino; entre a pedra, a matéria; e entre mim, o espírito!"

Com toda certeza, o médium será inundado com uma poderosíssima irradiação e deverá manter-se imóvel até que o fluxo irradiado pelo Orixá senhor da pedra tenha cessado. Depois, deve depositá-la em cima do tecido, enrolá-la e cantar novamente três pontos do Orixá que está consagrando a pedra. Em seguida, fará esta prece de agradecimento: "Meu Divino Criador Olorum, bênçãos do Alto se derramem sobre minha coroa, pois agora estou ligado e em harmonia vibratória com o senhor Orixá (...), senhor dessa pedra fundamental do meu templo de Umbanda Sagrada, que será consagrado na fé em Olorum, ao amor aos divinos senhores Orixás e às manifestações dos espíritos mensageiros que vierem em Seu nome para prestar auxílio espiritual e nos transmitir palavras de fé e amor, de consolo, de conforto e de esclarecimento! Em Seu divino nome, meu Criador Olorum, agradeço ao senhor Orixá (...) por ter consagrado esta pedra fundamental, agradeço ao alto, ao embaixo, à direita e à esquerda, assim como ao redor, que me assistiu durante esta consagração. Bênçãos, meu Divino Criador!"

Depois deve tocar o solo com a testa e mentalmente agradecer ao Orixá consagrador e a todos os outros treze Orixás, que com ele formam os sete pares regentes das Sete Linhas de Umbanda Sagrada.

Com isso feito, deve-se levantar, recolher a pedra com o tecido e guardá-la em uma bolsa, caixa ou sacola para levá-la para sua casa, onde deverá guardá-la e não mostrar a ninguém até o dia em que será assentada no templo.

As pedras deverão ser assentadas no altar e os minérios deverão ser assentados na parte da frente do terreno onde está o templo. A distribuição das pedras deve seguir esta ordem:

1º — Providenciar um pedaço de mármore de 20x20 cm e depositá-lo em cima do tampo ou mesa do altar.

2º — Colocar, como indicamos, as seguintes pedras:

Quartzo... de Oxalá
Rubi (Granada)... de Ogum
Diamante (Zircão)... de Iemanjá
Pedra-do-sol... de Xangô
Esmeralda... de Oxóssi
Ametista... de Oxum
Citrino... de Iansã

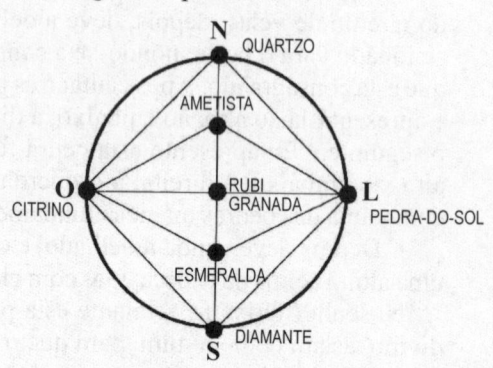

3º — Providenciar um pedaço de mármore de 20x20 cm e depositá-lo no solo embaixo do tampo ou mesa do altar.

4º — Colocar, como indicamos, as seguintes pedras:

Quartzo fumê... de Logunã
Opala... de Oxumaré
Calcedônia... de Obá
Topázio... de Oroiná
Rubelita... de Nanã
Turmalina.... de Obaluaiê
Ônix preto... de Omolu

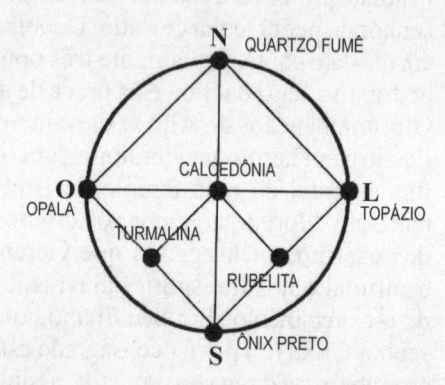

Sempre que for abrir os trabalhos, deve-se acender uma vela em cima das pedras de mármore.

Dispondo as pedras desta maneira e estando as de cima na mesma linha das debaixo do altar, todo um campo eletromagnético se formará, mas permanecerá em repouso até que os trabalhos espirituais sejam abertos.

A Magia das Pedras

Assim que isso ocorrer, ele será ativado e criará um campo no espaço etérico, que dará plena sustentação energética aos trabalhos que ali se realizarão.

Agora, para fechar as polarizações e manter um campo vibratório permanente, aí terão de assentar os minérios. E, para fazê-lo, devem proceder dessa forma:

1º — Cavar um buraco no solo com 30 cm de diâmetro e 30 cm de profundidade. Forrá-lo com carvão vegetal, socando-o para ficar plano.

2º — Depositar em cima do carvão mineral os seguintes minérios:

Hematita... de Obá
Cassiterita... de Obaluaiê
Magnetita... de Oroiná
Molibdênio... de Omolu
Pirita... de Xangô
Antimônio.... de Oxumaré
Ouro... de Oxalá

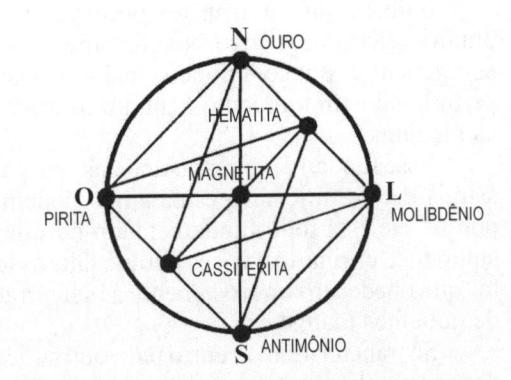

Para localizar o Norte-Sul e Leste-Oeste magnético, deve-se usar uma bússola, pois os minérios devem obedecer rigorosamente à disposição que indicamos, pois criam entre si correntes eletromagnéticas que formam um campo vibratório e magístico.

3º — Cobrir o buraco com areia de construção. Colocar, então, uma folha de latão para distribuir sobre ela os outros sete minérios na forma como indicamos:

Platina... de Iemanjá
Manganês... de Oxóssi
Prata... de Nanã
Ferro... de Ogum
Níquel... de Iansã
Cobre... de Oxum
Estanho... de Logunã

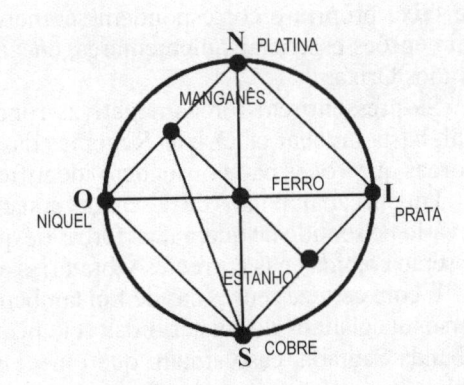

Recomendações: iluminar os assentamentos com velas brancas nos dias de trabalhos e não deixar os minérios à vista. Por isso, deve-se colocá-los ao abrigo do tempo, construindo uma pequena cobertura fechada. Lembrem-se de que, se fizerem as consagrações de forma correta, estarão criando uma correspondência energética, magnética e vibratória com as sete linhas de forças básicas do Ritual de Umbanda Sagrada e, após assentarem as pedras no altar e os minérios na frente dos templos, todo um poderoso campo eletromagnético fundamentado no conhecimento mais oculto da magia das pedras será ativado e protegerá seus espaços religiosos de quaisquer perturbações vindas do baixo astral.

Saibam que se espíritos perturbadores penetrarem nesse campo vibratório eletromagnético, imediatamente serão aprisionados nas correntes energéticas e, pouco a pouco, serão esgotados em seus negativismos, não perturbando em momento nenhum os trabalhos espirituais, nem atingindo os médiuns.

Esse fundamento magístico das sete pedras só é conhecido nas escolas astrais de alta iniciação e mais não podemos revelar aqui. Mas confiem, porque ele está todo fundamentado no mistério das Sete Pedras e nos foi autorizado ensiná-lo a vocês porque falta às tendas de Umbanda assentamentos que obedeçam rigorosamente às sete irradiações básicas e sustentadoras de trabalhos magísticos.

Se transferirem o centro para outro local, levem os assentamentos e os depositem obedecendo as linhas N—S e L—O, pois elas mudam conforme a posição do altar. Usem sempre uma bússola para localizarem o norte magnético.

Também este assentamento só deve ser feito se antes houver a consagração das pedras e dos minérios como indicamos, sempre obedecendo à hora e à lua, mesmo para as que são consagradas durante o dia.

Lembrem-se de que todos os Orixás participam do mistério "Sete Pedras Sagradas da Umbanda" e estarão vibrando em seu assentamento das pedras.

E, ainda que façam os outros assentamentos que conhecem ou aprenderam com seus pais no Santo e mentores espirituais, estes vibram em uma faixa própria e correspondem-se energética e magneticamente com as dimensões essenciais, elementares, encantadas e naturais regidas pelos sagrados Orixás.

Se pressentirem forças negativas rondando suas tendas a partir do astral, basta invocar os Orixás Regentes das pedras e solicitar que anulem as forças que vocês não conseguem identificar, pois estão ocultas.

Podem cantar pontos de descarga enquanto mentalizam o assentamento, e ativá-lo no sentido de quebrar as forças de quem está rondando a tenda, que elas serão colhidas nas correntes vibratórias e nelas serão esgotadas.

E com certeza seus guias de Lei também os instruirão acerca de outros recursos magísticos do mistério das sete pedras fundamentais do Ritual de Umbanda Sagrada, caso sintam que é necessário, pois eles são profundos conhecedores da magia das pedras.

Código de Umbanda

Orixás: Os Tronos de Deus

Livro 3

Sobre como a Hierarquia Divina atua dentro do Ritual de Umbanda Sagrada e a importância do magnetismo dos Orixás na manutenção da Vida nos seus vários polos e desdobramentos.

PRIMEIRO CAPÍTULO

A Renovação dos Orixás

Irmãos em Oxalá, saudações fraternais!
Vamos abordar aqui um assunto de suma importância para o entendimento de como acontecem as semeaduras religiosas no plano material. Só assim entenderão o porquê de a Umbanda ser tão exuberante na diversidade de suas linhas de forças e de suas linhas de ação e trabalho dentro das práticas religiosas realizadas nos seus templos.
Primeiro dizemos: Olorum, em Si mesmo, é pleno e tudo realiza!
Depois, então, dizemos: Olorum, por ser tão pleno, também o é na Sua generosidade para conosco e, porque sabe que temos dificuldade em entendê-lo a partir de nós mesmos, então construiu Suas hierarquias divinas para que elas nos falem d'Ele e nunca nos esqueçamos de que não nos podemos afastar d'Ele senão perecemos, pois "Vida" é o Seu outro nome!
Sim, irmãos amados. Olorum é vida e somente somos plenos na vida se vivermos sob Sua luz viva, que fortalece nossa fé e renova nossa religiosidade sempre que se faz necessário.
Saibam que essa renovação não se processa senão quando o próprio Olorum a manifesta por meio do Setenário Sagrado que forma a Coroa Divina, regente do nosso amado planeta.
Por isso, não pensem que a vinda de milhões de irmãos africanos para as Américas, ainda que como escravos, foi só para que aqui servissem como mão de obra escrava.
Não, isso não revela toda a verdade, pois o alto do Altíssimo vigiou o tempo todo o transplante de elementos brancos e negros para um continente habitado pelo elemento vermelho (índios). Todo um ciclo encarnacionista já se havia completado, tanto na África quanto nas Américas, e culturas estagnadas no tempo precisavam renovar-se para melhor servir ao novo estágio que se iniciaria e alteraria o modo de vida de todo o planeta.
O resultado está aí, e bem visível, pois em apenas 500 anos as transformações alteraram um modo de vida que já durava muitos milênios.
Houve excessos e os condenamos com veemência, pois consciências e vidas foram violentadas. Mas em momento nenhum os sagrados regentes

planetários deixaram de amparar os envolvidos em tão grande alteração cultural e religiosa.

Aqui não vamos discutir polos políticos, mas recorremos aos acontecimentos materiais porque é preciso saber que quando estes acontecimentos começam a se desenrolar tudo já foi pensado pelo alto do Altíssimo... e pelo seu "embaixo". E, não tenham dúvidas, parte dos que foram feitos escravos, antes, em outras encarnações, já haviam provado das "delícias" de ser escravocrata.

Eu mesmo, Benedito de Aruanda, nascido em Angola em 1587 e falecido em Recife em 1637, em uma encarnação anterior, havia sido o tão famoso quanto politiqueiro Dante Alighieri, o mesmo da *Divina Comédia*. Estão lembrados?

Pois é isso, irmãos amados!

Por que um espírito "europeizado e italiano até a raiz", pois várias de minhas encarnações aconteceram na Itália, tinha de nascer em Angola e ser transportado, como escravo, ao nascente Brasil, ainda colônia?

Hoje eu sei. Eu havia me desencantado com o Cristianismo de então e minha religiosidade estava fraca, muito fraca. Mas a renovei na religião dos encantados da natureza e conheci os sagrados Orixás, que me encantaram de tal forma que aceitei com amor e fé participar de uma renovação deles que se estava iniciando então.

Reencarnei em Angola, e em 1610 fui trazido para o Brasil como escravo, mas também como um ardoroso adorador dos Orixás, entre os quais pontificavam minha amada mãe Oxum e meu amado pai Obaluaiê. Desencarnei em 1637 em Recife e aqui, mas no astral, continuo até hoje semeando os Orixás. E isso farei enquanto for a vontade deles, os manifestadores das vontades divinas do Divino Criador Olorum.

Um culto religioso e todo um panteão divino estava sendo transportado em "navios negreiros". Uns traziam Oxalá, outros traziam Iemanjá, Ogum, Oxóssi, Xangô, Oxum, Obaluaiê, Omolu, Nanã, Obá, Iansã, Logunã, Oxumaré, etc. Ao final do período de escravidão, todos os Orixás já estavam semeados em solo brasileiro pelo elemento negro que aqui aportara. O transplante dos sagrados Orixás para as Américas (não foi só o Brasil que participou do processo) atendeu a uma vontade expressa de Deus para os bilhões de espíritos — desencantados com as religiões de então em outros continentes — que nas Américas reencarnariam... e estão reencarnando até hoje.

Então o alto do Altíssimo elaborou uma religião regida pelos sagrados Orixás, mas renovados e idealizados de forma "aberta". Essa abertura só começou a acontecer no início do século XX, e ainda não se completou totalmente, pois em se tratando do mistério "Orixás", as lendas ainda são a fonte mais segura, na qual tantos alicerçam sua fé e religiosidade.

Mas nós estamos, sem renegar as lendas, dando-lhes uma feição mais de acordo com as necessidades dos seus adoradores ancestrais, que já evoluíram muito e precisam delas adaptadas ao seu modo de vida atual, cosmopolita por excelência.

Saibam que os sagrados Orixás estimulam essa renovação de seus mistérios e as suas adaptações ao presente grau evolutivo e consciencial dos espíritos, encarnados ou não. Sua adaptação a tribos ou nações já é passado e, como a miscigenação está acontecendo desde o Norte até o Sul das Américas, só resistirão ao tempo as adaptações em nível planetário. Os Orixás, hoje, já não são divindades só dos negros africanos. Eles já são adorados por pessoas oriundas de outras raças e religiões e, não tenham dúvidas, no futuro se espalharão por toda a face da terra.

E se assim será, é porque são Tronos Divinos manifestadores das vontades de Olorum e são os regentes das dimensões naturais, que são onde vivem e evoluem tantos seres que quantificá-los nos é impossível.

Os Orixás são divindades naturais, são eternos e adaptam-se a todas as épocas, raças, culturas e concepções religiosas; resistem a todas as idealizações que fizermos para adaptá-los às nossas necessidades, imediatas e futuras. Eles nos sustentam tanto no nosso dia a dia quanto a longo prazo, guiando-nos o tempo todo por meio de nossa religiosidade e de nossa fé.

Eles são eternos, e em civilizações antiquíssimas já eram cultuados por milhões de pessoas. E, embora respondessem por outros nomes, no entanto são sempre os mesmos regentes planetários que foram humanizados para sustentar os estágios evolutivos de então.

Saibam que a sincretização deles com divindades de outras religiões não é aleatória. Essas sincretizações obedecem a uma identificação natural do que é eterno e imutável, enquanto regentes planetários, com os membros das hierarquias divinas que se humanizaram para melhor estimularem a evolução espiritual dos seres, encarnados ou não.

A identificação automática de Jesus Cristo com Oxalá não aconteceu por acaso. Ele era, antes de encarnar e humanizar-se, da linha de forças da Fé, que é, toda ela, regida pelo divino Oxalá.

Muitas outras divindades que se humanizaram (fizeram-se homens para melhor falarem aos homens a respeito de Deus) sob o manto da fé são oriundas da linha de forças da Fé, uma das sete vibrações originais do divino Criador que, junto com as suas outras seis vibrações originais, formam o Setenário Sagrado.

As sete vibrações originais são: Fé, Amor, Conhecimento, Justiça, Lei, Evolução e Geração. Dentro destas sete vibrações tudo, em nível planetário e multidimensional, acontece e se realiza. Nada nem ninguém, neste nosso planeta, fica fora destas sete vibrações. Tudo e todos sempre foram e sempre serão regidos pelo Setenário Sagrado, ou as sete vibrações originais.

Foi atendendo a uma vontade manifestada pelo nosso divino criador Olorum que os sagrados Orixás foram transportados da África para as Américas e aqui se assentaram e fundaram uma nova religião: a Umbanda!

Os Orixás ainda estão se adaptando à época e cultura atuais. Mas suas feições finais, e já planetárias, ainda demorarão alguns séculos para se estabelecer em definitivo na mente e nos corações da humanidade.

Mas não tenham dúvidas: isso acontecerá e se imporá naturalmente na face da terra.

Afinal, eles não têm pressa, pois são eternos, e não violentam consciências, pois são naturais. Certamente, serão combatidos por todos os adeptos das conversões violentas e apressadas que visam a arregimentar grande número de adeptos em um curto espaço de tempo só para se imporem politicamente, senão suas mensagens se esvanecem diante da inexorabilidade do tempo.

Mas, e disso não duvidamos, no final, todos retornarão aos seus domínios naturais pois quem vê um Orixá encanta-se tanto com sua divindade que dele não só não se esquece como dele não deseja afastar-se.

Vocês sabem por quê?

Porque eles são o que são: os "Tronos de Deus!", tão palpáveis que, envolvendo-nos em seus luminosos braços, inundam-nos com suas irradiações divinas e nos chamam de seus filhos, e filhos no amor de Olorum.

A renovação dos Orixás está acontecendo sutilmente, e hoje eles já são cultuados em templos abertos, onde suas hierarquias de trabalhos espirituais se manifestam tão naturalmente que os mais tradicionalistas chegam a negar que ali as manifestações são, realmente, comandadas por eles. Mas o são!

E tanto são comandadas por Orixás que os médiuns, sem ebós ou as tradicionais feituras de cabeça, praticam a caridade em nome deles e são atendidos quando clamam por eles, que, embora não se manifestam na incorporação, amparam-nos o tempo todo.

Isto é o que importa: a fé dos adeptos no poder divino dos sagrados Orixás!

Com isso, o culto vai se abrindo e o culto individual ou familiar vai se tornando coletivo, universalizando, assim, os Orixás. E dia chegará que as pessoas não irão aos templos de Umbanda para clamarem por algum tipo de ajuda espiritual, mas sim para louvarem os sagrados Orixás.

As louvações deixarão de acontecer somente nas datas comemorativas e se tornarão uma prática coletiva de toda a comunidade umbandista.

Mas para que isso aconteça no menor tempo possível, será preciso que os dirigentes dos templos entendam que é fundamental para a religião como um todo essa integração religiosa entre a assistência e os médiuns praticantes.

Só haverá uma massificação do culto aos Orixás, se um culto coletivo for adotado e unificado, quando, então, em uma vibração uniforme e horizontal, todos serão contemplados pelas irradiações verticais dos regentes planetários.

Mas para que aconteça essa renovação dos Orixás, uma codificação ou uma idealização aberta a todos precisa ser pensada e colocada em prática, pois só assim, renovando-se as feições divinas deles e humanizando-as no nível das necessidades cotidianas, todos seus adoradores os terão presentes em suas vidas.

Afinal, eles são tão divinos quanto o divino mestre Jesus, que, em nível dos regentes religiosos, é mais um Orixá que se humanizou para melhor falar de Deus aos Seus filhos.

Ou nós renovamos os Orixás e os adaptamos à nossa época e à nossa atual cultura, universalizando-os, ou perderemos uma oportunidade única de concluir a semeadura religiosa iniciada por eles em solo brasileiro, quando aqui aportou o primeiro dos nossos irmãos negros trazido da África. Ou não é verdade que os sagrados Orixás entraram no Brasil junto com o primeiro africano que aqui pisou?

Descubram quem foi esse primeiro africano a pisar em solo brasileiro e terão descoberto o verdadeiro fundador da Umbanda, pois ele trouxe consigo o culto aos Orixás, e Umbanda sem Orixá não é Umbanda.

Se muita coisa já evoluiu desde a vinda desse semeador inconsciente, então já é hora de serem renovadas as feições antigas dos sagrados Orixás e de universalizá-los, tornando-os assimiláveis por todos os povos, culturas e raças atuais.

Que todos tenham uma consciência superior do mistério "Orixás", e logo os tornarão tão humanos quanto os cristãos fizeram com nosso amado mestre Jesus.

Porém, essa consciência superior e universal só acontecerá se todos conhecerem os Orixás a partir de suas funções dentro das hierarquias divinas.

E hierarquias são o nosso comentário seguinte!

SEGUNDO CAPÍTULO

Hierarquias Divinas: as Irradiações e as Faixas Vibratórias

Vamos comentar as irradiações verticais e as correntes eletromagnéticas horizontais que formam os polos magnéticos intermediários das linhas de forças onde estão assentados os Orixás Intermediários ou Orixás Regentes de Nível Vibratório.

As irradiações verticais são projeções energéticas dos polos magnéticos ocupados pelos Orixás planetários e vão alcançando os níveis vibratórios que são, em si mesmo, as faixas nas quais seres afins vivem e evoluem.

Toda irradiação vertical desce por sete níveis vibratórios, formados por sete correntes eletromagnéticas horizontais positivas, depois distribui-se por uma faixa neutra, e a partir dela projeta-se por mais outras sete faixas negativas, até que alcança o seu polo oposto, que a absorve e a utiliza em sua irradiação de baixo para cima, que obedece ao mesmo processo.

As sete correntes eletromagnéticas já não obedecem a este princípio, pois ou são correntes positivas (magnetismo irradiante) ou são negativas (magnetismo absorvente).

As correntes destinam-se a reter em seus campos magnéticos os seres que se afinizam com suas energias ou que se desequilibraram emocionalmente e têm de permanecer nelas até que se reequilibrem.

Nas faixas vibratórias positivas, os seres vão se tornando cada vez mais irradiantes. Já nas faixas vibratórias negativas, o processo é inverso e os seres vão se tornando concentrados, sendo direcionados em um só sentido da vida, até que reassumam seu emocional e retomem a evolução em todos os sete sentidos.

Saibam que o estudo dos Orixás deve obedecer ao que aqui ensinamos, pois, tal como na tabela periódica usada pelos estudantes de química, na tela plana está a identificação científica dos regentes da natureza.

A tela plana é um recurso único. Desenvolvida pelos espíritos superiores há muitos milênios, ela nos revela as qualidades, os atributos e as

Hierarquias Divinas: as Irradiações e as Faixas Vibratórias 179

atribuições de cada um dos Orixás, desde os Planetários multidimensionais até os Orixás Individuais que acompanham os médiuns de Umbanda.

Muita confusão já foi semeada dentro da Umbanda como se fosse conhecimento verdadeiro. Mas os próprios Orixás Individuais cansaram-se de ver seus médiuns serem instruídos de forma errada pelos instrutores de Umbanda, pois estes também aprenderam errado. Sendo assim, solicitaram a abertura do conhecimento superior, da Ciência dos Orixás, ao plano material porque só assim os umbandistas teriam um conhecimento fundamental verdadeiro, e a religião de Umbanda teria uma ciência divina própria, muito superior às lendas e mitos dos Orixás.

Nas irradiações verticais estão as sete linhas energomagnéticas do ritual de Umbanda Sagrada, cujos polos magnéticos estão ocupados pelos Orixás Naturais planetários. Nas correntes eletromagnéticas, horizontais, estão os polos magnéticos ocupados pelos Orixás Naturais regentes dos níveis vibratórios, sempre influenciados pelos magnetismos dos Orixás senhores das correntes, que são os mesmos que pontificam as linhas ou irradiações verticais.

Muitas são as dimensões naturais, todas paralelas umas às outras; no entanto, uma coisa é comum a todas e mostra como Deus estabeleceu a evolução dos seres.

Estamos falando das faixas vibratórias dentro de uma mesma dimensão, que são os seus níveis vibratórios, cada um com um magnetismo próprio, afixando magneticamente os seres de um mesmo grau de evolução e que possuem uma grande afinidade em vários sentidos.

Toda dimensão possui uma faixa neutra. Seu magnetismo é tão sutil que se torna imperceptível aos seres que para elas são conduzidos, onde iniciam um novo estágio evolucionista. Já os explicamos e não vamos repeti-los neste comentário, certo?

Aqui, vamos comentar as interligações existentes entre todas as dimensões a partir das correntes eletromagnéticas, que não existem só para uma dimensão, mas são as mesmas em todas elas e mudam em função da distribuição de todas dentro de um mesmo espaço, que é o nosso planeta Terra.

Já comentamos que existem sete irradiações divinas que nos chegam do "alto" e alcançam o "embaixo" ou faixas negativas. Também já mostramos quais são essas irradiações, mas vamos repeti-las: irradiação cristalina, mineral, vegetal, ígnea, eólica, telúrica e aquática.

São irradiações que só captamos com aparelhos eletromagnéticos, que identificam o "elemento" presente e, este sim, pode ser identificado por nós com nossos recursos sensitivos, percepção e visão.

No astral, existem "polarômetros" eletromagnéticos hipersensíveis que nos indicam, desde um vegetal até uma chama de vela, que tipo de magnetismo está ativo em um local, um material, um plasma ou uma radiação.

Esses aparelhos, desenvolvidos nas escolas superiores da espiritualidade, captam as irradiações de uma pedra preciosa no plano material e indicam seu padrão magnético, energético e vibratório.

Algo semelhante, mas ainda rudimentar, seria o "contador geiger", usado para detectar materiais radioativos, tais como o urânio, o plutônio e o césio, e que capta as nuvens eletrônicas que se formam onde existem estes materiais perigosos para o ser humano. Estas nuvens são semelhantes às correntes eletromagnéticas, e podemos identificá-las com nossos polarômetros, que nos indicam qual é a direção da corrente, qual é o seu padrão energético, seu grau vibratório e seu magnetismo. E mesmo, se está vibrando dentro do campo que denominamos de positivo, de neutro ou de negativo. E, dentro destes três campos, identificamos sete graus diferentes, associados às sete irradiações divinas.

Estes aparelhos não foram desenvolvidos por nós. Eles existem nas escolas superiores desde tempos imemoriais.

O fato é que são tão precisos que, se colocarmos um desses aparelhos próximo de um rubi, conseguimos identificar seu padrão vibratório, seu magnetismo, a energia irradiada, a direção exata de suas irradiações, etc.

Portanto, nosso comentário é científico e pertence ao conhecimento superior da espiritualidade, que não fica adormecida como ensinam algumas doutrinas materialistas e arcaicas, que paralisam a evolução espiritual de seus adeptos pois nega a eles a existência de uma continuidade da vida e relegam o espírito imortal ao ostracismo no pós-morte da carne, assim como resumem a Obra Divina a este limitado plano material.

Mas a verdade é que nas esferas espirituais existe vida ativa, pesquisadora e curiosa acerca da criação divina. Ali, os espíritos que já a estudavam no plano material desenvolvem muito mais seus intelectos, pois muito mais abrangente é o campo a ser pesquisado e maiores são os recursos à disposição, até mesmo em seu próprio espírito, que é, assim como todos nós, dotado de faculdades desconhecidas no plano material.

Vamos citar algumas para que tenham noção da perfeição do nosso Divino Criador e de Sua generosidade conosco, pois Ele realmente nos criou à Sua imagem e semelhança e nos dotou de tantos recursos que jamais conseguimos esgotar o conhecimento acerca de nós mesmos. E sempre que nos descobrimos portadores de uma nova faculdade, esta nos abre o acesso a muitas outras, já superiores, que nos abrirão campos mais amplos que nos facultarão um novo conhecimento.

Bem, o fato é que algumas das identificações que conseguimos com o recurso de aparelhos, também conseguimos com nossas faculdades já desenvolvidas.

Uma dessas faculdades é a de nos comunicarmos telepaticamente com alguém que se encontra do outro lado do "mundo" espiritual. Outra é a de ver alguém que está no plano material sem nos deslocarmos até a dimensão material, bastando-nos fixá-lo em nossa mente.

A comunicação obedece ao direcionamento das vibrações mentais. E a visualização obedece à fixação mental da imagem irradiada pelo ser pensante que desejamos ver.

A nossa mente possui tantos recursos que nos é impossível identificá-los, e a simples capacidade de um espírito deslocar-se a velocidades vertiginosas sem sofrer nenhuma alteração mental ou energética já dá uma ideia das limitações do plano material, o qual possui um magnetismo tão poderoso que torna tudo muito "pesado" e difícil de se mover ou locomover.

Observem que posso me comunicar com meu médium psicógrafo sem sair da morada espiritual onde vivo, assim como posso chegar até ele em uma fração de segundos, pois minha mente faculta-me estas coisas. E se isso acontece comigo, e com todos os espíritos, tudo, mas tudo mesmo, deve-se ao fato de sermos uma energia pensante dotada de um magnetismo só nosso, que nos identifica e nos mostra o tempo todo a quem já desenvolveu suas faculdades visuais, auditivas, magnéticas, perceptivas, sensitivas, etc.

Nós somos seres eletromagnéticos, ou mentais pensantes, dotados da capacidade de nos movermos segundo nossa vontade.

Logo, nunca adormecemos ou nos tornamos invisíveis aos olhos de Deus, que não nos vê com olhos humanos e sim com sua visão divina, que identifica cada ser a partir de seu magnetismo, sua energia e sua vibração, que o individualiza em meio a tantos seres semelhantes, mas nunca "iguais". E quando as semelhanças são muitas, as atrações magnéticas das linhas ou correntes eletromagnéticas vão juntando em uma mesma faixa vibratória os seres que se assemelham energética e magneticamente.

As linhas de forças ou correntes eletromagnéticas formam teias ou telas multidimensionais tão completas e perfeitas que onde quer que estejamos podemos captá-las, desde que nos coloquemos em sintonia mental com elas.

Um médium, tripulante de um submarino, se sintonizar a energia telúrica, a captará e a irradiará, mesmo estando no meio do oceano. Um médium astronauta, mesmo estando no espaço, se mentalizar o mar, captará sua energia aquática e a irradiará.

Só que eles têm de desenvolver em suas mentes a faculdade que lhes possibilitará estas coisas, pois em verdade não será da terra ou do mar que tirarão energias, e sim das correntes eletromagnéticas telúrica e aquática, que as absorverão, acumularão nas correntes internas análogas que existem em seus corpos energéticos ou corpos espirituais, e as irradiarão por meio de suas mãos, chacras, etc.

Tal como um raio de sol, que traz em si as cores do arco-íris, as correntes eletromagnéticas ou linhas de forças também trazem em si as sete irradiações divinas, que são formadas por sete essências e sete vibrações.

As sete essências são: cristalina, mineral, vegetal, ígnea, eólica, telúrica e aquática. As sete vibrações são: a Fé, o Amor, o Conhecimento, a Justiça, a Lei, a Evolução (crescimento) e a Geração.

Logo, se somos movidos por uma religiosidade virtuosa e pautamos nossa vida segundo nossa consciência religiosa, estamos afinizados magnética e energeticamente com as irradiações de fé do nosso Divino Criador, que fluem em todos os sentidos e estão em todos os lugares ao mesmo tempo. Basta nos colocarmos em sintonia vibratória com as irradiações de fé que somos inundados por uma energia específica, a qual encontramos, já materializada, no cristal de quartzo.

Comparamos o padrão vibratório, energético e magnético de um ser religiosamente virtuoso com o padrão do quartzo e os dois mostraram os mesmos níveis no polarômetro. Comparamos o padrão vibratório de um ser "judicioso" com o padrão do fogo e ambos se mostraram análogos

Com todos os sete sentidos e com todos os sete elementos ocorrem estas analogias vibratórias, energéticas e magnéticas, desde que usemos elementos puros ou virtuosos, certo?

Portanto, possuímos em nós sete padrões magnéticos, energéticos e vibratórios e se nos desenvolvermos em um deles, "mentalmente", entramos em sintonia com uma das sete irradiações divinas, tornando-nos irradiadores de sua essência, elemento e energia, porque nos tornamos um micropolo magnético, energético e vibratório afim com ela.

Nossa mente é o elo com as irradiações divinas e no nosso mental se desenvolvem estes polos análogos aos do Criador.

Nós, no micro, estaremos repetindo o nosso Criador se desenvolvermos estes sete padrões vibratórios, energéticos e magnéticos. Mas não pensem que isso é algo fácil de ser alcançado, porque não é.

Mas, como estamos recebendo continuamente as irradiações que nos chegam por meio das correntes eletromagnéticas, pouco a pouco vamos nos afinizando com elas e alcançando pontos de equilíbrio onde nos aquietamos e começamos o nosso verdadeiro desenvolvimento mental.

Esse desenvolvimento tanto pode acontecer no plano material e dentro de uma religião ou ciência quanto no plano espiritual, onde espíritos afins se reúnem com mais facilidade por já não possuírem a densidade da matéria ou corpo carnal.

Um espírito não consegue ocultar seus sentimentos íntimos e os exterioriza por meio de suas vibrações mentais, seu magnetismo, e por meio de suas energias ou irradiações, que o tornam luminoso ou sem cor.

No plano material, por ser neutro, uma pessoa não consegue sentir as vibrações mentais, energéticas e magnéticas de seus semelhantes. Mas quando deixa o corpo material, aí tudo muda, porque sua aura, que é sua tela refletora individual, tanto mostrará seu íntimo quanto seus sentimentos. E seu magnetismo individual o colocará em sintonia vibratória com as correntes eletromagnéticas afins com os padrões que desenvolveu em cada um dos sete sentidos, afins com as sete irradiações divinas.

Se o padrão magnético da fé é o mais desenvolvido em um ser, automaticamente ele se ligará com a irradiação da fé, que o inundará de tal forma que sua religiosidade refletirá em toda a sua aura e o distinguirá aos olhos dos outros espíritos. E acontecerá uma atração natural por outros espíritos também religiosos, mesmo que tenham se desenvolvido em outras religiões.

O que os atrai e une é a religiosidade e não a religião que tenham seguido no plano material. Eles logo descobrem que elas são apenas vias ou meios que a linha da Fé, ou a corrente eletromagnética irradiadora da religiosidade, dispõe para atrair os espíritos afins com um de seus padrões vibratórios próprios.

Afinal, no Budismo encontramos um magnetismo religioso próprio, no Cristianismo encontramos outro, no Judaísmo um outro se mostra, no Hinduísmo é outro, e na Umbanda outro encontramos, mesmo sendo ela tão nova no plano material.

Entendam que esses magnetismos podem ser positivos ou negativos, irradiantes ou absorventes, ativos ou passivos, etc. Cada um é uma concretização religiosa no plano material da linha ou corrente eletromagnética da fé, que é uma das sete irradiações divinas do nosso Divino Criador.

No pós-morte, o que o espírito leva consigo é sua fé em Deus e a religiosidade que o direcionará para os assuntos da fé, que o atrairá e facultará campos mais amplos onde desenvolverá ainda mais seu mental e seu magnetismo religioso.

Isso acontece em todos os sete sentidos, o que já descrevemos, e assim todos vão evoluindo e alcançando lentamente as faixas vibratórias superiores do mundo espiritual. Mas o inverso também acontece, devido ao magnetismo que desenvolvemos aqui na faixa neutra ou plano material.

Uma religião pode ser magneticamente positiva ou negativa.

Se positiva, significa que abre os horizontes religiosos dos seus fiéis, universalizando-os. Se negativa, significa que fecha os horizontes religiosos dos seus fiéis, concentrando-os.

Em religião, os magnetismos irradiantes ou positivos e os concentradores ou negativos visam a abrir ou a fechar o campo religioso dos seres e atendem à própria irradiação divina que regula a evolução dos seres humanos.

Assim, cada religião possui sua faixa vibratória própria, que atrai os espíritos mais afins com sua doutrina e afasta os não afins, tanto no plano material como no espiritual.

Com o ser humano, que possui em si mesmo os dois polos magnéticos, tudo se complica, pois um dos polos está no racional e outro no emocional.

Se negativar seu racional, o ser se tornará concentrador, frio e calculista. Se negativar seu emocional, tornar-se-á emotivo, frágil e sentimentalista.

Logo, a busca de um meio-termo ou equilíbrio magnético é o fim das múltiplas encarnações. E nem sempre, após o desencarne, o espírito é atraído pelo magnetismo das faixas vibratórias positivas!

Sim, às vezes o ser encarnado desenvolve um magnetismo individual negativo que o conduz a uma faixa vibratória que é negativa justamente porque a sua vibração a torna energeticamente "desconfortável" para o espírito, que irá absorvê-la e inundar-se até que esgote seu negativismo.

A função das faixas cujo magnetismo é negativo é concentrar o ser, tolher seus movimentos, anular seu livre-arbítrio e submetê-lo a um meio energético que o inundará com energias que alterarão seu emocional ou racional negativados pelos sentimentos ruins que está vibrando ou pelos vícios que deturparam sua concepção dos princípios divinos.

Afinal, vibrar o amor é divino e vibrar o ódio é desumano.

Logo, ao céu aqueles que vibram amor e às Trevas quem vibrar ódio. Esta é a Lei, e as faixas vibratórias negativas não são como são por acaso. Elas atendem justamente aos seres que adotam procedimentos negativos como se fossem os melhores para sua vida.

Saibam que é muito comum alguém adotar um procedimento negativo, viciado e errado como o mais correto, sem perceber que está paralisando sua evolução e desviando-se da linha reta da Lei, reguladora dos procedimentos dos seres.

Todos sabem que roubar, mentir, matar, trair, etc., são procedimentos errados. Mas não são poucos os que os adotam com tanta naturalidade que somente sendo recolhidos a faixas vibratórias onde apenas seus afins vivem acabarão por alterar seus comportamentos errôneos. Mas isso só acontecerá após vivenciarem as consequências de seus atos, que os esgotará energética e emocionalmente, neutralizando seus magnetismos mentais negativos.

Saibam que este magnetismo é tão delicado que basta adotar um procedimento incorreto para que aconteça uma alteração em sua polaridade e o ser se afinize com uma corrente eletromagnética negativa, a qual começará a atraí-lo e a enviar-lhe a energia bloqueadora de seus sentidos desvirtuados. Um ser não se torna magneticamente negativo só porque rouba, mente ou mata. Afinal, não é só para isso que existem as faixas vibratórias negativas, certo? Muitos sentimentos negativam os seres.

Elas formam uma escala vibratória que começa na faixa neutra e vai se tornando energeticamente mais densa à medida que se vai afastando do ponto neutro, que para nós é o plano material onde encarnamos para evoluirmos em algum dos sete sentidos.

A emotividade provoca desequilíbrios no emocional, e o psiquismo do ser entra em desarmonia, alterando seu magnético.

As doenças tidas como mentais tornam negativo o magnetismo de seus portadores. E o mesmo acontece com pessoas obsediadas por espíritos vingativos.

Por isso, o conhecimento dessa bipolaridade magnética é fundamental, já que o simples fato de esclarecer os "doentes" a respeito da atração energética dos polos negativos certamente os ajudará na cura das enfermidades.

TERCEIRO CAPÍTULO

O Magnetismo nas Dimensões Paralelas

Em nossos comentários, temos ressaltado a existência de dois polos, duas polaridades, de dimensões divididas em três faixas: uma positiva, uma negativa e uma neutra.

A faixa neutra das dimensões naturais corresponde ao nosso plano terra, que é onde vivem os espíritos que encarnam para se aperfeiçoar em algum sentido e desenvolver alguma de suas múltiplas faculdades, sempre visando à sua evolução contínua.

Já nas dimensões naturais e paralelas, nas faixas neutras, é onde se inicia todo um novo estágio da evolução dos seres que não "encarnam" e não têm sua memória ancestral adormecida em momento nenhum, já que sua evolução é "natural" e dispensa o ciclo reencarnacionista, reservado a nós, os seres naturais que foram "espiritualizados".

Por isso, por não terem a memória adormecida, os seres naturais desenvolvem suas faculdades regidos pelos polos magnéticos existentes tanto nas faixas positivas quanto nas negativas, que os atrai naturalmente, desde que se estabeleça entre eles e os polos magnéticos uma afinidade. Mas ela não acontece só quando o ser está na faixa neutra, pois esta é apenas um meio energético novo e superior ao anterior e no qual ele permanecerá até "aclimatar-se".

Mas, assim que as próprias energias desse novo meio despertem nos seres as suas faculdades naturais, eles se afinizam magneticamente com polos localizados nos subníveis vibratórios positivos ou negativos e deixam naturalmente a faixa neutra. Lembrem-se de que magnetismo não é energia, e que, em função do magnetismo do ser, ele será positivo ou negativo, irradiante ou concentrador de energias. Os seres positivos ou irradiantes possuem "auras" coloridas ou multicoloridas e os negativos ou concentradores são monocromáticos.

As polaridades indicam quando são positivos ou negativos, e as cores também. Os seres positivos irradiam "luz" enquanto os negativos são opacos ou de cores fortes, concentradas ao redor do próprio corpo energético, qual uma pele luzidia. Lembrem-se de que não estamos nos referindo aos Orixás, pois eles sempre irradiam energias multicoloridas.

É muito comum os videntes verem seres rubros ou vermelho forte, cinzentos, pretos como o ônix, mostarda, roxo profundo, etc. Esses são os seres naturais que desenvolveram um magnetismo negativo. Mas isso não significa que se tornaram maus, e sim que concentraram suas evoluções em apenas um dos sete sentidos da vida. Desenvolveram alguma faculdade que os afiniza com algum dos polos magnéticos negativos, que os atraiu, afixou-os em seu campo vibratório e os tem sustentado para que ali desenvolvam esta sua faculdade para, só então, uma outra faculdade desabrochar naturalmente, já que nada é estático na criação divina.

Quando um ser natural esgota sua capacidade de evoluir na faculdade que o afixou junto a um polo magnético, seu íntimo começa a pulsar um novo desejo ou sentimento, cujo magnetismo o conduzirá, naturalmente, a um outro polo magnético superior ao que se encontra. Nesse novo polo magnético, estará assentado outro Orixá de nível intermediário que preservará sua faculdade já desenvolvida e lhe facultará todo um campo vibratório onde desenvolverá a nova faculdade que lateja em seu íntimo e que ele deseja desenvolver.

Isso acontece tanto nas faixas positivas quanto nas negativas de uma dimensão natural. Por isso, elas são divididas em subníveis vibratórios pelos quais fluem as correntes eletromagnéticas horizontais, que formam subfaixas próprias dentro das faixas positiva e negativa.

A criação divina é de uma perfeição única e magnífica e não precisa de mais nada além de si mesma para sustentar as criaturas e os seres criados por Deus.

Mas Deus criou as divindades e as assentou nos polos magnéticos dessas faixas vibratórias para que elas atuem como direcionadoras dos seres e estimuladoras de suas faculdades, ainda incipientes, ou para que desbloqueiem aquelas que os paralisaram em algum dos níveis vibratórios sustentadores da evolução natural, porque é muito comum alguém "acomodar-se" em um subnível, ou mesmo em um nível vibratório, e paralisar sua evolução e crescimento individual. Essa mesma tendência nós encontramos na dimensão humana, tanto no seu lado material quanto no espiritual, quando estudamos a natureza dos seres. Ela os leva a uma acomodação!

Porém, nas dimensões paralelas, esta acomodação é mais acentuada, e se os Orixás Regentes dos níveis e subníveis não enviarem, via mental, contínuos estímulos, os seres sob suas irradiações acomodam-se à volta deles e dali não saem nunca mais, já que os amam com tanta intensidade que se tornam dependentes de seus regentes, só almejando alguma outra coisa quando estimulados intensamente.

É neste ponto da criação que a magnífica hierarquia divina responsável pela evolução se mostra como a mais perfeita hierarquia que podemos imaginar, pois quando um ser já "amadureceu" em uma de suas faculdades sob a orientação de um Orixá Regente de nível ou subnível vibratório, automaticamente surge um cordão energético que o liga a outro Orixá que começará a enviar-lhe suas irradiações energéticas, as quais estimularão seu emocional e despertarão nele um latejo íntimo que o induzirá a voltar-se para onde está o Orixá que o está atraindo.

Isso é algo tão natural que ficamos admirados como tudo acontece. E não pensem que o Orixá Regente de um polo magnético avisa o outro, pois não avisa.

Tudo é tão natural que, quando alcança sua capacidade magnética em uma faculdade, ele se torna um ser irradiador da energia característica dessa faculdade. E, quando alcança seu limite irradiante, torna-se um micropolo eletromagnético, um átomo em si mesmo, que tende naturalmente para um outro polo magnético mais "forte", desde que lhe seja afim.

Poderíamos comparar a evolução natural às escolas do plano material, nas quais o aluno, após um ano de estudos e de bom aproveitamento, vai cursar a série seguinte, pois já apreendeu o que aquele curso tinha a oferecer-lhe em conhecimentos. Se tiver que cursar novamente o mesmo ano, somente o fará com enfado, uma vez que já sabe tudo o que seu professor irá ensinar aos novos alunos. Logo, ou passa para a série seguinte, e superior, ou sai da escola.

Com a evolução natural acontece mais ou menos a mesma coisa e, ou se é atraído para um nível vibratório superior em magnetismo e energia, ou se acomoda e começa a paralisar o raciocínio, afixando-se no campo vibratório próprio da faculdade que já desenvolveu, não saindo mais dele.

Isto é muito comum no 3º estágio da evolução, que chamamos de estágio "encantado", pois é nele que um ser desenvolve em definitivo a faculdade que irá norteá-lo para sempre.

Sim, no estágio encantado o ser desenvolve uma faculdade que o torna um irradiador permanente da energia dela e desenvolve em seu mental um núcleo magnético tão denso quanto o núcleo de um átomo. Este magnetismo desenvolvido amoldará em definitivo a natureza do ser e o tornará, em si mesmo, uma individualização do Orixá que o está regendo.

Se é regido por um Ogum regente de nível, um Ogum Beira-Mar por exemplo, com o passar do tempo se tornará um Ogum Beira-Mar encantado mas individualizado, pois tornou-se um micropolo magnético irradiador do mistério "Beira-Mar". E vibrará o mesmo magnetismo, energia, mistério ou faculdade mental. Só que seu campo é limitado, pois ele não é o Senhor Ogum Beira-Mar, e sim, um encantado de Ogum Beira-Mar. E isso é diferente, pois enquanto o senhor Ogum Beira-Mar rege uma faixa vibratória planetária e multidimensional, atuando em muitas dimensões, o encantado de Ogum Beira-Mar atua apenas junto ao polo magnético onde está agregado e só dentro da dimensão onde está evoluindo.

O encantado não sai de uma dimensão e vai para outra porque isso não lhe é permitido justamente em razão de o seu poder mental e seu magnetismo serem limitados pelo mental e magnetismo do Orixá Regente do polo magnético a que está agregado.

E, se acham que o senhor Ogum Beira-Mar só "vive" à beira do mar material, estão muito enganados, pois o mistério "Ogum Beira-Mar" é um Orixá Regente de toda uma hierarquia divina que interpenetra quarenta e nove dimensões diferentes, todas paralelas umas com as outras, sendo a dimensão humana só mais uma delas.

Saibam que estamos revelando isso com a autorização expressa do nosso regente Ogum Beira-Mar, justamente para mostrar-lhes como as concepções acerca dos Orixás são parciais. Fundamentam-se nas lendas africanas, e não no verdadeiro conhecimento das hierarquias divinas que, se são divinas, é porque são pontificadas por divindades na acepção do termo. Ou seja: "Divindade é sinônimo de ser superior e irradiador de mistérios de Deus!"

Nós bem sabemos que a limitada "humanização" do mistério "Orixás" realizada na África, e que foi trazida ao Brasil, atendia a uma necessidade dos espíritos em evolução ainda limitados na capacidade de entendimento e apreensão dos mistérios divinos. Por isso, precisavam, e muitos ainda precisam, de uma concepção restritiva e limitadora que o afixe em um nível magnético onde desenvolverá uma faculdade afim com o próprio Orixá estimulador do desenvolvimento desta faculdade no mental do seu filho encarnado.

Ou não é verdade que um filho de Ogum que "raspou no Santo" começa a se sentir uma extensão do próprio Orixá Ogum?

É claro que é. E tanto é que ele se autonomina José, João, Pedro, Maria, ou Tereza... de Ogum.

E não pensem que isso não é estimulado pelos Orixás, porque é!

Só assimilando as qualidades do seu pai Orixá um filho de Santo se individualizará, desenvolverá em seu mental uma faculdade humana análoga a uma das faculdades do seu Orixá e com o tempo se tornará irradiador natural das energias que esta sua faculdade começou a gerar dentro do seu mental, em perfeita sintonia vibratória com o magnetismo mental de seu Orixá pai de cabeça.

Sim, consagrar a cabeça a um Orixá é sujeitar seu mental ao mental planetário de um Orixá e, a partir daí, começar a desenvolver seu magnetismo individual em perfeita sintonia eletromagnética com o Orixá.

Mas, como já não somos seres encantados, então não nos guiamos pela atração energética, e sim pela atração consciencial.

Esta atração consciencial tem, para o espírito humano, a mesma função que a atração magnética tem para os seres encantados, ou que a atração energética tem para os seres elementais.

Muitos acharão difícil a assimilação do que estamos ensinando aqui. Mas reflitam no que ocorre com um filho que raspou no Santo e comprovarão o que acabamos de comentar.

Um filho de Ogum é em si mesmo um micro-Ogum, uma filha de Oxum é uma micro-Oxum; um filho de Oxalá é um micro-Oxalá, etc.

E tanto isto é verdade que os Orixás assumem realmente a coroa, o Ori, de seus filhos, e daí em diante os conduzem em suas evoluções, despertando neles uma consciência afim com a sua. Em um filho de Ogum, despertará uma consciência Ogum. Em um filho de Oxalá, uma consciência Oxalá será despertada, etc. É uma pena que não ensinem isto aos filhos dos Orixás, pois facilitariam em muito a evolução regida por eles, já que nós temos no livre-arbítrio uma faculdade que trabalha contra nós na maioria das vezes em que nos falta um conhecimento religioso fundamental.

E as lendas descritivas dos Orixás são formas de humanização mitológica das divindades naturais, pois a mesma divindade que adoramos com um nome iorubá também está presente em outras nações, já com outros nomes, mas com as mesmas qualidades divinas.

Afinal, o nosso amado Pai Ogum, guerreiro da Umbanda Sagrada, é encontrado como o "anjo da espada flamejante" em várias outras religiões tão importantes para a evolução humana quanto a nossa, e todas regidas pelo mesmo Deus bondoso e generoso, que, ao invés de dividir-se, multiplica-se para melhor nos auxiliar nesse nosso estágio humano da evolução.

Bem, já perceberam como o magnetismo é fundamental na evolução dos seres. Ou nos individualizamos como micropolos magnéticos e desenvolvemos uma faculdade básica que norteará nossa evolução ou nunca conseguiremos nos fixar em uma das sete irradiações divinas, pela qual ascenderemos aos níveis vibratórios superiores, onde novas faculdades mentais se abrirão e nos proporcionarão novos campos, muito mais amplos que o anterior em que vivíamos.

Por isso, as dimensões naturais possuem uma faixa neutra semelhante ao nosso plano material, uma positiva semelhante à nossa faixa espiritual luminosa e outra negativa semelhante à faixa espiritual sem luz. Os processos divinos, dentro de um mesmo campo, sempre se repetem, ainda que de forma analógica.

Afinal, o inconsciente e poderoso Espírito das Trevas, que se arvora em executor de espíritos caídos em seus sombrios domínios, está fazendo pelos espíritos humanos o mesmo que faz o conscientíssimo Orixá que está assentado em um polo magnético da faixa negativa de uma dimensão natural.

Ambos fazem a mesma coisa, pois atraem e afixam em seu nível vibratório e campo magnético negativo os seres que caíram em seus polos negativos ou emocionais. E ficarão agregados a eles até que tenham vivenciado o que tanto os atraiu e os tornou "negativos".

Tudo no Universo tem sua função e utilidade. E não seria diferente com as hierarquias divinas que sustentam a evolução dos seres.

- *As faixas neutras são o início dos estágios evolutivos;*
- *As faixas positivas são as faixas luminosas, onde se vão assentando e se acomodando os seres que estão desenvolvendo faculdades positivas ou universalistas;*
- *As faixas negativas são as faixas sem luz, onde vão sendo aquietados e redirecionados os seres que desenvolveram faculdades negativas ou cósmicas.*

Tudo no Universo está em contínuo movimento ou evolução. E não seria diferente com os seres e as criaturas geradas por Deus para dar vida e animar a Sua obra divina.

Por isso, estudem os Orixás e os interpretem como divindades que formam toda uma hierarquia divina que sustenta as evoluções e atuam energética e magneticamente. Uns são positivos e outros são negativos porque Deus está em tudo, em todos, e tanto está na luz como na ausência dela.

Nunca interpretem um Orixá a partir da visão humana das coisas divinas pois dessa forma só se afastarão das verdades deíficas. Se um Orixá é cósmico ou negativo, no entanto ele também ama os seres colocados sob sua irradiação direta. E se, às vezes, são descritos como possessivos ou ciumentos, é porque com essa possessividade e ciúme estão nos amando a seu modo, que se é cósmico e negativo, também é ordenador e afixador, já que só assim, jungidos pelo amor cósmico, nós nos aquietamos e nos redirecionamos rumo a uma evolução sadia, sólida e ordenada.

Ninguém deve temer o Orixá Omolu, a Orixá Logunã, a Orixá Nanã e todos os que classificamos como Orixás cósmicos ou negativos. Eles não querem que os temamos, mas que os amemos, respeitemos, adoremos e oferendemos, pois se eles se humanizaram para melhor auxiliar nossa evolução é porque nos amam... e têm ciúmes de nós porque não gostam de nos ver abstraídos dos nossos deveres como membros ativos da criação divina, dos quais fugimos com muita facilidade, entregando-nos muito rapidamente ao abstracionismo religioso que paralisa nossa evolução.

Logo, se alguém está caindo vibratoriamente, nada melhor do que ser amparado em sua queda individual por um amoroso e ciumento pai Omolu, ou uma amorosa e possessiva mãe Obá, certo?

Nada como ter um pai ou mãe rigorosos, ciumentos e possessivos para cuidar de filhos cabeças-duras, desleixados, relapsos ou evasivos, pois estes pais e mães divinos não se sensibilizam com nossas falhas e vão logo nos dando uns bons puxões de orelha, ou nos colocando de joelhos no canto da "sala de aula da vida"... e isso quando não nos fazem ajoelhar em cima de uns "grãozinhos" de milho. Entenderam?

QUARTO CAPÍTULO

Orixás: os Tronos de Deus

"Todo aquele que crer será salvo."

A todo aquele que souber como foi salvo e entender sua própria salvação, Deus lhe concederá a oportunidade de assentar-se junto de Seus Tronos Divinos, para que possa tornar-se mais um salvador.

"Trono", eis a chave de um dos mistérios de Deus.

Sim, Deus é tudo em Si mesmo, já que gerou tudo a partir de Sua divindade.

As hierarquias divinas são criações d'Ele, e O auxiliam porque são os seres que O manifestam o tempo todo.

O conhecimento religioso humano identificou diversos tipos de hierarquias divinas no decorrer das eras, e às divindades temos recorrido sempre que nos sentimos assoberbados pelas dificuldades inerentes ao estágio humano da evolução, já que existem outros estágios.

A nossa mente, limitada às coisas humanas, é incapaz de penetrar nas coisas de Deus, se não as interpretarmos segundo nosso entendimento humano das coisas.

Cada ser interpreta as coisas segundo seu entendimento, e por isso todas as interpretações estão corretas, se aplicadas a quem as interpretou.

Mas algumas interpretações se mostram de caráter universalista, adaptando-se a muitos seres e resistindo às transformações que acontecem no decorrer das eras religiosas. As hierarquias divinas têm resistido a estas transformações e têm se mantido presente em todas as religiões surgidas nos últimos milênios.

Não importa a religião que estudarmos, em todas elas as hierarquias divinas (de Deus) se mostram e estão visíveis a todos, durante todo o tempo.

Estudando a antiga religião grega, a egípcia, a judaica, a hindu, a chinesa, a japonesa, a mongólica, a nórdica, a itálica, a celta, a persa, as americanas, as africanas, etc., em todas encontramos hierarquias divinas (de Deus).

Essa constatação é tão fácil que, por analogia, vamos ordenando as hierarquias e identificando em todas elas as mesmas divindades (de Deus).

As únicas diferenças surgem em função das culturas e épocas em que estas religiões surgiram e deram início à sua expansão na terra, visando a amparar religiosamente seus fiéis.

Todas as divindades sempre surgiam associadas à natureza, à vida e às necessidades imediatas dos povos onde se desenvolveram. E não podia ser de outra forma porque esta é a função principal de todas as religiões.

As religiões criam um vínculo entre Deus e os homens, e as divindades aplicam as vontades divinas (de Deus) e regulam os desejos humanos.

Cada religião interpretou as hierarquias divinas e as divindades que as formam segundo sua capacidade interpretativa e associativa e segundo seu entendimento e suas necessidades imediatas.

Portanto, uma mesma divindade tem sido interpretada de formas diferentes, ainda que mantenham inalteradas as suas qualidades essenciais e seus atributos divinos. As diferenças surgem nas atribuições, pois elas se adaptam às necessidades imediatas dos povos.

Estudando as hierarquias divinas, descobrimos que elas se mantêm unidas em torno de um objetivo único: cuidar da obra de Deus.

Nesse objetivo maior, encontramos classes de divindades e, estudando-as, encontramos uma que os nigerianos denominaram de "Orixás", ou Senhores do Alto (de Deus).

Sim, os Orixás são os senhores do alto que formam uma classe de divindades associadas à natureza, pois manipulam os elementos nos mais diversos níveis vibratórios.

Em nossos estudos, encontramos os Orixás como uma classe de divindades que formam a hierarquia divina denominada de "Tronos de Deus".

Aqui não vamos interpretar outras classes de divindades. Algumas cuidam da manutenção do equilíbrio entre os planetas, outras do equilíbrio entre as muitas dimensões da vida dentro de um mesmo planeta, etc.

Só para que tenham uma noção do que são realmente as hierarquias divinas, os Querubins são divindades que regem os "gênios". Existem gênios do fogo, da água, do ar, da terra, dos minerais, dos vegetais, dos cristais, etc., todos regidos pelos Querubins, que não são apenas aqueles que a Bíblia descreve.

Os Arcanjos formam uma hierarquia que cuida do equilíbrio entre os planetas e entre as muitas dimensões existentes dentro de cada planeta. Já os Tronos formam a hierarquia que denominamos de "Orixás", e cuidam das evoluções.

Existem Orixás Essenciais (de essência), Orixás elementais (de elementos), Orixás Naturais (de natureza), Orixás Encantados (de encanto), Orixás Ancestrais (de fatores). Todos são Tronos (de Deus) porque estão assentados nos muitos níveis da hierarquia divina que formam, e atuam a partir de polos magnéticos, que são pontos irradiadores ou absorvedores de energias, desde as mais sutis até as mais densas, como é o caso da energia material.

Dentro deste nosso planeta existem muitas dimensões, umas paralelas às outras e que se prestam a servir de abrigo aos seres e às criaturas que aqui evoluem, porém em diferentes faixas vibratórias dimensionais, todas interligadas entre si a partir dos pontos de forças planetários ou multidimensionais.

Existem sete pontos de forças (vórtices) principais que se comunicam energeticamente e vibratoriamente com todas as dimensões planetárias, e nós os encontramos em nós mesmos nos sete chacras principais visíveis aos videntes.

A correspondência entre o macro e o micro mostra-se aos nossos olhos nesta correlação. Cada um dos sete pontos de forças planetários multidimensionais vibra em um padrão próprio, irradia de um modo e energiza com um tipo específico de energia. O mesmo acontece com os sete chacras principais do nosso corpo: cada um capta e irradia um tipo de energia e cumpre uma função básica em nosso corpo energético.

As correspondências são tantas que só precisamos identificá-las para que tudo se encaixe e forme um conjunto único e de fácil apreensão para quem possuir um conhecimento mediano.

A partir das correspondências entre os chacras e os gigantescos vórtices planetários, ou pontos de forças multidimensionais, podemos identificar os elementos e correlacioná-los com os sete Tronos Planetários que dão início às sete hierarquias regentes do nosso planeta, em todos os seus polos.

Os nossos comentários não se fundamentarão no conhecimento teológico particular de nenhuma das religiões fixadas no plano material, mas recorreremos àqueles conhecimentos universais ou suprarreligiosos que atendem às necessidades de um conhecimento geral e comum a toda a humanidade e a todas as religiões.

Não fundamentaremos nossa abordagem em conceitos abstratos, mas sim em conhecimentos concretos que explicam o invisível e o intangível por meio dos elementos que formam a natureza concreta do plano material.

Saibam que, se esta faixa vibratória que denominamos de "faixa da matéria" é infinita e visível como o "universo infinito", em paralelo ou ao par dela existe outra faixa vibratória intangível por quem vive no universo material, e que denominamos de faixa vibratória espiritual.

Matéria é todo agregado atômico que se formou a partir da união de átomos afins e é tangível por algum dos nossos cinco sentidos físicos (tato, olfato, visão, audição e gustação).

Mas nós temos outros sentidos, suprafísicos, que nos permitem um contato limitado com a faixa vibratória espiritual. Estes sentidos são a clarividência, a clariaudiência, a intuição, a percepção e a sensitividade.

Já a sensibilidade é uma faculdade comum tanto ao corpo físico quanto ao corpo espiritual. Não é um recurso dos sentidos físicos ou suprafísicos, mas um recurso da própria consciência, pois um ser só é sensível ao que a ele está ciente ou consciente. Tudo o que nos é desconhecido escapa à nossa sensibilidade e à nossa capacidade de interpretação, que é faculdade de nossa mente, o órgão imaterial de nossa consciência.

- *Quando inconscientes, somos guiados pelos instintos básicos;*

- *Quando conscientes, somos guiados pela mente, a qual interligada ao cérebro nos faculta a especulação acerca da realidade tangível (material) e intangível (imaterial).*

Saibam que os Orixás atuam em nossa vida tanto a partir da realidade tangível (matéria ou natureza) quanto a partir da intangível (vibração, magnetismo, energia, etc.).

São a personificação divina da própria natureza em seus muitos estados: estado essencial (de essência), elemental (de elemento), energético (de energia), vibratório (de vibração), magnético (de magnetismo), consciencial (de consciência), colorido (de cores) e irradiante (de irradiação).

E nós, unindo os sentidos físicos e os suprafísicos, formamos um todo que nos faculta um contato de alto nível com os Orixás, regentes da natureza em seus múltiplos estados.

Os Tronos (de Deus) são os Orixás, os senhores da natureza, tanto da física quanto da suprafísica, e tanto da material (de matéria) quanto da imaterial (plasmática).

No nosso próximo comentário, vamos dar início à classificação das hierarquias formadas pelos Orixás — divindades assentadas nos diversos níveis vibratórios, em cujos polos magnéticos estão assentados seus Tronos Energéticos, visíveis a todo clarividente.

Todas as descrições já feitas por pessoas que viram divindades assentadas em "Tronos" pertencem a membros dessa categoria de divindades.

O adorador dos Orixás que diz ter seu Orixá assentado só está dizendo que reuniu alguns elementos materiais que mantêm correspondências vibratórias, energéticas e magnéticas com o trono energético dele, o seu Orixá.

O termo "assentar" usado pelos adoradores dos Orixás encontra seu fundamento no termo "Trono", pois só um trono está assentado em algum lugar e é ocupado por alguém, que é regente. E quando alguém assenta o seu Orixá "individual", na verdade está criando um ponto de forças individual correspondente a ele, mas localizado na dimensão material.

Estes assentamentos possuem elementos materiais, ou de natureza física, mas que trazem em si correspondências energéticas, magnéticas e vibratórias com os seus Orixás individuais, os quais são os irradiadores individualizados das qualidades "naturais" dos Regentes da Natureza, os sagrados Orixás.

Nos capítulos seguintes, os leitores tomarão conhecimento de como surgem as hierarquias e de como elas se distribuem sustentando a evolução dos seres, das criaturas e das espécies, sempre em correspondência com as manifestações concretas de Deus, os quais podemos identificar na criação divina por intermédio de nós mesmos e de nossos recursos humanos, que são nossos sentidos físicos e suprafísicos.

Acompanhem com atenção nossos comentários e verão como energia, vibração, irradiação e magnetismo se correspondem e formam o universo divino regido pelos Orixás — os senhores do Alto ou da Coroa Divina.

Orixás: Senhores da Coroa Divina, assentados no alto do Altíssimo, de onde se projetam e dão início às suas hierarquias, que chegam até nós, aqui na terra, como nossos Orixás individuais.

Adentremos nos mistérios de Deus! Iniciaremos a abordagem dos Orixás comentando como surgem seus magnetismos.

QUINTO CAPÍTULO

O Magnetismo dos Orixás, os Tronos de Deus

Magnetismo: a Base Fundamental dos Símbolos Sagrados

Comentar a respeito do magnetismo é abrir ao conhecimento religioso material um dos mistérios mais fechados da criação. Portanto, manter-nos-emos dentro de um limite estreito e bem vigiado, pois foi o que nos recomendou o regente do mistério "Guardião dos Símbolos Sagrados".

O fato é que em um dos nossos contos herméticos (**Hash-Meir, O Guardião dos Sete Portais de Luz**), abordamos o mistério "Sete Símbolos", mas não abrimos nenhum, pois ali não era possível ou permitido. Mas aqui, em um comentário só agora permitido, abriremos algumas frestas estreitas pelas quais passarão raios de luz do saber que iluminarão o desconhecido universo dos símbolos sagrados, presentes na vida de toda a criação, que envolve as coisas, os seres e as criaturas.

Por que os símbolos sagrados estão assim tão presentes em tudo? — perguntarão vocês.

Bom... — respondemos nós — É porque, assim como o planeta Terra tem um magnetismo que dá sustentação à formação da própria matéria que o torna sólido, todas as criações, criaturas e seres possuem seus magnetismos, que dão sustentação à individualização de cada um.

Logo, o magnetismo está para estes três polos como a herança genética está para a hereditariedade. Um ser "será" o que herdar de seus pais, assim como um planeta será o que herdar de seu magnetismo, e só conseguirá conter dentro de seu campo magnético o que ele conseguir absorver e gerar.

Sim, o planeta Terra é como é porque seu magnetismo absorve energias e, amalgamando-as em seu centro neutro, dá formação a muitos tipos de matérias, todas obedecendo a um princípio gerador imutável.

Portanto, se temos vegetais, é porque o magnetismo planetário absorve energias e, após amalgamá-las, dá origem ao elemento vegetal, que precisa da presença de outros compostos elementares para subsistir, senão, após ser irradiado pelo seu centro neutro, dilui-se e perde as qualidades e atributos que o tornam vegetal.

Logo, todo o "meio" próprio para o desenvolvimento dos vegetais que existe na terra só existe porque o magnetismo planetário, por meio da gravidade, retém dentro do todo planetário as energias que dão sustentação ao elemento vegetal e à sua própria materialização no denso plano da matéria.

Outros planetas não possuem vegetais porque seus magnetismos não absorvem a energia ou essência vegetal que flui por todo o nosso Universo, e também nos universos paralelos.

Esta energia ou essência está em todos os lugares, mas só se torna elemento vegetal onde existe um magnetismo que a absorve, amalgama e depois a irradia, já como energia composta ou elemental, a qual, absorvida por centros magnéticos individualizados de natureza vegetal (sementes), desdobra-se geneticamente e dá origem às plantas e aos vegetais.

O magnetismo vegetal de uma semente é o sustentador de sua herança genética e provê o crescimento da planta, pois ele vai se multiplicando em cada célula vegetal e se concentrará novamente nas sementes que ela irá gerar.

O magnetismo que mantinha átomos agregados na forma de uma semente continua a existir no núcleo das células vegetais, e depois se reproduz nas novas sementes. O "Crescei e multiplicai" não se aplica só ao homem, criado à imagem e semelhança de Deus.

Magnetismo e gravidade se completam porque são dois dos componentes de uma só coisa: a gênese!

Mas existem outros componentes da gênese, tais como: essência, energia, cor, vibração, pulsação, forma, irradiação, atração, repulsão, etc. A gênese de qualquer coisa, ou de todas as coisas, tem de possuir no mínimo estes componentes, do contrário ela não acontecerá.

Em nosso planeta temos sete tipos de magnetismos reunidos em um só, os quais dão forma a tudo o que aqui existe, na forma tanto animada (vida), quanto inanimada (matéria).

Até o nosso modo de pensar obedece ao magnetismo terrestre, que regula até a gênese das ideias, que é algo imaterial, mas é energia pulsante que se propaga a partir do magnetismo mental de quem as gerou.

Bem, esperamos que tenham entendido a função do magnetismo na gênese, pois, em religião, a fé é algo imaterial mas pulsante, irradiante, gravitacional, magnética, energética, essencial em um ser, vibratória, colorida, atrativa, repulsiva, etc.

Vamos explicar o sentido que estes termos assumem aqui em nosso comentário acerca dos símbolos sagrados, para que possam nos entender corretamente:

Pulsante (de pulsação) — algo pulsa porque existe, ainda que seja imaterial. E a fé é algo imaterial, pois é um sentimento. Já uma estrela pulsa e é algo material; um átomo pulsa e é material.

Irradiante (de irradiação) — se algo existe, então ele se irradia para além do seu campo gravitacional. Um planeta ou estrela só nos é visível porque irradia-se além do seu limite, e o que nossos olhos veem não são os planetas ou as estrelas, e sim suas irradiações que chegam aos nossos olhos e impressionam o cristalino, tornando-se "visíveis".

Cor (de cor) — cada irradiação assume uma cor, pois cada "coisa" irradia-se em um padrão vibratório. O padrão vibratório do azul não é o mesmo do vermelho ou do verde. A irradiação de uma cor obedece à própria escala vibratória das energias, pois a cor é a visualização da energia que algo ou alguém gera e irradia. E em cada faixa ou grau vibratório dentro de um mesmo padrão uma cor pode ser mais densa ou mais rarefeita.

Vemos os vegetais com a cor verde porque suas energias estão sendo irradiadas dentro de um padrão no qual tudo se mostra verde. E como a maior parte de um vegetal se mostra verde, então estabelecemos que o verde é a cor vegetal. Mas nem todos os vegetais são totalmente verdes, pois um mesmo vegetal possui partes que não são verdes. Logo, uma mesma planta irradia em vários padrões vibratórios, certo?

Energética (de energia) — tudo o que existe é um composto energético. Até uma ideia possui sua energia, pois, quando alguém está pensando, sua mente, que é imaterial, está absorvendo essências (imateriais) que se vão amalgamando e dando forma ao pensamento, o qual vai assumindo a forma de uma ideia, de um discurso ou de uma linha de raciocínio irradiado mentalmente pelo ser.

Essencial (de essência) — tudo tem sua origem nas essências. Nosso planeta só existe e subsiste porque por meio de sua gravidade absorve continuamente as essências e as conduz ao seu centro neutro, de onde, já amalgamadas e transformadas em elementos, vão sendo irradiadas por causa do tipo de magnetismo que aqui existe; de tripla polaridade (positivo, negativo e neutro).

Vibratório (de vibração) — tudo o que existe só existe porque se formou dentro de uma faixa vibratória específica que dá, em seu interior, a qualidade que distingue o que se forma dentro dela do que se forma em outro tipo de vibração, em outra faixa.

Cada religião surge dentro de uma faixa vibratória e assume qualidades que a distingue de todas as outras religiões, ainda que todas sejam regidas pela linha da Fé.

Nas matérias, a vibração que dá qualidades à água é diferente da vibração que dá qualidades à terra, ao ar, etc.

Mal comparando, podemos dizer que as vibrações são como as faixas de ondas de um rádio: ao girarmos o botão de sintonia, mudamos de estação, pois uma está na casa dos 1000 khz, outra está na casa dos 1020 khz, etc.

Entendam que, assim como todas as rádios emitem suas ondas sonoras e todas fluem dentro de um mesmo espaço, mas em comprimentos de ondas diferentes, as essências também fluem por um mesmo espaço, mas em diferentes graus vibratórios ou diferentes ondas.

Logo, uma essência não toca as outras pois dentro de um mesmo espaço todas fluem de forma diferente, ou em diferentes padrões vibratórios.

Costumamos dizer que o céu e o inferno estão muito mais próximos um do outro do que pensa nossa vã imaginação, já que basta uma mudança de polo magnético para deixarmos de estar sintonizados com um e sintonizarmos o outro, que é seu oposto. Basta deixarmos de vibrar o amor e começarmos a vibrar o ódio para sairmos da faixa vibratória luminosa do amor e entrarmos na faixa escura do ódio. E tudo acontece sem sairmos do lugar onde nos encontramos.

A simples troca de uma vibração por sua oposta já nos colocou em sintonia mental com uma outra faixa vibratória que começará a nos inundar com suas irradiações energéticas, as quais nos sobrecarregarão e nos tornarão um micropolo magnético irradiador das energias absorvidas por nós desta nova faixa vibratória com a qual nos sintonizamos.

Nós temos em nosso mental dois polos magnéticos, um de sinal positivo (ou +) e outro de sinal negativo (ou -).

Nossos sentimentos acessam um deles e, no mesmo instante, entramos em sintonia com uma das suas sete faixas vibratórias, por onde fluem as sete essências ou as sete irradiações divinas.

Mas, como estas sete irradiações nos chegam na forma de vibrações já polarizadas, então podemos ligar-nos ao polo positivo ou negativo delas, mas nunca aos dois ao mesmo tempo. Se alguém está vibrando sentimentos de ódio então está em seu polo magnético negativo e não capta a essência que estimula o sentimento de amor.

Dois polos magnéticos e dois sinais opostos. Somos semelhantes a um ímã, só não sendo iguais porque o nosso magnetismo é espiritual e situa-se no campo da mente, que é imaterial.

Saibam que, se no plano físico do corpo humano o cérebro controla todas as funções biológicas, no plano etérico do espírito quem comanda tudo é a mente. Um cérebro com disfunções ou deficiências funcionais prejudica os sentidos físicos, tais como: tato, olfato, audição, visão e paladar, e uma mente em desequilíbrio altera o magnetismo, a consciência, as vibrações e o raciocínio — qualidades do espírito.

Então, quando a mente está em equilíbrio, o ser raciocina, ama, tem fé, é criativo e gerador de coisas positivas, evoluindo ordenadamente pela linha reta ou justa (de Justiça). Mas, se ela estiver desequilibrada, a consciência fica entorpecida e o raciocínio torna-se dúbio, ou paralisa.

Daí advém o magnetismo negativo que absorverá as energias de natureza cósmica ou negativa, irradiadas para ele a partir de polos magnéticos que condensam ao seu redor somente as energias de uma mesma essência ou elemento, mas que flui através de correntes eletromagnéticas alternadas. Já as energias positivas fluem através de correntes eletromagnéticas contínuas. Vamos mostrar graficamente estas duas correntes.

A seguir, apresentamos as formas como as correntes negativas fluem: espiraladas, raiadas, circulares, etc.

Correntes negativas ou alternadas

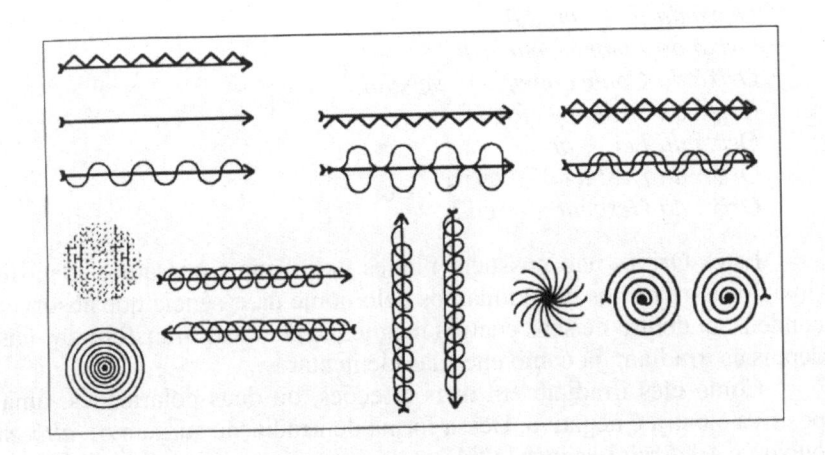

Correntes contínuas

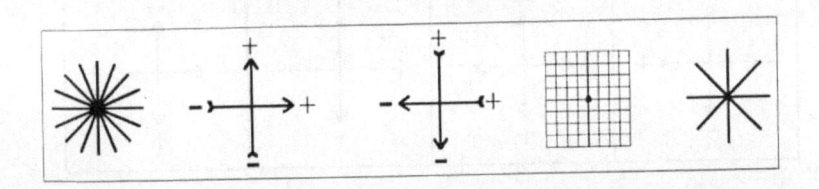

Aí temos, em gráficos, como as energias vão se condensando ao redor dos polos magnéticos, pois chegam através de correntes eletromagnéticas, ou correntes magnéticas por onde fluem as energias que estão alimentando os polos, ou que estão sendo irradiadas por eles. Sim, um polo magnético tanto irradia quanto absorve energias. Mas ele absorve energias em um padrão e as irradia em outro para os micropolos que as receberão e as irradiarão, já em outro padrão.

Nós encontramos energias essenciais que se condensam ao redor de polos magnéticos elementais, os quais por sua vez as irradiam como energias elementais puras, absorvidas por polos magnéticos masculinos ou femininos, ativos ou passivos, que criam polarizações dentro de um mesmo elemento, dando origem às linhas de forças elementais, com os Orixás que ali surgem, já diferenciados.

- Os Orixás Essenciais são indiferenciados;

- Os Orixás Essenciais são irradiadores de essências e das vibrações que estimulam os sentidos imateriais dos seres. Temos sete Orixás Essenciais:

Orixá da Fé — cristal
Orixá do Amor — mineral
Orixá do Conhecimento — vegetal
Orixá da Justiça — fogo
Orixá da Lei — ar
Orixá da Evolução — terra
Orixá da Geração — água

Estes Orixás não possuem nomes pelos quais possamos identificá-los. Por isso, nós os denominamos pelo nome da essência que absorvem, condensam dentro de seus centros magnéticos neutros, transformam-nas e depois as irradiam, já como energias elementares.

Como eles irradiam em duas direções, ou duas polaridades, uma é positiva e outra é negativa. Dessa forma de irradiação surgem o *"alto-embaixo"* e a *"direita-esquerda"*.

Vejam como isso acontece, graficamente:

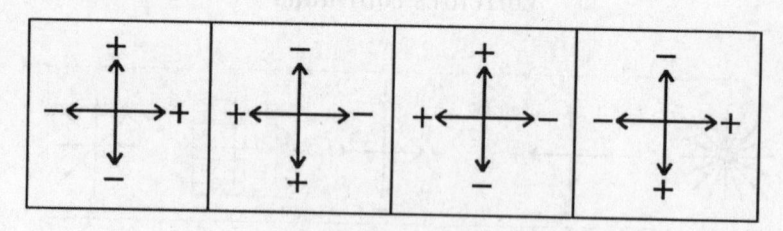

Estas posições não são realmente estáticas. Os gráficos mostram apenas as duas direções e as duas polaridades irradiadas. E eles irradiam em todas as direções, não se limitando somente aos quatro pontos cardeais (N—S e L—O) ou aos quatro pontos identificadores do alto-embaixo e direita-esquerda. Mas sempre irradiam formando quatro correntes eletromagnéticas. Os elementos ou energias elementais são irradiados de modos diferentes, pois existem sete magnetismos e sete padrões vibratórios.

Vamos mostrar os sete tipos de irradiação dos sete magnetismos por meio de suas vibrações ou pulsações.

CRISTAL

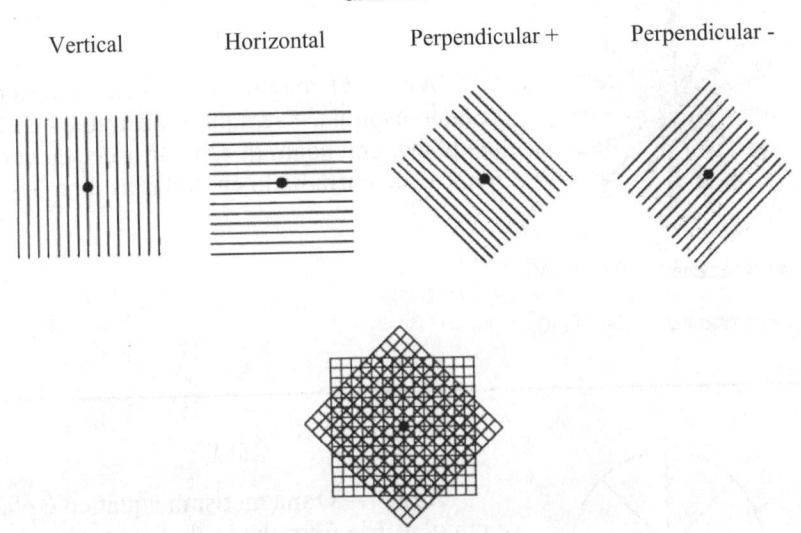

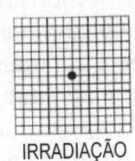

Vertical Horizontal Perpendicular + Perpendicular −

Cristal — Observem que, sobrepondo apenas estas direções, já formamos uma tela cristalina. Mas, como o magnetismo cristalino irradia-se multiplicando suas linhas retas em todas as direções, então é criada uma tela planetária que, vista de qualquer posição, mostra-se como uma tela cruzada toda formada por correntes retas.

IRRADIAÇÃO

CAPTAÇÃO SOLAR

FOGO

Fogo — Propaga-se em fagulhas e em todas as direções, dando a impressão de que é flamejante. Porém, aqui estamos abordando somente o magnetismo, não a energia ígnea, certo?

A captação de essências acontece nas linhas raiadas.

•－－－－ IRRADIAÇÃO
⋘⋙⋙ CAPTAÇÃO

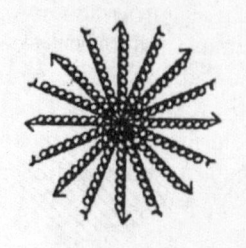

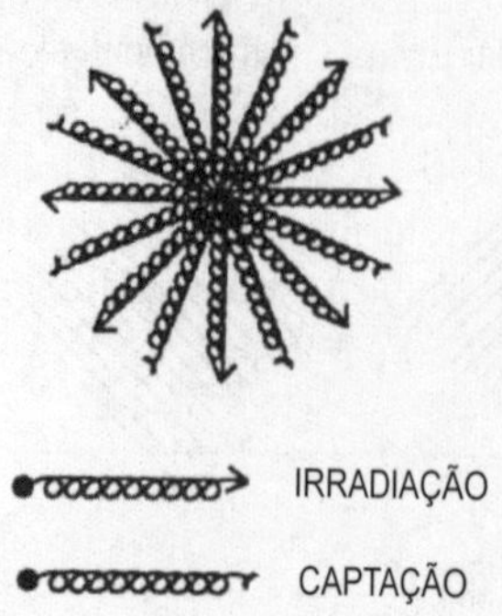

Ar

Ar — O magnetismo eólico irradia-se criando espirais, e se aqui o mostramos de forma plana, entendam que, a partir de seu centro neutro, ele é irradiado em todas as direções.

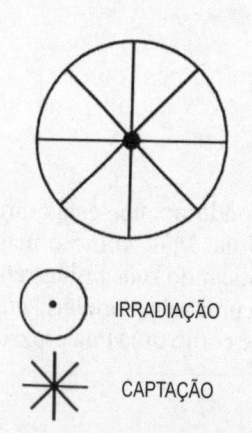

IRRADIAÇÃO

CAPTAÇÃO

Água

Água — O magnetismo aquático é plano e circular. Ele é irradiado de forma contínua a partir do seu centro magnético neutro, sempre como uma circunferência que vai crescendo por igual em todas as direções, formando circunferências concêntricas. Sua irradiação é contínua porque o pulsar é tão acelerado que sentimos as energias irradiadas sem percebermos uma descontinuidade. A captação de energias, no entanto, só ocorre nos raios retos que alcançam o centro neutro e o inundam de essências.

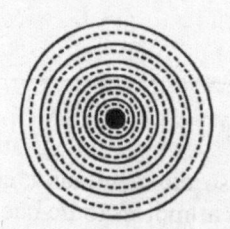

IRRADIAÇÃO

CAPTAÇÃO

Terra

Terra — O magnetismo telúrico é alternado e se irradia através de círculos concêntricos, semelhantes a vagas marítimas que quando passam por nós é possível senti-las.

Já a captação de essências também acontece em círculos concêntricos, mas planos, e os sentimos "passarem" por nós sem alterar nosso corpo energético. Saibam que nesta alternância, quando uma onda (energética ou vaga) passa por nós, no instante seguinte sentimos passar a onda plana da essência, que se dirige rumo ao centro neutro. Ou seja, uma projeta-se e a outra é absorvida. Sentimos a que é projetada porque ela conduz energia elemental telúrica, e se mal percebemos a que é absorvida, é porque ela está trazendo, de forma plana, um círculo ou faixa de essência telúrica. No magnetismo telúrico está o fundamento do batimento cardíaco, da sístole e da diástole.

Mineral

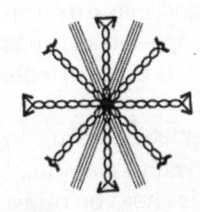

Mineral — O magnetismo mineral capta sua essência de forma duplamente "ondeante" e irradia sua energia através de um magnetismo duplo, já que elas tanto fluem no entrelaçamento como no fluxo. O entrelaçamento é alternado e o fluxo é contínuo.

- IRRADIAÇÃO OU FLUXO
- IRRADIAÇÃO ENTRELAÇADA
- CAPTAÇÃO ENTRELAÇADA

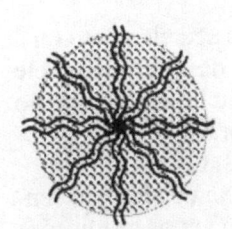

Vegetal

Vegetal — O magnetismo vegetal absorve a essência vegetal na forma de concentração ou centrípeta. O polo magnético "vegetal" absorve as essências vegetais, que se precipitam rumo ao seu centro neutro. Após amalgamá-las em energia elemental vegetal, irradia-se na forma de canículos porosos, ou como mangueiras, todas furadas. Pelos furos vai fluindo a energia elemental vegetal.

Bem, aí temos descritos sinteticamente os sete tipos de magnetismos básicos que dão origem aos sete símbolos sagrados, que são sete tipos de captação de essências e irradiação de energias elementais. E tanto as captações de essências quanto a irradiação de elementos, cada uma corresponde a um padrão vibratório pois não "toca" em nenhum dos outros magnetismos ou energias.

Tudo é tão perfeito que um ser elemental do fogo não sente ou capta os outros elementos, que também estão "passando" por ele, e vice-versa com todos os outros seres em relação ao elemento fogo, ou aos outros.

Por isso existe um Orixá para cada elemento. Ele absorve apenas a essência que o caracteriza e irradia, já polarizado, apenas o elemento que o distingue.

Como a irradiação do Orixá Essencial é bipolar, temos, nos extremos de sua linha de forças ou irradiação elemental, dois polos eletromagnéticos, e classificamos um como sendo positivo, pois absorve as energias e as irradia em corrente contínua, e outro como negativo, porque, após absorver as energias elementais irradiadas pelo Orixá, as irradia através de uma corrente eletromagnética alternada.

É o tipo de magnetismo que classifica os Orixás. E magnetismo não é só qualidade, mas também polo e tipo de irradiação. Nunca devemos classificar o tipo de magnetismo de um Orixá como sendo de qualidades boas ou ruins.

Nós os classificamos como passivos se seus magnetismos forem positivos (corrente contínua) e de ativos se seus magnetismos forem negativos (corrente alternada).

Atentem bem para este detalhe, do contrário nunca entenderão por que classificamos Ogum como passivo e Iansã como ativa, ou Iemanjá como passiva e Omolu como ativo.

A classificação de positivo ou negativo só se aplica ao magnetismo do Orixá, nunca às energias que ele irradia ou à sua forma de atuação e mesmo ao campo onde atua.

Ogum é passivo no magnetismo e ativo no tipo do seu elemento (ar). Já seu campo de ação é passivo pois, como aplicador da Lei Divina, ele sempre procede da mesma forma. Até sua irradiação é classificada como positiva e passiva, pois é contínua e obedece ao giro horário.

O que é o giro de um Orixá? — perguntarão vocês, certo?

Bom... — respondemos nós, irradiação de um Orixá obedece ao sentido horário (direita) ou anti-horário (esquerda). Também temos irradiações duplas que giram em torno de um eixo magnético reto e atendem ao giro magnético dos seres portadores de dois polos magnéticos. Neste caso, elas são nos dois sentidos verticais, dois horizontais e quatro oblíquos:

Verticais: (N — S) (S — N)
Horizontais: (D — E) (E — D)
Oblíquos: (NO — SO), (NE — SE), (SO — NO), (SE — NE)

Os giros horários, à direita, de uma irradiação contínua se parecem com o giro de uma roda com várias cores, mas que, girando a uma velocidade altíssima, assume uma única cor. Isso é efeito ótico, pois nossa visão não acompanha o giro e a mistura das cores. Suas disposições criam uma outra, mas que não é realmente a cor, pois várias cores formam os "raios" que giram. É nesse "giro dos Orixás", ou forma como giram seus magnetismos, que criam tanta confusão quando o assunto é "cor dos Orixás".

Em verdade, um Orixá irradia todas as cores, pois irradia em todas as sete faixas ou padrões vibratórios, e cada tipo de vibração, ao graduar a velocidade do giro, que pode ser para mais ou para menos, dá uma cor a cada um dos elementos irradiados na forma de energias.

Assim, uns dizem que Ogum é azul e outros dizem que é vermelho. Ou uns dizem que Xangô é vermelho e outros dizem que é marrom.

Os Oguns assumem a cor vermelha, na Umbanda, porque o próprio astral aceitou essa classificação já que ela fixaria a sua identificação e facilitaria seu entendimento. E o mesmo ocorreu com o marrom de Xangô.

Mas nós sabemos que as cores dos Oguns variam de acordo com a faixa vibratória onde atuam. E o mesmo acontece com todos os Orixás, pois temos Iansãs que irradiam a cor amarela, a cor vermelha, a cor azul, a cor cobre, a cor dourada, etc.

Sim, existem Iansãs cósmicas que irradiam cores consideradas negativas, tais como o rubro, o mostarda, o magenta, o fumê, etc.

Logo, discutir a cor dos Orixás é discutir um assunto ainda desconhecido ao plano material. O comprimento de onda ou a velocidade da irradiação é que determina se uma energia irradiada é azul, verde ou vermelha. E o comprimento de onda ou velocidade obedece ao tipo de elemento e ao padrão vibratório da faixa por onde ele está sendo irradiado.

No padrão vibratório cristalino, as cores das energias praticamente desaparecem. No padrão vibratório telúrico, elas assumem tonalidades tão densas que temos a impressão de poder pegá-las com as mãos.

Além do mais, dentro de uma mesma faixa vibratória, temos os subníveis vibratórios. E aí a coisa se complica ainda mais porque nos subníveis mais elevados as cores se sutilizam e nos mais baixos se densificam.

Portanto, fiquem com as cores que já se tornaram padrão, e está tudo certo para os nossos amados Orixás, uma vez que eles querem vê-los a partir de sua fé, que deve ser pura, incolor e imaculada.

Bem, voltando ao "giro dos Orixás", saibam que nos magnetismos cujos giros são em sentido horário e cujas energias são irradiadas na forma de raios retos, o giro é tão veloz que temos a impressão de que eles irradiam como o sol: em linhas retas paradas.

Já nos magnetismos que giram em sentido anti-horário, temos a impressão de que as energias se movimentam. Só que o que vemos é sua cor, e nunca elas mesmas, certo?

Para que entendam este efeito magnético, imaginem uma bandeira verde ondulando na ponta do mastro. Os movimentos do tecido não alteram sua cor, mas temos a impressão de que estão correndo por cima do próprio tecido porque nossos olhos acompanham uma onda.

Portanto, quando vocês virem, dentro dos magnetismos dos Orixás que iremos mostrar mais adiante, linhas norte — sul, leste — oeste, noroeste — sudeste e nordeste — sudoeste, saibam que o giro do magnetismo do Orixá em questão forma faixas que partem do centro neutro, e que, a exemplo do giro de certas rodas raiadas, formam conjuntos ou figuras ópticas cujo efeito cessa, ao pararmos de girá-las.

Este "efeito" é a base dos fundamentos da Magia Riscada, pois um guia espiritual, quando risca um ponto cabalístico, está direcionando algum tipo de energia ou estabelecendo um ponto de forças eletromagnéticas, o qual tanto pode ser positivo como negativo e pode girar para a direita ou para a esquerda, assim como pode direcionar as irradiações para um dos oito pontos cardeais que formam poderosas correntes energéticas irradiadoras ou absorvedoras.

Um guia nunca revela nada acerca de seus pontos cabalísticos, pois estaria revelando com quais forças está atuando. E todo guia chefe possui tantos "pontos riscados" quantas forem suas ligações com os níveis intermediários das Sete Linhas de Umbanda.

Algumas pessoas já abordaram os signos cabalísticos, outras abordaram os pontos riscados pelos guias de Umbanda. Em nenhum de seus comentários encontramos qualquer menção às bases magnéticas, energéticas, eletromagnéticas e energomagnéticas que estão na raiz ou origem de todo traço riscado.

Nesta "grafia dos Orixás", que são sete tipos de grafias, pois existem sete essências, está a origem dos sete símbolos sagrados e seus posteriores desdobramentos grafológicos e energomagnéticos.

É certo que não vamos abri-la aqui, pois é vetada ao plano material e nosso objetivo é mostrarmos a origem verdadeira dos símbolos sagrados: os magnetismos.

Portanto, não é nosso propósito discutir um assunto "fechado", certo? Afinal, ensinar de forma aberta um assunto fechado acarreta dificuldades futuras a quem o faz, além de implicar uma afronta à lei que rege os mistérios sagrados.

O fato é que existem sete magnetismos, sete padrões vibratórios, sete essências, sete elementos, sete energias e sete símbolos sagrados, que, de desdobramento em desdobramento e de amálgama em amálgama, chegamnos, já fracionados, até o nível terra, onde estas frações aparecem como símbolos ou signos religiosos.

Mas, mesmo que seja somente uma fração de um símbolo sagrado, saibam que isso já é capaz de iluminar a vida de milhões de seres e de sustentar a evolução de todos os fiéis da religião que o adotou como seu símbolo maior e identificador do tipo de religiosidade que seus adeptos praticam.

O magnetismo é a base fundamental de todos os símbolos sagrados. E só o conhecendo bem podemos interpretá-lo corretamente.

Logo, se a cruz é o símbolo sagrado do Cristianismo, decifrem-no a partir dos sete tipos de magnetismos existentes, e aqui mostrados em telas planas, uma vez que não temos como demonstrá-los na forma multidimensional.

Se desejarem conhecer um pouco a respeito dos pontos riscados, recomendamos a leitura e o estudo do nosso livro intitulado *Iniciação à Escrita Mágica Divina**, pois nele um pouco dessa ciência foi aberto e é uma fonte única acerca dos tipos de irradiações, ondas vibratórias, símbolos e signos usados pelos guias de Lei da Umbanda Sagrada.

---

* *Iniciação à Escrita Mágica Divina,* Rubens Saraceni, Madras Editora.

SEXTO CAPÍTULO

O Magnetismo dos Orixás

No comentário a respeito dos sete magnetismos básicos, que fundamentam os sete símbolos sagrados, nós havíamos comentado alguma coisa acerca do magnetismo dos Orixás. Agora, vamos aprofundar-nos neste assunto que nunca antes foi aberto ao plano material.

O fato é que os "Tronos Magnéticos" que absorvem as essências e, após amalgamá-las em seus centros neutros, irradiam-nas como elementos, são os Orixás Essenciais, que são indiferenciados pois não são masculinos ou femininos e não são positivos ou negativos. Nós os denominamos de Orixás Essenciais, simplesmente.

Temos sete essências:

Cristalina

Mineral

Vegetal

Ígnea

Eólica

Telúrica

Aquática

Temos sete Orixás Essenciais:

Orixá Cristalino

Orixá Mineral

Orixá Vegetal

Orixá Ígneo

Orixá Eólico

Orixá Telúrico

Orixá Aquático

Os Orixás são indiferenciados e não temos nomes para eles, os quais em verdade são Tronos Magnéticos que irradiam tanto as energias elementais quanto os "sentimentos" que despertam nos seres a Fé, o Amor, etc.

Por isso, nós também os entendemos como os irradiadores puros dos sete sentidos, e que alcançam tudo e todos, a qualquer tempo todo e durante todo o tempo. Mas suas irradiações já são polarizadas em:

Masculina e feminina

Ativa e passiva

Positiva e negativa

Universal e cósmica, etc.

A partir dos Orixás Essenciais começam a surgir as diferenciações que irão distinguir os Orixás que regem os polos magnéticos, os quais captam como energias elementais puras e as irradiam como energias elementais mistas ou naturais, uma vez que já assumiram qualidades afins com a natureza que cada dimensão da vida possui, assim como já identificam os seres que as desenvolveram em seus mentais, pois uns já possuem uma natureza religiosa, outros possuem uma natureza ordenadora, etc.

Saibam que um ser elemental, que vive e evolui em uma dimensão básica formada por um só elemento, desenvolve dentro de seu mental um magnetismo igual ao magnetismo do Orixá que o rege e liga-se mentalmente ao polo magnético irradiador da energia que o está alimentando. Esse magnetismo individual é semelhante ao magnetismo planetário de uma das sete vibrações de um dos sete polos magnéticos regidos pelos Orixás Essenciais.

Por isso, na Umbanda, o termo "Essencial" é muito usado... e tão pouco entendido. Só agora, e aqui, nesta obra, o assunto está sendo aberto ao conhecimento do plano material, de forma científica e didática. Em nenhuma outra época da atual era religiosa da humanidade, e em nenhuma outra religião, este conhecimento foi aberto dessa forma.

Por isso, não digam que Umbanda é só magia. Ela tem uma ciência muito profunda e superior à ciência de outras religiões mágicas. Toda a Umbanda é fundamentada na ciência divina, a qual em seu conjunto é formada pelo estudo dos magnetismos, dos elementos, das energias, das vibrações, das polaridades, dos sentidos e das irradiações.

Bem, o fato é que um ser que em sua essência ou estágio evolutivo era alimentado por um tipo de essência, após formar seu mental, é atraído pelo magnetismo do elemento que surgiu após a transformação das essências em elementos.

Se o ser, no estágio de formação de seu mental, absorvia essência ígnea (fogo), será atraído pelo magnetismo ígneo da dimensão elemental básica do "fogo", onde desenvolverá sua natureza, seu magnetismo e sua afinidade vibratória com um dos dois polos da dimensão elemental do fogo. Vamos a um exemplo:

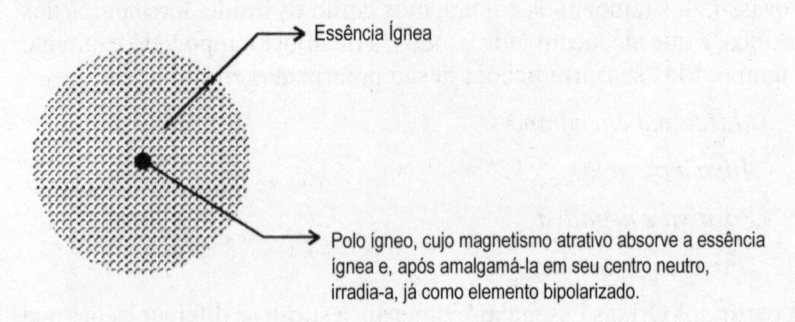

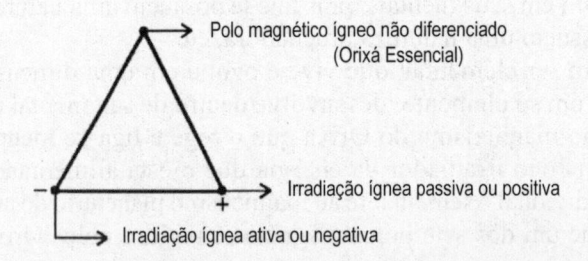

→ Essência Ígnea

→ Polo ígneo, cujo magnetismo atrativo absorve a essência ígnea e, após amalgamá-la em seu centro neutro, irradia-a, já como elemento bipolarizado.

→ Polo magnético ígneo não diferenciado
(Orixá Essencial)

→ Irradiação ígnea passiva ou positiva
→ Irradiação ígnea ativa ou negativa

Então, temos:

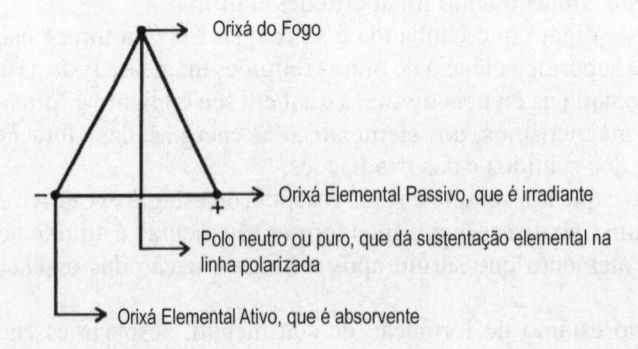

→ Orixá do Fogo

→ Orixá Elemental Passivo, que é irradiante
→ Polo neutro ou puro, que dá sustentação elemental na linha polarizada
→ Orixá Elemental Ativo, que é absorvente

O Magnetismo dos Orixás 213

Então, temos isto:

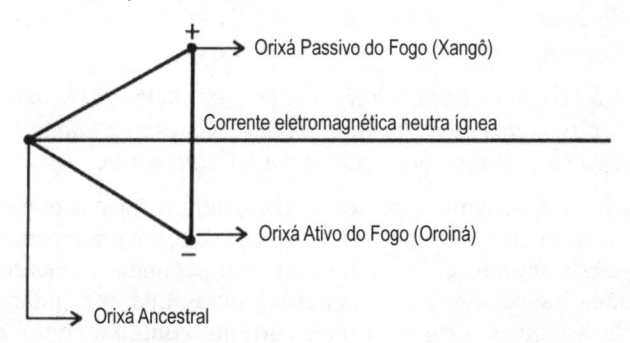

- Orixá Passivo do Fogo (Xangô)
- Corrente eletromagnética neutra ígnea
- Orixá Ativo do Fogo (Oroiná)
- Orixá Ancestral

• *O Xangô elemental é positivo (irradiação passiva).*
• *A Oroiná elemental é negativa (irradiação ativa).*
• *Irradiação passiva é igual a corrente contínua.*
• *Irradiação ativa é igual a corrente alternada.*

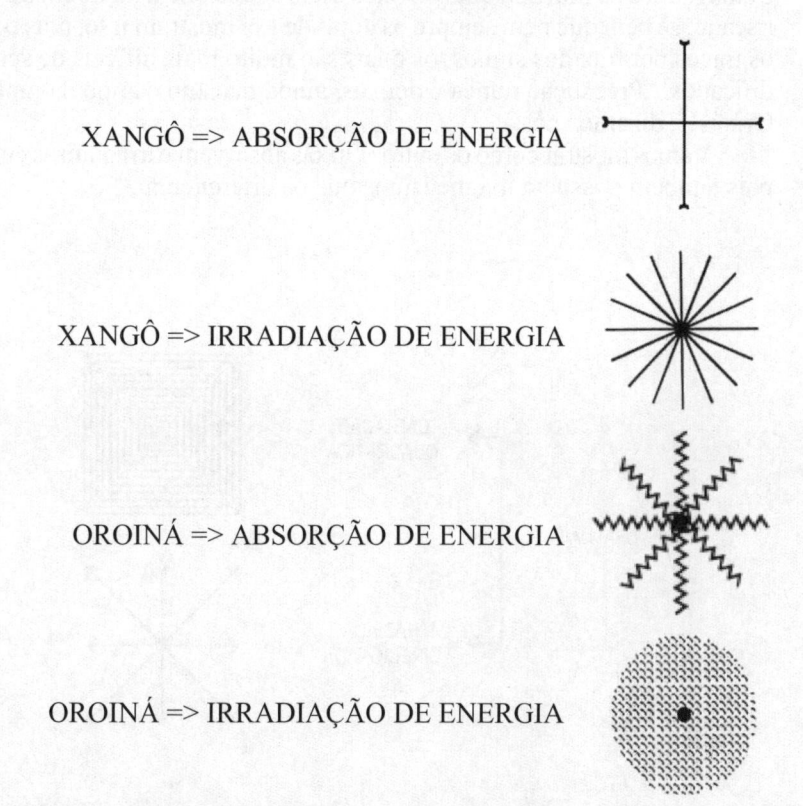

XANGÔ => ABSORÇÃO DE ENERGIA

XANGÔ => IRRADIAÇÃO DE ENERGIA

OROINÁ => ABSORÇÃO DE ENERGIA

OROINÁ => IRRADIAÇÃO DE ENERGIA

- *O polo magnético de Xangô capta, em linha reta, as energias elementais, sempre através de quatro "entradas", e as irradia em raios retos em todas as direções, assemelhando-se a um sol luminoso.*
- *O polo magnético de Oroiná capta, em ziguezague, as energias elementais, sempre por todas as direções, formando uma roda espiralada, e as irradia por propagação, assemelhando-se a um sol flamejante.*

Observem que os magnetismos opostos diferenciam as formas como eles captam e irradiam as energias elementais ígneas. E isso, em um mesmo elemento. Então, quando entram em contato com seu segundo elemento (ar), formam correntes eletromagnéticas poderosíssimas que continuam distinguindo-os, pois Xangô dá origem a uma corrente contínua (reta) e Oroiná dá origem a uma corrente alternada (curva).

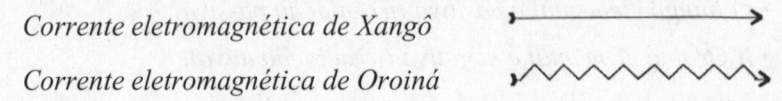

Corrente eletromagnética de Xangô

Corrente eletromagnética de Oroiná

Na grafia dos Orixás, os traços riscados obedecem às correntes eletromagnéticas e indicam quais Orixás estão sendo "firmados" em um ponto riscado, se bem que nem sempre os guias de Lei mostram isso, pois ocultam os traços por traz dos signos, os quais são muito mais difíceis de ser decodificados. "Precaução nunca é demais, ainda mais no campo da grafia dos Orixás!", dizemos nós.

Vamos mostrar como os outros Orixás absorvem e irradiam as energias, pois também possuem magnetismos que os diferenciam.

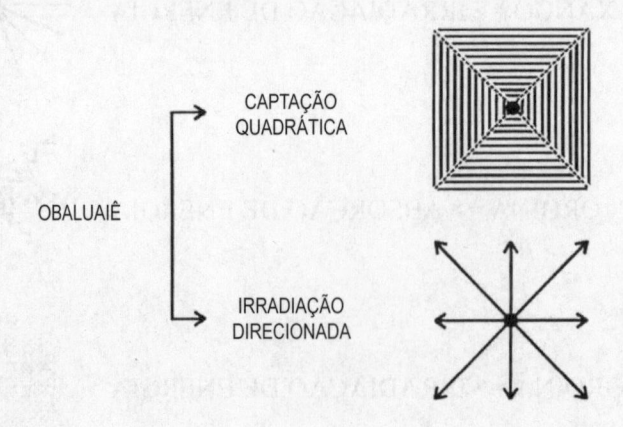

OBALUAIÊ
- CAPTAÇÃO QUADRÁTICA
- IRRADIAÇÃO DIRECIONADA

O Magnetismo dos Orixás

POLO MAGNÉTICO COMPLETO

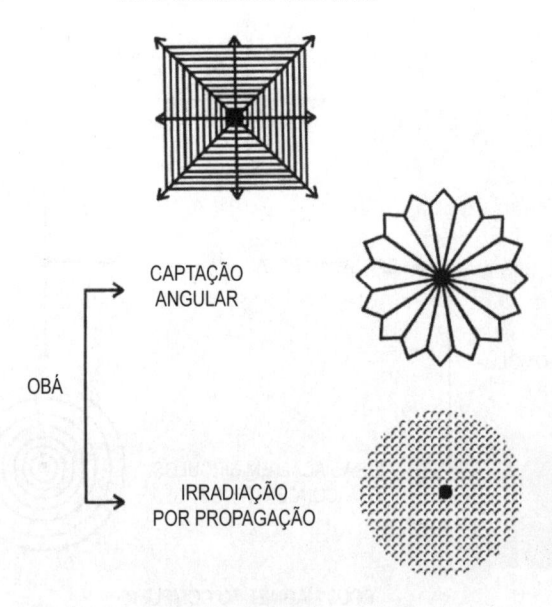

OBÁ → CAPTAÇÃO ANGULAR
    → IRRADIAÇÃO POR PROPAGAÇÃO

POLO MAGNÉTICO COMPLETO

NANÃ → CAPTAÇÃO TETRA-ANGULAR
    → IRRADIAÇÃO RETA

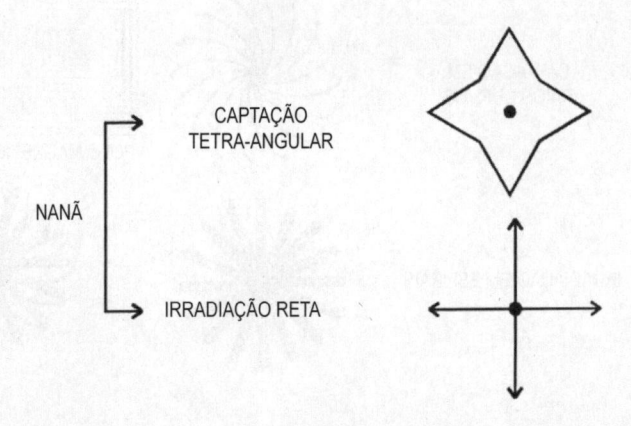

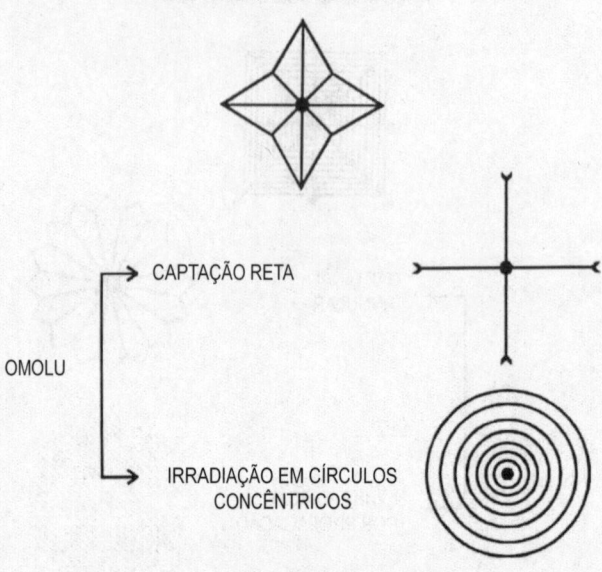

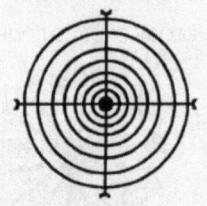

216   *Código de Umbanda*

POLO MAGNÉTICO COMPLETO

OMOLU
- CAPTAÇÃO RETA
- IRRADIAÇÃO EM CÍRCULOS CONCÊNTRICOS

POLO MAGNÉTICO COMPLETO

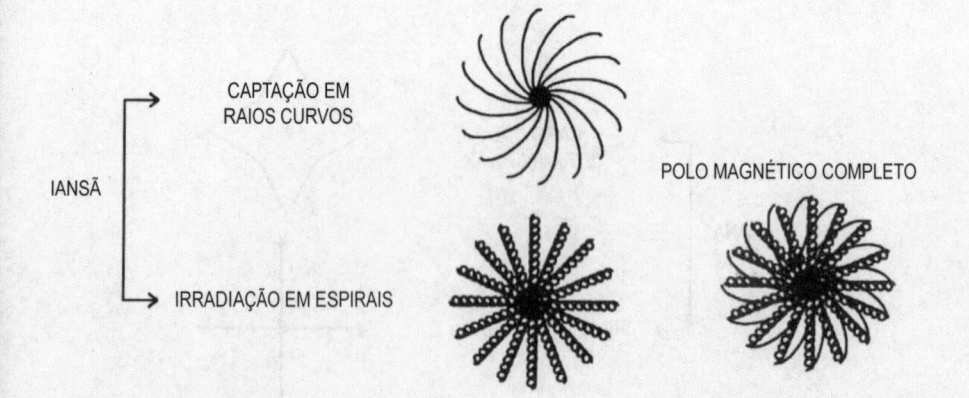

IANSÃ
- CAPTAÇÃO EM RAIOS CURVOS
- IRRADIAÇÃO EM ESPIRAIS

POLO MAGNÉTICO COMPLETO

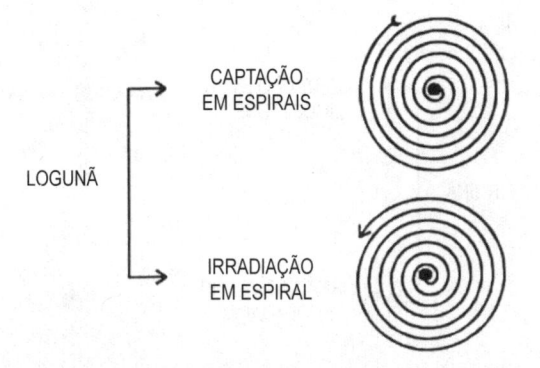

O Magnetismo dos Orixás 217

LOGUNÃ
→ CAPTAÇÃO EM ESPIRAIS
→ IRRADIAÇÃO EM ESPIRAL

POLO MAGNÉTICO COMPLETO

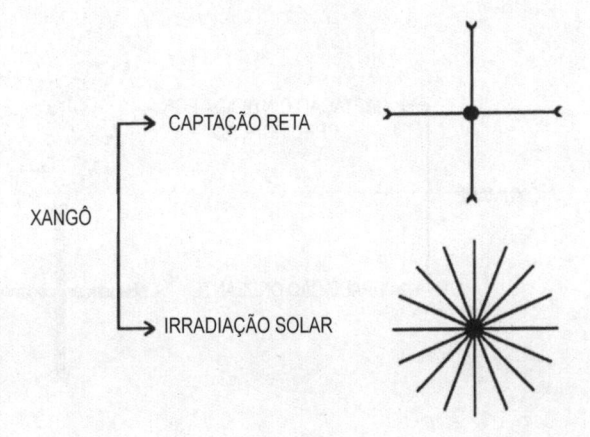

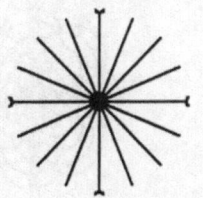

XANGÔ
→ CAPTAÇÃO RETA
→ IRRADIAÇÃO SOLAR

POLO MAGNÉTICO COMPLETO

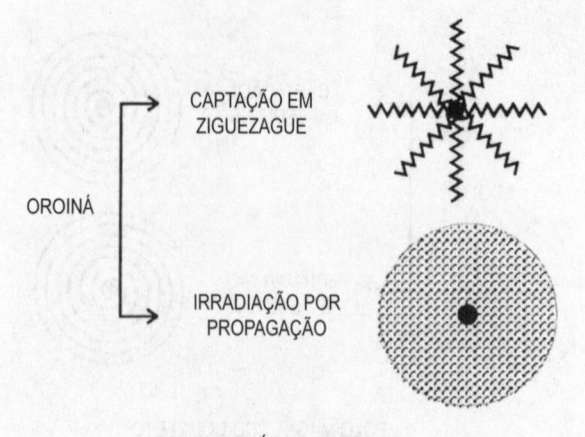

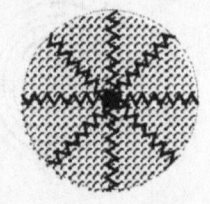

218 *Código de Umbanda*

OROINÁ
- CAPTAÇÃO EM ZIGUEZAGUE
- IRRADIAÇÃO POR PROPAGAÇÃO

POLO MAGNÉTICO COMPLETO

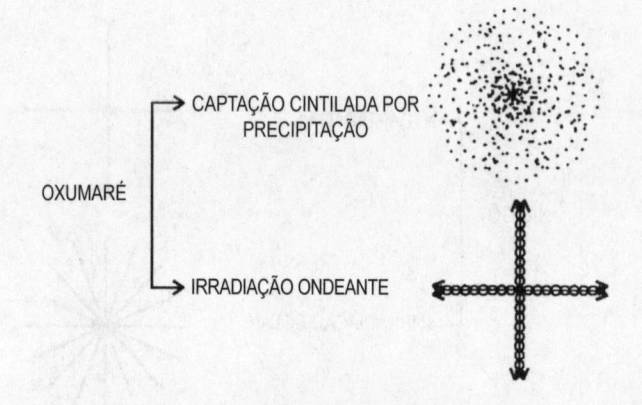

OXUMARÉ
- CAPTAÇÃO CINTILADA POR PRECIPITAÇÃO
- IRRADIAÇÃO ONDEANTE

POLO MAGNÉTICO COMPLETO

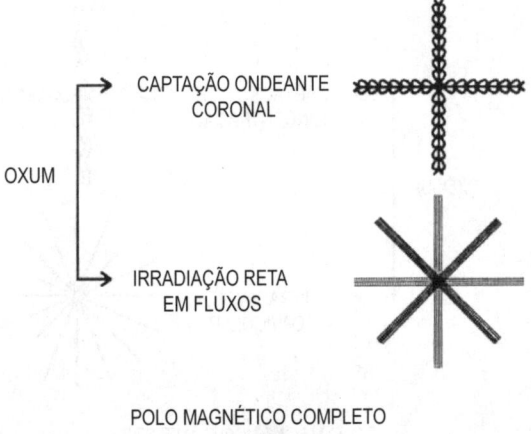

O Magnetismo dos Orixás 219

OXUM → CAPTAÇÃO ONDEANTE CORONAL

↳ IRRADIAÇÃO RETA EM FLUXOS

POLO MAGNÉTICO COMPLETO

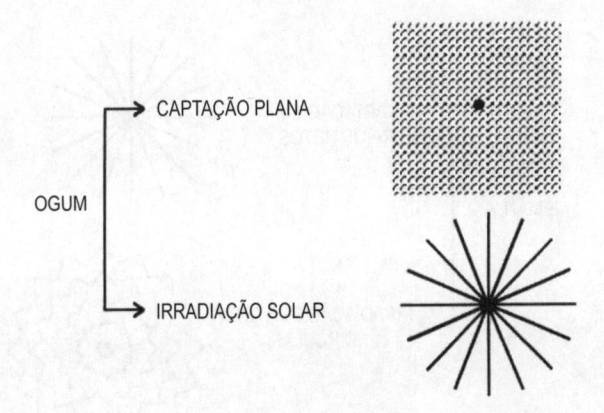

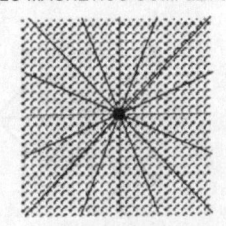

OGUM → CAPTAÇÃO PLANA

↳ IRRADIAÇÃO SOLAR

POLO MAGNÉTICO COMPLETO

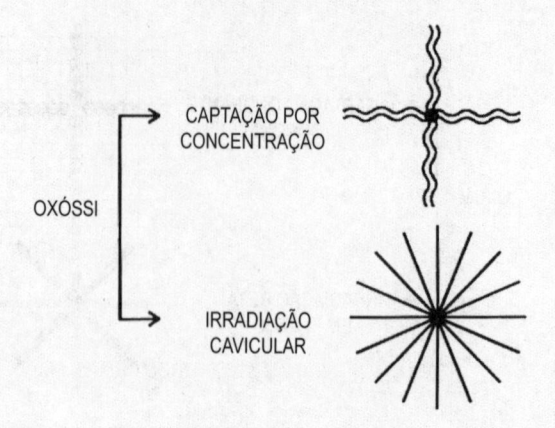

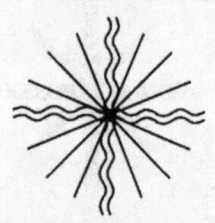

OXÓSSI
→ CAPTAÇÃO POR CONCENTRAÇÃO
→ IRRADIAÇÃO CAVICULAR

POLO MAGNÉTICO COMPLETO

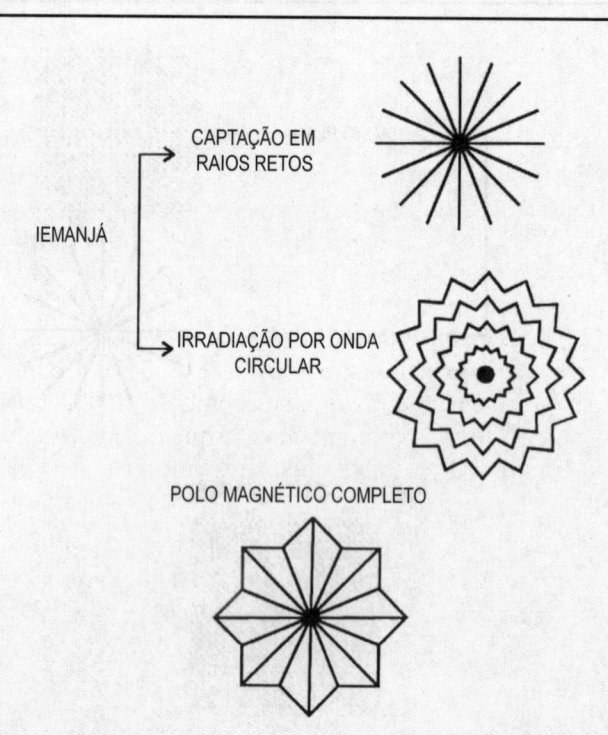

IEMANJÁ
→ CAPTAÇÃO EM RAIOS RETOS
→ IRRADIAÇÃO POR ONDA CIRCULAR

POLO MAGNÉTICO COMPLETO

O Magnetismo dos Orixás

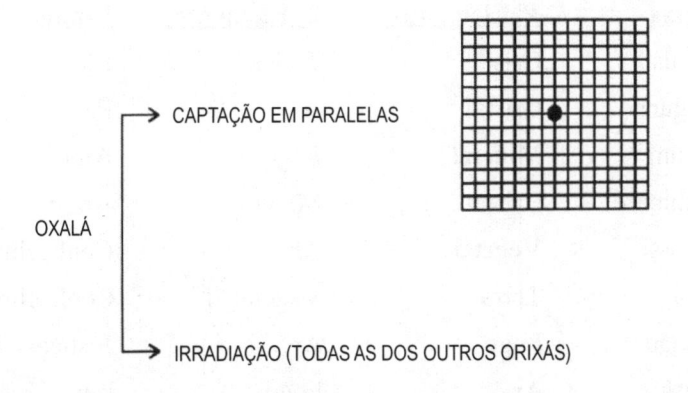

```
         ┌──→ CAPTAÇÃO EM PARALELAS      [grid with center dot]
OXALÁ ───┤
         └──→ IRRADIAÇÃO (TODAS AS DOS OUTROS ORIXÁS)
```

Oxalá é um Orixá cujo magnetismo absorve as energias cristalinas em paralelo e as irradia em todas as outras formas.

Entendam que os magnetismos básicos são os sete que mostramos no comentário anterior, e que os magnetismos mostrados neste já estão diferenciados e polarizados em:

- *positivos e negativos*
- *ativos e passivos*
- *masculinos e femininos*

Os Orixás que pontificam as Sete Linhas de Umbanda já não são Orixás Essenciais, e sim Orixás Naturais.

Por isso, são irradiadores de energias mistas e ora recorrem a um, ora a outro tipo de irradiação magnética, pois seus campos de atuação são vastíssimos e por eles fluem todos os tipos de energias, ainda que uma seja predominante no seu campo de ação.

As sete linhas formam-se a partir das polarizações entre os Orixás.

Vamos dar o segundo elemento dos catorze Orixás que pontificam as Sete Linhas de Umbanda para que entendam como é difícil identificar suas irradiações mistas em um campo energético. No quadro que se segue, temos o segundo elemento dos Orixás assentados nos catorze polos energomagnéticos das Sete Linhas de Umbanda.

Orixá	1º Elemento	2º Elemento	Linha
Oxalá	Cristal	Todos	Fé
Logunã	Cristal	Ar	Fé
Oxum	Mineral	Fogo	Amor
Oxumaré	Cristal	Mineral	Amor
Oxóssi	Vegetal	Ar	Conhecimento
Obá	Terra	Vegetal	Conhecimento
Xangô	Fogo	Ar	Justiça
Iansã	Ar	Fogo	Lei
Ogum	Ar	Fogo	Lei
Oroiná	Fogo	Ar	Justiça
Obaluaiê	Terra	Água	Evolução
Nanã	Água	Terra	Evolução
Iemanjá	Água	Cristal	Geração
Omolu	Terra	Água	Geração

Agora, quando estudamos o terceiro elemento, os magnetismos se mostram ainda mais difíceis de ser identificados e surgem as linhas inclinadas ou irradiações perpendiculares, que dão sustentação aos entrecruzamentos dos Orixás, que, no final, estão em tudo e em todos os níveis vibratórios naturais.

Afinal, eles não são chamados de divindades naturais por acaso ou porque nós assim queremos. Eles são as divindades naturais porque são os Tronos Regentes da Natureza.

SÉTIMO CAPÍTULO

O Trono das Sete Encruzilhadas, a Gênese da Terra

Saibam que existem sete vibrações básicas, às quais chamamos de originais. Também existem sete essências básicas, às quais denominamos de puras. As vibrações originais trazem consigo as essências puras, e são captadas pelo Trono Planetário (Trono das Sete Encruzilhadas), que é o regente planetário ou Orixá Regente do planeta.

O Trono das Sete Encruzilhadas recebe este nome porque capta as sete vibrações de Deus e absorve as sete irradiações divinas, cada uma trazendo em si essências puras que, quando são irradiadas, já adaptadas ao magnetismo planetário, assumem características únicas e identificadoras dos sete sentidos da vida.

As sete vibrações são estas:

vibração estimuladora da Fé (religiosidade)

vibração estimuladora do Amor (concepção)

vibração estimuladora do Conhecimento (raciocínio)

vibração estimuladora da Justiça (equilíbrio)

vibração estimuladora da Lei (ordem)

vibração estimuladora da Evolução (saber)

vibração estimuladora da Geração (criação)

As sete essências são estas:

Essência Cristalina (Fé)

Essência Mineral (Amor)

Essência Vegetal (Conhecimento)

Essência Ígnea (Justiça)

Essência Eólica (Lei)

Essência Telúrica (Evolução)

Essência Aquática (Geração)

Observem que vibração e essência são iguais quando mostramos onde atuam nos seres.

A vibração da Fé estimula a religiosidade e a essência cristalina é a essência pura que dá sustentação ou alimenta os sentimentos e as vibrações de fé exteriorizadas pelos seres que "creem".

O mesmo acontece com todas as outras seis vibrações originais de Deus e Suas essências puras.

É original, porque não depende de algo anterior para existir; pura, porque é imaculada, ou seja, não traz mácula (mistura) de espécie nenhuma.

Dizemos que Deus está em tudo e em todos porque Ele é em Si mesmo estas sete vibrações e estas sete essências. Ele existe por Si só e está nelas, pois elas são Ele... e ponto final.

Mas o Trono das Sete Encruzilhadas é a divindade planetária que capta estas sete vibrações de Deus e, por meio delas, absorve em si mesmo as sete essências divinas. E, depois de condensá-las no meio neutro do mistério que ele é em si mesmo, irradia-as em sete padrões vibratórios, já adaptados pelo seu magnetismo individual, que o torna um Trono Planetário, às necessidades de tudo o que existe dentro do planeta, e também às necessidades de cada uma das muitas dimensões que aqui existem.

O Trono das Sete Encruzilhadas é a divindade planetária responsável por nosso planeta. Ele é, em si mesmo, uma manifestação localizada do próprio Deus Criador e Sustentador de tudo o que cria.

Deus é tanto o Criador quanto Sua criação, pois tudo surge a partir d'Ele, e n'Ele toda a criação se sustenta... e a Ele tudo retorna. Logo, Deus é o princípio, o meio e o fim. E o divino Trono das Sete Encruzilhadas é uma manifestação localizada de Deus no imenso Universo, que é Ele em Si mesmo.

Logo, o Trono das Sete Encruzilhadas é em si mesmo uma individualização de Deus, destinada a criar neste ponto do Universo uma condensação energética dotada de um magnetismo único e diferente do de todos os outros planetas. Aqui acontece uma individualização do Divino Criador destinada a um tipo específico de vida em cada uma das setenta e sete dimensões que formam o domínio do Trono das Sete Encruzilhadas, que é a divindade (de Deus) regente deste planeta.

O magnetismo do Trono das Sete Encruzilhadas é diferente do magnetismo dos Tronos que regem outros planetas. E por isso o planeta Terra é único, e dois iguais não há em todo o Universo, ainda que outros semelhantes existam, em outras galáxias, certo?

Então temos: o Trono das Sete Encruzilhadas capta as sete vibrações de Deus por meio de seu magnetismo único, e também absorve em uma quantidade específica cada um dos sete tipos de essências puras. Depois de acumulá-las em seu centro neutro, irradia-as, já adaptadas às necessidades planetárias.

Com as vibrações que capta, ele as transforma e adapta à sustentação magnética planetária e à individualização das energias, dos elementos e dos seres, surgindo sete tipos de magnetismos, cada um correspondendo a uma das sete vibrações que ele capta.

Com as sete essências que ele absorve, ele as amalgama e as adapta à sustentação energética planetária e à energização de tudo o que aqui existe; sejam plasmas energéticos, elementos, espíritos, seres, criaturas ou "matérias" do plano material, assim como às energias que formam as outras dimensões.

O Trono das Sete Encruzilhadas faz parte de uma classe de divindades (de Deus) que forma uma hierarquia divina responsável pela existência, sustentação e evolução dos planetas. Os Tronos Planetários são os "Logos" planetários, ou as divindades regentes dos planetas.

Com isso explicado, então vamos continuar com nosso comentário a respeito dos magnetismos, certo?

O fato é que o Trono das Sete Encruzilhadas, que é em si mesmo uma individualização de Deus já adaptada a esta parte d'Ele (o planeta), dá início à sua hierarquia planetária, também ela formada por "Tronos Divinos" (de Deus), e que formam o "alto do Altíssimo" (Deus).

O Trono das Sete Encruzilhadas capta as sete vibrações originais e absorve as sete essências puras (de Deus), internaliza-as em seu centro neutro, e depois as vibra e as irradia de duas formas:

1ª — Ele dá formação a sete vibrações e irradiações que originam suas sete telas planetárias, onde tudo o que vibra é refletido, mantendo-o "informado" do pulsar certo ou desequilibrado de um átomo, ou do vibrar de um ser vivo.

Tudo o que existe dentro do todo planetário está "dentro" do Trono das Sete Encruzilhadas, pois ele é "em si mesmo" tudo o que aqui existe, pois tudo o que aqui existe, só existe porque existe em Deus, que Se individualizou no Seu Trono das Sete Encruzilhadas.

2ª — O Trono das Sete Encruzilhadas, ao criar sua hierarquia planetária, projetou-se em sete padrões vibratórios. Cada um foi captado por uma de suas individualizações, que formam a hierarquia dos Tronos Essenciais, que absorvem as sete essências irradiadas por ele, e que já estão adaptadas às necessidades planetárias e multidimensionais.

Das formas que o Trono das Sete Encruzilhadas vibra e se irradia surgem as telas planetárias. Então temos sete telas planetárias multidimensionais que são:

Tela Cristalina reflete a Religiosidade

Tela Mineral reflete a Concepção

Tela Vegetal reflete o Raciocínio

Tela Ígnea reflete a Justiça

Tela Eólica reflete a Lei

Tela Telúrica reflete a Evolução

Tela Aquática reflete a Geração

E temos sete Orixás ou Tronos Essenciais, que são:

Trono Cristalino, vibra a Fé e estimula a Religiosidade

Trono Mineral, vibra o Amor e estimula a Concepção

Trono Vegetal, vibra o Conhecimento e estimula o Raciocínio

Trono Ígneo, vibra a Justiça e estimula a Razão

Trono Eólico, vibra a Lei e estimula a Ordem

Trono Telúrico, vibra a Evolução e estimula o Saber

Trono Aquático, vibra a Geração e estimula a Criatividade

As telas estão ligadas ao polo magnético planetário, que é o próprio Trono das Sete Encruzilhadas.

Os Orixás Essenciais dão origem às sete hierarquias divinas responsáveis pelas sete vibrações e irradiações, ou individualizações do próprio Trono das Sete Encruzilhadas, denominado "Sete Encruzilhadas" porque por ele passam, cruzam e se entrecruzam as sete vibrações divinas (de Deus), e que deram origem a ele. Do Trono das Sete Encruzilhadas saem sete vibrações (sete telas) e sete irradiações (sete energias essenciais). As sete telas dão origem às sete faixas vibratórias planetárias multidimensionais.

As sete energias essenciais são absorvidas por Orixás individualizados (os sete ancestrais) que as irradiam aos Orixás Elementais (de elemento), que as irradiam aos Orixás Encantados, que as irradiam aos Orixás Naturais (de natureza), que as irradiam aos seus Manifestadores, que as irradiam aos regentes de domínios, que as irradiam sobre os seres sob sua guarda e orientação, e pelos quais são os responsáveis últimos dentro da hierarquia divina que se inicia, a nível planetário, junto ou com o divino Trono das Sete Encruzilhadas (de Deus).

Sim, os Tronos formam a hierarquia divina responsável pela evolução dos seres, das criaturas e das espécies, e aqui a descrevemos parcialmente, obedecendo os seus desdobramentos, já que em nível planetário multidimensional ela se inicia com o Trono das Sete Encruzilhadas, o único que absorve Deus em si mesmo e em si mesmo é a individualização d'Ele e o Seu posterior desdobramento vibratório e energético que desce desde o "alto do Altíssimo" e nos alcança aqui na matéria, que é a vibração e a energia mais densa existente em nosso planeta.

Pois bem! As sete telas planetárias formam as telas magnéticas, energéticas e vibratórias essenciais do Trono das Sete Encruzilhadas e a partir delas se inicia a formação das muitas dimensões planetárias, cada uma com suas faixas vibratórias, nas quais vivem os seres, as criaturas, e as espécies, todos em contínua evolução.

Essas sete telas essenciais desdobram-se e dão origem às sete dimensões essenciais, originais e puras, que são "sete ventres" divinos onde vivem os seres ainda tão inconscientes quanto um feto.

São as sete dimensões essenciais ou puras da vida regidas pelos sete Tronos Essenciais. Eles estão na origem dos seres, das criaturas e das espécies. Eles são os Orixás Essenciais e estão nas ancestralidades que dão origem à filiação dentro da Umbanda, e na qual os filhos se identificam como:

filho de Oxalá (ancestral cristalino)

filho de Oxum (ancestral mineral)

filho de Oxóssi (ancestral vegetal)

filho de Xangô (ancestral ígneo)

filho de Ogum (ancestral eólico)

filho de Obaluaiê (ancestral telúrico)

filho de Iemanjá (ancestral aquático)

Porém, os Orixás Essenciais não são diferenciados, e o modo correto de nos identificarmos seria este:

"Minha ancestralidade iniciou-se nos domínios do Orixá tal (cristalino, mineral, vegetal, ígneo, eólico, telúrico ou aquático), e nesta encarnação estou sendo conduzido à direita pelo meu pai ou minha mãe Orixá tal, e à esquerda estou sendo conduzido pelo Orixá tal."

Sim, porque só existem sete Orixás Essenciais, que pontificam as sete hierarquias divinas auxiliares do divino Trono das Sete Encruzilhadas (de Deus).

Eles são indiferenciados pois são Orixás Essenciais e estão na origem da evolução dos seres, das criaturas e das espécies, nas setenta e sete dimensões que formam o nosso planeta.

Nas dimensões essenciais, os seres assemelham-se a um óvulo fecundado e nós os denominamos de centelhas divinas vivas, pulsantes e vibrantes envoltas por um plasma neutro, que no futuro será o mental humano ou o ovoide da literatura espírita.

Cada um dos sete Tronos Essenciais possui um magnetismo específico. Daí, surgem sete tipos de magnetismos, que são:

Magnetismo cristalino

Magnetismo mineral

Magnetismo vegetal

Magnetismo ígneo

Magnetismo eólico

Magnetismo telúrico

Magnetismo aquático

Esses absorvem as essências e exteriorizam via irradiação energética as qualidades essenciais de cada um dos sete Orixás Planetários, surgindo esta categoria de Orixás Essenciais:

Orixá da Fé

Orixá do Amor

Orixá do Conhecimento

Orixá da Justiça

Orixá da Lei

Orixá da Evolução

Orixá da Geração

Cada um destes Orixás projeta-se e irradia energia elemental, que dá formação a uma das sete dimensões elementais básicas. Estas dimensões são os úteros divinos que dão sustentação energética aos óvulos fecundados, e que, dentro delas irão desenvolver-se e "crescer" mentalmente dentro de um plasma elemental individual, que sustentará o ser daí em diante, pois ele já se individualizou e assumiu uma natureza ativa ou passiva, é macho ou fêmea e possui um magnetismo passivo ou ativo.

O Orixá da Fé estimula (irradia) a religiosidade e surgem dois Orixás da Fé, já diferenciados e individualizados, que a captarão e, após adaptá-la à vibração mental dos seres elementais, irradiá-la-ão nos dois sentidos: vertical e horizontal, criando novas telas vibratórias que captarão as vibrações dos seres elementais e direcionarão a evolução de todos eles, ainda inconscientes.

Uns serão atraídos pelos polos magnéticos ativos e outros serão atraídos pelos polos magnéticos passivos. Estes polos são ocupados por Orixás Elementais, que formam uma nova categoria de Tronos Regentes dos polos das dimensões elementais básicas.

Esta categoria de Tronos é formada por Orixás masculinos e femininos, e neste ponto dos desdobramentos do Trono das Sete Encruzilhadas surgem os Orixás diferenciados em:

Orixás masculinos e femininos

Orixás positivos e negativos

Orixás ativos e passivos

Orixás irradiantes ou atratores

Estes Orixás Elementais estão na raiz das hierarquias que nos chegam até o plano terra dentro do Ritual de Umbanda Sagrada, e formam as Sete Linhas de Umbanda. É a partir deles que os sete tipos de magnetismos assumem características tais que podemos "visualizá-los" nos seus Tronos Energéticos Elementais por meio dos símbolos sagrados que os encimam, e que são eles em si mesmo.

Um Orixá Elemental passivo do "fogo" capta as energias essenciais irradiadas pelo Trono Essencial do Fogo e, após adaptá-las à vibração elemental, irradia-as a toda a sua faixa vibratória, dentro da dimensão onde está assentado; dando sustentação mental, energética, vibratória, elemental e magnética aos seres sob sua guarda, que ali permanecerão até que tenham evoluído o suficiente para serem conduzidos a outra dimensão bielemental ou bienergética.

Nessas dimensões bielementais já surge outra categoria de Orixás, que são bipolares ou de dupla polaridade, que darão sustentação a uma outra categoria de Orixás, que denominamos de "Orixás Encantados", os quais ampararão os seres no terceiro estágio da evolução.

Estes Orixás Encantados são ativos ou passivos; irradiantes ou atratores, etc. E nós os denominamos de "'Tronos Universais ou Cósmicos".

Os Tronos Universais irradiam nos sete padrões vibratórios positivos e suas energias são multicoloridas em todas as sete faixas vibratórias que ocupam. Os Tronos Cósmicos irradiam em um só padrão vibratório e suas energias são monocromáticas, concentradas e densas.

Os Tronos Universais estão assentados nos polos positivos das correntes eletromagnéticas das faixas vibratórias positivas ou multicoloridas. Os Tronos Cósmicos estão assentados nos polos negativos das correntes eletromagnéticas das faixas vibratórias negativas ou monocromáticas.

Estes desdobramentos que acontecem na hierarquia divina do Trono das Sete Encruzilhadas vão dando origem a novos tipos de magnetismos que mantêm correspondências com os sete tipos de magnetismos surgidos a partir da individualização das sete vibrações divinas captadas por ele.

Portanto, tentem imaginar quantos tipos de submagnetismos ou magnetismos derivados já terão surgido e aí entenderão a escrita dos Orixás usada pelos guias espirituais que utilizam a pemba para fixarem no plano material, por meio dos seus pontos riscados, os pontos de forças eletromagnéticos que darão sustentação energética, magnética e vibratória durante os trabalhos espirituais que dirigirão.

Existem sete grafias sagradas ou grafias dos Orixás, cada uma em função do magnetismo que a origina:

grafia cristalina

grafia mineral

grafia vegetal

grafia ígnea

grafia eólica

grafia telúrica

grafia aquática

E elas se multiplicam em duas outras, que são:

grafia positiva ou irradiante

grafia negativa ou concentradora

Que se multiplicam em outras quatro, que são:

grafia irradiante energizadora

grafia irradiante diluidora

grafia concentradora atrativa

grafia concentradora anuladora

Que se multiplicam em novas grafias, que não podemos revelar e ponto final! Nosso objetivo não é ensinar, aqui, a grafia dos Orixás, mas tão somente esclarecer que a origem dos símbolos sagrados está nos sete tipos de magnetismos, nas sete vibrações e nas sete irradiações que, de desdobramento em desdobramento, chegam até o plano material na forma de raios, cruzes, flechas, triângulos, estrelas, espirais, ondas, círculos, etc., como já mostramos quando comentamos o magnetismo dos Orixás. Ou vocês acreditam que a grafia dos Orixás resume-se apenas ao que foi afixado no plano material?

Saibam que os "guias de Lei" são "versados" na grafia dos Orixás pois conhecem a ciência dos magnetismos, só ensinada nos magnos colégios da espiritualidade, e são proibidos de ensiná-la ao plano material.

Se duvidarem dessa nossa afirmação, então consultem vossos guias chefes ou guias de Lei e eles confirmarão o que aqui afirmamos, e também vos dirão que é por isto que nem aos seus médiuns eles ensinam o significado dos seus pontos mágicos, limitando-se a identificá-los com flechas, espadas, cruzes, etc., pois estes sinais são simbólicos e não revelam quase nada.

OITAVO CAPÍTULO

Magnetismo: os Pontos de Forças e os Símbolos Sagrados

Como já comentamos nos capítulos anteriores, o símbolo sagrado adotado por uma religião é um signo que identifica ou oculta qual dos sete Tronos Ancestrais está dando sustentação magnética, vibratória e energética a ela, certo?

Pois bem! Com isso em mente, vamos abordar alguns símbolos e compará-los com os magnetismos dos Orixás.

Saibam que "Tronos" é uma classe de divindades que têm no próprio nome (Trono) a sua identificação, porque são as divindades "assentadas" nos polos magnéticos das linhas de forças e nas correntes eletromagnéticas. Um Trono é uma divindade efetivamente assentada em um Trono Energético cujo magnetismo o distingue de todos os outros Tronos.

Regente vem de rei, aquele que rege, dirige, comanda, direciona, etc. Trono é o assento mais alto de uma hierarquia.

Logo, todas as divindades regentes estão assentadas em seus tronos, de onde regem a evolução dos seres que se colocam sob o amparo de suas irradiações energomagnéticas.

Anjos não são Tronos pois formam outra classe de divindades e atuam apenas mentalmente sobre os seres. Não são, portanto, divindades assentadas. Já os "Orixás" são Tronos porque são divindades assentadas em tronos energéticos, localizados nos polos magnéticos das linhas de forças e das correntes eletromagnéticas.

Existem duas categorias de Tronos, os Tronos Fixos e os Tronos Móveis.

Os Tronos Fixos estão assentados nos vórtices planetários multidimensionais e nunca se afastam deles. Já os Tronos Móveis absorvem em seus mentais o trono energético onde se assentaram e o trazem em si mesmos, só o desdobrando ou exteriorizando em casos muito especiais.

No Ritual de Umbanda Sagrada, quando se assenta o Orixá de um médium, está se criando no padrão vibratório material uma correspondência energética e um ponto magnético análogo ao que o Orixá traz em si mesmo, embora seja um ponto de forças fixo e limitado à capacidade mental do médium e às suas necessidades magísticas.

Nunca o assentamento do Orixá de um médium será mais forte do que seu poder mental. E nunca o médium terá mais recursos à sua disposição do que os que sua própria evolução já lhe faculta ou que ele já é capaz de ativar mentalmente. Sim, porque seria temerário o Orixá de um médium conceder-lhe poderes maiores que os que ele já desenvolveu em seu mental nas suas muitas encarnações.

A limitação imposta aos médiuns visa contê-los em suas vaidades pessoais, e também preservar seu Orixá "individual", que assim não fica exposto aos choques energéticos que acontecem sempre que seu poder é ativado por seu médium magista. Muitos sabem tão pouco a respeito dos Orixás que não associaram "assentamento" com "Tronos" e com "pontos de forças"!

O fato é que os pontos de forças da natureza, tais como os conhecemos na Umbanda, são pontos de geração e/ou irradiação de energias e são altamente magnéticos.

Uma cachoeira gera energias.
Um rio irradia energias.
Uma árvore gera energias.
Uma mata irradia energias.
O mar gera energias.
As ondas descarregam as energias geradas pelo mar.
Uma pedreira gera energias.
Uma pedra irradia as energias geradas pela pedreira.

Bom, uma cachoeira é um ponto de forças natural e as energias geradas nas quedas da água energizam-na e a tornam irradiadora de energias "minerais-aquáticas".

Já as ondas do mar são irradiadoras de energias "aquático-cristalinas".

As cachoeiras do plano material possuem sua contraparte etérica no plano espiritual, ao qual também energizam, pois têm esta dupla função. Mas uma cachoeira tem um campo vibratório cujo magnetismo é análogo ao do Trono Mineral ou Trono do Amor, que é a divindade natural (de natureza) que irradia energias que estimulam as uniões e as concepções nos seres.

E, como o Trono do Amor (Oxum) possui uma hierarquia só sua, que o auxilia em todos os níveis vibratórios, em todas as dimensões e em todos os estágios da evolução dos seres, então nada mais lógico do que ser cultuado em um ponto de forças do plano material cujo magnetismo é análogo ao seu, ao do seu trono energético Planetário e ao ponto de forças planetário e multidimensional onde está assentado. E no plano material, este ponto de forças cujo magnetismo é análogo, localiza-se em todas as quedas d'água ou "cachoeiras", certo?

Logo, o altar natural de Oxum Trono do Amor são as cachoeiras do plano material.

Já o Trono da Geração tem seu ponto de forças à beira-mar, onde as ondas se quebram e descarregam as energias aquático-cristalinas, que são as energias que dão sustentação à geração e à criatividade (de criação).

Quando dizem que a vida começou na "água", estão corretos até certo ponto. Mas não se deve esquecer de que nada existe para si só, ou isolado do resto da criação divina (de Deus) ou da natureza.

O Trono da Geração, quando se irradiou, fez surgir dois polos magnéticos: um passivo e outro ativo.

O polo magnético passivo tem um Orixá masculino e outro feminino, os quais também possuem suas hierarquias, formadas por Orixás Regentes de faixas vibratórias.

O Orixá feminino do polo magnético passivo do Trono da Geração, na Umbanda, é a Orixá Iemanjá, também conhecida como a "Mãe da Vida", porque a sua irradiação estimula nos seres o amor maternal sustentador da maternidade. Mas esta irradiação aquática também fecunda o raciocínio dos seres, tornando-os mais criativos. Já o Trono masculino nunca foi humanizado ou manifestou-se de forma aberta ao plano material.

• *Oxum é a concepção (fecundação — concepção)*

• *Iemanjá é a geração (maternidade — geração)*

O simbolismo é bem visível, e a linha de caboclas Sete Conchas é regida na vertical pela 2ª Iemanjá e é regida na horizontal pela 2ª Oxum. Portanto, o campo preferencial das caboclas Sete Conchas é a gestação. Certo, filha de Fé que tem como mentora uma Cabocla Sete Conchas? Ou a sua mentora se "mineralizou" demais e prefere atuar na união dos casais, instruindo-os quanto à beleza do amor puro entre os seres de sexos opostos e da divindade do ato de unirem-se sob a irradiação dos divinos Tronos da Concepção e da Geração? Se sua cabocla de "frente" é uma Sete Conchas, observe que um destes dois campos é onde ela melhor atua, certo?

Bom, já viram como os símbolos e os nomes simbólicos vão surgindo, sempre em função dos magnetismos que regem os Orixás. Estes estão assentados em polos magnéticos influenciados tanto pelas irradiações verticais (linhas de forças), quanto pelas irradiações horizontais (correntes eletromagnéticas condutoras de energias elementares).

Uma concha é o símbolo da 2ª Iemanjá. A concha é energia mineral concentrada de Oxum, que o seu polo magnético absorve junto com o magnetismo coronal de Oxum, e a serpente é a energia mineral ondeante que absorve junto com o magnetismo ondeante de Oxumaré.

Concha e serpente marinha são dois símbolos sagrados e, quando os guias de Lei os fixam em seus pontos riscados, estão afixando neles, por analogia, os magnetismos dos Tronos que regem os símbolos maiores, que no nosso exemplo são o Trono da Geração e o Trono do Amor.

Mas se quiserem outro exemplo, voltem ao capítulo em que mostramos os tipos de magnetismos dos Orixás, e verão que o magnetismo cristalino é reto e em linhas paralelas, e que o mineral é coronal (de coração).

Aí, observem que o polo magnético de Oxalá forma uma tela cruzada e que o polo magnético de Oxum forma um coração irradiante. Então, observem que na cruz do Cristianismo a linha horizontal é mais curta do que a vertical e se localiza um pouco acima do meio da linha vertical, e o coração é outro dos símbolos do Cristo Jesus.

Observado isso, saibam que Jesus Cristo, antes de encarnar, era (e ainda é) o 2º Oxalá, que recebe, na vertical, as irradiações do Trono da Fé e, na horizontal, as irradiações do Trono do Amor. Cruz e coração, fé e amor. Eis os símbolos que mais distinguem nosso amado mestre Jesus, um Oxalá (cristalino) regido pelo amor (mineral).

Alguns tentaram afixar o peixe como o símbolo maior do Cristianismo, mas a cruz sacrificial se impôs, pois a fé se manifesta por meio das linhas retas que o Trono da Fé irradia sempre em linhas paralelas, tanto no sentido horizontal quanto no vertical.

Portanto, a intuição cristã afixou-se em um símbolo mais afim com as vibrações de fé do divino Trono da Fé, que é uma das sete individualizações do Trono das Sete Encruzilhadas, uma individualização de Deus, que deu origem ao nosso planeta.

É difícil?

Observem bem os magnetismos dos Orixás e verão neles os símbolos sagrados adaptados, intuitivamente, ao plano material, onde surgiram junto com as religiões que já cumpriram suas missões e já se recolheram. Ou simbolizam aquelas que ainda estão cumprindo suas missões, pois toda religião é uma via de evolução que sempre conduz os seres para perto de suas origens, e de Quem os criou: Deus!

Saibam que a irradiação de Oxumaré é ondeante e cintila as sete cores do arco-íris. E quem a vê fluindo tem a nítida impressão de estar vendo uma serpente multicolorida, ou a mitológica Serpente do Arco-íris. Portanto, é correta a lenda que descreve Oxumaré como o Orixá que se sincretiza com a Serpente Dã.

NONO CAPÍTULO

O Magnetismo e as Linhas de Trabalho da Umbanda

Já comentamos que existem sete tipos de magnetismos, planetários e multidimensionais, e que são as sete individualizações do Regente Planetário, que é em si mesmo uma individualização de Deus, adaptada à Sua criação neste ponto do Seu Universo divino (de Deus).

Também dissemos que denominamos esta individualização de Deus como divino Trono das Sete Encruzilhadas, pois ele reúne em si mesmo os sete polos (vibrações e essências) divinos (de Deus).

Dessas sete individualizações surgiram sete irradiações: os sete Tronos que formam o setenário sagrado ou o primeiro nível vibratório do divino Trono das Sete Encruzilhadas. E também surgiram as sete telas planetárias multidimensionais, onde tudo o que acontece é refletido e chega ao "conhecimento" do "Logos" planetário.

• *As sete telas são sete vibrações magnéticas*

• *Os sete Tronos são as sete irradiações energéticas essenciais*

As telas e os Tronos têm o mesmo nome pois as telas são as refletoras do Trono das Sete Encruzilhadas, e os Tronos são os seus irradiadores para o primeiro nível ou nível essencial.

Então, temos:

Tela Cristalina e Trono Cristalino

Tela Mineral e Trono Mineral

Tela Vegetal e Trono Vegetal

Tela Ígnea e Trono Ígneo

Tela Eólica e Trono Eólico

Tela Telúrica e Trono Telúrico

Tela Aquática e Trono Aquático

Que fazem surgir o seguinte:

Tela de Religiosidade e Trono da Fé

Tela da Concepção e Trono do Amor

Tela do Raciocínio e Trono do Conhecimento

Tela da Razão e Trono da Justiça

Tela da Ordenação e Trono da Lei

Tela do Saber e Trono da Evolução

Tela da Criatividade e Trono da Geração

Esses Tronos projetam-se e dão origem a dois novos polos magnéticos que são ocupados por divindades irradiadoras de suas qualidades essenciais.

Então, temos:

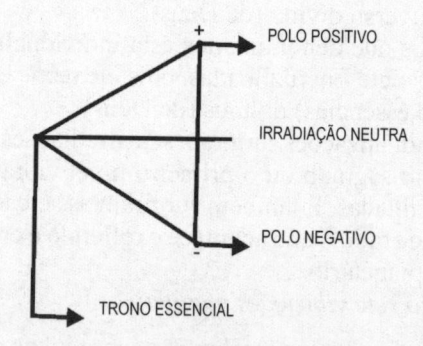

```
                    + ──► POLO POSITIVO
                   /
                  /
                 /
                ├────────► IRRADIAÇÃO NEUTRA
                 \
                  \
                   \
                    - ──► POLO NEGATIVO

        └──► TRONO ESSENCIAL
```

O Trono projeta-se vibratoriamente e faz surgir dois polos magnéticos já diferenciados em polo positivo e polo negativo, mas mantém uma irradiação neutra ou essencial, que traz em si as qualidades essenciais do Trono que as irradiou.

Observem que o polo positivo e o negativo formam uma linha de forças eletromagnéticas que cruzam a irradiação neutra do Trono que originou o surgimento da linha que eles pontificam, pois estão assentados nos dois polos regentes dela.

Esta projeção é a base de onde surgiu o símbolo sagrado "triangular".

Com isso em mente, saibam que a hierarquia divina que rege o planeta e as suas dimensões começa com o divino Trono das Sete Encruzilhadas, tem nos sete Tronos Essenciais o seu primeiro padrão e nível vibratório, ou sua coroa divina regente, e tem nos Orixás assentados nos dois polos de cada uma das sete irradiações o seu terceiro nível ou padrão vibratório.

Os Orixás assentados nos polos deste terceiro nível já são diferenciados e os identificamos como masculinos e femininos; positivos e negativos; ativos e passivos; universais e cósmicos; irradiações contínuas e irradiações alternadas, etc.

Estes novos Orixás, na Umbanda, nós os denominamos de "Orixás Naturais" (de natureza) pois já são diferenciados em sua natureza, qualidades, atributos e atribuições.

Mas nem todos são conhecidos porque não foram humanizados, isto é, não tiveram seus nomes divinos adaptados à forma humana que usamos para identificar uma divindade.

Os nomes dos Tronos não são pronunciados aleatoriamente porque são mantrânicos, ou seja, são mantras ativadores de seus magnetismos, suas irradiações, suas energias, suas qualidades, seus atributos e suas atribuições... e de suas vibrações, que ressoam nas telas planetárias, dando início a atuações que só cessarão quando cessarem as causas da ação que os invocou.

Logo, estão certos os rabinos quando recomendam que não pronunciem em vão o nome de Deus.

Nós, os mestres da Luz, sabemos quais são os nomes dos Tronos e como pronunciá-los. Mas nos limitamos a escrever alguns, já deste terceiro nível vibratório, e não ensinamos suas pronúncias mantrânicas, ou seus mantras, pois são proibidos. E, se às vezes escrevemos alguns, é porque fomos instruídos a tanto por quem de direito, certo?

Saibam que as sete projeções criam catorze polos magnéticos que se projetam e criam novos polos, em número de quarenta e nove polos positivos e quarenta e nove polos negativos, criando o quarto grau vibratório, que é o dos Orixás Regentes das Faixas Vibratórias.

Esse quarto nível projeta-se e surge o quinto grau vibratório ou subníveis das linhas de forças. Esse quinto nível é o dos Orixás Individualizados e hierarquizados por seus nomes simbólicos.

O quinto nível projeta-se e surge o sexto grau vibratório. Esse sexto grau é o dos Orixás Individuais ou Pessoais, pois no sétimo grau vibratório estamos nós, os espíritos humanos.

É deste sexto grau vibratório, cujo magnetismo é o mais próximo do nosso, que saem os Orixás individuais dos médiuns de Umbanda. Ou de onde é que vocês pensam que saem tantos Oguns de Lei, Oguns Beira-Mar, Oxuns, Xangôs, Iansãs, Omolus, Oxalás, que regem os médiuns?

É certo que todo médium tem o seu "santo". Mas estes santos, entendam, são Orixás que saem já do sexto nível vibratório das hierarquias divinas, que começam a surgir já no segundo grau vibratório. Sim, quando o Trono da Fé irradiou-se, surgiram dois polos diferenciados: um masculino e outro feminino; um irradiador e outro atrator; um positivo e outro negativo, etc.

E o mesmo aconteceu com os outros Tronos que, com suas irradiações, deram início ao surgimento de hierarquias distintas, mas voltadas para o mesmo objetivo: amparar a evolução dos seres, das criaturas e das espécies.

Estas hierarquias vão se desdobrando e se multiplicando até que chegam ao grau nível vibratório; o nível dos Orixás Regentes das hierarquias.

Saibam que estes Orixás Intermediadores são os responsáveis pelas linhas de ação e de trabalho que atuam nos templos de Umbanda. É por meio delas que os espíritos que se reintegraram às hierarquias se manifestam durante os trabalhos espirituais usando nomes simbólicos que identificam a qual linha estão agregados.

Muitos desses Orixás são espíritos já ascensionados e hoje retornam para acelerar a evolução espiritual dos seus afins que ainda não concluíram o estágio encarnacionista ou ainda estão muito ligados ao plano material.

Estes Orixás criaram suas hierarquias Espirituais de ação e trabalho, algumas já com vários milênios de idade, para melhor atuarem no astral junto aos espíritos, e no plano material junto às pessoas espalhadas nas muitas religiões.

No astral, estas linhas de ação e trabalho assumem o nome de "ordens", e seus regentes ou diretores são os Orixás Intermediadores ou espíritos ascensionados que reassumiram seus graus, os quais deixaram vagos quando encarnaram para, incorporados à corrente humana da evolução, auxiliarem seus afins no estágio humano da evolução.

Setenta por cento das linhas de ação e de trabalho do Ritual de Umbanda Sagrada são dirigidas por Orixás humanizados, ou seja, são seres divinos que encarnaram, desenvolveram uma consciência e toda uma religiosidade humana e hoje estão aptos a entender o nosso comportamento, diferente, em vários polos, do comportamento dos seres encantados, que são seres que nunca encarnaram.

Os Orixás Regentes assentam estes Orixás humanizados à direita ou esquerda, abrem-lhes os mistérios dos regentes planetários e os religam com seus ancestrais. Depois os religam magnética, energética e vibratoriamente com um dos catorze Orixás Naturais e este Orixá os regerá por meio da irradiação vertical ou direta, direcionando-os, daí em diante, para onde o Orixá Regente que os assentou achar que são mais úteis aos espíritos humanos.

Saibam que estas ordens espirituais ou linhas de ação e de trabalho não são estáticas. Seu número nunca para de crescer, e sempre estão surgindo novas linhas dentro da Umbanda pois as ordens astrais cresceram tanto no astral que já têm condições de atuar também junto aos espíritos encarnados que lhes são afins, ou que a elas já pertenciam quando ainda viviam no astral, aperfeiçoando seus conhecimentos. "Caboclo", "Preto-Velho", "criança" e "Exu", dentro do Ritual de Umbanda Sagrada, são graus simbólicos e indicam os campos de atuação dos espíritos.

- *Caboclos atuam em um campo*
- *Pretos-Velhos atuam em outro campo*
- *Crianças atuam em outro mais*
- *Exu atua nos campos à esquerda dos médiuns*

Por isso, temos Caboclos de Oxóssi, de Ogum, de Xangô, de Oxum, de Iemanjá, etc. Estes espíritos são regidos pelo mistério "Guardião da Lei". Já os Pretos-Velhos de Oxóssi, de Xangô, de Iemanjá, de Nanã, de Obaluaiê, de Omolu e de Oxalá são regidos pelo mistério "Ancião". As crianças, de Oxum, de Iemanjá, de Iansã e de Oxalá são regidas pelo mistério "Renovação". Os Exus de todos os Orixás são regidos pelo mistério "Executor da Lei".

No feminino, tudo se repete. Toda linha tem de ter bipolaridade em todos os sentidos, senão ela não é uma linha ativa, e sim passiva.

Geralmente, um Caboclo do Fogo se polariza com caboclas do Ar, da Água, do Mineral, do Vegetal, do Cristal e vice-versa, pois se um for passivo por causa do seu elemento, o outro é ativo, também por causa do seu elemento polarizador.

Elementos opostos criam todo um campo eletromagnético por onde fluem diversas energias que, aí sim, misturadas ou amalgamadas, fornecem as condições ideais para os seres irem se identificando com um ou outro elemento.

As linhas de Umbanda, em nível terra, mostram-nos a perfeição do Criador em tudo o que cria, pois nas polarizações ou oposições vibratórias, energéticas, magnéticas, etc., os espíritos vão fortalecendo seus próprios magnetismos, vão ampliando sua capacidade individual e suas faculdades mentais, mas sempre balizados pelas oposições vibratórias, etc., pois se afastarem-se muito de suas linhas, os choques os impelirão a retornar a elas, caso queiram reequilibrar-se e retomar a evolução espiritual.

As linhas de ação e de trabalho de Umbanda têm uma função excepcional justamente neste reequilíbrio das pessoas, pois os guias espirituais que atuam sob a irradiação dos seus regentes procuram reconduzir quem os consulta de volta à sua linha de origem.

Eles instruem, esclarecem dúvidas, consolam os aflitos, devolvem a confiança aos descrentes e, quando recomendam ao consulente que faça uma oferenda a este ou àquele Orixá, na verdade estão restabelecendo uma ligação ancestral ou recolocando o consulente sob a irradiação direta do seu regente ancestral.

Saibam que o Orixá Ancestral jamais deixa de irradiar a nenhum de seus filhos. Mas o filho que entra no ciclo reencarnacionista passa por um adormecimento mental e seu magnetismo original, que o mantém ligado ao seu ancestral, também é enfraquecido.

E isto acontece para beneficiá-lo, pois só amortecendo a atração que sente pelo seu ancestral é que ele poderá ser atraído pelo magnetismo dos outros Orixás com os quais desenvolverá novas faculdades, novos sentidos, novos dons e novos padrões ou tipos de magnetismo.

Estes tipos de magnetismo serão comentados no próximo capítulo, senão fugiremos do nosso comentário acerca das linhas de ação e de trabalho de Umbanda. Sim, porque temos linhas as mais variadas possíveis, e cada uma atende às necessidades dos Orixás sustentadores da evolução dos espíritos.

Saibam que no trabalho geral (consultas) todos os guias espirituais atuam visando a amparar e a acelerar a evolução dos espíritos e das pessoas que afluem aos centros de Umbanda nos dias de trabalhos. Mas, no trabalho individual, um guia difere do outro pois atuam em diferentes campos vibratórios, energéticos e magnéticos.

Uma Cabocla do Mar não atua no mesmo campo de um Caboclo do Fogo ou das Matas. Não mesmo!

Caboclas do Mar são regidas pelo Trono da Geração, que atua na criatividade, na maternidade e no amparo à vida. Um Caboclo do Fogo é regido pelo Trono da Justiça, que atua no equilíbrio, na razão e na manutenção da estabilidade emocional. Um Caboclo das Matas é regido pelo Trono do Conhecimento, que atua no raciocínio, no estímulo ao aprendizado, no crescimento interior por intermédio do autoconhecimento.

Com isto esclarecido, então temos as maternais caboclas do mar, os justiceiros Caboclos do Fogo e os instrutivos Caboclos das Matas.

Temos as maternais Caboclas do Mar despertando o amor fraterno, paterno e materno em quem as consulta. Temos os judiciosos Caboclos do Fogo aparando as arestas (imperfeições) e estimulando o senso de justiça e de equilíbrio em quem os consulta. Temos os doutrinadores Caboclos das Matas ensinando receitas, curando doenças, estimulando o aprendizado e orientando o raciocínio de quem os consulta.

Fraternidade, equilíbrio e aprendizado, eis o que estas três linhas de ação e de trabalho de Umbanda irradiam o tempo todo por meio dos espíritos que se integraram a elas para melhor auxiliarem a evolução de seus afins adormecidos na carne ou ainda menos evoluídos. Cada linha de ação e de trabalho de Umbanda responde por um nome simbólico que identifica qual é o trono ancestral que a rege, ou a quais ela está ligada.

Vamos a um exemplo: linha das Sete Pedreiras.

O próprio nome, Sete Pedreiras, já diz que ela atua nas Sete Linhas de Umbanda, ou nas sete vibrações originais, pois temos tanto uma Iansã quanto um Xangô das Sete Pedreiras, etc.

Esta linha é regida pela quarta linha de Umbanda, a linha da justiça, regida em seu polo magnético passivo por Xangô e em seu polo magnético ativo por Iansã.

Ele é masculino e passivo, ela é feminina e ativa.
Ele é fogo, ela é ar.
Ele é justiça, ela é lei.
Ele se irradia em linha reta e em corrente contínua, ela se irradia em linha espiralada e em corrente alternada.

Nesta linha horizontal, pois é um nível vibratório, os Caboclos são ativos e as caboclas são passivas. E o mesmo acontece na linha de nível negativo que lhe é oposta; onde os Exus são ativos e as Pombagiras são passivas.

Ativo = incorporante

Passivo = não incorporante

Como o próprio nome diz que é "sete", então tanto a Orixá Iansã quanto o Orixá Xangô Sete Pedreiras possuem seus manifestadores para as outras seis irradiações, vibrações e magnetismos. Assim, toda uma hierarquia espiritual se inicia e é sustentada por estes dois Orixás; Orixás de quarto grau vibratório, mas que atuam em benefício dos sete Tronos Planetários — as sete individualizações do Trono das Sete Encruzilhadas.

DÉCIMO CAPÍTULO

As Hierarquias dos Tronos de Deus; as Linhas de Lei da Umbanda

Prezados irmãos na fé em Oxalá!

Vamos comentar a linha de Lei da Umbanda a partir de seus fundamentos ocultos, pois só assim entenderão a abrangência do termo "lei" na vida de um ser humano. Antes, vamos esclarecer algumas lacunas existentes, senão o conhecimento que transmitiremos ficará incompreensivo.

Divindades, todos sabem o que são. Por divindade entendemos um ser divino portador de qualidades superiores e localizadas em uma faixa vibratória exclusiva do Divino Criador, onde Ele se manifesta de forma já individualizada em Seus Tronos. Deus, quando mostra-se de forma individualizada, está atuando em nossas vidas por meio das Suas hierarquias divinas formadas por divindades.

Portanto, divindades são seres superiores que manifestam as qualidades de Deus.

Muitos já ouviram falar em deuses do fogo, deusas das águas, deus do trovão, etc. Entendam esses "deuses e deusas" como divindades que são "senhores" do fogo, da água, do trovão, etc. E por senhores, entendam as divindades que guardam os mistérios desses elementos da natureza, que automaticamente chegarão aos Orixás, os regentes da natureza. Então temos os Orixás do fogo, da água, do ar, etc.

Esta categoria de Orixás elementais não interfere em nossas vidas, pois já nos afastamos do estágio elemental da evolução. Sim, nós já fomos seres elementais. Mas esse estágio da evolução já foi vivido a tanto tempo que dele só guardamos lembranças vagas em nosso subconsciente.

Essas divindades ou Orixás elementais são manifestadores energéticos das qualidades de Deus, e nós os chamamos de Orixás do fogo, da água, do ar, etc.

Mas temos, nas hierarquias divinas, os Tronos (ou Orixás) Encantados, que atuam mentalmente e por magnetismo energético, o qual é tão forte que mantém à sua volta os seres que sustentam mentalmente.

Por isso são chamados de Orixás Encantados: possuem um magnetismo tão forte que "encantam" os seres que amparam mentalmente e sustentam energeticamente.

Depois, nas hierarquias divinas, temos os Orixás Naturais, que atuam mentalmente, energeticamente e consciencialmente, pois têm como uma de suas atribuições despertar a consciência dos seres acerca de si mesmos e acerca do Universo onde vivem e evoluem. Nós somos um exemplo, pois estamos despertando nossa consciência e adquirindo a capacidade de raciocinarmos a partir de fatos consumados, que nos fornecem os conhecimentos de que precisamos para não repetirmos os mesmos erros e aprimorarmos nossos conceitos a respeito da vida.

Às divindades ou Orixás que atuam a partir de nossa consciência, nós as chamamos de "Orixás Naturais". São Orixás Naturais porque tanto atuam sobre a natureza física como sobre a energética, e também sobre a natureza íntima dos seres, ou seja, sobre suas consciências.

Sim, todos possuem uma natureza íntima que, pouco a pouco, vai individualizando-os e distinguindo-os entre seus semelhantes.

Por isso eu sou quem sou e não sou outro.

Ao me reconhecer, estou me individualizando e me diferenciando dos meus irmãos, que se são meus semelhantes, no entanto, não são iguais a mim; não têm os mesmos gostos, as mesmas vontades, desejos ou ambições de vida. Eu aprecio as coisas religiosas. Meu irmão prefere as coisas esportivas e o outro prefere as coisas literárias.

Três seres, três cabeças e três naturezas "individualizadas" e diferentes entre si, já que vibram anseios diferentes dentro do mesmo universo onde vivemos e evoluímos.

É neste vasto campo natural que atuam as divindades ou Orixás Naturais: sobre naturezas individualizadas, mas vivendo lado a lado! Sim, porque os Orixás elementais atuam em naturezas bem definidas e isoladas: uns atuam no elemento fogo e seus domínios são ígneos, outros atuam sobre o elemento água e seus domínios são aquáticos.

Já os Orixás Encantados não atuam sobre os elementos fogo ou água e sim sobre as naturezas dos seres, mas de uma forma geral, pois os seres ainda são inconscientes ou não individualizados.

Os seres encantados são amparados pelo que chamamos de "consciência coletiva". Essa consciência coletiva é sustentada pelo Orixá encantado que ampara, se aquático, seres da água, ou seres ígneos se for um Orixá do fogo.

Então temos que um Orixá encantado da água sustenta seres já individualizados energeticamente mas não mentalmente, pois a consciência do regente, totalmente identificada com o elemento que o distingue, torna-o tão atrativo magneticamente que os seres que ele ampara sentem-se parte dele. Como exemplo podemos recorrer a uma samambaia, um fino caule sustentando muitas folhas. E, se cada uma delas é uma folha, no entanto sem o caule elas não vivem, e este, sem elas, deixa de ser visto como uma samambaia.

A simbiose mental entre o Orixá encantado e os seres "encantados" é tanta que por meio de um deles podemos ver o Orixá que o rege, o ampara e o sustenta. E retirá-lo do domínio do Orixá é como arrancarmos um fio de cabelo de nossa cabeça: doerá em nós e o fio morrerá!

Ou como na samambaia: a folha secará e o caule ficará desfigurado, pois um e outra se confundem na formação da samambaia.

Isso é Orixá encantado e seres encantados da natureza, seres individualizados energeticamente mas ainda tão intimamente ligados consciencialmente que são indissociáveis. E esta ligação é mental, pois os seres vibram o que o Orixá encantado vibra, e este sente todo e qualquer desequilíbrio vibratório em seus "encantados".

Um ser encantado é capaz de manifestar todas as qualidades do Orixá encantado que o rege, pois ele é como a folha da samambaia: traz em si as qualidades que a definem como samambaia!

Assim, uma encantada de Iemanjá traz em si as qualidades da Iemanjá encantada que a rege, que a torna em si mesma uma Iemanjá. E manifesta todas as qualidades de sua regente justamente porque está intimamente ligada a ela, e é em si mesma uma extensão da sua regente Iemanjá encantada!

Um ser encantado não consegue ver-se individualmente pois sente-se parte do mental coletivo centralizado no Orixá que o rege e o guia em todos os sentidos.

Este é o estágio encantado da evolução dos seres. Já o estágio seguinte, nós o chamamos de "estágio natural da evolução" porque é nele que o seres individualizam-se e vão assumindo conscientemente o controle de suas naturezas íntimas, aprendendo a discernir as características que os tornam diferentes de seus semelhantes. Então surgem os seres naturais, cada um com um gosto ou predileção que o individualiza e o afiniza com outros Orixás.

Se uma encantada de Iemanjá era regida só pelo elemento água pois sua natureza é aquática, uma natural de Iemanjá continua a ser regida pelo elemento água, mas se ela sente uma predileção pelo elemento ar, então sua natureza íntima a direcionará para esse novo elemento e logo ela será diferenciada e distinguida como uma "Iemanjá do ar".

E aí, no estágio natural da evolução, encontramos Iemanjás do ar, da terra, dos minerais, dos cristais, etc.

A individualização permite ao ser uma conscientização contínua e proporciona a ele um novo campo de atuação, pois se a encantada de Iemanjá só atuava no elemento água, a natural de Iemanjá tanto atua na água quanto no ar, ou na terra, ou nos minerais, etc. E, como o ser adquiriu uma consciência de que pode acrescentar outras qualidades às qualidades originais do elemento água, então se guiará no novo elemento sustentado por dois Orixás: um da água (Iemanjá) e outro do ar (Iansã).

Isto que acabamos de descrever aplica-se a todos os Orixás Naturais e aos seres naturais regidos por eles.

Com isso explicado, já podemos comentar onde e quando os sagrados Orixás atuam em nossas vidas. Vamos a este conhecimento novo?

DÉCIMO PRIMEIRO CAPÍTULO

A Atuação dos Orixás

Uma das maiores dificuldades das pessoas é o entendimento da ascendência dos Orixás sobre suas vidas, e nós temos insistido nos estágios da evolução que, embora formam um *continuum* na vida dos seres, não se processam em uma mesma dimensão.

Se hoje somos espíritos, ontem éramos seres naturais e não precisávamos reencarnar para evoluir. E anteontem éramos seres encantados da natureza, regidos por Orixás Encantados que direcionavam e monitoravam mentalmente nossa evolução.

Enfim, um ser não é um produto acabado quando é criado por Deus. E, se nos permitem uma comparação, no momento de nossa criação não éramos diferentes de um óvulo fertilizado por um espermatozoide, pois desta união surge uma vida, um indivíduo com uma herança genética que controlará sua formação celular, nervosa, óssea, etc., dotado de um cérebro que lhe facultará um aprendizado contínuo e uma capacidade de raciocinar já a partir de suas necessidades básicas.

Enquanto estamos protegidos no útero materno, somos o ser que está sendo gerado no íntimo de Deus. Quando nascemos, o nosso cordão umbilical é cortado e só sobrevivemos porque temos no leite materno um composto energético que nos fornece todo alimento de que necessitamos para continuarmos vivos e bem alimentados.

O leite materno, comparativamente, é a energia elemental que dá sustentação energética aos seres recém-saídos do estágio original da evolução, que alguns chamam de estado virginal do espírito, em que ainda somos seres virginais porque não entramos em contato com nada do que existe fora do útero divino.

Nós, quando vivenciávamos nosso estágio elemental da evolução, éramos totalmente inconscientes, como são todos os recém-nascidos, e não dispensávamos o amor, o carinho e o amparo materno que recebíamos de nossas mães elementais.

Elas nos inundavam com suas irradiações de amor e de fé e formaram nossa natureza básica ou elemental.

As mães elementais formam uma hierarquia divina venerada, adorada e respeitadíssima por todos os Orixás Encantados e naturais, que as tem na conta de mães divinas puras em todos os sentidos, pois são puras nos seus elementos e no amor que irradiam.

As mães ígneas irradiam energias elementais puras do fogo e vibram um amor que abrasa quem está em seu campo vibratório e sob suas irradiações.

E o mesmo acontece com as mães aquáticas, eólicas, telúricas, minerais, vegetais e cristalinas.

Aproximar-se de uma dessas mães é voltar à primeira infância em um piscar de olhos, mesmo para um espírito tão velho quanto eu, Pai Benedito de Aruanda. Nosso respeito, amor, adoração e veneração às nossas mães elementais puras!

Já o segundo estágio de nossa evolução acontece quando nosso corpo e natureza elemental já estão formados e aptos a absorverem energias mistas.

Automaticamente somos conduzidos aos jardins de infância dirigidos por nossas mães bielementais, para absorvermos um segundo elemento e desenvolvermos nosso emocional ou polo negativo.

Neste estágio dual ou bielemental da evolução, encontramos as nossas amadas mães "mistas", tão amorosas quanto as primeiras, mas atentas ao nosso crescimento e ao desenvolvimento de nossas faculdades elementares ou básicas, também conhecidas como "instintos básicos".

Essas nossas amadas mães são conhecidas como Iemanjás do ar, da terra, dos minerais, dos vegetais (isto mesmo) e dos cristais. Só não são Iemanjás do fogo pois este elemento não combina com a água, que é o elemento original delas. Mas nós as encontramos nas Oxuns do fogo, certo?, e também temos as mães Oxuns da água, da terra, dos cristais, do ar. Mas não temos as mães Oxuns vegetais no nosso segundo estágio da evolução porque o elemento puro mineral e o vegetal puro não combinam. Elas só surgirão em nossas vidas no nosso quarto estágio da evolução ou evolução natural, pois aí o mineral, o vegetal, a água, o ar e o fogo formarão um composto energético já assimilável pelos seres, muito mais desenvolvidos em todos os sentidos.

E assim, em nosso segundo estágio da evolução fomos amparados e instruídos por nossas amadas mães mistas ou bielementais, que também são amadas, veneradas e respeitadíssimas por todos os Orixás.

Saibam que o grau de "Mãe" é o mais venerado dentro das hierarquias divinas, e os Orixás com grau de "Pai" são muito respeitados, porque, junto com as mães, formam as linhas de forças horizontais que sustentam os estágios da evolução.

Depois de desenvolvermos nossos instintos básicos e nosso emocional, somos conduzidos ao nosso terceiro estágio da evolução, também conhecido como estágio encantado da evolução dos seres. E quem nos acolheu no aconchego de seus amores maternos foram nossas amadas e severas mães encantadas.

São severas porque sabem que os seres, ainda guiados pelos instintos, são semelhantes aos adolescentes do plano material: são emocionais, instintivos, curiosos, inquiridores, um tanto cabeças-duras e impetuosos!

Ou encontram nas mães encantadas as mestras rigorosas, ou com toda certeza acabarão se confundindo e trocando os pés pelas mãos, paralisando suas evoluções.

As nossas mães encantadas não são menos amorosas que as duas categorias anteriores, mas exigem uma obediência total, senão nos dão umas "palmadinhas" para nos recolocar na senda evolutiva.

Elas já são irradiadoras de, no mínimo, três elementos que formam uma quarta energia, que desperta os sentidos e a sensibilidade nos seres encantados. São tantas as mães encantadas que é impossível quantificar seu número. E todas são rigorosas, não importando de qual elemento original elas provenham.

Elas são mães e mestras e tanto nos amam quanto nos instruem. E não nos liberam para o quarto estágio da evolução enquanto não tiverem plena certeza de que estamos aptos a vivenciá lo. E mesmo depois de nos entregar aos cuidados de nossas mães naturais, continuam a vigiar-nos... e a aplicar corretivos se nos desviamos na nossa conduta pessoal ou do caminho que devemos trilhar.

De vez em quando tem algum ser natural sendo chamado à razão por alguma delas. E até nós, os espíritos reintegrados às hierarquias naturais, às vezes somos advertidos quanto ao nosso liberalismo humano.

Isso de alguns filhos de Santo dizerem que as mães encantadas são intolerantes com suas falhas individuais e que os punem com severidade, bem... é verdade!

Com elas não tem a desculpa de que depois se conserta o que estragou ou depois se repara um erro. Ou conserta e repara no ato ou... é posto de castigo e ajoelhado em cima de grãos de milho, certo?

Estas mães encantadas são sensíveis aos seus filhos e fazem de tudo para desenvolver neles os sentidos que os guiarão pelo resto da vida, deixando de guiarem-se pelos instintos básicos.

Muitos encontram certa dificuldade em deixar de se guiar pelos instintos e acabam sendo recolhidos a faixas vibratórias específicas, onde esgotarão seus emocionais negativados pois só depois disso desenvolverão a percepção e os sentidos se abrirão como canais mentais direcionadores de suas ações. Só quando desenvolverem plenamente seus sentidos e a percepção, que é o recurso básico usado por seus filhos, é que as mães encantadas os encaminharão às mães naturais, que os receberão e os sustentarão no quarto estágio da evolução, que chamamos de estágio "natural" da evolução.

A Atuação dos Orixás 249

Toda dimensão possui suas faixas vibratórias, mas como todas estão localizadas em paralelo, então a faixa vibratória de uma dimensão está no mesmo nível vibratório de suas paralelas, mas em outras dimensões, inclusive na dimensão humana ou dimensão espiritual, que é a que nós vivemos e evoluímos, já que estamos vivenciando o estágio humano da evolução, onde desenvolvemos nossa consciência, que equivale ao estágio natural.

As mães naturais, ao contrário das mães encantadas, são mais liberais, ainda que mantenham o mesmo rigor e severidade.

Mas elas dão uma certa liberdade de ação aos seus filhos para que eles possam desenvolver a consciência. Esse despertar da consciência implica assumir compromissos e sustentar iniciativas guiadas pelos sentidos e pela consciência.

O mesmo acontece conosco, que viemos do terceiro estágio da evolução, quando também éramos seres encantados guiados pelos sentidos e pela percepção.

Paralelismo vibratório é um recurso maravilhoso de Deus, pois quando um ser não está evoluindo sob a regência de uma mãe natural, então ela o encaminha a outra faixa vibratória, onde outro elemento básico predomina. E nela o ser passará por uma acentuada aceleração ou desaceleração em sua vibração individual, sempre visando o melhor para ele, que tem de se conscientizar e assumir "conscientemente" a condução de sua vida, suas iniciativas e suas preferências pessoais.

A quarta faixa vibratória de todas as dimensões naturais, onde não acontece o ciclo encarnacionista, está, vibratoriamente, no mesmo nível terra da faixa humana onde os espíritos encarnados vivem e evoluem.

Nós somos espíritos porque, quando desenvolvemos nosso corpo percepcional e passamos a nos guiar pelos sentidos, fomos espiritualizados ou revestidos de um plasma cristalino que protege nosso corpo energético para que suportemos as irradiações energéticas que penetram na dimensão humana e a inundam dos mais variados tipos de energias.

Não nos perguntem por que Deus criou a dimensão humana pois essa resposta só Ele pode dar. Mas nós raciocinamos, e muitas hipóteses já foram aventadas. A que parece ser a mais lógica é a que indica que o espírito desenvolve, junto com o despertar da consciência, a criatividade. Se bem que, como aqui na dimensão humana tudo se desenvolve em dois sentidos, também desenvolvemos a ilusão.

E, enquanto a criatividade humana nos proporciona recursos adicionais à nossa evolução, a ilusão nos induz ao emocionalismo, ao retorno aos instintos básicos, à paralisação dos nossos sentidos e do nosso percepcional, à inconsciência e a quedas vibratórias acentuadas que nos afastam do convívio dos espíritos que nos são afins.

Os nossos irmãos naturais desenvolvem a consciência e apuram ainda mais seus percepcionais, enquanto nós aperfeiçoamos nossa consciência e apuramos nosso raciocínio, pois a criatividade precisa de uma apuradíssima capacidade de raciocinar a partir de conceitos abstratos para que cheguemos às definições corretas que possibilitam a criação "concreta" de novos recursos que facilitarão nossa evolução.

Esta hipótese se mostra a mais lógica porque nós conhecemos as dimensões naturais e nelas não existe a criatividade humana, que transforma o meio onde vivemos, altera os nossos costumes, nossas culturas, nossos ideais... e até criamos religiões. Nas dimensões naturais não existem os nossos tão abstratos conceitos religiosos e nossas mirabolantes concepções acerca de Deus.

O sentido da Fé vai conduzindo todos ao mesmo tempo, pois as vibrações dos Orixás irradiadores de religiosidade são absorvidas por todos ao mesmo tempo. E quando um ser natural desenvolve o sentido da Fé até seu limite, assim como adquire a plena consciência, então torna-se um irradiador natural da fé, semelhante ao seu Orixá Regente, que o amparou o tempo todo com suas intensas vibrações despertadoras dos sentimentos de amor, respeito e reverência para com o Divino Criador, e para com todas as criaturas, os seres e toda a criação divina.

Este processo evolutivo é contínuo e o chamamos de evolução natural. Porque o ser não tem sua memória adormecida em momento algum, desde que saiu do útero divino que o gerou. Ele não teve de reencarnar seguidas vezes e não se esqueceu de nenhuma de suas vivenciações, ocorridas nos três estágios anteriores da sua evolução.

E, se são semelhantes a nós já que o único diferenciador é o plasma cristalino que envolve nosso corpo energético, no entanto algo os distingue de nós, pois aos nossos olhos humanos eles são todos "iguais".

Isto mesmo!

Eles não reencarnam e não são diferenciados pelo corpo carnal, como acontece conosco, os seres espiritualizados.

Sim, porque se nascermos chineses, nossos espíritos mostrarão os traços característicos desta raça. E se nascermos negros ou louros, o mesmo acontecerá, ainda que essa membrana plasmática cristalina possa ser alterada mentalmente por nós, que assumiremos a aparência que desejarmos se dominarmos esse processo de alteração de nosso corpo plasmático.

Os seres naturais não alteram suas aparências porque lhes falta esse revestimento plasmático, e nem lhes ocorre assumirem outras aparências, pois consideram isso um recurso típico dos seres espiritualizados, que recorrem às aparências porque procuram iludir-se, já que estão aparentando alguém que não foram ou são, ou já foram e não são mais.

E as aparências plasmadas não resistem à penetrante visão deles, que nos veem através de nossos corpos energéticos, nunca através do nosso corpo plasmático. A eles falta a criatividade e a ilusão, que são faculdades tipicamente humanas, já que só se desenvolvem no estágio humano da evolução.

No polo religioso, eles denominam Deus de Divino Criador e Senhor da Luz da Vida, e quando O invocam, fazem-no por meio de cantos mantrânicos, nunca em um diálogo coloquial como nós fazemos.

Nós chamamos os Orixás por seus nomes humanos, tais como Ogum, Oxóssi, Xangô, Iemanjá, etc. Mas eles só se dirigem aos Orixás por meio de seus nomes mantrâmicos ou divinos, que é a mesma coisa.

Estes nomes são formados por sílabas e cada uma possui seu tom e sua fonética particular, formando um canto ou mantra.

Eles não procedem como nós, que a todo instante exclamamos: "Valei-me Deus!", "Ajude-me, meu Pai Ogum!", etc.

Muito antes de o código hebreu proibir o chamamento em vão do nome de Deus, os nossos irmãos naturais já tinham isto como regra de conduta. E a aplicam aos sagrados Orixás, aos quais podem ver o tempo todo, estejam próximos ou distantes deles, bastando-lhes fixar suas visões no Orixá que desejam focalizar visualmente.

Logo, não existe uma separação visual entre os nossos irmãos naturais e os seus regentes divinos, mesmo que estejam em outra dimensão.

Já o mesmo não ocorre conosco, os espíritos, pois a encarnação bloqueia nossa visão superior e o adormecimento de nossa memória nos impede de nos lembrarmos das divindades naturais e de como focalizá-las visualmente e mentalizá-las vibratoriamente.

Por isso, a realidade religiosa dos seres naturais é superior à nossa e dispensa as nossas concepções abstratas acerca de Deus, das divindades e de como atuam em nossas vidas.

Conosco, a religiosidade tem de ser estimulada verbalmente, senão nosso sentido da fé vai se atrofiando. Já com eles, que absorvem as irradiações contínuas dos Orixás irradiadores da fé e da religiosidade, isto não acontece em momento nenhum.

Mas têm um problema comum conosco: às vezes caem vibratoriamente quando se entregam à vivenciação de seus desejos, de seus instintos e de seus desequilíbrios emocionais. E não são pequenas essas quedas vibratórias, sabem? Quando caem vibratoriamente, afastam-se naturalmente do regente do nível onde se encontram e vão "descendo" a outros níveis, em uma queda contínua que só termina quando chegam ao polo magnético negativo da irradiação que os está sustentando.

Se um ser natural de Ogum começa a cair vibratoriamente por causa de uma das razões que citamos, dificilmente deixa de cair até o polo magnético negativo da linha de forças irradiantes do mistério da Lei Divina.

E, se quando vivia sob a irradiação do polo magnético positivo era irradiante e irradiador de vibrações ordenadoras e sustentadoras da ordem, no polo magnético negativo torna-se absorvedor de energias negativas e assume uma única cor, comum a todos aqueles sob a irradiação de um polo magnético negativo.

Quando isto acontece, e como acontece!, nós chamamos estes seres de negativados, pois são intolerantes, irascíveis, violentos, perigosos, ensimesmados e refratários a qualquer contato.

Eles se isolam em si mesmos e se autopunem por terem falhado em alguns dos sete sentidos básicos. Sentem-se indignos dos regentes irradiantes e fogem deles assim que percebem suas aproximações. Muitos adentram nos níveis vibratórios afins da dimensão humana, no intuito de ocultarem-se da visão e da luz dos Orixás.

Mas, por serem portadores de uma inocência natural, são presas fáceis dos "poderosos" espíritos caídos nas trevas humanas, que possuem seus sombrios domínios abarrotados de espíritos caídos, também por vivenciarem seus desejos, por desequilíbrios emocionais e por seus instintos básicos.

Estes poderosos espíritos caídos, os temidos "grandes das Trevas", recorrem aos seus poderes mentais e a suas faculdades ilusionistas e praticamente escravizam estes seres naturais, hipnotizando-os e livrando-os de suas culpas conscienciais, adormecendo no íntimo deles os sentimentos de vergonha e o desejo de se autoflagelarem.

Os grandes das Trevas acercam-se desses naturais caídos porque estes são leais, fiéis, obedientes e submissos ao extremo. Além de serem irradiadores de energias negativas muito perigosas para os espíritos humanos, que somos nós, certo?

Os grandes magos negros das trevas humanas os usam assiduamente para perseguirem seus desafetos encarnados ou retidos nos sombrios níveis vibratórios das faixas negativas da dimensão espiritual humana.

Na inocência natural deles está sua fraqueza, pois são iludidos com facilidade e lhes falta o recurso da criatividade humana para pensarem em uma saída racional para o problema que criaram para si mesmos.

Os magos das trevas os induzem a crer que os Orixás luminosos não gostam mais deles e que os querem longe de seus domínios naturais, despertando neles uma ojeriza à luz e a todos que vivam nas faixas vibratórias luminosas.

O fato é que, quando alguém, seja um ser natural ou um espírito humano, é portador natural de um mistério, os seres elementares, os encantados e os naturais veem o grau e o mistério no seu portador e o tratam com respeito e reverência, aproximando-se dele para absorver as suas irradiações naturais, que contêm as vibrações divinas do mistério que se manifesta através dele e flui junto com suas irradiações.

Assim procedem porque, passando a absorver as irradiações do mistério, chegará um tempo em que também eles se tornarão irradiadores do mistério que os irradiou e sustentou.

Se existem mistérios humanos?

Sim, existem os mistério humanos, irmãos amados!

Nossa criatividade é um deles e tem nos ajudado a superar obstáculos gigantescos em nossa evolução segmentada, pois ora estamos vivendo no plano material, ora no plano espiritual.

A Atuação dos Orixás

Um outro mistério humano é a faculdade de desenvolvermos mais de um mistério natural em nós mesmos. Sim, os seres naturais e os encantados só irradiam a partir de si mesmos um mistério, seja ele de natureza positiva ou negativa.

Mas nós, os espíritos humanos, podemos irradiar quantos desejarmos e formos capazes de desenvolver em nosso íntimo, até um ponto em que passamos a irradiá-los naturalmente, desde que nos coloquemos em sintonia vibratória com as divindades irradiadoras deles.

Querem um exemplo simples acerca do que estamos comentando? Ei-lo:

Um médium de Umbanda "lida" com vários Orixás ao mesmo tempo durante seus trabalhos magísticos. Em um instante, ele ativa o mistério de um para, no instante seguinte, ativar o de outro, já afim com sua nova necessidade. Durante o decorrer de uma engira, vários Orixás são invocados e os médiuns vão assimilando suas irradiações, tornando-se irradiadores das energias deles.

E se invocam Exu, no mesmo instante Exu se manifesta e os médiuns passam a irradiar suas energias. Essa capacidade humana de lidar com mistérios distintos e ao mesmo tempo só nós, os seres espiritualizados, possuímos, já que os seres encantados ou naturais de Ogum, por exemplo, só irradiam qualidades de Ogum, e o tempo todo.

Um encantado ou natural de Oxóssi só irradia qualidades de Oxóssi, o tempo todo. Uma encantada ou natural de Iemanjá só irradia qualidades de Iemanjá, o tempo todo. Uma encantada ou natural de Oxum só irradia qualidades de Oxum, o tempo todo.

Por qualidades entendam mistérios e energias!

Já nós, os espíritos humanos, bem, ora estamos irradiando Ogum, ou Oxóssi ou Xangô, ora estamos irradiando Iemanjá, Oxum, Iansã, etc.

Por que esta diferente capacitação? O que nos faculta irradiarmos ora um e ora outro Orixá? O que nos diferencia de nossos irmãos encantados ou naturais, que só conseguem irradiar um Orixá apenas?

Bom, esta diferenciação acontece porque um ser encantado ou um ser natural de Ogum é o que é: um Ogum individualizado em si mesmo mas regido o tempo todo pelo mistério Ogum, do qual não consegue afastar-se, desligar-se ou deixar de irradiar o tempo todo.

Um ser natural Ogum é um Ogum em si mesmo e irradia Ogum o tempo todo, nunca se dissociando de seu regente divino. E o mesmo acontece com todos os seres elementais, encantados e naturais regidos pelos outros Orixás.

Já o mesmo não acontece com um espírito ou ser humano, pois o simples fato de viver e evoluir na dimensão humana já lhe faculta a possibilidade única de desenvolver a bipolaridade magnética, vibratória e irradiadora ou absorvedora de mistérios.

Um espírito humano tem uma direita e uma esquerda, um alto e um embaixo, aos quais manipula segundo suas afinidades ou necessidades.

Um espírito pode ter no alto o Orixá Oxalá, no embaixo o Orixá Omolu, na direita a Orixá Iemanjá e na esquerda a Orixá Iansã, e pode absorver as irradiações dos quatro, que não deixará de ser o que é: um espírito humano!

Já um nosso irmão encantado ou natural, bom, ou ele só absorve as irradiações de um desses quatro Orixás ou entra em desequilíbrio magnético, vibratório e energético e fica confuso e desequilibrado emocionalmente. E cai! Isto é um dos muitos mistérios humanos, filhos de Fé nos Orixás!

O estágio humano da evolução não é superior a nenhum outro. Mas que possui seus mistérios, isto ele possui! E quando um espírito humano desenvolve-se conscienciosamente e adquire controle sobre seu emocional, logo é atraído pelas hierarquias naturais regidas pelos Orixás que o assentam à direita ou à esquerda e o tornam irradiador de suas energias e mistérios.

Eu mesmo, Benedito de Aruanda, acho que já me assentei à direita ou à esquerda de todos os senhores(as) Orixás Intermediários naturais e junto de muitos dos senhores(as) Orixás Intermediários encantados, assim como já fui assentado à direita de alguns(as) Orixás elementais.

A todos sirvo com fé, amor e profundo respeito, pois entendi que eles formam a imutável e inquebrável hierarquia divina do Divino Olorum, que é o nosso Divino Criador.

Este servir é irradiar individualmente, e segundo minha limitada capacidade, algum dos mistérios que eles irradiam a todos, o tempo todo e de forma multidimensional, pois cada um possui uma irradiação vertical e outra horizontal, formando a quadratura do círculo onde estão assentados, pois são 'Tronos Divinos".

Eu, se vos falo dos senhores Orixás com tanta naturalidade e conhecimento, é porque os conheço dentro dos meus limites humanos e deles recebia orientação de ensiná-los aos seus filhos que foram espiritualizados, mas continuam a ser o que nunca deixarão de ser: filhos dos Orixás.

Sim, todos são filhos dos Orixás, mas só os que desenvolvem os mistérios humanos (os seres espiritualizados) conseguem fazê-lo sem grandes dificuldades. Se bem que "alguns" acabam estacionando por muito tempo nas zonas sombrias da dimensão espiritual humana.

Mas isto também acontece nas dimensões naturais regidas pelos Orixás, ainda que não chamem o lado escuro delas de inferno ou umbral, pois lá o nome destas zonas sombrias é este: polos negativos!

Sim, os Orixás Regentes dos polos magnéticos negativos sustentam os seres encantados ou naturais que, por alguma razão, falharam em suas evoluções e tiveram de ser afastados do convívio com os que evoluíam equilibradamente. Eles estacionam nos níveis vibratórios negativos até que possam retomar, já reequilibrados, suas evoluções naturais, pois não reencarnam e não têm suas memórias adormecidas, como acontece conosco sempre que reencarnamos para superar obstáculos que nos desequilibraram intensamente. Eles não saem da irradiação do seu regente natural. Assim, um encantado de Ogum, se vier a se desequilibrar durante seu estágio encantado da evolução, não sairá da dimensão regida pelo Orixá Ogum. Apenas será atraído pelo polo magnético negativo que nela existe e, amparado por um Orixá Ogum cósmico, mas de nível intermediário, nele estacionará até que tenha superado o desequilíbrio que o negativou magneticamente. É um processo seguro, mas lento, de reequilibrá-lo emocionalmente.

Já o mesmo não acontece nas zonas sombrias da dimensão humana. Nelas sempre há um "espertinho" para recepcionar os espíritos negativados, que sempre está pronto e disposto a aproveitar-se deles que, se já estão desequilibrados, muito pior ficarão após suas quedas vertiginosas.

As zonas sombrias humanas são como as prisões do plano material: alguém atropela alguém com seu veículo. Se é condenado à prisão, vai conviver com assaltantes, estupradores, assassinos frios e calculistas. Quando sair da prisão, terá feito um estágio completo no mundo da criminalidade, e com certeza recorrerá aos seus novos "conhecimentos" assim que se vir em dificuldades.

Já o mesmo não acontece nas dimensões naturais. Nelas não se misturam, de forma nenhuma, seres com desequilíbrios diferentes. Quem se desequilibrou em um sentido não entra em contato com quem se desequilibrou em outro.

Se um encantado viciou-se nas coisas do sexo, ele irá a um polo magnético que só atrai encantados desequilibrados por vícios sexuais. Se um encantado tornou-se violento e gosta de agredir outros encantados, imediatamente é atraído para um polo magnético que só atrai encantados violentos e agressivos... que o agredirão.

A frase "Os semelhantes se atraem!" se aplica com toda propriedade às dimensões naturais, e parcialmente à dimensão humana, já que aqui outros fatores ponderáveis influenciam as atrações.

Aqui, um assassino frio sente-se atraído sexualmente por uma mulher virtuosa, principalmente se ela for bonita, e não se incomoda de matar por ela, ou até de matá-la, se não for correspondido ou se ela não se submeter aos seus desejos imundos. Já nas dimensões naturais, se algum encantado desequilibrou-se e tornou-se violento, ele não sentirá atração sexual por ninguém, mesmo pela mais bela e atraente das encantadas.

O desequilíbrio não se generaliza ou alcança outros sentidos e, muito ao contrário, até os anula, pois o ser passa a viver intensamente o seu desequilíbrio e fecha-se em si mesmo, não suportando o contato com outros encantados.

É quase que um "autismo", em que cada um vive em seu mundo pessoal e só sai dele em casos extremos... ou após esgotar seu negativismo energético e as causas do desequilíbrio emocional que o tornou magneticamente atrativo pelos polos negativos da dimensão onde vive e evolui.

Vamos ao capítulo seguinte, onde comentaremos a fundo o mistério "Orixás".

DÉCIMO SEGUNDO CAPÍTULO

As Bases das Hierarquias dos Orixás

Temos feito muitos comentários acerca dos sagrados Orixás, e agora vamos comentá-los como antes ninguém os imaginou: como mistérios divinos individualizados, mas que se mantêm interligados justamente porque são mistérios de Deus!

Já comentamos que existem os seres encantados de Ogum, de Oxóssi, de Xangô, de Oxum, de Iemanjá, de Iansã, etc.

Também dissemos que são semelhantes na aparência, mas não na sua natureza íntima. Assim, um encantado de Ogum só irradia Ogum e um encantado de Xangô só irradia Xangô, pois são o que são: seres individualizados, mas regidos pelos mistérios dos Orixás que os sustentam em suas irradiações.

Façamos uma comparação simples, certo?

Existe uma nação que chamam de Japão e outra que chamam de Nigéria. Os japoneses têm uma aparência peculiar, e só deles, enquanto os nigerianos têm uma outra aparência, também só deles. Os japoneses têm uma cultura e religiosidade que lhes é peculiar.

E o mesmo acontece com os nigerianos, que têm uma cultura e religiosidade que os distingue dos japoneses. A cor da pele os distingue, assim como sua cultura, religiosidade, expectativas de vida, etc.

Resumindo: são muito diferentes. Agora, tanto os japoneses quanto os nigerianos possuem algumas coisas em comum. Vamos a elas?

1 — Os japoneses e nigerianos creem em um Deus superior e nas divindades naturais.

2 — Ambos possuem a "fé" a direcioná-los em sua religiosidade.

Logo, a fé é uma qualidade comum a estes povos tão diferentes entre si, se comparados em seus polos exteriores.

3 — Ambos possuem traços hierarquizantes, respeitam as ordens estabelecidas, que os caracterizam como povos, e mantêm uma união nacional que os distingue como nações. Logo, "hierarquia e ordem" é uma qualidade comum a ambos.

4 — Os japoneses e os nigerianos, enquanto indivíduos, amam seus países, seus líderes, seus chefes religiosos, seus pais, filhos e irmãos. E esta qualidade comum, este "amor", é um sentimento existente nestes dois povos tão diferentes entre si. Ele atua como aglutinador dos indivíduos em uma nacionalidade, uma coletividade ou uma família, mantendo as estruturas das hierarquias em todos os seus níveis, pois em cada um eles manifestam um tipo de amor ou fraternidade. Logo, o amor é uma qualidade comum a ambos os povos por nós escolhidos, que aparentemente são opostos em tudo, mas somente se observados a partir de seus polos exteriores.

Vamos simplificar a abordagem das qualidades comuns para facilitar a abordagem do mistério "Orixás", certo?

Os japoneses são dotados de uma capacidade intelectual e os nigerianos também o são. Os japoneses apreciam a música e a dança, e o mesmo acontece com os nigerianos. Os japoneses aprendem, se estudarem, e o mesmo acontece com o nigerianos. Os japoneses casam-se e têm filhos, e o mesmo acontece com os nigerianos. Os japoneses cuidam de suas proles, e idem os nigerianos. Alguns japoneses são movidos por sentimentos religiosos, outros por sentimentos de justiça, etc. Idem os nigerianos.

Poderíamos continuar nesta linha de comparações que as qualidades comuns mais impensadas iríamos encontrar entre estes dois povos, exteriormente tão distintos, e que, no entanto, internamente, vibram os mesmos sentimentos e possuem em si as mesmas qualidades. E, se nos detivermos no estudo das divindades de cada um desses povos, vamos encontrar as mesmas divindades, ainda que estejam adaptadas a culturas tão distintas entre si.

Os japoneses têm divindades da fertilidade, os nigerianos também as têm. Os japoneses têm as divindades da justiça divina. Idem os nigerianos. E para encontrá-las basta nos aculturarmos nestas duas nações, tão distintas entre si, que elas logo se mostram aos nossos olhos.

Agora, se fizermos o mesmo com os hindus e os judeus, "opostos análogos", o mesmo acontecerá, porque nas hierarquias religiosas hindus encontramos os Arcanjos e Anjos judaicos, e até os mesmos "demônios".

São culturas e religiosidades diferentes mas, se estudadas em profundidade, eis que a analogia salta diante dos nossos olhos e os vemos como povos muito parecidos, até mesmo no fervor religioso.

Então temos "qualidades" comuns a povos e culturas tão distintas, como são a japonesa, a nigeriana, a judaica e a hindu.

Se, externamente, os identificamos por seus traços fisionômicos, vestes características, maneira de se dirigirem aos seus semelhantes, seus comportamentos característicos, etc., no entanto, sabemos que todos possuem na sua religiosidade as qualidades da Fé; possuem nas suas leis as qualidades da Justiça, etc.

Algumas dessas qualidades, comuns a todas as nações, raças e indivíduos, também são encontradas nos animais chamados inferiores, que se acasalam, procriam e protegem suas proles. Vivem em bandos e em nichos próprios; possuem uma hierarquia relativa, etc. Enfim, se sairmos do planeta Terra, as mesmas qualidades comuns a todos os planetas serão encontradas e identificadas por nós.

E se sairmos da dimensão humana, mesmo sem sairmos deste planeta, e adentrarmos nas muitas dimensões que aqui existem e coexistem em harmonia vibratória com a nossa, as mesmas qualidades encontraremos.

Saibam que existem muitas dimensões paralelas à dimensão humana neste nosso pequenino planeta. E, se olhamos para o Universo e não alcançamos o seu fim, nelas também olhamos para uma direção e não encontramos o fim do universo em que elas se encontram. E cada dimensão possui seu próprio universo pois está situada em uma faixa vibratória só sua, e infinita em todas as direções que olharmos.

Magnífico, não?

Muito mesmo! — respondemos nós, que já visitamos muitas delas e as estudamos até onde nos foi possível ou permitido pelos senhores Orixás que estão assentados nos níveis vibratórios existentes nelas e que correspondem aos níveis vibratórios existentes no lado espiritual da dimensão humana.

Mas esses níveis vibratórios também se correspondem com as vibrações emitidas por matérias específicas que temos no plano material da dimensão humana.

Por isso, quando classificamos as dimensões naturais, todas paralelas à dimensão humana, recorremos aos nomes de materiais encontrados na natureza terrestre e que não foram criados pelo homem e sim por Deus. Certo?

E o mesmo fazemos para classificar os Orixás quando os estudamos com nossos parcos recursos humanos. Afinal, somos só espíritos, e desejamos continuar a sê-lo.

Em nossos estudos, sempre monitorados pelos senhores Orixás que nos dão sustentação magnética, vibratória e energética, conhecemos sete dimensões básicas ou elementais puras que, em um posterior desdobramento, multiplicam-se por onze e formam um total de setenta e sete dimensões paralelas à dimensão humana.

E cada uma delas tem este nosso planeta como ponto de referência para os seres que vivem nelas. Todas elas se abrem para seus universos particulares, e muito bem definidos, distintos uns dos outros. Logo, tal como o universo material humano, eles também são infinitos em qualquer direção. E cada uma dessas dimensões possui suas faixas vibratórias "dentro" deste nosso todo planetário. E cada uma dessas faixas corresponde a outra em outra dimensão, desde que estejam no mesmo nível vibratório.

E as qualidades que encontramos nos japoneses, nos nigerianos, nos judeus e nos hindus também encontramos em todas as outras dimensões e em todas as suas faixas vibratórias. E o mesmo acontece nas sete dimensões básicas ou elementais puras.

Vamos, recorrendo aos conhecimentos humanos e usando de palavras ou nomes neutros, nominá-las e descrevê-las, certo? E se falamos em nomes neutros é porque, usando a terminologia nigeriana que nomeia os sagrados Orixás, no entanto os qualificaremos com o recurso do nome de matérias comuns a toda a humanidade. Água, ar, terra, vegetais, minerais, cristais, fogo, etc. são matérias, substâncias ou elementos comuns a toda a humanidade, assim como também são o amor, a fé, o raciocínio, a ordenação, a justiça, a geração e o aprendizado.

As matérias e os sentimentos virtuosos ou qualidades dos seres humanos também se correspondem vibratoriamente.

Recorrendo a estas correspondências, nós podemos dar início à qualificação ou identificação dos Orixás e das sete dimensões básicas ou elementais puras. E, não tenham dúvidas, são corretas as correspondências que aqui mostraremos para podermos demonstrar como atuam em nossas vidas os sagrados Orixás.

O que descreveremos não se baseará apenas em transmissões orais porque nós, os mestres instrutores do Ritual de Umbanda Sagrada, já visitamos as sete dimensões básicas e muitas das setenta e sete dimensões planetárias. As que não visitamos (eu, Pai Benedito de Aruanda), foi porque ou são vedadas a nós ou porque ainda não estamos preparados para visitá-las e entendê-las segundo nossa visão humana das coisas desconhecidas, ou ainda porque não suportaríamos as irradiações dos amálgamas energéticos que as formam.

Afinal, embora em espírito sejamos energia pensante, temos nossos limites energéticos e não nos devemos expor a energias que nos anulem, desagreguem ou nos contraiam além dos limites toleráveis, mesmo para uma energia pensante.

Vamos classificar as sete dimensões básicas e nominá-las usando nomes de matérias ou substâncias que são a "materialização" do que nelas encontramos. As sete dimensões básicas ou elementais puras são:

Dimensão cristalina = *cristal*

Dimensão mineral = *mineral*

Dimensão vegetal = *vegetal*

Dimensão ígnea = *fogo*

Dimensão eólica = *ar*

Dimensão telúrica = *terra*

Dimensão aquática = *água*

Observem que só a matéria tem consistência, pois os elementos que se encontram na base de sua formação são só energias, e quando visitamos estas dimensões é como se entrássemos em um oceano energético sem fim.

Nas dimensões elementais puras só existem energias que, se vistas já como matéria, as encontramos como cristais, minerais, etc.

Recorremos ao termo "oceano", porque quando entramos na água ela impressiona a nossa percepção e exerce certa pressão sobre o nosso corpo, fato este que se repete quando entramos em uma dimensão elemental pura, que é só energia.

Os seres elementais movimentam-se com muita rapidez, já que estão em seus elementos, e comportam-se como cardumes de peixes ou enxames de abelhas.

Todos seguem o mesmo rumo, sempre liderados por um ser elemental mais "velho", que os guia para as regiões onde a concentração de energias elementais é maior. E quando chegam a uma dessas concentrações energéticas, ali permanecem até que a tenham absorvido por osmose, pois seus corpos são tão sutis que se assemelham a células plasmáticas.

Quando consomem uma concentração energética, ficam hiperenergizados e vibram em altíssima frequência. Então reiniciam seus deslocamentos dentro da dimensão onde vivem e saem à procura de uma nova concentração energética, sempre guiados pelo líder, um ser elemental mais "velho".

Estudos acurados nos revelaram muitas coisas acerca dos seres elementares. Uma das nossas descobertas nos indica que eles identificam as energias por meio das impressões que elas exercem na membrana plasmática que envolve seus sutilíssimos corpos energéticos, e só absorvem as que não lhes são prejudiciais.

Sim, pois mesmo em um meio elemental puro existem concentrados energéticos que chamamos de "indigestos", e são evitados pelos seres elementais.

Acreditamos que faz parte do aprendizado a que são submetidos pelos Orixás elementais, os quais os monitoram e são os responsáveis por extensões muito maiores que toda a crosta terrestre, se a estendermos em um plano reto.

Um Orixá elemental é um "Trono" que permanece em um mesmo lugar o tempo todo, não deixando o lugar onde se encontra em hipótese nenhuma.

Mestre Aristóteles, o filósofo, que adentrou nas dimensões elementais há 700 anos, quando nos conduziu em nossa jornada de estudos nelas, apresentou-nos a vários desses Orixás ou Tronos Elementais que ele já havia encontrado quando lá esteve no ano de 1280 d.C., onde foi recebido por eles com tanta alegria que suas irradiações energéticas trespassavam nossos corpos energéticos, densos se comparados com os corpos dos seres elementares.

E, tal como aconteceu com ele e os espíritos que o acompanhavam naquela ocasião, aconteceu comigo, Benedito de Aruanda, e todos os meus irmãos e irmãs que formavam nosso grupo de estudos: fomos adotados como "padrinhos" e "madrinhas" dos filhos e filhas elementais daqueles divinos Orixás elementais, que nos aprovaram como espíritos dignos de dar sustentação

As Bases das Hierarquias dos Orixás

energética e servir como direcionadores da evolução inconsciente de seus amados filhos e filhas, que agora são nossos afilhados.

Como daremos sustentação e direcionaremos a evolução deles?

Bom, será também por osmose energética e "impressionamento" vibratório, já que sutilíssimos cordões incolores ligaram a cada um de nós tantos seres elementais que nos é impossível quantificá-los.

Impressionante, não?

É algo divino — respondemos nós, os espíritos que foram em estudo até aquelas dimensões.

Nós, como padrinhos daqueles seres ainda na "primeira infância", aceleraremos suas evoluções naturais apenas lhes enviando nossas energias humanas puras, as quais também geramos, pois no estágio humano da evolução nós desenvolvemos microfontes geradoras de energias sutilíssimas e que, se direcionadas para a evolução dos seres elementais, aceleram a densificação de seus delicados corpos energéticos, assim como, com eles captando nossas vibrações, dirigir-se-ão pela vibração mais intensa que emitimos e serão secundadas pelas outras, irradiadas pelos nossos chacras secundários.

Como em mim, Benedito de Aruanda, a vibração mais forte é irradiada pelo meu sentido do conhecimento, então daqui a alguns milhares ou milhões de anos um número incontável de afilhados meus estarão sendo guiados pelo sentido do conhecimento, sempre secundados pela fé e pelo amor, que formam a base do triângulo de minha vida: conhecimento no alto, fé na direita e amor na esquerda.

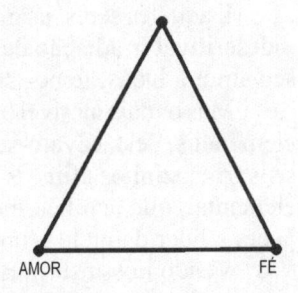

O fato é que mestre Aristóteles nos alertou:

— Irmãos amados, a partir de agora vocês são os anjos da guarda destes seus afilhados elementais.

— Como é que é?!! — perguntamos, admirados.

— É o que me ouviram dizer, oras!

— Por que nós somos os anjos da guarda deles, mestre amado? —perguntei-lhe, por todo o grupo.

— Bom, o mistério "Anjo da Guarda" não está muito bem explicado na dimensão humana. Mas fiquem atentos pois de agora em diante estes seres infantis, bebezinhos mesmo, "vê-los-ão" o tempo todo por meio de suas vibrações, que lhes chegarão através desses sutilíssimos cordões que os manterão ligados a vocês por todo o sempre!

— Nunca mais estes cordões se romperão, mestre Aristóteles?

— Nunca, irmãos amados. Deus já os ungiu com o grau de anjos da guarda dos seres que Ele ligou a vocês, e espera que retribuam à altura da confiança que Ele tem em vocês. Saibam que, aos olhos de Deus, os divinos Tronos são seus pais e vocês, agora, são os seus padrinhos, ou anjos da guarda.

— Santo Deus!!! — exclamamos todos nós.

E ele nos disse:

"Santíssimo Ele é, irmãos amados. Portanto, santifiquem-se! Senão O decepcionarão, porque se Ele não confiasse em vocês, não os teria ungido com o grau de anjos da guarda desses Seus filhinhos. Saibam que cada um de vocês assumiu um desses cardumes ou enxames de seres elementais. Orgulhem-se, pois se na terra é uma honra quando alguém é convidado para ser o padrinho de uma criança, ser eleito por Deus como o padrinho humano de milhões de Seus filhinhos é, no mínimo, uma dádiva divina!"

Depois de ouvirmos isso de nosso mestre instrutor, fomos convidados por ele para conhecermos seus afilhados, assumidos há 700 anos. Surpresos, vimos não mais um cardume ou enxame, mas sim, vários milhões de seres elementais já "amadurecidos", porque durante sete séculos já vinham absorvendo as irradiações energéticas e captando as vibrações de fé, amor e conhecimento do nosso querido mestre instrutor, o imortal filósofo Aristóteles, de tão boa memória para os espíritos humanos.

E aqueles seres, já amadurecidos, cercaram-no e o envolveram em uma indescritível irradiação de amor antes jamais vista por nós, os discípulos de seu amor a Deus, fé nos seres e conhecedor profundo das razões divinas.

Mas o mais incrível é que, no meio daquele imensurável grupo de seres elementais, destacavam-se muitos líderes, que agrupavam às suas voltas os seus irmãozinhos afins. E todos se agrupavam ao redor de uma jovem mãe elemental, que acolheu mestre Aristóteles como seu par humano, pois ela já era a líder daquele grupo antes de ele apadrinhá-lo.

Vendo nossa surpresa, ele explicou-nos:

— Irmãos, esta nossa irmã elemental tem a mim na conta de seu par ideal. E isto, se levado aos procedimentos dos espíritos encarnados, é como se eu fosse o esposo dela, ainda que as coisas aconteçam em nível mental, energético e vibratório. Saibam que o acelerado desenvolvimento do corpo energético dela e a acentuação de sua forma humana advém da intensa absorção da energia que irradio e que ela capta continuamente. E, se a forma dela já é visível aos seus olhos, ainda pouco acostumados às energias elementais, saibam que aos meus olhos ela é tão visível quando é para vocês a forma de uma mulher do plano material.

O fato é que mestre Aristóteles irradia uma luz azul celeste que forma uma aura de vários metros à sua volta, e quando se aproximou daquela jovem mãe elemental, ela se azulou toda e aí ficou bem visível aos nossos olhos toda a beleza e feminilidade dela, que só se afastou dele quando partimos daquela dimensão elemental básica ou pura, que era a dimensão aquática. E em cada uma das dimensões que visitamos, mestre Aristóteles nos conduziu, primeiro aos Tronos Elementares sustentadores da vida dentro delas.

Depois, levou-nos para conhecermos seus afilhados que nelas vivem, porque em todas ele os possui aos milhões. E todos evoluindo aceleradamente; e amparados por jovens mães elementais que têm nele seu par ideal e que, no plano material, seria o esposo ideal para uma mãe de muitos filhos de Deus. Ele forma com cada uma delas um par de padrinhos ungidos por Deus como os anjos da guarda daqueles seres elementais.

— Incrível, não? — exclamei.
— Divino, mestre Benedito! — respondeu-me ele, muito sério.

Bem, o que aqui descrevi, só o fiz porque mestre Aristóteles instruiu-me para fixar isto no plano material, pois assim talvez floresça um novo conhecimento acerca dos objetivos de Deus para conosco, os encantados que foram espiritualizados. Deus confia em nós e esperará o tempo que precisarmos para nos ungir com suas dádivas divinas. Aprendam, evoluam, ascendam, religuem-se com os divinos e sagrados Orixás, filhos de Umbanda, pois se nas sete dimensões básicas que visitei fui, em cada uma delas, ungido com a dádiva divina chamada de "Anjo da Guarda" de seres elementais puros, é porque Deus viu em mim um espírito humano apto a ser o padrinho espiritual de Seus amados filhos elementais puros. Ele viu no meu conhecimento, na minha fé e no meu amor a todos os Seus filhos um exemplo a ser irradiado àqueles Seus filhinhos e a ser perpetuado no tempo.

Tal como nos disse mestre Aristóteles, hoje eles se espelham em nós e nós nunca mais os esqueceremos ou deixaremos de vigiá-los e de nos preocuparmos com a evolução e o bem-estar deles, os nossos amados filhinhos elementais puros!

E hoje, mais do que nunca em nossas vidas, sentimo-nos gratos a Deus por nos ter espiritualizado e nos guiado, por intermédio de nossos amados Orixás, os nossos padrinhos divinos, durante nosso estágio humano da evolução. Não vou citar aqui os nomes dos mestres e mestras de Umbanda que comigo formam o nosso grupo de "padrinhos". Mas todos se ligaram a incontáveis afilhados em todas as sete dimensões básicas.

Se em um é um dos sete sentidos que se sobressai, sempre secundados por dois outros, formando seu triângulo da vida, muitos triângulos vivos agora estão ligados às dimensões elementais, fornecendo a elas padrinhos e madrinhas espirituais, que só puderam ser ungidos com esta dádiva divina porque se religaram com os divinos Orixás, que são os Tronos de Deus e formam toda uma hierarquia divina que sustenta a evolução em todas as dimensões da vida.

Bem, depois dessas revelações, únicas até hoje no plano material, esperamos que entendam melhor o que são as qualidades comuns a todos os seres e como, por comparações, nós denominamos as sete dimensões básicas, já conhecidas por nós, com nomes de matérias ou substâncias materiais, pois estas são a materialização das energias elementais.

- A dimensão básica cristalina é formada por um elemento neutro, que no plano material encontramos como "cristais".
- A dimensão básica mineral é formada por um elemento bipolar, que no plano material encontramos como "minerais".
- A dimensão básica vegetal é formada por um elemento neutro, que no plano material encontramos como "vegetais".
- A dimensão básica ígnea é formada por um elemento bipolar, que no plano material encontramos como "fogo".
- A dimensão básica eólica é formada por um elemento bipolar, que no plano material encontramos como "gases" ou no ar.
- A dimensão básica telúrica é formada por um elemento bipolar, que no plano material encontramos como "terras".
- A dimensão aquática é formada por um elemento bipolar, que no plano material encontramos como "águas".

Então, temos isto nos "elementos-energias":

Cristal = elemento neutro

Mineral = elemento bipolar

Vegetal = elemento neutro

Ígneo = elemento bipolar

Eólico = elemento bipolar

Telúrico = elemento bipolar

Aquático = elemento bipolar

Já o magnetismo dos elementos, está assim classificado:

Cristal = positivo — neutro — negativo

Mineral = positivo — negativo

Vegetal = positivo — negativo

Ígneo = positivo — negativo

Eólico = positivo — negativo

Telúrico = positivo — negativo

Aquático = positivo — neutro — negativo

Saibam que este conhecimento inexistia no plano material até agora, filhos de Umbanda. Então, de posse deste conhecimento, já podemos avançar no nosso comentário a respeito das hierarquias divinas, pois, se temos sete

As Bases das Hierarquias dos Orixás

dimensões básicas ou elementais puras, também temos sete Orixás básicos ou puros. Vamos nominá-los?

Vamos. Mas ainda usaremos os nomes das matérias ou substâncias bem conhecidas por nós, e que são aceitos pelos senhores Orixás como a melhor classificação já feita para designá-los corretamente.

Eis a classificação, filhos de Umbanda!

Dimensão básica	**Orixá regente**
Cristalina	Orixá Cristalino ou dos cristais
Mineral	Orixá Mineral ou de minerais
Vegetal	Orixá Vegetal ou dos vegetais
Ígnea	Orixá Ígneo ou do fogo
Eólica	Orixá Eólico ou do ar
Telúrica	Orixá Telúrico ou da terra
Aquática	Orixá Aquático ou das águas

São sete dimensões básicas ou elementais e sete Orixás elementais regendo-as. Eis a sólida base das hierarquias divinas, que chegam até as tendas de Umbanda usando os nomes das matérias ou substâncias, mostrando e comprovando por que esta classificação é a mais correta e a mais aceita pelos senhores Orixás.

Afinal, se eles são os Tronos Regentes da Natureza, dissociá-los dela é um contrassenso muito grande, não?

E a maior prova de que assim devem ser classificados está justamente nas linhas de ação e de trabalho espiritual identificadas por nomes simbólicos, mas que não as dissociam dos Orixás que as regem, pois temos Caboclos do Fogo, Caboclas das Águas, Caboclos do Tempo, Caboclas do Ar, Caboclos das Pedras, Caboclas das Matas, e assim por diante, certo?

Observem os nomes das linhas de Umbanda, hierarquias formadas por espíritos religados aos senhores Orixás, que são seus ancestrais padrinhos, e comprovarão que não aconteceram dissociações entre elas e os Orixás que as regem e que manifestam seus mistérios por intermédio dos espíritos, seus manifestadores "espiritualizados".

Afinal, temos:

Sete Cachoeiras (Oxum)

Sete Pedreiras (Iansã)

Sete Pedras (Oxum)

Sete Penas (Oxalá)

Sete Folhas (Oxóssi)

Sete Raios (Xangô)

Sete Cobras (Oxumaré)

Sete Cruzes (Obaluaiê)

Sete Espadas (Ogum)

Sete Flechas (Oxóssi)

Sete Montanhas (Xangô), etc.

Todos eles são manifestadores dos mistérios regidos pelos Orixás, que são Tronos de Deus, e são em si mesmos os muitos mistérios divinos já individualizados, mas que continuam interligados entre si, formando a hierarquia divina.

Assim, temos sete Orixás elementais, que já sabemos como nominá-los pois seus nomes são os de matérias ou substâncias encontradas no plano material da dimensão humana.

Estes sete Orixás regem as sete dimensões básicas ou elementais puras e estão na base de todas as hierarquias divinas que dão sustentação à evolução dos seres.

Servindo-os dentro das dimensões elementais regidas por eles, encontramos tantos Tronos (ou Orixás) Elementais assentados que não nos é possível quantificá-los.

Não podemos dizer que existem "X" Orixás elementais do fogo. Ninguém conseguiria fazer um senso populacional na dimensão elemental ígnea. E quem ousar algo nesse sentido é porque nada sabe acerca do assunto ou está tentando se mostrar profundo conhecedor de um universo tão grande, mas está se iludindo.

Estes Orixás assentados nas dimensões básicas são genuínos pais e mães divinos e dedicam suas vidas ao amparo dos inconscientes filhos de Deus, ainda em estado puro, pois se "alimentam" só de uma energia elemental, ainda que formada por várias essências.

As essências estão para os elementos na mesma proporção que um átomo está para o sol, para que tenham uma ideia aproximada do que seja essência e elemento.

Assim como se combinam vários minérios para se obter uma liga, Deus combina várias essências para obter um elemento.

Assim, se um elemento é puro na sua aparência, ele no entanto foi formado a partir de um composto de essências. E nós aprendemos que em um elemento estão várias essências, as quais, combinadas, dão origem a ele.

Este conhecimento ainda não está aberto ao plano material. Por isso, não vamos revelar quais as essências e em que proporção surgem os elementos fogo, água, terra, ar, mineral, vegetal e cristal, que formam as sete dimensões básicas. Aqui, desejamos somente passar-lhes um pouco do mistério divino que tem regulado a evolução de todos os seres, incluindo a minha e a de vocês, filhos de Umbanda. Afinal, chega de terem de se perguntar de onde vieram ou para onde estão indo, e não obterem respostas corretas.

Nós temos ensinado em nossos comentários toda a evolução dos seres corretamente. E se insistimos nesse assunto é porque as "Bíblias" existentes no plano material são tão "vagas" acerca disso que chegam a ensinar que a mulher surgiu de uma costela de Adão, tirada dele por Deus enquanto ele dormia.

Para quem aprecia histórias neste estilo, até que esta é original, ainda que meio infantil, pois pressupõe um Deus pouco imaginativo e dependente do homem.

E nós bem sabemos que a criação divina não se realizou em função só do homem, que é só mais uma das múltiplas criações de Deus. Mas o antropocentrismo explica este apego dos intérpretes das coisas divinas à dependência de Deus em relação a nós, os humanos.

Cada povo, ao seu tempo, construiu sua teologia e se ela os tem sustentado no caminho reto que conduz a Deus, ótimo!

Só que não podemos deixar de ensinar aos filhos de Umbanda uma parte do mistério de suas origens, dos estágios da evolução, dos seus destinos futuros e excelsos, nem deixar de mostrar-lhes as hierarquias divinas que sustentam os estágios da evolução que já vivenciaram, ou o próximo, que os angelizará e universalizará.

Assim, na base das hierarquias planetárias regidas por Deus estão os senhores Orixás elementais, todos eles "Tronos de Deus!"

Então temos, nas hierarquias, estas bases elementais que, por estarem assentadas nas dimensões básicas ou elementais puras, irradiam-se por todas as linhas de forças e nos alcançam aqui no plano material. Um Caboclo do Fogo é um irradiador de energias ígneas cuja fonte supridora encontra-se na dimensão elemental ígnea ou do fogo. Já um Caboclo Sete Folhas ou das Matas é irradiador de energias cuja fonte está na dimensão vegetal pura ou elemental-vegetal.

A base ou dimensão elemental é que sustenta as irradiações energéticas dos Caboclos, sejam eles das matas, das pedras, da água, etc.

O Caboclo, ou outro espírito, é o irradiador último pois é ele quem chega até nós, aqui no plano material. Mas a sua fonte energética está localizada em uma das dimensões elementais. E nelas estão as bases de todas as hierarquias que atuam no Ritual de Umbanda Sagrada, assim como nelas estão os fundamentos energéticos das linhas de Umbanda, também chamadas de linhas de lei, de ação e reação e de trabalho espiritual.

É certo que, desde os Senhores Orixás Elementais até os Caboclos de Umbanda, existe toda uma estrutura ou hierarquia atuante. Mas o que desejamos aqui é salientar que um Caboclo tem ligações com a própria base das hierarquias, pois nelas estão as energias elementais puras e delas ele recebe toda uma irradiação energética que o torna irradiador dessas poderosas energias.

Para que tenham uma ideia do quanto são poderosas as energias elementais, basta compararmos um grão de feijão, que possui a vitamina "ferro", essencial ao organismo de uma pessoa, com um pedaço de ferro do tamanho de um grão de feijão.

Notem que no feijão só existem átomos de ferro, já combinados com outros, e que formam a vitamina "ferro", essencial ao organismo de uma pessoa. Já no pedaço de ferro do tamanho de um grão de feijão, existem tantos átomos de ferro quanto em cem quilos de feijão. Ou mais!

Então, com esta comparação, dá para termos uma noção do quão poderoso é um fluxo energético puro de energia elemental, certo?

Outro exemplo ao qual podemos recorrer é comparando vitaminas de cálcio com o cálcio que nosso organismo absorve de um quilo de carne bovina. Um vidro de cálcio equivale a cem quilos de carne bovina, ou até mais. Logo, se alguém está com deficiência de cálcio, deve comer muita carne bovina ou tomar alguns gramas de vitamina de cálcio que logo o organismo se recupera.

Trazendo este exemplo para o campo das energias, se um Caboclo precisar irradiar o espírito desenergizado de uma pessoa, ele tanto pode irradiá-lo diretamente com as energias elementais (as vitaminas), como pode recomendar à pessoa que acenda velas ao seu anjo da guarda, tome banhos de mar e beba por um certo período um tipo de chá que também energiza o corpo energético-espiritual.

Mas saibam que os Caboclos são como os médicos e só recomendam o tratamento correto aos seus consulentes. E, assim como os médicos, só recomendam as vitaminas em certos casos. Os Caboclos também só recorrem às energias elementais puras em certas ocasiões, pois, dependendo da origem do desequilíbrio energético, basta corrigir uma distorção consciencial que cessa a fraqueza energética do espírito encarnado.

Com isso explicado, esperamos que agora entendam por que o Ritual de Umbanda Sagrada recomenda que os médiuns realizem "trabalhos" nos pontos de forças, já que é neles que as energias elementais puras nos chegam até o plano material.

E quem já realizou trabalhos à beira-mar, nas matas ou em cachoeiras sabe muito bem como acontece esta rápida energização: chegam fracos e apáticos e logo estão energizados e bem dispostos. Leves, mesmo!

O que de fato acontece é que, assim que o médium se coloca em sintonia vibratória com as energias elementais que estes pontos de força irradiam continuamente, o corpo energético de seu espírito começa a absorvê-las em tão grande quantidade que logo se reenergiza por completo.

Portanto, realizar trabalhos ou rituais religiosos nas cachoeiras, nas matas ou à beira-mar é ciência espiritual por excelência, e não o que dizem os detratores da Umbanda, que, por desconhecerem os campos energéticos elementais, chamam tais práticas religiosas de fetichismo.

Os tolos detratores, por desconhecerem esta ciência energética, preferem o interior dos templos fechados, todos sobrecarregados das energias enfermiças irradiadas por pessoas desequilibradas emocionalmente ou obsediadas por espíritos sofredores que, tal qual mata-borrões, absorvem-lhes as energias, deixando-os sonolentos, cansados e enfadados.

A Umbanda, por trás de seu suposto fetichismo, oculta toda uma ciência energética que os guias de Umbanda conhecem muito bem e a usam quando recorrem aos banhos de ervas, de sal grosso, de pólvora, de arruda, de guiné, de espada-de-são-jorge, de rosas brancas, etc.

Desses elementos minerais e vegetais, eles retiram e manipulam uma infinidade de energias e as aplicam aos combalidos espíritos das pessoas que afluem aos centros de Umbanda nos dias de trabalhos espirituais.

Logo, que cada umbandista trate de estudar um pouco pois aí terá argumentos realmente científicos para responder aos detratores da Umbanda, que sentem um prazer mórbido quando os chamam de macumbeiros, só porque vocês lidam com energias condensadas... e nem sabem o que estão fazendo.

Estudem, médiuns de Umbanda!

Aprendam um pouco acerca desta ciência energética e aí, quando forem à beira-mar, a uma cachoeira ou mata, a mando dos seus guias espirituais, então aí sim, acessarão mais intensamente as energias elementais que estes pontos de forças naturais irradiam o tempo todo, pois, em nível vibratório, eles são ligados às dimensões básicas ou elementais puras, regidas pelos senhores Orixás elementais, que estão nas bases das hierarquias e linhas de Umbanda Sagrada.

E, porque assim é, vocês devem estudar os Orixás a partir de suas bases ou sempre haverá uma lacuna em vossos conhecimentos de Umbanda.

Aqui vamos revelar as bases das hierarquias e tecer rápidos comentários a respeito dos Senhores Orixás Elementais que estão assentados nas dimensões puras ou básicas, formadas por um só elemento, mas não só por uma essência. Lembrem-se disso pois, nas hierarquias, quando saímos das dimensões puras e adentramos nas dimensões mistas, aí encontramos um novo oceano energético formado por vários elementos.

Antes de montarmos as hierarquias, vamos lembrá-los da importância do magnetismo no estudo dos Orixás, pois, tal como em um "ímã", os elementos também são possuidores dessa bipolaridade.

O polo positivo (+) é o polo mais rarefeito porque é irradiante. Já o polo negativo (-) é mais denso porque é concentrador.

Saibam que as essências fluem por todo o Universo, em todas as dimensões e suas faixas vibratórias. Já os elementos puros fluem através das correntes magnéticas, que são linhas de forças por onde as energias fluem.

Um polo irradiante é como um sol e irradia um tipo de energia em todas as direções. Já um polo absorvente, capta energias por todos os lados, mas só as irradia em uma única direção.

Por isso, as irradiações dos polos magnéticos positivos são "raiadas" como as irradiações solares e as irradiações dos polos negativos são unidirecionais, como a luz de uma lanterna, que só ilumina onde focamos seu facho luminoso.

Mas isto se explica porque o magnetismo de um polo negativo é semelhante à gravidade da terra: puxa tudo para o seu centro, exercendo uma atração sobre todos os corpos ou matérias existentes no planeta. Mas quando a pressão interna é muito alta, então explode como uma panela de pressão, criando os vulcões. Só que nos polos magnéticos negativos das dimensões elementais as coisas acontecem de outra forma. Vamos fazer uns gráficos para que entendam como eles funcionam.

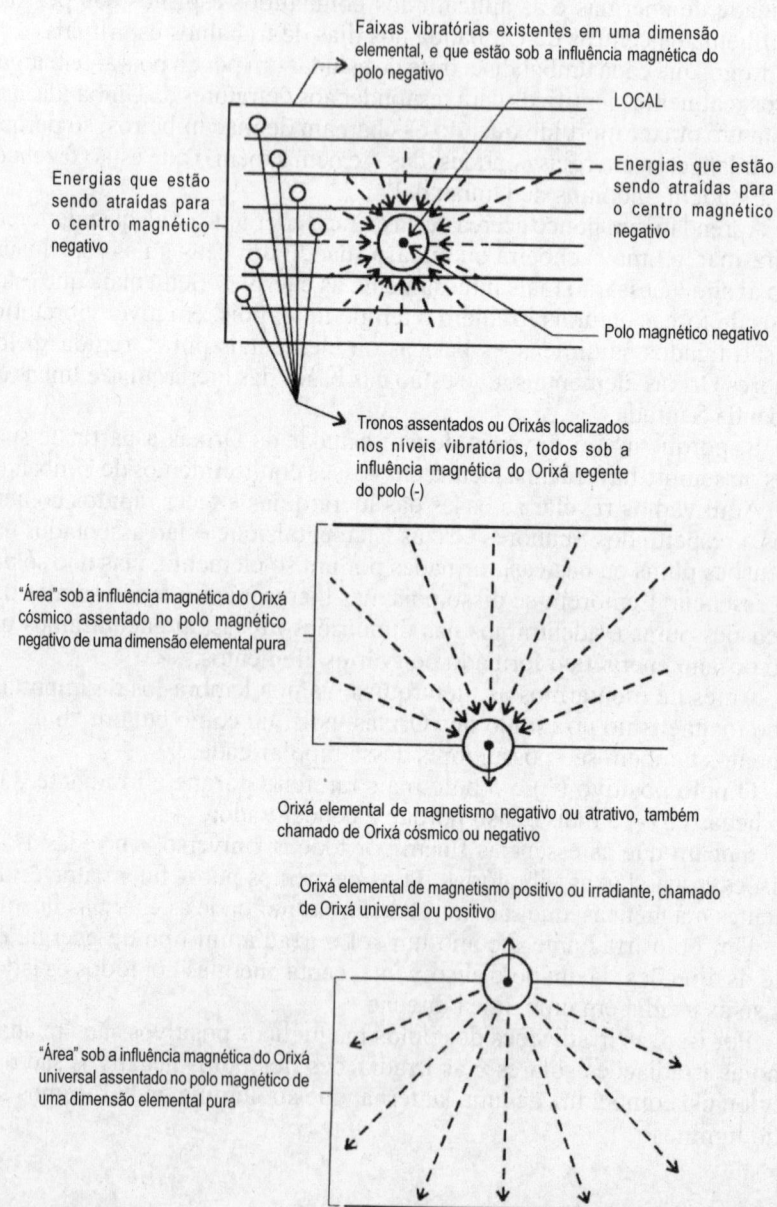

Faixas vibratórias existentes em uma dimensão elemental, e que estão sob a influência magnética do polo negativo

LOCAL

Energias que estão sendo atraídas para o centro magnético negativo

Energias que estão sendo atraídas para o centro magnético negativo

Polo magnético negativo

Tronos assentados ou Orixás localizados nos níveis vibratórios, todos sob a influência magnética do Orixá regente do polo (-)

"Área" sob a influência magnética do Orixá cósmico assentado no polo magnético negativo de uma dimensão elemental pura

Orixá elemental de magnetismo negativo ou atrativo, também chamado de Orixá cósmico ou negativo

Orixá elemental de magnetismo positivo ou irradiante, chamado de Orixá universal ou positivo

"Área" sob a influência magnética do Orixá universal assentado no polo magnético de uma dimensão elemental pura

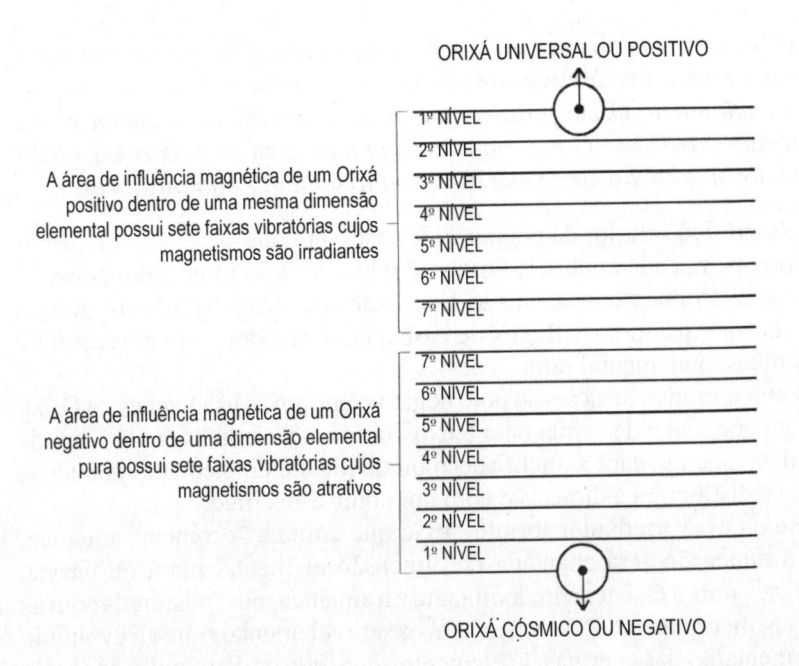

As Bases das Hierarquias dos Orixás

ORIXÁ UNIVERSAL OU POSITIVO

A área de influência magnética de um Orixá positivo dentro de uma mesma dimensão elemental possui sete faixas vibratórias cujos magnetismos são irradiantes:
- 1º NÍVEL
- 2º NÍVEL
- 3º NÍVEL
- 4º NÍVEL
- 5º NÍVEL
- 6º NÍVEL
- 7º NÍVEL

A área de influência magnética de um Orixá negativo dentro de uma dimensão elemental pura possui sete faixas vibratórias cujos magnetismos são atrativos:
- 7º NÍVEL
- 6º NÍVEL
- 5º NÍVEL
- 4º NÍVEL
- 3º NÍVEL
- 2º NÍVEL
- 1º NÍVEL

ORIXÁ CÓSMICO OU NEGATIVO

5- ORIXÁ ELEMENTAL POSITIVO

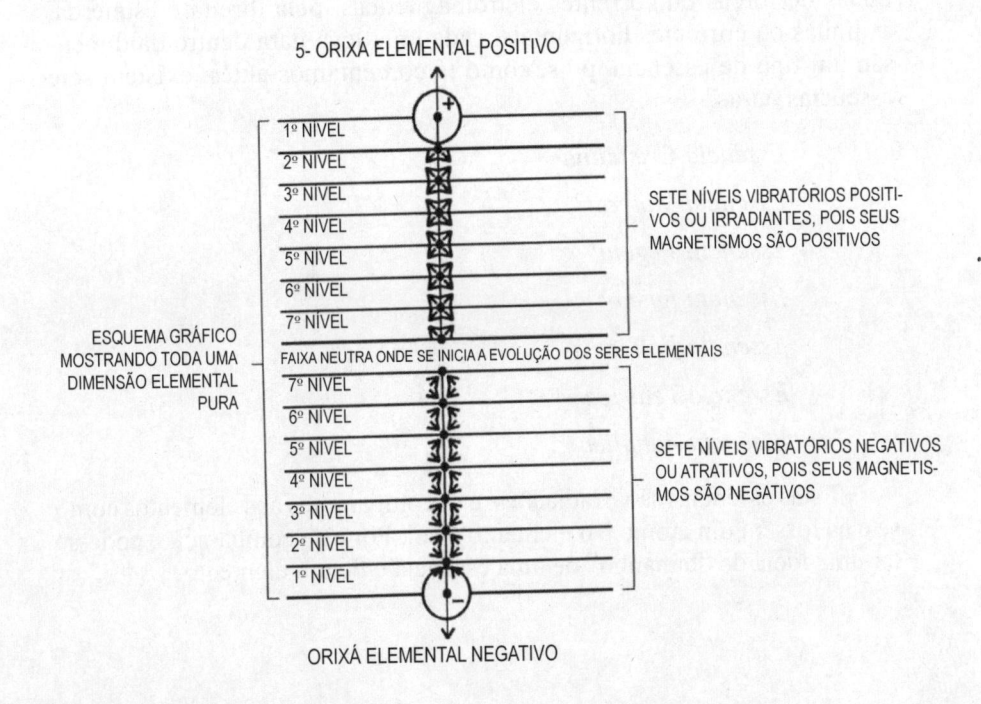

ESQUEMA GRÁFICO MOSTRANDO TODA UMA DIMENSÃO ELEMENTAL PURA

- 1º NÍVEL
- 2º NÍVEL
- 3º NÍVEL
- 4º NÍVEL
- 5º NÍVEL
- 6º NÍVEL
- 7º NÍVEL

SETE NÍVEIS VIBRATÓRIOS POSITIVOS OU IRRADIANTES, POIS SEUS MAGNETISMOS SÃO POSITIVOS

FAIXA NEUTRA ONDE SE INICIA A EVOLUÇÃO DOS SERES ELEMENTAIS

- 7º NÍVEL
- 6º NÍVEL
- 5º NÍVEL
- 4º NÍVEL
- 3º NÍVEL
- 2º NÍVEL
- 1º NÍVEL

SETE NÍVEIS VIBRATÓRIOS NEGATIVOS OU ATRATIVOS, POIS SEUS MAGNETISMOS SÃO NEGATIVOS

ORIXÁ ELEMENTAL NEGATIVO

Observem que nos sete níveis positivos estão assentados os Orixás elementais puros, irradiadores de energias e vibradores do mesmo magnetismo irradiante do Orixá positivo que dá sustentação às faixas ou níveis vibratórios positivos. O mesmo não acontece com as faixas ou níveis vibratórios negativos, onde os Orixás ali assentados são atratores.

No gráfico inferior da página 273, observem que as sete faixas vibratórias possuem, cada uma, sete Orixás assentados nos entrecruzamentos ou correntes eletromagnéticas. Nós as chamamos de eletromagnéticas porque é por elas que passam os fluxos de essências formadoras do elemento de uma dimensão elemental pura.

Pelas entradas verticais do polo negativo entram as irradiações do Orixá essencial que emite de "cima para baixo" uma essência, mas em tão grande quantidade que ela dará a qualificação ou qualidade do elemento que ali se formará e distinguirá a dimensão com um nome específico.

Se o Orixá irradiador for um Orixá que emite a "essência" aquática, então a dimensão será chamada de dimensão elemental pura, ou básica, "aquática", pois a essência predominante é a aquática, que, misturada com as outras em menor quantidade, sustentará os seres elementais que ali evoluirão e se alimentarão das energias do elemento água, que os distinguirá dos seres elementais puros que vivem na dimensão fogo, ou ar, etc.

Observem que, se do alto só entra um tipo de essência por todas as linhas de forças ou correntes eletromagnéticas, pela direita e esquerda, as linhas ou correntes horizontais, cada uma leva para dentro da dimensão um tipo de essência, pois, como já comentamos antes, existem sete essências puras:

Essência Cristalina

Essência Mineral

Essência Vegetal

Essência Ígnea

Essência Eólica

Essência Telúrica

Essência Aquática

Estas essências são irradiações, e as comparamos aos elementos como se elas fossem um átomo e o elemento o sol. Por esta comparação, pode-se ter uma ideia do "tamanho" de uma essência e de um elemento.

As Bases das Hierarquias dos Orixás

Orixá essencial que distinguirá
no elemento que formará a dimensão elemental pura

POLO MAGNÉTICO POSITIVO
(ORIXÁ ELEMENTAL)

Níveis positivos com entradas horizontais de "essências"
- 1º NÍVEL
- 2º NÍVEL
- 3º NÍVEL
- 4º NÍVEL
- 5º NÍVEL
- 6º NÍVEL
- 7º NÍVEL

FAIXA NEUTRA   FAIXA NEUTRA

Níveis negativos com entradas de "essências"
- 7º NÍVEL
- 6º NÍVEL
- 5º NÍVEL
- 4º NÍVEL
- 3º NÍVEL
- 2º NÍVEL
- 1º NÍVEL

POLO MAGNÉTICO NEGATIVO
(ORIXÁ ELEMENTAL)

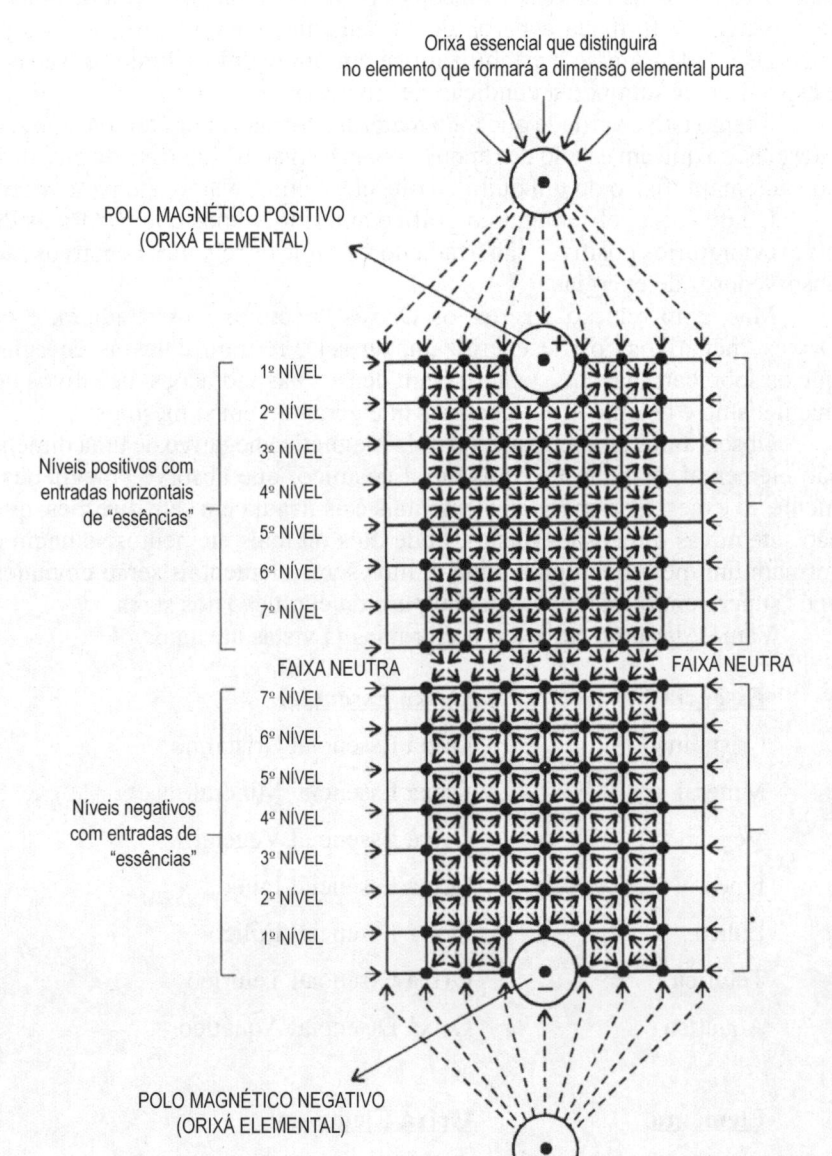

Orixá natural que absorverá o excesso de energia elemental

Saibam que as energias elementais são formadas a partir de "amálgamas essenciais". E as naturais são formadas a partir de "amálgamas elementais". Já a matéria é formada a partir de "amálgamas energéticos", nos quais energias condensam-se e estabilizam-se em um padrão vibratório passivo e específico, assumindo a condição de "matéria".

E tanto isto é verdade que toda matéria é formada por átomos, que são energias, só que em estado de repouso ou apassivadas. Em caso de dúvidas, consultem um físico ou um químico que eles comprovarão isto para vocês.

O fato é que, observando o gráfico anterior, vemos que os Orixás de níveis vibratórios positivos são irradiadores e que os regentes negativos são absorvedores de energias.

Mas, com relação a seres, os Orixás "positivos" os irradiam, e os Orixás "negativos" os desenergizam, ou seja, retiram deles as energias que os sobrecarregavam e os tornavam densos nas vibrações, negativos no magnetismo e cósmicos nas energias que geravam em si mesmos.

Observamos também que, no polo magnético negativo de uma dimensão elemental, está um Orixá Natural cósmico, que absorve "magneticamente" o excesso de energias elementais e as irradia em sete direções, que são sete novas dimensões mistas, onde dois ou mais elementos se unem e formam um meio novo para onde muitos seres elementais serão enviados após superarem o estágio elemental puro da evolução dos seres.

Vamos dar uma parte das hierarquias já vistas até aqui:

Essência	**Orixá Essencial**
Cristalina	Orixá Essencial Cristalino
Mineral	Orixá Essencial Mineral
Vegetal	Orixá Essencial Vegetal
Ígnea	Orixá Essencial Ígneo
Eólica	Orixá Essencial Eólico
Telúrica	Orixá Essencial Telúrico
Aquática	Orixá Essencial Aquático

Elemento	**Orixá Elemental**
Cristal	Orixá Elemental Cristalino
Mineral	Orixá Elemental Mineral
Vegetal	Orixá Elemental Vegetal
Fogo	Orixá Elemental Ígneo

Ar	Orixá Elemental Eólico
Terra	Orixá Elemental Telúrico
Agua	Orixá Elemental Aquático

Elemento	**Dimensão Elemental Pura**
Cristal	Dimensão Cristalina
Mineral	Dimensão Mineral
Vegetal	Dimensão Vegetal
Fogo	Dimensão Ígnea
Ar	Dimensão Eólica
Água	Dimensão Telúrica
Terra	Dimensão Aquática

Então, temos:

• *Sete essências e sete Orixás Essenciais*

• *Sete elementos e sete Orixás Elementares*

• *Sete dimensões com sete níveis vibratórios positivos*

• *Sete níveis vibratórios negativos*

Em cada dimensão temos quarenta e nove Orixás Regentes de níveis positivos e um mesmo número de regentes negativos, só para as dimensões elementais básicas ou puras.

Como temos sete dimensões puras, então nos níveis vibratórios delas nós já temos 686 Orixás elementais assentados e formando sete bases hierárquicas puras ou elementais, as quais darão sustentação a todas as hierarquias que posteriormente surgem, já nas dimensões bielementais ou duais, nas trielementais ou mistas, e nas tetraelementais ou naturais.

As dimensões formadas por quatro elementos são chamadas de naturais porque formam quatro polos, quadriculam o círculo, que é a própria dimensão, e direcionam "magneticamente" os seres já a partir da consciência que estão despertando, sempre de acordo com a natureza íntima desenvolvida no decorrer dos estágios evolutivos anteriores.

Saibam que o crescimento ou multiplicação das hierarquias obedece à progressão geométrica, e cada desdobramento elemental que surge para dar início a uma nova dimensão também desdobra a hierarquia básica. E assim, cada um dos Orixás Regentes assentados nos entrecruzamentos das dimensões elementais puras ou básicas dá início a sete novas hierarquias, onde os novos Orixás já serão bipolares, ou de dupla polaridade, pois tanto irradiarão como absorverão as energias da nova dimensão onde estarão assentados.

E estes Orixás "duais" ou de dupla polaridade magnética darão início ao surgimento das hierarquias positivas e negativas nos níveis vibratórios horizontais, e que na Umbanda conhecemos como direita e esquerda.

Só que estes Orixás duais não se guiam pelos mesmos princípios da Umbanda, pois à sua direita assentam-se Tronos (ou Orixás) masculinos e à sua esquerda assentam-se Tronos (ou Orixás) femininos.

Foi nas hierarquias regidas por estes Orixás duais que os idealizadores do Ritual de Umbanda Sagrada se espelharam quando hierarquizaram as linhas de lei da Umbanda, pois nos polos positivos temos Caboclos e caboclas e nos polos negativos temos Exus e Pombagiras, que formam linhas mistas.

Nas linhas onde o Caboclo é ativo, a cabocla é passiva, e onde o Exu é ativo, a Pombagira é passiva.

- *O ativo é incorporante*

- *O passivo não é incorporante*

Ambos atuam em perfeita sintonia vibratória: o ativo atua voltado para a dimensão humana e o passivo atua voltado para alguma dimensão natural.

Assim, o par vibratório afim abrange um campo de ação muito maior. E não raro, os guias de Umbanda, que são espíritos, formam pares vibratórios com os nossos irmãos que evoluem sem o recurso do ciclo reencarnacionista, possibilitando a eles uma assimilação dos recursos que os espíritos têm e que lhes falta.

E o mesmo acontece com os guias espirituais, os quais assimilarão recursos que só os seres naturais possuem, pois vivem e evoluem sob a irradiação vertical ou direta dos senhores Orixás.

Estes pares vibratórios facultam um intercâmbio "cultural" que acelera a evolução, tanto do ser natural quando do ser espiritualizado, que somos nós, os espíritos humanos.

As trocas energéticas aceleram as vibrações magnéticas e mentais dos espíritos e desaceleram a dos seres naturais, possibilitando aos espíritos maior absorção de energias elementais puras através dos chacras, e aos seres naturais maior absorção das energias do plano material onde vivem os espíritos encarnados.

Os espíritos, ao absorverem mais energias elementais puras, tornam-se mais irradiantes e as energias que irradiam são muito mais "fortes" que as dos espíritos que ainda não se religaram com seus regentes naturais.

Basta observarem as manifestações espirituais dos centros de Umbanda e dos centros espíritas.

Nos primeiros, os espíritos são "vibrantes", ativos, expeditos, despachados, etc. Já nos segundos, são iluminados mas pouco vibrantes, passivos, meditativos, cautelosos, etc.

As Bases das Hierarquias dos Orixás

É o contato com a "natureza" e a formação de pares vibratórios com seres naturais que dá estas qualidades magnéticas e energéticas aos espíritos guias de Umbanda, que, se vocês não sabem, também atuam intensamente nos centros espíritas, mas de forma passiva, senão logo tomam a frente dos trabalhos e começam a conduzir todos de volta à natureza e os recolocam sob a regência dos senhores Orixás.

O fato é que centros espíritas que permitem a manifestação de Caboclos e Pretos-Velhos, só o fazem de forma discreta. Mas os melhores dirigentes de centros espíritas são os médiuns de incorporação ativa, e os quais possuem entre seus mentores algum Caboclo ou Preto-Velho.

Que confirmem isto os nossos amados irmãos espíritas, pois no íntimo todos eles amam nossos Caboclos e Pretos-Velhos, que também os amam tanto que aceitam ficar em segundo plano só para não contrariar ninguém e não ferir a pureza da belíssima doutrina espírita, que tanto tem acelerado a evolução dentro do Cristianismo.

O fato é que, pouco a pouco, e discretamente, os nosso Caboclos e Pretos-Velhos vão expandindo suas hierarquias humanas com espíritos despertados para a Luz após serem doutrinados nos centros espíritas. E se fazem isto ainda aqui, no nível terra, é porque sabem que a religação de um espírito com seu regente natural ou Orixá ancestral só acelerará sua evolução e muito mais cedo ele concluirá seu ciclo reencarnacionista.

Nem tudo pode ser revelado ao plano material. Mas isto que aqui comentamos é uma verdade, e que todos os espiritualistas reflitam acerca do que revelamos... e entendam que embora muitos sejam os caminhos que o Criador abriu para nós evoluirmos, todos conduzem a Ele, que é o Senhor dos Caminhos... ou vias evolucionistas.

Bem, achamos que os leitores já têm ideia das bases das hierarquias de Umbanda, que são suas linhas de Caboclos, Pretos-Velhos, Exus, etc. E, também, que aprenderam mais um pouco acerca dos mistérios divinos que denominamos de "Orixás".

Ao encerrarmos este comentário, relembramos os exemplos que usamos no seu início, quando recorremos aos japoneses, aos nigerianos, aos hindus e aos judeus para dizer que, se o fizemos, foi com o intuito de mostrar que aqui na "terra" nós só somos diferentes nas aparências, pois todos somos portadores de qualidades comuns a todos os seres humanos. Também salientamos que os Orixás só são diferentes entre si por causa dos elementos básicos que os sustentam. Mas nas suas essências são portadores de qualidades comuns a todos eles e a nós, quais sejam: o amor, a fé, o conhecimento, a fraternidade, o respeito, etc., qualidades divinas comuns a todos os seres viventes.

Portanto, deixem de olhar com reservas os irmãos de outras raças, culturas e religiões pois os anseios, desejos, necessidades e expectativas de vocês são os mesmos deles, os quais aos olhos do Divino Criador são seus irmãos e filhos Dele, o nosso Pai Divino!

DÉCIMO TERCEIRO CAPÍTULO

As Hierarquias Naturais

Quando comentamos as bases das hierarquias dos Orixás, dissemos que nelas estão assentados os Tronos (ou Orixás) Elementais, nossos pais e regentes ancestrais.

Quando desenhamos os gráficos das hierarquias "dentro" das dimensões elementais puras, mostramos que pelo polo magnético positivo do alto entra a essência irradiada por um Orixá Essencial; que pelas linhas eletromagnéticas horizontais entram as sete irradiações essenciais dos sete Orixás Essenciais, e que pelo polo magnético negativo sai o excesso de energia elemental pura formada dentro da dimensão, onde está um Orixá Natural, que absorve o fluxo energético e o irradia para outras dimensões.

Estas novas dimensões podem ser formadas por apenas dois ou vários elementos, já em estado de "energias" que no novo meio ou dimensão serão condensadas, amalgamadas e distribuídas, segundo as necessidades das suas faixas vibratórias, onde vivem e evoluem os seres que para elas são enviados após superarem o estágio elemental puro da evolução.

Então, temos nos gráficos a exata localização onde encontramos os primeiros Orixás Naturais, pois eles já não irradiam energias elementais puras, e sim são irradiadores de energias naturais ou formadoras de meios mistos, que se destinam a outros estágios da evolução.

Mas na verdade ainda são Orixás elementais, porém já bipolarizados, tanto no magnetismo quanto nas energias. E tanto absorvem quanto irradiam. Eles absorvem energias das dimensões elementais puras e as irradiam para as dimensões mistas.

Estes Orixás são conhecidos como "Tronos Energéticos Naturais", e são indiferenciados pois não são masculinos ou femininos e estão assentados nos vórtices ou chacras planetários multidimensionais, por meio dos quais enviam energias para todas as dimensões que existem neste nosso planeta Terra.

Esses Tronos (ou Orixás) Energéticos irradiam em duas direções ao mesmo tempo pois são bipolares. Porém, são assim porque eles irradiam tanto para o polo positivo quanto para o polo negativo e também para as linhas ou correntes eletromagnéticas positivas horizontais ou para as correntes horizontais negativas, só dependendo de qual polo magnético irão ocupar nas dimensões já mistas.

Se um Orixá ou Trono Energético é irradiador de energias ígneas, ele assume a condição de Trono Energético Negativo, pois energeticamente o fogo é de natureza negativa. Mas só porque o classificamos pela energia que ele irradia, certo?

Entretanto, uma dimensão mista também recebe, através das correntes eletromagnéticas horizontais, as irradiações energéticas dos sete Tronos Energéticos.

Nas páginas seguintes, vamos mostrar isto graficamente.

No primeiro gráfico, só mostramos as entradas e como acontece a distribuição de cima para baixo, e vice-versa. Já no segundo gráfico, denominamos os Tronos Energéticos e os Orixás Naturais irradiadores de suas energias, pois estes já são Orixás "diferenciados".

Então, temos o Trono Energético Aquático, cuja energia é positiva, e temos o Trono Energético Eólico, cuja energia é negativa.

E temos a Orixá Iemanjá, irradiadora natural da energia aquática, e temos o Orixá Ogum, irradiador natural da energia eólica. Estas duas energias se misturam naturalmente e dão origem a um meio energético natural formado por dois elementos complementares.

Se as entradas das energias dos Tronos são por lados opostos nos quadrantes, o mesmo acontece com as entradas das sete energias horizontais. Isso ocorre porque os magnetismos positivo e negativo exigem que assim sejam as entradas, que na verdade são iguais, já que os quadrantes estão colocados em oposição. Mas se virarem o gráfico, verão que tudo é igual; só mudam as entradas horizontais e os nomes dos Tronos Energéticos e dos Orixás Naturais irradiadores das energias que formarão, na faixa neutra, um meio misto apropriado para a evolução dos seres que nele estagiarão. Vamos aos gráficos:

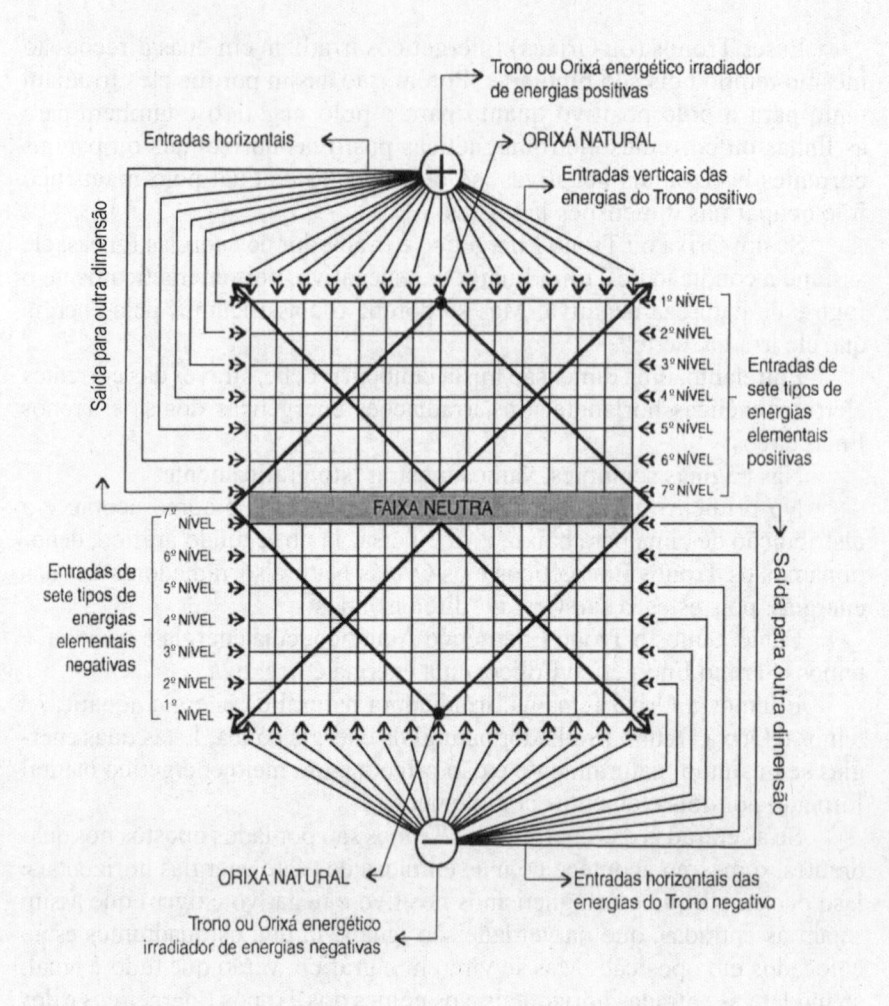

[Figura com diagrama de dois triângulos (positivo e negativo) com faixa neutra entre eles, mostrando entradas e saídas de energias. Legendas:]

- Trono ou Orixá energético irradiador de energias positivas
- Entradas horizontais
- ORIXÁ NATURAL
- Entradas verticais das energias do Trono positivo
- Saída para outra dimensão
- 1º NÍVEL, 2º NÍVEL, 3º NÍVEL, 4º NÍVEL, 5º NÍVEL, 6º NÍVEL, 7º NÍVEL
- Entradas de sete tipos de energias elementais positivas
- FAIXA NEUTRA
- 7º NÍVEL, 6º NÍVEL, 5º NÍVEL, 4º NÍVEL, 3º NÍVEL, 2º NÍVEL, 1º NÍVEL
- Entradas de sete tipos de energias elementais negativas
- Saída para outra dimensão
- ORIXÁ NATURAL
- Entradas horizontais das energias do Trono negativo
- Trono ou Orixá energético irradiador de energias negativas

As setas perpendiculares indicam novas linhas magnéticas que conduzirão os seres masculinos para uma direção e os femininos para outra, separando-os naturalmente e segundo sua natureza íntima, pois uns seguirão evoluindo sob a irradiação da Orixá Natural Iemanjá e outros sob a irradiação do Orixá Ogum. Mas já serão seres bielementais, pois se antes eram somente seres aquáticos ou eólicos, após este segundo estágio serão aquáticos-aéreos ou aéreos-aquáticos.

Neste estágio, os seres desenvolvem seus corpos emocionais ou sua sensibilidade, pois absorveram e incorporaram aos seus sutis corpos energéticos uma nova energia de origem elemental, que será o segundo elemento, e seus polos negativos.

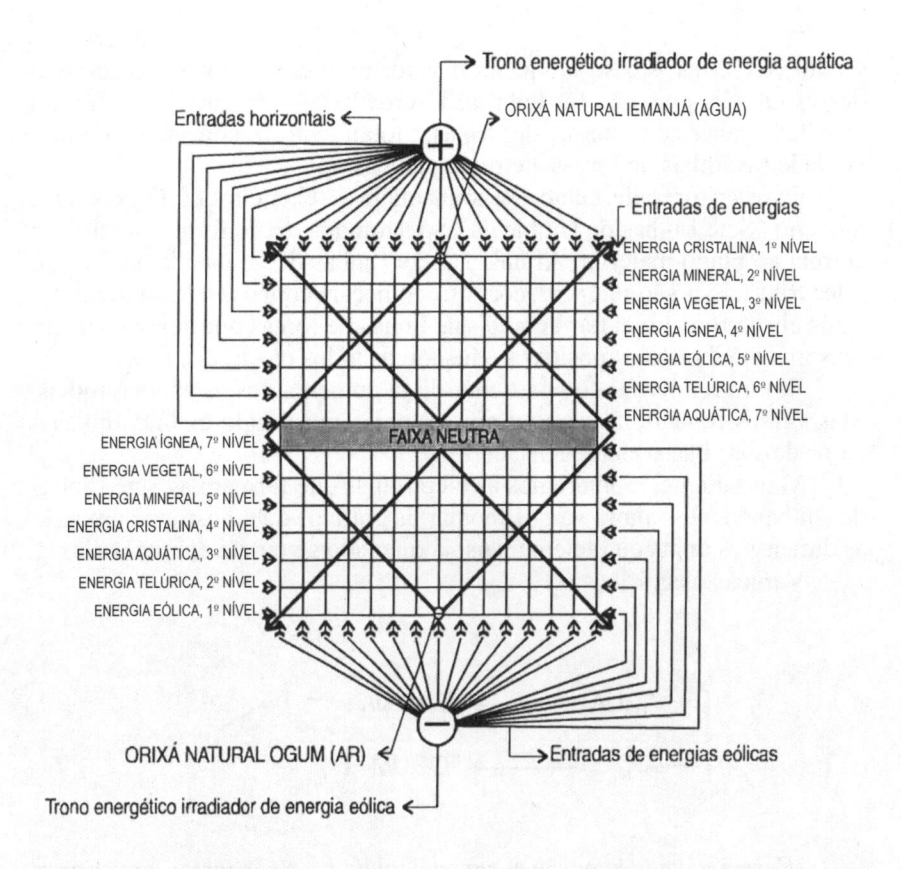

As Hierarquias Naturais 281

→ Trono energético irradiador de energia aquática
ORIXÁ NATURAL IEMANJÁ (ÁGUA)
Entradas horizontais ←
Entradas de energias
ENERGIA CRISTALINA, 1º NÍVEL
ENERGIA MINERAL, 2º NÍVEL
ENERGIA VEGETAL, 3º NÍVEL
ENERGIA ÍGNEA, 4º NÍVEL
ENERGIA EÓLICA, 5º NÍVEL
ENERGIA TELÚRICA, 6º NÍVEL
ENERGIA AQUÁTICA, 7º NÍVEL
ENERGIA ÍGNEA, 7º NÍVEL
FAIXA NEUTRA
ENERGIA VEGETAL, 6º NÍVEL
ENERGIA MINERAL, 5º NÍVEL
ENERGIA CRISTALINA, 4º NÍVEL
ENERGIA AQUÁTICA, 3º NÍVEL
ENERGIA TELÚRICA, 2º NÍVEL
ENERGIA EÓLICA, 1º NÍVEL

ORIXÁ NATURAL OGUM (AR) ←
→ Entradas de energias eólicas
Trono energético irradiador de energia eólica ←

Após esta explicação a respeito do estágio dual ou bielemental, observem os gráficos e vejam que os Orixás Regentes desse estágio da evolução, que acontece "dentro" de uma dimensão dual ou bielemental isolada de todas as outras, recorrem às suas hierarquias formadas à sua direita e esquerda.

Estas hierarquias, à direita, são formadas por Orixás masculinos, e à esquerda, por Orixás femininos. Juntos, ou no mesmo nível vibratório, eles formam pares energéticos já diferenciados pois são Orixás masculinos e femininos com uma mesma formação elemental.

Observem que o mesmo não acontecia com a Iemanjá e o Ogum natural, pois ela é de natureza aquática e ele é de natureza aérea. Mas deste estágio dual ou bienergético surgem os Oguns "ar-água" e "água-ar", assim como surgem as Iemanjás "água-ar" e "ar-água". Essa multiplicação de Orixás não acontece por acaso e sim para dar sustentação mental, magnética, vibratória e energética aos milhões de seres que evoluem nesta dimensão bielemental.

Saibam que o assunto "Orixás" é muito pouco conhecido na Umbanda. E o pouco que já escreveram acerca do mesmo foi mais uma ordenação feita em nível terra e com o parco conhecimento disponível em meados do século XX. Mas isto só bloqueou o verdadeiro conhecimento a respeito desses Orixás, pois não foi feita uma verdadeira hierarquia, mas sim um apanhado genérico de nomes de Orixás, e totalmente desconectados de suas verdadeiras linhas de forças eletromagnéticas.

Os escritores de então desconheciam a "Ciência dos Orixás" e o mistério "Sete Linhas de Umbanda", só agora aberto de forma científica e correta ao plano material. Afinal, as Sete Linhas de Umbanda não são só sete Orixás. Elas são sete vibrações que começam com os Orixás Essenciais e nos chegam no nível terra como sete linhas de forças que acomodam em seus níveis vibratórios positivos e negativos todos os Orixás.

Em outros livros de nossa autoria já comentamos estas hierarquias. Mas vamos rememorá-los aqui pois estamos mostrando as hierarquias a partir de suas bases elementais, certo?

Mais adiante, montaremos as hierarquias que formam as Sete Linhas de Umbanda, pois agora vamos montar os gráficos que mostram como são as dimensões duais ou bielementais, já que tudo se repete em todas elas.

Vamos aos gráficos:

$$\begin{bmatrix} + \text{ ÁGUA} \longrightarrow \text{IEMANJÁ } - \\ - \text{ AR} \longrightarrow \text{OGUM } + \end{bmatrix} >$$

(Formam uma dimensão mista ou dual onde os elementos água e ar se misturam e formam um meio energético próprio para a evolução dos seres elementais aquáticos e eólicos que se afixaram nos níveis vibratórios onde entrava a essência ar na dimensão elemental água pura e onde entrava a essência água na dimensão elemental ar puro.)

Observem que nos gráficos das dimensões elementais puras mostramos que pelo alto entrava só um tipo de essência através das linhas ou correntes eletromagnéticas verticais. Mas nas correntes verticais, mostramos que, em cada um dos níveis, um tipo diferente de essência entrava. Estes níveis não existem por acaso, e sim para que os seres elementais puros que se identificam com outro elemento possam ir absorvendo a essência que os estimula emocionalmente e os atrai magneticamente.

Um ser que é só água, mas se sente estimulado quando absorve a essência ar que lhe chega pela corrente eletromagnética horizontal, será conduzido pela Orixá elemental Iemanjá à dimensão regida pela Orixá Iemanjá. Este ser será acomodado em uma dimensão onde ela forma par magnético com o Orixá Ogum, o irradiador de energia eólica ou aérea, justamente porque o ser "água" se sente atraído pelo magnetismo do elemento ar e é estimulado (emocionado) pela energia que dele absorve.

As Hierarquias Naturais

Leiam tudo o que aqui escrevemos pois esta é a verdadeira Ciência dos Orixás e a única via evolutiva por que passam todos os seres. Nós, também, já passamos por estes estágios.

Aquela colocação de que Deus criou o homem do barro e a mulher de uma costela de Adão é um mito religioso que perdura até nossos dias. Esqueçam-no, pois foi escrito em um tempo em que o desconhecimento acerca das origens dos seres criou muitas histórias semelhantes, as quais até nas lendas dos Orixás as encontramos.

Observem que as entradas horizontais são linhas eletromagnéticas que vão atraindo os seres que se sentem "estimulados" pelas suas energias e vão se acomodando nas faixas vibratórias onde se aquietam ao redor das mães elementais puras assentadas ali, justamente para acolherem os seres que se afinizam com outro elemento, mas ainda lhes chegando na forma de essências.

Observem que o processo se repete no estágio dual, mas, em vez de essências, entram energias elementais através das linhas de forças ou correntes eletromagnéticas horizontais, que têm sempre a mesma finalidade.

Os níveis vibratórios se diferenciam e formam faixas para acolher os seres que se afinizam com o fluxo energético que ali flui em abundância, formando um magnetismo muito atrativo.

Assim, em uma faixa vibratória específica, fixam-se milhões de seres que se afinizam com as energias ali circulantes.

Somente nesta ciência já dá para vislumbrarmos a perfeição de Deus na Sua criação. É algo tão magnífico que às vezes temos dificuldade para entender como Ele atua em nossas vidas.

Vamos mostrar com gráficos como isto acontece.

Nas páginas seguintes, apresentamos o gráfico da Dimensão Elemental Aquática e o gráfico da Dimensão Elemental Eólica.

Observem que na dimensão elemental básica ou água pura, tanto em seu 6º nível vibratório positivo quanto no 6º nível vibratório negativo, estacionaram seres elementais aquáticos que se sentiram atraídos pelas energias eólicas irradiadas na horizontal, ou linha de forças da corrente eletromagnética eólica, que os afixou e acelerou suas evoluções, preparando-os para o segundo estágio ou estágio dual, quando dois elementos afins (água e ar) formarão uma nova dimensão energética onde evoluirão, já desenvolvendo seus emocionais ou polos magnéticos negativos.

O mesmo aconteceu na dimensão elemental eólica básica ou ar puro, porém a identificação dos seres elementais eólicos com o elemento água aconteceu na 3ª faixa vibratória positiva e na 3ª faixa vibratória negativa, por onde flui a energia aquática.

ORIXÁ ESSENCIAL AQUÁTICO

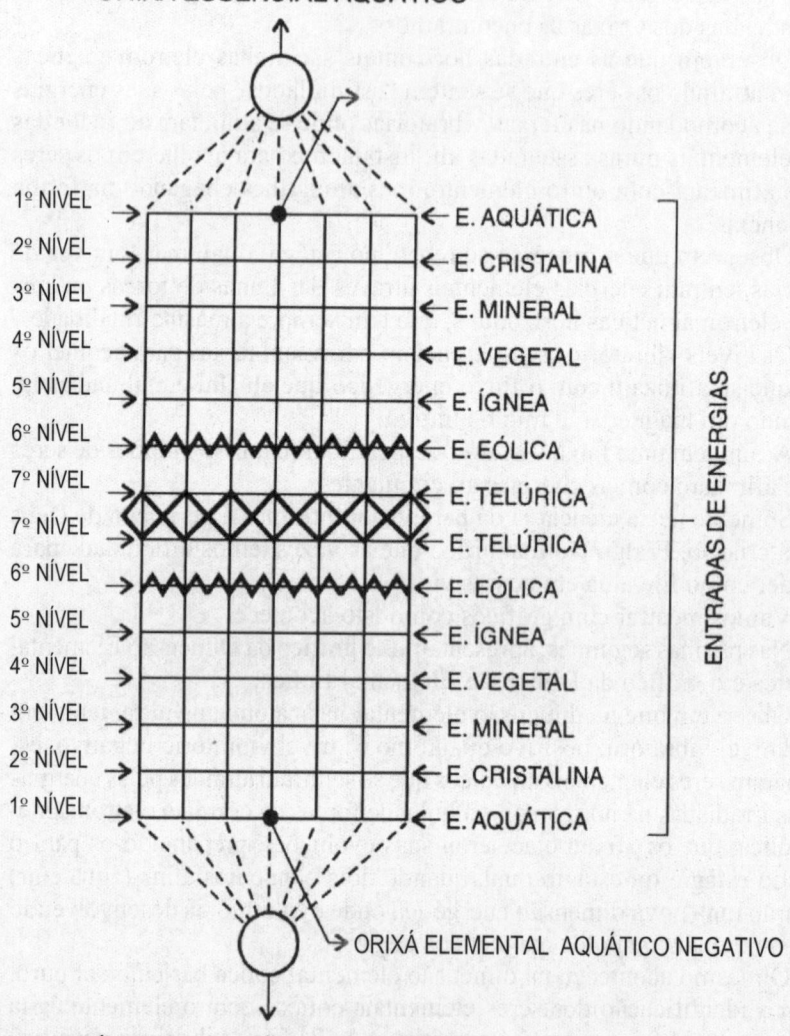

1º NÍVEL →	← E. AQUÁTICA
2º NÍVEL →	← E. CRISTALINA
3º NÍVEL →	← E. MINERAL
4º NÍVEL →	← E. VEGETAL
5º NÍVEL →	← E. ÍGNEA
6º NÍVEL →	← E. EÓLICA
7º NÍVEL →	← E. TELÚRICA
7º NÍVEL →	← E. TELÚRICA
6º NÍVEL →	← E. EÓLICA
5º NÍVEL →	← E. ÍGNEA
4º NÍVEL →	← E. VEGETAL
3º NÍVEL →	← E. MINERAL
2º NÍVEL →	← E. CRISTALINA
1º NÍVEL →	← E. AQUÁTICA

ENTRADAS DE ENERGIAS

→ ORIXÁ ELEMENTAL AQUÁTICO NEGATIVO

ORIXÁ NATURAL AQUÁTICO (IEMANJÁ)

As Hierarquias Naturais

ORIXÁ ESSENCIAL EÓLICO

ORIXÁ ELEMENTAL EÓLICO POSITIVO

1º NÍVEL	E. EÓLICA
2º NÍVEL	E. TELÚRICA
3º NÍVEL	E. AQUÁTICA
4º NÍVEL	E. CRISTALINA
5º NÍVEL	E. MINERAL
6º NÍVEL	E. VEGETAL
7º NÍVEL	E. ÍGNEA
7º NÍVEL	E. ÍGNEA
6º NÍVEL	E. VEGETAL
5º NÍVEL	E. MINERAL
4º NÍVEL	E. CRISTALINA
3º NÍVEL	E. AQUÁTICA
2º NÍVEL	E. TELÚRICA
1º NÍVEL	E. EÓLICA

ENTRADAS DE ENERGIAS

ORIXÁ ELEMENTAL EÓLICO NEGATIVO

ORIXÁ NATURAL EÓLICO (OGUM)

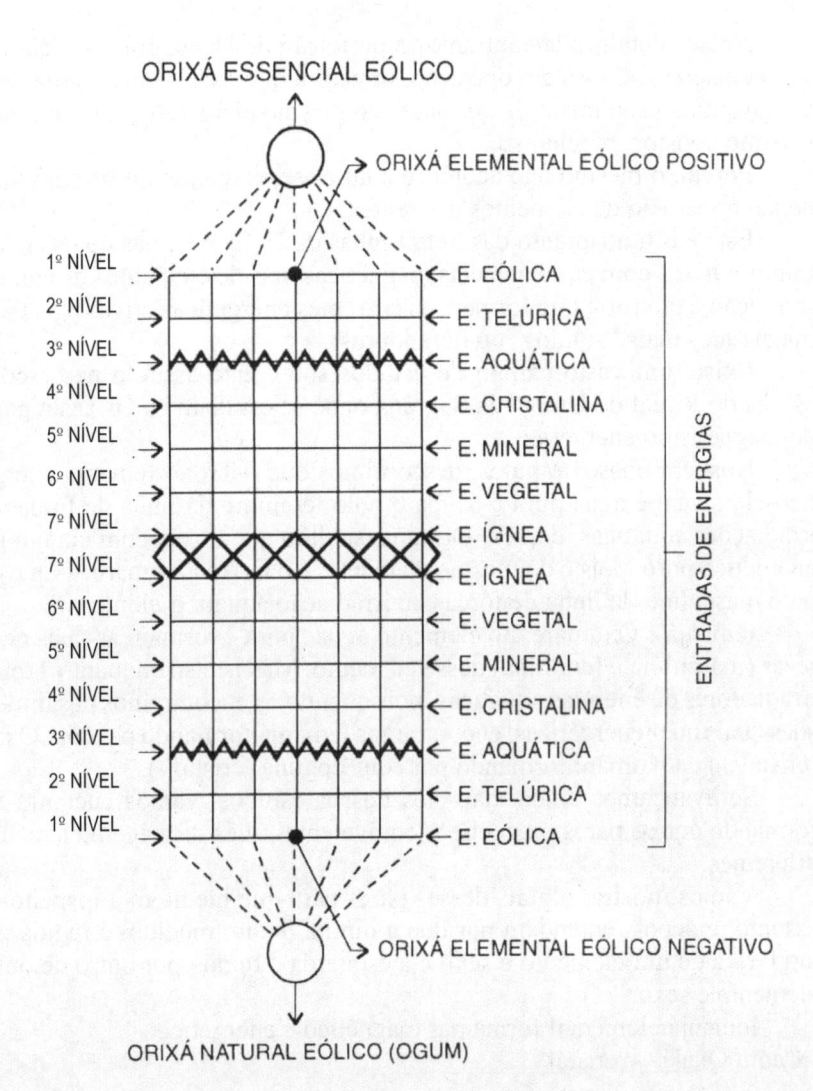

Então, temos:

Dimensão aquática → *sextas faixas*

Dimensão eólica → *terceiras faixas*

Isto significa que os seres elementais aquáticos, ainda que saiam de níveis positivos e negativos, equivalem-se. Eles têm o mesmo grau de magnetismo mental, só que opostos, pois os positivos são irradiantes e os negativos são atratores, formando pares magnéticos dentro de um mesmo elemento. E o mesmo ocorre com os seres eólicos, que também formam pares magnéticos ou de polaridades mentais opostas.

Nesses detalhes encontramos a perfeição de Deus, pois esta equivalência magnética, mas em oposição, impedirá que eles se misturem dentro da nova dimensão mista, já que seres do mesmo elemento, mas com magnetismo opostos, repelem-se.

Porém, o mesmo não acontece com os seres que têm o mesmo magnetismo mas são de elementos diferentes.

Este é o fundamento das Sete Linhas de Umbanda, nas quais encontramos Orixás com equivalências magnéticas mas de elementos diferentes. A atração é tão forte que formam as correntes energéticas ativas e os pares magnéticos mais "sólidos" ou duradouros.

Existe um vasto campo de estudos sobre este assunto nas escolas astrais do Ritual de Umbanda Sagrada onde se estudam os Orixás a partir do magnetismo energético.

Nós, em nossos estudos, descobrimos que o Trono Iemanjá energético-elemental é água pura e ocupa o polo feminino da linha de forças ou irradiações aquáticas, e que o Orixá masculino que forma com ela um par energético puro, pois é do mesmo elemento, é o Orixá Oxumaré — que é o polo masculino da linha de forças ou irradiação aquático-elemental.

Iemanjá e Oxumaré, no elemento água "pura", formam as duas naturezas (masculina e feminina) desse elemento. Mas isto só enquanto Tronos irradiadores de energias aquáticas, pois quando os encontramos nas dimensões duais ou bienergéticas, encontramos Iemanjá formando par com Oxalá (cristal +) e Oxumaré formando par com Logunã (cristal -).

Se avançamos ainda mais nos nossos estudos, vamos encontrá-los formando outros pares magnéticos equivalentes, mas de origem elemental diferentes.

Vamos mostrar alguns desses pares para que meditem a respeito do assunto, e depois entendam por que a direita de um médium é regida por um Orixá de um elemento e sexo e a esquerda é regida por outro de outro elemento e sexo.

Iemanjá elemental forma par magnético e energético:

- com Oxalá — cristal
- com Oxóssi — vegetal
- com Oxumaré — água
- com Obaluaiê — terra
- com Ogum — ar

Na estrela de Iemanjá, a distribuição desses cinco Orixás obedece esta ordem:

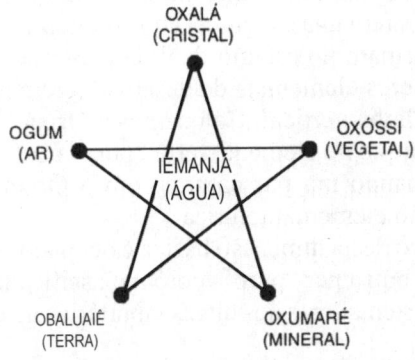

```
              OXALÁ
             (CRISTAL)

   OGUM                    OXÓSSI
   (AR)       IEMANJÁ     (VEGETAL)
              (ÁGUA)

   OBALUAIÊ              OXUMARÉ
   (TERRA)               (MINERAL)
```

Iemanjá não forma um par natural com o Orixá Xangô porque ele é do elemento fogo, incompatível com a água, e não podem tocar-se senão se anulam.

Assim, o primeiro contato energético e magnético entre Iemanjá e Xangô só ocorre com seus intermediários horizontais no 4º estágio evolutivo ou natural, no qual os Orixás são irradiadores dos sete tipos de energias elementais.

Isso acontece porque uma Iemanjá natural intermediária já incorporou ao seu elemento original, e em seu polo negativo, o elemento ar; em seu polo positivo horizontal (direita), o elemento mineral, e em seu polo negativo horizontal (esquerda) o elemento terra. Então, esta Iemanjá do "fogo" pode entrar em contato com divindades do fogo que não será anulada. Mas estes contatos são indiretos ou por meio das linhas de forças inclinadas, perpendiculares às linhas vertical-horizontal. Já o Orixá Xangô elemental forma um par magnético e energético com Oxum (mineral), Obá (terra), Logunã (cristal), Nanã (água-terra).

A estrela de Xangô nos mostra esta disposição:

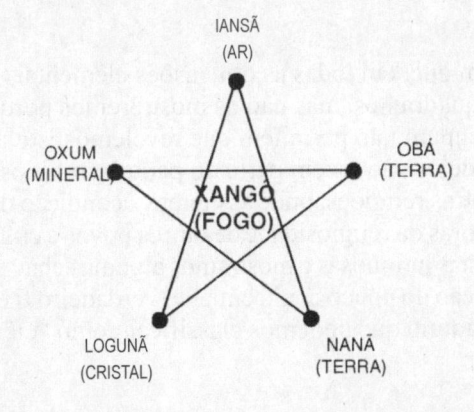

```
              IANSÃ
              (AR)

   OXUM                    OBÁ
  (MINERAL)    XANGÔ     (TERRA)
              (FOGO)

   LOGUNÃ                 NANÃ
  (CRISTAL)              (TERRA)
```

Bem, desviamo-nos um pouco, mas foi preciso, pois só assim poderíamos mostrar por que optamos por mostrar um estágio dual da evolução que é regido pelos Orixás Iemanjá e Ogum, já que muitos são os Orixás e muitos são os pares que formam no estágio dual da evolução, sempre atendendo à necessidade dos seres elementais de desenvolverem seus emocionais ou polos negativos na linha vertical. Colocamos a Orixá Nanã como terra na estrela de Xangô porque no elemento terra "pura" ela é irradiadora passiva dessa energia, formando um par natural com o Orixá Obaluaiê no polo positivo da dimensão elemental telúrica.

O polo negativo desta dimensão básica é ocupado pelos Orixás Omolu e Obá, que formam outro par "puro", porém classificados como Orixás ou Tronos Cósmicos sustentadores dos níveis vibratórios negativos da dimensão elemental telúrica.

Amados filhos de Umbanda, por acaso sabiam das correlações destes Orixás e do quadrante magnético que existe na dimensão elemental telúrica?

É claro que não, pois esta é a primeira abertura científica do mistério "Orixás". Saibam que o quadrante telúrico está dividido assim:

I.E. = Irradiação do Orixá Essencial Telúrico

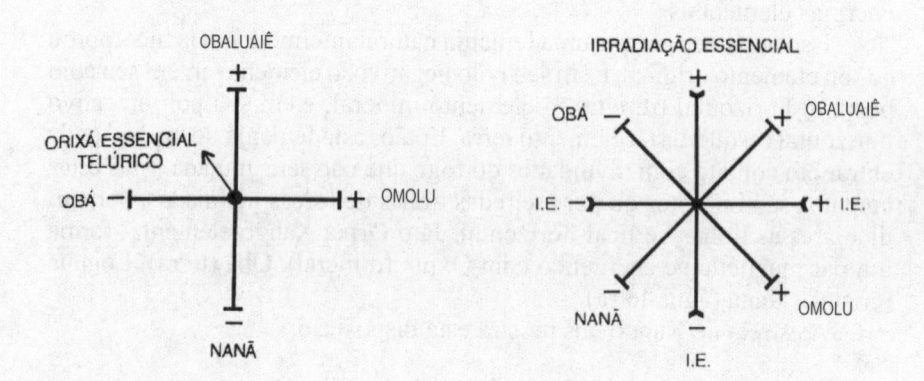

Saibam também que, em todas as dimensões elementais puras ou básicas, existem estes quadrantes, mas não os mostraremos porque os Orixás elementais que os ocupam não permitem que revelemos isto ao plano material, já que alguns deles não fazem parte do panteão religioso africano, e sim do panteão de outras religiões, onde assumem a condição de divindades planetárias sustentadoras da religiosidade de outros povos e culturas. Se aqui abrimos algumas frestas luminosas e mostramos algumas chaves científicas, é para que tenham noção do pouco conhecimento verdadeiro fixado no plano material a respeito daquilo que podemos classificar como "ciência divina".

As Hierarquias Naturais

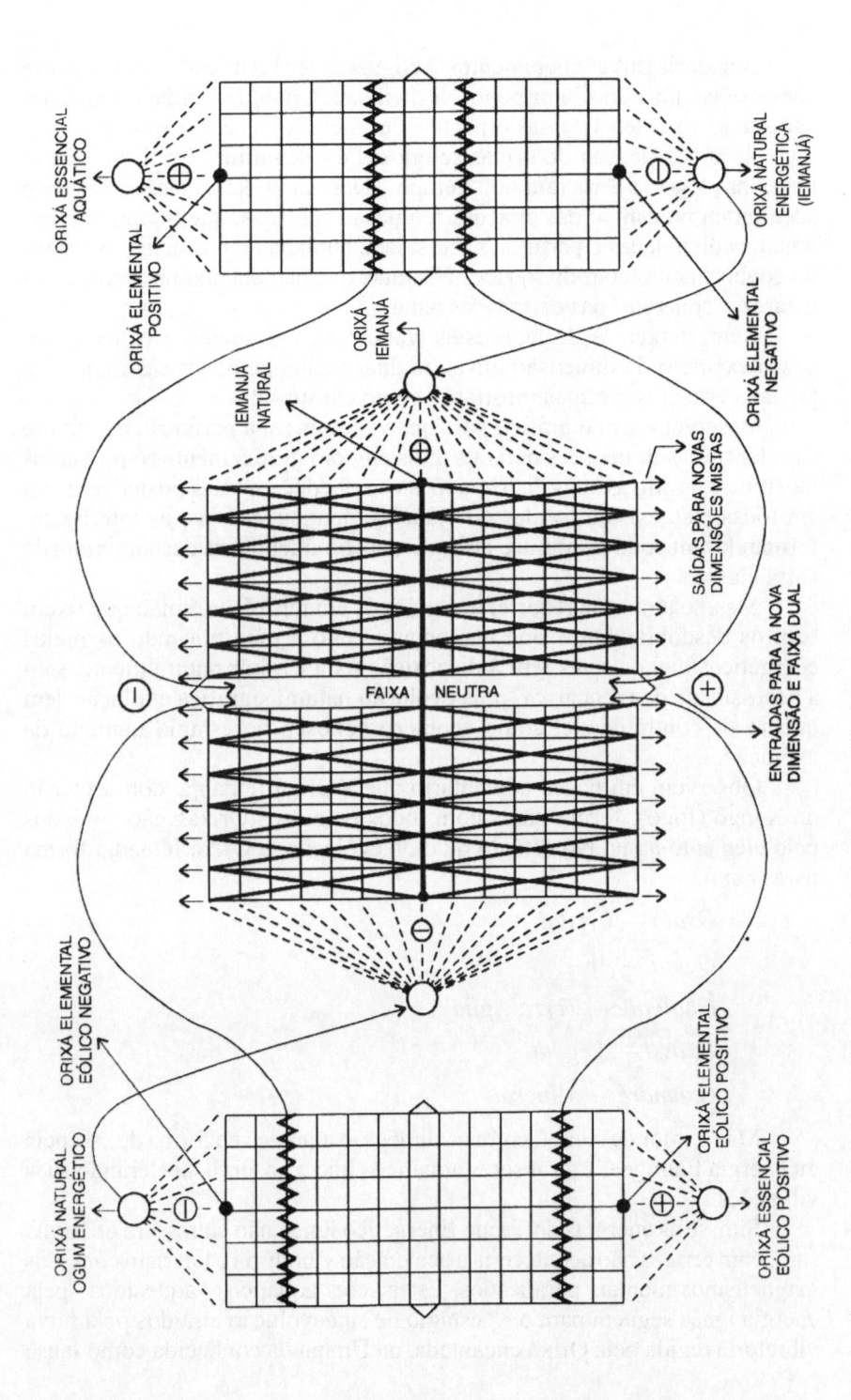

A maioria dos conhecimentos "religiosos" é classificada por nós como concepções "abstratas" a respeito das divindades, pois, na verdade, a maioria não sai do nível terra ou das especulações metafísicas e filosóficas.

Só umas poucas doutrinas religiosas conseguiram decolar do nível terra, mas logo se perderam no "Tempo". Desviaram-se da ciência divina e adentraram no campo das criações religiosas humanas, que preferem interpretar as divindades a partir da necessidade humana de preencher os vazios do conhecimento com divindades abstratas que não encontram respaldo na natureza "concreta" das divindades naturais.

Bem, deixemos de lado estes comentários paralelos e voltemos ao nosso exemplo da dimensão mista ou dual regida pelos Orixás Iemanjá e Ogum, certo? Os gráficos mostrarão como ela surge!

Observem bem o gráfico para que vislumbrem a perfeição do Divino Criador nestas dimensões naturais, pois embora graficamente só possamos mostrá-las assim, as suas distribuições não obedecem estas posições, e sim em todas elas existem saídas ou "janelas" magnéticas que as interligam, formando um todo contínuo, em que não há quebra ou descontinuidade entre elas.

Mas, se temos de recorrer aos gráficos em tela plana, então que fixem bem os desdobramentos que vão acontecendo e multiplicando os meios energéticos que os seres têm à disposição para evoluir naturalmente, sem a necessidade de reencarnar, pois evolução natural significa evolução sem quebra de continuidade, como acontece conosco no estágio humano da evolução.

Observem em nosso comentário que a Orixá Iemanjá, com exceção de Xangô (fogo), forma pares com todos os outros Orixás não anulados pelo elemento água. No estágio dual da evolução, a Orixá Iemanjá forma pares com:

Oxalá — Cristal

Ogum — Ar

Obaluaiê — Terra-Água

Oxóssi — Vegetal

Oxumaré — Mineral

Mas o calor de Xangô entra na dimensão aquática na forma de essência ou energia flamígea, e atrai seres aquáticos que o absorve, acelerando suas vibrações.

Sim, se as energias do Trono Energético ígneo não entrassem de forma sutil, com certeza não aconteceria a aceleração vibratória e ficariam com seus magnetismos mentais paralisados. Estes seres aquáticos "aquecidos" pela energia ígnea seguem para o 3º estágio de sua evolução atraídos pela faixa vibratória regida pela Orixá encantada, na Umbanda conhecida como Iansã do fogo; a Orixá que é ar e fogo, e atrai naturalmente as "aeradas e aquecidas" encantadas do "mar". Aeradas porque seus polos energéticos negativos são ar. E aquecidas, porque seus polos positivos, aquáticos, absorveram o calor do fogo e tiveram suas vibrações aceleradas.

Logo, nada mais natural do que serem conduzidas a uma faixa vibratória cuja energia circulante é "ar quente". São atraídas naturalmente porque se tornam magneticamente afinizadas com o poderoso magnetismo mental da Orixá Iansã do Ar e do Fogo.

Esta Iansã é ar em seu polo magnético positivo e é fogo no polo magnético negativo, pois forma um par natural com o Orixá conhecido como Xangô do Fogo e do Ar, pois ele é fogo no seu polo positivo e ar em seu polo negativo.

As encantadas de Iemanjá e todos os seres encantados são aqueles que superaram o segundo estágio da evolução e, por atração magnética, foram conduzidos ao terceiro estágio da evolução natural, ao qual denominamos de estágio "encantado".

Como elementais da água, absorveram o elemento ar em seus polos energéticos negativos, desenvolveram seus emocionais e sentiram-se atraídas pelas irradiações ígneas da corrente energética horizontal. Nada mais natural do que serem conduzidas a uma faixa vibratória toda formada pelos elementos ar e fogo, que irá sobrecarregar dessas energias as já encantadas filhas de Iemanjá, preparando-as para absorver, nesta nova dimensão, um outro elemento que as está energizando por uma de suas linhas ou correntes eletromagnéticas horizontais, que dará a elas uma estabilidade vibratória e magnética equilibradora, possibilitando-lhes o contato direto com o fogo elemental. Se a energia ígnea as estimula ou "aquece", o fogo elemental as consome. Logo, só entram em contato direto com ele após o estágio encantado da evolução. Neste novo estágio, absorverão um quarto elemento, geralmente o cristal ou o mineral, que lhes fornecerá o antídoto ao fogo elemental.

Enfim, estudar a evolução é mergulhar nos mistérios de Deus e ir, passo a passo, descobrindo por que uns Orixás assumem um nome simbólico e outros assumem outros, sempre mostrando seu elemento original ou polo positivo, e outro mostrando seu polo negativo, como é o caso da Iansã do Fogo e do Xangô do Ar, que formam um par natural em nível intermediário.

Se fossemos mostrar todos os Orixás, com certeza este livro nunca terminaria. Estas combinações de dois Orixás, sendo um masculino e outro feminino; um de um elemento e outro de outro; um de um magnetismo e outro de outro, são tantas, mas tantas, que nos é impossível descrever todas. Por isso, limitamo-nos a alguns Orixás e os usamos como exemplo para que entendam o simbolismo de Umbanda. Ele mostra de forma velada que por trás de uma linha de Caboclos, Exus, Pretos-Velhos, etc., está um Orixá intermediário, o manifestador das qualidades de vários Orixás Naturais, elementais e ancestrais, também conhecidos como Tronos Energéticos.

Por isso, nunca subestimem os Orixás da Umbanda, porque eles são as divindades que sustentam o quarto estágio da evolução natural e cuidam dos espíritos humanos, que somos nós, os quais já evoluímos sob a irradiação direta deles, hierarquias divinas responsáveis pelas faixas vibratórias onde vivem nossos irmãos que não encarnam e evoluem em linhas paralelas com a nossa — a linha humana.

DÉCIMO QUARTO CAPÍTULO

As Hierarquias Divinas

As hierarquias divinas são os instrumentos de Deus que O tornam visível. Sim, pois Deus, por ser Ilimitado em todos os polos, não é visto por nós, que somos limitados em todos os sentidos. Nossa visão, audição, percepção, etc., órgãos dos nossos sentidos e não os sentidos em si mesmos, são limitadas à faixa vibratória material ou espiritual. Isso sem contarmos que dentro dessa faixa vibratória nós vemos, ouvimos e percebemos muito pouco do que nela existe, ou não distinguimos nitidamente o que nossos órgãos dos sentidos captam.

Somos extremamente limitados e precisamos recorrer a instrumentos que aumentam nossa capacidade natural de manipulação da matéria. Mas em espírito nossos sentidos têm um alcance maior e nos facultam recursos muito mais amplos e precisos que expandem nossa audição, visão, etc.

Bom, dentro do Todo, que é Deus, ocupamos uma faixa muito estreita, se comparada às dimensões paralelas ocupadas por outros seres não sujeitos à encarnação. Porém, nessas dimensões, a vida manifesta-se em todo seu esplendor e obedece a outras vontades do Divino Criador.

Nós, quando estamos vivendo só no mundo espiritual, pouco a pouco vamos dilatando nossos sentidos e conseguimos captar outras realidades além da faixa humana da vida. E quanto mais evoluímos e ascendemos mental e consciencialmente, mais facilmente vislumbramos essas outras realidades, que são a vida em outras dimensões, todas paralelas à nossa, a humana.

Então, muito mais plenos em recursos visuais, auditivos, percepcionais e sensitivos, que são recursos mentais, podemos penetrar nessas outras dimensões e aí descobrimos o quanto são limitadas as concepções humanas acerca de Deus e de Sua criação.

O egocentrismo humano é mesquinho e coloca o ser humano (nós) no centro das atenções de Deus, fazendo-nos crer que somos a causa única de Sua existência, pois em momento nenhum concedemos a quem quer que seja a primazia da posse d'Ele.

Em momento nenhum, mesmo no universo visível, concebemos a ideia da existência de vida em algum outro planeta, ou que ela também seja regida por Deus. Esta hipótese fica no campo das especulações, e mesmo assim, nas ficções, os seres extraterrestres são descritos como aberrações "desalmadas".

Afinal, há cinco séculos os teólogos cristãos negavam que os índios e os negros tivessem alma. E eram seres semelhantes, que viviam no mesmo planeta e na mesma faixa vibratória, certo?

Agora, aceitar a existência de vida, e bem próxima de nós, localizada em outra faixa vibratória, aí já é pedir demais, não?

Mas o fato é que estas outras dimensões da vida existem e são tão importantes ao Todo, que é a criação divina, que em espírito podemos alcançá-las e conhecê-las em profundidade unicamente com os recursos do nosso mental, não tão limitado quanto nossos órgãos dos sentidos. Às vezes, até nos surpreendemos com nossa capacidade de entender outras realidades não humanas.

É nesse momento que descobrimos as hierarquias divinas e vemos como, na criação, tudo é ordenado e hierarquizado. Perfeito mesmo!

- *Nos reinos elementares, as hierarquias obedecem a princípios magnéticos ou atracionistas.*

- *Nos reinos encantados, as hierarquias obedecem a princípios energéticos ou complementares.*

- *Nos reinos naturais, as hierarquias obedecem a princípios vibratórios ou mentais-conscienciais.*

Por "reinos" entendam dimensões da vida ou faixas vibratórias paralelas onde vivem inúmeros seres.

Nestes reinos, as hierarquias são os "governos" e regem em harmonia os seres, já que em um nível somente seres em um mesmo grau evolutivo convivem em um mesmo espaço. As afinidades, sejam elas magnéticas, energéticas ou conscienciais, se dão em todos os sentidos e os não afins não se misturam, afastando-se naturalmente.

As hierarquias atuam no sentido de manter cada ser em seu devido lugar e de estimular suas evoluções, direcionando-o mentalmente com suas irradiações.

Estas hierarquias são tão organizadas que, onde uma atua, as outras a auxiliam e vice-versa, sempre visando ao bem-estar dos seres amparados por elas.

As divindades que pontificam estas hierarquias divinas são os Tronos Planetários assentados na Coroa Divina, os responsáveis pela ordem e equilíbrio vibratório, magnético e energético do planeta em que vivemos.

As Hierarquias Divinas

Saibam que embora as leis físicas sustentem a formação material do universo, elas são mistérios de Deus, pois extrapolam a dimensão da matéria e adentram nas dimensões etéricas, energéticas, elementais, etc.

E, por trás de cada lei física, existe uma divindade magnética, energética, vibratória ou irradiante que a rege.

Sim, cada lei física é regida por uma divindade cósmica ou universal que é ela em si mesmo e a aplica de forma horizontal, adentrando em todas as dimensões ou universos paralelos.

Por isso, devemos estudar os Orixás e descobrir neles o que as lendas não revelam, ou por serem alegóricas ou por se fazerem entender apenas por intermédio dos mitos.

Saibam que se um Orixá é do elemento terra, então ele é, em si mesmo, o elemento terra. E o mesmo acontece com todos os Orixás, cada um ligado a um elemento.

E se um Orixá é bielemental, então ele é, em si mesmo, os dois elementos. Só que um é o seu polo magnético positivo e o outro é seu polo negativo.

Como exemplo, tomemos os Orixás Obá e Omolu, que são puros no elemento terra, em que um é o regente do magnetismo telúrico feminino (Obá) e o outro é regente do magnetismo telúrico masculino (Omolu).

Mas temos Nanã e Obaluaiê, que são, em si mesmos, terra e água.

Obaluaiê e Nanã trazem em si mesmos estes dois elementos e não os dissociam em momento nenhum, pois eles são estes elementos que se completam e fazem surgir uma energia mista específica, e que os distingue tanto de Obá quanto de Omolu.

Obá e Omolu, em si mesmos, são telúricos puros, são densos, são rígidos, são cáusticos, são secos. Por isso, recorrem a outros elementos que lhes deem maleabilidade, mobilidade, solubilidade, etc.

Obá une seu magnetismo telúrico e denso com o magnetismo vegetal de Oxóssi, sutil e volátil, e os dois formam um par energético e magnético que origina toda uma linha de forças mistas, mas complementares.

Omolu une seu magnetismo telúrico e seco com o magnetismo aquático e maleável de Iemanjá e juntos formam um par energético e magnético que origina toda uma linha de forças mistas, mas complementares.

O magnetismo energético telúrico feminino de Obá não combina com o de qualquer outro Orixá. Mas com o magnetismo vegetal de Oxóssi a complementabilidade é tanta que se atraem naturalmente e se completam.

E o mesmo acontece entre Omolu e Iemanjá, pois o magnetismo aquático dela torna o dele mais "maleável" e a energia dela umidifica a sequíssima energia telúrica dele. O inverso também acontece: ele dá "consistência" à maleabilíssima energia aquática de Iemanjá e densifica o magnetismo dela, que é muito irradiante.

É certo que às lendas faltou o conhecimento científico do magnetismo dos Orixás e os transmissores delas recorrem à formação de casais para explicar os muitos pares que se formam.

Este é um recurso válido quando falta a ciência. Mas se já temos a ciência dos Orixás à nossa disposição, então devemos reinterpretar as lendas ou deixarmos de fundamentar nossos conhecimentos nelas, porque são vagas demais para o nosso atual estágio evolutivo no plano material.

Nos capítulos seguintes, vocês terão à disposição uma interpretação mais científica acerca dos Orixás, que são mistérios de Deus, são eternos, e têm se adaptado às religiões e culturas ao longo dos tempos.

DÉCIMO QUINTO CAPÍTULO

Os Orixás na Religião de Umbanda Sagrada

Orixás Universais: Os Regentes dos Polos Magnéticos Positivos do Ritual de Umbanda Sagrada

OXALÁ

OXUM

OXÓSSI

XANGÔ

OGUM

OBALUAIÊ

IEMANJÁ

Os Orixás, no decorrer dos tempos, foram sendo adaptados às necessidades mais imediatas de seus adoradores. Por isso, estudando-os vemos que em um momento assumiam uma qualidade; mas, em outro tempo e região, surgiam novas qualidades, atributos e atribuições. Mesmo incorporando-as, eles nunca perderam suas qualidades essenciais, que são as que falam a todos, a qualquer tempo e durante todo o tempo.

Aqui nós os descrevemos como desejam ser entendidos na Umbanda — uma nova forma de cultuá-los sem que estas qualidades essenciais sejam desvirtuadas por abstracionismos ou criacionismo mental humano.

OXALÁ

Oxalá é o Trono Natural da Fé e seu campo de atuação preferencial é a religiosidade dos seres, aos quais ele envia o tempo todo suas vibrações estimuladoras da fé individual e suas irradiações geradoras de sentimentos de religiosidade.

Fé! — eis o que melhor define o Orixá Oxalá.

Sim, amados irmãos na fé em Oxalá. O nosso amado Pai da Umbanda é o Orixá irradiador da fé a nível planetário e multidimensional. Oxalá é sinônimo de fé. Ele é o Trono da fé que, assentado na Coroa Divina, irradia a fé em todos os sentidos e a todos os seres.

Comentar Oxalá é desnecessário porque ele é a própria Umbanda. Logo, vamos afixar-nos nas suas qualidades, atributos e atribuições e também em suas hierarquias.

As qualidades de Oxalá são, todas elas, mistérios da Fé, pois ele é o Trono Divino irradiador da Fé. Nada ou ninguém deixa de ser alcançado por suas irradiações estimuladoras da fé e da religiosidade.

Seu alcance ultrapassa o culto dos Orixás, pois é o da religiosidade, comum a todos os seres pensantes.

Jesus Cristo é um Trono da Fé de nível intermediário dentro da hierarquia de Oxalá. E o mesmo acontece com Buda e outras divindades manifestadoras da fé, pois muitos Tronos Intermediários já se humanizaram para falar aos homens como homens e melhor estimularem a fé em Deus.

Todas as divindades irradiam a fé. Mas os Tronos da hierarquia de Oxalá são mistérios da Fé e irradiam-na o tempo todo.

Os atributos de Oxalá são cristalinos pois é por meio da essência cristalina que suas irradiações nos chegam, imantando-nos e despertando em nosso íntimo os virtuosos sentimentos de fé.

Saibam que a essência cristalina irradiada pelo divino Trono Essencial da Fé é neutra quando irradiada. Mas como tudo se polariza em dois tipos de magnetismos, então o polo positivo e irradiante é Oxalá e o polo negativo e absorvente é Logunã.

Oxalá irradia fé o tempo todo e Logunã absorve as irradiações religiosas desordenadas vibradas pelos religiosos desequilibrados. Ela se contrapõe a ele porque o campo de atuação dela é absorver os excessos religiosos vibrados pelos seres que se excedem nos domínios da fé. Já Oxalá irradia fé e estimula a religiosidade o tempo todo a todos.

As atribuições de Oxalá são as de não deixar um só ser sem o amparo religioso dos mistérios da Fé. Mas nem sempre o ser absorve suas irradiações quando está com a mente voltada para o materialismo desenfreado dos espíritos encarnados.

É uma pena que seja assim, porque os próprios seres se afastam da luminosa e cristalina irradiação do divino Oxalá... e entram nos gélidos domínios da divina Logunã, a Senhora do Tempo, e dos eguns negativados nos polos da fé.

Oxalá forma, em sua irradiação, duas hierarquias de Tronos Intermediários. Uma é irradiante, positiva, multicolorida. A outra é absorvente, negativa, monocromática.

A hierarquia positiva é formada pelos seus Tronos Intermediários, os Orixás Oxalá de níveis intermediários. Vamos aos sete Oxalás intermediários.

• 1º Oxalá: é denominado Oxalá Cristalino ou Oxalá da Fé, pois está assentado no polo magnético da Fé no 1º nível vibratório, formado pela linha de forças ou corrente eletromagnética horizontal cristalina regida por Oxalá (Orixá da Fé).

• 2º Oxalá: é denominado Oxalá Mineral ou Oxalá da Fé e do Amor, pois está assentado no polo magnético da Fé no 2º nível vibratório, formado pela linha de forças ou corrente eletromagnética horizontal mineral, regida por Oxum (Orixá do Amor).

• 3º Oxalá: é denominado Oxalá Vegetal ou Oxalá da Fé e do Conhecimento, pois está assentado no polo magnético da Fé no 3º nível vibratório, formado pela linha de forças ou corrente eletromagnética horizontal vegetal, regida por Oxóssi (Orixá do Conhecimento).

• 4º Oxalá: é denominado Oxalá Ígneo ou Oxalá da Fé e da Justiça, pois está assentado no polo magnético da Fé no 4º nível vibratório formado pela linha de forças ou corrente eletromagnética horizontal ígnea, regida por Xangô (Orixá da Justiça).

• 5º Oxalá: é denominado Oxalá Eólico ou Oxalá da Fé e da Leis, pois está assentado no polo magnético da Fé no 5º nível vibratório, formado pela linha de forças ou corrente eletromagnética eólica, regida por Ogum (Orixá da Lei).

• 6º Oxalá: é denominado Oxalá Telúrico ou Oxalá da Fé e do Saber, pois está assentado no polo magnético da Fé no 6º nível vibratório, formado pela linha de forças ou corrente eletromagnética telúrica, regida por Obaluaiê (Orixá da Evolução).

• 7º Oxalá: é denominado Oxalá Aquático ou Oxalá da Fé e da Vida, pois está assentado no polo magnético da Fé no 7º nível vibratório, formado pela linha de forças ou corrente eletromagnética aquática, regida por Iemanjá (Orixá da Geração).

Os sete Orixás cristalinos negativos e absorventes são os Tronos Regentes dos polos negativos dos mistérios da Fé. Eles formam os polos opostos aos sete Oxalás e são os Tronos Cósmicos assentados nos sete níveis vibratórios negativos da linha de forças da Fé.

Nós não os abriremos ao conhecimento do plano material. Apenas os citaremos para que saibam que, se Oxalá tem seu polo oposto magnético, vibratório e energético em Logunã, os sete Orixás Oxalá intermediários têm Tronos cósmicos assentados nos polos negativos de nível intermediário, com os quais fecham suas linhas de forças verticais intermediárias.

Muitos já escreveram que alguns Exus são os opostos dos Oxalá, ou que o Exu Rei das Sete Encruzilhadas é o negativo de Oxalá. Mas isto não é verdade. Não existe um oposto a ele, mas sim um Trono Cósmico que atua sobre a vida dos seres que invertem o sentido dos mistérios da Fé. Este Trono é inominável e só nos permitimos chamá-lo de Trono Cósmico e nada mais.

Os sete Tronos que polarizam com os sete Oxalás são estes:

Trono da Luz Negra

Trono da Luz Rubra

Trono da Luz Roxa

Trono das Trevas

Trono da Morte

Trono dos Desejos

Trono Cósmico

Por analogia, podemos associá-los a algumas linhas de Exus que se manifestam na Umbanda. Mas lembrem-se de que estes Tronos não se manifestam na Umbanda ou em qualquer outra religião, pois são regentes de polos magnéticos negativos. Assim como os Oxalás intermediários, eles não se manifestam em médiuns.

Estes Tronos só atuam por irradiação vibratória, magneticamente e energeticamente na vida dos seres. Mas eles pontificam hierarquias intermediárias que atuam sobre todos os seres que viraram as costas aos princípios da fé.

Oferenda:

Oxalá é oferendado com velas brancas, frutas, coco verde, mel e flores. Os locais para oferendá-lo são aqueles que mais puros se mostram, tais como: bosques, campinas, praias limpas, jardins floridos, etc.

Já os regentes dos polos negativos da linha da Fé, estes não se abrem ao plano material e não são invocados ou oferendados.

Água de oxalá para lavagem de cabeça (amaci):

Água de fonte com rosas brancas e folhas de manjerona maceradas e curtidas por 24 horas.

Oxum

Oxum é o Trono Natural irradiador do Amor Divino e da Concepção da Vida em todos os sentidos. Como "Mãe da Concepção", ela estimula a união matrimonial, e como Trono Mineral ela favorece a conquista da riqueza espiritual e a abundância material.

A Orixá Oxum é o Trono regente do polo magnético irradiante da linha do amor e atua na vida dos seres, estimulando em cada um os sentimentos de amor, fraternidade e união.

Seu elemento é o mineral e, junto com Oxumaré, ela forma toda uma linha vertical cujas vibrações, magnetismo e irradiações planetárias e multidimensionais atuam sobre os seres e os estimula ou os paralisa.

Em seus polos positivos, ela estimula os sentimentos de amor e acelera a união e a concepção.

Não vamos comentar seus polos negativos ou punidores dos seres que desvirtuam os princípios do amor ou da concepção.

Na Coroa Divina, a Orixá Oxum e o Orixá Oxumaré surgem a partir da projeção do Trono do Amor, que é o regente do sentido do Amor.

Oxum assume os mistérios relacionados à concepção de vidas porque o seu elemento mineral atua nos seres estimulando a união e a concepção. Como muito já foi escrito a respeito de nossa amada mãe Oxum, vamos limitar-nos só a mostrar as sete hierarquias que aplicam seus polos positivos nos sete níveis vibratórios positivos.

• 1ª Oxum: é denominada Oxum da Fé, pois está assentada no polo magnético do 1º nível vibratório, cuja corrente eletromagnética horizontal é cristalina e é regida por oxalá (Orixá da Fé).

• 2ª Oxum: é denominada Oxum do Amor, pois está assentada no polo magnético do 2º nível vibratório, cuja corrente eletromagnética horizontal é mineral e regida por Oxum (Orixá do Amor).

• 3ª Oxum: é denominada Oxum do Conhecimento pois está assentada no polo magnético do 3º nível vibratório, cuja corrente eletromagnética horizontal é vegetal e regida por Oxóssi (Orixá do Conhecimento).

• 4ª Oxum: é denominada Oxum da Justiça, pois está assentada no polo magnético do 4º nível vibratório, cuja corrente eletromagnética horizontal é ígnea e regida por Xangô (Orixá da Justiça).

• 5ª Oxum: é denominada Oxum da Lei, pois está assentada no polo magnético do 5º nível vibratório, cuja corrente eletromagnética horizontal é eólica e regida por Ogum (Orixá da Lei).

• 6ª Oxum: é denominada Oxum do Saber, pois está assentada no polo magnético do 6º nível vibratório, cuja corrente eletromagnética horizontal é telúrica e é regida por Obaluaiê (Orixá da Evolução).

• 7ª Oxum: é denominada Oxum da Geração, pois está assentada no polo magnético do 7º nível vibratório, cuja corrente eletromagnética horizontal aquática é regida pela Orixá Iemanjá (Orixá da Geração).

Estes sete Tronos Oxum intermediários pontificam as sete hierarquias regentes dos níveis vibratórios positivos da linha do Amor. Mas esta linha tem seus níveis negativos, os quais não vamos comentar aqui pois são Tronos Minerais negativos responsáveis pela aplicação dos polos (qualidades, atributos e atribuições) negativos da Orixá maior Oxum e atuam como atratoras dos seres que centraram suas vidas somente nas sexualidades desvirtuadas. Estes seres ficam com sua evolução paralisada até que esgotem todos os seus desejos desequilibrados e retornem às faixas neutras, de onde serão redirecionados.

Outra coisa que todos devem saber é que a água é o melhor condutor das energias minerais e cristalinas. Por esta sua qualidade única, surgem diversos tipos de água, e a água "doce" dos rios é a melhor rede de distribuição de energias minerais que temos na face da terra. E o mar é o melhor irradiador de energias cristalinas.

Saibam que a energia irradiada pelo mar é cristalina e a energia irradiada pelos rios é mineral. E justamente neste ponto surgem problemas quando confundem a Orixá Oxum com Iemanjá.

Bom, o fato é que a água mineral, a água sulfúrica, a água saloba, a água salgada, a água ferruginosa, etc., são condutores naturais de energias elementais e os Orixás recorrem a elas o tempo todo, já que são regentes da natureza e se confundem com ela o tempo todo.

Saibam também que a energia mineral está presente em todos os seres e em todos os vegetais. E por isso Oxum também está presente neles, pois sua energia cria a "atração" entre as células vegetais, carregadas de elementos minerais.

A água doce, por estar sobrecarregada de energia mineral, é um dos principais "alimentos" dos vegetais. Logo, Oxum está tão presente nas matas de Oxóssi quanto na terra de Obá, os dois Orixás que pontificam a linha vertical (irradiação) do Conhecimento. A senhora Oxum do Conhecimento é uma Oxum "vegetal", pois atua nos seres como imantadora do desejo de aprender.

Saibam que a Ciência dos Orixás é tão vasta quanto divina, e está na raiz de todo o saber, na origem de todas as criações divinas e na natureza de todos os seres. É na Ciência dos Orixás que as lendas se fundamentam, e não o contrário. Logo, leiam e releiam nossos comentários até entenderem esta magnífica ciência divina e apreenderem suas chaves interpretadoras da ciência dos entrecruzamentos. Se conseguirem estas duas coisas, temos certeza que daí por diante entenderão por que a rosa vermelha é usada como presente pelos namorados e a rosa branca é usada pelos filhos para presentearem suas mães. Ou porque se oferecem rosas vermelhas para oferendar

Pombagira, rosas brancas para oferendar Iemanjá e rosas amarelas para oferendar Oxum ou rosas cor-de-rosa para as crianças (Erês).

Saibam que mesmo todas sendo rosas, os pigmentos que as distinguem são os condutores de "minerais" e de energias minerais. Para um leigo, todas são rosas. Mas, para um conhecedor, cada rosa é um mistério em si mesma. E o mesmo acontece com cada cor, certo?

Logo, o mesmo acontece com cada Orixá intermediário, mistérios dos Orixás maiores.

Saibam também que todo jardim com muitas roseiras é irradiador de essências minerais que tornam o ambiente um catalisador natural das irradiações de amor da divindade planetária, que, amorosamente, chamamos de Mamãe Oxum.

Outra coisa que recomendamos aos umbandistas é: por que vocês, em vez de oferecer rosas às suas Oxuns, não plantam perto das cachoeiras mudas de roseiras? As rosas murcham e logo apodrecem. Mas uma muda de roseira cresce, floresce, embeleza e vivifica o santuário natural dessas nossas mães do Amor.

Oferenda:

Velas brancas, azuis e amarelas; flores, frutos e essência de rosas; champanha e licor de cereja, tudo depositado ao pé de uma cachoeira.

Água de Oxum para lavagem de cabeça (amaci):

Água de cachoeira com rosas brancas maceradas e curtidas por três dias.

Oxóssi

Oxóssi é o caçador por excelência, mas sua busca visa ao conhecimento. Logo, é o cientista e o doutrinador, que traz o alimento da fé e o saber aos espíritos fragilizados tanto nos polos da fé quanto do saber religioso.

O Orixá Oxóssi é tão conhecido que quase dispensa um comentário. Mas não podemos deixar de fazê-lo, pois falta o conhecimento superior que explica o campo de atuação das hierarquias deste Orixá Regente do polo positivo da linha do Conhecimento.

O fato é que o Trono do Conhecimento é uma divindade assentada na Coroa Divina, é uma individualização do Regente Planetário, e em sua irradiação cria os dois polos magnéticos da linha do Conhecimento. O Orixá Oxóssi rege o polo positivo e a Orixa Obá rege o polo negativo.

Oxóssi irradia o conhecimento e Obá o concentra.

Oxóssi estimula e Obá fixa.

Oxóssi vibra conhecimento e Obá absorve as irradiações desordenadas dos seres regidos pelos mistérios do Conhecimento.

Oxóssi é vegetal.

Obá é telúrica.

Oxóssi é de magnetismo irradiante.

Obá é de magnetismo absorvente.

Oxóssi está nos vegetais e Obá está na raiz deles como a terra fértil onde eles crescem e se multiplicam.

Oxóssi é o raciocínio arguto e Obá é o racional concentrador.

Bom, já chega de comparações. Acreditamos que já deu para perceber que estes dois Orixás se completam nas oposições magnéticas, energéticas, vibratórias, etc. Portanto, vamos às sete hierarquias que surgem a partir do Trono Oxóssi:

• 1º Oxóssi: é o Oxóssi da Fé ou Oxóssi Cristalino, também denominado Oxóssi do Conhecimento Religioso. Ele surge a partir do 1º polo magnético, formado no entrecruzamento com a corrente eletromagnética cristalina, regida pelo Orixá Oxalá (Orixá da Fé).

• 2º Oxóssi: é o Oxóssi do Amor ou Oxóssi Mineral, também denominado Oxóssi do Conhecimento Genético. Ele surge a partir do 2º polo magnético, formado no entrecruzamento com a corrente eletromagnética mineral, regida pelo Orixá Oxum (Orixá da Concepção e do Amor).

• 3º Oxóssi: é o Oxóssi do Conhecimento Vegetal ou Conhecimento Puro, também conhecido como Oxóssi da Mata Virgem. Ele surge a partir do 3º polo magnético, formado no entrecruzamento com a corrente eletromagnética vegetal, regida pelo Orixá Oxóssi (Orixá do Conhecimento).

• 4º Oxóssi: é o Oxóssi do Conhecimento Ígneo ou Oxóssi da Justiça. Ele surge a partir do 4º polo magnético, formado no entrecruzamento com a corrente eletromagnética ígnea, regida pelo Orixá Xangô (Orixá da Justiça).

• 5º Oxóssi: é o Oxóssi do Conhecimento da Lei, também conhecido como Oxóssi do Ar. Ele surge a partir do 5º polo magnético, formado no entrecruzamento com a corrente eletromagnética eólica, regida pelo Orixá Ogum (Orixá de Lei).

• 6º Oxóssi: é o Oxóssi do conhecimento da Evolução, também conhecido como Oxóssi Caçador de Almas. Ele surge a partir do 6º polo magnético, formado no entrecruzamento com a corrente eletromagnética telúrica, regida pelo Orixá Obaluaiê (Orixá da Evolução).

• 7º Oxóssi: é o Oxóssi do Conhecimento da Geração ou Oxóssi da Criatividade. Ele surge a partir do 7º polo magnético, formado no entrecruzamento com a corrente eletromagnética aquática, regida pelo Orixá Iemanjá (Orixá da Geração).

Estes sete Oxóssis pontificam as sete hierarquias que surgem a partir do polo magnético irradiante ou positivo da linha do Conhecimento. Saibam que estes Oxóssis são Tronos Intermediários e não incorporam pois estão assentados nos polos energomagnéticos da linha de forças do Conhecimento, são regentes de faixas vibratórias do elemento vegetal e multiplicam-se em muitas sub-hierarquias vegetais já a nível de Orixás Intermediadores.

Aqui não vamos comentar os polos negativos do Orixá Oxóssi pois quem lida com eles são os Exus e Pombagiras das "matas", os únicos habilitados a manipular seus axés e a ativar seus mistérios cósmicos ou negativos.

A Umbanda não lida com os polos negativos dos Orixás e não seremos nós quem iremos abri-los ao conhecimento "material".

Oferenda:

Velas brancas, verdes e rosa; cerveja, vinho doce e licor de caju; flores do campo e frutas variadas, tudo depositado em bosques e matas.

Água de Oxóssi para lavagem de cabeça (amaci):

Água da fonte com guiné macerada e curtida por três dias.

Xangô

Xangô é o Orixá da Justiça e seu campo preferencial de atuação é a razão, despertando nos seres o senso de equilíbrio e equidade, já que só conscientizado e despertado para os reais valores da vida a evolução se processa em um fluir contínuo.

Falar do Orixá Xangô é dispensável por ser muito conhecido dos praticantes de Umbanda. Logo, limitamo-nos a comentar alguns de seus polos (qualidades, atributos e atribuições).

O Trono Regente Planetário individualiza-se nos sete Tronos Essenciais, que se projetam energética, magnética e vibratoriamente, e criam sete linhas de forças ou irradiações bipolarizadas, pois surgem dois polos diferenciados em positivo e negativo, irradiante e absorvente, ativo e passivo, masculino e feminino, universal e cósmico.

Uma dessas projeções é a do Trono da Justiça Divina que, ao irradiar-se, cria a linha de forças da Justiça, pontificada por Xangô e Oroiná (divindade natural cósmica do Fogo Divino).

Na linha elemental da Justiça, ígnea por excelência, Xangô e Oroiná são os polos magnéticos opostos. Por isso eles se polarizam com a linha da Lei, eólica por excelência.

Logo, Xangô polariza-se com a eólica Iansã e Oroiná polariza-se com o eólico Ogum, criando duas linhas mistas ou linhas regentes do Ritual de Umbanda Sagrada.

O Orixá Xangô é o Trono Natural da Justiça e está assentado no polo positivo da linha do Fogo Divino, de onde se projeta e faz surgir sete hierarquias naturais de nível intermediário, pontificadas pelos Xangôs regentes dos polos e níveis vibratórios da linha de forças da Justiça Divina.

Estes sete Xangôs são Orixás Naturais; são regentes de níveis vibratórios; são multidimensionais e são irradiadores das qualidades, dos atributos e das atribuições do Orixá maior Xangô.

Eles aplicam os polos positivos da justiça divina nos níveis vibratórios positivos e polarizam-se com os Xangôs cósmicos, aplicadores dos polos negativos da justiça divina. Como na Umbanda quem lida com os regentes dos polos são os Exus e as Pombagiras, então não vamos comentá-los e nos limitaremos aos regentes dos polos positivos, que formam suas hierarquias de Orixás Auxiliares, que pontificam, na Umbanda, as linhas de trabalhos espirituais.

Estes Xangôs, tal como todos os Orixás Regentes, possuem nomes mantras que não podem ser abertos ao plano material. Muitos os chamam de Xangô da Pedra Branca, Xangô Sete Pedreiras, Xangô dos Raios, Xangô do

Tempo, Xangô da Lei, etc. Enfim, são nomes simbólicos para os mistérios regidos pelos Orixás Xangôs. Só que quem usa estes nomes simbólicos não são os regentes dos polos magnéticos da linha da Justiça, e sim os seus auxiliares, que foram "humanizados" e regem linhas de Caboclos que se manifestam no Ritual de Umbanda Sagrada comandando as linhas de trabalhos de ação e de reação. Eles são os aplicadores "humanos" dos polos positivos da justiça divina.

Os sete Xangôs, regentes dos polos magnéticos dos níveis vibratórios, são estes:

• 1º Xangô: é o Xangô da Chama da Fé ou Xangô da Justiça Cristalina. Ele surge a partir do 1º polo magnético, formado pelo entrecruzamento da corrente eletromagnética cristalina, regida pelo Orixá Oxalá (Orixá da Fé).

• 2º Xangô: é o Xangô da Chama do Amor ou Xangô da Justiça Mineral. Ele surge a partir do 2º polo magnético, formado pelo entrecruzamento da corrente eletromagnética mineral, regida pelo Orixá Oxum (Orixá do Amor).

• 3º Xangô: é o Xangô da Chama do Conhecimento ou Xangô da Justiça Vegetal. Ele surge a partir do 3º polo magnético, formado pelo entrecruzamento da corrente eletromagnética vegetal, regida pelo Orixá Oxóssi (Orixá do Conhecimento).

• 4º Xangô: é o Xangô da Chama da Justiça ou Xangô da Justiça Ígnea. Ele surge a partir do 4º polo magnético, formado pelo entrecruzamento da corrente eletromagnética ígnea, regida pelo Orixá Xangô (Orixá da Justiça).

• 5º Xangô: é o Xangô da Chama Flamejante ou Xangô da Justiça Eólica. Ele surge a partir do 5º polo magnético, formado pelo entrecruzamento da corrente eletromagnética eólica, regida pelo Orixá Ogum (Orixá da Lei).

• 6º Xangô: é o Xangô da Chama da Evolução ou Xangô da Terra. Ele surge a partir do 6º polo magnético, formado pelo entrecruzamento da corrente eletromagnética telúrica, regida pelo Orixá Obaluaiê (Orixá da Evolução).

• 7º Xangô: é o Xangô da Chama da Geração ou Xangô da Justiça Aquática. Ele surge a partir do 7º polo magnético, formado pelo entrecruzamento da corrente eletromagnética aquática, regida pelo Orixá Iemanjá (Orixá da Geração).

Estes sete Xangôs naturais são regentes de polos magnéticos de níveis vibratórios multidimensionais e são os aplicadores dos polos positivos da justiça divina. Eles não incorporam pois são divindades regentes de níveis vibratórios. E são Orixás multidimensionais.

Logo, se alguém disser: "Eu incorporo o Xangô tal", com certeza está incorporando o seu Xangô individual, um ser natural de 6º grau vibratório ou um espírito reintegrado às hierarquias naturais regidas por estes Xangôs. Ninguém incorpora um Xangô regente de nível vibratório ou qualquer outro Orixá desta magnitude. O máximo que se alcança a nível de incorporação é um Orixá de grau intermediador. Mas, no geral, todos incorporam seu

Orixá individual natural, ou um espírito reintegrado às hierarquias naturais, e portanto, um irradiador de um dos polos do seu Orixá maior.

Temos, na Umbanda, os:

Xangôs da Pedra Preta

Xangôs dos Raios

Xangôs das Pedreiras

Xangôs das Cachoeiras

Xangôs das Sete Montanhas, etc.

Todos eles são Orixás e regentes de subníveis vibratórios ou regentes de polos energomagnéticos cruzados por muitas correntes eletromagnéticas, onde atuam como aplicadores dos mistérios maiores, mas já em polos localizados e subníveis vibratórios. E todos estes Xangôs auxiliares são regentes de imensas linhas de trabalhos, ação e reação. Ou não é verdade que temos Caboclos da Pedra Branca, da Pedra Preta, das Pedreiras, das Sete Montanhas, do Fogo, dos Raios, etc.?

Meditem muito acerca do que aqui estamos comentando, pois, em se tratando de Orixás, é preciso conhecê-los a partir da ciência divina ou nos perdemos no abstracionismo e na imaginação humana. Reflitam bastante e depois consultem vossos mentores espirituais acerca do que aqui estamos ensinando, irmãos em Oxalá.

Oferenda:

Velas brancas, vermelhas e marrom; cerveja escura, vinho tinto doce e licor de ambrosia; flores diversas, tudo depositado em uma cachoeira, montanha ou pedreira.

Água de Xangô para lavagem de cabeça (amaci):

Água de cachoeira com hortelã macerada e curtida por três dias.

OGUM

Ogum é o Orixá da Lei e seu campo de atuação é a linha divisória entre a razão e a emoção. É o Trono Regente das milícias celestes, guardiãs dos procedimentos dos seres em todos os sentidos.

Ogum é sinônimo de lei e ordem e seu campo de atuação é a ordenação dos processos e dos procedimentos.

O Trono da Lei é eólico e, ao irradiar-se, cria a linha pura do ar elemental, já com dois polos magnéticos ocupados por Orixás diferenciados em todos os polos. O polo magnético positivo é ocupado por Ogum e o polo negativo é ocupado por Iansã.

Esta linha eólica pura dá sustentação a milhões de seres elementais do ar, até que eles estejam aptos a entrar em contato com seu segundo elemento. Uns têm como segundo elemento o fogo, outros têm na água o segundo elemento, etc.

Portanto, na linha pura do "ar elemental" só temos Ogum e Iansã como regentes.

Mas se estes dois Orixás são aplicadores da Lei (porque sua natureza é ordenadora), então eles projetam-se e dão início às suas hierarquias naturais; aquelas que nos chegam por meio da Umbanda.

Os Orixás Regentes destas hierarquias de Ogum e Iansã são Orixás Intermediários ou regentes dos níveis vibratórios da linha de forças da Lei.

Saibam que Oxalá tem sete Orixás Oxalás positivos e outros sete negativos que são seus opostos, e sete Orixás neutros; Oxum tem sete Orixás oxalás positivas e outras sete negativas que são suas opostas; Oxóssi tem sete Orixás Oxóssis positivos, sete negativos que são seus opostos e sete outros que formam uma hierarquia vegetal neutra e fechada ao conhecimento humano material; Xangô tem sete Orixás Xangôs positivos e sete negativos que são seus opostos. E o mesmo acontece com Obaluaiê e Iemanjá.

Agora, a respeito de Ogum e de Iansã, estes dois Orixás são os regentes do Mistério Guardião e suas hierarquias não são formadas por Orixás opostos em níveis vibratórios e polos magnéticos opostos, como acontece com os outros. Não, senhores!

Ogum e Iansã formam hierarquias verticais retas ou sequenciais, sem quebra de "estilo", pois todos os Oguns, sejam os regentes dos polos positivos, dos neutros ou tripolares ou dos negativos, todos atuam da mesma forma e movidos por um único sentido: são aplicadores da Lei!

Todo Ogum é um aplicador natural da Lei e age com a mesma inflexibilidade, rigidez e firmeza, pois não se permite outra conduta alternativa.

Onde estiver um Ogum, lá estarão os olhos da Lei, mesmo que seja um "Caboclo" de Ogum, avesso às condutas liberais dos frequentadores das tendas de Umbanda, sempre atento ao desenrolar dos trabalhos realizados, tanto pelos médiuns quanto pelos espíritos incorporadores.

Dizemos que Ogum é, em si mesmo, os atentos olhos da Lei, sempre vigilante, marcial e pronto para agir onde lhe for ordenado.

A hierarquia reta de Ogum, dentro da Umbanda, é composta de vinte e um Oguns regentes de polos magnéticos.

Sete polos são positivos.

Sete polos são negativos, mas não são opostos aos positivos.

Sete são tripolares e assentados na faixa neutra, que é horizontal.

Cada um destes sete Oguns tripolares assentados na faixa neutra, cada polo em sintonia vibratória com uma das sete linhas de forças verticais, e são eles que direcionam os seres elementais, encantados, naturais e mesmo os espíritos da dimensão humana da evolução.

São multidimensionais e estão (projetam-se) em todas as faixas neutras, sejam elas puras, bi, tri, tetra ou penta elementais.

As hierarquias destes sete Oguns naturais intermediários tripolares são gigantescas e impossíveis de serem quantificadas por causa do imenso número de seres incorporados a elas.

Só para que tenham uma ideia do que estamos comentando, saibam que o tripolar Ogum da "Água" projeta-se em Ogum Marinho, Ogum Sete Ondas e Ogum Beira-Mar. O Ogum da Terra projeta-se em Ogum Megê, Ogum das Passagens e Ogum de Ronda. O Ogum dos Minerais projeta-se em Ogum das Pedras, Ogum do Ferro e Ogum Sete Correntes (minerais).

Vamos parar por aqui, pois já viram como se desdobram estes sete Oguns tripolares, certo?

Saibam que eles se projetam na horizontal (direita e esquerda) e na vertical (para cima e para baixo), e encaminham os seres que devem seguir para uma dessas direções a partir das faixas neutras.

Dizemos que Ogum é sinônimo de lei e de ordem porque ele tanto aplica a Lei quanto ordena a evolução dos seres, não permitindo que alguém tome uma direção errada. Por isso, ele é chamado de "O Senhor dos Caminhos" (das direções).

E o mesmo acontece com Iansã, pois ela também é aplicadora da Lei e ordenadora dos seres. Porém, é maleável e também atua por intermédio do emocional dos seres.

Bom, já comentamos que Ogum forma uma hierarquia reta ou sequencial, pois a Lei é reta e rígida onde quer que seja. Ogum não julga nada ou ninguém, esta atribuição é de Xangô. Ele apenas aplica os princípios da Lei e ordena (direciona) os seres, e ponto final! Iansã é Lei e é mãe, portanto, é maleável até um certo ponto e atua no emocional dos seus "filhos".

Já Ogum, bem, ele é pai e é rigoroso ao extremo com seus "filhos". É sua natureza reta, e assim ele é.

Vamos mostrar os Oguns dos polos positivos, os Oguns da faixa neutra e os Oguns das faixas negativas, pois as hierarquias do Orixá maior Ogum não é formada de polos magnéticos opostos, mas sim sequenciais.

Saibam que a Lei é reta e tudo o que for "oposto" a ela deve ser anulado por Ogum, pois a Lei é ordem em todos os sentidos.

Vamos às hierarquias intermediárias retas, do Orixá Ogum:

• 1º Ogum: é o Ogum Cristalino, ou Ogum da Lei e da Fé. Ele surge no 1º polo magnético positivo, formado pela corrente eletromagnética cristalina, regida pelo Orixá Oxalá (Orixá da Fé).

• 2º Ogum: é o Ogum Mineral, ou Ogum da Concepção e do Amor. Ele surge no 2º polo magnético positivo, formado pela corrente eletromagnética mineral, regida pelo Orixá Oxum (Orixá do Amor e da Concepção).

• 3º Ogum: é o Ogum Vegetal, ou Ogum do Conhecimento. Ele surge no 3º polo magnético positivo, formado pela corrente eletromagnética vegetal, regida pelo Orixá Oxóssi (Orixá do Conhecimento).

• 4º Ogum: é o Ogum do Fogo, ou Ogum da Justiça. Ele surge no 4º polo magnético formado pela corrente eletromagnética ígnea, regida por Xangô (Orixá da Justiça).

• 5º Ogum: é o Ogum Eólico ou Ogum do Ar. Ele surge a partir do 5º polo magnético, formado pelo entrecruzamento da corrente eletromagnética eólica, regida pelo Orixá Ogum (Orixá da Lei).

• 6º Ogum: é o Ogum Telúrico ou Ogum da Evolução. Ele surge no 6º polo magnético positivo, formado pela corrente eletromagnética telúrica, regida pelo Orixá Obaluaiê (Orixá da Evolução).

• 7º Ogum: é o Ogum Aquático ou Ogum da Geração. Ele surge a partir do 7º polo magnético, formado pelo entrecruzamento da corrente eletromagnética aquática, regida pela Orixá Iemanjá (Orixá da Geração).

Os sete Oguns tripolares atuam nas faixas neutras onde se iniciam ou se processam os estágios da evolução.

Todas as dimensões possuem uma faixa chamada de neutra porque é nesta faixa vibratória que os seres estacionam por muito tempo e a partir dela desenvolvem uma natureza positiva, negativa ou neutra.

Positiva = passiva

Negativa = ativa

Neutra = pode se direcionar para onde desejar.

Lembrem-se de que natureza não é energia ou magnetismo, certo?

Bem, o fato é que estes sete Oguns estão assentados em Tronos Energéticos tripolares e formam a hierarquia horizontal do Divino Guardião da Lei, o Orixá Ogum, e se multiplicam por três, formando a hierarquia divina denominada de "Vinte e Um Guardiões da Lei".

Os Oguns que atuam no Ritual de Umbanda Sagrada saem desta hierarquia, pois os espíritos ou seres humanos são tripolares, ou seja, trazem em seu mental um polo magnético positivo, um negativo e um neutro. Por isso, somos vistos pelos Orixás como seres muito especiais. Afinal, trazemos em nosso mental a capacidade de reagirmos às situações mais adversas possíveis, desde que nos mantenhamos em equilíbrio emocional, magnético, energético e vibratório.

Os seres que mais se aproximam de nós são os naturais tripolares (Oguns e Iansãs naturais) e os Exus e Pombagiras naturais, que são neutros e negativos.

Os Exus e Pombagiras naturais, caso não saibam, são seres que não desenvolveram o magnetismo positivo e passivo, e por isso são direcionados para dimensões distintas da dimensão humana, pois lhes falta este nosso magnetismo positivo passivo e "racional".

O magnetismo mental negativo é emocional.
O magnetismo mental positivo é racional.
O magnetismo neutro é equilibrador dos dois outros polos magnéticos.

Bom, esses sete Oguns, junto com as sete Iansãs tripolares, formam a mais numerosa hierarquia divina existente em nosso multidimensional planeta Terra.

Vamos nominá-las só com o nome dos elementos onde atuam, certo? Mais do que isso, não nos é permitido revelar.

1º Ogum tripolar à Ogum do Cristal (Ogum Matinata)
2º Ogum tripolar à Ogum do Mineral (Ogum das Cachoeiras)
3º Ogum tripolar à Ogum do Vegetal (Ogum Rompe-Matas)
4º Ogum tripolar à Ogum do Fogo (Ogum de Lei)
5º Ogum tripolar à Ogum do Ar (Ogum Ventania)
6º Ogum tripolar à Ogum da Terra (Ogum Megê)
7º Ogum tripolar à Ogum da Água (Ogum Marinho)

Agora, vamos dar os sete Oguns cósmicos ou Oguns que atuam nos polos magnéticos que surgem do entrecruzamento das linhas de forças verticais (irradiações) com as correntes eletromagnéticas (vibrações).

• 1º Ogum cósmico: é o Ogum do Tempo e surge no 1º nível vibratório negativo onde surge o 1º polo magnético negativo, formado pelo entrecruzamento da corrente eletromagnética cristalina negativa, regida pela Orixá Logunã (Orixá do Tempo e da Religiosidade).

• 2º Ogum cósmico: é o Ogum Sete Cobras ou Sete Caminhos. Ele surge no 2º polo magnético negativo, formado pelo entrecruzamento da corrente eletromagnética mineral negativa, regida pelo Orixá Oxumaré (Orixá da Renovação ou da Sexualidade).

• 3º Ogum cósmico: é o Ogum Rompe-Solo. Ele surge no 3º polo magnético, formado pelo entrecruzamento da corrente eletromagnética telúrica negativa, regida pela Orixá Obá (Orixá do Conhecimento).

• 4º Ogum cósmico: é o Ogum Rompe-Nuvens. Ele surge no 4º polo magnético negativo, formado pelo entrecruzamento da corrente eletromagnética negativa, regida por Iansã (Orixá da Lei).

• 5º Ogum cósmico: é o Ogum Corta-Fogo. Ele surge no 5º polo magnético negativo, formado pelo entrecruzamento da corrente eletromagnética ígnea negativa, regida pela Orixá Oroiná (Orixá da Justiça).

• 6º Ogum cósmico: é o Ogum Sete Lagoas. Ele surge no 6º polo magnético negativo, formado pelo entrecruzamento da corrente eletromagnética negativa, regida por Nanã Buruquê, que é uma Orixá mista (terra e água) e é a regente do polo negativo da linha da Evolução.

• 7º Ogum cósmico: é o Ogum Naruê. Ele surge a partir do 7º polo magnético negativo, formado pelo entrecruzamento da corrente eletromagnética telúrica negativa, regido pelo Orixá Omolu, Orixá Regente do polo negativo da linha da Geração.

Estes sete Oguns cósmicos atuam nas faixas vibratórias negativas como ordenadores dos seres que optaram pela evolução cósmica, absorvente, concentradora e monocromática. Estes seres não são irradiadores de luzes coloridas, mas têm uma cor concentrada, seus densos magnetismos os tornam retos nos procedimentos e eles só se desenvolvem em um dos sete sentidos capitais.

Estes Oguns assumiram, na Umbanda, a missão de formar linhas de "Exus de Lei" compostas por espíritos humanos caídos nas trevas humanas ou em faixas vibratórias negativas da dimensão humana.

Agregados a estas linhas de "Exus de Lei", milhões de espíritos humanos afastados da faixa neutra e paralisados nos níveis vibratórios negativos puderam retornar, ordenadamente e jungidos aos mistérios cósmicos da divindade "X", que lhes dá sustentação enquanto se mantiverem nos limites reservados a eles pela lei (Ogum).

A divindade X (inominada) é um Orixá cósmico que rege a dimensão negativo-neutra onde vivem os Exus naturais. O divino guardião cósmico desta dimensão natural, e guardião dos mistérios da divindade X, é Mehor-iim-yê ou Mehor yê, o guardião cósmico que polariza com o divino Ogum nos polos masculinos da linha de forças que forma o mistério "Guardião da Lei".

Em livros anteriores, já abordamos o mistério "Mehor yê", assim como o seu polo correspondente feminino, que é a divina Ma-hór-iim-yê, ou Mahor yê, a divindade cósmica que polariza com a Orixá Oxum. Mahor yê rege sobre os desejos e o mistério "Pombagira de Lei", fundamentado nos seres femininos que só desenvolveram o magnetismo mental neutro e o negativo.

Mais do que isso, não podemos revelar a respeito dos Orixás cósmicos, sejam os Oguns ou qualquer outro. Saibam que, nas linhas de Lei mistas, cujos Caboclos e Exus respondem pelos mesmos nomes simbólicos que demos aos Orixás Oguns regentes dos polos magnéticos negativos, todos eles são regidos por Orixás Oguns cósmicos que respondem pelos mesmos nomes e são bipolares, atuando tanto na direita (Caboclos) quanto na esquerda (Exus). Mas estes Oguns cósmicos intermediadores só atuam nas linhas horizontais (direita e esquerda), e nunca nas linhas verticais (alto e embaixo).

Saibam que estes Oguns bipolares (positivos e negativos) serviram como modelo para o Ritual de Umbanda Sagrada quando ele foi idealizado para acelerar a evolução espiritual por meio de um processo religioso, que desembocou no surgimento da Umbanda no plano material. No triângulo da Umbanda, em uma de suas interpretações (pois há outras), o alto é o Orixá, à direita estão os Caboclos(as) e à esquerda estão os Exus (Pombagiras).

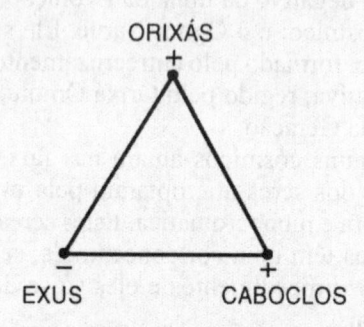

```
           ORIXÁS
             +
            /\
           /  \
          /    \
         /      \
        /        \
       /_____\
      −            +
    EXUS        CABOCLOS
```

Bom, o que nos foi permitido comentar a respeito do Orixá Ogum, já comentamos. Logo, leiam e releiam com atenção tudo o que aqui está colocado e temos certeza de que muitos mistérios fechados, até agora, começarão a abrir-se para vocês, os estudiosos dos mistérios "Orixás", os Tronos Regentes da evolução dos seres, das criaturas e das espécies.

Oferendas:

Velas brancas, azuis e vermelhas; cerveja, vinho tinto licoroso; flores diversas e cravos, depositados nos campos, caminhos, encruzilhadas, etc.

Água de Ogum para lavagem de cabeça (amaci):

Água de rio com folhas de pinheiro maceradas e curtidas por sete dias.

OBALUAIÊ

Obaluaiê é o Orixá que atua na Evolução e seu campo preferencial é aquele que sinaliza as passagens de um nível vibratório ou estágio da evolução para outro.

O Orixá Obaluaiê é o regente do polo magnético masculino da linha da Evolução, que surge a partir da projeção do Trono Essencial do Saber ou Trono da Evolução.

O Trono da Evolução é um dos sete Tronos Essenciais que formam a Coroa Divina regente do planeta, e em sua projeção faz surgir, na Umbanda, a linha da Evolução, em cujo polo magnético positivo, masculino e irradiante está assentado o Orixá Natural Obaluaiê, e em cujo polo magnético negativo, feminino e absorvente está assentada a Orixá Nanã Buruquê. Ambos são Orixás de magnetismos mistos e cuidam das passagens dos estágios evolutivos.

Ambos são Orixás terra-água (magneticamente, certo?). Obaluaiê é ativo no magnetismo telúrico e passivo no magnetismo aquático. Nanã é ativa no magnetismo aquático e passiva no magnetismo telúrico. Mas ambos atuam em total sintonia vibratória, energética e magnética. E onde um atua passivamente, o outro atua ativamente. Nanã decanta os espíritos que irão reencarnar, e Obaluaiê estabelece o cordão energético que une o espírito ao corpo (feto), que será recebido no útero materno assim que alcançar o desenvolvimento celular básico (órgãos físicos).

O mistério "Obaluaiê" reduz o corpo plasmático do espírito até que fique do tamanho do corpo carnal alojado no útero materno. Nesta redução (um mistério de Deus regido por Obaluaiê), o espírito assume todas as características e feições do seu novo corpo carnal, já formado.

Muitos associam o divino Obaluaiê apenas com o Orixá curador, que ele realmente é, pois cura mesmo! Mas Obaluaiê é muito mais do que já o descreveram. Ele é o "Senhor das Passagens" de um plano para outro, de uma dimensão para a outra, e mesmo do espírito para a carne e vice-versa.

Nós só vamos descrever os Orixás Obaluaiês assentados nos polos positivos da linha da Evolução, que é a 6ª linha de Umbanda, pois eles aplicam os polos (qualidades, atributos e atribuições) positivos do Orixá Obaluaiê natural. Já seus polos magnéticos negativos, os que aplicam seus polos negativos, não serão descritos por nós pois a Umbanda não lida com os polos negativos dele.

Vamos aos sete Orixás Obaluaiês, que são os Tronos Regentes dos polos magnéticos positivos da linha da Evolução:

• 1º Obaluaiê: é o Obaluaiê Cristalino ou Obaluaiê da Evolução Religiosa. Ele surge a partir do 1º polo magnético da irradiação da Evolução (linha) que é formado do entrecruzamento com a corrente eletromagnética cristalina positiva, regida pelo Orixá Oxalá (Orixá da Religiosidade).

• 2º Obaluaiê: é o Obaluaiê Mineral ou da Evolução da Concepção. Ele surge a partir do 2º polo magnético, formado pelo entrecruzamento da corrente eletromagnética mineral, regida pelo Orixá Oxum (Orixá da Concepção).

• 3º Obaluaiê: é o Obaluaiê Vegetal ou Obaluaiê da Evolução do Raciocínio. Ele surge a partir do 3º polo magnético, formado pelo entrecruzamento da corrente eletromagnética vegetal, regida por Oxóssi (Orixá do Conhecimento).

• 4º Obaluaiê: é o Obaluaiê ígneo ou Obaluaiê da Evolução da Razão. Ele surge a partir do 4º polo magnético, formado pelo entrecruzamento da corrente eletromagnética ígnea, regida pelo Orixá Xangô (Orixá da Justiça).

• 5º Obaluaiê: é o Obaluaiê Eólico ou Obaluaiê da Evolução da Consciência. Ele surge a partir do 5º polo magnético, formado pelo entrecruzamento da corrente eletromagnética eólica, regida por Ogum (Orixá da Lei).

• 6º Obaluaiê: é o Obaluaiê Telúrico ou Obaluaiê das Passagens. Ele surge a partir do 6º polo magnético, formado pelo entrecruzamento da corrente eletromagnética telúrica, regida por Obaluaiê (Orixá da Evolução).

• 7º Obaluaiê: é o Obaluaiê Aquático ou da Evolução da Criação. Ele surge a partir do 7º polo magnético, formado pelo entrecruzamento da corrente eletromagnética aquática, regida por Iemanjá (Orixá da Geração).

Aí temos os sete Orixás Obaluaiê regentes dos níveis vibratórios da linha da Evolução. Eles pontificam as hierarquias surgidas com a projeção do Orixá Obaluaiê, que é o Trono Natural masculino da Evolução.

Esperamos que os umbandistas deixem de temê-lo e passem a amá-lo e a adorá-lo pelo que ele realmente é: um Trono Divino que cuida da evolução dos seres, das criaturas e das espécies, e esqueçam as abstrações dos que se apegaram a alguns de seus polos negativos e os usam para assustar seus semelhantes.

Esses manipuladores dos polos negativos do Orixá Obaluaiê certamente conhecerão os Orixás cósmicos que lidam com o negativo dele. Ao contrário dos tolerantes Exus da Umbanda, estes Obaluaiês cósmicos são intolerantes com quem invoca os polos negativos do Orixá maior Obaluaiê para atingir seus semelhantes. E o que tem de supostos "pais de Santo" apodrecendo nos polos magnéticos negativos, só porque deram mau uso aos polos negativos de Obaluaiê... Bem, deixemos eles que cuidem por si mesmos de suas lepras emocionais. Certo?

Oferenda:

Velas brancas; vinho rosé licoroso, água potável; coco fatiado coberto com mel e pipocas; rosas, margaridas e crisântemos, tudo depositado no cruzeiro do cemitério, à beira-mar ou à beira de um lago.

Água de Obaluaiê para a lavagem de cabeça (amaci):

Água de fonte, rio ou lago, com folhas de louro e manjericão maceradas e curtidas por três dias.

IEMANJÁ

Iemanjá é o Trono feminino da Geração e seu campo preferencial de atuação situa-se no amparo à maternidade.

Iemanjá é por demais conhecida e não nos alongaremos ao comentá-la.

O fato é que o Trono Essencial da Geração assentado na Coroa Divina projeta-se e faz surgir, na Umbanda, a linha da Geração, em cujo polo magnético positivo está assentada a Orixá Natural Iemanjá e em cujo polo magnético negativo está assentado o Orixá Omolu.

Iemanjá, a nossa amada Mãe da Vida, é a água que vivifica, e o nosso amado pai Omolu é a terra que amolda os viventes. Como dedicamos um comentário extenso ao Orixá Omolu, vamo-nos concentrar em Iemanjá.

Iemanjá rege sobre a geração e simboliza a maternidade, o amparo materno, a mãe propriamente. Ela se projeta e faz surgir sete polos magnéticos ocupados por sete Iemanjás, as regentes dos níveis vibratórios positivos e as aplicadoras de seus polos, todos positivos pois Iemanjá não possui polos negativos.

Estas sete Iemanjás comandam incontáveis linhas de trabalho dentro da Umbanda. Suas Orixás intermediadoras estão espalhadas por todos os níveis vibratórios positivos, onde atuam como mães da "criação", sempre estimulando nos seres os sentimentos maternais ou paternais. Vamos às sete Iemanjás regentes dos níveis vibratórios positivos:

• 1º Iemanjá: é a Orixá Iemanjá Cristalina ou da Geração da Fé. Ela surge no 1º nível vibratório e no 1º polo magnético formado pelo entrecruzamento da irradiação da Geração com a corrente eletromagnética cristalina, regida por Oxalá (Orixá da Fé).

• 2º Iemanjá: é a Orixá Iemanjá Mineral ou Iemanjá do Arco-Íris do Amor e da Concepção. Ela surge no 2º polo magnético formado pelo entrecruzamento da corrente eletromagnética mineral, regida por Oxum (Orixá do Amor e da Concepção).

• 3º Iemanjá: é a Orixá Iemanjá Vegetal ou Iemanjá da Seiva do Conhecimento. Ela surge no 3º polo magnético formado pelo entrecruzamento da corrente eletromagnética vegetal, regida por Oxóssi (Orixá do Conhecimento).

• 4º Iemanjá: é a Orixá Iemanjá ígnea ou Iemanjá do Calor da Geração. Ela surge no 4º polo magnético, formado pelo entrecruzamento da corrente eletromagnética ígnea, regida por Xangô (Orixá da Justiça).

• 5º Iemanjá: é a Orixá Iemanjá do Ar ou Iemanjá da Geração da Ordem. Ela surge no 5º polo magnético formado pelo entrecruzamento da corrente eletromagnética eólica, regida por Ogum (Orixá da Lei e da Ordem).

• 6º Iemanjá: é a Orixá Iemanjá da Evolução ou Iemanjá Geração do Saber. Ela surge no 6º polo magnético, formado pelo entrecruzamento da corrente eletromagnética telúrica, regida por Obaluaiê (Orixá da Evolução).

• 7º Iemanjá: é a Orixá Iemanjá da Criação ou Iemanjá da Geração. Ela surge a partir do 7º polo magnético, formado pelo entrecruzamento com a corrente eletromagnética aquática, regida por Iemanjá (Orixá da Geração).

Aí temos a classificação e descrição correta das sete Orixás Iemanjás naturais intermediárias, as regentes dos sete níveis vibratórios da linha da Geração. Todas atuam em nível multidimensional e projetam-se até para a dimensão humana, onde têm muitas de suas filhas estagiando. Todas têm suas hierarquias de Orixás Iemanjás intermediadoras, que regem hierarquias de espíritos religados às hierarquias naturais.

Oferenda:

Velas brancas, azuis e rosas; champanhe, calda de ameixa ou de pêssego, manjar, arroz-doce e melão; rosas e palmas brancas, tudo depositado à beira-mar.

Água de Iemanjá para lavagem de cabeça (amaci):

Água de fonte com pétalas de rosas brancas e erva-cidreira maceradas e curtidas por sete dias.

DÉCIMO SEXTO CAPÍTULO

Os Orixás Cósmicos no Ritual de Umbanda Sagrada

Orixás Cósmicos: Os Regentes dos Polos Magnéticos Negativos do Ritual de Umbanda Sagrada

OMOLU

LOGUNÃ

OXUMARÉ

OROINÁ

IANSÃ

NANÃ

Normalmente, por desconhecimento, ou porque só aprenderam acerca dos polos negativos de alguns Orixás, os Orixás cósmicos são temidos por muitos. Mas a Umbanda é um ritual aberto e só lida com os polos positivos desses Orixás. Logo, em vez de ignorá-los devemos amá-los e confiar neles, que se "humanizaram" para melhor nos amparar e para acelerar nossa evolução.

OMOLU

Omolu é o Orixá que rege a morte, ou no instante da passagem do plano material para o plano espiritual (desencarne).

É com tristeza que temos visto o temor dos irmãos umbandistas quando é mencionado o nome do nosso amado Omolu. E, no entanto, descobrimos que este medo é um dos frutos amargos que nos foram legados por alguns semeadores dos Orixás em solo brasileiro, pois difundiram só os dois extremos do mais caridoso dos Orixás, já que Omolu é o guardião divino dos espíritos caídos.

O Orixá Omolu guarda para Olorum todos os espíritos que fraquejaram durante sua jornada carnal e entregaram-se à vivenciação de seus vícios emocionais.

Mas ele não pune ou castiga ninguém, pois estas ações são atributos da Lei Divina, que também não pune ou castiga. Ela apenas conduz cada um ao seu devido lugar logo após o desencarne. E se alguém semeou ventos, que colha sua tempestade pessoal, mas amparado pela própria Lei, a qual o recolhe a um dos sete domínios negativos, todos regidos pelos Orixás cósmicos ou que são magneticamente negativos. E Omolu é um desses guardiões divinos que consagrou a si e à sua existência, enquanto divindade, o amparo dos espíritos caídos perante as leis que dão sustentação a todas as manifestações da vida.

Esta qualidade divina do nosso amado pai foi interpretada de forma incorreta ou incompleta, e definiram no decorrer dos séculos que Omolu é um dos Orixás mais "perigosos" de se lidar, ou um dos mais intolerantes, e isto quando não o descrevem como implacável nas suas punições.

Mas o que encontrei nele não condiz com a forma como o "humanizaram" e, ano após ano, fui conhecendo uma divindade ímpar. Descobri-o como sendo a própria caridade divina para com os espíritos caídos nos campos da morte porque atentaram contra os princípios da vida.

Ele, na linha da Geração, a sétima linha de Umbanda, forma um par energético, magnético e vibratório com nossa amada mãe Iemanjá, onde ela gera a vida e ele paralisa os seres que atentam contra os princípios que dão sustentação às manifestações da vida.

Em Omolu, descobri o amor de Olorum pois é por puro amor divino que uma divindade consagra-se por inteiro ao amparo dos espíritos caídos. E foi por amor a nós que ele assumiu a incumbência de nos paralisar em seus domínios sempre que começamos a atentar contra os princípios da vida.

Enquanto a nossa mãe Iemanjá estimula em nós a geração, o nosso pai Omolu nos paralisa sempre que desvirtuamos os atos geradores. Mas esta "geração" não se restringe só à hereditariedade, já que temos muitas faculdades além desta, de fundo sexual. Afinal, geramos ideias, projetos, empresas, conhecimentos, inventos, doutrinas, religiosidades, anseios, desejos, angústias, depressões, fobias, leis, preceitos, princípios, templos, etc.

Temos a capacidade de gerar muitas coisas, e se elas estiverem em acordo com os princípios sustentados pela irradiação divina que na Umbanda recebe o nome de "linha da Geração" ou sua "sétima linha de Umbanda", então estamos sob a irradiação da divina mãe Iemanjá, que nos estimula.

Mas, se nas nossas "gerações" nós atentarmos contra os princípios da vida codificados como os únicos responsáveis pela multiplicação da vida, então já estaremos sob a irradiação do divino pai Omolu, que nos paralisará e começará a atuar em nossas vidas, pois deseja preservar-nos e nos defender de nós mesmos, pois sempre que uma ação nossa possa prejudicar alguém, antes ela já nos atingiu, feriu e nos escureceu, colocando-nos em um de seus sombrios domínios.

Omolu só foi humanizado em seus dois polos, ou nos seus extremos. E se em seu polo negativo e escuro ele é punidor, em seu polo positivo ele é o Orixá curador por excelência divina, pois cura as "almas" feridas... por si próprias.

Ele é o excelso curador divino, pois acolhe em seus domínios todos os espíritos que se feriram quando pensaram que, por egoísmo, estavam atingindo seus semelhantes. E por amor ele nos dá seu amparo divino até que, sob sua irradiação, nós mesmos nos tenhamos curado ao retornarmos ao caminho reto trilhado por todos os espíritos amantes da vida e multiplicadores de suas benesses. Todos somos dotados dessa faculdade, pois todos somos multiplicadores da vida, seja em nós mesmos, por meio de nossa sexualidade, seja nas ideias, por meio de nosso raciocínio, assim como geramos muitas outras coisas que tornam a vida a verdadeira dádiva divina.

Omolu, em seu polo positivo, é o curador divino e tanto cura nossa alma ferida quanto nosso corpo doente. Se orarmos a ele quando estivermos enfermos, ele atuará em nosso corpo energético, em nosso magnetismo, em nosso campo vibratório e sobre nosso corpo carnal, ao qual tanto poderá curar quanto nos conduzir a um médico que detectará de imediato a doença e receitará a medicação correta.

Então pergunto: "Se Omolu é curador, ele não é a própria caridade para com os enfermos? E, se ele é curador, como podem descrevê-lo como um Orixá temido?"

O Orixá Omolu atua em todos os seres humanos, independentemente de qual é a sua religião. Mas esta atuação geral e planetária processa-se por meio de uma faixa vibratória específica e exclusiva, pois por ela fluem as irradiações divinas de um dos mistérios de Deus, que denominamos de "Mistério da Morte".

Mas entendam este mistério como ele deve ser entendido, e não como o têm ensinado.

Omolu, enquanto força cósmica e mistério divino, é a energia que se condensa em torno do fio de prata que une o espírito e o seu corpo físico, e o dissolve no momento do desencarne ou passagem de um plano para o outro. Neste caso, ele não se apresenta como o espectro da morte coberto com um manto e capuz negro, empunhando o alfanje da morte que corta o fio da vida. Esta descrição é apenas uma forma simbólica ou estilizada de descreverem a força divina que ceifa a vida na carne.

Na verdade, a energia que rompe o fio da vida na carne é de cor escura e tanto pode parti-lo em um piscar de olhos, quando a morte é natural e fulminante, como pode ir se condensando em torno dele, envolvendo-o todo até alcançar o perispírito, que já entrou em desarmonia vibratória porque a passagem deve ser lenta, induzindo o ser a aceitar seu desencarne de forma passiva.

Este mistério regido por Tatá Omolu é um dos recursos de Deus e atua em um momento de muita dificuldade para os seres, pois não é fácil, para alguém não preparado, esta viagem rumo ao desconhecido mundo dos espíritos ou dos mortos.

O Orixá Omolu atua em todas as religiões, em algumas ele é denominado "Anjo da Morte" e em outras de divindade ou "Senhor dos Mortos".

No Antigo Egito, ele foi muito cultuado e ensinado, e dali partiram sacerdotes que o divulgaram em muitas culturas de então. Mas, com o advento do Cristianismo, seu culto foi desestimulado, pois a religião cristã recorre aos termos "anjo" e "arcanjo" para designar as divindades. Logo, nada mais lógico do que recorrer ao arquétipo tão temido do "Anjo da Morte", todo coberto de preto e portando o alfanje da morte para preencherem a lacuna surgida com o ostracismo do Orixá ou divindade responsável por este momento tão delicado na vida dos seres.

Sábios foram os egípcios, pois criaram todo um ritual de passagem e encomenda do espírito que retornava ao mundo dos mortos ou dos espíritos.

"Humanizar-se" significa o Orixá ou a divindade assumir feições humanas, compreensíveis por nós e de mais fácil assimilação e interpretação.

Nos cultos de nação, Omolu e Obaluaiê são descritos como um mesmo Orixá, sendo Omolu o novo e Obaluaiê o velho. Se, aqui, nós os separamos, é porque nos foi revelado serem divindades muito parecidas e com campos de atuação comuns.

A Ciência Divina dos Orixás diferencia alguns deles, tal como Iansã, Logunã, Oroiná, Omolu e Obaluaiê, mas não os diminui e, sim, explica-os e os distingue ainda mais, pois os identificam como regentes planetários e das sete irradiações divinas que formam as Sete Linhas de Umbanda.

Vamos explicá-los segundo a Ciência Divina.

Obaluaiê, enquanto o mistério de Deus é energia divina, é o próprio cordão prateado, ou fio, que une o espírito ao corpo físico. Ele também é mistério divino que reduz o corpo energético e plasmático do espírito ao tamanho do corpo físico em gestação que é alojado no útero materno, corpo este que só recebe o espírito após o 5º, 6º ou 7º mês de gestação.

Esta é uma das atribuições do Orixá Obaluaiê, embora possua muitas outras, todas ligadas à evolução, pois ele é o Orixá que rege a linha da Evolução ocupando seu polo magnético positivo, masculino e ativo, enquanto Nanã Buruquê rege o seu polo negativo feminino e passivo.

Isso significa: ela adormece em seus braços maternos o filho que irá reencarnar, e Obaluaiê o conduz e o aloja no útero da mãe carnal, já preparada por Oxum para a recepção do espírito e para ampará-lo em seu ventre materno até que Iemanjá (a força geradora) o conduza à luz do plano material.

Nanã adormece o espírito, Obaluaiê sustenta a encarnação, Oxum ampara a gestação e Iemanjá sustenta o nascimento. Cada Orixá atua em um nível vibratório, em um campo energético e com atribuições bem definidas, formando um conjunto de divindades que atuam a nível energético, magnético, vibratório e consciencial durante todo o processo de encarnação dos espíritos.

Infelizmente, isso não tem sido ensinado e o culto dos Orixás acabou perdendo os fundamentos mais ocultos das divindades, as quais passaram a ser cultuadas somente por meio de seus arquétipos, deixando de lado seus polos divinos e suas qualidades, atributos e atribuições.

Mas isto se deve, em parte, à própria natureza dos seus adoradores, mais mística que especulativa.

E nós sabemos que os místicos, assim que encontram um ponto de apoio religioso, aquietam-se.

Já os seres de natureza especulativa, assim que encontram um ponto de apoio ou base fundamental, logo começam a especular ou perscrutar o que intuem existir mais além. E a Umbanda é tanto mística (mágica) quanto especulativa (filosófica), e busca o conhecimento situado um pouco além e acima das lendas dos Orixás, aceitas sem questionamentos pelos cultos de nação.

Por isso, estamos revelando aqui alguns dos campos onde atuam os sagrados Orixás. Assim, ou os mostramos como são realmente, e como atuam na vida dos seres, ou retornaremos ao ponto de partida: as lendas, lindas e encantadoras, mas que nos remetem de volta a um passado mítico o qual não se adapta ao atual estágio consciencial e religioso da humanidade.

A teoria tem de se adaptar ao seu tempo e servir como aglutinador de consciências religiosas, ou o fetichismo assume o comando das religiões, paralisando o desenvolvimento de uma consciência religiosa mais sutil e universalista.

Cada religião tem seus rituais, os quais devem ser respeitados. Mas quando uma lenda, que é o ocultamento das qualidades, atributos e atribuições de um Orixá que se humanizou para melhor nos auxiliar, serve como ponto de apoio a práticas fetichistas, aí já é hora de o bom-senso tomar a direção dos rituais. Do contrário, os seres serão paralisados em sua evolução e, após o desencarne, estacionarão nos polos negativos, onde hão de depurar-se do magnetismo negativo que desenvolveram, justamente por causa de suas praticas fetichistas. E Omolu não aprecia os fetichistas.

Lembrem-se disso, sacerdotes! Omolu conhece o íntimo de cada um e está à espera. E começará a se mostrar no instante em que for rompido o cordão que une seus espíritos aos seus corpos carnais.

Aos sacerdotes virtuosos, ele se mostrará como luz azul profunda, quase lilás. Já aos desvirtuadores, aos mercantilistas da fé, aos devassos, aos que se aproveitam da fé e da inocência de seus fiéis, estes o verão com a própria morte dos que atentaram contra a Fé Viva, que é Deus. Para estes, o que se mostrará não é um "anjo" de luz azul profunda, mas sim um espectro mil vezes mais aterrorizante que o descrito como o "Anjo da Morte"; o espectro será o que surge na "ausência" da Fé Viva, que é Deus.

E não pensem que este comentário é abstrato, pois ele está sendo orientado pelo 7º Omolu, que atua na linha pura da Geração e é o Tatá Omolu do meu médium psicógrafo.

Bem, falamos em 7º Omolu, não? Logo, existe um 6º, um 5º... e um 1º, certo?

Sim, existem sete Omolus, assentados nos níveis vibratórios negativos da linha da Geração, contrapondo-se com as sete Iemanjás assentadas nos níveis positivos.

A linha da Geração é regida em seu polo positivo, irradiante e multicolorido pela nossa Mãe da Vida, a Orixá Iemanjá, e em seu polo negativo, absorvente e monocromático (pois é de um azul tão concentrado que muitos o veem como preto, a cor material do nosso amado pai) pelo Omolu, Senhor da Morte.

Esta linha tem em Iemanjá o princípio da vida para a carne (nascimento) e tem em Omolu o fim da vida na carne (desencarne). Mas tem neles dois elementos ou energias que se complementam: ela é água e ele é terra; ela é água cristalina (Fé) e ele é terra mineral (Amor).

Assim, vemos nosso amado Tatá Omolu porque ele, em seu segundo elemento ou dupla polaridade, atua no elemento mineral denso, onde se entrecruza com Oxumaré e paralisa a sexualidade dos seres pervertidos que anulam a sexualidade geradora de vidas. Também forma par com Oxum, quando atua na sexualidade dos seres possuídos pela devassidão sexual.

E assim, de elemento em elemento, vão surgindo nossos amados Orixás Omolus, os quais estão assentados nos sete níveis vibratórios negativos da linha da Geração.

Viram como as lendas, corretas até certo ponto, não revelam a maioria das qualidades, atributos e atribuições dos Orixás, uma vez que ficaram só na humanização em nível terra das divindades naturais?

Vamos denominar os sete Omolus a partir de seu segundo elemento, de suas energias, de suas irradiações e das linhas de Umbanda onde atuam. Não vamos nominá-los senão com o nome da linha onde formam pares ou linhas cruzadas, certo? De que nos adianta escrevermos aqui seus nomes em uma língua incompreensível aos milhões de umbandistas, que só falam e entendem o português?

Se escrevermos aqui Omolu Bab'iim Dab'ma're, que é o nome sagrado do Omolu que forma um triângulo ou entrecruzamento com Oxum e Oxumaré, e atua sobre a devassidão e depravação sexual dos seres desvirtuados pelo sexo, este nome ficará incompreensível, pois a maioria sequer saberá como pronunciá-lo.

Mas se simplesmente o chamarmos de Omolu Mineral, que é o elemento de Oxum e Oxumaré, os regentes da linha de forças do Amor ou Concepção da vida, então todos assimilarão rapidamente que Omolu Mineral atua neste elemento, estimulador da sexualidade, quando o ser se torna devasso ou pervertido. No momento da passagem do ser desvirtuado, Omolu o enviará a um polo magnético que o reterá em um domínio sombrio até que esgote, junto de seus afins desequilibrados sexualmente, toda a sua devassidão e perversão sexual.

Seres que só sentem prazer no sadismo, no masoquismo, na violação de criancinhas, etc., todos serão recolhidos aos domínios sombrios desse nosso amado Tatá Omolu Mineral, que os reterá até que tenham esgotado seus vícios, junto a seres tão viciados quanto eles, e onde, na escuridão de suas almas, ficarão paralisados em sua evolução já que transformaram um bem da vida em uma fonte de prazeres viciados e viciadores mortais.

Nos domínios desse nosso amado Omolu Mineral, cairão todos os espíritos cuja sexualidade desvirtuada transformou um ato de amor gerador de vidas em um ato desumano que os bestificou e que os remete de volta ao estágio da evolução em que ainda eram guiados pelos instintos negativos.

Com isto que acabamos de revelar, achamos que já dá para vislumbrar o campo de atuação desse nosso amado Omolu, não?

Logo, amem-no pois ele afasta do meio dos espíritos virtuosos os espíritos viciados, que revoltariam seus olhos se pudessem vê-los, pois são de uma lubricidade que enoja nossa visão.

Então, imaginem um espírito equilibrado, conscientizado acerca dos bens e valores da vida, tendo que conviver com estes espíritos deformados, tanto consciencialmente quanto energeticamente. Seria um contrassenso e muito desagradável, porque a visão de um espírito "luminoso", que é bonito em sua aparência, só atiçaria ainda mais a sexualidade pervertida destes seres caídos.

Saibam que o contrassenso não existe na criação divina, e como já comentamos quando falamos das "almas" dos cães que vão para uma dimensão exclusiva deles, para os espíritos devassos e pervertidos também existe uma faixa vibratória dentro da dimensão espiritual para a qual eles são enviados e onde ficarão retidos até que esgotem seus vícios e se tornem o que chamamos de "espíritos sofredores", uma vez que, quando pensavam estar realizando seus desejos desvirtuados, na verdade, estavam semeando dores... que no pós-morte colheram na forma de sofrimentos.

E quem os envia a esta faixa vibratória é o nosso amado Omolu, senhor do espírito no momento do desencarne, que, na forma de uma energia, envia cada um ao polo magnético ao qual se ligou ainda em vida na carne. E quem acolhe os que se ligaram aos polos negativos da linha da Geração são nossos amados Omolus, Orixás assentados nos polos magnéticos dos seus sete níveis ou faixas vibratórias negativas, onde os recebem e recolhem, mantendo-os em seus domínios até que deixem de se conduzir pelos desejos ou vícios da carne e passem a clamar pelo retorno aos domínios da Luz, onde impera a virtude e o racionalismo humano.

Omolu Mineral não é o único que toma conta, para Deus, dos piores espíritos, ou de seres encantados desequilibrados. Os outros seis amados Omolus também formam pares vibratórios, energéticos ou magnéticos com as outras linhas de Umbanda e acolhem os piores em outros sentidos da vida.

Logo, as atribuições dos sete Omolus é acolher todos os espíritos que, no momento em que o mistério Omolu os desligou do corpo material, em vez de serem atraídos para os polos magnéticos positivos da linha da Geração, foram atraídos por seus polos magnéticos negativos, que se são monocromáticos e se mostram aos olhos dos espíritos de luz como de um azul profundo e muito denso, aos caídos mostram-se com uma cor preta impenetrável para suas visões espirituais, distorcidas pelos seus vícios desumanos, semeadores da dor em seus semelhantes.

Vamos dar uma tabela com os elementos, os Orixás que formam as linhas de Umbanda, ou linhas de forças regidas por eles, o sentido da vida sustentado pelos regentes da linha e os triângulos ou entrecruzamentos formados com os sete Tatás Omolus regentes dos níveis vibratórios negativos da linha da Geração, regida em seu polo positivo por Iemanjá (água) e em seu polo negativo por Omolu (terra).

Elemento	Magnetismo e energia	Orixá polarizado por elemento Sentido da Vida	Linha de Forças
Cristal	Oxalá — Logunã	Fé	Religiosidade
Mineral	Oxum — Oxumaré	Concepção	Amor
Vegetal	Oxóssi — Obá	Conhecimento	Raciocínio
Fogo	Xangô — Iansã	Justiça	Razão
Ar	Ogum — Oroiná	Lei	Ordem
Terra	Obaluaiê — Nanã	Evolução	Sabedoria
Água	Iemanjá — Omolu	Geração	Maternidade

Com cada um desses elementos, surge um triângulo, invertido, diga-se a bem da verdade, onde, no seu vértice inferior, está assentado um dos sete Omolus, que atuam como catalisadores das energias irradiadas pelos espíritos viciados e desvirtuados nos atos que têm por função única "gerar", e nunca matar o que quer que seja.

Afinal, pessoas ruins não matam só seus semelhantes, matam também boas ideias somente porque são alheias, matam leis sustentadoras das sociedades, etc. Vasto é o campo da vida e muitos são os que o assolam, levando a morte aos atos geradores da vida. Vamos aos triângulos:

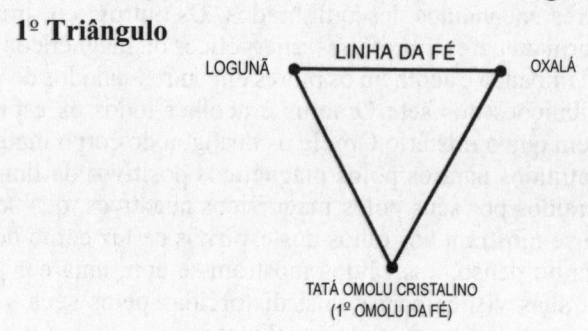

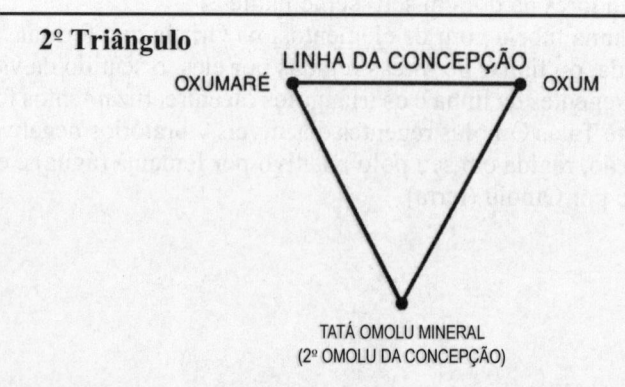

1º Triângulo

LINHA DA FÉ
LOGUNÃ — OXALÁ

TATÁ OMOLU CRISTALINO
(1º OMOLU DA FÉ)

2º Triângulo

LINHA DA CONCEPÇÃO
OXUMARÉ — OXUM

TATÁ OMOLU MINERAL
(2º OMOLU DA CONCEPÇÃO)

3º Triângulo

LINHA DO CONHECIMENTO

OBÁ — OXÓSSI

TATÁ OMOLU VEGETAL
(3º OMOLU DO CONHECIMENTO)

4º Triângulo

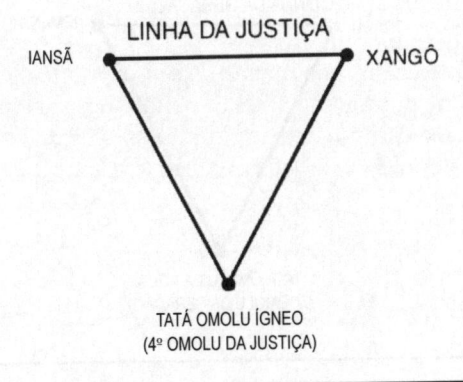

LINHA DA JUSTIÇA

IANSÃ — XANGÔ

TATÁ OMOLU ÍGNEO
(4º OMOLU DA JUSTIÇA)

5º Triângulo

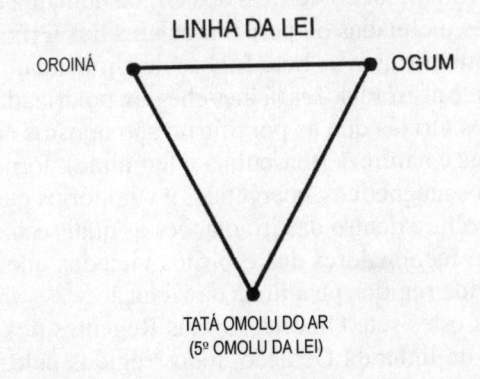

LINHA DA LEI

OROINÁ — OGUM

TATÁ OMOLU DO AR
(5º OMOLU DA LEI)

6º Triângulo

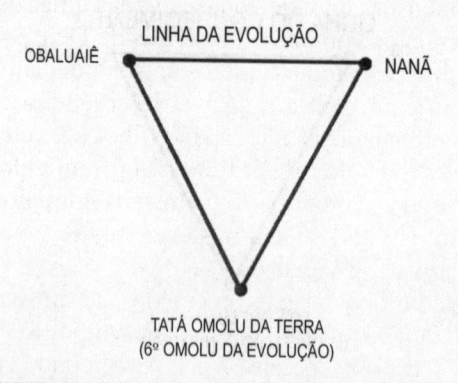

```
         LINHA DA EVOLUÇÃO
OBALUAIÊ ●───────────────● NANÃ
          \             /
           \           /
            \         /
             \       /
              \     /
               \   /
                \ /
                 ●
         TATÁ OMOLU DA TERRA
        (6º OMOLU DA EVOLUÇÃO)
```

7º Triângulo

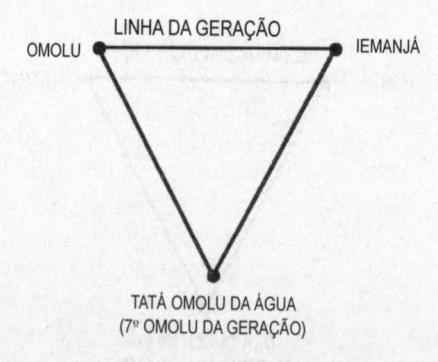

```
         LINHA DA GERAÇÃO
OMOLU  ●───────────────● IEMANJÁ
        \             /
         \           /
          \         /
           \       /
            \     /
             \   /
              \ /
               ●
       TATÁ OMOLU DA ÁGUA
       (7º OMOLU DA GERAÇÃO)
```

Estes são os triângulos formados pelos sete Omolus, nos quais eles, assentados nos polos regentes dos níveis negativos da linha da Geração, recebem a irradiação direta ou vertical dos Orixás Iemanjá e Omolu. Recebem as irradiações inclinadas ou perpendiculares dos Orixás Regentes das linhas de forças que formam as Sete Linhas de Umbanda.

Observem que as irradiações já lhes chegam polarizadas ou com dupla polaridade, pois os Orixás que as pontificam são opostos em magnetismo, energias, vibrações e natureza (masculina e feminina), fornecendo aos sete Omolus os recursos magnéticos, energéticos e vibratórios que precisam para atuar com desenvoltura dentro das irradiações às quais estão ligados, e nas quais atuam como recolhedores dos espíritos viciados que atentam contra os princípios da vida regidos pela linha da Geração.

Então temos estes sete Omolus, Orixás Regentes dos polos intermediários negativos da linha da Geração, todos regidos pelo Orixá maior, o

Omolu Planetário e multidimensional, pois ele também rege o lado negativo de sete outras dimensões da vida, todas isoladas umas das outras, mas com todas elas atendendo às vontades e mistérios de Deus.

Com isso dito, esperamos que os falsos conceitos acerca do nosso amado pai Omolu comecem a mudar e o verdadeiro conhecimento abra este mistério aos umbandistas, que são tão filhos dele quanto nossos irmãos raspados no Santo. Para ele, se um filho não for movido pela fé e não chegar guiado pelo amor, não permanece em seus domínios, ou não ativa seu mistério guardião da vida, ou seu mistério curador, e nem o seu mistério gerador de uma nova consciência.

A Umbanda precisa resgatar do medo este mistério divino "Omolu yê" e aprender a cultuá-lo e usá-lo em benefício de seus filhos de Fé e de seus fiéis, já que este nosso amado Orixá, se solicitado dentro da Lei, e para uma causa justa, de imediato assume nossas dificuldades e atua em nosso favor, até que nossa causa seja solucionada e seus efeitos sejam diluídos no tempo e no espaço.

Omolu não vibra menos amor por nós do que qualquer um dos outros Orixás, e está assentado na Coroa Divina pois é um dos Tronos de Olorum, o Divino Criador.

Vamos tecer rápidos comentários a respeito dos sete Tatás Omolus, regentes dos níveis vibratórios negativos da linha da Geração.

• 1º Omolu: ou Omolu Cristalino. É um Orixá que atua intensamente na vida dos seres que desvirtuaram os princípios geradores de religiosidade e enfraquecem (matam) a fé na vida de seus semelhantes. Na horizontal, ele recebe a irradiação cósmica da corrente eletromagnética cristalina regida por Logunã (Orixá da Religiosidade). Logunã e Oxalá.

• 2º Omolu: ou Omolu Mineral. É um Orixá que atua intensamente na vida dos seres que desvirtuam os princípios geradores da concepção e enfraquecem (matam) o amor na vida de seus semelhantes. Na horizontal, ele recebe a irradiação cósmica da corrente eletromagnética mineral regida por Oxumaré (Orixá da Sexualidade). Oxum e Oxumaré.

• 3º Omolu: ou Omolu do Conhecimento. É um Orixá que atua intensamente na vida dos seres que desvirtuam os princípios geradores do raciocínio e enfraquecem (matam) o conhecimento na vida de seus semelhantes. Na horizontal, ele recebe a irradiação cósmica da corrente eletromagnética telúrica, regida por Obá (Orixá do Conhecimento). Oxóssi e Obá.

• 4º Omolu: ou Omolu Ígneo. É um Orixá que atua intensamente na vida dos seres que desvirtuam os princípios geradores da ordem e enfraquecem (matam) a lei na vida de seus semelhantes. Na horizontal, é regido pela corrente eletromagnética eólica, regida por Iansã (Orixá da Lei). Xangô e Oroiná.

• 5º Omolu: ou Omolu Eólico. É um Orixá que atua intensamente na vida dos seres que desvirtuam os princípios geradores da razão e enfraquecem (matam) a justiça na vida de seus semelhantes. Na horizontal, é regido pela corrente eletromagnética ígnea, regida por Ogum e Iansã (Orixá da Justiça).

• 6º Omolu: ou Omolu da Terra. É um Orixá que atua intensamente na vida dos seres que desvirtuam os princípios do saber e enfraquecem (matam) a evolução na vida de seus semelhantes. Na horizontal, é regido pela corrente eletromagnética aquática-telúrica, regida por Nanã e Obaluaiê (Orixá da Evolução).

• 7º Omolu: ou Omolu da Água. É um Orixá que atua intensamente na vida dos seres que desvirtuam os princípios da criação e enfraquecem (matam) a vida de seus semelhantes. Na horizontal, é regido pela corrente eletromagnética telúrica, regida pelos Orixás Omolu e Iemanjá (Orixá da Geração).

Bem, nestes rápidos comentários, vocês já têm uma noção limitada do campo de ação dos sete Orixás Omolus.

Agora, vamos dar as cores das velas de cada um deles. Assim, quando sentir que alguma coisa imponderável está desequilibrando sua vida, saúde ou evolução natural, poderão invocá-los para atuarem em seu favor.

As cores dos sete Omolus dentro dos seus triângulos de forças ativas e seus pontos cardeais são estas:

1º Omolu da Fé:

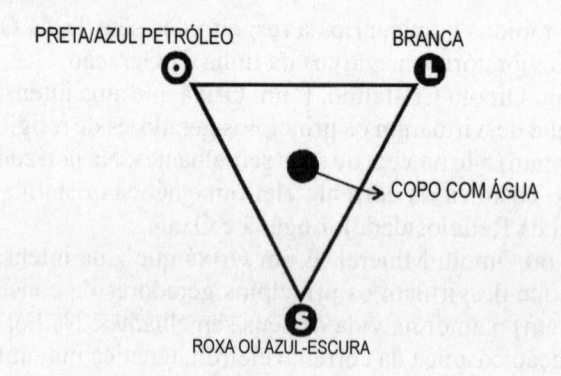

PRETA/AZUL PETRÓLEO — BRANCA
→ COPO COM ÁGUA
ROXA OU AZUL-ESCURA

2º Omolu da Concepção:

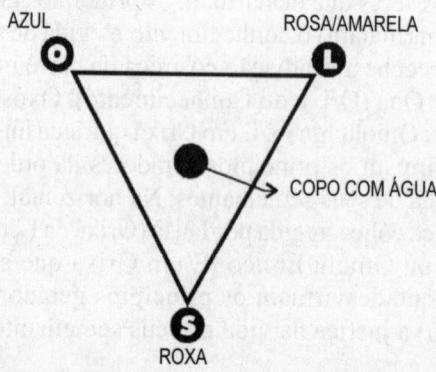

AZUL — ROSA/AMARELA
→ COPO COM ÁGUA
ROXA

3º Omolu do Conhecimento:

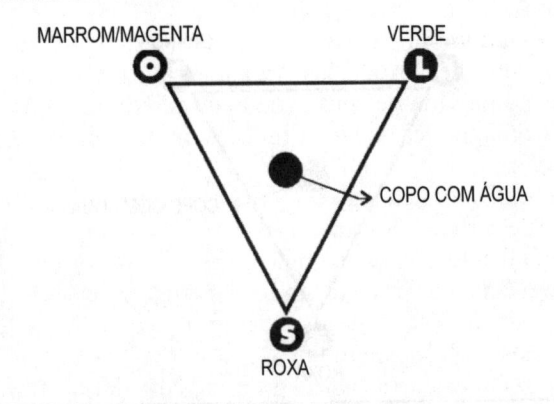

MARROM/MAGENTA — VERDE
COPO COM ÁGUA
ROXA

4º Omolu da Justiça:

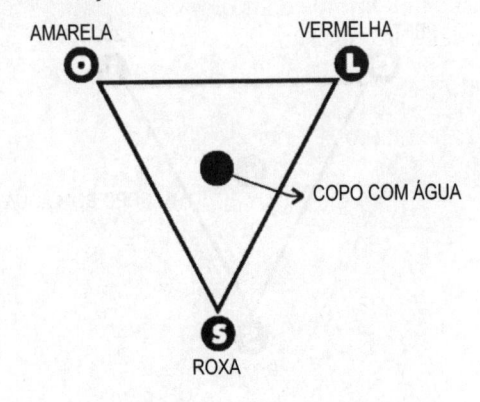

AMARELA — VERMELHA
COPO COM ÁGUA
ROXA

5º Omolu da Lei:

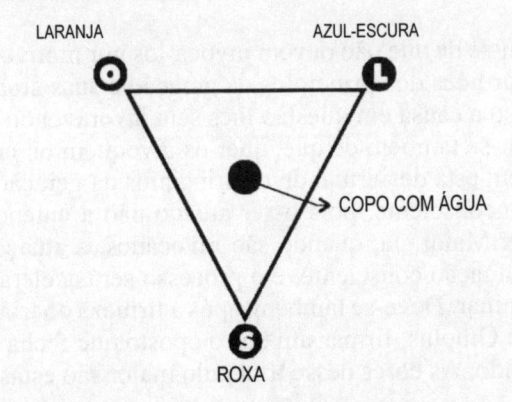

LARANJA — AZUL-ESCURA
COPO COM ÁGUA
ROXA

6º Omolu da Evolução:

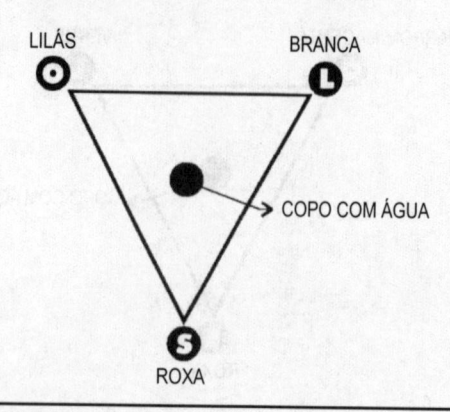

- LILÁS (O)
- BRANCA (L)
- ROXA (S)
- COPO COM ÁGUA

7º Omolu da Geração:

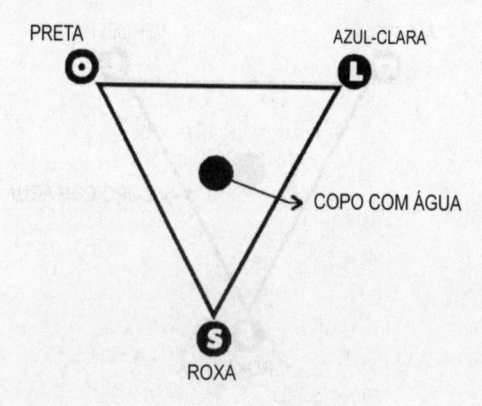

- PRETA (O)
- AZUL-CLARA (L)
- ROXA (S)
- COPO COM ÁGUA

Aí, os leitores têm as cores das velas que devem usar quando forem invocá-los.

Lembrem-se de que não devem invocá-los por motivos fúteis. Os sete são Orixás guardiões dos princípios da geração e suas atuações são poderosíssimas, caso a causa em questão lhes seja favorável ou justa.

Lembrem-se também de que, quer os invoquem ou não, eles atuarão na vida de quem está desvirtuando os princípios da geração. Mas esta será uma atuação inconsciente, pois o ser atuado não a entenderá como uma vontade da Lei Maior. Já, quando são invocados, a atuação inconsciente torna-se uma atuação consciente, e o processo será acelerado assim que a invocação terminar. Deve-se também, após a firmeza do triângulo de forças de um dos sete Omolus, firmar um outro oposto que fecha em seu interior o que for firmado. As cores desse triângulo maior são estas:

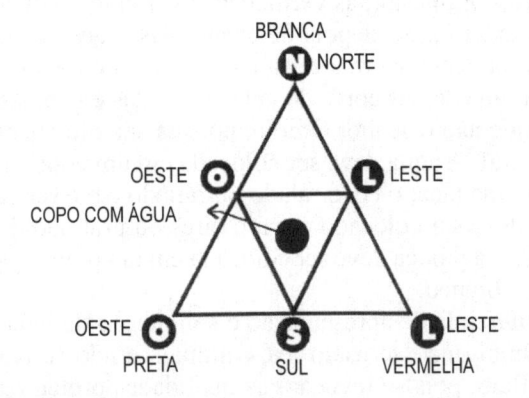

Os Orixás Cósmicos no Ritual de Umbanda Sagrada

```
            BRANCA
              N NORTE

     OESTE  O       L  LESTE
  COPO COM ÁGUA

     OESTE  O    S    L  LESTE
     PRETA  SUL  VERMELHA
```

Após formar o triângulo maior, deve-se saudar o senhor Omolu e solicitar-lhe que, dentro de seu triângulo da justiça divina, injustiças não sejam feitas durante o desenrolar da causa que ali foi acelerada.

Lembrem-se de que só justiça será feita. E nenhuma força contrária anulará o processo colocado em ação.

Mas se quem formular uma ação dessa natureza ao nosso amado Omolu por acaso estiver sendo movido por princípios mórbidos, então quem a formulou sofrerá as transformações íntimas que logo começarão a acontecer, já que ninguém deve desejar a "morte" de um seu semelhante. E muito menos deve pedi-la justamente ao Orixá responsável pela paralisação dos seres que atentam contra a vida.

Agora, se você deseja firmar o mistério Omolu do lado de fora do templo ou mesmo de sua casa, deve firmar o triângulo com o vértice voltado para o norte e colocar um copo de água no centro dele, solicitando que ele tome conta do templo ou da casa e afaste dela todos os espíritos desvirtuados que o estejam perturbando.

A água é uma reverência à Orixá Iemanjá, do elemento água e o polo positivo da linha da Geração, e deve ser colocada dentro do triângulo de forças do nosso amado Pai Omolu, que tem nela a mãe divina geradora de "vidas".

Muitos, ao oferendarem Omolu, colocam água e nem sabem o real fundamento dela na oferenda ao Orixá Omolu, que é regido pelo elemento terra. A água fica em "cima" da terra porque Iemanjá é o polo positivo ou o polo de cima.

Bom, o fato é que todo dirigente espiritual de um templo de Umbanda deve realizar uma oferenda ao senhor Omolu dentro do campo santo (cemitério) ou à beira-mar, oferendando velas, água, coco, vinho doce licoroso, mel, pipoca e um pouco de sal grosso dentro de um pires.

As velas podem ser acesas em triângulo com a vela branca no Norte, a vermelha no Leste e a preta no Oeste. Ou podem ser acesas em círculos, com as brancas no interior, as vermelhas no círculo do meio e as pretas no círculo mais externo. Só depois de acendê-las é que se coloca dentro do círculo, e diretamente sobre a terra os alimentos e bebidas que recomendamos. Cada uma dessas cores de velas, comidas e bebidas pertence a um outro Orixá que não o senhor Omolu, pois na sua oferenda a terra já é seu elemento natural. A água deve ser colocada em um copo; o vinho deve ser colocado em uma taça; o coco ralado ou fatiado deve ser colocado em um prato; o mel deve ser colocado em um pires ou pratinho de plástico; o sal grosso também; a pipoca deve ser colocada em um prato, que também pode ser de plástico branco.

Nessa oferenda de apresentação e solicitação de ligação mental com o mistério Omolu não se usam axés animais e não se realizam nenhum tipo de sacrifício, pois se invocará as qualidades protetoras da vida deste mistério divino.

Todo mistério possui qualidades, atributos e atribuições positivas e negativas independentemente de seu Orixá Regente ser magneticamente positivo ou negativo. E a Umbanda só trabalha com as qualidades, atributos e atribuições positivas dos Orixás. Por isso, nos rituais de oferendas realizadas pelos médiuns de Umbanda não são realizados sacrifícios de animais e não se derrama sangue na coroa de ninguém, já que as qualidades, atributos e atribuições negativas dos Orixás não serão trabalhadas pelo médium de Umbanda.

Saibam que quem lida com as qualidades, atributos e atribuições negativas dos Orixás e vier a usá-las para atingir e prejudicar seus semelhantes injustamente, assim que desencarnar será atraído de imediato pelo poderoso magnetismo deles e, em um piscar de olhos, afastar-se-á da dimensão humana da vida e será arrastado para alguma das esferas cósmicas extra-humanas regidas pelos Orixás. E em uma delas purgará seus erros, falhas e pecados de uma forma tão dolorida que o inferno humano se parecerá um paraíso.

Lembrem-se sempre disso. Não são poucos os supostos pais e mães de Santo que lidam com as qualidades, atributos e atribuições negativas dos Orixás e usam dos poderes deles para sua vaidade pessoal ou para explorarem economicamente os incautos que os procuram.

E, surpresa das surpresas!, vocês sabem quem os enviará a estes temíveis infernos naturais?

É o nosso amado Tatá Omolu, que, no momento da passagem deles, já sabe para onde irá enviar cada um daqueles que viveram de sacrifícios a "torto e a direito", e reterá os que aqui na carne viviam do sacrifício de seres inconscientes, para a realização de seus objetivos escusos ou irreveláveis. Logo, se aqui disseminaram a magia negra, que colham os horrores das Trevas após seu desencarne.

Assim recomenda a Lei (Ogum) e assim a cumpre seu executor (Omolu) no campo escuro da morte dos princípios luminosos da vida.

Bem, após este alerta, eis que encerraremos este nosso comentário a respeito de nosso amado Tatá Omolu, dizendo:

— Médiuns de Umbanda, sigam corretamente o que aqui ensinamos acerca deste Orixá e encontrarão nele a força e o poder cósmico capaz de anular as magias negras. Sempre que firmarem um triângulo ou um círculo mágico como aqui ensinamos, estarão ativando as qualidades, atributos e atribuições positivas e luminosas do Orixá Omolu e acelerarão os processos da Lei que, com sua poderosa luz, anula as mais terríveis magias negativas ativadas pelos seres viciados, desvirtuados e desequilibrados por sua religiosidade e conhecimentos pervertidos e devastadores da vida. Confiem nas qualidades, atributos e atribuições positivas de nosso amado Omolu, pois elas são superiores, mais fortes e mais poderosas que as magias negras. Apresentem-se a ele e estabeleçam uma ligação mental luminosa. Depois, recorram aos seus mistérios para melhor desempenharem vossas missões de médiuns de Umbanda. Enquanto muitos ainda apenas dançam para os sagrados Orixás, vocês já trabalham e atuam intensamente na vida dos seus semelhantes. E será no trabalho consciente com os mistérios regidos pelos sagrados Orixás que, no futuro, vocês se assentarão à direita dos sagrados pais e mães do Ritual de Umbanda Sagrada, entre os quais está nosso amado Tatá Omolu.

Atotô, meu pai!

Água de Omolu para lavagem de cabeça (amaci):

Água de fonte com pétalas de crisântemo branco maceradas e curtidas por sete dias.

LOGUNÃ

Logunã é o Orixá feminino do Tempo e seu campo preferencial de atuação é o religioso, no qual atua como ordenadora do caos religioso.

O "Tempo" é a chave do mistério da Fé regido pela nossa amada mãe Logunã, porque é na eternidade do tempo e na infinitude de Deus que todas as evoluções acontecem.

A Orixá Logunã forma um polo magnético vibratório e energético oposto ao do Orixá Oxalá e ambos regem a linha da Fé, a primeira das Sete Linhas de Umbanda, que são as sete irradiações divinas do nosso Criador. Logo, o campo de atuação de nossa amada mãe Logunã é o campo da fé, onde flui a religiosidade dos seres, todos em contínua evolução.

Muitos fundem o tempo com Iansã, e outros as descrevem como uma só divindade, surgindo Nahe-Iim-Iansã, senhora do tempo, dos raios e das tempestades.

Mas isto não é correto. Enquanto nossa amada mãe Logunã atua na religiosidade dos seres, a nossa amada mãe Iansã atua na ordenação, aplicando a Lei em um campo mais amplo, pois envolve todos os sentidos que direcionam os seres em evolução, conduzindo uns para o sentido da Fé, outros para o da Justiça, da Geração, etc.

Enquanto Logunã atua exclusivamente no campo religioso, Iansã atua em todos os campos. Enquanto existem vinte e uma Iansãs, só existem treze Nahe-Iims, e só duas delas estão voltadas para a dimensão humana, onde vivem e evoluem os seres que se espiritualizaram, e que somos nós, os espíritos humanos.

Uma dessas Orixás Logunã está voltada para as qualidades, atributos e atribuições positivas, e a outra está voltada para as qualidades, atributos e atribuições negativas.

Por isso, à falta de um estudo mais abrangente, muitos juntam duas divindades distintas e as funde em uma terceira, facilmente explicável porque foi idealizada pelos que as uniram.

Por isso insistimos mais uma vez em dizer que Logunã não é Iansã, e vice-versa. Se existe uma Iansã do Tempo, ela é uma das sete Iansãs cósmicas ativas e é aplicadora da Lei nos domínios da Fé, tal como o nosso 1º Omolu, que também atua nos domínios da fé, todos eles regidos pelo par formado por Oxalá e Logunã.

Logunã é a regente cósmica da linha da Fé, e tempo é o vazio cósmico onde são retidos todos os espíritos que atentam contra os princípios divinos que sustentam a religiosidade na vida dos seres.

Isto é Nahe-Iim, amados filhos dos Orixás! Mãe religiosa por sua excelência divina, mas mãe rigorosa por sua natureza cósmica, cujo principal atributo junto dos espíritos humanos é esgotar o lobo sanguinário que se oculta por baixo da pele de cordeiro.

Enquanto Oxalá é irradiante, Logunã é absorvente, e enquanto os filhos de Oxalá são extrovertidos, os de Logunã são introspectivos e até um tanto tímidos, pois a natureza forte de sua mãe divina exige deles uma certa "beatitude", já que, das mães divinas, ela é a mais ciumenta por seus filhos amados e a mais rigorosa com os seus filhos relapsos.

Ela é assim porque é a Orixá que, junto com Oxalá, rege a primeira linha de Umbanda, que é a linha da Religiosidade.

Meditem e reflitam acerca de tudo o que já leram ou já ouviram a respeito de nossa amada mãe Logunã e comparem com o que aqui estamos comentando. Então, temos certeza, começarão a amá-la com muito mais intensidade, pois a fé acelerará a evolução de vocês.

E esse amor chegará até ela, que os inundará com uma irradiação viva de fé e de amor, já que somente suas qualidades, atributos e atribuições negativas são sombrias e estão simbolizadas em sua pedra fundamental, pela cor escura do quartzo fumê. Mas suas qualidades, atributos e atribuições positivas são luminosas e transparentes como só o quartzo cristalino consegue ser, pois Nahe-Iim, em sua essência original, é tão cristalina quanto Oxalá.

Saibam que Nahe-Iim, como regente feminina do Tempo, não gosta de ser oferendada dentro do templo e não aceita ser firmada senão em campo aberto, que são todos os campos. Onde existir a fé, lá existirá um campo de Nahe-Iim. E onde não existir fé, campo algum existirá, pois no vazio nada existe.

Por isso, não se preocupem onde oferendar ou firmar Nahe-Iim. Ela, tal como Oxalá, atua por meio da Fé, está em tudo, em todos os seres e em todos os lugares.

Logo, os filhos de Umbanda, que têm em Oxalá o divino pai da Fé, também devem cultuar a divina mãe Nahe-Iim. Com ele no polo positivo e ela no polo negativo, forma-se o par dos Orixás excelsos que regem a linha da Fé e estimulam a religiosidade nos seres.

Saibam que Oxalá aprecia ser cultuado no interior dos templos e Logunã aprecia ser cultuada nos espaços abertos.

Por isso, após firmarem Oxalá em altares ou oratórios, deve-se sair no tempo, que tanto pode ser o espaço ao redor do templo como o jardim de casa, e aí devem saudar Nahe-Iim, firmando para ela uma vela branca e outra preta. Deve-se pedir suas bênçãos, seu amparo divino e sua proteção cósmica e poderosíssima, que nos isola e nos protege dos eguns que vivem soltos no tempo porque foram e estão sendo libertados por tenebrosos magos negros, que se servem de espectros vazios. Estes magos, ainda na carne, são tão vazios de fé que são verdadeiros espectros encarnados e vivem de vampirizar a religiosidade de seus semelhantes.

Se nunca foram apresentados ritualmente a Nahe-Iim, saibam que podem, de uma forma simples, apresentar-se a ela, e sem gastar a fortuna que supostos sacerdotes cobram para tal apresentação.

Logunã aprecia em sua oferenda ritual de apresentação que lhe acendam sete velas brancas, sete velas roxas e sete velas pretas, com cada uma das cores formando o vértice de seu triângulo de forças, que deve estar com o vértice branco voltado para vocês enquanto a oferendam.

Após acenderem as velas e firmarem seu triângulo de forças, deve-se partir um coco seco e colher sua água. Depois, depositá-la dentro de uma das partes do coco e acrescentar licor de anis, sua bebida ritual.

Também deve-se partir ao meio um maracujá maduro, desses que se usam para fazer suco, e colocá-lo ao lado do coco, pois esta é sua fruta ritual, a qual deve ser oferecida durante suas oferendas de apresentação, propiciatórias ou aceleradoras de um processo cármico regido pela Lei (Ogum) e coordenado pela Justiça (Xangô).

Pode-se também usar um coco verde, desses cheios de água, que servem como refresco.

Após firmarem esta oferenda, diz-se então, o seguinte: "Amada e divina mãe Nahe-Iim, aceite esta minha oferenda como prova de minha fé e do despertar consciente de minha religiosidade e fé em nosso Divino Criador Olorum. Solicito que me receba em seu amor e me ampare em todos os sentidos durante esta minha jornada evolucionista no plano material, e que me livre das tentações, cubra-me com seu véu cristalino da fé Olorum e me conduza pelo caminho reto que conduz todos os seus filhos na direção da Luz e do nosso Pai Eterno.

Apresento-me como "fulano de tal" e solicito seu amparo e sua guia luminosa para que eu me conduza, tanto nos campos luminosos quanto nos campos escuros, sempre iluminado pela sua luz cristalina e amparado por minha fé no nosso Divino Criador.

Salve, mãe divina da Fé!

Salve minha mãe Nahe-Iim, Senhora do Tempo!

Salve Oxalá, luz da minha fé e regente da eternidade dos que vivem na fé em Olorum!"

Após proferirem com amor e fé esta oração de apresentação à divina Nahe-Iim, deve-se, e só então, levantar a cabeça (que deverá estar coberta com um pano branco), e estender as mãos para o alto, absorvendo as irradiações cristalinas de amor e fé que ela estará enviando, abençoando-nos e confirmando que aceitou nossa apresentação singela e desprovida de pompas ou luxo, mas cheia de fé, amor e respeito, uma vez que descobrimos nela a mãe divina da Fé que, assentada ao lado de Oxalá, rege a religiosidade de todos os seres.

Água de Logunã para lavagem de cabeça (amaci):

Água de chuva com folhas de eucalipto e pétalas de rosa amarela maceradas e curtidas por sete dias.

OBÁ

Obá é a Orixá que aquieta e densifica o racional dos seres, já que seu campo preferencial de atuação é o esgotamento dos conhecimentos desvirtuados.

Falar acerca de nossa amada mãe Obá é motivo de satisfação. Nas lendas, resumem sua existência ao papel de esposa repudiada por Xangô. Mas, justiça lhe seja feita, as lendas vêm sendo repetidas há tanto tempo, e às vezes de forma tão empobrecida pelas transmissões orais que, até como lendas, deixam a desejar e mostram como é deficiente o conhecimento a respeito do campo de ação dos Orixás.

Saibam que a Orixá Obá que nós conhecemos e aprendemos a amar e reverenciar é uma divindade regida pelos elementos terra e vegetal, e forma com Oxóssi a terceira linha de Umbanda Sagrada, que rege sobre o Conhecimento. Oxóssi está assentado no polo positivo e irradiante desta linha e Obá está assentada em seu polo negativo ou cósmico, que é absorvente.

Obá é uma Orixá cósmica cujo elemento original é a terra, pois ela é Orixá telúrica por excelência e atua nos seres por meio do terceiro sentido da vida, o Conhecimento, que desenvolve o raciocínio e a nossa capacidade de assimilação mental da realidade visível, ou somente perceptível, que influencia nossa vida e evolução contínua. Já o seu segundo elemento é o vegetal. Enquanto o Orixá Oxóssi, o mitológico caçador, estimula a busca do conhecimento (evolução), Obá atrai e paralisa o ser que está se desvirtuando justamente porque assimilou de forma viciada os conhecimentos puros.

A própria disseminação de uma lenda a respeito de nossa amada mãe Obá foi nociva ao seu culto pois suas filhas começaram a rarear, e suas manifestações, por meio de suas encantadas, limitou-se à preservação de sua humanização, ocorrida na mesma época em que surgiu a "deusa" Minerva. E isto aconteceu há uns quatro mil anos, quando muitas Orixás obás encarnaram para recepcionar, no plano material, as levas de encantadas que estavam entrando no estágio humano da evolução, e para semear cultos afins com as qualidades, atributos e atribuições dos Orixás Regentes dos polos magnéticos das irradiações divinas sustentadoras e estimuladoras da evolução dos seres.

O culto à Orixá Obá iniciou-se a quatro milênios atrás com a irradiação simultânea de uma de suas qualidades ou polos, a várias partes do mundo, quando, então, ela se humanizou.

E se nossa amada mãe Obá já recolheu grande parte de seus filhos encantados que se espiritualizaram, muitos ainda estão evoluindo nos dois lados da dimensão humana.

Agora, deixando os polos individuais ou comentários de apoio, o fato é que nossa amada mãe Obá é uma divindade planetária, regente do polo negativo da linha do Conhecimento, a terceira linha de forças de Umbanda Sagrada.

Ela e Oxóssi formam esta linha e atuam em polos opostos: enquanto ele estimula a busca do conhecimento, ela paralisa os seres que se desvirtuaram justamente porque adquiriram conhecimentos viciados, distorcidos ou falsos.

Obá, atuando na linha da Fé, paralisa as pessoas que ensinam falsas verdades religiosas ou induzem outros a dar mal uso ao que aprenderam acerca de magias.

A atuação de Obá é discreta, pois ela é tão silenciosa quanto a terra, seu elemento, e quem está sendo paralisado nem percebe estar passando por uma descarga emocional muito intensa. Mas, algum tempo depois, já começa a mudar alguns de seus "conceitos" errôneos ou abandona a linha de raciocínio desvirtuado e viciado que estava o direcionando.

O campo onde Obá mais atua é o religioso. Como divindade cósmica responsável por paralisar os excessos cometidos pelas pessoas que dominam o conhecimento religioso, uma de suas funções é paralisar os conhecimentos viciados e aquietar os seres antes que cometam erros irreparáveis.

O ser que está sendo reajustado por Obá começa a desinteressar-se pelo assunto que tanto o atraía e torna-se meio apático, alguns até perdendo sua desvirtuada capacidade de raciocinar.

Então, quando o ser já foi paralisado e teve seu emocional descarregado dos conceitos falsos, aí ela o conduz ao campo de ação de Oxóssi, que começará a atuar no sentido de redirecioná-lo na linha reta do conhecimento.

É certo que esta atuação que descrevemos é a que Obá realiza através do seu polo positivo ou luminoso, por onde fluem suas qualidades, atributos e atribuições positivas.

Mas, igual a todo Orixá cósmico, ela também possui seus polos negativos, aos quais ativa sempre que é preciso acelerar a paralisação de um ser que, com seus conhecimentos, esteja prejudicando muitas pessoas e atrapalhando suas evoluções, pois está induzindo-as a seguir em uma direção contrária à que a Lei Maior reservou-lhes.

Como dissemos, Obá atua preferencialmente no campo religioso e prefere deixar os outros campos para Ogum, Xangô e Iansã. Mas como o campo do conhecimento é vastíssimo, então sua atuação cósmica, que acontece a partir de suas irradiações mentais planetárias, alcança a todos os seres que recorrem ao conhecimento e se guiam por conceitos errôneos.

Aqui não abordaremos todos os tipos de atuação de nossa amada mãe Obá, já que o nosso objetivo é sanar a enorme falta de conhecimento acerca dos Orixás dentro da Umbanda, e mostrar que todos os Orixás possuem polos positivos ou luminosos e polos negativos ou punidores.

Obá tem uma cor só sua, o magenta ou terroso, e rege toda uma dimensão formada a partir dos elementos terra, vegetal, água e ar. É uma dimensão tetra elemental onde predomina a cor magenta, até mesmo na cor dos vegetais que lá existem.

Os seres naturais que lá evoluem possuem uma cor terrosa parecida com a da argila e são de pouca conversa por serem mentalistas, reflexivos, meditativos e racionalistas, muito racionalistas!

Eles nos olham como os professores das escolas do plano material. Veem-nos como seus alunos, meros aprendizes e ainda desconhecedores do verdadeiro conhecimento, no qual só com uma rigorosa educação evoluiremos rapidamente.

Saibam que todas as doutrinas religiosas rígidas e rigorosas com seus adeptos têm a sustentá-las a silenciosa atuação de nossa amada mãe Obá.

Eu mesmo, Benedito de Aruanda, M.. L..., quando recebi a incumbência de ditar ao plano material alguns livros que abordam o mistério "Orixás", projetei-me até a dimensão regida por nossa amada mãe Obá e fui ao encontro de um Orixá intermediador que a mim o senhor Ogum Beira-Mar havia indicado, pois ele me diria o que deveria transmitir ao plano material, e o que não deveria, quando eu comentasse o mistério Obá. E recebi dele todo o conhecimento que poderia abrir ao plano material dentro do Ritual de Umbanda Sagrada. E entre as recomendações que dele recebi, uma transcreverei aqui:

"Mestre Benedito, transmita aos espíritos regidos pelo mistério Umbanda que se as divindades só são entendidas por eles depois que as humanizam, dotando-as de qualidades, atributos e atribuições humanas, no entanto, a humanização excessiva, a que se têm dedicado muitos doutrinadores religiosos, têm sido contrária à evolução humana, pois tem paralisado todos em um nível vibratório quase impossível de ser superado, já que o mesmo sacerdote que ensina o amor e a fé também abençoa guerras 'santas', estimula discórdias religiosas e prega doutrinas egoístas ou egocêntricas. Esquecem-se de que Olorum não cobra nada de ninguém pelo muito que concede a todos os seres, indistintamente!"

Uma outra coisa que este irmão natural recomendou-me foi para que eu, por meio do conhecimento verdadeiro, livrasse a nascente doutrina de Umbanda dos polos negativos das lendas dos Orixás, uma fonte de depreciação das divindades reverenciadas pelos próprios adeptos do culto aos Orixás.

E ele ainda me perguntou:

"Você já viu sacerdotes cristãos fazerem pilhérias a respeito do divino Jesus Cristo? Já viu os religiosos cristãos produzirem escritos que denigram os polos positivos e luminosos do divino Jesus Cristo? Já viu os monges budistas denegrirem o divino Buda? Já viu os imãs islâmicos admitirem infâmias contra a pessoa do profeta ou contra o Divino Criador que eles denominam de Alá? Já viu os seus irmãos espíritas fazerem pilhérias jocosas acerca do divino Jesus Cristo dentro de seus centros espíritas, ou mesmo fora dele?"

Bem, eu só respondia que não. E que, se tais afrontas eram cometidas contra as religiões que ele citou, elas partiam de ateus, humoristas ou falsos fiéis, ao que ele me respondeu:

"É isto, irmão Benedito! Este é o campo de atuação dos polos negativos de nossa amada mãe Obá. Ela pune com rigor os sarcásticos, os sátiros que brincam com as coisas sagradas e é implacável com os que colocam as divindades no mesmo nível chulo em que eles perderam suas consciências, bom-senso e evolução. Os nossos pais e mães divinas revelam muitas de nossas falhas ou deficiências, mas nunca perdoam os filhos que desrespeitam seus pais ou fazem gracejos acintosos a respeito de suas qualidades humanas, pois se eles (os Orixás) se humanizaram em alguns de seus polos, que são suas qualidades, atributos e atribuições, foi para acelerar a evolução humana em todos os seus polos humanistas, humanitários, humanizadores.

— Eu entendo, irmão intermediador de nossa amada mãe Obá.

— Você ainda não me entende, irmão intermediador de nosso amado pai Ogum Beira-Mar.

— Eu entendi o que disse, irmão.

— Eu sei que entendeu o que eu lhe disse. Mas não entendeu minha recomendação no seu todo.

— Eu não entendi, irmão?

— Não. Siga-me que daqui a pouco terá entendido.

Bem, eu o segui até o lado escuro do Trono Cósmico Obá, e... entendi! Ele conduziu até onde estavam "paralisados" alguns espíritos muito conhecidos no plano material. Depois me conduziu até onde estavam paralisados muitos sacerdotes que desvirtuaram os conhecimentos religiosos da época em que viveram. Entre os que vi, dois eu conhecera pessoalmente no plano material. Eles me imploraram para que os libertasse daquela paralisia terrível e medonha naquele lugar "dantesco" (já que no plano material só usam o meu nome em seu polo negativo, para descreverem situações ou cenários tenebrosos e assustadores, eu que, enquanto Dante Alighieri, também escrevi acerca do paraíso, certo?).

Bem, o fato é que as qualidades, atributos e atribuições negativas de nossa amada mãe Obá atuam sobre a vida de todos os que dão mau uso ao dom do raciocínio e aos conhecimentos que vão adquirindo e procedem como quem aprende a manusear um revólver e depois o usa para assaltar ou matar um irmão seu em Deus.

Vasto é o campo de atuação de nossa amada mãe Obá e aqui não dá para mostrá-lo todo. Mas acreditamos que os filhos de Umbanda já entenderam onde e quando ela atua.

E, como ela atua de forma silenciosa e vai paralisando os seres que dão mau uso ao dom do raciocínio e aos conhecimentos adquiridos, e atua preferencialmente no campo religioso, então está na hora de resgatarem os polos luminosos dessa amada mãe Orixá.

O fato é que se nosso pai Oxóssi é o polo irradiante que rege a linha vegetal ou linha do Conhecimento, nossa mãe Obá rege o polo negativo desta mesma linha. Ela é o elemento terra que dá sustentação e germina em seu ventre terroso todas as sementes do conhecimento.

Obá, com seu poderoso magnetismo negativo, absorve as energias irradiadas pelos pensamentos dos seres que dão mau uso aos seus conhecimentos e os acumula em seu polo negativo escuro, para descarregá-los em si mesmos, assim que desencarnarem, quando receberão terríveis choques mentais que chegam a levar alguns ao estado de demência, tornando-se irreconhecíveis.

Seu polo magnético é tão atrativo quanto a gravidade do planeta Terra. E por isso ela não irradia cores e se nos mostra de cor magenta ou terrosa. Mas Obá é bicolor pois é terra-vegetal, ou a seiva viva onde as sementes germinam. E entre estas sementes estão as do conhecimento.

Suas cores são o terroso e o verde-escuro, e todas as suas sete regentes de níveis possuem três cores. Duas são estas de Obá, e a terceira é a do Orixá Regente da linha onde atuam.

Vamos dar seus triângulos de forças e suas respectivas cores e Orixás.

1º Obá do Conhecimento:

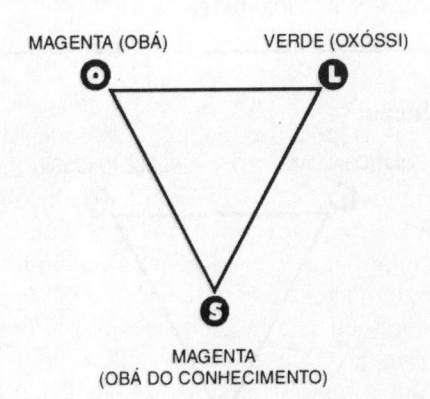

MAGENTA (OBÁ)   VERDE (OXÓSSI)

MAGENTA
(OBÁ DO CONHECIMENTO)

2º Obá da Justiça:

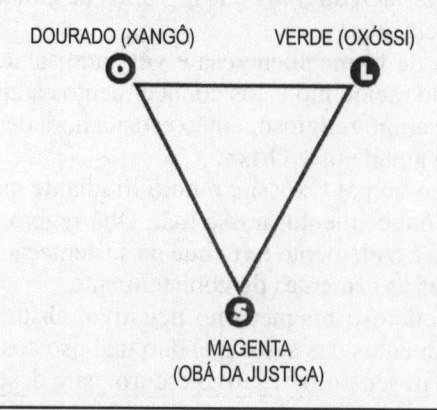

DOURADO (XANGÔ)   VERDE (OXÓSSI)

MAGENTA
(OBÁ DA JUSTIÇA)

3º Obá da Lei:

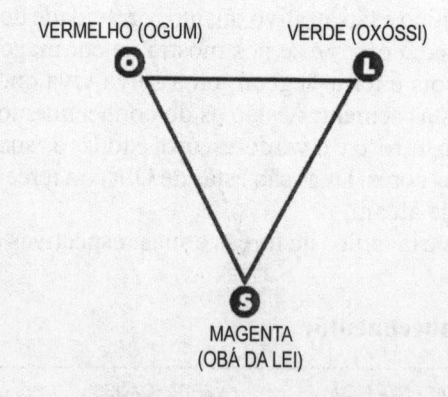

VERMELHO (OGUM)   VERDE (OXÓSSI)

MAGENTA
(OBÁ DA LEI)

4º Obá da Evolução:

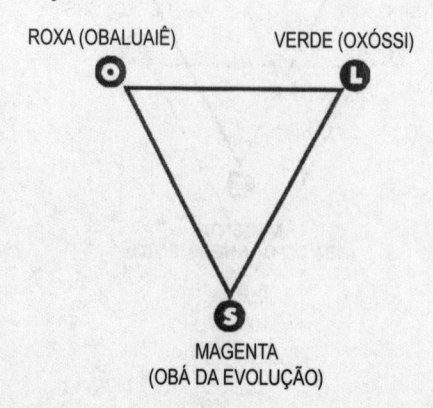

ROXA (OBALUAIÊ)   VERDE (OXÓSSI)

MAGENTA
(OBÁ DA EVOLUÇÃO)

5º Obá da Geração:

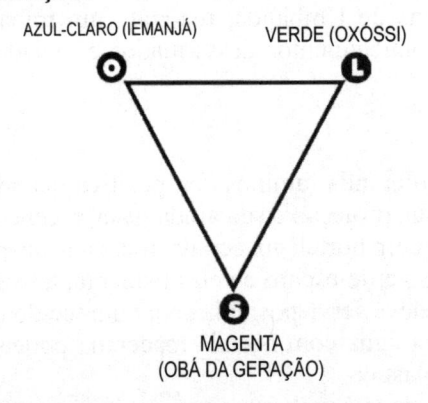

- AZUL-CLARO (IEMANJÁ)
- VERDE (OXÓSSI)
- MAGENTA (OBÁ DA GERAÇÃO)

6º Obá da Fé:

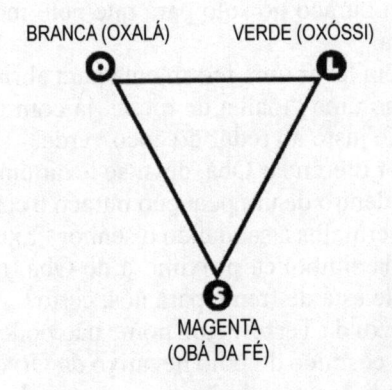

- BRANCA (OXALÁ)
- VERDE (OXÓSSI)
- MAGENTA (OBÁ DA FÉ)

7º Obá da Concepção:

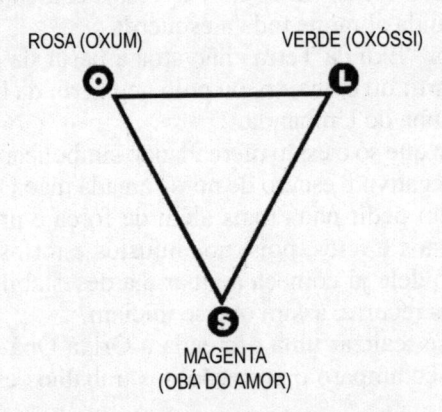

- ROSA (OXUM)
- VERDE (OXÓSSI)
- MAGENTA (OBÁ DO AMOR)

Essas são as sete Orixás Obás que, regidas pelos polos positivos das sete linhas de forças de Umbanda, realizam um trabalho silencioso de esgotamento dos conhecimentos desvirtuados e viciados e remodelam o raciocínio dos seres.

Oferenda:

Obá, em sua oferenda luminosa ou positiva quando solicitamos seu amparo, sua guia, sua proteção e sua ajuda justa, recebe coco verde, vinho licoroso tinto, água com hortelã macerada, mel ou açúcar, flores do campo, velas brancas, velas verde-escuro e velas magenta, terrosa ou marrom.

Sua oferenda deve ser depositada sobre um tecido de cor magenta ou terrosa. O vinho e a água com hortelã macerada podem ser servidos em taças ou copos de plástico.

O coco verde deve ser aberto em uma de suas pontas e o mel deve ser derramado dentro da água em seu interior, assim como devem abrir um furo no tecido e um buraco no solo para que pelo menos metade do coco fique dentro da terra.

Portanto, devem levar uma ferramenta para abrir um pequeno buraco na terra, assim como uma "toalha de mesa" já com um corte redondo no meio, que se encaixe justo ao redor do coco verde.

Sempre que for oferendar Obá, deve-se levar um pedaço de carne bovina para colocá-la dentro de um pequeno buraco e cercá-lo com sete velas pretas e sete velas vermelhas, saudando o senhor "Exu da Terra". Ele pode receber sua oferenda simbólica próximo à de Obá, mas à esquerda dela, considerando que ele está de frente para nós, certo?

Este senhor "Exu da Terra", cujo nome não podemos revelar, em verdade é um guardião cósmico do polo negativo da Orixá Obá, e guarda toda uma faixa escura onde são recolhidos os seres que deram mal uso aos seus conhecimentos. Só que ele não é um Exu verdadeiro, pois Exu, na Umbanda é apenas um grau coletivo ou comum a todos os guardiões das faixas escuras dos polos negativos dos Orixás. Em outros livros, já comentamos o mistério "Exu", que na Umbanda abrange toda a esquerda.

Mas este senhor "Exu da Terra" não atua a partir da esquerda. Ele é planetário e atua a partir do embaixo, ou polo negativo, da linha do Conhecimento, a terceira linha de Umbanda.

Logo, entendam que só o estão oferendando simbolicamente e em sinal de respeito ao polo negativo e escuro de nossa amada mãe Obá.

A ele não devem pedir nada mais além de força e proteção nos trabalhos espirituais justos e retos, pois, nos injustos e tortos, saibam que o magnetismo cósmico dele já começa a atuar e a desestabilizar a terra sob os pés de quem a eles recorre, assim que se iniciam.

De fato, deve-se realizar uma oferenda à Orixá Obá e apresentar-se a ela, para solicitar seu amparo e proteção nos trabalhos espirituais... que será concedido, mas de forma silenciosa e discreta, pois assim é a natureza cósmica dessa nossa amada mãe divina da terra.

Sempre que desejar saudá-la nos trabalhos, deve-se derramar três vezes um pouco de água na frente do congá e três vezes na frente do templo pronunciando mentalmente, ou vocalizando, esta saudação mantrâmica: A-ki-ro-oba-yé ou Akirôobá-yé!

Água de Obá para lavagem de cabeça (amaci):

Água de rio com pétalas de rosa branca e folhas de alecrim maceradas e curtidas por 24 horas.

Saravá Obá! Akiroobá yé!

Nota do médium psicógrafo:
A = dele, dela
Ki = saudar
Ro = pingar
Yé = saber o significado de, conhecimento

Procurei saber o significado deste mantra e encontrei em iorubá no dicionário de Eduardo Fonseca Júnior, o qual recomendo aos umbandistas, as traduções descritas aqui. Logo, deduzo que o ato de derramar três pingos d'água na terra e recitar o mantra "A-ki-ro-obá yé", significa:

"Eu saúdo o seu conhecimento, Senhora da Terra!", ou *"Eu saúdo a terra, Senhora do Conhecimento!"*.

Mas se alguém versado na língua iorubá traduzir e sintetizar melhor este mantra de saudação à nossa amada mãe Obá, por favor, comunique-nos que o adotaremos em uma próxima edição.

Oxumaré

Oxumaré é o Orixá que rege sobre a sexualidade e seu campo preferencial de atuação é o da renovação dos seres, em todos os polos.

Oxumaré, no Candomblé, é um dos Orixás mais conhecidos; e, no entanto, é o mais desconhecido dos Orixás dentro da Umbanda, pois os médiuns só cultuam a Orixá Oxum, que na linha do Amor e da Concepção forma com ele a segunda linha de Umbanda.

O polo positivo de Oxumaré, que nos chega por meio das lendas dos Orixás, é o que simboliza a renovação. Isto é verdadeiro. E o polo mais negativo é que ele é andrógino, ou parte macho e parte fêmea. Mas isto não é verdade.

Oxumaré, tal como revela a lenda dos Orixás, é a renovação contínua, mas em todos os polos e em todos os sentidos da vida de um ser. Sua identificação com Dã, a Serpente do Arco-íris, não aconteceu por acaso, pois Oxumaré irradia as sete cores, as quais caracterizam as sete irradiações divinas que dão origem às Sete Linhas de Umbanda. E ele atua nas sete irradiações como elemento renovador.

Oxumaré está na linha da Fé como elemento renovador da religiosidade dos seres. Oxumaré está na linha da Concepção como renovador do amor na vida dos seres. Oxumaré está na linha do Conhecimento como renovador dos conceitos, teorias e fundamentos. Oxumaré está na linha da Justiça como renovador dos juízos. Oxumaré está na linha da Lei como renovador das ordenações que acontecem de tempos em tempos. Oxumaré está na linha da Evolução como a renovação das doutrinas religiosas, que aperfeiçoam o saber e aceleram a evolução dos seres. Oxumaré está na linha da Geração como a renovação, ou o próprio reencarne, que acontece quando um espírito troca de pele, tal como faz Dã, a Serpente Encantada do Arco-íris.

Mas, como um dos campos preferenciais de Oxumaré é o religioso, então nosso comentário inicial tem tudo a ver com ele, pois se alguém não está evoluindo em uma religião ou doutrina, ele, polo negativo da linha do Amor e da Concepção, que tem em seu polo positivo a Orixá Oxum, começa a atuar de forma intensa e emocional sobre a vida do ser, anulando em seu íntimo toda a atração que sentia pela sua religião e induzindo-o a procurar outra, com outra doutrina, que o recolocará no caminho reto da evolução e da religiosidade.

Oxum é o amor em todos os sentidos.

Oxumaré é a renovação do amor na vida dos seres. E onde o amor cedeu lugar à paixão, ou foi substituído pelo ciúme, então cessa a irradiação de Oxum e inicia-se a dele; diluidora tanto da paixão como do ciúme. Ele dilui a religiosidade já estabelecida na mente de um ser e o conduz, emocionalmente, a outra religião, cuja doutrina auxiliará o ser a evoluir no caminho reto.

Observem que, aqui, "serpente" ou "cobra" não tem a conotação de réptil, mas sim simboliza as qualidades afins com os campos vibratórios dos Orixás.

E, se no polo positivo assumem cores irradiantes, no polo negativo assumem cores absorventes, todas afins com as faixas onde são retidos os seres que emocionam sua vidas até um grau afim com o polo negativo dos Orixás cósmicos.

Saibam que, no Ritual de Umbanda Sagrada, o divino Oxumaré rege o mistério "Arco-íris" e tem toda uma hierarquia positiva de Caboclos(as) Arco-íris; também tem uma hierarquia mista, que em seu polo negativo forma a linha de Exus Sete Cobras e em seu polo positivo forma a linha de Caboclos Sete Cobras.

Os Exus Sete Cobras atuam em todas as irradiações cósmicas. Os Caboclos Sete Cobras atuam em todas as irradiações positivas e em seus polos ativos. Já os Exus Sete Cobras são polos negativos do mistério "Sete Cobras", mas regidos pelos outros Orixás.

Enfim, são tantos mistérios contidos no mistério do "Arco-íris" que os comentários a respeito de Oxumaré dariam um livro à parte.

Saibam que, em verdade, não existe um Exu Cobra, mas tão somente um polo negativo de Oxumaré que, junto com os polos cósmicos dos outros Orixás, no Ritual de Umbanda Sagrada, foram todos reunidos sob o nome de "Exu".

Vocês sabem por quê? Não?

Bem, saibam que à esquerda da dimensão espiritual humana estão os lados cósmicos das dimensões naturais. E no mesmo nível vibratório do plano material, mas em outra dimensão, à qual denominamos de dimensão "X", evoluem seres cósmicos em seu 4º estágio da evolução, o mesmo estágio que nós, os espíritos, estamos vivenciando. E, como estes seres cósmicos estão no mesmo grau vibratório dos espíritos encarnados, e como Exu, o guardião cósmico desta dimensão, teve um dos seus polos humanizado e ajudou em muito a evolução humana, então o Ritual de Umbanda Sagrada adotou o arquétipo "Exu" e englobou nele os polos negativos de todos os Orixás, colocando-os justamente à esquerda dos médiuns, que originalmente estavam sob a regência dos polos negativos das sete linhas de forças sustentadoras da evolução humana.

Mas não pensem que os Orixás deixaram de ser como sempre foram, pois apenas sintetizaram em uma só divindade cósmica (Exu) todos os seus polos negativos.

Por isso, na Umbanda, temos Exus do Cemitério (Omolu), Exus das Matas (Oxóssi), Exus do Tempo (Logunã), Exus das Pedreiras (Iansã),

Exus das Montanhas (Xangô), Exus do Fogo (Xangô), Exus das Correntes (Oxum), Exus das Porteiras (Obaluaiê), Exus dos Caminhos (Ogum), Exus das Encruzilhadas (Oxalá), etc.

As antigas formas e rituais africanos puros não subsistiriam facilmente no tempo e não sobreviveriam às transformações sociais e culturais que aconteceriam neste final de século e às que acontecerão no início do próximo. Por isso, os Orixás renovaram-se criando uma nova forma de cultuá-los, toda aberta, e facilmente adaptável à nova época e cultura, assim como à necessidade de seus filhos de se manterem sob suas irradiações diretas, pois somente sob elas se sentem bem.

A renovação dos Orixás por meio da Umbanda é irreversível e no futuro próximo as diferenças serão poucas, limitadas tão somente à ritualística e às oferendas votivas ou propiciatórias. O Candomblé se fundamentará na sua tradição acerca dos Orixás e a Umbanda se apegará à sua renovação e aos seus renovados Orixás.

Os Orixás são os Regentes da Natureza e, de tempos em tempos, renovam-se para se adaptarem a um povo, época e cultura, para acelerarem a evolução, conduzindo seus filhos no caminho reto.

Voltando a Oxumaré e comentando-o a partir de um conhecimento superior e mantido fechado ao plano material até agora, eis que o encontramos formando um par energomagnético com nossa amada mãe Oxum, quando formam a segunda linha de Umbanda, a linha do Amor ou da Concepção.

Aqui, Amor significa a união dos seres a partir de sentimentos fraternos, irmanadores e harmonizadores. Esta união consiste na formação de pares que darão início à sustentação da evolução dos encantados mais "jovens", também conhecidos como "Ibejis".

Mas a concepção não se restringe a este polo positivo da vida dos seres, pois as uniões visam a criar laços fortes que proporcionarão aos pares a satisfação, a segurança, a harmonia e a confiança que só os matrimônios conseguem dar aos seres que se afinizam em todos os sentidos, ou na maioria deles.

Tanto no plano material quanto no espiritual, e também nas dimensões naturais, todos os seres, assim que amadurecem, começam a procurar seu par ideal porque um sentimento, uma força superior mesmo, induz todos os seres neste sentido ou nesta direção.

Existe uma irradiação divina que alcança todo o Universo, todas as criaturas e todos os seres e desperta no íntimo de todos esta necessidade de se unirem a um semelhante.

Esta irradiação agregadora está na raiz da formação da própria matéria, pois só com a união de átomos ela surge. A esta atração "atômica" nós denominamos "união" ou "concepção". Desta união, surgem as coisas sólidas e duráveis, perenes mesmo.

Encontramos o magnetismo dessa irradiação divina em Oxalá quando é aplicada à Fé, pois flui por meio de uma religião e vai atraindo pessoas afins. Se aplicada a Oxóssi, um conhecimento vai atraindo estudiosos afins que o desenvolvem e o expandem.

Enfim, em cada Orixá e em cada linha de forças esta irradiação agregadora está presente e manifesta-se em um dos sentidos.

Mas, em Oxum as coisas se acentuam de tal forma que sua abordagem deve ser cautelosa e científica, senão seremos mal compreendidos, uma vez que Oxum rege a união dos seres, e nós a temos como a senhora da concepção, das uniões e do matrimônio.

As irradiações da Orixá Oxum são minerais e extremamente magnéticas porque o elemento mineral é o mais atrativo de todos os sete que fluem, cada um, por uma das sete irradiações divinas.

São estas irradiações minerais elementais de Oxum que dão surgimento aos magnetismos, às uniões, que acontecem em todos os níveis e com todos os seres e todas coisas criadas por Deus.

Logo, Oxum não preside só as uniões sexuais. Porém, como também rege sobre o sétimo sentido da vida, então uma de suas características mais marcantes é este seu polo positivo e muito luminoso, a irradiação de estímulos energéticos que aceleram as vibrações emocionais e levam os seres a se unirem em pares, acelerando seus amadurecimentos e permitindo alcançarem um equilíbrio mental para que possam desenvolver suas consciências.

Oxum é, de verdade, a divindade do Amor. Suas irradiações despertam o amor à Fé, o amor ao Conhecimento, à Justiça, à Lei, ao Saber e à Geração.

Enfim, Oxum rege sobre as uniões e dá início à concepção, pois é o seu magnetismo agregador que propicia as uniões e dá formação aos pares ou casais, assim como faculta a troca equilibrada de vibrações entre os seres. Estas trocas equilibradas de energias vai amadurecendo-os e possibilitando que os sentidos, ainda pouco desenvolvidos, tenham sua expansão magnética acelerada, fazendo crescer suas irradiações e sua capacidade de captação de energias afins, as quais despertam nos seres outros sentimentos e outras necessidades emocionais, até que, em dado momento, este fluxo energético, que flui de baixo para cima (kundaline), alcance naturalmente o mental dos seres, os quais, a partir daí, começam a desenvolver a "consciência".

É um processo demorado, quando nas dimensões naturais. E não tanto na dimensão humana, já que o próprio corpo material acelera este amadurecimento do espírito.

Mestres ascensionados já há milênios nos dizem que um espírito após sua terceira reencarnação já possui os canais condutores da energia kundaline totalmente formados. Dizem, também, que em um ser encantado o processo de formação destes canais não demora menos que um período de dez milênios, como computamos o tempo no plano material.

E um ser encantado só passa para o quarto estágio da evolução após ter os canais condutores da energia kundaline totalmente desenvolvidos, já que só com uma irrigação plena e permanente do mental, por esta energia, o ser realmente está apto a guiar-se conscientemente e a assumir responsabilidades e sustentá-las.

Estes mestres também nos ensinam que o estágio natural da evolução, o 4º estágio, que se processa nas dimensões naturais, demora no mínimo vinte milênios para ser concluído por um ser relativamente equilibrado nos sete sentidos.

Mas os mestres ascensionados nos ensinam que um ser encantado, quando trazido para o estágio humano da evolução, desenvolve os canais, sublima sua energia kundaline e desenvolve uma consciência "madura" em um período de três a cinco milênios.

Observem que a proporção de tempo entre os espíritos e os seres naturais é de 5 para 20, ou de um quarto do tempo que eles demoram para alcançar uma consciência madura e plena nos sete sentidos da vida.

Mal comparando, é como se a evolução humana fosse a formação de um diamante industrial ou artificial e a evolução natural fosse a formação de um diamante natural. Sabemos que não é um bom exemplo, mas é o melhor que encontramos para comparar a evolução humana com a evolução natural para que se tenha uma noção de tempo entre ambos.

Além do mais, só os espíritos encarnados, ao se unirem, geram um novo corpo carnal que servirá de morada viva para o espírito que reencarna, pois os seres encantados ou naturais não têm esta faculdade, exclusiva do plano material humano. É certo que um espírito não gera outro espírito, mas tão somente o corpo físico é gerado pelos pares no plano material.

Nas dimensões naturais, em um ser já maduro e com a consciência plenamente desenvolvida, a "hereditariedade" surge quando este assume como seus filhos os seres ainda em sua segunda infância, ou no estágio dual da evolução, pois assume a responsabilidade de ampará-los energética, mental e consciencialmente, dando-lhes sustentação durante seu estágio evolutivo.

Os filhos serão parecidos com os seus pais adotivos em quase todos os polos, e por isso são chamados de "encantados". Eles reproduzem em si mesmos todas as qualidades, atributos, e atribuições de seus pais, se machos, e de suas mães se fêmeas.

O termo encantado é pouco entendido e só é utilizado com a conotação de fascinação. Mas, na evolução natural, ele assume o significado de reprodução de qualidades, atributos e atribuições.

A reprodução das células obedece à reprodução humana. A célula filha tem em si tudo o que tem na célula mãe, até mesmo a herança genética que lhe facultará a reprodução de si mesma. O mesmo acontece no estágio natural da evolução, onde um filho adotivo reproduz em seu íntimo as qualidades, atributos e atribuições do ser que o adotou.

É assim, por irradiação, que um ser natural se perpetua ou forma sua hereditariedade.

Bem, aí tiveram, em um rápido comentário, um pouco do universo regido pelos Orixás, que não é regido por Anjos, Arcanjos ou Potestades, e, sim, por Tronos da natureza, que são os nossos amados Orixás.

Também já têm noção da importância da "energia Kundaline".

Aqui, já estamos entrando em outro dos campos de atuação de Oxumaré, o diluidor dos acúmulos de energias minerais, tanto na natureza quanto nos seres. Se Oxum é o elemento mineral, Oxumaré é a energia que dilui as energias minerais, sutiliza-as e as conduz para o alto, ou para o mental.

Portanto, quando um ser une-se a alguém que não lhe é afim e não consegue sutilizar suas energias para que elas fluam naturalmente para seu mental, então Oxumaré entra em sua vida como elemento cósmico que começará por diluir a união desequilibrada, direcionando-o para uma das faixas vibratórias sob sua regência na linha de forças da Concepção (de energias), e ali o reterá até que, naturalmente, ele se descarregue do acúmulo negativo de energias viciadas que o estão paralisando e negativando.

É uma atuação lenta e sutil, pois é natural, e o ser tem de ser preservado, tanto mental quanto energéticamente, senão se fecha em si mesmo e torna-se impermeável a irradiações que lhe chegam o tempo todo. Se isso acontecer, o ser se transformará em uma aberração em si mesmo.

Oxumaré atua, preferencialmente, por meio do emocional, ao qual envia estímulos cristalinos que vão diluindo os acúmulos de energias minerais, as quais são pesadas e chegam mesmo a paralisar o ser, e este não consegue deslocar-se de um lugar para outro. É um processo sutil, emocional, e visa reequilibrar os seres desequilibrados e emocionados.

Os seres com desequilíbrios perdem toda a capacidade mental e só se guiam por suas necessidades emocionais ou instintivas, que neste caso são negativas e obsessivas.

Assim como Oxumaré dilui uma religiosidade que está atrasando a evolução de uma pessoa, encaminhando-a para outra religião que renovará seus antigos princípios da fé, ele faz o mesmo com o ser que desenvolveu uma negatividade que o está paralisando. Após descarregá-lo e redirecioná-lo, condu-lo a uma nova união para que retome sua evolução, equilibrada e em linha reta. Linha "reta", aqui, tem o sentido de irradiação vertical.

Mas Oxumaré, ao atuar na vida do ser, não o devolve em linha reta. Seu magnetismo obedece a uma irradiação semelhante às ondas de rádio, que são sinuosas, tal como o rastejar das serpentes. É do tipo de irradiação magnética de Oxumaré que adveio o sincretismo ou identificação com as serpentes.

E tanto isto é verdade, que ele rege, com seu magnetismo ondeante, uma dimensão toda ocupada por criaturas que se movimentam igual às nossas serpentes, que se movimentam no solo: sempre ondeando!

Podemos ver essas ondas magnéticas irradiadas por Oxumaré e comprovar sua existência observando a incorporação das Pombagiras, que ondeiam os quadris quando estão incorporadas em suas médiuns. O magnetismo feminino obedece ao giro anti-horário e o magnetismo das Pombagiras obedece ao de Oxumaré, que se irradia em ondas que vão subindo. Então, com o choque de dois tipos de magnetismos, o corpo da médium ondeia, dando movimento aos quadris, onde se encontra a base do sétimo sentido e o chacra básico que está recebendo uma irradiação magnética ondeante proveniente das irradiações magnéticas de Oxumaré. O magnetismo dele sobe pelo corpo do médium, pois entra pelo chacra básico. O de Oxum desce, pois entra pelo chacra coronal.

Enfim, são tantos os mistérios a abordar que até fica difícil fazê-lo dentro de um simples comentário.

Oxumaré atua intensamente na vida dos seres com desequilíbrio no sétimo sentido da vida. E todo ser (encantado ou espírito) que estiver com seu magnetismo sexual negativado e sobrecarregado, está sendo atuado por Oxumaré.

Desse polo de Oxumaré adveio a interpretação de uma de suas atribuições, que é esgotar as sexualidades desequilibradas ou magneticamente paralisadas que não enviam para o mental a energia kundaline; toda ela acumulada e densificada ao redor da chacra básico.

Não é por acaso que a energia kundaline é chamada de serpente. Afinal, é Oxumaré quem rege sobre a energia kundaline e sobre a sutilização das energias sexuais, certo? E ele também rege sobre as serpentes, que se movimentam de forma "ondeante".

"Conhece a ti mesmo", recomendava Sócrates.

"Conhece os mistérios regidos pelos Orixás e entenderás por que tu és como és!", recomendamos nós.

Bem, já falamos a respeito de vários polos do nosso pai Oxumaré e de nossa amada mãe Oxum, que formam um par energético, magnético e vibratório que dá formação à segunda linha de Umbanda, a linha do Amor ou da Concepção. Como dissemos, se nos estendêssemos, daria um volumoso livro. Por isso, encerramos aqui nosso comentário e vamos ensinar como se deve proceder para oferendar o divino Oxumaré.

Oferenda:

Uma vela branca, uma vela azul, uma vela verde, uma vela dourada, uma vela vermelha, uma vela roxa, uma vela *rosê* e uma vela marrom terroso.

Colocar no centro um melão aberto em uma das pontas e derramar dentro dele um pouco de champanhe *rosé*; o resto deve ser deixado na garrafa dentro do círculo de velas coloridas.

Façam esta oferenda próximo a uma cachoeira.

Acender a vela branca e circulá-la com as sete velas coloridas, guardando uma distância de 30 cm entre o centro e o círculo colorido. Deve-se, então, circundar as velas com flores multicoloridas e invocar Oxumaré, solicitando dele o que se deseja, mas que seja justo para que acelere suas evoluções, pois, se pedirem coisas tortas, uma serpente começará a segui-los e, mais dia menos dia, serão "picados" por ela de forma tão mortífera que os paralisará.

Água de Oxumaré para lavagem de cabeça (amaci):

Água de cachoeira com folhas de louro e pétalas de flores variadas curtidas por três dias.

Bem, esperamos que os conhecimentos aqui abertos tenham sido assimilados e que, de agora em diante, abram suas mentes, seus corações, seu entendimento e sua fé para que o divino Oxumaré atue com intensidade em suas vidas e que a religiosidade passe por um aperfeiçoamento em suas práticas ritualísticas, elevando-se qualitativamente, pois, onde flui o verdadeiro conhecimento, acontece a aceleração consciente da evolução.

Mas, aqui, estamos descrevendo os polos mais internos ou ocultos dos sagrados Orixás. E não o fazemos a partir das lendas acerca deles, transmitidas oralmente de pai para filho, naquilo que constitui o saber mítico possível de ser conservado no decorrer do tempo.

Pesquisando livros de vários autores, importantíssimos para o entendimento dos Orixás, só encontramos Oroiná sendo descrita como uma das qualidades de Iansã.

Aqui, não vamos questionar algo utilizado durante milênios, mas separar uma Divindade do Fogo (Oroiná) de uma Divindade do Ar (Iansã) e descrevê-la segundo nos revela a Ciência Divina dos Orixás, a qual nos diz que ela é ígnea e se expande (irradia sua energia) por meio do elemento ar (energia eólica).

Oroiná tem toda uma forma de ser cultuada, oferendada e firmada.

- deve ser cultuada a partir da sua natureza justiceira (ígnea).
- deve ser oferendada individualmente.
- deve ser firmada em elementos da natureza associados ao fogo. Por sinal, a cor da sua vela votiva é laranja (em substituição à sua cor dourada).

Suas frutas são: laranja, abacaxi, uva, caqui, tamarindo, etc., e todas as frutas ácidas, sempre depositadas sobre um pano dourado ou alaranjado, o qual deve ser circulado com velas de cor laranja e vermelha ou como descrevemos no final deste capítulo.

Eu mesmo recorro muito à minha amada mãe do fogo divino, a nossa Orixá Oroiná, quando preciso cortar magias negras, consumir energias negativas em lares ou com as pessoas que atendo e mesmo para cortar atuações de eguns. E sempre ela responde imediatamente e de forma fulminante.

Seu fogo consumidor dos vícios e dos negativismos é temidíssimo pelos seres que habitam nas faixas vibratórias negativas, pois se alimenta das energias negativas que eles geram e irradiam.

As pessoas que desejarem ativá-la religiosamente em seus templos devem fazer uma oferenda votiva a ela, consagrando nela uma hematita, um jaspe vermelho, um olho de tigre, um quartzo rutilado transparente e uma ágata tingida de vermelho. Todas estas pedras devem ser lavadas em água de cachoeira dentro de sua oferenda.

Após consagrá-las, envolvam-nas em um pano vermelho e as levem para vosso templo, onde as "assentarão" sobre uma chapa de cobre ou de ferro.

Devem colocar as pedras em círculo, firmar uma vela laranja (ou vermelha) de sete dias e assentar ali sua força (seu axé). Depois disso, toda vez que abrirem um trabalho, devem firmar uma vela laranja comum, evocá-la e saudá-la, pedindo sua proteção.

Façam isso com confiança e, com absoluta certeza, terão seu amparo divino durante suas sessões e mesmo após elas, pois nossa mãe Oroiná dispensa excessos ritualísticos e aprecia a concentração mental e religiosa dos seus adoradores.

Já seu culto coletivo deve ser feito em campo aberto com os médiuns dispostos em círculo ao redor de uma fogueira, simbolizadora do seu elemento, a qual deve ser alimentada com madeira para formar um braseiro pois, no fogo, a brasa é sua. Por falar nisso, a linha dos Exus Brasa são de Oroiná, a nossa amada mãe do fogo!

Bem, retomando nosso capítulo, continuamos a comentá-la teologicamente.

Citação sobre Orixá Oroiná

O desconhecido Orixá Okê (Olooke, Oloroke), o Orixá do Monte, das Montanhas... E sobre o monte a vida do homem é possível entre os Orixás, existe um chamado Orixá Okê.

Entre todos os Okê, existe um mestre muito importante de nome Olooke, o dono e senhor das montanhas. Anteriormente existiam vários outros Okê junto com ele. Eles também são muito importantes e não se deve brincar com eles, já que representam a justiça acima de qualquer coisa. Sua importância se deve muito ao fato de que todos os Orixás que chegaram no tempo da criação, desceram à Terra por intermédio de Olooke.

Okê foi a primeira ligação entre Orun e Aiye (Céu e Terra), sendo que ele foi a primeira terra firme, uma montanha que se elevou do fundo do mar a pedido de Olodumarê e com a ajuda de Oroiná e resfriada por Olokun.

Conta o mito dos tempos da criação que, no princípio do mundo, só reinava Yeye Olokun, a deusa do oceano avó de Ya Olokun e bisavó de Yamoja, e Olodumarê.

O Deus supremo estava aborrecido com tanta monotonia de só haver água cobrindo tudo, então ordenou a Oroiná, o Fogo Universal, matéria de origem do sol, a lava vulcânica contida nas entranhas da terra, a fazer surgir com a força vital da existência que lhe deu Olodumarê, a primeira colina do fundo do mar que cresceu em forma de um vulcão em erupção lançando lava que ela (Oroiná), com a ajuda de Olooke, Aganju, e Igbona, traziam das profundezas da terra e que eram resfriadas por Olokun.

Foi assim que nasceu Okê, a montanha, divindade que também é conhecida como Olooke, o dono e senhor da montanha.

Logo Olodumarê, o universo com todos os seus elementos, reuniu todos os demais Orixás Funfun em Okê e determinou a cada um, o seu domínio na criação da vida. Chegaram primeiro Obatala e Yemu (Oduaremu). Após a chegada de Obatala e sua esposa Yemu, chegaram os outros Orixás Funfun, sendo um muito especial: Akafojiyan que, com seu irmão Danko (ou Ndako), encabeçou os demais vindo à frente e este último passou a habitar os bambuzais brancos.

Chegaram Ogiyan, Olufon, Osafuru, Baba Ajala, Olufande, Orixá Ikere e todos os demais Orixás Funfun. Após a chegada dos Orixás, era a vez dos Ebora, e a cada um foi dada por Olodumarê uma função na terra.

Sem Olooke nenhuma divindade teria chegado à Terra e sendo ele a primeira terra firme, sempre se deve recordá-lo e fazer-lhe oferendas, pois o que aconteceria se ele resolvesse voltar para Okun. Epa mole.

Olooke é a colina, tudo que é elevado e alto. A lava vulcânica também lhe pertence e é a divindade de todas as montanhas da terra, sendo ainda a força e o guardião de todos os Orixás. É inseparável de Obatala.

A árvore Ose (Baobá) é também sua representação e seu arbusto de culto, pois a grandiosidade do Baobá, sua altura, sua magnitude, a idade de até 6000 anos que pode viver, sua solidez faz dela a árvore escolhida por Olooke para seu culto. No Brasil, por existirem poucos Baoba, passou-se a cultuar Olooke ao pé da gameleira branca que serve de culto também para Iroko, mas um Orixá não tem nada a ver com o outro.

Na África, até os dias atuais, este Orixá é tido como de muita importância, sendo temido, e seus festivais anuais, os "Semuregede", atraem grande número de fiéis que acreditam que Olooke trará prosperidade e paz pelo ano todo.

Seus ritos são sete e dois deles são os pontos culminantes, que é a oferenda no arbusto na floresta sagrada e sua saída à rua acompanhado de seus adoradores onde as pessoas prostram-se com a cabeça no chão em sinal de grande respeito e temor perante um Orixá tão poderoso.

Os não iniciados escondem-se dentro das casas, assim como as mulheres grávidas e crianças que não fazem parte do Egbe. Aquele que pode dirigir-se a Oloke e conversar, fazer pedidos a ele, chama-se Baba Elejoka.

Olooke é o guardião de muitos povos no Ekiti (Nigéria), e lá estão localizadas as maiores rochas onde se praticam seu culto.

E o mito continua: Quando tudo já estava funcionando com cada Orixá e Ebora com suas funções sendo executadas, eis que Olokun julgou que havia sido prejudicada perdendo espaço para as outras divindades e então Olokun resolveu retomar o espaço que ocupava anteriormente invadindo as terras. Muitos seres que já haviam sido criados morreram com ira de Olokun.

Olodumarê, vendo o que estava acontecendo novamente, deu ordens a Oroiná, Aganju, Igbona e Olooke para que fizessem uma cadeia de montanhas que isolasse Olokun em seu espaço e assim com a força destes Orixás, as montanhas isolaram Okun, mas Olokun insistia em invadir desafiando assim as ordens de Olodumarê, que, enfurecido, condenou Olokun a viver nas partes mais profundas do Oceano e ainda a acorrentou dando a ela um mensageiro que era uma grande serpente marinha de tamanho nunca antes visto.

E deu a Olokun uma Ilha onde sua mensageira viria receber as oferendas para levar até Olokun. Após muito tempo nesta situação, já com a terra e a criação reconstruída, Olokun pediu a Olodumarê que a deixasse livre, mas os seres que viviam na terra deveriam lhe fazer uma oferenda diária de um ser humano em troca do espaço perdido e que lhe pertencia. Olodumarê concordou, mas ela deveria permanecer no fundo de Okun e apenas de tempos em tempos poderia vir à superfície em sua ilha e, quanto às oferendas diárias, seria a grande serpente, sua mensageira quem lhe entregaria.

Com a invasão de Olokun, os primeiros seres que haviam sido criados foram todos tragados pelas águas, mas estes primeiros seres eram defeituosos e mal-acabados, pois eram as primeiras experiências dos Orixás que puderam então fazer seres mais aprimorados que desenvolveram as civilizações.

Olooke criou vários lugares para sua adoração, mas sua cidade principal foi Okiti Ikole onde era adorado em um grande Ose (baoba). Ekiti é seu grande celeiro. Olooke também é uma criatura branca complexa e, sendo assim, veste branco e seu rosto não deve ser encarado por nenhum mortal. O Orixá também não quer ver os olhos das pessoas, pois não confia nelas e assim reserva-se debaixo de um Ala Olooke. Está sempre presente nos festivais de Yeye Olokun e de Obatala. Seu toque principal no tambor "D'Água" lembra muito o Aluja tocado para Sangò, porém mais cadenciado. A dança é muito valorizada pela beleza, e os movimentos tornam-se mais lentos para que possam ser executados com muito mais graça. Ele dança também o ritmo Ijesá, isso tanto na África quanto no Brasil. No festival de Olooke, em todo Ekiti, na semana que antecede o festival, o Egun de Olooke é quem sai à rua para dançar.

Na semana seguinte é o festival do Orixá, que reúne grande número de fiéis e, em alguns ritos, é proibido a presença de mulheres e crianças, pois, as mulheres não podem sequer tocar no Igbá do Orixá. Elas são consideradas escravas de Olooke e podem apenas cantar para ele (e neste momento quem deve cantar são apenas as mulheres).

Elas podem também ser iniciadas para Olooke, porém não podem pôr a mão no próprio assento de seu Orixá, tendo que imediatamente ser confirmado um homem que fará as funções.

Um Orixá acompanha muito Olooke, a ponto de levar em seu nome o nome do Orixá: Ogum Olooke ou Ogum Oke, pouco conhecido no Brasil. Este Ogum viveu ao lado de Olooke e é quem dá caminhos a Olooke. Ogum foi quem abriu os caminhos para Olooke vir para as terras baixas e participar do convívio das pessoas.

Fonte: Axé Oloroke
http://obajakuta.blogspot.com.br/2013_01_01_archive.htm

Bem, com isto explicado, vamos comentar nossa amada mãe Oroiná já a partir do conhecimento superior acerca dos Orixás e de seus campos de ação.

Nossa mãe Oroiná é fogo puro e suas irradiações cósmicas absorvem o ar, pois seu magnetismo é negativo e atrai o elemento, com o qual se energiza e se irradia até onde houver ar para dar-lhe esta sustentação energética e elemental.

Como Oroiná (fogo) é feminina, então ela se polariza com Ogum (ar), que é masculino e lhe dá a sustentação do elemento que precisa, mas de maneira passiva e ordenada. Só assim suas irradiações acontecem de forma ordenada e alcançam apenas o objetivo que ela identificou.

Se ela polarizasse com Iansã, suas energias não seriam irradiadas porque aconteceria uma propagação delas na forma de labaredas, já que as duas são de magnetismo e elemento feminino. Eis a chave das polarizações, que obedecem a uma ordenação das irradiações através dos magnetismos.

Até nisto nós vemos a perfeição do Criador, pois o fogo feminino de Oroiná se espalharia pelo elemento eólico de Iansã e assumiria proporções alarmantes. Mas, ao se polarizar com Ogum, e se ela, enquanto divindade natural, absorver muito das irradiações eólicas dele, irá resfriar-se e será anulada em seu próprio elemento.

O inverso acontece com Ogum, que é passivo e só se torna ativo em seu segundo elemento, o que o alimenta, aquecendo-o e energizando suas irradiações. Ogum, enquanto aplicador da Lei, atua nos campos da justiça como aplicador das sentenças.

Logo, se Ogum absorver o fogo de Xangô, que também é passivo em seu magnetismo, este fogo só irá consumir o ar de Ogum e não irá gerar a energia ígnea que fluiria como calor através das irradiações retas do seu magnetismo, que é passivo.

Ogum é passivo no magnetismo eólico e ativo em seu segundo elemento, o fogo que energiza (aquece) o ar.

Ogum irradia em linha reta (irradiação contínua)

Xangô irradia em linha reta (irradiação contínua)

Iansã irradia em espirais (irradiação circular)

Oroiná irradia por propagação (irradiação propagada)

Xangô polariza com Iansã e suas irradiações passivas se tornam ativas no ar (raios); Oroiná polariza com Ogum e suas irradiações por propagação magnética assumem a forma de fachos flamejantes.

Observem que Lei e Justiça são inseparáveis, e para comentarmos Oroiná temos de envolver Ogum, Xangô e Iansã, outros três Orixás que também se polarizam e criam campos específicos de duas das Sete Linhas de Umbanda. Ela é cósmica (negativa) e seu primeiro elemento é o fogo, que se polariza com seu segundo elemento, o ar. Portanto, como o fogo é o elemento da linha da Justiça, ela é uma divindade que aplica a Justiça Divina na vida dos seres.

E, como o ar é o seu segundo elemento, que a alimenta e energiza, e é o elemento da linha da Lei, ela é uma divindade que aplica a justiça como agente ativa da Lei e consome os vícios emocionais e os desequilíbrios mentais dos seres. Os vícios emocionais tornam os seres insensíveis à dor alheia. Os desequilíbrios mentais transformam os seres em tormentos para seus semelhantes.

A Orixá Oroiná, como irradiadora da chama cósmica e purificadora da Justiça Divina, atua sobre os seres movidos por paixões avassaladoras e os incandesce até um ponto em que começam a consumir a si próprios. Quanto aos desequilibrados mentais, Oroiná retira todo o calor (energia ígnea) do corpo energético do ser e ele se resfria de imediato, tornando-se frio e escuro (egum). Mas os eguns paralisados por Oroiná não são os do Tempo, pois transformam-se em espíritos sofredores sem chegarem ao grau de espectros totalmente vazios. Oroiná retira deles apenas calor e os deixa com um frio paralisante, enquanto Logunã retira deles todas as energias e os deixa vazio.

Enfim, cada Orixá atua de uma forma e é responsável por um dos polos da vida dos seres. Uns atuam nos polos da Fé, outros nos polos do Conhecimento, outros nos polos da Lei e outros nos da Justiça, etc.

Por isso, vocês devem ordenar o universo dos Orixás em suas práticas e conhecimentos de Umbanda. Entendam que, se em uma linha ar e fogo se polarizam para aplicar a Lei (Ogum-Oroiná), e em outra fogo e ar (Xangô-Iansã) se polarizam para aplicar a Justiça, é porque tanto o fogo e o ar quanto a Justiça e a Lei não são antagônicos e sim complementares. O fogo, em verdade, não consome ou anula o ar, mas tão somente o energiza com seu calor. E o ar não apaga o fogo, porém apenas o expande ou o faz refluir.

A Justiça não anula a Lei, mas sim dota-a de recursos legais (jurídicos) para que possa agir com mais desenvoltura. E a Lei não anula a Justiça mas dota-a com recursos para que possa impor-se onde injustiças estejam sendo cometidas.

Fogo e Ar — Justiça e Lei, eis dois elementos que se complementam e duas linhas de Umbanda indissociáveis.

No elemento fogo puro ou elemental, Oroiná está assentada em seu polo negativo, não irradiante, atraente e devorador dos vícios e desequilíbrios energéticos.

Já na linha de forças da Lei, regida por Ogum, ela se mostra como o fogo misto (areado). E, assentada em seu polo negativo, consome os vícios emocionais e os desequilíbrios mentais surgidos após o ser desvirtuar os princípios da Lei, de natureza aérea. E se o ar que anima os princípios puros na vida do ser (Lei) tornou-se viciado (distorcido), então Oroiná (o fogo que devora) irá consumir todos os vícios e paralisá-lo (ar), até que novo ar puro (novos princípios) volte a arejar sua vida.

As divindades têm uma função a realizar e nós sempre seremos beneficiários de sua atuação. Quando nos paralisam, também estão nos ajudando, pois evitam, assim, que continuemos trilhando um caminho que nos conduzirá a um ponto sem retorno.

Quando comentamos que existe um triângulo de forças regendo a encarnação de um ser, nem sempre somos entendidos porque há dificuldade em interpretá-lo.

A verdade é que um ser foi gerado em um elemento e tem nele sua ancestralidade, ou seu Orixá ancestral, que não muda nunca, e nunca mudará. Este é o vértice do alto do triângulo de forças de um ser.

Quanto aos vértices de base, o da direita (nossa direita) é o Orixá de frente, que regerá nossa encarnação quando estivermos nos desenvolvendo, aperfeiçoando-nos e evoluindo sob sua irradiação "inclinada", e um Orixá de nível intermediário atuará intensamente em nossa vida, impondo o ritmo de nossa evolução. O vértice da esquerda (nossa esquerda) é o Orixá *ajuntó* (ou *juntó*) ou adjunto, que atuará sobre nosso emocional e sobre nosso polo magnético negativo, ora acelerando nossas vibrações, ora desacelerando-as, sempre de acordo com a nossa evolução e com o que é melhor para levarmos a bom termo mais uma vida na carne. Este triângulo de forças é assim:

O que o triângulo de forças tem a ver com nossa amada mãe Oroiná? — perguntam-nos vocês, então.

```
                    ALTO
              ORIXÁ ANCESTRAL


   ESQUERDA                    DIREITA
  ORIXÁ JUNTÓ              ORIXÁ DE FRENTE
```

Tem tudo a ver! — respondemos nós.

O médium têm de usar todos os conhecimentos mágicos adquiridos, sempre dentro da Lei, senão a Justiça Divina o punirá ainda aqui no plano material. E, no polo punidor da Justiça, dentro da Umbanda, está assentada nossa amada mãe Oroiná, que rege o cósmico fogo da purificação das injustiças. E, se um médium está cometendo injustiças no uso de seus conhecimentos mágicos, então está afrontando um dos princípios da Lei, regidos por Ogum.

Logo, não tenham dúvidas: Oroiná entrará na vida do ser através do polo negativo de seu triângulo de forças e o incandescerá para consumir seu negativismo, ou entrará através do polo positivo e consumirá seu calor, tornando-o apático e "frio" perante as práticas magísticas de Umbanda, paralisando-o com isso. Ela é a executora da Justiça Divina nos campos da Lei, regidos por Ogum no polo positivo da linha pura da Lei.

Oroiná, como todos os Orixás, possui polos positivos e negativos. Os positivos entram em nossa vida acelerando nossa evolução. Os negativos paralisam-na.

Oferenda:
7 velas vermelhas
7 velas laranja
7 velas azuis
7 velas amarelas
13 velas brancas

```
                    → SETE VELAS DOURADAS
    COPO COM ÁGUA
                    → COPO COM LICOR DE MENTA
SETE VELAS VERMELHAS
                    → VELAS BRANCAS

PEMBA VERMELHA ←    → PEMBA BRANCA
                      SETE VELAS AZUIS
   SETE VELAS AMARELAS ←
```

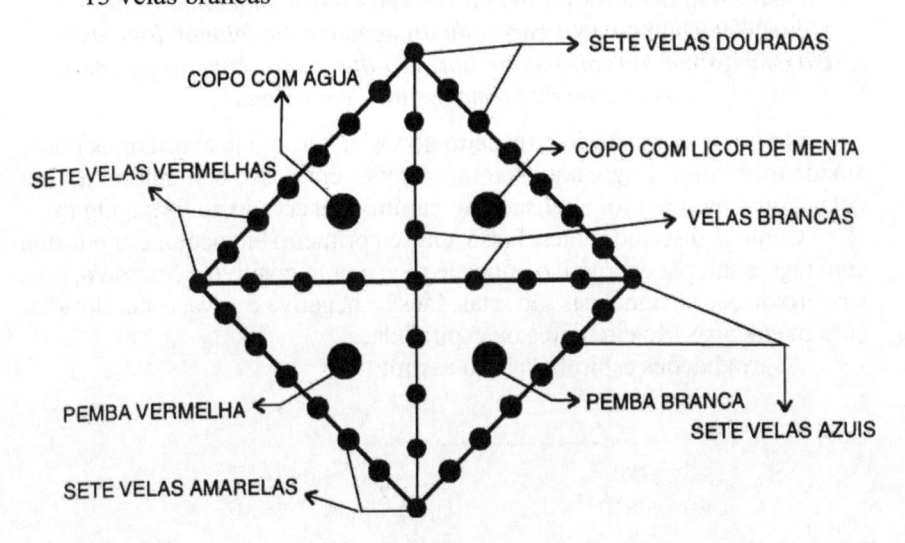

Observem que as 13 velas brancas formam duas linhas, uma vertical e outra horizontal dentro do losango.

Após firmar este ponto de forças de Oroiná no solo, deve-se colocar dentro do losango um copo com licor de menta e outro com água, uma pemba branca e outra vermelha.

Depois se deve cercar a oferenda com flores de palmas vermelhas, para só então se apresentar a ela, solicitando que atue a seu favor com seus polos (qualidades, atributos e atribuições) positivos, os que a Umbanda permite, aceita e a eles recorre para anular os polos negativos utilizados pelos magos negros que pululam na periferia da Umbanda e do Candomblé, mas em uma faixa sombria e negativa, totalmente fora da Lei, mas dentro da faixa vibratória onde Oroiná atua com seus polos negativos, executando seres que atuam de forma contrária aos princípios luminosos da Lei Maior.

Sempre que se oferendar à Orixá Oroiná, deve-se oferendar à senhora Pombagira do Fogo com rosas vermelhas, velas vermelhas e champanhe *rosê*.

Água de Oroiná para lavagem de cabeça (amaci):

Água de fonte com pétalas de rosa cor-de-rosa, folhas de alecrim e de arruda maceradas e curtidas por três dias.

IANSÃ

Iansã é a aplicadora da Lei na vida dos seres emocionados pelos vícios. Seu campo preferencial de atuação é o emocional dos seres: ela os esgota e os redireciona, abrindo-lhes novos campos por onde evoluirão de forma menos "emocional".

No nosso comentário a respeito do Orixá Oroiná já abordamos nossa amada mãe Iansã. Logo, aqui seremos breves em nosso comentário acerca dela, a qual também foi analisada no capítulo reservado ao Orixá Ogum.

Como já dissemos antes, Iansã, em seu primeiro elemento, é ar e forma com Ogum um par energético onde ele rege o polo positivo e é passivo, pois suas irradiações magnéticas são retas. Iansã é negativa e ativa, e suas irradiações magnéticas são circulares ou espiraladas.

As irradiações espiraladas são assim:

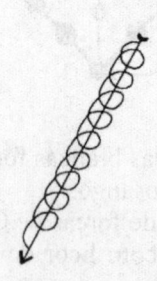

As irradiações circulares são assim:

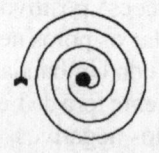

As irradiações raiadas são assim:

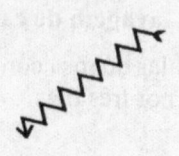

Observem que Iansã se irradia de formas diferentes: é cósmica (ativa) e é o Orixá que ocupa o polo magnético negativo da linha elemental pura do ar, onde polariza com Ogum. Já em seu segundo elemento, ela polariza com Xangô e atua como o polo ativo da linha da Justiça Divina, que é uma das sete irradiações divinas.

Na linha da Justiça, Iansã é seu polo móvel, e Xangô é seu polo assentado ou imutável, pois ela atua na transformação dos seres através de seus magnetismos negativos.

Iansã aplica a Lei nos campos da Justiça e é extremamente ativa. Uma de suas atribuições é colher os seres foras da lei e, com um de seus magnetismos, alterar todo o seu emocional, mental e consciêncial, para, só então, redirecioná-lo em uma outra linha de evolução que o aquietará e facilitará sua caminhada pela linha reta da evolução. As energias irradiadas por Iansã densificam o mental, diminuindo seu magnetismo, e estimulam o emocional, acelerando suas vibrações.

Com isso, o ser se torna mais emotivo e mais facilmente é redirecionado. Mas quando não é possível reconduzi-lo à linha reta da evolução, então uma de suas sete manifestadoras "cósmicas", que atuam em seus polos negativos, paralisam o ser e o retém em um dos campos de esgotamento mental, emocional e energético, até que ele tenha sido esgotado de seu negativismo e descarregado todo o seu emocional desvirtuado e viciado.

Nossa amada mãe Iansã possui vinte e uma Iansãs manifestadoras, assim distribuídas:

• Sete atuam junto aos polos magnéticos irradiantes e auxiliam os Orixás Regentes dos polos positivos, onde entram como aplicadoras da Lei segundo os princípios da Justiça Divina, recorrendo aos polos positivos da Orixá planetária Iansã.

• Sete atuam junto aos polos magnéticos absorventes e auxiliam os Orixás Regentes dos polos negativos, onde entram como aplicadores da Lei segundo seus princípios, recorrendo aos polos negativos da Orixá planetária Iansã.

• Sete atuam nas faixas neutras das dimensões planetárias, onde, regidas pelos princípios da Lei, ou direcionam os seres para as faixas vibratórias positivas ou os direcionam para as faixas negativas.

Enfim, são vinte e uma Orixás Iansãs aplicadoras da Lei nas Sete Linhas de Umbanda.

São muito conhecidas as Iansãs intermediárias Sete Pedreiras, dos Raios, do Mar, das Cachoeiras e dos Ventos (Iansã pura). As outras assumem os nomes dos elementos que lhes chegam através das irradiações inclinadas dos outros Orixás, quando surgem as Iansãs irradiantes e multicoloridas. Temos:

uma Iansã do Ar

uma Iansã Cristalina

uma Iansã Mineral

uma Iansã Vegetal

uma Iansã Ígnea

uma Iansã Telúrica

uma Iansã Aquática

Bom, só por esta amostra dos múltiplos polos de nossa amada regente feminina do ar, já deu para se ter uma ideia do imenso campo de ação do mistério "Iansã".

O fato é que ela aplica a Lei nos campos da Justiça Divina e transforma os seres desequilibrados com suas irradiações espiraladas que os giram até que tenham descarregado seus emocionais desvirtuados e suas consciências desordenadas.

Não vamos nos alongar mais, pois muito já foi dito e escrito a respeito da "Senhora dos Ventos".

Oferenda:

Velas brancas, amarelas e vermelhas; champanhe branca, licor de menta e de anis ou de cereja; rosas e palmas amarelas, tudo depositado no campo aberto, pedreiras, beira-mar, cachoeiras, etc.

Água de Iansã para lavagem de cabeça (amaci):

Água de cachoeira, rio, fonte ou chuva com rosas brancas, guiné e alecrim maceradas e curtidas por sete dias.

NANÃ

A Orixá Nanã rege sobre a maturidade e seu campo preferencial de atuação é o racional dos seres. Atua decantando os seres emocionados e preparando-os para uma nova "vida", então mais equilibrada.

A Orixá Nanã Buruquê rege uma dimensão formada por dois elementos: terra e água. Ela é de natureza cósmica, pois seu campo preferencial de atuação é no emocional dos seres que, quando recebem suas irradiações, aquietam-se, chegando até a terem suas evoluções paralisadas. E assim permanecem até que tenham passado por uma decantação completa de seus vícios e desequilíbrios mentais.

Nanã forma com Obaluaiê a sexta linha de Umbanda, a linha da Evolução. E enquanto ele atua na passagem do plano espiritual para o material (encarnação), ela atua na decantação emocional e no adormecimento do espírito que irá encarnar. Saibam que os Orixás Obá e Omolu são regidos por magnetismos "terra-pura" e Nanã e Obaluaiê por magnetismos mistos "terra-água". Obaluaiê absorve essência telúrica e irradia energia elemental telúrica, mas também absorve energia elemental aquática, fraciona-a em essência aquática e a mistura à sua irradiação elemental telúrica, que se torna "úmida".

Já Nanã atua de forma inversa: seu magnetismo absorve essência aquática e a irradia como energia elemental aquática: absorve o elemento terra e, após fracioná-lo em essência, irradia-o junto com sua energia aquática.

Estes dois Orixás são únicos, pois atuam em polos opostos de uma mesma linha de forças e, com processos inversos, regem a evolução dos seres. Enquanto Nanã decanta e adormece o espírito que irá reencarnar, Obaluaiê o envolve em uma irradiação especial, que reduz o corpo energético do espírito, já adormecido, até o tamanho do feto já formado dentro do útero materno onde está sendo gerado.

Este mistério divino que reduz o espírito até o tamanho do corpo carnal, ao qual já está ligado desde que ocorreu a fecundação do óvulo pelo sêmen, é regido por nosso amado pai Obaluaiê, o "Senhor das Passagens" de um plano para outro. Já nossa amada mãe Nanã, envolve o espírito, que irá reencarnar, em uma irradiação única que dilui todos os acúmulos energéticos, assim como adormece sua memória, preparando-o para uma nova vida na carne, onde não se lembrará de nada do que já vivenciou. É por isso que Nanã é associada à anciania, à velhice, quando a pessoa começa a se esquecer de muitas coisas que vivenciou na sua vida carnal. Portanto, um dos campos de atuação de Nanã é a "memória" dos seres. E se Oxóssi aguça o raciocínio, ela adormece os conhecimentos do espírito para que eles não interfiram com o destino traçado para toda uma encarnação.

Em outra linha da vida, ela é encontrada na menopausa. No início desta linha está Oxum estimulando a sexualidade feminina; no meio está Iemanjá, estimulando a maternidade; e no fim desta linha está Nanã, paralisando tanto a sexualidade quanto a geração de filhos.

Nas "linhas da vida", encontramos os Orixás atuando por meio dos sentidos e das energias. E cada um rege uma etapa da vida dos seres. Logo, quem quiser ser categórico em relação a um Orixá, tome cuidado com o que afirmar, porque onde um de seus polos se mostra a nós, outros estão ocultos. E o que está visível nem sempre é o principal em uma linha da vida. Saibam que Nanã, em seus polos positivos forma pares com todos os outros 13 Orixás, mas sem nunca perder suas qualidades "água-terra". Já em seus polos negativos, bem, como a Umbanda não lida com eles, que os comente quem lidar, certo?

Oferenda:

Velas brancas, roxas e rosa; champanhe rosê, calda de ameixa ou de figo; melancia, uva, figo, ameixa e melão, tudo depositado à beira de um lago ou mangue.

Água de Nanã para lavagem de cabeça (amaci):

Água de rio ou lago com crisântemos e guiné macerados e curtidos por 72 horas.

Código de Umbanda

A Ciência dos Orixás
(A Ciência dos Entrecruzamentos)

Livro 4

Sobre os fundamentos da Ciência de Umbanda, expressos no estudo da natureza dos Orixás, das linhas de forças, dos campos de atuação e dos níveis de entrecruzamento e intermediação possíveis.

PRIMEIRO CAPÍTULO

As Linhas de Forças

As linhas de forças são verticais, horizontais e/ou perpendiculares e, por meio delas, fluem as irradiações dos polos magnéticos ocupados pelos Orixás.

A partir da sua origem temos:

Linhas puras ou unipolarizadas.

Linhas mistas ou bipolarizadas.

Linhas energomagnéticas ou polipolarizadas

Linhas puras: são linhas formadas por um elemento e uma só direção, que fluem de cima para baixo ou de baixo para cima.

Linhas mistas: são linhas formadas por mais de um elemento, que fluem nos dois sentidos.

Linhas energomagnéticas: são linhas nas quais, em cada nível vibratório, encontramos um Orixá e, se muitos são os Orixás nelas "assentados", muitos são os elementos que as influenciam e as alteram de um nível para outro. Seus polos regentes são ocupados por Orixás de sexos opostos, naturezas opostas, elementos opostos, magnetismos opostos, atuações opostas, etc., mas todos complementares entre si.

Essas são as linhas fundamentais do Ritual de Umbanda Sagrada, e a sua origem baseia-se no princípio do dualismo e demonstra que elas foram concebidas e identificadas como "os opostos que se completam", ou seja, alto-embaixo, direita-esquerda, pois a ciência nos diz: "O que existe em cima, existe embaixo; o que existe na direita, existe na esquerda", mas com magnetismo, princípios ativos, finalidades, campos energéticos, vibrações e, finalmente, com qualidades, atributos e atribuições opostos. Contudo, em verdade, o que existe em cima não existe embaixo, mas tão somente isso: "O que há em cima é oposto em tudo ao que há embaixo, e vice-versa. Mas, devido ao dualismo que existe em tudo, o em cima e o embaixo se completam e dão uma ordenação ao Todo."

São chamadas de linhas energomagnéticas devido às múltiplas energias que fluem através delas, as quais são incorporadas pelos Orixás assentados em seus níveis vibratórios.

Os magnetismos exatamente opostos existem nestas linhas, se as estudarmos nos dois sentidos, alto-embaixo e direita-esquerda, ou seja, um nível vibratório na linha da direita, que é positivo, encontra seu igual no mesmo nível na linha do alto, bem como os seus opostos na linha da esquerda e do embaixo. E, com isso, vão formando a escala das correspondências vibratórias dos opostos entre si, mas complementares, em um contexto mais amplo, que denominamos de "O Todo".

É neste contexto que surge a Ciência do "X" ou dos Entrecruzamentos. Só por meio dos entrecruzamentos temos condições "científicas" de estudar os Orixás. Sem a Ciência do "X", não conseguimos estudá-los e somos compelidos a fundamentá-los nas lendas descritivas que nos legaram nossos antepassados africanos.

O Ritual de Umbanda Sagrada foi todo fundamentado na Ciência do "X" e não no legado mitológico africano, ainda que a ele tenha recorrido durante sua concretização no plano material, pois nada surge do nada, muito menos em "religião"!

A Ciência do "X" esteve ao alcance visual de todos os estudiosos da Umbanda, desde que ela surgiu. Infelizmente, ninguém a percebeu durante um século de manifestação das linhas de Umbanda, pois todos sabem que existe um Caboclo Pedra-Branca e seu oposto energomagnético, que é Exu Pedra-Negra. O mesmo ocorre com todas as linhas da direita e as da esquerda, pois para um Caboclo Sol existe uma Cabocla Lua; para um Exu do Pó existe uma Pombagira do Lodo, etc.

Esta ciência esteve o tempo todo se mostrando, mas infelizmente todos se preocuparam com os polos fenomênicos, em vez de atinarem para os polos científicos que se mostravam a todos, durante todo o tempo, pois até entre os Orixás temos este entrecruzamento. Ou não é verdade que temos uma Iemanjá que é água e um Omolu que é terra. E temos um Xangô que é fogo e uma Iansã que é ar?

São Orixás regidos por elementos opostos, mas que, justamente por serem opostos em todos os polos, formam dupla polaridade, completam-se e dão formação às linhas de forças que, na Ciência do "X", são denominadas de linhas energomagnéticas.

Na Ciência do "X", está o fundamento do triângulo de forças em que estão assentados os Orixás Ancestral, de Frente e Ajuntó. O Ancestral rege o alto, o de Frente rege a direita e o Ajuntó rege a esquerda de todos os filhos de Fé da Umbanda. No triângulo de forças, o alto é a imanência, a direita é a onipotência, a esquerda é a onipresença do nosso Divino Criador. Do alto, Ele nos chega imperceptível, da direita Ele nos chega como um poder; da esquerda Ele nos chega através da força.

Enfim, só conhecendo a Ciência do "X" entenderemos a miríade de Orixás e de linhas de ação, reação e trabalhos existentes no Ritual de Umbanda Sagrada, que não foram fundamentados nas lendas sobre os Orixás, mas sim no aforismo científico, que bem define as coisas quando assim se pronuncia: "As coisas são assim, porque assim são as coisas!"

E se assim são as coisas, é porque quem assim as estabeleceu na Umbanda foi nosso Divino Criador, que a rege desde o alto até o embaixo, e desde a esquerda até a direita. Ele não a fundamentou a partir de lendas ou de concepções humanas, mas sim a partir de princípios divinos, que são comuns a tudo o que existe e que por Ele foi criado.

Não será ensinando que Xangô foi marido de Oxum, que entenderemos os fundamentos sagrados dos Orixás Xangô e Oxum. A partir da correta interpretação desta lenda mitológica, descobriremos que o ígneo Xangô completa a mineral Oxum. Não será ensinando que Pombagira é mulher de sete Exus que entenderemos os fundamentos dos mistérios da esquerda, mas sim que, só com a existência do desejo (Pombagira), Exu (força) deixa de ser agente passivo e transforma-se em agente potencializado extremamente ativo e fundamental para as linhas de ação, reação e trabalhos do Ritual de Umbanda.

A Ciência do "X" explica todos os entrecruzamentos, todas as polaridades e todas as linhas de forças da Umbanda. Por meio das telas planas a ciência poderá ser entendida; nas telas planas serão vislumbradas tabelas semelhantes à "tabela periódica", na qual todos os elementos químicos estão devidamente colocados para que os estudantes possam entender, compreender e identificar cada um deles a partir da posição que ocupam.

1 — Nas telas planas, localizarão as linhas puras, as linhas mistas, as linhas energomagnéticas, os Orixás Regentes dos polos e os regentes dos níveis existentes dentro de uma mesma linha. E não tenham dúvidas que serão corretas as identificações, pois a Ciência do "X" foi-nos ensinada pelos próprios Senhores Orixás, os quais, cansados das classificações espúrias e incompletas que circulam no meio umbandista, finalmente a liberaram para o plano material, já que ela era desde tempos imemoriais a fonte mais segura de compreensão do mistério "Orixás", disponível a todos os espíritos que eram incorporados às hierarquias humanas erigidas em paralelo às hierarquias naturais regidas pelos Sagrados Orixás.

2 — Foi estudando-a atentamente que os espíritos, hoje mentores e guias, habilitaram-se a atuar sob a regência dos Senhores Regentes Naturais: os Orixás! Esqueçam todas as concepções abstratas acerca das Sete Linhas de Umbanda e mergulhem de corpo e alma na Ciência dos Orixás, a única capaz de abordá-los a partir do que são: Mistérios.

3 — Na Ciência dos Entrecruzamentos ("X") encontrarão fundamentos científicos, mantidos ocultos pela forma alegórica como são contadas as

lendas e mitos a respeito dos Orixás. As lendas e mitos são a visão exterior dos mistérios divinos. Já a Ciência do "X" é conhecimento fundamental, que nos diz que se os Orixás são o que são, é por que assim eles são. Se são verdadeiros mistérios, é por que mistérios verdadeiros eles são.

4 — Eles não são o que muitos imaginam: mitos e lendas! São mistérios derivados do Mistério Maior e Fonte única de todos os mistérios: Olorum ou Deus.

5 — Por ser uma ciência divina, a Ciência do "X" nos ensina a entender os Orixás e todas as divindades que já surgiram na face da terra, assim como nos explica todas as religiões conhecidas, e mesmo as desconhecidas, já que a origem de todas fundamenta-se em Deus. E se dois não existem, pois Deus é único, só pela Ciência do "X", uma ciência divina por excelência, entenderemos as múltiplas manifestações d'Ele em nossas vidas, as quais acontecem em muitos níveis, mas sempre da mesma forma.

6 — Adentrem no universo dos Orixás e descubram que, por trás da aparente confusão mitológica que nos foi legada por nossos antepassados africanos, estão ocultas todas as hierarquias divinas que regem e sustentam todos os seres, os estágios evolutivos e as muitas evoluções que se processam em paralelo.

Adormeçam por um instante todos os seus conhecimentos religiosos e leiam este livro, científico por excelência! Quando acabarem de lê-lo, temos certeza que olharão para suas religiões com muito mais respeito, amor e fé, pois descobrirão que, se elas são diferentes em alguns polos, atendem a diferentes estágios da evolução humana.

Aperfeiçoarão suas consciências religiosas e não olharão mais as religiões como credos religiosos antagônicos. Em verdade, se as colocarmos no "X" dos entrecruzamentos, descobriremos que estão assentadas nos polos energomagnéticos das Sete Linhas de Umbanda Sagrada, que são as sete linhas, as sete forças, os sete poderes divinos que formam o Setenário Sagrado, o qual rege tudo e se manifesta nas nossas vidas em qualquer tempo e durante todo o tempo.

Após a leitura deste livro científico e ao mesmo tempo religioso, mudarão completamente suas concepções religiosas, pois ele preenche uma lacuna existente em todos os ensinos religiosos ministrados por todas as religiões contemporâneas.

Leiam-no e releiam-no! Aí sentirão que, no íntimo, ocorreu uma acelerada evolução mental, consciencial, religiosa e espiritual. E a partir dessa evolução, entenderão o porquê de tantos credos religiosos, se um único Deus existe.

A partir da leitura deste livro científico, descobrirão que não existe concorrência entre as religiões, mas tão somente complementaridade.

E o mesmo descobrirão a respeito dos Orixás, Tronos Divinos sustentadores de todas as evoluções e de todos os estágios divinos onde elas acontecem, pois esses Tronos formam as hierarquias celestiais pelas quais fluem as emanações divinas do nosso divino criador Olorum.

SEGUNDO CAPÍTULO

A Natureza das Divindades

1 — NATURAIS

Muitas são as "divindades naturais" conhecidas na história religiosa da humanidade. Estudando as antigas civilizações, descobrimos que todas possuíam seus panteões divinos, sempre análogos ao dos africanos, os Orixás. Não raro, a única diferença reside apenas no nome. Isto é explicável, se atentarmos para as migrações. Correntes migratórias se constituem no principal disseminador de novas divindades. Quando uma corrente migratória alcança seu limite, todo um novo panteão foi disseminado em muitos pontos do globo terrestre, alterando os panteões locais e incorporando a eles novas divindades, novos rituais e novas concepções do "divino". Mas se quisermos realmente entender o que encontramos espalhado pelo mundo como divindades naturais, temos que nos ater somente às sete essências fundamentais:

Cristalina

Mineral

Vegetal

Ígnea

Aérea

Telúrica

Aquática

Todas as divindades possuem um "traço" comum a algumas dessas sete essências básicas, e geralmente possuem qualidades, atributos e atribuições semelhantes, só se diferenciando devido ao tempo e lugar onde foram ou são cultuadas. Encontramos divindades do ar, da água, da terra, do fogo, dos vegetais, das pedras (minerais) e dos cristais espalhados por todo o planeta Terra. Se nos determos para descobrirmos como surgiram, encontraremos os "mitos" que, em sua maioria, são anteriores à história escrita da civilização e têm sido interpretados segundo as novas culturas e adaptados às concepções do "divino humanizado".

Mas se tudo acontece assim, temos de entender que Deus se manifesta a todos, a qualquer tempo e durante todo o tempo; que é imutável em Si mesmo; mas que se adapta a todas as culturas e concepções do divino justamente porque Ele é o que é: Deus.

Se não temos condições de "imaginá-Lo" a partir de sua idealização por outro povo e cultura, então nada mais lógico que adaptá-Lo às nossas necessidades segundo nossa cultura. Uns idealizam todo um panteão logo abaixo d'Ele, pois só assim não O desfiguram, e nem O incomodam com suas necessidades menores.

Neste ponto, Deus é generoso conosco, pois nos faculta recorrer em um momento a uma divindade e em outro, a outra, sempre visando nosso amparo total e a sustentação de uma religiosidade abrangente.

As divindades e cultura de um povo assumem, às vezes, polos incompreensíveis a povos não familiarizados com as suas necessidades. Porém, o mesmo aconteceria se o povo analisado viesse a nos analisar. Para um católico acostumado a adorar Deus, cultuar Jesus e recorrer aos santos padroeiros, o panteão africano parece incompreensível. Mas o africano pensa o mesmo do Catolicismo.

O mesmo se aplica àqueles que se põem a criticar os Orixás. Eles não atentam para este detalhe: adoram Deus e se guiam pelas palavras dos profetas humanos ou dos santos. Mas, ao analisarmos o culto que adotaram, observamos um panteão tão numeroso quando o do africano ou do índio brasileiro. Portanto, não há por que condenar a religião alheia.

Por isso, é tão difícil discutir religião. Cada filorreligioso acha-se o portador único do acesso ao Reino dos Céus. Mas o panteão africano, se não difere de nenhum outro, no entanto, é generoso, e seus sacerdotes, olhando para todos os seus irmãos em outros credos religiosos, resumem-nos assim:

Uns são filhos de Oxalá; outros são filhos de Iemanjá; outros, de Ogum; outros, de Oxóssi, etc.

Não obstante, todos são filhos de Olorum! E ponto final na discussão sem fim.

Na simplicidade do culto às divindades naturais, todas as discussões cessam, todos são acolhidos segundo suas filiações e recolhidos ao rebanho natural do divino Olorum.

Umbandistas não devem discutir religião com seus irmãos de outras crenças religiosas. Afinal, a fé é comum a todos os seres humanos. A religiosidade é um sentimento comum à espécie humana. Quanto à crença de cada um, que cada um a expresse segundo a sua concepção de Deus.

A nossa crença está assentada nesta ordem de valores: Olorum, Orixás Ancestrais, Orixás Naturais e suas hierarquias espalhadas por toda a natureza, abarcando todos os estágios da evolução e todos os níveis conscienciais.

Se uns incorporam o Espírito Santo e falam a língua dos Anjos, nós umbandistas incorporamos os Tronos Divinos conhecidos por Orixás, e falamos a língua dos encantados em Olorum. Mas que ninguém tenha dúvidas disso: todos incorporam espíritos afins... e nada mais, pois tolo é aquele que julga incorporar os habitantes do Alto do Altíssimo.

O "Espírito Santo" não é uma entidade para ser incorporada. Mas, através das irradiações divinas, todos podemos incorporar espíritos santificados em Deus.

As divindades assentadas no Alto do Altíssimo são apenas sete, porém, se no meio material humano muitas se apresentam, é porque são Tronos Localizados assentados nos níveis (vibratórios) das linhas de forças. Como toda linha de força possui dois polos, então temos divindades universais e divindades cósmicas.

As divindades naturais universais são luminosas, irradiantes, multicoloridas, passivas, tolerantes, amantíssimas, generosas, bondosas, compreensivas, etc. As divindades naturais cósmicas são sóbrias, concentradoras, monocromáticas, ativas, implacáveis, rigorosas, parcialistas, intolerantes, etc.

Observem bem, aí, os dois polos do próprio Criador. Em um dos polos, Ele é tudo o que identifica as divindades universais. No outro, é o temido Deus que não perdoa nenhum dos nossos erros, falhas ou pecados.

Pois esse Deus bipolar está todo descrito em números, letras, verbos, provérbios e salmos no Livro Santo. E não pensem que os que O descreveram estavam errados, pois não estavam.

Se vivemos na fé e no amor, Deus nos sustenta e nos envolve em suas irradiações de amor. Mas, se vivemos no ateísmo e na intolerância, Ele nos pune e castiga. Como tudo isto acontece não importa, pois o fato é que isto é verdade... e acontece mesmo! Logo, adoremos Deus, cultuemos o Alto do Altíssimo e respeitemos todas as divindades naturais, pois nunca se sabe como será o dia de amanhã e nem o que nos espera no nosso caminho a ser trilhado, se o dobrarmos à direita ou à esquerda, certo?

2 — Mentais

Ao comentarmos as divindades naturais, dissemos que elas encontram seus fundamentos nas sete essências básicas.

Agora, ao comentarmos as mentais, diremos que elas se fundamentam nos sete sentidos da vida.

Identificamos Oxalá com a essência cristalina, e esta com a Fé. E o mesmo fizemos com mais seis Orixás naturais e seis essências, identificando-os com outros sentidos da vida. Assim temos:

Orixá	**Essência**	**Sentido**
Oxalá	Cristalina	Fé
Oxum	Mineral	Amor
Oxóssi	Vegetal	Conhecimento
Xangô	Fogo	Justiça
Ogum	Ar	Lei
Obaluaiê	Terra	Evolução
Iemanjá	Água	Geração

Com a definição dos sete sentidos da vida, fica fácil analisar as divindades mentais, pois são identificadas com a Fé, o Amor, o Conhecimento, a Justiça, a Lei, a Evolução e a Geração. O que chamamos de "divindades mentais" são concepções humanas fundamentadas nestes sentidos da vida. Temos deuses do amor, da materialidade, da concepção, etc., e deuses da fertilidade, da justiça, do saber, da medicina, do conhecimento, etc.

São concepções humanas de como Deus se apresenta a nós.

Se o africano nos legou seu Orixá Natural identificado com a cachoeira, a montanha, a lei, o mar, os lagos, a terra, etc., o judeu nos legou suas hierarquias de querubins, serafins, arcanjos, anjos, etc. Porém, o africano é mais prático e estabeleceu seu panteão bem ao lado de sua morada terrena, ao contrário de alguns, que o colocaram em um lugar "alto" e inacessível a todos, ocultando-o atrás de números e letras.

Aí estão os diferenciadores mais marcantes das divindades naturais e das mentais, pois para se chegar às últimas, só é possível por meio de uma intensa mentalização.

Para o cultuador da divindade natural, basta-lhe ir até o lugar onde sua divindade preferida se manifesta, realizar uma oferenda propiciatória, fazer suas preces, que são cantos, realizar seus pedidos... e tudo acontece segundo seu merecimento e fé. Já o culto a uma divindade mental implica recolhimento contínuo para orações e mentalizações, para que o "milagre" aconteça.

TERCEIRO CAPÍTULO

Umbanda Natural

Umbanda Astrológica
Umbanda Filosófica
Umbanda Analógica
Umbanda Numerológica
Umbanda Oculta
Umbanda Aberta
Umbanda Popular
Umbanda Branca
Umbanda Iniciática
Umbanda Teosófica
Umbanda Exotérica
Umbanda Esotérica
Umbanda Natural

Natural é a Umbanda regida pelos Orixás, que são os senhores dos mistérios naturais, os quais regem todos os polos umbandistas aqui descritos.

Muitos optam por substituir a designação de "Ritual de Umbanda Sagrada", dada à Umbanda Natural, porque lhes falta uma visão mais ampla do que sejam os Orixás Naturais, regentes divinos de todos os processos energomagnéticos (religiosos).

Nenhuma religião, seja ela qual for, escapa à regência do Setenário Sagrado (os Orixás) os quais, como o próprio nome diz, são essências divinas ou sagradas e interpenetram tudo e todos o tempo todo, e chegam até nós através de hierarquias, as quais se vão distribuindo e multiplicando em todos os níveis, até alcançarem o nível neutro (matéria-espírito). Daí, em uma correspondência magnética (polos positivos e negativos), vão-se completando no negativo, no qual outras hierarquias formadoras da dupla polaridade estão estabelecidas, fundamentadas e assentadas.

Estas hierarquias nós as nomeamos de "naturais", pois independem dos espíritos humanos para existir, mas não prescindem deles, pois o objetivo delas é auxiliar-nos em nossa evolução.

Elas estão erigidas em paralelo com as esferas espirituais humanas e, em um fluxo e refluxo energético contínuo, inundam as esferas humanas ou delas retiram os excessos energéticos, em um processo pulsatório semelhante à sístole e à diástole cardíaca.

As hierarquias são todas regidas por tronos energéticos ocupados por seres que são mistérios em si mesmos e por isso, na angelologia, são designados com o nome de "Tronos".

Existem: *Tronos Celestiais (bipolares ou tripolares)*
Tronos Universais (polaridade magnética +)
Tronos Cósmicos (polaridade magnética -)
Tronos Humanos (polaridade magnética +, n, -)
Tronos Elementares (reinos elementais)
Tronos Naturais (reinos naturais encantados)

Tronos Celestiais:
Cristalino — Oxalá
Mineral — Oxum
Vegetal — Oxóssi
Ígneo — Xangô
Aéreo — Ogum
Telúrico — Obaluaiê
Aquático — Iemanjá

Tronos de Oxalá:
Celestiais — Tripolares (+, Ø, -)
Cósmicos — Unipolares (-)
Universais — Unipolares (+)

Tronos de Oxum:
Celestiais — Bipolares (+, -)
Naturais — Bipolares (+, -)
Elementais — Unipolares (-)

Tronos de Oxóssi:
Celestiais — Tripolares (+, Ø, -)
Naturais — Bipolares (+, -)
Elementais — Unipolares (+)

Tronos de Iemanjá:
Celestiais — Bipolares (+, -)
Naturais — Bipolares (+, -)
Elementais — Unipolares (+)

Tronos de Xangô yê:
Celestiais — Bipolares (+, -)
Naturais — Bipolares (+, -)
Elementais — Unipolares (-)

Tronos de Ogum yê:
Celestiais — Tripolares (+, Ø, -)
Naturais — Bipolares (+, -)
Elementais — Unipolares (-)

Tronos de Obaluaiê:
Celestiais — Tripolares (+, Ø, -)
Naturais — Bipolares (+, -)
Elementais — Unipolares (+)

Tronos Celestiais (Orixás Naturais):
Tronos (+) = polos positivos
Tronos (Ø) = polos neutros
Tronos (-) = polos negativos

Os Tronos, distribuídos por todos os níveis vibratórios e polos energomagnéticos das linhas de forças, têm por função sustentar, nos níveis em que se encontram, todos os processos evolutivos, todas as criaturas e toda a criação. Todos estão interligados às sete telas planetárias (telas vibratórias multidimensionais) e entre si, nos níveis em que se encontram, nos quais são mediadores entre o nível de baixo e o de cima de onde está localizado.

Assim, se está no nível terra, ele interliga o nível 1 positivo e o nível 1 negativo [faixa celestial por excelência, pois tem a polaridade positiva (luz), a neutra (crosta terrestre) e a negativa (trevas)].

Os Tronos podem ser simbólicos (Tronos concretizados energeticamente) ou Tronos em si mesmos (seres portadores de mistérios que fluem através deles ou neles têm início ativo).

Telas Refletoras:
1ª — Cristalina
2ª — Mineral
3ª — Vegetal
4ª — Ígnea
5ª — Aérea
6ª — Telúrica
7ª — Aquática

A Tela Cristalina reflete:
Pensamento
Fé

Meditação
Oração
Devoção
Humildade
Caridade, etc.

A Tela Mineral reflete:
Amor
Emoção
Atração
União
Fecundação
Fertilização
Concepção, etc.

A Tela Vegetal reflete:
Percepção
Raciocínio
Crescimento
Criatividade
Desprendimento
Expansão
Sensibilidade, etc.

A Tela Ígnea reflete:
Razão
Equilíbrio
Purificação
Reflexão
Direcionamento
Justiça
Permanência, etc.

A Tela Aérea reflete:
Idealização
Lealdade
Sustentação
Movimentação
Circulação
Ordenação
Segurança, etc.

A Tela Telúrica reflete:
Tenacidade
Formação

Durabilidade
Estabilização
Cordialidade
Paternalismo
Evolução, etc.

A Tela Aquática reflete:
Sensibilidade
Criação
Maternidade
Sociabilidade
Regeneração
Criatividade
Geração, etc.

Estas telas são refletoras das qualidades, atributos e atribuições das essências originais (Orixás essenciais). Mas temos telas específicas, multidimensionais, responsáveis pela sustentação das evoluções, que são:

1ª — Tela refletora da Fé (Trono da Fé)

2ª — Tela refletora de Concepção (Trono do Amor)

3ª — Tela refletora do Conhecimento (Trono do Conhecimento)

4ª — Tela refletora da Justiça (Trono da Justiça)

5ª — Tela refletora da Lei (Trono da Lei)

6ª — Tela refletora da Evolução (Trono da Evolução)

7ª — Tela refletora da Geração (Trono da Vida)

Identificamos cada uma dessas telas como sendo regida por um Trono Divino, pois, ao estudarmos os atributos e atribuições de cada um deles, encontramo-los mais atuantes nestes sentidos sustentadores dos seres em evolução. Mas eles, por meio de suas hierarquias divinas, atuam em todos os outros sentidos. E o mesmo acontece com as telas vibratórias planetárias.

Para que entendam o que nomeamos de "tela refletora", vamos recorrer a um exemplo simples: uma pedra atirada no centro de um tanque de água redondo propaga ondas concêntricas que alcançam toda a borda dele ao mesmo tempo. E as ondas ficarão propagando-se se houver intensidade (irradiação) suficiente para tanto. Assim são as telas refletoras. Algo que acontecer em qualquer parte de uma dimensão refletirá em toda ela.

Muitos confundem o mistério "Sete Encruzilhadas" com sete caminhos que se entrecruzam. Mas, na verdade, o Trono Regente do Mistério das Sete Encruzilhadas está localizado em um ponto onde se entrecruzam as sete telas planetárias (cristalina, vegetal, mineral, ígnea, aérea, terrena, aquática), onde:

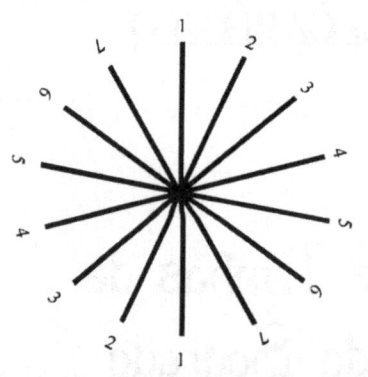

1 — Tela cristalina
2 — Tela mineral
3 — Tela vegetal
4 — Tela ígnea
5 — Tela aérea
6 — Tela terrena
7 — Tela aquática

Observem que o círculo do centro é o Trono das Sete Encruzilhadas e, ao contrário do que muitos creem, este Trono é regido pelo mistério "Ifá", ou o "Mistério da Revelação", pois ele reflete tudo o que acontece em todas as dimensões e em todos os níveis.

Mas ele, o Trono das Sete Encruzilhadas, projeta-se em todas as dimensões, e aí temos sua hierarquização a "serviço" de todos os Orixás Naturais, que dele se servem, pois nele tudo se reflete, e o retorno provém do próprio "Logos", que identificamos como o "Verbo Manifestado" ou a "Manifestação do Verbo", que a tudo idealiza, projeta e realiza.

Tantos têm escrito a respeito do Trono Cósmico (Exu) das Sete Encruzilhadas e, no entanto, isto desconhecem. Assim, o Trono das Sete Encruzilhadas não é entendido, pois pelas Sete Encruzilhadas fluem todas as ações e reações, oriundas do próprio Logos planetário, manifestando-se por meio do Verbo, o qual tudo realiza. Temos em Ogum um Trono das Sete Lanças, que é o refletor da irradiação do Trono das Sete Encruzilhadas. Temos em Obaluaiê um Trono dos Sete Cruzeiros, que é o refletor da irradiação do Trono das Sete Encruzilhadas. E assim sucessivamente para todos os Orixás, regentes planetários por excelência, atributos e atribuições.

Telas refletoras são isto, simplificando um mistério divino acerca do qual tão pouco sabemos. Porém, estudá-lo e esmiuçá-lo levaria toda a eternidade. Aqui, estamos dando apenas uma ideia mais ou menos assimilável, à qual poderão desdobrá-la ao infinito.

Com isso, esperamos que tenham uma noção aproximada do que são e como atuam os Orixás, Tronos Regentes do Ritual de Umbanda Sagrada.

QUARTO CAPÍTULO

As Sete Linhas de Umbanda Sagrada

1ª *Linha Cristalina*
2ª *Linha Mineral*
3ª *Linha Vegetal*
4ª *Linha Ígnea*
5ª *Linha Aérea*
6ª *Linha Telúrica*
7ª *Linha Aquática*

Estas são as Sete Linhas de Umbanda Sagrada, e, a partir das mesmas, podemos formar pares vibratórios com os Orixás mais afins com cada uma delas. É certo que os Orixás, como os conhecemos na Umbanda, nem sempre são fáceis de identificar a partir das essências. Por isso, ater-nos-emos unicamente às suas qualidades essenciais identificadoras de suas linhas de força originais ou ancestrais.

Já vimos Ogum ser identificado com o elemento fogo, com a água, a terra, o ar, etc. Todas as identificações estão corretas até um certo nível onde os polos "Ogum" assumem qualidades elementais. Entretanto, Ogum é regente planetário e Guardião Celestial da Coroa Regente e, atuando na essência "eólica", manipula todas as outras e, mentalmente, movimenta-as.

As fontes que nos indicam que Ogum é "eólico", na sua essência, não são materiais ou espirituais, mas os próprios seres divinos manifestadores do Orixá Ancestral Ogum.

Atentem para isso, senão logo irão dizer:

— Eu sempre ouvi dizer que Ogum é o "fogo"!

Não é não, irmãos amados. Ogum é essencialmente "ar" e manipula o elemento fogo, ora expandindo-o e recolhendo-o

Por outro lado, Xangô é identificado como o fogo, pois o traz em si mesmo.

Enfim, um Orixá é um mistério em si mesmo e, ou nos atemos unicamente nas essências, ou nos perdemos nas muitas interpretações já colocadas para apreciação dos umbandistas. Não detemos todo o conhecimento e seria contrário aos nossos objetivos colocar este livro como a palavra final do Ritual de Umbanda Sagrada. Mas quem possui "guias instrutores" ou mestres da Luz, com certeza, poderá recorrer a eles a fim de dirimir dúvidas que por ventura venham a surgir a partir das nossas colocações.

Aqui vamos abordar, em comentários isolados entre si, o quais formam um todo compreensível, alguns dos polos dos Orixás que servirão como fonte de referência a quem desejar estudá-los, ou acerca deles tecer maiores e mais amplos comentários. Não vamos esmiuçar todas as sete linhas, mas apenas abrir todo um novo campo de estudo aos umbandistas, os quais terão aqui um manancial único de informações fundamentais e essenciais à verdadeira compreensão do mistério "Orixás" e das Sete Linhas de Umbanda Sagrada.

Vamos dar algumas amostras do quanto é complexa a abordagem do mistério "Orixás", que formam:

Pares naturais

Pares magnéticos

Pares energéticos

Pares opostos em linhas de forças mistas

Pares opostos em magnetismos

Pares opostos em linhas energéticas

Pares opostos magnéticos em uma mesma linha de forças, etc.

Com isto em mente, talvez torne-se fácil entender por que alguns escritores de Umbanda fazem associações, enquanto outros abordam de forma diferente, quando o assunto é elemento ou pares vibratórios. Não é fácil escrever a respeito dos Sagrados Orixás, pois são mistérios do Criador manifestando-se por meio de suas hierarquias divinas.

Vamos explicar os magnetismos dos Orixás:

Oxalá e Nanã — magnetismo atrativo (concentram os seres)

Ogum e Iansã — magnetismo ordenador (direcionam os seres)

Xangô e Oxum — magnetismo concentrador (energizam os seres)

Oxóssi e Oroiná — magnetismo sutilizador (rarefazem os seres)

Oxumaré e Iemanjá — magnetismo irradiador (ativam os seres)

Obaluaiê e Obá — magnetismo densificador (densificam os seres)

Omolu e Logunã — magnetismo paralisador (paralisam os seres)

Nesses sete pares, cujos magnetismos provocam os mesmos efeitos nos seres, temos o que chamamos de pares magnéticos.

Finalmente, temos os pares energomagnéticos que formam os dois polos das linhas de forças, ou os dois extremos das Sete Linhas de Umbanda, pois atuam a partir dos extremos das linhas de forças.

O estudo desses pares dá formação à Ciência do "X", que no decorrer deste livro científico será apresentada.

Este é o primeiro contato com o mais elevado nível de conhecimento até hoje aberto aos estudiosos do mistério "Orixás", pois todos até agora os estudaram de baixo para cima, pois faltava-lhes o que aqui está descrito. Neste livro está fixado todo um conhecimento que permite interpretar, absorver e, posteriormente, desdobrar os conhecimentos mantidos ocultos até agora.

Entendam que muitos são os Orixás, mas linhas de forças originais só existem sete. E só a partir do entrecruzamento delas nos é possível explicar corretamente o grande número de Orixás.

Se recorrermos aos nomes africanos que nos foram legados, ainda nos faltará o polo negativo da linha ígnea, que é a deusa hindu do fogo da destruição dos vícios: Kali yê. O único Orixá com qualidades análogas é aquela considerada uma das manifestações de Iansã: Oroiná, ou a purificadora dos eguns "viciados".

Enfim, é um universo amplo e cheio de recursos que nos permite uma certa flexibilidade no seu ordenamento. Mas, que fique bem entendido, as Sete Linhas de Umbanda Sagrada são estas:

1ª Linha — Cristalina

2ª Linha — Mineral

3ª Linha — Vegetal

4ª Linha — Ígnea

5ª Linha — Eólica

6ª Linha — Telúrica

7ª Linha — Aquática

Neste universo estão os fundamentos de todas as linhas de ação e reação, ou de trabalhos espirituais que se manifestam nas tendas de Umbanda. Quanto à não colocação de Exu como uma delas, é porque Exu e Pombagira são entidades cósmicas paralelas ao estágio evolutivo humano, mas que seguem outra orientação.

Quando abrirmos ao plano material a Ciência do "X" ou das correspondências energomagnéticas, descobrirão que criaram um mito em torno de Exu, e a partir do mito deram-lhe atribuições nem sempre verdadeiras.

Tudo isso pode até ficar bonito no papel, mas nada mais falso. Melhor deixar que no futuro descubram por si mesmos que estavam enganados. Mas isso, só o "Tempo" lhes mostrará, assim como mostrará muitas outras coisas que ensinam em nome dos Sagrados Orixás. Mas aí, nesse tempo, já terão retornado ao pó.

Meditem profundamente acerca do que encontrarão nestes comentários aqui ordenados e descubram como é maravilhoso o universo dos conhecimentos naturais formado pelos Orixás, os Tronos Regentes da Natureza e do Ritual de Umbanda Sagrada.

QUINTO CAPÍTULO

Os Orixás — I

Iniciaremos a abordagem dos Orixás, visto que eles são os elos de ligação com Olorum. Mas aqui serão abordados como divindades regentes de todos os níveis vibratórios onde seres evoluem e passam por um despertar consciencial.

Antes, vamos abordar rapidamente os estágios da evolução:

Primeiro Estágio: puro ou original, pois os seres vivem em dimensões de formações energéticas puras (um só elemento).

Segundo Estágio: misto, bipolar ou dual, pois os seres vivem em dimensões formadas por dois elementos complementares, tais como: (água-terra), (terra-ar), (ar-água), (fogo-terra), etc. Neste estágio, o ser entra em contato com seu elemento oposto e desenvolve seu emocional.

Terceiro Estágio: trienergético, no qual os seres vivem em dimensões cujas formações energéticas envolvem três elementos básicos. Nelas os seres absorvem um elemento que os equilibra e permite a abertura dos sentidos, ou a percepção.

Quarto Estágio: os seres vivem em dimensões formadas por quatro elementos básicos. O plano material humano é uma dessas dimensões. Outras semelhantes, mas com outros graus vibratórios, também existem.

No primeiro estágio estão evoluindo os seres elementais ainda puros e, de acordo com suas tendências naturais, serão encaminhados às dimensões formadas por elementos opostos, vibratoriamente falando. Este é o segundo estágio (dual), em que os seres desenvolverão dupla polaridade magnética.

No segundo estágio, um ser de magnetismo positivo irá vivenciar coisas relativas ao seu polo negativo. No primeiro estágio, ele fortalece seu polo mental e, no segundo, irá fortalecer seu polo emocional. Se no primeiro estágio o polo original era ativo, no segundo desenvolverá seu polo passivo, e vice-versa.

Com estes dois polos desenvolvidos, o ser está apto a adquirir a percepção que o ajudará a alcançar um ponto de equilíbrio que tanto poderá fixá-lo em seu polo positivo quanto no negativo, e, a partir disso, direcioná-lo-á para o lado positivo das linhas de forças ou para o lado negativo.

Neste terceiro estágio temos os seres "encantados", que são atraídos pelo magnetismo dos regentes naturais e por eles são sustentados vibratoriamente durante suas evoluções nesta etapa. Os encantados ainda não têm uma consciência despertada e são guiados pelos sentidos. Eles trazem em si qualidades afins com as dos Orixás que os regem e sustentam.

Assim explicado, entendam que uma encantada de Oxum manifesta as qualidades da Orixá Oxum que a rege, e irradia energias afins com as de sua regente Oxum.

Se a encantada vive e evolui nos domínios da Oxum das Cachoeiras manifestará qualidades, atributos e atribuições afins com as de sua regente, a Senhora Oxum das Cachoeiras. Se a regente for a Oxum das Fontes então suas qualidades, atributos e atribuições serão afins com as da Senhora Oxum das Fontes. E assim sucessivamente, com as sete Orixás Oxuns manifestadoras da Orixá Natural Oxum, Senhora da Linha Mineral, que rege a evolução por meio do "amor". Sim, cada Orixá Natural rege uma linha de força. Vamos às linhas essenciais.

As linhas essenciais são sete:

Linha	Essência	Sentido
1ª	Cristalina	Linha da Fé ou da Religiosidade
2ª	Mineral	Linha do Amor ou da Concepção
3ª	Vegetal	Linha do Conhecimento ou do Raciocínio
4ª	Ígnea	Linha da Justiça ou da Razão
5ª	Eólica	Linha da Lei ou do Equilíbrio
6ª	Telúrica	Linha da Evolução ou do Saber
7ª	Aquática	Linha da Geração ou da Vida

Nós as chamamos de linhas essenciais porque seus regentes planetários vibram continuamente; são mentais planetários irradiando essências que, ao serem absorvidas mentalmente pelos seres, estimulam-nos em um dos sentidos acima descritos.

Estes mentais planetários são os "Orixás Essenciais", que são inominados ou indiferenciados. Nós os classificamos pelas essências que irradiam em suas vibrações mentais. Estas vibrações alcançam todos os níveis vibratórios dimensionais, naturais, gerais ou localizados. Temos sete Orixás essenciais que são:

Orixá Cristalino
Orixá Mineral
Orixá Vegetal

Orixá Ígneo
Orixá Eólico
Orixá Telúrico
Orixá Aquático

Cada um vibra continuamente e irradia o tempo todo uma essência. Isso ocorre em um nível tal que sua irradiação forma uma tela essencial planetária que alcança tudo e todos ao mesmo tempo. Tudo o que acontecer refletirá nela, na tela planetária.

Então, temos sete telas planetárias essenciais:

Tela Cristalina
Tela Mineral
Tela Vegetal
Tela Ígnea
Tela Eólica
Tela Telúrica
Tela Aquática

Assim, temos:

- O Orixá Essencial Cristalino vibra a Fé e irradia uma essência que estimula a religiosidade nos seres.

- O Orixá Essencial Mineral vibra o Amor e irradia uma essência que estimula a concepção nos seres.

- O Orixá Essencial Vegetal vibra o Conhecimento e irradia uma essência que estimula o raciocínio nos seres.

- O Orixá Essencial Ígneo vibra a Justiça e irradia uma essência que estimula a razão nos seres.

- O Orixá Essencial Eólico vibra a Lei e irradia uma essência que estimula o caráter nos seres.

- O Orixá Essencial Telúrico vibra a Evolução e irradia uma essência que estimula o saber nos seres.

- O Orixá Essencial Aquático vibra a Geração e irradia uma essência que estimula a criatividade nos seres.

Aí está a mais simplificada definição que podemos dar aos Orixás essenciais, verdadeiros mentais planetários irradiadores de essências e refletores de todos os pensamentos e ações praticadas pelos seres e criaturas viventes.

Seres são os guiados pelos sentidos.

Criaturas são os guiadas pelos instintos.

Agora vamos dar as sete linhas de forças regidas pelos Orixás Naturais, que são as Divindades Regentes da Natureza. Aqui, "Natureza" assume um sentido mais amplo, pois significa tanto a natureza física quanto a energética, e mesmo a natureza dos seres. Vamos às sete linhas de forças elementais regidas pelos Orixás já diferenciados:

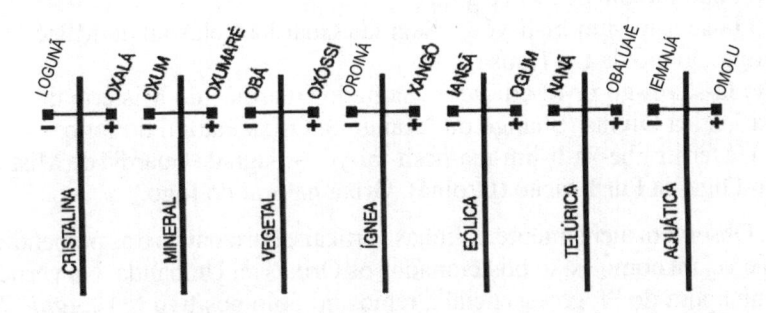

[Diagrama das sete linhas de forças com os Orixás: LOGUNÃ, OXALÁ, OXUM, OXUMARÊ, OBÁ, OKÓSSI, OROINÃ, XANGÔ, IANSÃ, OGUM, NANÃ, OBALUAIÊ, IEMANJÁ, OMOLU, associados às linhas: CRISTALINA, MINERAL, VEGETAL, ÍGNEA, EÓLICA, TELÚRICA, AQUÁTICA]

Observem que os Orixás, os quais optamos por pontificar, já não são essenciais ou "puros", mas sim aqueles cujas qualidades fundamentais, atributos regentes e atribuições naturais, são as mais afins com as linhas puras ou básicas (elementais).

Em nossas análises dos Orixás do panteão africano, muitos polos estão identificados por Orixás Regentes de níveis vibratórios e não por regentes de linhas de forças. Então, fica difícil caracterizar uma linha com seus reais regentes, pois divindades regentes de níveis são de alcance parcial.

Em nossos estudos realizados no Magno Colégio dos Magos, aprendemos a conhecer os Senhores Orixás Regentes das linhas de forças por seus nomes "cristalinos" silábicos, que não são os mesmos legados pelas várias etnias africanas. Só para que tenham uma ideia do que estamos falando, observem isto quanto à linha ígnea:

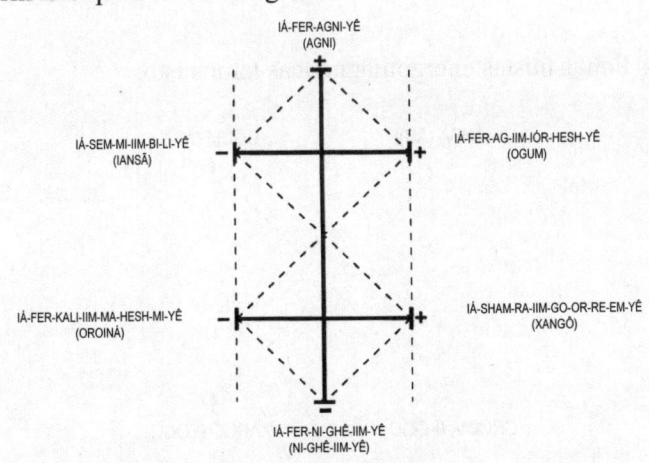

*[Diagrama em forma de losango com os nomes cristalinos:
- IÁ-FER-AGNI-YÊ (AGNI) — topo
- IÁ-SEM-MI-IIM-BI-LI-YÊ (IANSÃ) — esquerda superior
- IÁ-FER-AG-IIM-IÓR-HESH-YÊ (OGUM) — direita superior
- IÁ-FER-KALI-IIM-MA-HESH-MI-YÊ (OROINÃ) — esquerda inferior
- IÁ-SHAM-RA-IIM-GO-OR-RE-EM-YÊ (XANGÔ) — direita inferior
- IÁ-FER-NI-GHÊ-IIM-YÊ (NI-GHÊ-IIM-YÊ) — base]*

(+) Ia-fér-agni-iim-yê — Senhor do Mistério do Fogo Divino da Fé (Agni Sagrado). Orixá essencial ígneo masculino.
(-) Ia-fer-ni-ghê-iim-yê — Senhora do Mistério do Fogo Divino da Vida Ni-ghê Sagrada). Orixá essencial ígnea feminina.
(+) Ia-fer-ag-iim-iór-hesh-yê — Sagrado Guardião Celestial do Mistério do Fogo Divino da Lei (Ogum).
(-) Ia-sem-m'-iim-bi-li-yê — Sagrada Guardiã Celestial do Mistério do Fogo Divino da Lei (Iansã).
(+) Ia-sham-go-or-re-em-yê — Sagrado Guardião do Mistério do Fogo da Justiça Divina (Shangô ou "Xangô"). Orixá natural do fogo.
(-) Iá fer-ni-ghe-ka-li-iim-ma-hesh-mi-yê — Sagrada Guardiã do Mistério do Fogo da Purificação (Oroiná). Orixá natural do fogo.

Observem atentamente as linhas verticais, horizontais e as perpendiculares e vejam como estão posicionados os Orixás da Umbanda. Na vertical, ou linha pura do "fogo essencial", temos no polo positivo (+) *"Agni" Sagrado,* e no polo negativo (-) temos *Ni-ghe-iim-yê,* que foi adorada no plano material na Era que chamamos de cristalina (mito Atlântida). Quanto a *Agni*, ainda é adorado na Índia, assim como Kali yê. Lá, ele é o Senhor do Fogo Divino e ela é a Deusa do Fogo da Purificação... das Ilusões Humanas. Nas linhas horizontais elementais puras temos no polo positivo (+) Ogum (ar), e Iansã (ar) no polo negativo (-). Temos Xangô (fogo) no polo positivo (+) e temos Oroiná (fogo) no polo negativo (-).

Então, temos isto nas linhas puras elementais:

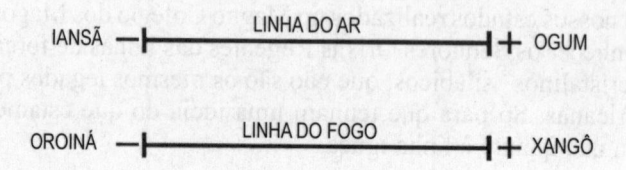

IANSÃ —|———————— LINHA DO AR ————————|+ OGUM

OROINÁ —|———————— LINHA DO FOGO ————————|+ XANGÔ

Já nas linhas mistas energomagnéticas temos isto:

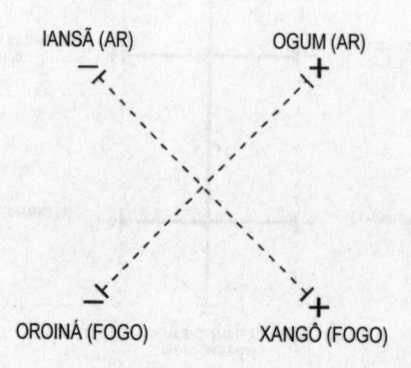

IANSÃ (AR)   OGUM (AR)
   −\   /+
     \   /
      \   /
       \   /
        \   /
         \ /
         / \
        /   \
       /   \
      /   \
     /   \
   −/   \+
OROINÁ (FOGO) XANGÔ (FOGO)

Explicando os nomes silábicos cristalinos (mântricos):

Ogum é o Sagrado Guardião dos Mistérios do Fogo Divino. É "eólico" por excelência, pois o ar estimula (ativa) ou dilui (apaga) o fogo (Xangô). Portanto, Ogum também está no mistério "Fogo".

Mas em outra interpretação, onde temos Xangô como Senhor da Justiça e Ogum como Senhor da Lei, então temos isto: Xangô é o juiz assentado no Tribunal Divino, e Ogum tanto encaminha a ele questões que precisam ser "julgadas" como executa, segundo os princípios da Lei, todos os seres julgados e condenados pela Justiça Divina (Xangô). Muitas outras interpretações afins são possíveis, desde que conheçamos as qualidades, atributos e atribuições inerentes a cada Orixá.

O que mostramos graficamente e comentamos é ciência pura, pois Ogum não é o fogo em si mesmo, mas sim o Guardião Celestial do Fogo Divino. O mesmo ocorre com Iansã, que é a Guardiã Cósmica dos Mistérios do Fogo. Observem que, no "X" das polaridades energomagnéticas, Ogum é um polo e Oroiná é outro. Ele é o ar que "areja" (Lei) e ela é o fogo que purifica (Justiça). Na outra linha energomagnética temos Iansã como o ar que "direciona" (Lei) e Xangô como o fogo que "purifica" (Justiça), bem como se invertermos a posição da linha vertical teremos isto:

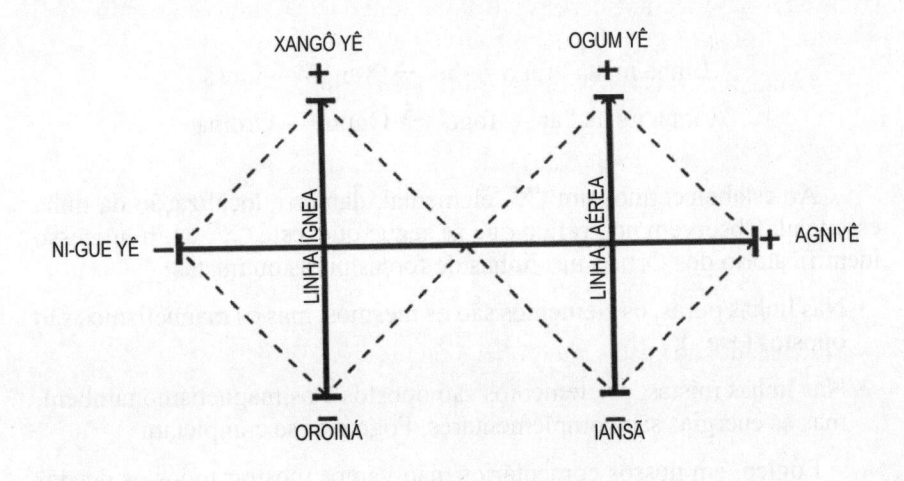

Desta forma, temos duas das sete linhas "elementais puras" do Ritual de Umbanda Sagrada:

Linha ígnea: Xangô — Oroiná

Linha eólica: Ogum — Iansã

Essas, nas irradiações cruzadas, dão formação às linhas mistas ou energomagnéticas, pois são formadas por elementos opostos e Orixás complementares (masculino e feminino), que são estas:

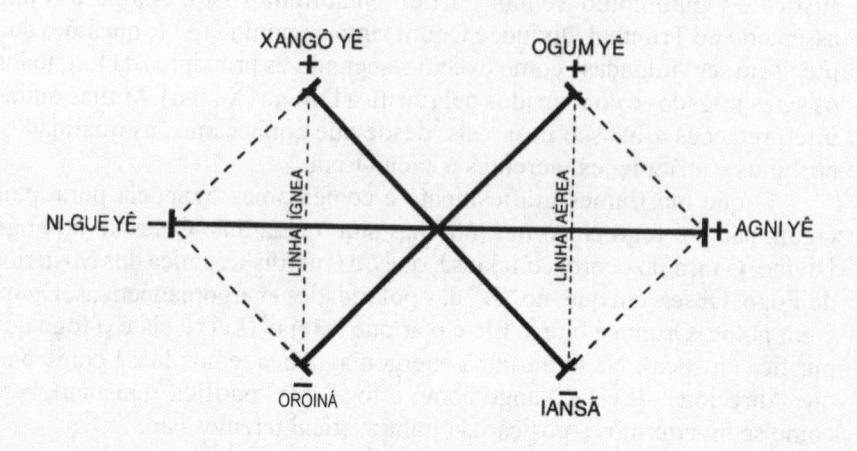

```
         XANGÔ YÊ           OGUM YÊ
            +                  +
                    
   NI-GUE YÊ ─────────────────── AGNI YÊ
      (LINHA ÍGNEA)    (LINHA AÉREA)
            
         OROINÁ             IANSÃ
```

Linha mista "fogo — ar" → Xangô — Iansã
Linha mista "ar — fogo" → Ogum — Oroiná

Ao estabelecermos um "X" elemental, damos a localização da linha essencial. Observem no gráfico que se segue que, este "X" é um processo identificatório dos Orixás nas linhas de forças puras ou mistas.

• Nas linhas puras, os elementos são os mesmos, mas os magnetismos são opostos (+ e -).

• Nas linhas mistas, os elementos são opostos e os magnetismo também, mas as energias são complementares. Fogo e ar se completam.

Lógico, em nossos comentários, não vamos mostrar todos os desdobramentos, os quais nos permitiriam chegar tanto às linhas puras quanto às linhas mistas do Ritual de Umbanda Sagrada. Porém, acreditamos ser o suficiente para entender que nada do que colocaremos aqui foi feito de forma aleatória.

Estudamos todos os Orixás e optamos por aqueles que mais afinidades possuem com as linhas de forças puras ou mistas.

Nas linhas magnéticas puras, os Orixás que as pontificam são os afins, os quais encontramos com os elementos de cada uma delas.

Nas linhas mistas, os Orixás que as pontificam são aqueles que formam pares energomagnéticos cujas polaridades facilitam as suas atuações mentais ordenadoras de todas as dimensões planetárias.

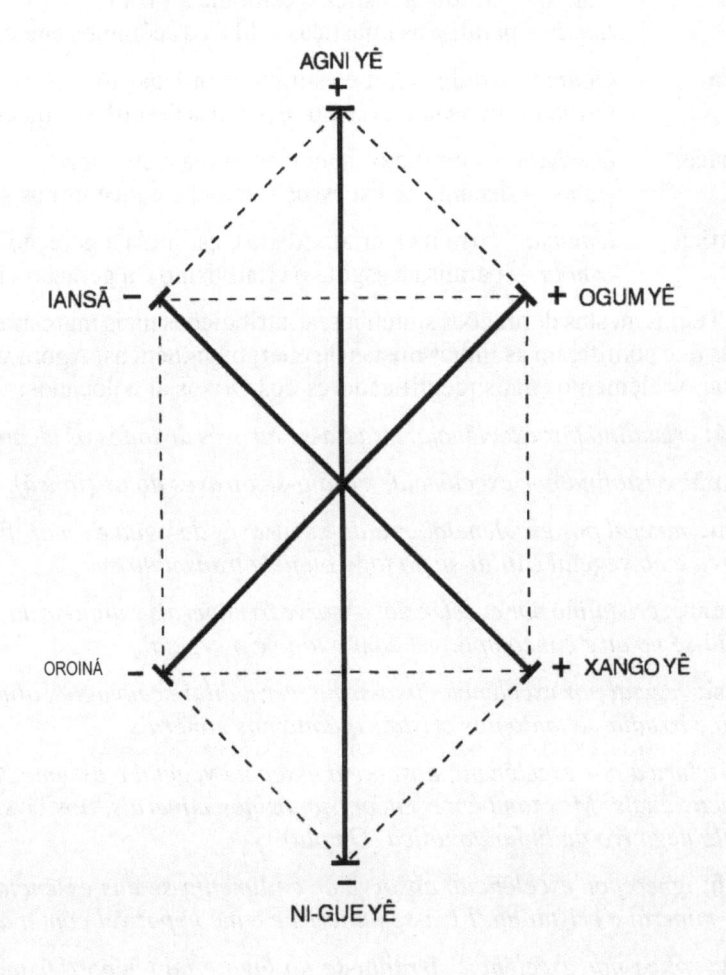

```
            AGNI YÊ
              +

IANSÃ −           + OGUM YÊ



OROINÁ −          + XANGO YÊ

              −
            NI-GUE YÊ
```

Assim entendido, expliquemos os Orixás que pontificam as linhas mistas ou Sete Linhas de Umbanda:

Cristalina *Oxalá* — irradia religiosidade e estimula a fé
Logunã — colhe os religiosamente "frágeis"

Mineral	*Oxum* — irradia o amor e estimula a concepção
	Oxumaré — paralisa a sexualidade e dilui vícios sexuais
Vegetal	*Oxóssi* — expande o conhecimento e estimula o raciocínio
	Obá — concentra as buscas e aquieta o raciocínio
Ígnea	Xangô — irradia a justiça e estimula a razão
	Iansã — paralisa as injustiças e dilui os acúmulos emocionais
Eólica	*Ogum* — irradia a Lei e estimula a ordenação
	Oroiná — consome excessos e paralisa desordens emocionais
Telúrica	*Obaluaiê* — irradia o saber e estimula a evolução
	Nanã — decanta os excessos (vícios) e concentra os seres
Aquática	*Iemanjá* — irradia a criatividade e estimula a geração
	Omolu — paralisa e esgota o criativismo e a geração viciada

Temos, nestas definições sintéticas, as atribuições mais marcantes dos Orixás que pontificam as linhas mistas ou energomagnéticas. Agora vamos apontar os elementos mais identificadores dos Orixás aí colocados:

Oxalá: *cristalino por excelência, irradia-se através de todos os elementos.*

Logunã: *cristalina por excelência, irradia-se através do ar (Iansã).*

Oxum: *mineral por excelência, irradia-se através da água e do ar, fixa-se na terra e no vegetal e dilui-se no fogo ou nele transmuta-se.*

Oxumaré: *cristalino por excelência, absorve os minerais e dilui-se na água. Irradia-se no ar e é incompatível com o fogo e o vegetal.*

Oxóssi: *vegetal por excelência, fixa-se na terra, dilui-se na água, alimenta o fogo e irradia-se tanto nos cristais quanto nos minerais.*

Obá: *telúrica por excelência, absorve a essência vegetal e assume características duais. Mas também a encontramos nos minerais, nos cristais e no polo negativo da linha aquática (Omolu).*

Xangô: *ígneo por excelência, absorve ar e alimenta-se das essências vegetal, mineral e cristalina. Fixa-se na terra e é incompatível com a água.*

Iansã: *eólica por excelência, irradia-se no fogo e no tempo e fixa-se no cristal, no mineral e na terra. Dilui-se na água e absorve o vegetal.*

Ogum: *eólico por excelência, irradia-se no tempo e no fogo, fixa-se nos cristais, nos minerais e na terra. Dilui-se na água e absorve o vegetal.*

Oroiná: *ígnea por excelência, fixa-se na terra, no cristal e no mineral. Consome o vegetal, expande-se no ar e anula-se na água.*

Obaluaiê: *telúrico por excelência, irradia-se no tempo, no ar e no mineral. Absorve a água, fixa-se no cristal e dilui-se no fogo e no vegetal.*

Nanã: *aquática por excelência, fixa-se na terra, no mineral e no cristal. Absorve vegetal e é incompatível com o fogo e o ar.*

Iemanjá: *aquática por excelência, fixa-se no cristal e dilui-se na terra. Absorve vegetal e mineral. Irradia-se no ar e é incompatível com o fogo.*

Omolu: *telúrico por excelência, fixa-se no cristal e irradia-se na água, no ar e no fogo. Absorve vegetais e minerais. Não é incompatível com nenhum elemento e o temos como o Guardião do Tempo, que é regido por Logunã.*

Reflitam profundamente nestas qualidades dos Orixás e entenderão um pouco mais o real significado das lendas africanas acerca deles, os sagrados regentes do Ritual de Umbanda Sagrada. Nas lendas sempre encontramos elementos que indicam algumas qualidades, atributos e atribuições dos Orixás.

Nas qualidades, temos os mistérios que manifestam.

Nos atributos, temos seus campos de regência natural.

Nas atribuições, temos os domínios onde atuam.

Devemos observar que as lendas, assim como os mitos, são descrições alegóricas fixadoras do campo abrangido pelas divindades naturais que foram "humanizadas", mas que conservam ligações com as linhas de forças que regem pelo alto (polo positivo) e pelo embaixo (polo negativo). Temos entre os Orixás uns que são senhores de mistérios e outros que são guardiões dos mistérios.

Enfim, temos Orixás que irradiam mistérios e outros que os aplicam na vida dos seres. Este polo não vamos comentar, pois é muito discutível onde um está irradiando e outro aplicando. Mas o fato é que, às vezes, em um nível de interpretação, encontramos Ogum irradiando essências ordenadoras, em outro o encontramos como aplicador da Lei. O mesmo ocorre com todos os outros Orixás, os quais tanto são mistérios em si mesmo quanto guardiões dos mistérios de outros Orixás.

Discutir divindades naturais, a partir de nossas visões humanas das coisas divinas, é puro exercício mental. Por isso, preferimos abordá-las a partir de suas qualidades, atributos e atribuições, que as individualizam, como também demonstram que se completam, pois outra não é a atuação delas em nossas vidas. Umas atuam em um sentido e outras de maneira diversa, porém não nos deixando em momento algum "entregues" a nós mesmos.

Vamos listar uma série de definições e explicações de termos usados na terminologia umbandista:

Olorum — o Divino Criador.
Orixás — senhores do Alto e regentes planetários.
Orixás Ancestrais — regentes dos seres.
Orixás Essenciais — regentes dos sentidos.
Orixás Naturais — regentes de dimensões.
Orixás Diferenciados — naturezas masculina e feminina.
Orixás Intermediários — *regentes* de níveis energomagnéticos (faixas vibratórias).
Orixás Encantados — regentes de reinos naturais onde estágios específicos da evolução se processam.
Orixás Elementais — regentes de dimensões originais ou puras, onde só um elemento predomina.
Orixás Universais — regentes dos polos positivos das linhas de forças.
Orixás Cósmicos — regentes dos polos negativos das linhas de forças.
Orixás Positivos — regentes do alto.
Orixás Negativos — regentes do embaixo.
Seres naturais — seres cuja evolução se processa em paralelo com o estágio humano da evolução.
Seres elementais — seres que vivem nas dimensões unielementais ou puras.
Seres encantados — seres que vivem nos reinos regidos pelos Orixás encantados e que vibram em uma só frequência, com os mesmos sentimentos vibrados pelos Orixás ancestrais.
Seres humanos — seres que alcançaram os graus de "espíritos" e foram conduzidos à dimensão humana da vida; que adentraram no ciclo reencarnacionista e deram início ao "estágio humano" da evolução, no qual racionalizarão a consciência e conscientizarão o racional.
Criaturas das natureza — criaturas que habitam as muitas dimensões e nelas evoluem em paralelo com todos os outros seres, mas que têm meios próprios e um objetivo final diferente do humano. São regidos pelos querubins, pelos devas, pelos gênios, etc.
Exu Encantado — ser encantado "cósmico" em seu 3º estágio da evolução.
Exu Natural — ser natural cósmico em seu 4º estágio da evolução.
Pombagira Encantada — ser encantada cósmica em seu 3º estágio da evolução.
Pombagira Natural — ser natural cósmica em seu 4º estágio da evolução.

Caboclos — espíritos humanos reintegrados às hierarquias naturais; "Caboclo" é um grau.

Pretos-Velhos — espíritos humanos que se consagraram aos Orixás naturais; "Preto-Velho" é um grau.

Crianças, Erês ou Ibejis — seres encantados que ora atuam nos templos de Candomblé e Umbanda, ora amparam espíritos humanos afins. Atuam plasmados de espíritos infantis.

Linhas de forças — linhas puras, mistas, diretas ou indiretas.

Linhas de ações e reações — linhas formadas por espíritos humanos integrados às hierarquias de trabalhos da Umbanda. Adotam nomes simbolizadores dos Orixás que as regem. Ex.: Caboclos Pena Branca, Sete Pedreiras, etc.; Exu Gira-Mundo, Sete Portas, etc.; Pai João do Cruzeiro, João do Congo, etc.; Pombagira Sete Encruzilhadas, Sete Praias, etc.

Linhas cruzadas — linhas de ação e reação que se fundamentaram em fundamentos religiosos não apenas dos Orixás "africanos". São as linhas de trabalhos da Umbanda, em sua maioria (Linha Hindu, Linha do Orfente, etc.).

Linhas puras — baseadas unicamente nos fundamentos dos Orixás africanos. São as linhas do Candomblé, em sua maioria.

Linhas energéticas — linhas com dupla corrente, em que uma irradia de cima para baixo e outra em sentido contrário, encontrando-se no meio.

Linhas magnéticas — linhas com dupla polaridade.

Linhas energomagnéticas — linhas cujas energias opostas atuam como polos complementares nos processos magísticos, religiosos, evolucionistas, equilibradores, ordenadores, etc. Uma atua no mental racional e outra atua no mental consciencial, ora estimulando os seres, ora paralisando-os para que se reequilibrem e retomem a evolução natural.

Sete linhas essenciais de Umbanda — linhas essenciais (indiferenciadas):

Linha Cristalina

Linha Mineral

Linha Vegetal

Linha Ígnea

Linha Eólica

Linha Telúrica

Linha Aquática

Sete Linhas de Umbanda — diferenciadas, pois possuem dois polos, ou dupla polaridade, uma irradiante e outra atrativa. São as linhas energomagnéticas:

Linha Cristalina — Fé

Linha Mineral — Amor

Linha Vegetal — Conhecimento

Linha Ígnea — Justiça
Linha Eólica — Lei
Linha Telúrica — Evolução
Linha Aquática — Geração

Posteriormente, apresentaremos os Orixás já polarizados que pontificam Sete Linhas de Umbanda (energomagnéticas) mistas:

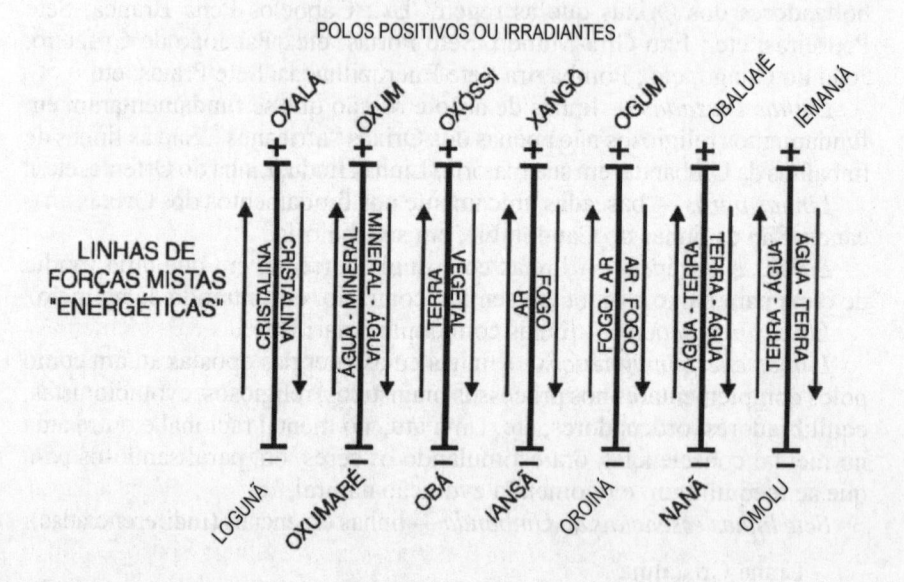

POLOS POSITIVOS OU IRRADIANTES

| LINHAS DE FORÇAS MISTAS "ENERGÉTICAS" | OXALÁ (+) CRISTALINA / CRISTALINA (−) LOGUNÁ | OXUM (+) ÁGUA-MINERAL / MINERAL-ÁGUA (−) OXUMARÉ | OXÓSSI (+) TERRA / VEGETAL (−) OBÁ | XANGÔ (+) FOGO / AR (−) IANSÃ | OGUM (+) FOGO-AR / AR-FOGO (−) OROINÁ | OBALUAIÊ (+) ÁGUA-TERRA / TERRA-ÁGUA (−) NANÃ | IEMANJÁ (+) ÁGUA / TERRA-ÁGUA (−) OMOLU |

Polos Negativos ou Absorventes (Atratores)

Nas Sete Linhas de Umbanda fomos assentando Orixás naturais afins com seus polos magnéticos, suas essências originais, seus elementos formadores e suas naturezas (positivas ou negativas, universais ou cósmicas).

Pontos de forças — locais onde, devido aos magnetismos e energias condensadas, os Orixás são cultuados na natureza (mar, cachoeiras, pedreiras, matas, etc.)

Níveis energomagnéticos ou vibratórios — níveis regidos pelos Orixás Regentes de faixas vibratórias.

Pontos de forças planetários — locais onde existem vórtices gigantescos que alimentam as muitas dimensões da vida no todo planetário. Se positivos, giram em sentido horário; se negativos, giram em sentido anti-horário. Nesses giros planetários estão os fundamentos das magias que movimentam energias positivas ou negativas. Também estão os fundamentos da Umbanda, que gira para a "direita", e da Quimbanda, que gira para a "esquerda".

Poderíamos continuar listando termos comuns à terminologia umbandista, mas cremos que estes já sejam suficientes para nosso objetivo nestes comentários a respeito das Sete Linhas de Umbanda.

Mais uma vez, alertamos para o fato de optarmos por estes nomes de Orixás: são os mais afins com as essências condensadas nas linhas de forças. Mas, não significa que só Oxóssi é vegetal, pois outros Orixás, cuja essência fundamental é a vegetal, também são "Orixás Vegetais".

Atentem sempre para este alerta, pois assim que as linhas de forças assumem diferenciações (nomes, naturezas, polaridades, etc.), o campo especulativo torna-se tão amplo e tão ocupado por divindades afins que temos de optar por alguma delas se quisermos uma ordenação racional.

Então, sabedores disso, entendam que se optamos por Oxóssi, outros podem optar por Ossain. Só que Oxóssi é um "Orixá" guardião de essência vegetal, e Ossain é o senhor da seiva vegetal.

Outra observação: nós recorremos ao termo "ar" para qualificarmos tanto a essência quanto o elemento eólico, mas saibam que o fazemos só por faltar no meio material termos afins com as essências e os elementos. Se pudéssemos comparar essências com elementos, certamente diríamos isto: "A essência é um átomo e o elemento é uma substância". Portanto, atentem para isto também.

Muitos classificam Oxóssi como "eólico", pois é por intermédio dele que as essências vegetais se manifestam. Já os axés (fluídos condensados ou elementos irradiáveis), podem manifestar-se tanto via ar quanto água, etc.

Se chamamos a atenção para estes pequenos detalhes, é porque a dificuldade é total quando surge o assunto "classificação" dos Orixás. Contudo, entendam que isto só acontece porque existem as diferenças entre Orixá Essencial, Elemental, Encantado, Intermediário, Natural, Energético, etc. Alguém pode até indagar: "Mas não são todos a mesma coisa?"

Não são, não! — respondemos nós.

Cada categoria aí descrita forma uma classe de Tronos Regentes e atua nos diferentes estágios da evolução, e em diferentes níveis vibratórios, magnéticos, etc. Orixá é um termo "humano" que classifica as divindades supra-humanas. Outros povos usavam o termo "deuses" com a mesma função. Portanto, atenham-se a isto:

Orixás = Senhores do Alto... do Altíssimo

E não se esqueçam que nas literaturas religiosas os termos gênios, devas, querubins, etc., abundam em todas as culturas e línguas. Portanto, não seria diferente na religião em que os "Orixás" são os Senhores do Alto do Altíssimo (Olorum).

Se estamos sendo didáticos ao extremo, é porque, comumente pela falta de didatismo, juntam todos os senhores do alto como Orixás e os senhores do embaixo como "Exus". Mas a verdade é outra e, ou classificamos as divindades ou caímos no lugar comum que tem sido a tônica, há muito, nos escritos umbandistas.

Como explicar corretamente Exu sem antes dar uma ideia precisa de como as evoluções acontecem e de como são os mistérios regidos por "Orixá"? "Exu" não é um fim em si mesmo, mas tão somente um dos meios da evolução como um todo.

Seres "encantados" da natureza não são um fim em si mesmos, mas apenas um dos meios da evolução. Seres "naturais" não são um fim em si mesmos, mas tão somente um dos meios da evolução. Espíritos "humanos" não são um fim em si mesmos, mas apenas um dos meios da evolução. Por "meios" entendam isto: estágios da evolução!

"Exu" está no mesmo nível vibratório, mas em polos magnéticos opostos aos dos encantados da natureza, os seres que se manifestam instintivamente. Vamos diferenciar seres encantados de naturais:

- Encantados são seres que, inconscientemente, manifestam as qualidades "essenciais" dos Orixás Regentes.

- Naturais são seres que, conscientemente, manifestam as qualidades "elementais" dos Orixás Regentes.

Observem atentamente o que acabamos de revelar-lhes, pois aí reside, também, a controvérsia a respeito de "Exu".

— no Candomblé, Exu é interpretado como uma divindade mensageira dos Orixás.

— na Umbanda, "Exu" é o nome dado aos espíritos que se manifestam a partir das linhas de trabalho de esquerda.

Exu, a divindade, é um Orixá que gera um fator que tanto vitaliza quanto desvitaliza os seres, os seus sentidos e os processos mágicos.

SEXTO CAPÍTULO

Os Orixás — II

Comecemos por colocar um pouco de ordem acerca dos Orixás.

No passado já adormecido da humanidade, houve uma Era Cristalina na qual, em determinados pontos de forças da natureza, as divindades eram visíveis aos espíritos humanos que viviam no plano material.

As divindades, todas elas, só nos são visíveis na faixa celestial e, a partir dela, irradiam para todas as outras dimensões da Vida, as quais são habitadas por bilhões incontáveis de seres, tanto elementares, quanto naturais. Entre estas dimensões está a dimensão humana. Em outros livros de nossa autoria, já abordamos como isto se processa, mas vamos mais uma vez comentar esta faixa celestial.

Todos sabem que existem faixas vibratórias positivas e negativas, as quais operam da seguinte forma:

- *as positivas* são as esferas da Luz onde, nos planos especiais nelas existentes, são recolhidos pela Lei Maior os espíritos equilibrados e virtuosos;

- *as negativas* são as esferas das Trevas onde, nos planos especiais nelas existentes, são recolhidos pela Lei Maior os espíritos desequilibrados e viciados.

Aí temos o "Céu e o Inferno" das religiões. Mas existe a faixa celestial, que é diferente de ambas, pois é regida por "Tronos Celestiais". Nós, na Umbanda Sagrada, denominamos estes Tronos de *Senhores Orixás, Regentes da Natureza* ou "Orixás". "Tronos" são uma "classe" de seres divinos, não iguais, mas semelhantes aos arcanjos, serafins e querubins. Anjos e potestades já pertencem a outra categoria de seres divinos.

O fato é que os Tronos são as divindades responsáveis pela evolução das espécies que aqui, neste todo planetário, evoluem.

Vamos descrever o "Todo Planetário" rapidamente, pois já o fizemos em detalhe em outros livros de nossa autoria:

1º — Temos sete dimensões planetárias básicas ou essenciais, onde vivem seres ainda em estado "original". São elas:

Dimensão Cristalina

Dimensão Mineral

Dimensão Vegetal

Dimensão Ígnea

Dimensão Aérea

Dimensão Terrena

Dimensão Aquática

Todas são puras, energeticamente falando, pois são formadas por uma só essência ou elemento, e nelas vivem os seres ainda originais, que, isolados do resto da "vida" no todo planetário, vão formando seus corpos elementais básicos.

2º — Temos as dimensões duais ou de dupla formação energética, onde duas essências afins se combinam para formar dimensões onde os seres originais, já com seus corpos elementais formados, irão vivenciar seus estágios duais da evolução, quando desenvolverão seus corpos emocionais.

3º — Temos as dimensões trienergéticas, formadas a partir da combinação de três essências. Nelas, os seres duais deixarão de ser guiados pelo emocional (instinto) e darão início ao despertar dos sentidos. Estes sentidos não são o tato, o olfato, o paladar, etc., mas os sentidos direcionadores dos seres: uns se identificarão com o sentido da Fé, outros com o do Amor, etc. "Sentidos", aqui, assumem o caráter de "afinidades".

Portanto, temos sete sentidos ou afinidades básicas, que são:

Fé (Religiosidade)

Amor (Concepção)

Conhecimento (Raciocínio)

Justiça (Razão)

Lei (Equilíbrio)

Evolução (Saber)

Geração (Criação)

São sete sentidos básicos, que, por afinidades, vão direcionando os seres em seus estágios da evolução que denominamos de trienergéticos, pois neles os seres desenvolvem a "percepção" das coisas e deixam de se guiar pelo instinto, ou pelo emocional.

Quando o ser evoluiu em um dos sete sentidos, então é atraído naturalmente pelos Senhores Tronos Regentes da Evolução (Orixás) para dimensões onde o amálgama de quatro essências formam o estágio quadrienergético da evolução, ou dimensões onde os seres irão dar início ao despertar da consciência.

4º — Temos as dimensões quadrienergéticas, pois são formadas por quatro elementos essenciais. Nelas, os seres darão início a um estágio da evolução no qual terão suas consciências despertadas.

O ser, já possuidor de um corpo energético bem definido e dotado da percepção e da sensitividade (sentidos), será guiado pelos senhores Orixás que, por meio de vibrações mentais e energomagnéticas, sustentá-los-ão, guiá-los-ão e os direcionarão segundo as afinidades de cada um com uma das sete essências básicas, em um, vários, ou até em todos os sete sentidos básicos da vida.

Alguns seres se identificarão com a religiosidade, outros com a concepção, outros com as ciências, outros com a razão (justiça), outros com a lei (ordenação), outros com o saber (evolução) e outros com a geração (criacionismo, de forma geral). A partir daí, temos:

Essência	**Sentido**	**Consciência**
Cristalina	Fé	Religiosa
Mineral	Amor	Conceptiva
Vegetal	Conhecimento	Analítica/especulativa
Ígnea	Justiça	Racional
Eólica	Lei	Ordenadora
Telúrica	Saber	Meditativa
Aquática	Geração	Geracionista

Estas são as Sete Linhas de Umbanda Sagrada, que muitos umbandistas ainda desconhecem, já que este conhecimento é novo no plano material. Outras classificações das Sete Linhas de Umbanda Sagrada são ordenações feitas de baixo para cima e a partir dos mitos e lendas africanas que, se serviram para uma ordenação que separou a Umbanda do Candomblé, já cumpriram sua missão e têm de ceder o lugar a um ordenamento correto, pois é científico, e necessário, pois é religioso e fundamental.

Continuemos explicando a evolução.

O fato é que, no quarto estágio da evolução, no qual os seres entram em contato com quatro elementos essenciais amalgamados, ocorre o despertar da consciência. Nesta etapa, temos a dimensão humana onde, em relativo equilíbrio, convivem no lado material seres oriundos de todas as dimensões trienergéticas. Nós, hoje espíritos humanos, viemos delas, pois todos somos sustentados por alguma das sete essências.

Por isso, ao jogar os búzios, os verdadeiros "mãos de Ifá" dizem: "Você é filho de tal Orixá". Todos temos em nós mesmos uma essência original que nos sustenta, bem como a ela continuamos ligados por um sutil cordão energético que denominamos de "o cordão da vida". Este cordão nos liga a um Orixá Ancestral e Essencial, que por sua vez nos liga a Olorum.

Quanto aos Orixás Naturais, estes entram em nossas vidas ou encarnações como sustentadores dos nossos sentidos, os quais nos guiarão no despertar da nossa consciência. Assim, se em uma encarnação o Orixá de Frente (positivo) foi Xangô, em outra poderá ser Ogum, e em outra Iemanjá, etc. O Orixá de Frente em uma encarnação visa a amparar o ser no despertar de uma consciência afim com suas necessidades ou deficiências conscienciais.

Ao fim de uma encarnação, teremos um ser com uma consciência:

Religiosa (Oxalá)

Conceptiva (Oxum)

Analítica/Especulativa (Oxóssi)

Racionalista (Xangô)

Ordenadora (Ogum)

Meditativa (Obaluaiê)

Criacionista (Iemanjá)

É certo que os Orixás são, aí, mais arquétipos do que verdadeiramente divindades. Mas como são os regentes destes níveis conscienciais, então as ligações naturais ocorrem por afinidades energomagnéticas.

Com isto, queremos deixar claro que uma linha de forças, do "alto até o embaixo", tem um polo positivo (alto) e outro negativo (embaixo), e que nela, em seus muitos níveis, estão assentados os Orixás com atribuições definidas pelo nível que ocupam dentro de uma linha de forças.

Se tomarmos a linha de forças onde Ogum Beira-Mar atua, veremos que é uma linha mista, pois é formada tanto pelo elemento terra quanto pelo elemento água, e que é uma linha bipolar, na qual em um de seus polos está assentado o Trono Celestial Ogum Beira-Mar. Porém, se esta mesma linha de forças mista tem níveis positivos (Ogum Beira-Mar), também tem seus níveis negativos, que são ocupados por Orixás que denominamos de Tronos Cósmicos, e são regidos por Omolu. Estes Tronos Cósmicos formam os polos de baixo das linhas de forças.

Temos as linhas puras ou verticais (as Sete Linhas originais de Umbanda) e temos as linhas mistas ou horizontais e inclinadas (as linhas auxiliares dos Sagrados Orixás Ancestrais).

Tomemos a linha pura da essência ígnea, onde temos no alto o polo positivo que irradia o fogo que aquece e, no polo negativo, o fogo que queima.

Temos também as outras seis linhas, onde o polo positivo atua como estimulador dos seres em suas evoluções positivas e nos polos negativos temos as atuações que paralisam as evoluções negativas (desequilibradas). Aí, em uma mesma linha, temos dois polos energéticos que, ora um, ora outro, estão atuando sobre os seres. Então, dependendo do nível evolutivo do ser, será um Orixá positivo ou um negativo que irá atuar sobre ele. Positivo ou negativo, neste caso, não significa Luz ou Trevas, mas tão somente polos energomagnéticos. Os positivos são irradiantes, expansivos e mobilizadores dos seres, e os negativos são polos atratores, concentradores e paralisadores dos seres em evolução.

As linhas de forças são graduadas, e esses graus são chamados de níveis vibratórios ou faixas evolutivas. E, para cada nível ou faixa, há todo um polo energomagnético sustentado por um mental divino, por um Orixá manifestador do regente de um nível ou faixa vibratória que tem toda uma hierarquia natural só sua e que é formada por espíritos ou seres naturais que, na Umbanda, respondem às suas evocações por seus nomes simbólicos, tais como: Ogum Sete Lanças, Xangô Sete Pedreiras, Oxum das Cachoeiras, etc.

Para facilitar a leitura, chamaremos esses Orixás Regentes de níveis ou faixas vibratórias apenas de Orixás Regentes ou manifestadores.

Observem que existe toda uma ciência ainda não revelada acerca das linhas de Umbanda Sagrada e aqui estamos apenas dando início à sua abertura.

Tornam-se necessárias estas colocações, a fim de que, pouco a pouco, o leitor possa ir formando todo um "organograma", para que, quando abordarmos os Orixás "positivos e negativos", então os situem em seus devidos lugares. Em cada nível está assentado um Orixá, de atuação limitada pelo nível da linha de forças que ocupa e rege. Muitos são os Orixás Regentes, já que existem sete níveis positivos e sete negativos em cada linha de forças pura; cada um desses Orixás Regentes de níveis vibratórios está assentado em um dos polos de uma linha mista, pois estas começam justamente com eles, manifestadores dos Sagrados Regentes Planetários.

As linhas mistas são bipolares, pois possuem polos irradiantes e polos não irradiantes. Mas não são formadas por uma só essência ou elemento. Assim, um Orixá regente movimenta muitos "tipos" de energia.

Atentem para isto, senão logo irão deduzir que Ogum Beira-Mar só movimenta terra ou água. Afinal, ele é um Orixá e movimenta todos os tipos de energias afins com seu nível vibratório.

412   *Código de Umbanda*

Com isto em mente, vamos dar em um pequeno gráfico um exemplo de nível:

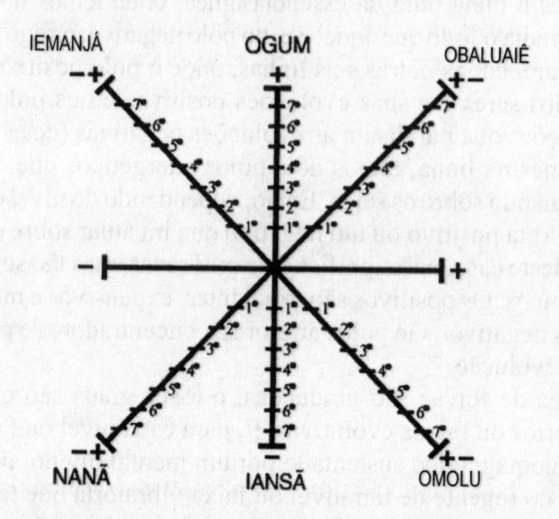

```
   IEMANJÁ         OGUM         OBALUAIÊ
      +-            +             +-
         7°         7°         7°
          6°        6°        6°
           5°       5°       5°
            4°      4°      4°
             3°     3°     3°
              2°    2°    2°
               1°   1°   1°
    -+——————————————————————————+
               1°   1°   1°
              2°    2°    2°
             3°     3°     3°
            4°      4°      4°
           5°       5°       5°
          6°        6°        6°
         7°         7°         7°
      -+            +            -+
    NANÃ           IANSÃ         OMOLU
```

Expliquemos as três linhas de forças que se entrecruzam formando um polo energomagnético completo (chave da teurgia):

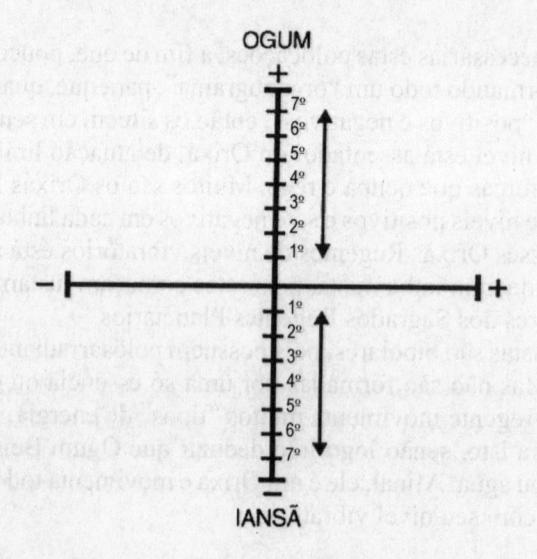

```
         OGUM
           +
          7°
          6°
          5°
          4°
          3°
          2°
          1°
    -+—————————+
          1°
          2°
          3°
          4°
          5°
          6°
          7°
           +
         IANSÃ
```

Esta linha de forças pura (no gráfico imediatamente anterior) é a quinta linha elemental pura de Umbanda (linha do elemento "ar"), na qual, no polo positivo, está o Orixá Ogum e, no polo negativo, está Iansã. Ambos são de "natureza" móvel (eólica), são guardiões celestiais e possuem os seus manifestadores assentados nos níveis desta linha de forças pura. A linha horizontal divide o campo de influência magnética dos dois polos.

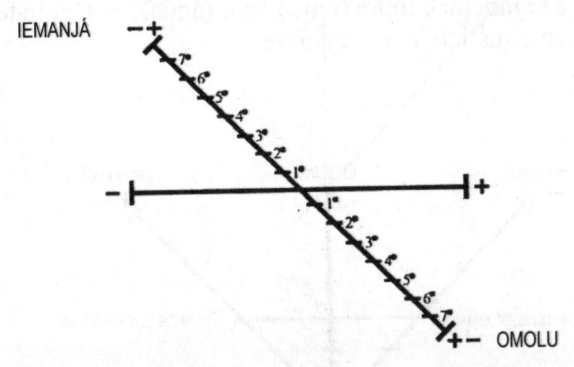

Esta linha é a sétima linha energomagnética do ritual de Umbanda e cruza a linha pura eólica, regida por Ogum e Iansã. No polo do alto (positivo) está assentada Iemanjá e, no polo do embaixo (negativo), está assentado Omolu. Cada um deles possui seus intermediários assentados nos níveis desta linha energomagnética.

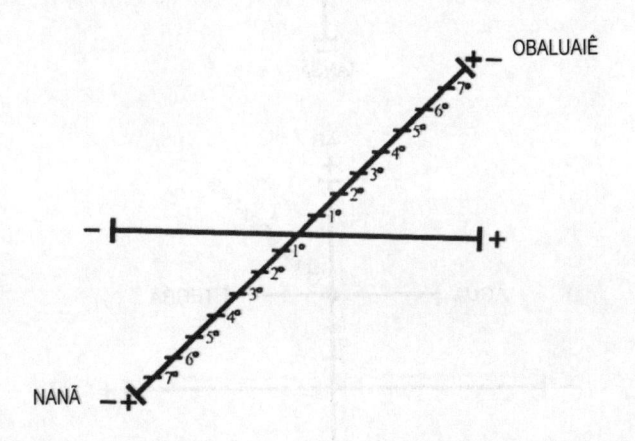

No gráfico anterior, vemos a sexta linha energomagnética do ritual de Umbanda cruzando a linha pura eólica regida por Ogum yê e Iansã.

No polo positivo está Obaluaiê e, no polo negativo, está Nanã. Cada um possui manifestadores assentados nos níveis desta linha energomagnética.

No desmembramento do gráfico vocês podem observar os níveis ocupados pelos Orixás Regentes deles:

Ogum Beira-Mar é o regente do 3º nível desta linha pura do ar regida no alto por Ogum yê (polo positivo) e no embaixo por Iansã (polo negativo). Ele é um Ogum e alcança em seu nível tanto a linha em cujo polo positivo está Obaluaiê (terra), como a linha em cujo polo está Iemanjá (água).

Então ele é Ogum (ar), Beira (terra), mar (água), ou Ogum terra-água, ou Ogum telúrico-aquático, como queiram.

Vejamos:

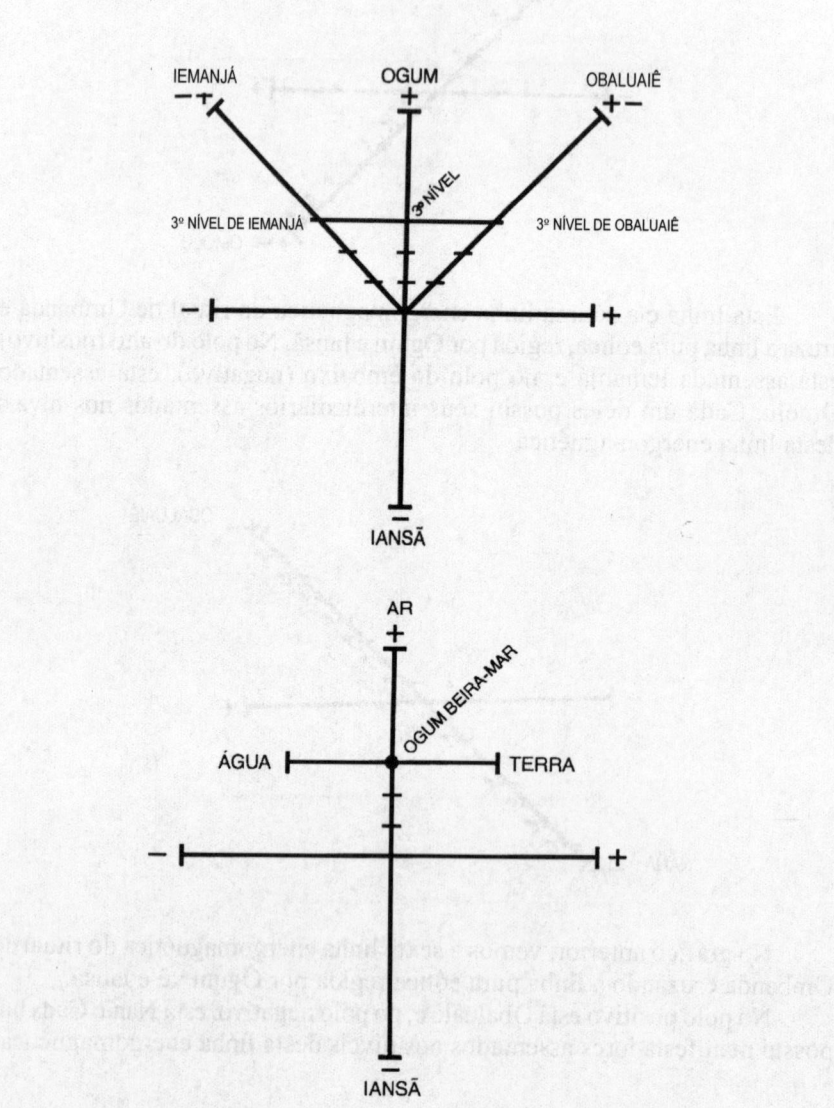

Os Orixás — II

Vejamos com quem Ogum Beira-Mar fecha uma linha energomagnética:

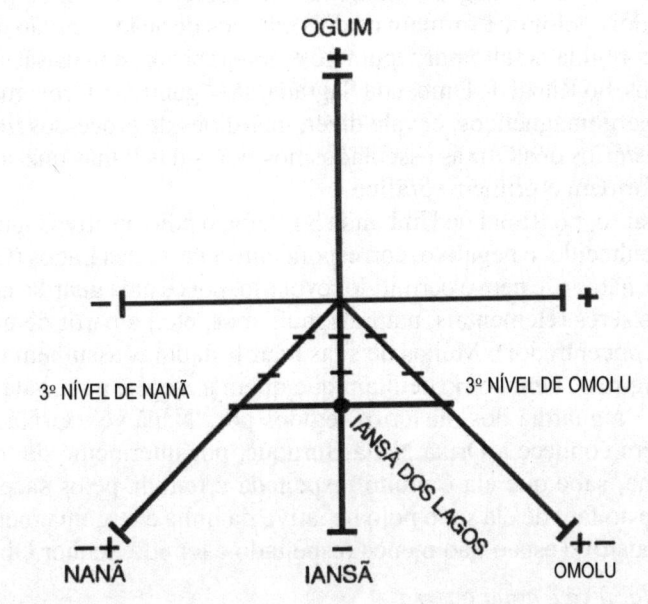

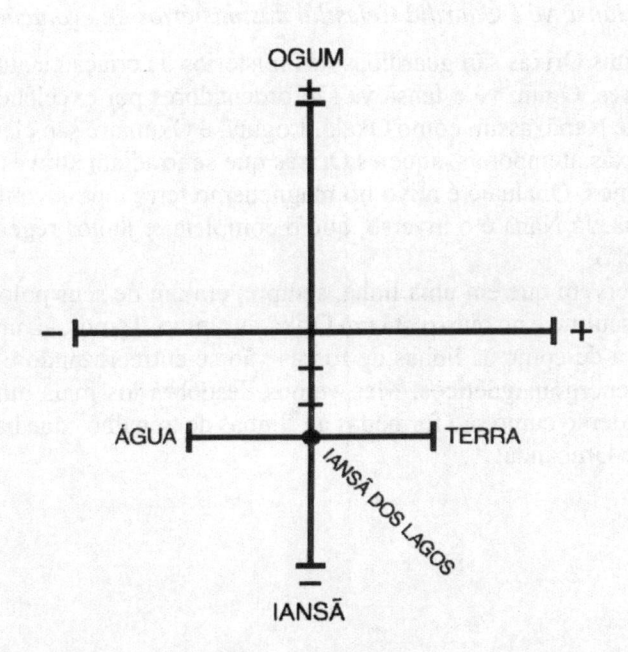

OGUM

3º NÍVEL DE NANÃ   3º NÍVEL DE OMOLU

NANÃ   IANSÃ   OMOLU

IANSÃ DOS LAGOS

OGUM

ÁGUA   TERRA

IANSÃ DOS LAGOS

IANSÃ

Expliquemos os gráficos: tanto Ogum Beira-Mar quanto Iansã dos "lagos", ou "Iansã terra-água" (nome não revelável), ocupam os terceiros níveis dos dois polos que formam os dois campos de ação e reação da linha pura eólica, regida no alto por Ogum yê e, no embaixo, por Iansã.

Ambos, no Ritual de Umbanda Sagrada, são "guerreiros", ou guardiões de polos energomagnéticos, e, vale dizer, guardiões de processos mágicos, que são mistérios dos Orixás assentados nos polos das linhas que se entrecruzam e formam o primeiro gráfico.

Enquanto, no Ritual de Umbanda Sagrada, o polo positivo Ogum Beira-Mar é conhecido, o negativo, correspondente a Iansã dos Lagos (Guardiã dos Lagos), não o é, e nem é permitido revelá-lo, pois é uma guardiã cósmica que rege os seres (elementais, naturais, humanos, etc.) a partir de um polo negativo (concentrador). Muitas de suas manifestadoras assumem o nome de "Pombagiras", bem como ocultam que quem as rege é a sagrada "Iansã dos Lagos", a guardiã dos mistérios regidos por "Nanã yê", Orixá "água-terra". Quem conhece a Orixá Nanã Buruquê, por intermédio da tradição oral africana, sabe que ela é muito respeitada e temida pelos sacerdotes. Isto se deve ao fato de ela ser o polo negativo da linha energomagnética em cujo polo positivo está o não menos respeitado e temido Senhor Obaluaiê.

> *Nanã yê é água e terra*
>
> *Obaluaiê yê é terra e água*
>
> *Ogum yê é Guardião Celestial dos mistérios da criação*
>
> *Iansã yê é Guardiã Celestial dos mistérios da evolução*

Alguns Orixás são guardiões dos mistérios da criação e atuam como ordenadores. Ogum yê e Iansã yê são ordenadores por excelência divina. Obaluaiê e Nanã, assim como Oxalá, Logunã e Oxumaré são classificados como Orixás atemporais, aqueles Orixás que se irradiam através de vários magnetismos. Obaluaiê é ativo no magnetismo terra e passivo no magnetismo água. Já Nanã é o inverso, que o completa, e juntos regem a Linha da Evolução.

Observem que em uma linha, sempre, em um de seus polos está um Orixá masculino e no outro está um Orixá feminino. Temos, aí, uma pequena amostra de como as linhas de forças vão se entrecruzando e fechando os polos energomagnéticos. Mas vamos desdobrá-los mais um pouco e compreenderão como são formadas as "linhas de trabalho" que baixam nos centros de Umbanda:

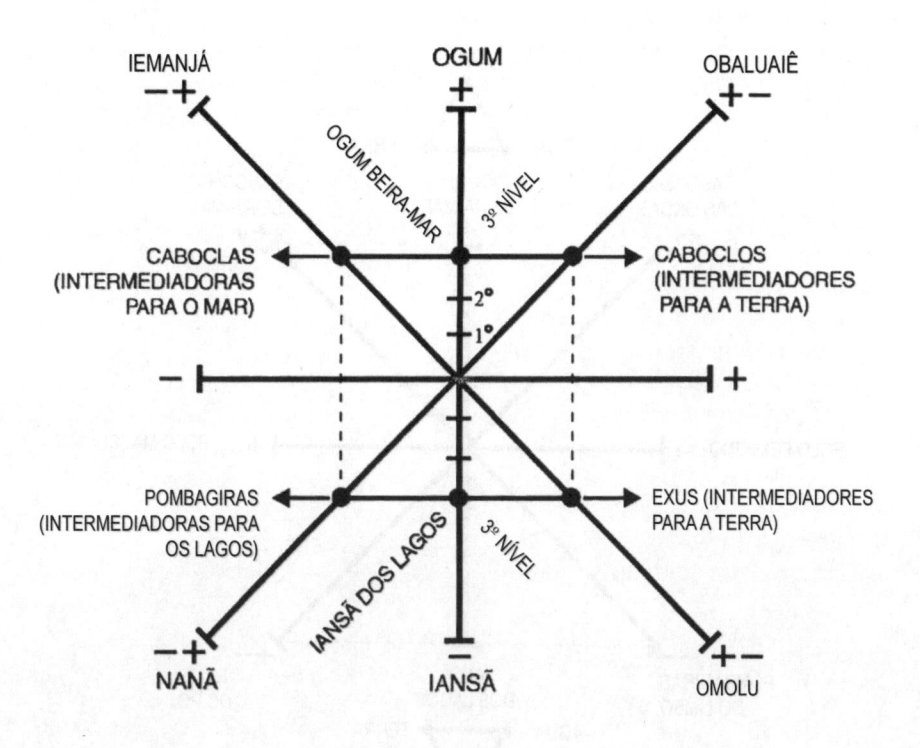

Os Orixás — II 417

Diagram 1:

- IEMANJÁ (−+)
- OGUM (+)
- OBALUAIÊ (+−)
- OGUM BEIRA-MAR
- 3º NÍVEL
- CABOCLAS (INTERMEDIADORAS PARA O MAR)
- 2º
- 1º
- CABOCLOS (INTERMEDIADORES PARA A TERRA)
- (−) ——— (+)
- POMBAGIRAS (INTERMEDIADORAS PARA OS LAGOS)
- IANSÃ DOS LAGOS
- 3º NÍVEL
- EXUS (INTERMEDIADORES PARA A TERRA)
- NANÃ (−+)
- IANSÃ (−)
- OMOLU (+−)

Diagram 2:

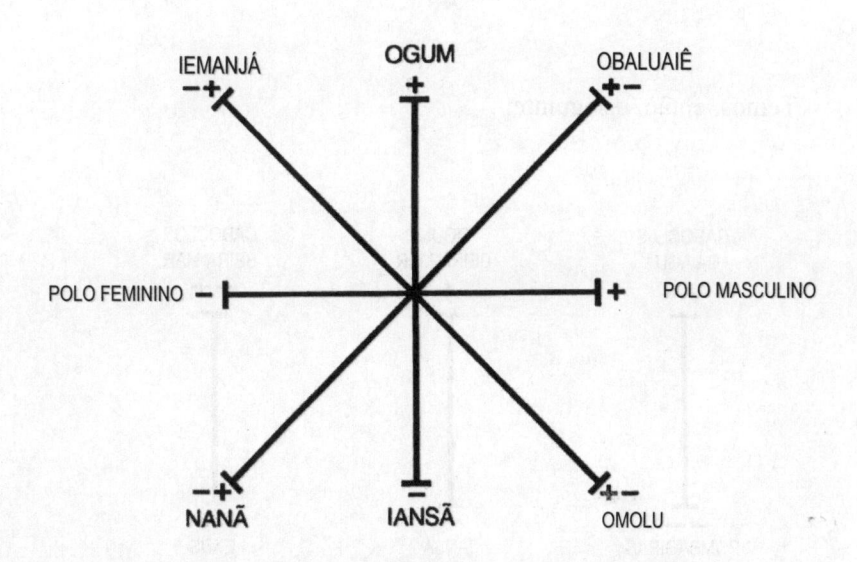

- IEMANJÁ (−+)
- OGUM (+)
- OBALUAIÊ (+−)
- POLO FEMININO (−) ——— (+) POLO MASCULINO
- NANÃ (−+)
- IANSÃ (−)
- OMOLU (+−)

418 *Código de Umbanda*

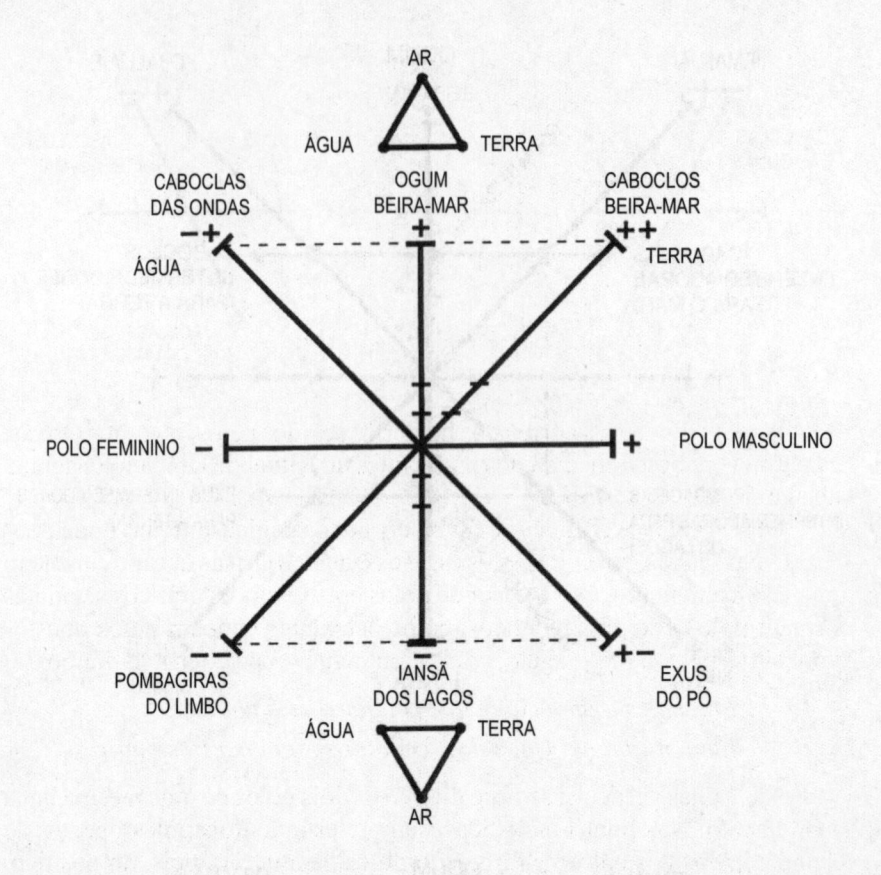

```
                    AR
                   △
           ÁGUA      TERRA
  CABOCLAS      OGUM        CABOCLOS
  DAS ONDAS   BEIRA-MAR     BEIRA-MAR
     -+           +            ++
   ÁGUA                       TERRA

POLO FEMININO  —|        |+  POLO MASCULINO


     --           =           +-
  POMBAGIRAS    IANSÃ        EXUS
  DO LIMBO    DOS LAGOS     DO PÓ
           ÁGUA      TERRA
                   ▽
                    AR
```

Temos, então, o seguinte:

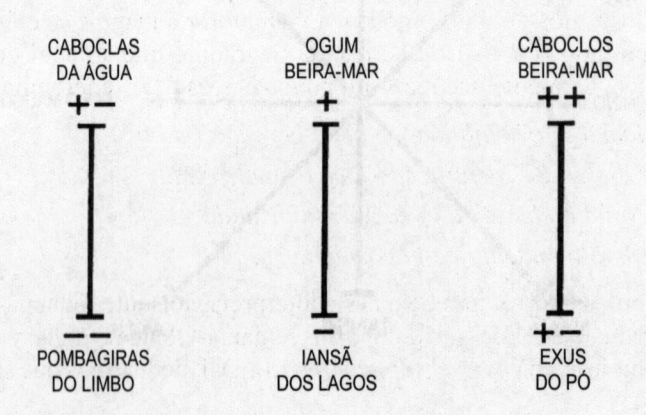

```
  CABOCLAS       OGUM         CABOCLOS
  DA ÁGUA      BEIRA-MAR      BEIRA-MAR
    +-             +              ++
    |              |              |
    |              |              |
    |              |              |
    --             —             +-
  POMBAGIRAS     IANSÃ          EXUS
  DO LIMBO    DOS LAGOS        DO PÓ
```

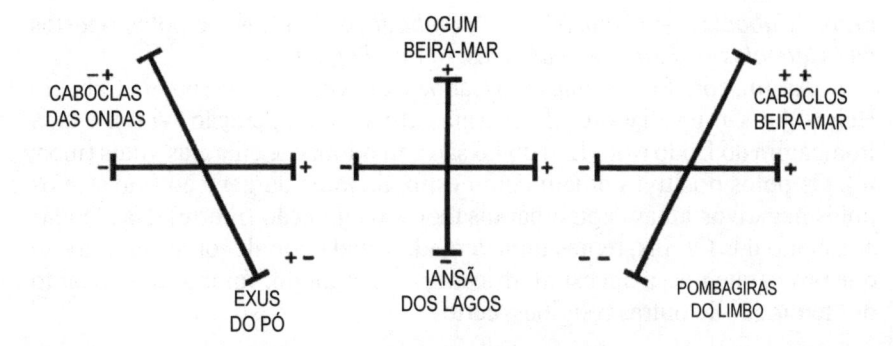

```
       -+                    OGUM                    ++
    CABOCLAS              BEIRA-MAR              CABOCLOS
    DAS ONDAS                 +                  BEIRA-MAR
    
    -|--------|+        -|--------|+        -|--------|+
    
           +-                                    --
          EXUS                 IANSÃ           POMBAGIRAS
          DO PÓ              DOS LAGOS          DO LIMBO
```

Isto é ciência pura acerca dos mistérios regidos pelos Sagrados Orixás, e a mesma era desconhecida dos praticantes do Ritual de Umbanda Sagrada até agora.

Observando os gráficos da figura do alto da página anterior, podem ser vistas linhas puras, em cujos polos estão assentados Orixás que movimentam um mesmo elemento, mas a partir de polos opostos. Já os gráficos seguintes formam polos energomagnéticos, cujos ocupantes ocupam polos opostos entre si (terra — água = água — terra, ou: água — pó e terra — limbo).

> Em um está uma cabocla e em outro está um Exu.
>
> Em um está um Caboclo e em outro está uma Pombagira.

Nas linhas verticais, sempre estarão os dois polos de uma mesma linha ou elemento. Nas linhas inclinadas, sempre estarão dois polos opostos de elementos opostos entre si, formando polos de atuação, pois, no positivo, Iemanjá atua através das caboclas das águas e, no negativo, atua através das Pombagiras do Lodo. Já Obaluaiê, no positivo, atua através dos Caboclos Beira-Mar e, no negativo, atua através dos seus Exus da terra (Exu do Pó).

A partir destas explicações, esperamos que os médiuns de Umbanda e os estudiosos dos Orixás comecem a vislumbrar a magnífica ciência que fundamenta todo o Ritual de Umbanda Sagrada e que só aqui começa a ser mostrada. Comentemos mais um pouco o nosso "X" energomagnético:

> *Iemanjá é identificada com a geração (vida)*
>
> *Obaluaiê é identificado com a saúde (vida)*
>
> *Nanã é identificada com a maturidade*
>
> *Omolu é identificado com a morte*

São polos opostos, também nesta interpretação, tanto Iemanjá-Omolu, quanto Obaluaiê-Nanã. E são polos afins Iemanjá-Obaluaiê *(água = terra — água)* e Omolu-Nanã *(terra = água — terra)*. Daí, deduzimos que são polos afins *"Caboclas — Caboclos"* e *"Pombagiras —* Exus", e polos opostos os *"Caboclos — Exus"* e *"caboclas — Pombagiras"*.

Assim, concluímos que uma Cabocla da Água (sereia) ou um Caboclo Beira-Mar são irradiadores de energias afins com a geração (vida), e uma Pombagira do Lodo e um Exu do Pó são anuladores de energias vitais (morte). Os polos positivos atuam como estimuladores da geração (vida), e os polos negativos atuam como paralisadores da geração (morte). Nas lendas a respeito dos Orixás, temos uma verdade velada por alegorias ou mitos, o que prova que nosso ancestral africano, ao seu modo, foi tão sábio quanto os "letrados" de outras religiões, certo?

SÉTIMO CAPÍTULO

As Linhas de Umbanda Sagrada

A Umbanda tem nas sete linhas seus fundamentos e só as conhecendo muito bem conseguimos entender a razão de tantos nomes simbólicos usados pelos "guias" espirituais. Temos então:
- estas sete linhas são irradiações planetárias dos Sagrados Orixás Regentes, que são essências indiferenciadas, pois não possuem denominação.
- cada uma dessas essências atua em um padrão vibratório e estimula os seres que vivem em todas as dimensões do planeta.

A Linha Cristalina estimula a Fé (Religiosidade)

A Linha Mineral estimula o Amor e a Concepção (Sexualidade)

A Linha Vegetal estimula o Raciocínio (Conhecimento)

A Linha Ígnea estimula a Razão (Juízo)

A Linha Eólica estimula a Ordem (Equilíbrio)

A Linha Telúrica estimula o Saber (Evolução)

A Linha Aquática estimula a Maternidade (Geração)

Até aí temos sete essências e sete sentidos que se amoldam às mais variadas concepções.

Dentro destas sete linhas podemos colocar todas as divindades já "humanizadas" no decorrer da história religiosa da humanidade.

E muitas são as divindades que foram humanizadas e sustentaram milhões de seres humanos durante suas evoluções!

Temos no panteão africano centenas de Orixás mais ou menos afins com estas sete linhas do Ritual de Umbanda Sagrada e, ou nos fixamos apenas em alguns mais afins, ou nos perdemos em um emaranhado de nomes oriundos de diferentes povos e que se referem às qualidades dos Orixás Regentes.

Cada povo (etnia) possuía seu panteão divino e este expandiu-se ou refluiu de acordo com o crescimento dos impérios e das culturas africanos.

Nós optamos por nomes mais afins com as linhas energéticas, com atribuições já fixadas no meio umbandista e de amplo conhecimento dos praticantes do Ritual de Umbanda Sagrada.

Optamos, então, por esta ordenação:

Linha	**Sentido**	**Orixá**	**Sentimento**
Cristalina	Fé	Oxalá	Religiosidade
Mineral	Amor	Oxum	Concepção
Vegetal	Raciocínio	Oxóssi	Conhecimento
Ígnea	Razão	Xangô	Justiça
Eólica	Equilíbrio	Ogum	Lei
Telúrica	Saber	Obaluaiê	Evolução
Aquática	Geração	Iemanjá	Maternidade

As linhas são afins com os Orixás e estes, com os sentidos e os sentimentos.

Mas, até aí, temos somente os polos positivos que estimulam os sentimentos, ativando, por irradiações, os sentidos nos seres.

Então, acrescentamos às linhas seus polos energomagnéticos negativos e temos isto:

Linha	**Positivo**	**Negativo**
Cristalina	Oxalá	Logunã
Mineral	Oxum	Oxumaré
Vegetal	Oxóssi	Obá
Ígnea	Xangô	Iansã
Eólica	Ogum	Oroiná
Telúrica	Obaluaiê	Nanã
Aquática	Iemanjá	Omolu

As Sete Linhas de Umbanda encontram-se, desta forma, completas.

Oxalá é a fé e o espaço.
Logunã é o tempo que concentra.
Oxum é o amor e a concepção.
Oxumaré é a energia que flui.
Oxóssi é o raciocínio que expande.
Obá é a consciência que fixa.
Xangô é a justiça ordenadora.
Iansã é a ordenação expandida.
Ogum é o equilíbrio na ordenação.

Oroiná é a execução que se realiza.
Obaluaiê é o saber que evolui.
Nanã é a razão que fixa.
Iemanjá é a geração contínua.
Omolu é a paralisação que aquieta.

Outras interpretações teríamos, mas estas já são suficientes para fixarmos os polos opostos nas sete linhas de força da Umbanda.

Vamos riscar sete linhas "energéticas" ou elementais e colocar nelas seus polos e seus sete níveis positivos e os sete negativos:

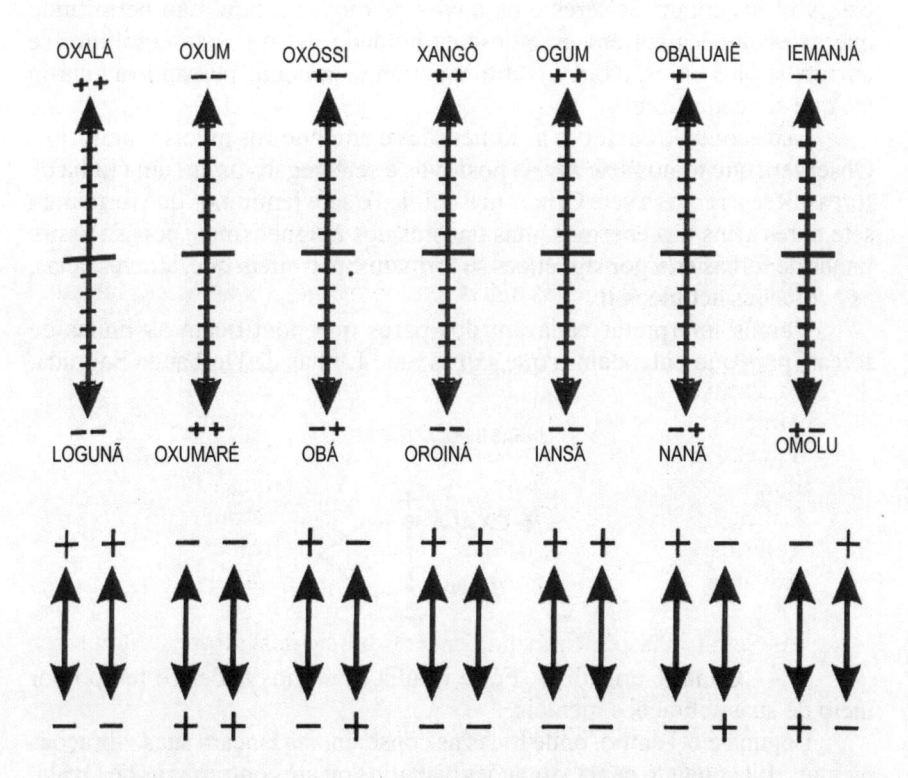

OXALÁ	OXUM	OXÓSSI	XANGÔ	OGUM	OBALUAIÊ	IEMANJÁ
++	--	+-	++	++	+-	-+
LOGUNÃ	OXUMARÉ	OBÁ	OROINÁ	IANSÃ	NANÃ	OMOLU
--	++	-+	--	--	-+	+-

| ++ | -- | +- | ++ | ++ | +- | -+ |
| -- | ++ | -+ | -- | -- | -+ | +- |

Nos primeiros sinais, temos Orixás masculinos (+) e Orixás femininos nos; segundos sinais, temos Orixás ativos (-) e passivos (+).

Assim temos: *Oxalá (+ +)*
Oxum (- -)
Obá (- +)
Xangô (+ +)
Ogum (+ +)

Nanã (- +)
Iemanjá (- +)
Oxumaré (+ +)
Oxóssi (+ -)
Oroiná (- -)
Iansã (- -)
Obaluaiê (+ -)
Omolu (+ -)

Nesta classificação distinguimos os Orixás em duas categorias: os passivos sustentam os seres e os ativos os movimentam, não permitindo que as evoluções sofram uma descontinuidade. Se o ser desequilibrar-se em um de seus polos, o outro o atrairá automaticamente, passando a guiá-lo até que se reequilibre.

Isso acontece em todas as dimensões e em todos os níveis vibratórios. Observem que temos sete níveis positivos e sete negativos em uma linha de forças. Recorremos a sete Orixás masculinos e sete femininos que formaram sete pares afins nas energias, mas opostos nos magnetismos, pois só assim linhas de forças energomagnéticas se formam e permitem que, através delas, as evoluções aconteçam.

Vamos interpretar cada um dos pares que pontificam as linhas de forças, para que entendam o que são as Sete Linhas de Umbanda Sagrada:

LINHAS BIPOLARIZADAS:

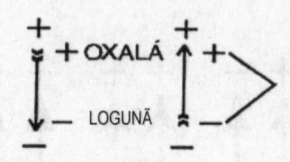

1º — Oxalá é cristalino (Fé) e irradia a religiosidade e o tempo por meio de suas vibrações mentais.

Logunã é o Tempo, onde todas as consciências lançam suas vibrações mentais. Ela, quando capta vibrações não afins ou até contrárias às de Oxalá, atrai magneticamente os seres não afinizados e vai envolvendo-os de tal forma que chega um momento que só resta ao ser voltar-se para o alto (Oxalá).

Ele irradia religiosidade; ela pune quem atenta contra os princípios religiosos. Ele atrai os seres movidos pelas coisas religiosas ou pelo sentido da fé; ela atrai os que atentam contra os princípios da fé ou deles se afastam.

Oxalá é a fé e Logunã é o tempo em que tudo acontece.

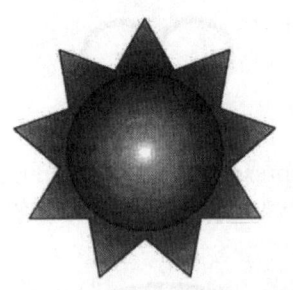

Simbolicamente, representamos Oxalá como um sol que irradia em todas as direções o tempo todo e em todos os níveis vibratórios.

Simbolicamente, representamos Logunã como a espiral de sete voltas. Ela recolhe os seres desgarrados nos sete níveis cósmicos, nas sete essências e nas sete vibrações negativas.

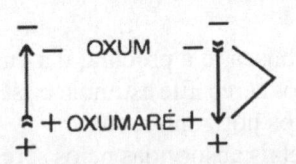

2º — Oxum é mineral e irradia o amor, unindo os casais (pares), estimulando-os no sentido de se apoiarem, ampararem-se e crescerem conscientemente.

Oxumaré, quando as uniões estão desequilibradas, rompe-as e dilui o amor (irradiações minerais) no espaço e no tempo (Oxalá-Logunã). Com isto feito, as energias diluídas formam o "arco-íris".

Oxum irradia energias minerais que criam todo um campo energético em que as vibrações afins são identificadas pelos pares afins, que se unem: crescem (evoluem) no amor.

Oxumaré retira dos seres as energias condensadas e vai diluindo-as até que eles se sintam "vazios" no amor e comecem a procurar um novo par, para voltarem a se sentir plenos nesse sentido.

Simbolicamente, representamos Oxum com um coração, pois o amor acelera o batimento cardíaco e sua perda cria a sensação de um vazio no peito.

Simbolicamente, representamos Oxumaré com o arco-íris, pois suas sete cores simbolizam as sete cores dos sete sentidos da vida, que são: o Amor, a Fé, o Conhecimento, a Razão, a Lei, o Saber, a Geração. Muitas são as formas do amor, e amamos em muitos sentidos. Mas o arco-íris tem outra interpretação e pode simbolizar as energias que vibramos por meio dos sentimentos. Esta é só mais uma interpretação.

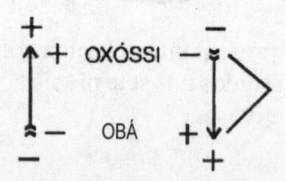

3º — Oxóssi é a busca, é a procura, é a curiosidade, é o movimento contínuo na evolução dos seres. Ele estimula os seres na apreensão de novos conhecimentos, de novos horizontes, etc.

As essências vegetais absorvidas pelos seres os sutilizam e os tornam propensos a esta busca contínua do novo e do diferente.

Obá é o encontro, a realização e a fixação. Portanto, quando um ser se cansa de buscar e esgota-se, começa a se retrair e a se imobilizar, fixando-se na terra (Obá), onde decantará e esgotará todas as vibrações que o moviam.

Simbolicamente, representamos Oxóssi com as sete setas, as sete buscas contínuas do ser. Oxóssi expande, irradia e impele os seres.

Simbolicamente, representamos Obá com a folha vegetal, onde a fotossíntese acontece. Obá concentra, transforma, energiza, vitaliza e assenta os seres.

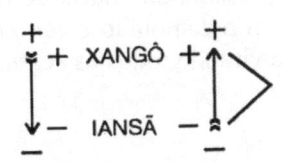

4º — Xangô é o fogo e irradia o calor que coloca os elementos (seres) em movimento. Xangô é o calor que aquece os fluídos e permite que os processos genéticos se desdobrem e a "vida" aconteça de forma justa (equilibrada); mas ele é também o "fogo" (chama) da justiça que anima os seres e faz cada um respeitar os limites alheios.

Iansã é a própria tempestade, que colhe todos aqueles que se afastaram dos abrigos da Lei e se desviaram dos caminhos retos, perdendo-se no tempo (Logunã) e no espaço (Oxalá). Quem se afasta dos procedimentos ordenados está se lançando no meio de um ciclone e será arrastado pelos ventos fortes de Iansã, que os levará para longe de onde estão. Virará suas cabeças (desejos) e os recolherá em um lugar irrespirável, para que ali esgotem seus "emocionais".

Ela é o vento que balança as folhas, provoca o choque das nuvens carregadas, causa os aguaceiros e as tormentas que arrastam tudo à sua frente. Após sua passagem agitada, vem a calmaria que proporciona a reconstrução ordenada de suas vidas.

Iansã também é senhora dos "eguns", pois ela os "arrasta" e os redireciona na Lei.

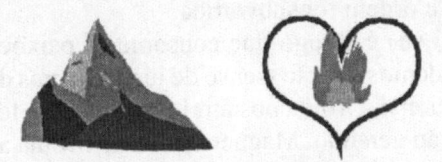

Simbolicamente, representamos Xangô com a montanha, como a Justiça Divina. Também o temos como a chama imortal que aquece os corações. Outras interpretações e representações existem, pois Xangô é a chama viva da vida.

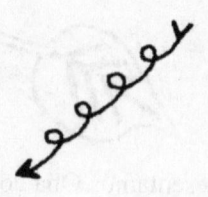

Simbolicamente, representamos Iansã com a seta espiralada, pois, quando atua, gira como um redemoinho e vai colhendo tudo à sua volta, envolvendo em círculos e virando todos os sentimentos desequilibradores que emocionam os seres.

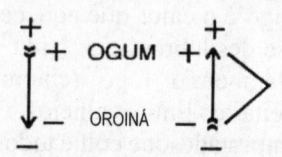

5º — Ogum é o ar que areja o interior dos seres, livrando-os dos bolores emocionais. Ogum é movimento contínuo e equilibrado. É o poder Ordenador que se impõe (Lei), sempre que os seres se desviam de suas vias evolutivas (caminhos).

Seu elemento é o ar, pois todos precisam "respirar". Porém, ar em excesso vira tempestade, ventania, ciclone, etc., que são domínios de Iansã. Logo, Ogum é o ar perene (equilíbrio) que alimenta a vida e ativa (energiza) a chama da vida (Xangô), iluminando os caminhos trilhados por todos os seres. Ele é o ordenador que guia os retos e afasta os desequilibrados pelos vícios emocionais. Suas irradiações ordenadoras indicam o modo de cada um se conduzir em equilíbrio e harmonia. Sua espada corta os excessos ou impõe a Lei onde a ordem foi subvertida.

Oroiná (Kali yê) é o fogo que consome as paixões (fanatismo) nos seres. Quando perdemos a razão (senso de justiça) e nos deixamos conduzir pelo "calor" emocional, Oroiná nos atrai e esgota esse fogo destrutivo que nossas paixões estão gerando. Magneticamente, Oroiná atrai os seres desequilibrados e vai consumindo seus negativismos (apaixonados ou fanáticos) até que retira deles todo o calor ebuliente.

Então, o ser volta-se para o alto e clama pela justiça divina (Xangô) e pede perdão. A partir desse momento, volta a ser aquecido pelo calor que anima a "vida".

Simbolicamente, representamos Ogum com a espada, pois, quando a palavra (Oxalá) não mais se impõe, é hora da espada (Lei armada) se mostrar, ameaçadora e imparcial.

Simbolicamente representamos Oroiná (Kali yê) com o raio, fogo que vem do alto e queima a quem atinge. Oroiná é o polo negativo que esgota o fogo interior que está desequilibrando a razão e animando as emoções. Por isso, os seus "eguns" são "gelados".

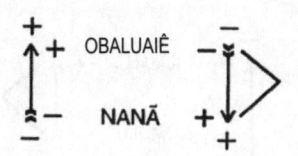

6º — Obaluaiê é a terra que dá forma aos seres e os modela sabiamente (evolução). Ele sustenta a todos nos muitos estágios evolutivos e em todos os níveis irradia vibrações modeladoras (curadoras) dos pensamentos (consciências). Seu magnetismo ativo (negativo) atrai os seres em evolução e vai conduzindo-os a estágios cada vez mais elevados, curando neles, em cada estágio, algumas de suas doenças emocionai (vícios). Todas as passagens são domínios de Obaluaiê.

Nanã é passiva e atrai todos os seres não aptos a alcançar os estágios superiores. Ela os recolhe, esgota suas doenças (vícios) e no barro do fundo de seu lago os assenta e os imobiliza até que decantem suas impurezas (emoções e sentimentos viciados), quando então estarão maleáveis como o barro e prontos para serem recolhidos por Obaluaiê, que os remodela e em uma nova forma (encarnação) crescerão novamente.

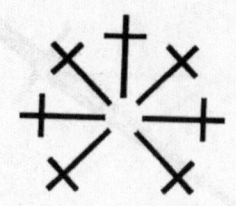

Simbolicamente, representamos Obaluaiê com as sete cruzes ou as sete "passagens", pois ele é o senhor das passagens de um nível para outro.

Simbolicamente, representamos Nanã com a meia-lua, ou lua minguante, pois é também a forma de uma bacia ou lago onde os seres pesados (viciados) afundarão e serão decantados em seu fundo (lodo consciencial). Outras interpretações também existem e dependem do que desejamos abordar.

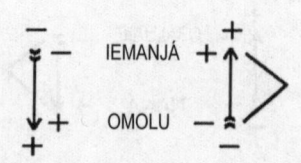

7º — Iemanjá, ou Mãe da Vida, é a Senhora da Geração e suas irradiações estimulam os seres a amparar as criaturas (vidas). Ela é a mãe que envolve os seres, ampara-os e os encaminha diligentemente, protegendo-os até que estejam aptos a se guiar (consciências despertadas). Ela é a água da vida que vivifica os sentimentos e, em suas irradiações, umidifica os seres, tornando-os fecundos na criatividade (vida).

Omolu é negativo e seu magnetismo atrai os seres que se desvirtuaram e se tornaram estéreis. Se não criam mais nada, é hora de serem reduzidos a pó para que, nas águas de Iemanjá, voltem a ser espalhados e, no eterno movimento das marés, venham a ser reunidos, umidificados, fertilizados e renasçam para uma nova vida. Se Iemanjá umidifica e fecunda, Omolu seca e esteriliza. Enfim, são os opostos que regulam a Vida (geração).

Simbolicamente, representamos Iemanjá com a estrela-do-mar. Ela é a estrela da geração (Vida) que ilumina os sentimentos maternais, pois eles dão sustentação aos que nasceram para a "luz" (Oxalá).

Simbolizamos Omolu com o alfanje da morte, pois é ele quem reduz (devolve) ao pó os que abandonaram a vida. Mas também podemos representá-lo com o cruzeiro das Almas.

Observem esta nossa interpretação dos Orixás que formam os polos das Sete Linhas de Umbanda. Muitas interpretações podem ser dadas, mas aqui optamos por estas, pois são objetivas, simples e de fácil assimilação pelos leitores.

Notem que, ao descrevermos os polos positivos, destacamos que eles estimulam as virtudes, enquanto que os polos negativos esgotam os vícios.

Podem até indagar: mas Iansã não é Orixá da Luz?

Claro que é! — respondemos. Mas nosso objetivo aqui é mostrar o lugar que ocupam em uma mesma linha de forças, ou linha vertical, pois nas linhas cruzadas outras qualidades, atributos e atribuições vão assumindo.

Se colocarmos em uma mesma linha Nanã e Iemanjá, aí teremos uma Linha d'Água e não a Linha da Evolução ou a Linha da Geração. Se colocarmos em uma mesma linha Omolu e Obá, teremos uma Linha Pura da Terra, e esta não é Linha da Evolução, que comporta dois polos opostos entre si, mas afins ou complementares nos processos evolutivos.

Uma linha tem que comportar duas setas em sentidos diferentes. As que indicam o polo positivo (+) são passivas e as que indicam o polo negativo (-) são ativas.

Umas estimulam e outras assentam.
Umas energizam e outras esgotam.

Enfim, temos que observar o sentido que uma palavra assume em um contexto determinado, pois, em outro, seu sentido será diferente. Se colocamos desta forma é para podermos mostrar como as evoluções se processam.

Por exemplo, aquele que recusa a vida, atenta contra ela, optou pela morte, ou ainda tirou a vida de alguém, irá para os domínios de Omolu (cemitério), ou será por ele retido até que mude seus sentimentos em relação à vida e nunca mais tire a vida de ninguém.

Recorremos, em parte, às descrições dos Orixás africanos e aos conhecimentos superiores do Magno Colégio dos Magos, onde o Setenário Sagrado é exatamente as "Sete Linhas da Vida" adotadas pelo Ritual de Umbanda Sagrada quando de sua idealização no astral.

Observou-se, então, os Orixás afins com elas e, por analogia, incorporaram-se a cada uma delas aqueles que mais qualidades atributos e atribuições possuíssem.

O mesmo ocorre com muitas outras divindades do panteão africano, que não são "Orixás" na acepção do termo (Senhores do Alto), mas tão somente gênios da natureza. E bem sabemos que os gênios são uma categoria de seres que manipulam axés (essências).

Entendam que as Sete Linhas de Umbanda não são sete Orixás, e sim sete vibrações irradiadas desde o Alto do Altíssimo, as quais alcançam tudo e todos em todos os níveis, graus, vibrações e dimensões.

Não são sete Orixás, mas sim sete irradiações!

Assim, na linha mista das águas temos: Iemanjá, Oxum, Nanã, Iansã das Cachoeiras, Xangô das Cachoeiras, Ogum Iara, Ogum Sete Quedas (cachoeiras), etc. Na linha mista do fogo temos: Xangô, Ogum, Iansã, Oroiná, etc. Na linha mista do ar: Ogum, Oxóssi, Iansã do ar, Obaluaiê, etc; e assim sucessivamente, pois se na linha pura a essência flui de alto a baixo e a única alteração que ocorre são as mudanças nos padrões vibratórios que elas vão assumindo de nível para nível, nas linhas mistas os Orixás são caracterizados pelo elemento que manipulam.

Nas linhas energomagnéticas estão assentados, nos dois polos (+ e -), Orixás "Naturais", os Regentes da Natureza e senhores das dimensões onde as evoluções acontecem.

A seguir, daremos um gráfico esquematizador das Sete Linhas de Umbanda.

Observem que temos sete níveis vibratórios que serão ocupados por Orixás "Regentes", os quais são os responsáveis por faixas limitadas dentro das dimensões, já que as dimensões são regidas por Orixás Naturais, que não são apenas os 14 aqui citados, pois, no todo planetário, temos 77 dimensões da vida, onde, em cada uma delas, bilhões de seres vivem e evoluem, todos em "paralelo" com a dimensão humana, que é onde nós vivemos e evoluímos.

Estes nomes e muitos outros do panteão africano simbolizam divindades assentadas nas linhas de forças e que foram "humanizadas" para

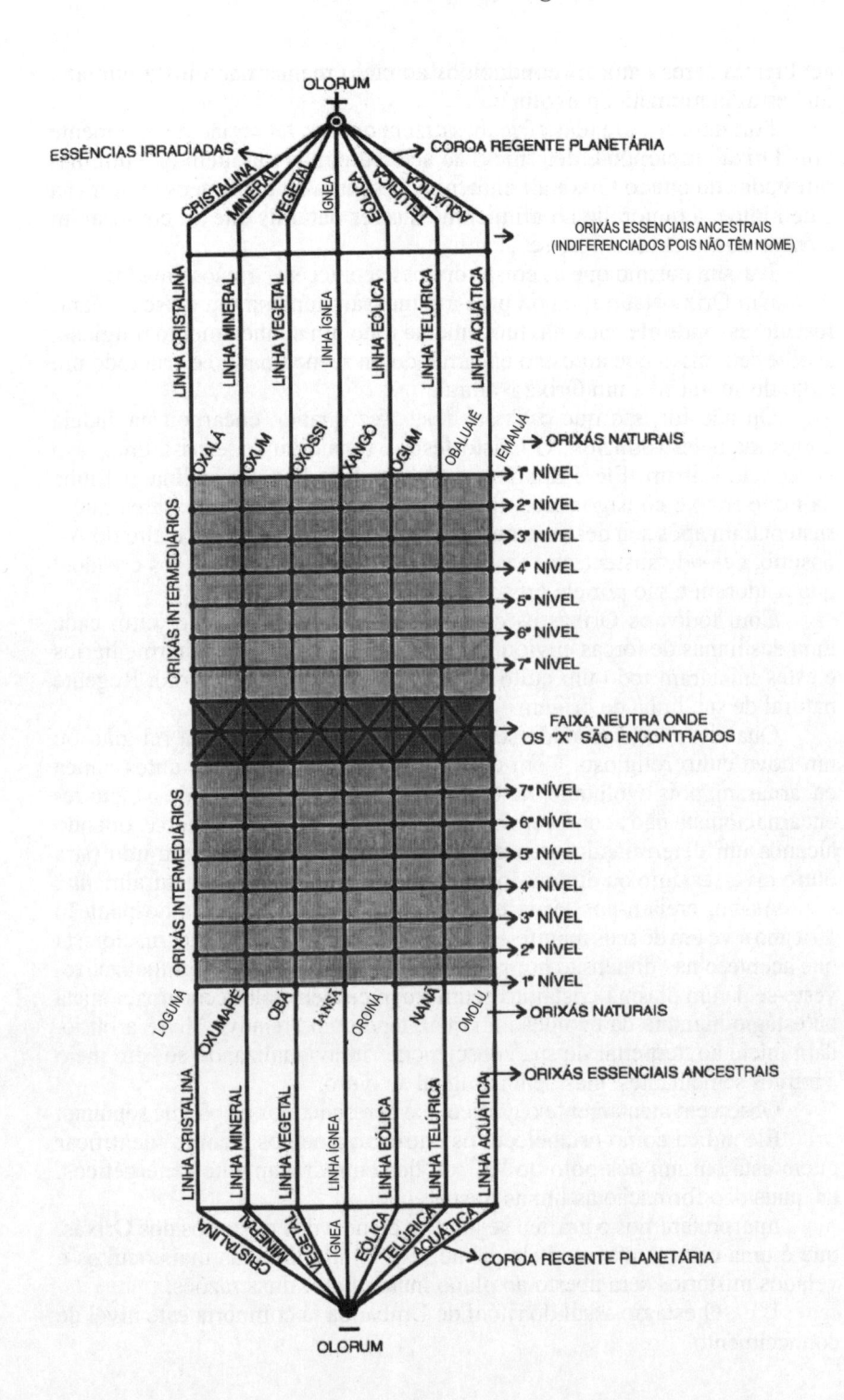

As Linhas de Umbanda Sagrada 433

OLORUM

ESSÊNCIAS IRRADIADAS ← → COROA REGENTE PLANETÁRIA

CRISTALINA / MINERAL / VEGETAL / ÍGNEA / EÓLICA / TELÚRICA / AQUÁTICA

→ ORIXÁS ESSENCIAIS ANCESTRAIS (INDIFERENCIADOS POIS NÃO TÊM NOME)

LINHA CRISTALINA | LINHA MINERAL | LINHA VEGETAL | LINHA ÍGNEA | LINHA EÓLICA | LINHA TELÚRICA | LINHA AQUÁTICA

OXALÁ | OXUM | OXÓSSI | XANGÔ | OGUM | OBALUAIÊ | IEMANJÁ → ORIXÁS NATURAIS

→ 1º NÍVEL
→ 2º NÍVEL
→ 3º NÍVEL
→ 4º NÍVEL
→ 5º NÍVEL
→ 6º NÍVEL
→ 7º NÍVEL

ORIXÁS INTERMEDIÁRIOS

→ FAIXA NEUTRA ONDE OS "X" SÃO ENCONTRADOS

→ 7º NÍVEL
→ 6º NÍVEL
→ 5º NÍVEL
→ 4º NÍVEL
→ 3º NÍVEL
→ 2º NÍVEL
→ 1º NÍVEL

ORIXÁS INTERMEDIÁRIOS

LOGUNÃ | OXUMARÉ | OBÁ | IANSÃ | OROINÁ | NANÃ | OMOLU → ORIXÁS NATURAIS

→ ORIXÁS ESSENCIAIS ANCESTRAIS

LINHA CRISTALINA | LINHA MINERAL | LINHA VEGETAL | LINHA ÍGNEA | LINHA EÓLICA | LINHA TELÚRICA | LINHA AQUÁTICA

CRISTALINA / MINERAL / VEGETAL / ÍGNEA / EÓLICA / TELÚRICA / AQUÁTICA

→ COROA REGENTE PLANETÁRIA

OLORUM

acolher os seres naturais conduzidos ao ciclo reencarnacionista humano ou "estágio humano da evolução".

Portanto, se as lendas africanas dizem que em tal região do continente um "Orixá" encarnou e deu início ao seu culto, não duvidem que um manifestador do citado Orixá ali encarnou, assentou-se na dimensão humana e deu início a uma religião afim com os seres naturais que ali começaram a encarnar e a "humanizar-se".

É assim mesmo que as coisas divinas acontecem, irmãos amados.

Um Orixá Natural envia para a dimensão humana um de seus manifestadores, onde ele encarna, fundamenta todo um conhecimento religioso, acolhe seus afins que ali estão encarnando ou reencarnando e cria todo um culto de adoração a um Orixá Natural.

Ou não foi isso que o Cristo Jesus fez quando encarnou na Judeia dominada pelos romanos? O Cristo Jesus é uma divindade cristalina, caso vocês não saibam. Ele é um Trono Celestial da linha cristalina, a Linha da Fé, e trouxe consigo (seus apóstolos) muitos de seus auxiliares que o sustentaram após seu desencarne, pois precisava retornar para o alto do Altíssimo, de onde sustentaria, e sustenta até hoje, os seus afins (os cristãos) que o adoram e são por ele guiados.

Com todos os Orixás as coisas aconteceram do mesmo jeito: cada uma das linhas de forças enviou, no seu devido tempo, seus intermediários e estes iniciaram todo um culto religioso afinizado com o Orixá Regente natural de sua linha de origem.

Quando uma divindade se "humaniza", tem início uma religião ou um novo culto religioso. Com ela vêm bilhões de seres que antes nunca encarnaram, pois evoluíam "naturalmente" nas dimensões onde o ciclo reencarnacionista não acontece, visto que nelas o ser vai evoluindo e, quando alcança um determinado grau evolutivo, magneticamente é atraído para outro nível, estágio ou dimensão, onde continuará evoluindo naturalmente.

Assim, creiam-nos, cada um daqueles nomes de Orixás do panteão africano teve um de seus manifestadores conduzido ao ciclo reencarnacionista que acontece na "dimensão humana", onde o ser natural se espiritualiza (reveste-se de um plasma cristalino neutro) e inicia seu ciclo reencarnacionista ou estágio humano da evolução no qual, tendo um "relativo" livre-arbítrio, dará início ao despertar de sua consciência, "individualizando-se" em meio a muitos semelhantes, mas nenhum igual ao outro.

Observem atentamente o gráfico que apresentamos na página seguinte.

Ele indica como estabelecer os entrecruzamentos e como identificar quem está em um dos polo do "X" ou dos entrecruzamentos energéticos, os quais dão formação às linhas mistas.

Interpretaremos o gráfico segundo a ciência dos mistérios dos Orixás, que é uma ciência divina. Pela primeira vez, um dos seus mais ocultos e velados mistérios será aberto ao plano material por duas razões:

1º — O estágio atual do ritual de Umbanda já comporta este nível de conhecimento.

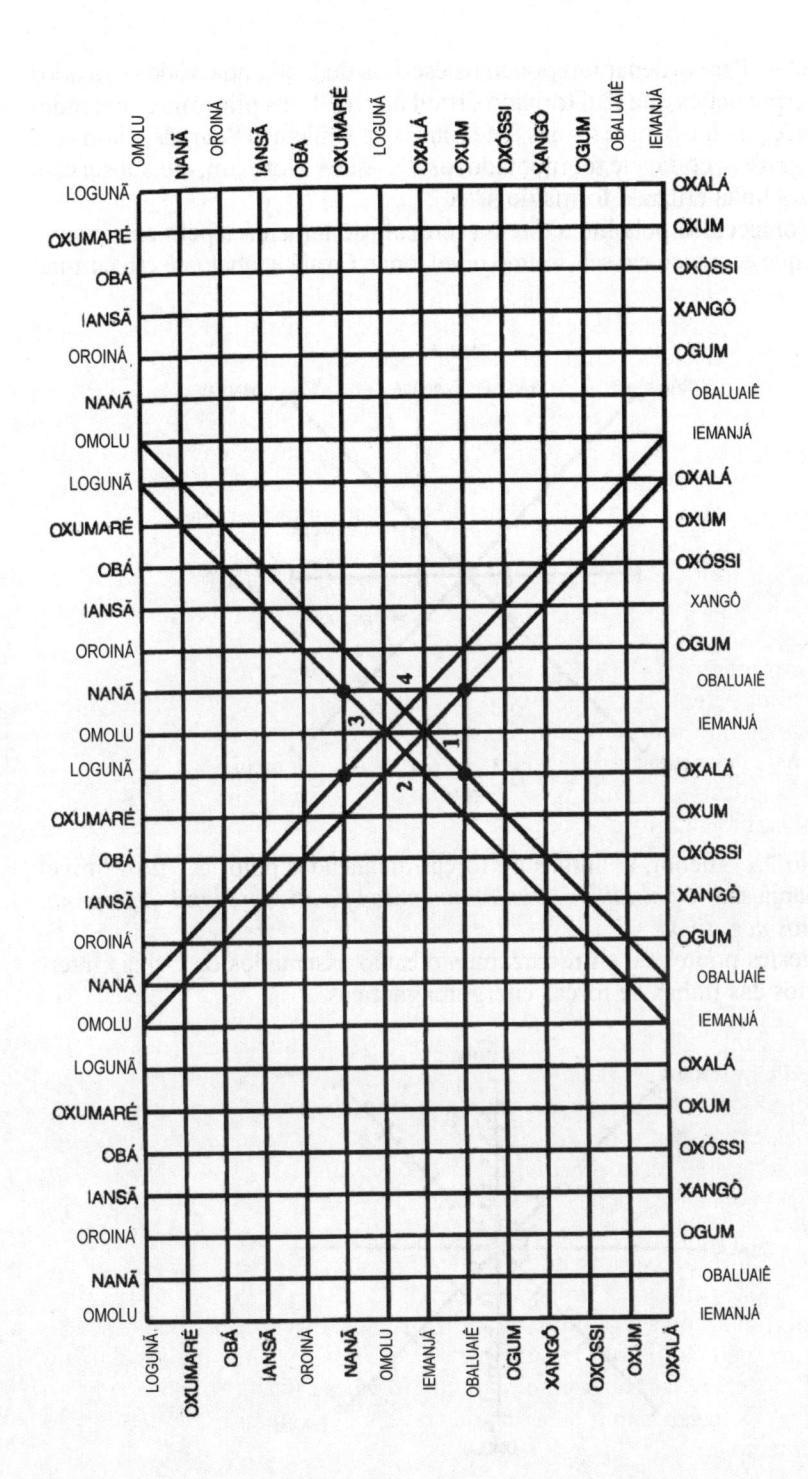

As Linhas de Umbanda Sagrada

2º — Para ordenar um pouco os escritos de Umbanda, todos calcados em interpretações que têm tornado difícil aos médiuns praticantes entenderem corretamente o mistério das Sete Linhas de Umbanda Sagrada, observem bem o gráfico; como ele foi montado; os "X" que se formam; etc. Observem que cada linha cruzada forma dois "X".

Comecemos pela linha direta (vertical) de Iemanjá e pelo entrecruzamento que acontece em seu sétimo nível, onde Oxalá e Obaluaiê cruzam-na:

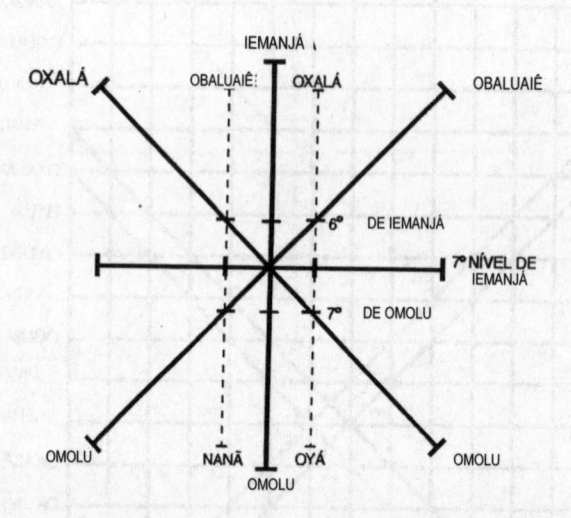

No "X" menor, as linhas de forças alcançadas pelo "X" no 7º nível de Iemanjá são: *Obaluaiê — Oxalá, nos polos positivos; Nanã — Logunã, nos polos negativos.*

Nestes pontos de entrecruzamento estão assentados os Orixás intermediários das linhas de forças energomagnéticas.

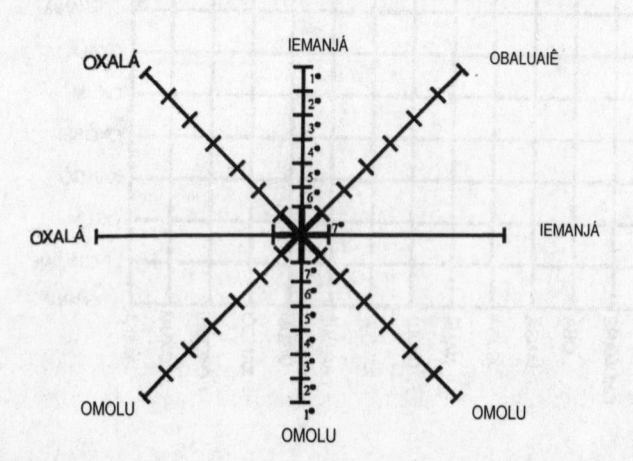

As Linhas de Umbanda Sagrada

O entrecruzamento que ocorre no 7º nível de Iemanjá alcança no extremo dos polos negativos a linha onde Omolu está regendo e influenciando pelo embaixo o "X" menor, que acontece no 7º nível da linha regida por Iemanjá.

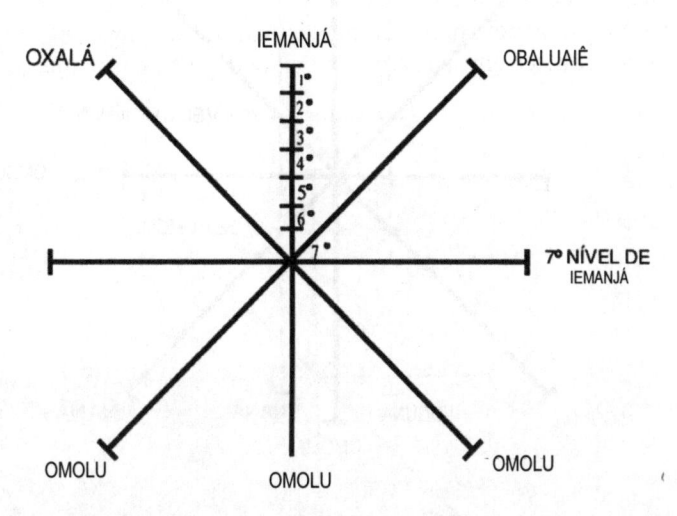

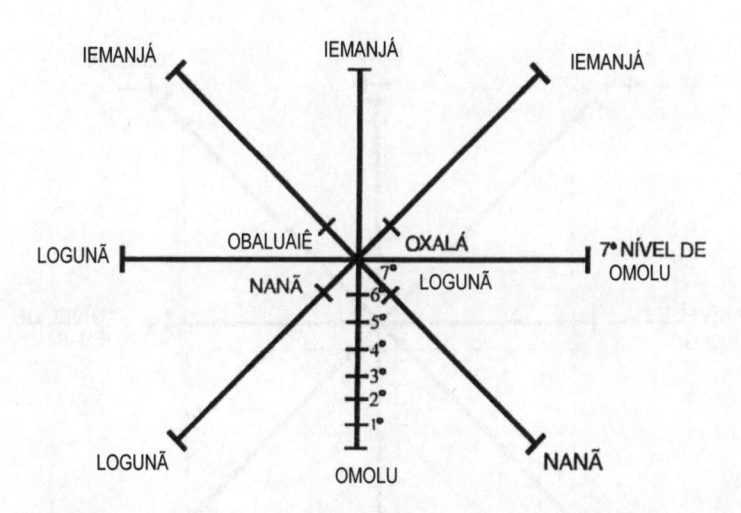

Neste "X" maior que surge no 7º nível de Omolu, nos polos positivos temos somente Iemanjá, enquanto nos negativos temos Logunã — Omolu — Nanã.

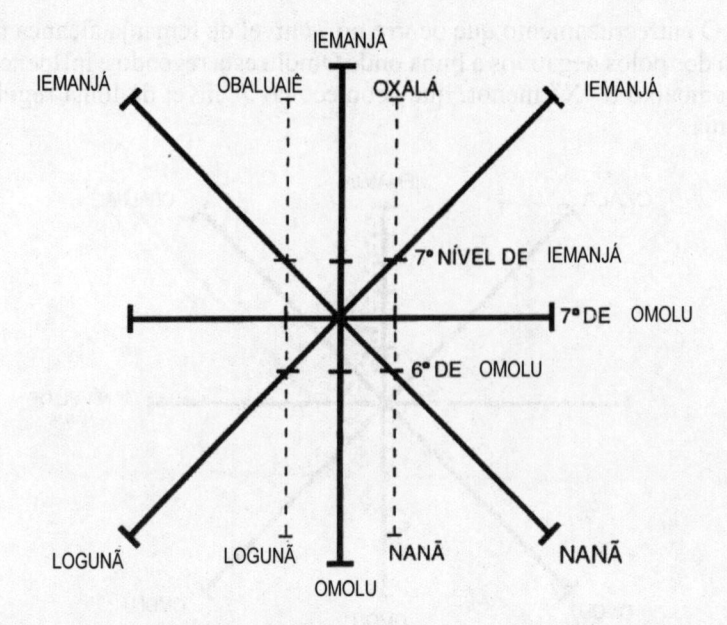

Figura: X maior com IEMANJÁ, OBALUAIÊ, OXALÁ, IEMANJÁ (topo); 7º NÍVEL DE IEMANJÁ, 7º DE OMOLU, 6º DE OMOLU (centro); LOGUNÃ, LOGUNÃ, NANÃ, NANÃ, OMOLU (base).

Observem que este "X" menor do 7º nível de Omolu é exatamente igual ao "X" menor do 7º nível de Iemanjá: Obaluaiê — Oxalá; Logunã — Nanã.

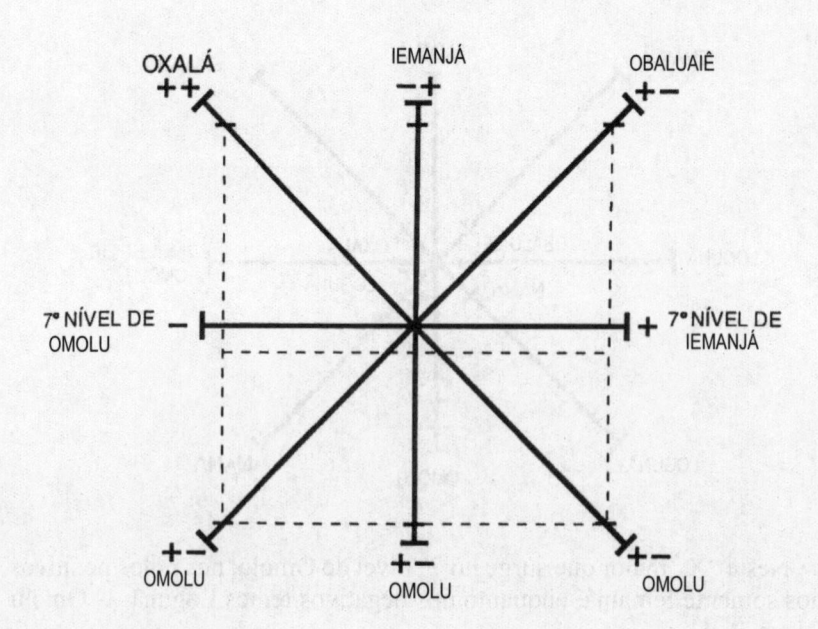

Figura: X com OXALÁ (++), IEMANJÁ (−+), OBALUAIÊ (+−); 7º NÍVEL DE OMOLU (−), 7º NÍVEL DE IEMANJÁ (+); OMOLU (+−), OMOLU (+−), OMOLU (+−).

As Linhas de Umbanda Sagrada   439

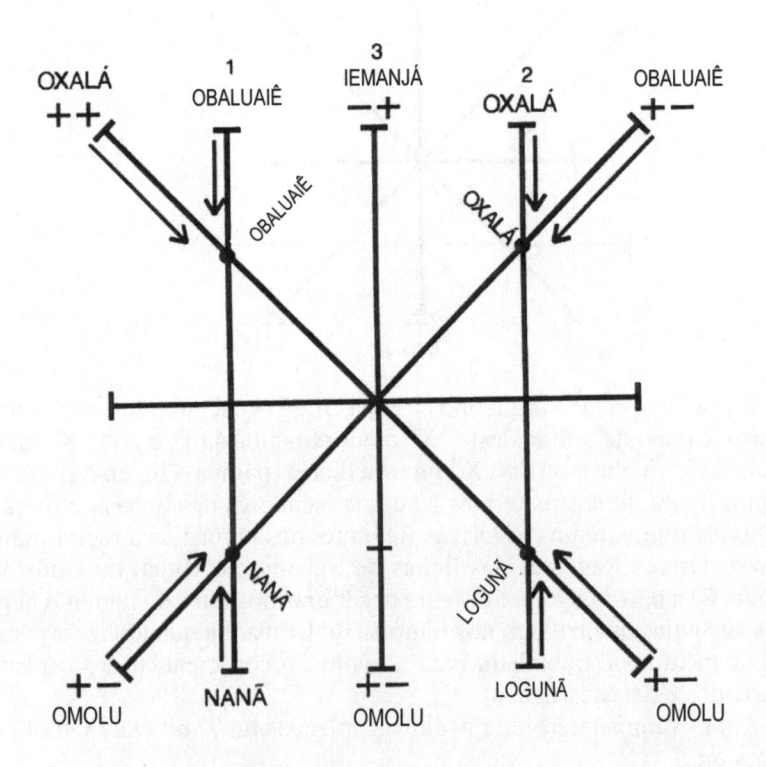

Nas linhas verticais da segunda figura da página anterior, mas já em um quadrante menor, temos três linhas diretas:

    1-1 Obaluaiê — Nanã.
    2-2 Iemanjá — Omolu.
    3-3 Oxalá — Logunã.

Nas linhas inclinadas do "X" menor temos:

    1-1 Oxalá.
    1-2 Nanã.
    2-1 Obaluaiê.
    2-2 Logunã.

(Ambas cruzando com a linha direta de Iemanjá.)
Então temos este "X":

Código de Umbanda

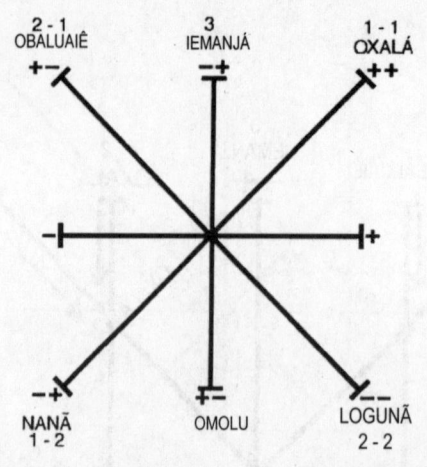

Basta interpretar o arquétipo de cada Orixá aí encontrado e temos todo um vasto campo de estudo deste "X" menor (página 436), ou do "X" maior (página 437, no alto), ou do "X" intermediário (página 436, embaixo). Na primeira figura, temos os Orixás Naturais (senhores das linhas de forças); na segunda figura, temos os Orixás Regentes dos níveis; na terceira figura, temos os Orixás Regentes das linhas de trabalho no Ritual de Umbanda Sagrada. Se a partir da terceira figura desdobrarmos um "X" menor, chegaremos aos guias que baixam nos templos de Umbanda quando incorporam em seus médiuns e trabalham para a evolução consciencial dos espíritos (encarnados e desencarnados).

Agora vamos interpretar as linhas cruzadas no 7º nível de Omolu no "X" maior:

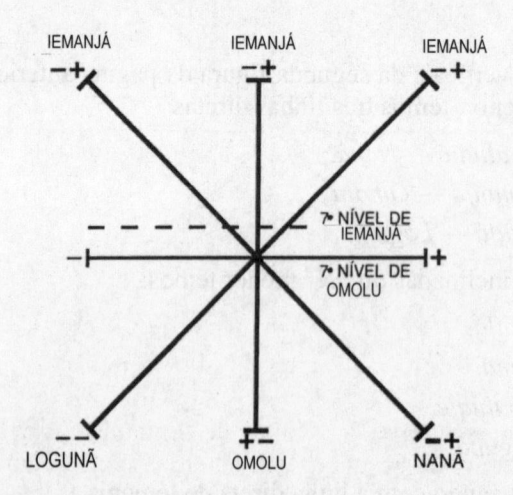

Observem que neste "X" só temos Iemanjá nos polos magnéticos positivos. Desdobremos o "X" intermediário:

As Linhas de Umbanda Sagrada 441

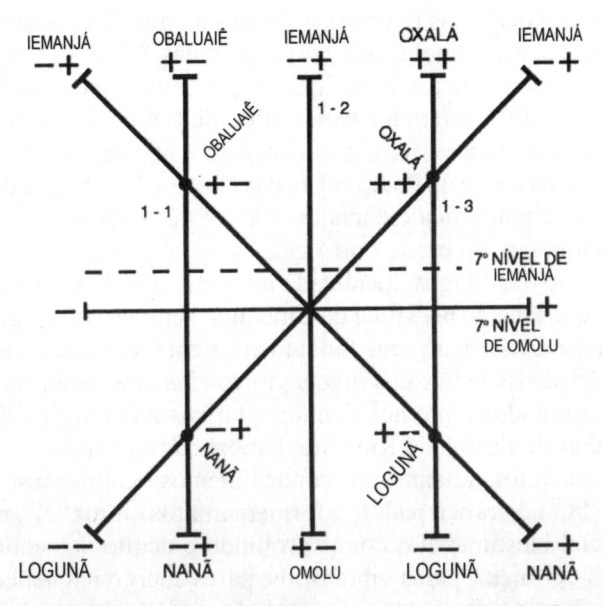

Temos aí, novamente, três linhas verticais em acordo com as Sete Linhas de Umbanda: desdobremos o "X" menor ou nível dos regentes de linhas de trabalhos:

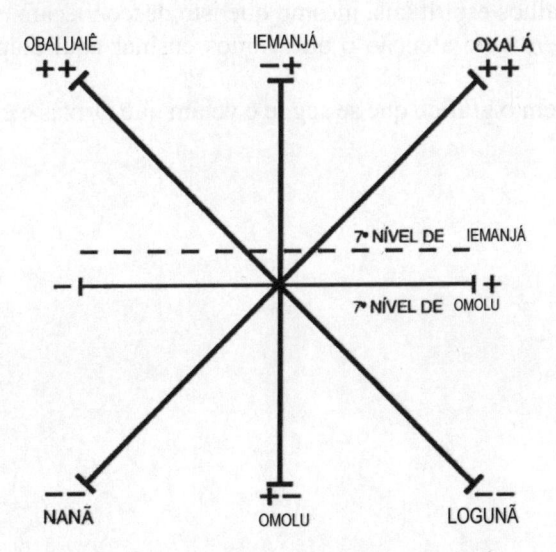

Observem que a figura do 7º nível de Omolu é igual à do 7º nível de Iemanjá e, se assim é, é porque o que há em cima, há embaixo também, desde que guardado o nível em que as correspondências acontecem entre o alto e o embaixo.

Assim, no nível dos regentes de linhas de trabalhos nestes "X" do 7º nível de Iemanjá e de Omolu, as forças assentadas nos polos magnéticos são as mesmas, e isso explica a simbologia a que recorrem os idealizadores da Umbanda ao estabelecerem no astral linhas de Caboclos e de Exus com os mesmos nomes ou nomes que significam forças opostas entre si, tais como: Caboclo da Água e Exu do Pó, Cabocla das Ondas e Pombagira do Lodo, etc.

Toda uma magnífica ciência oculta aí está sendo mostrada (parcialmente) aos leitores. Só existe outro gráfico igual a este que mostramos no Magno Colégio dos Magos, localizado no 5º nível da Faixa Celestial, onde os espíritos que atuarão no Ritual de Umbanda Sagrada como "guias chefes" são preparados e assentam seus fundamentos energomagnéticos juntos aos Senhores Orixás Regentes dos níveis vibratórios, que estão com seus fundamentos assentados junto aos Senhores Orixás Naturais, os quais regem as Sete Linhas de Forças do Ritual de Umbanda Sagrada.

Filhos amados, amantes dos conhecimentos ocultos, observem como fizemos os "X" no gráfico padrão e formem muitos outros "X", pois aí terão um manancial inestimável do mais profundo e oculto dos conhecimentos sobre linhas de forças, pares vibratórios, pares energomagnéticos, etc.

Vamos ensinar-lhes aqui como poderão, a partir do seu Ogum pessoal, descobrir seu "X" positivo, para que, assentando-o em seus templos, venham a colocar-se em harmonia vibratória com os Orixás que lhes dão sustentação em seus trabalhos espirituais, mesmo que isto desconheçam.

Observem com atenção o que vamos ensinar aqui e aprenderão facilmente.

Observem o gráfico que se segue e vejam que Orixás e elementos são sinônimos.

As Linhas de Umbanda Sagrada

Código de Umbanda

ALTO

OGUM · XANGÔ · OXÓSSI · OXUM · OXALÁ · IEMANJÁ · OBALUAIÊ · OGUM

Diagonal top-left to right: OXUM · OXÓSSI · XANGÔ · OGUM · OBALUAIÊ
Next: OXALÁ · OXUM · OXÓSSI · XANGÔ · OGUM
Next: IEMANJÁ · OXALÁ · OXUM · OXÓSSI · XANGÔ
Next: OBALUAIÊ · IEMANJÁ · OXALÁ · OXUM · OXÓSSI
Next: OGUM · OBALUAIÊ · IEMANJÁ · OXALÁ · OXUM · OXÓSSI · XANGÔ

Arrows pointing down to:
- OGUM DE LEI
- OGUM MEGÊ
- OGUM BEIRA-MAR
- OGUM SETE LANÇAS
- OGUM YARA
- OGUM ROMPE-MATAS
- OGUM OXÓSSI
- OGUM DO FOGO

Observem o gráfico anterior e vejam que, na linha pura (vertical) de Ogum, o seu 3º nível é regido pelo elemento água, pois por ele passa a irradiação aquática de Iemanjá. Então este Ogum é Beira-Mar e, ao centrá-lo no "X" do 7º nível de Iemanjá, estabelecemos estas correspondências:

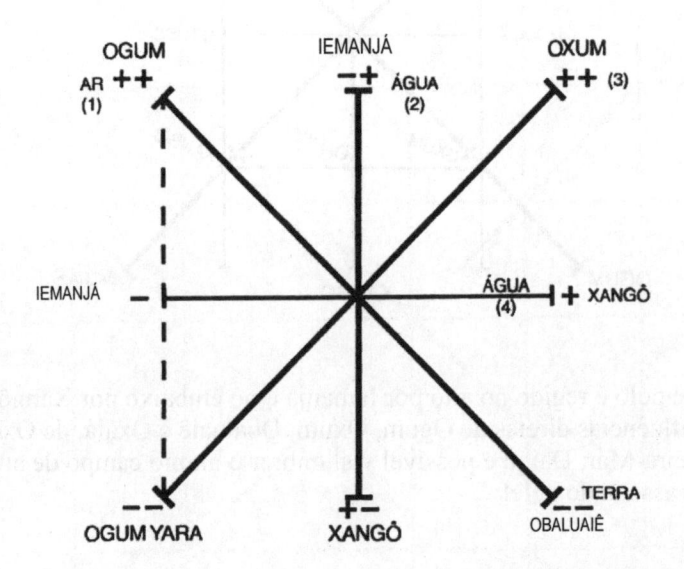

```
         OGUM           IEMANJÁ          OXUM
      AR ++              −+ ÁGUA         ++ (3)
        (1)                 (2)
                                      ÁGUA
      IEMANJÁ −|          ⊕         (4) |+ XANGÔ
                                              TERRA
                                              OBALUAIÊ
      OGUM YARA          XANGÔ
                          +
```

Em que temos: (1) Ogum irradiando passa por Iemanjá (água) e para em Obaluaiê (terra). Portanto, ar (Ogum) + água (Iemanjá) + terra (Obaluaiê) nos dá Ogum (ar) Beira (terra) Mar (água).

Na linha vertical (2) temos Iemanjá (água) e Xangô (fogo), que são elementos opostos, pois um anula o outro. Eles formam uma linha energomagnética por sua excelência elemental.

Na irradiação de Oxum (3), ela passa pela água (Iemanjá) e alcança o ar (Ogum).

Atentem para esta explicação do "X" maior: Ogum (ar), ao projetar-se para a terra (Obaluaiê), entrecruza-se com Iemanjá (água) e assume aí qualidades que o caracterizam como Ogum Beira-Mar (o ar tanto está na terra quanto na água).

Vamos ao "X" intermediador (Caboclo)

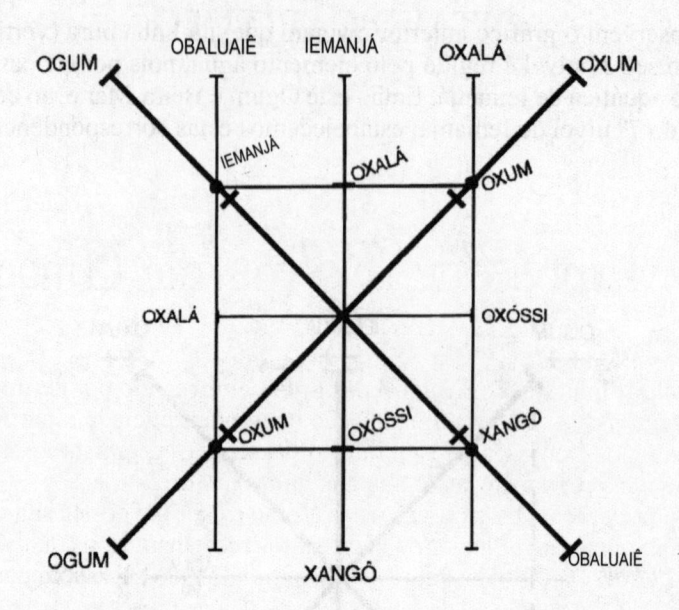

Este polo é regido no alto por Iemanjá e no embaixo por Xangô, mas recebe influências diretas de Ogum, Oxum, Obaluaiê e Oxalá, de Oxóssi e Ogum Beira-Mar. Daí já é possível vislumbrar o amplo campo de atuação do Orixá assentado nele!

OITAVO CAPÍTULO

As Linhas de Forças da Umbanda

Vamos iniciar o comentário das linhas começando por defini-las:
Linha de forças é uma irradiação energética iniciada a partir de um polo magnético cujo padrão vibratório é único, e justamente por isso se distingue claramente em meio a tantas linhas de forças.

Cada elemento da natureza, cada átomo e cada ser possui sua vibração individual que o distingue em meio a tantos semelhantes, os quais não são iguais, certo? Os átomos, minúsculas partículas, se são semelhantes, no entanto, não são iguais.

Não, nós não estamos comentando física ou química. Apenas estamos recorrendo a um conhecimento científico material para estabelecermos uma linha de raciocínio que nos fornecerá, por analogia, meios de comentarmos as linhas de forças de forma tal que, após lerem nossos comentários, saibam distinguir uma entre as muitas que se mostram através do Ritual de Umbanda Sagrada.

Fruteiras, muitas existem, contudo uma macieira não produz uva, e vice-versa.

Mas mesmo entre as macieiras, não existem duas exatamente iguais; e mesmo em um único pé de maçã não existem dois frutos exatamente iguais em tudo. Poderão encontrar dois aparentemente iguais, mas a igualdade é só na aparência. Então não dizemos que as maçãs são todas iguais. Elas apenas são semelhantes entre si. Nem o sabor de uma é exatamente igual ao de outra. Alguma coisa a distinguirá ao paladar apurado de um degustador de maçãs. Então podemos estabelecer isto:

Todas as maçãs se assemelham em:

— sabor
— aparência
— cor
— formato
— composição química
— tempo de frutificação
— tempo de amadurecimento

Contudo, se no geral existe uma genética que sustenta as semelhanças entre tantos pés de macieira e a geração de seus frutos, no individual cada pé distingui-se de seus semelhantes, e cada fruto que irá gerar será individual em si mesmo, pois dois exatamente iguais não gerará.

As mudanças de temperaturas (clima), a quantidade de nutrientes absorvidos no decorrer de sua existência, a quantidade e a qualidade dos nutrientes que chegarão a cada fruto os individualizarão. Ainda que sejam semelhantes entre si, no entanto nunca serão iguais em todos os polos!

Observem que podemos comprovar isso nas maçãs, porque são de tamanhos compatíveis com a escala humana de valores visuais, táteis, perceptíveis, etc.

Mas em um átomo, por pertencerem a uma outra escala de valores, somente os agrupando naquilo que chamamos de matéria podemos vislumbrá-los. Aí sim temos os átomos de ferro, de níquel, de manganês, etc., visíveis aos nossos olhos e perceptíveis ao nosso tato, pois, agrupados, temos os minérios, que são mensuráveis na escala humana. Assim acontece com todas as coisas visíveis, perceptíveis, palpáveis, etc.

O que nos permite diferenciar uma maçã de um pedaço de ferro são nossos sentidos, pois estes têm para nós a mesma função de identificação de certos aparelhos mecânicos: identificar as coisas a partir de suas características gerais ou de sua natureza.

Mas a maçã tem uma "natureza" vegetal e o ferro tem uma "natureza" mineral.

Assim, se nos aglomerados atômicos identificamos diferentes naturezas e, contudo, o que mais os diferenciam são suas naturezas, então temos nas "naturezas" os diferenciadores de tudo o que existe, é visível e palpável.

Segurando uma maçã em uma mão e um pedaço de ferro na outra, sentiremos duas naturezas diferentes entre si, perceptíveis por causa do composto atômico que as formam. Este composto amalgamou diferentes energias, elementos, padrões vibratórios, etc., e surgiram, já diferenciados, tanto a maçã quanto o ferro.

As próprias formações também são diferentes, pois a maçã foi crescendo internamente e expandindo-se, enquanto o ferro foi crescendo externamente e concentrando-se. Temos aí dois processos de crescimento que os diferenciam em muitos polos.

A maçã tende a partir-se ou esfacelar-se, pois o seu núcleo gerador é expansivo. Já o ferro tende a manter-se estável, pois seu núcleo gerador (célula que dá início ao processo) é concentrador dos átomos afins. Duas matérias; duas gêneses diferentes; duas naturezas; etc. Mas na raiz de ambos estão os átomos.

Desdobrando esse raciocínio, chegamos à conclusão de que a maçã contém em si átomos de ferro, mas este não contém átomos de maçã. Descobrimos, portanto, que as matérias surgem umas em função da existência de outras. Se assim é, isso se deve ao fato de que umas são formadas a partir da concentração e outras em função da associação.

Com isso, chegamos à conclusão de que os átomos pertencem a uma escala onde são classificados, e as matérias (aglomerados atômicos) pertencem a outra escala onde são identificáveis.

A natureza dos átomos está nas substâncias e estas assumem a natureza deles em nossa escala humana. Umas são irradiantes e outras são concentradoras.

São naturezas opostas, pois servem a propósitos diferentes.

Nós não podemos nos alimentar com ferro puro, mas não nos manteremos vivos se não o tivermos em nosso organismo. Se não podemos absorvê-lo no seu estado puro (concentrado), no entanto, absorvemo-lo através da maçã.

Aí chegamos à raiz das linhas de forças puras. Elas são o que são: linhas transmissoras de elementos puros. Se nós absorvermos estes elementos puros em seus estados naturais, fá-nos-ão mal; mas se os absorvermos amalgamados e através de linhas mistas, aí seremos beneficiados.

Levemos esse raciocínio para o campo da metafísica e imaginemos que exista um gênio do ferro e um outro da maçã.

O gênio do ferro está presente na maçã através dos átomos de ferro na composição dela; mas a maçã é um composto misto e não está no ferro. Logo, o gênio da maçã não está no ferro.

Então vemos que existe uma hierarquia na qual o gênio do ferro é anterior ao da maçã e o precedeu na formação das matérias. Se imaginarmos que cada um dos átomos que formam a maçã possui seu gênio, então concluímos que, nesta escala de precedências, sempre haverá os anteriores ao que vemos (a maçã), os quais, porém, não se mostram aos nossos olhos.

Com as linhas de forças do Ritual de Umbanda Sagrada, nós vemos as que se manifestam ao nível da matéria (as maçãs), mas não vemos (identificamos) as que as precede e que, amalgamadas, deram-lhe origem (os átomos).

Assim, concluímos que, se uma linha de forças se manifesta (linha de Ogum, por exemplo), outras linhas que são suas formadoras lhe precedem na escala originadora das linhas de forças.

Com isso em mente, concluímos que, no Ritual de Umbanda Sagrada, a linha de Ogum não é uma linha pura (o ferro), mas sim uma linha mista (a maçã). E por isso temos Ogum do mar, da terra, do ar, do fogo, etc.

Dentro da linha Ogum, em que um elemento se destacar mais (aglomerar-se mais), ali surgirá um "tipo" de Ogum.

Nós vimos que a maçã possui átomos de ferro, mas outras frutas também os possuem. O mesmo ocorre com muitos compostos energéticos que usamos como alimento. Se não podemos nos alimentar diretamente do ferro, e não podemos viver sem ele em nosso organismo, então nos alimentamos com produtos vegetais, animais, marinhos, etc., que o contém.

No polo religioso, o mesmo acontece:

Se não temos condições de entrar em contato com o Ogum "puro" (o ferro do nosso exemplo), estamos, no entanto, aptos a nos relacionar com os Oguns "mistos", pois suportaremos suas irradiações diluídas em meio às de outros Orixás.

O Ogum puro é como o ferro: é denso, pesado, impenetrável, concentrador, etc. O Ogum misto é como a maçã: é irradiante, leve, fracionável, suportável, etc.

Com isso em mente, cremos poder comentar as linhas de forças.

Todavia, faremo-lo em sentido inverso ao que têm feito a maioria dos que as descrevem. Estes costumam explicá-las de trás para a frente, ou de baixo para cima, ou do que veem para o que imaginam existir, mas invisível.

Por meio do visível não explicamos o invisível, o que não se mostra a nós.

Uma vez que recorremos ao Orixá Ogum e o comparamos ao ferro enquanto aglomerado atômico puro (linha pura) e aos tipos de Oguns como as frutas (aglomerados mistos), então vamos estudar esta linha a partir de um nível altíssimo até chegarmos ao nosso nível, o nível da matéria.

No entanto, para conseguirmos isto, temos que recuar na escala identificadora das naturezas e irmos até um ponto anterior ao dos elementos (átomos).

A partir desta observação, descobrimos que o ferro é anterior à maçã, mas posterior aos formadores dos átomos de ferro. Sim, existem "gênios" das partículas atômicas no ferro, enquanto o do ferro não está nas partículas.

Então concluímos que o ferro não é um elemento puro; é só mais um aglomerado de partículas atômicas (prótons, nêutrons e elétrons), que também são aglomerados de partículas subatômicas, bem como que os "gênios" das partículas subatômicas estão nos átomos, mas os dos átomos não estão nas partículas subatômicas.

As ciências física e química ainda estão pesquisando para estabelecer a escala de identificação das partículas subatômicas; e levarão muito tempo até estabelecê-la em definitivo como cientificamente comprovável. Se nos conhecimentos do plano Terra ainda é assim, nos planos espirituais um conhecimento muito superior e avançadíssimo já existe há milênios incontáveis.

Baseados neste conhecimento superior e espiritual é que fundamentaremos nossos comentários acerca das linhas de forças do Ritual de Umbanda Sagrada, pois ele identificou, até um nível elevadíssimo, a gênese das coisas.

Esta ciência espiritual já ultrapassou o nível das partículas subatômicas e ainda não encontrou a menor delas, nem chegou ao vazio absoluto.

Este "vazio" nunca será encontrado realmente, pois, para ele existir, algo teria de existir que lhe desse a qualidade de vazio. Mas se algo o está qualificando como "o vazio", então ainda existe "algo" formando o vazio. Se algo o está formando, então o vazio não existe por si mesmo, senão não haveria nada. O vazio, até mesmo!

A antimatéria é a ausência da matéria. O vazio é a ausência de tudo em um espaço, até mesmo do próprio espaço. Mas se existe um espaço vazio, então existe algo que está delimitando-o e isolando-o dos espaços não vazios.

A verdade é que não existem espaços vazios ou a tão procurada "antimatéria", pois, quando a ciência estabelecer em definitivo a escala das partículas subatômicas, outra escala que lhe é anterior e infinitesimal se mostrará a ela e novas pesquisas serão iniciadas.

Assim tem sido e assim sempre será nas ciências físicas e nas metafísicas.

No estudo das coisas divinas, nós nos guiamos pelo princípio das hierarquias.

Sim, se conseguimos identificar uma divindade, descobrimos nela muitas qualidades que não são ela em si mesma, mas expressões dos elementos que lhe são anteriores, que foram absorvidos por ela e a individualizaram, pois o composto que a formou deu origem àquilo que denominamos de "sua natureza divina".

Dessa forma, se existe um Ogum Beira-Mar, que possui uma natureza e partículas a individualizá-lo entre tantos Oguns, entretanto ele só as possui porque é "terra e água" unidas pelo elemento "ar". Se temos um Ogum das Pedreiras, cuja natureza o distingue dos outros Oguns, o composto que o particulariza surgiu porque ele é formado por "terra, mineral e fogo", embora nele o elemento de coesão também seja o ar. Se temos um Ogum das Matas (Rompe-Matas), cuja natureza o distingue dos outros Oguns porque ela surgiu de uma união da água, do vegetal e da terra, o ar é o elemento de coesão que o sustenta e o individualiza entre tantos Oguns, e o distingue como Ogum Rompe-Matas. Se temos um Ogum do Fogo, cuja natureza o distingue de todos os outros Oguns, no entanto, o composto fogo-mineral forma a natureza ígnea que o individualiza; mas esse composto fogo-mineral só se sustenta porque o elemento ar está atuando como elemento de ligação entre eles.

Com isso explicado, então concluímos que o elemento de coesão dos Oguns individualizados é o fator eólico.

Se observamos todos os Oguns individualizados, suas naturezas pessoais, que os individualizam em Ogum Beira-Mar, das Pedreiras, das Matas ou do Fogo, perceberemos que cada um atua em um campo específico. No entanto, também verificamos que uma natureza maior e anterior neles se manifesta e os distingue como Oguns. Eles não são Xangôs, não são

Omolus, não são Oxóssis, não são Obaluaiês, não são... Eles são Oguns. E ponto final!

E todos têm algo ou um elemento em comum, o qual em todos se manifesta como elemento de coesão dos outros elementos que formam o composto que os individualiza e os distingue uns dos outros. Esse elemento é o "ar". Daí, conclui-se: Ogum é de natureza aérea! Pois em Ogum o elemento de coesão é o ar. Vejamos, agora:

A substância água é formada por oxigênio e hidrogênio, mas separados os átomos que lhe dão origem, não teremos mais a substância "água".

Então deduzimos que existe uma "linha de forças" que atua como elemento de coesão entre esses átomos, que os une, fazendo surgir a substância material água.

Temos água doce, salgada, ferruginosa, mineral, sulfurosa, etc.

Esta linha de forças que mantém coesos os átomos básicos da substância água também lhe incorpora outros elementos.

A linha de forças aquáticas do Ritual de Umbanda Sagrada, a exemplo da linha de Ogum, é coesiva, pois, ao estudá-la, encontramos muitos tipos de "Iemanjás". Então, observando os Oguns e as Iemanjás, concluímos que existem forças sutis que atuam de forma coesiva e vão aglutinando, nos seus níveis, os fatores afins que vão dando origem aos Oguns e às Iemanjás.

Com isso comprovado, concluímos que, em verdade, o que vemos ainda não são as linhas puras, pois, se elas fossem puras, não assumiriam uma aparência ou uma qualidade identificável.

Linha pura é, toda ela, só uma força coesiva, e não temos uma palavra que possa defini-la. Então recorremos à escala das comparações analógicas para defini-las.

Assim, se nos Oguns identificamos o "ar" como elemento de coesão e nas Iemanjás identificamos a "água", também observamos que todos os Oguns são guiados em suas naturezas individuais e individualizadoras por uma natureza que lhes é anterior e superior, que os ordena de forma marcial e que os torna ordenadores por excelência. São militares na acepção do termo!

Por que são assim todos os Oguns?

Eles são assim porque uma natureza geral se impõe sobre suas naturezas individuais e os torna no que são: Oguns.

Então existe uma natureza "Ogum" que é coesiva e atua por intermédio do elemento ar. E é ordenadora! Logo, Ogum é eólico e sinônimo de lei e ordem.

Já nas Iemanjás observamos que a força coesiva é, ou melhor, identifica-se com o elemento "água" e todas elas, apesar de possuírem naturezas particulares que as individualizam, estão sujeitas a uma natureza que lhes é anterior e superior, e que as tornam maternais.

Então concluímos que se os Oguns atuam na ordenação (Lei), as Iemanjás atuam na maternidade (Geração).

Aí temos duas linhas puras: Lei e Geração.

Lei e Geração são imanências do Criador, pois são vibrações de natureza coesiva, as quais em cada nível vibratório assumem polos análogos, pois são sustentadas por forças puras que são anteriores a tudo e estão na raiz de todos os processos, das gêneses e das linhas mistas.

Um Ogum do Mar não é um Ogum "puro", mas é sustentador da ordem nas gerações. Uma Iemanjá do Ar não é uma Iemanjá "pura", contudo é sustentadora da geração ordenada.

Como explicar estes polos de um Ogum do Mar e de uma Iemanjá do Ar?

É difícil, não?

Muito! — respondemos nós.

Mas com calma podemos explicá-los, pois ambos pontificam polos magnéticos sustentadores de linhas energéticas mistas.

Antes de explicá-los, vamos, recorrendo à ciência espiritual, fixar as sete linhas puras do Ritual de Umbanda Sagrada:

1ª Linha é a Fé

2ª Linha é o Amor

3ª Linha é o Conhecimento

4ª Linha é a Justiça

5ª Linha é a Lei

6ª Linha é a Evolução

7ª Linha é a Geração

A Linha Cristalina sustenta a religiosidade

A Linha Mineral sustenta a concepção

A Linha Vegetal sustenta o raciocínio

A Linha Ígnea sustenta a razão

A Linha Eólica sustenta a ordem

A Linha Telúrica sustenta o saber

A Linha Aquática sustenta a maternidade

Simplificando essas linhas, pontificamos elas com Orixás, cujas naturezas individuais mais se identificam como "guiados" (regidos) pelas imanências (vibrações) divinas sustentadoras desses sete processos, ou gêneses, básicos de toda a criação, de todas as criaturas, de todas as naturezas gerais e de todas as linhas de forças.

Então temos sete Orixás que as pontificam e as diferenciam umas das outras.

Observem, no entanto, que eles ainda estão em um nível que nos são "visíveis', por isso não são a origem das linhas de forças em si mesmas.

Vamos às linhas puras e aos Orixás que as pontificam, pois são os que têm mais afinidades com elas:

Linha	Imanência	Sentido	Orixá	Elemento
1ª	Fé	Religiosidade	Oxalá	Cristal
2ª	Amor	Concepção	Oxum	Mineral
3ª	Conhecimento	Raciocínio	Oxóssi	Vegetal
4ª	Justiça	Razão	Xangô	Fogo
5ª	Lei	Ordenação	Ogum	Ar
6ª	Saber	Evolução	Obaluaiê	Terra
7ª	Geração	Criatividade	Iemanjá	Água

1ª Linha — Por meio da Linha Cristalina, flui a imanência da Fé, que desperta a religiosidade nos seres. Esta linha é sustentada pelo Orixá Maior Oxalá.

2ª Linha — Por meio da Linha Mineral, flui a imanência do Amor, que desperta nos seres o desejo da concepção (união sexual). Esta linha é sustentada pelo Orixá Oxum.

3ª Linha — Por meio da Linha Vegetal, flui a imanência do Conhecimento, que desperta nos seres o raciocínio. Esta linha é sustentada pelo Orixá Maior Oxóssi.

4ª Linha — Por meio da Linha Ígnea, flui a imanência da Justiça Divina, que desperta nos seres a razão. Esta linha é sustentada pelo Orixá Maior Xangô.

5ª Linha — Por meio da Linha Eólica, flui a imanência da Lei Divina, que desperta nos seres a ordenação. Esta linha é sustentada pelo Orixá Maior Ogum.

6ª Linha — Por meio da Linha Telúrica, flui a imanência do Saber Divino, que desperta nos seres a evolução. Esta linha é sustentada pelo Orixá Maior Obaluaiê.

7ª Linha — Por meio da Linha Aquática, flui a imanência divina da Geração, que desperta nos seres a criatividade. Esta linha é sustentada pelo Orixá Maior Iemanjá.

Aí temos sete linhas puras, sete imanências que atuam como vibrações coesivas dos processos e das gêneses, que acontecem sob suas influências vibratórias.

Temos sete elementos e sete Orixás que as pontificam e que estão assentados em polos magnéticos irradiadores de energias elementais puras enquanto elementos.

Assim, Ogum vibra Lei o tempo todo, pois é o gerador natural da imanência divina que sustenta tudo em ordem e ordena todos os processos e gêneses. Iemanjá vibra Geração o tempo todo, pois é a geradora natural da imanência divina que estimula em todos a criatividade e sustenta a geração em todos os processos genéticos.

O mistério Ogum não atua como ordenador apenas nas faixas vibratórias referentes aos espíritos ou encantados. Encontramos sua vibração ordenadora em todos os processos. Ele atua tanto no equilíbrio das faixas espirituais quanto no equilíbrio da natureza e mesmo no processo genético de uma semente plantada pelo agricultor.

O mistério Ogum não atua só como Orixá sustentador da Lei dentro do ritual de Umbanda. Apenas acontece que o encontramos como mistério da Lei muito bem caracterizado como tal quando ele se manifesta na vida dos umbandistas. Se o divino Orixá Ogum, um mistério do Criador, só tivesse como função atuar na Umbanda como aplicador da Lei, ele não seria uma divindade natural.

Quando denominamos um mistério de divindade natural (e Ogum é uma divindade natural), assim o denominamos porque o encontramos atuando vibratoriamente em uma faixa específica que alcança tudo o que existe. Esta característica atua em paralelo com todas as outras vibrações irradiadas pelos outros mistérios divinos. Cada mistério atua em uma faixa vibratória específica, e onde os procurarmos os encontraremos.

São mistérios do Divino Criador Olorum, que só assumem características humanas para que possamos ter uma noção parcial suas excelências divinas.

Se limitamos um Orixá a apenas alguns polos, nós o parcializamos e o descaracterizamos. Mas, se precisamos parcializá-lo, é para que todos eles possam ser compreendidos. Assim, ao descrevermos Ogum como Orixá Regente da Linha "Lei" e Iemanjá como Regente da Linha "Geração", estamos parcializando-os para que comecem a ser vislumbrados e, pouco a pouco, venham a ser assimilados como mistérios divinos do Divino Criador.

O Criador é a Lei; o mistério Ogum é o manifestador desta Lei.

O Criador é a Geração; o mistério Iemanjá é o manifestador desta Geração.

Esperamos que entendam que nada existe por si mesmo, se antes não existir na própria natureza divina do Divino Criador.

Nós não somos humanos porque somos espíritos. Um dos polos da natureza do Divino Criador é humana e nos sustenta assim como somos: seres humanos. Mas se extrapolarmos qualquer um dos dois limites de nossa faixa, deixamos de ser o que somos: humanos.

Tanto isso é verdade que, às vezes, encontramos espíritos que são verdadeiros anjos e às vezes encontramos seres bestiais, mas que já foram seres humanos. Fora da faixa vibratória humana só sai quem se angelizou ou quem se bestificou. Mas esse é outro assunto.

Portanto, novamente salientamos que sete vibrações divinas nos chegam como mistérios naturais, os quais conhecemos como Orixás Naturais e formam as Sete Linhas de Umbanda.

Elas são linhas puras enquanto "essências", mas tornam-se mistas quando são elementais, e são linhas energomagnéticas quando atuantes nos planos espiritual e material, os quais formam a faixa vibratória humana ou dimensão humana da vida.

NONO CAPÍTULO

O Quadrante Visual

Na ciência dos entrecruzamentos, um de seus estudos fundamentais trata do quadrante visual ou da quadratura do círculo.

Sim, pois se tudo está dentro do Todo, e nós o simbolizamos como um círculo com um ponto neutro em seu centro, então precisamos estabelecer toda uma visão ampla que se aplica desde o macro até o micro, sempre do mesmo jeito. Esta visão ampla tem como ponto neutro a posição do observador, que se encontra justamente, e por analogia, nas mesma posição do ponto neutro (centro) do Todo (macro).

1º — Vamos desenhar uma circunferência simbolizando o Todo:

2º — Vamos adicionar a ela um ponto neutro central e centralizador:

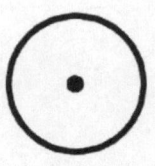

3º — Vamos adicionar à circunferência quatro posições cardeais:

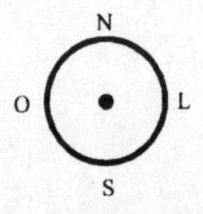

— Norte
— Sul
— Leste
— Oeste

4º — Vamos, por analogia, indicar estas posições com as que nosso campo visual neutro nos indica:

— Norte = Alto
— Sul   = Embaixo
— Leste = Direita
— Oeste = Esquerda

5º — Vamos, recorrendo às interpretações religiosas e a sinais gráficos, trocar as palavras por signos consagrados como interpretação simbólica, que dispensam as palavras:

Norte => Alto   => Luz   => (+)
Sul   => Embaixo => Trevas   => (-)
Leste => Direita => Positivo => (+)
Oeste => Esquerda => Negativo => (-)

6º — Tendo transformado as palavras em sinais gráficos, aceitos como signos analógicos, vamos colocá-los ao redor da circunferência:

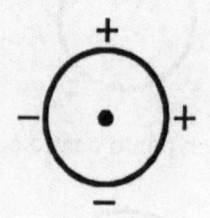

O Quadrante Visual 459

7º — Tendo já indicadas as posições identificadas por signos, vamos quadricular a circunferência recorrendo a raios:

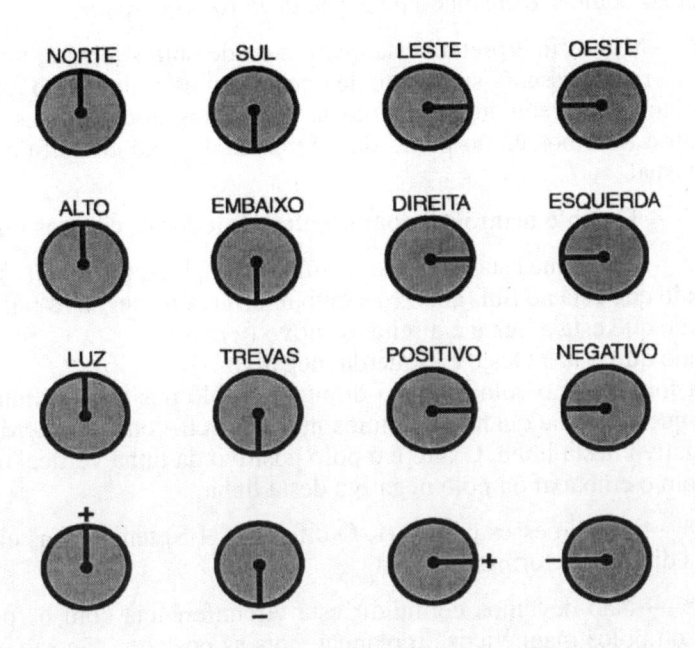

Os quatro raios partem do centro neutro, que é a posição do observador e, reunindo estes quatro raios visuais, temos:

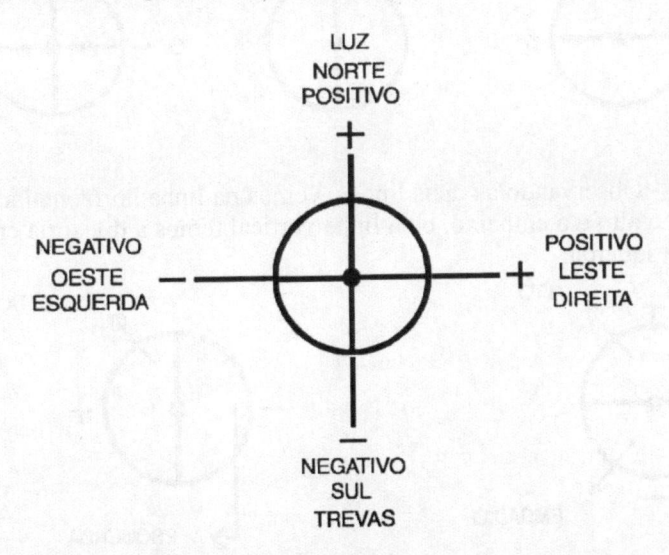

8º — Esta circunferência, de cujo ponto neutro partem quatro raios, que formam dois pares em direções ou polos opostos numa mesma linha (N-S / L-O), quadriculam a circunferência a partir de seu ponto neutro. Isso, nas ciências ocultas, é chamado de *A Quadratura do Círculo*.

9º — Muitos interpretam esta quadratura de outras formas, mas esta a que recorremos assenta-se no fato de que só vemos realmente o que está acima, abaixo, à direita ou à esquerda se estivermos assentados no centro neutro ou o tivermos como ponto de referência do eixo central de nosso campo visual.

10º — O ponto neutro é o ponto central de todos os campos visuais.

11º — Tudo que está ao Norte (acima) é alto, Luz, positivo (+).
Tudo que está ao Sul (abaixo) é embaixo, Trevas, negativo (-).
Tudo que está a Leste é direita, positivo (+).
Tudo que está a Oeste é esquerda, negativo (-).
Da forma como colocamos, a direita é o polo positivo da linha horizontal que se forma quando a unimos numa só reta com a esquerda, é o polo negativo desta linha. O alto é o polo positivo da linha vertical que se forma com o embaixo ou polo negativo desta linha.

12º — Unindo esses pontos (L-O diferente N-S) temos duas circunferências divinas de formas.

13º — Não devemos confundir esta circunferência com os pontos cardeais ou polos magnéticos do planeta, pois as posições não são exatamente as mesmas.

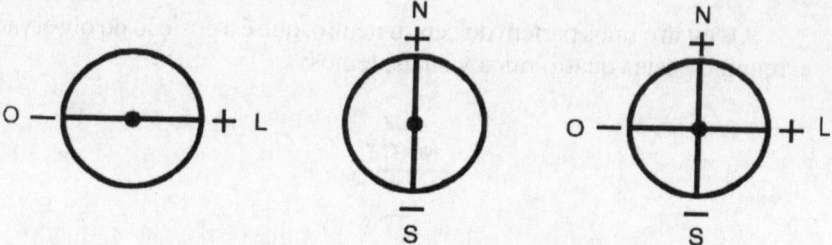

14º — Observando as duas linhas, vemos na linha horizontal a divisória entre o alto e o embaixo, e na linha vertical temos a divisória entre a direita e a esquerda.

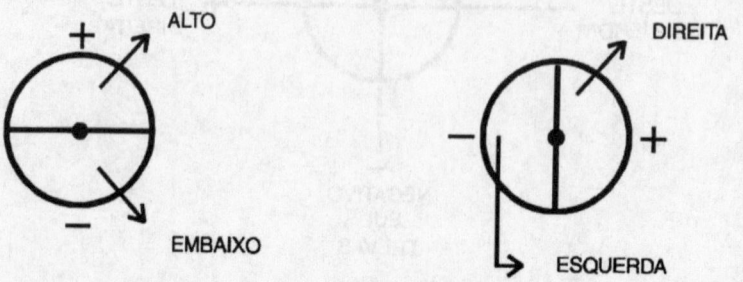

O Quadrante Visual

15º — Todas as leituras precisam ser feitas a partir dessas explicações, pois só assim é possível interpretar os entrecruzamentos ou mesmo as direções de determinados sinais gráficos usados pelos guias espirituais nos pontos riscados, já que estes, se contidos dentro da circunferência, estão indicando que toda a ação mágica será limitada e ocorrerá dentro de seu campo de ação. No entanto, se ultrapassarem o perímetro dela, então serão iniciados dentro de seu campo ou raio de ação, mas alcançarão outros campos ou limites alheios, regidos por outros Orixás, bastando observar quais quadrantes foram cortados por eles ou diante de quais foram afixados, pois a circunferência é dividida em quatro partes com 90° cada.

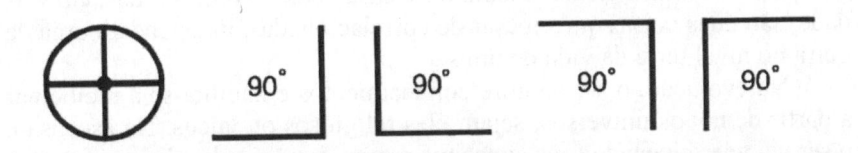

16º — A linha vertical é a escala vibratória que, do ponto neutro para cima, indica que as vibrações são positivas e que dele para baixo são negativas.

17º — A linha horizontal indica em que faixa vibratória as forças estão assentadas ou as ações estão acontecendo.

18º — A Umbanda possui sete linhas de forças.

19º — Cada raio é cortado por sete linhas.

20º — A linha vertical possui 14 linhas horizontais cortando-a ou passando por ela. As sete acima do ponto neutro são as sete faixas vibratórias positivas, e as sete abaixo do ponto neutro são as sete faixas vibratórias negativas.

21º — A linha horizontal possui 14 linhas verticais cortando-a ou passando por ela.

• as sete à direita são as linhas da direita (positiva).
• as sete à esquerda são as linhas da esquerda (negativa).

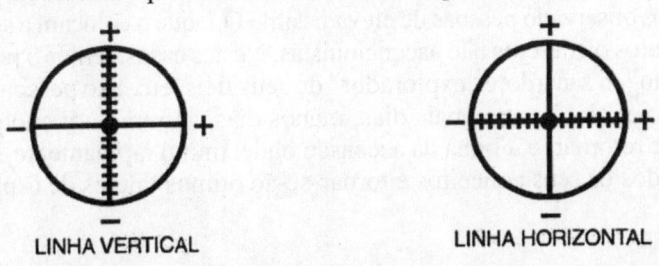

LINHA VERTICAL   LINHA HORIZONTAL

Unindo as duas linhas numa só circunferência, temos:

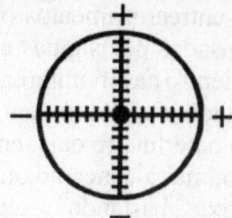

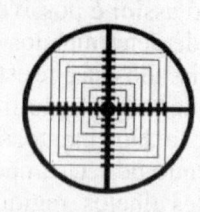

22º — A linha vertical é chamada de "linha de ascensão".

23º — A linha horizontal é chamada de "linha de evolução".

24º — Normalmente associam ascensão com evolução, mas, em verdade, são duas coisas que, apesar de correlacionadas, independem uma da outra no nível terra da vida de um ser.

Na evolução, o ser adquire conhecimentos e habilita-se a raciocinar a partir de novos universos, sejam eles religiosos ou laicos. Na ascensão, o ser vai aperfeiçoando seus conceitos acerca das verdades divinas e vai-se dotando conscientemente de um virtuosismo que eleva suas vibrações mentais e o coloca em sintonia com faixas superiores à que está vivendo, a faixa neutra ou nível terra.

Ascensão é elevação consciente do ser, que se vai afastando do magnetismo terrestre e material, fortemente concentrador ou atrativo, e torna-se irradiante e irradiador de energias sutis afins com as faixas superiores onde se liga mentalmente.

Quando se fala em "queda espiritual", refere-se à descida a níveis vibratórios abaixo da linha horizontal que passa pelo plano neutro. Sentimentos negativos ou viciados nos colocam em sintonia vibratória, com as faixas ou linhas negativas localizadas abaixo do ponto neutro.

Um espírito pode sofrer uma queda vibratória na linha da ascensão, mas não involuir, pois não perdeu sua capacidade de raciocinar, apenas a desvirtuou.

A linha da ascensão é a razão.

A linha da evolução é o raciocínio.

Antes que levantem objeções, explicamos: existem espíritos já muito evoluídos que reencarnam e desvirtuam seus conceitos básicos.

Temos observado pessoas de elevadíssimo Q.I. que o colocam a serviço de sentimentos ou desejos não ascencionistas. Nestes casos, temos o político "espertalhão", o sacerdote "explorador" de seus fiéis, etc. São pessoas com uma grande evolução que, mais dias, menos dias, sofrerão um choque da Lei Maior e retornarão à linha da ascensão onde, muito rapidamente, reformularão todos os seus conceitos e tornar-se-ão ótimos líderes de espíritos.

Mas a evolução é contínua e, em uma aparente involução acontecida com um ser, às vezes está a atuação oculta da Lei Maior que paralisou o seu raciocínio visando a livrá-lo de uma queda ainda mais acentuada na linha vertical, onde cairia a níveis vibratórios altamente prejudiciais a um ser que só está precisando ser paralisado até que reformule seus conceitos acerca das verdades da vida.

Quedas vibratórias ou quedas espirituais acontecem frequentemente na vida dos seres. Ascensões vertiginosas também não são aconselháveis.

É aconselhável um virtuosismo acompanhado de uma capacidade cada vez maior de absorver conhecimentos ainda não vivenciados pelo ser.

Uma ascensão vertical sem uma expansão na linha horizontal não é garantia de estabilidade emocional, mental ou racional em um ser.

Quem ascende com uma ampla gama de conhecimentos vivenciados virtuosamente no plano material não "cai". Porém, quem se virtualiza trancado em um mosteiro não se aperfeiçoou a partir da convivência com os "contrários", da qual extrairia sólidos conceitos acerca das verdades da vida que o "conscientizariam" a partir da convivência em um meio adverso. Não morder a "maçã do amor", afastando-a de sua vida, não habilita ninguém ao paraíso. Um ser assim não evoluiu; isolou-se do que mais temia ou não aceitava como natural.

A convivência com os opostos faz parte do aprendizado que a Lei Maior nos facultou e não nos dispensou de vivenciá-lo. Apenas exige que os vivenciemos com nobreza, juízo e conceitos elevados. Afinal, nem a maçã, nem o amor são nocivos a um ser. A maçã alimenta sua carne (desejos) e o amor enobrece seus sentimentos, elevando-o a níveis vibratórios superiores.

Então que fique entendida esta diferença entre ascensão e evolução, linha vertical e horizontal, pois se nos alongamos nesta distinção é porque, mais adiante, desdobraremos os entrecruzamentos e é fundamental que saibam disto.

Afinal, uma pessoa inteligentíssima até pode chegar a ser o dirigente máximo de uma nação, mas se não tiver uma consciência elevada usará de todo seu conhecimento para benefício próprio ou dos que o cercam e vibram na mesma faixa. Já alguém com evolução (inteligência) e ascensão (consciência) certamente governará em favor da maioria, pois se preocupará com os polos sociais de seu povo.

Com isso em mente, retomemos nossa linha de raciocínio (evolução) de um conhecimento.

25º — Os polos positivos das duas linhas são irradiantes e expansivos. Os polos negativos são atrativos e concentradores.

26º — Os polos positivos sutilizam o magnetismo dos seres. Os polos negativos densificam seus magnetismos.

27º — Os polos positivos atuam a partir de irradiações contínuas. Vibram em um só padrão o tempo todo. Os polos negativos atuam a partir de irradiações alternadas, que tanto atraem quanto repelem.

28º — Os polos positivos não repelem, apenas facultam, nas suas irradiações contínuas, que cada um alcance o nível evolutivo e ascensionista afim com seu magnetismo mental.

Os polos negativos tanto atraem, quanto repelem. Na atração, vão paralisando os seres e na repelência vão intensificando as emoções, até que chegue um ponto em que ocorra uma catarse emocional. Assim, os seres são paralisados em níveis vibratórios negativos dos quais só sairão pela intervenção direta da Lei.

Intervenção direta é a Lei atuando através dos seres que a servem: é a atuação ostensiva dos agentes da Lei. Intervenção indireta é a Lei atuando por intermédio da consciência do ser, que em um processo muito lento e sutil vai alterando todo o seu psiquismo.

29º — Na atuação direta, a Lei recorre às energias para alcançar seus objetivos mais imediatos. Na atuação indireta, a Lei recorre ao magnetismos dos polos das faixas vibratórias. Neste caso, seus objetivo são mais amplos.

30º — Nas faixas vibratórias naturais (reinos encantados), a imanência magnética vai afinizando os seres em acordo com os objetivos da lei. Nas faixas vibratórias espirituais (esferas humanas), a vibração energética vai movendo os seres e encaminhando-os segundo os objetivos a eles reservados pela Lei.

31º — Magnetismo e energia estão na raiz de todos os conhecimentos ocultos. Desconhecê-los, ou às suas formas de atuar na vida dos seres, é privar o conhecimento individual em 50% do campo abrangido pelo verdadeiro conhecimento e ocupá-lo com coisas míticas ou abstratas.

Na falta deste conhecimento, criaram o céu e o inferno, reservando o primeiro para os bons e o segundo para os maus. Mas nem sempre aquilo que entendemos como mal, ou maldade, o é. O juiz que decreta a prisão de um assassino confesso não está sendo mau, mas sim justo. O pai que não reprime a rebeldia do filho adolescente não está sendo bom, mas sim está agindo mal e prejudicando o próprio filho, pois o está privando de um aprendizado que será muito útil mais adiante.

Conceitos são apenas conceitos, se não passarem pelo crivo da razão. Um juiz justo é fonte segura onde dúvidas são dirimidas. Um pai tolerante e benevolente seguramente é uma fonte de incertezas para seus filhos.

32º — A Lei não é tolerante, é justa. A Lei não é benevolente, é generosa. Ela não priva o justo de seu juízo, assim como não concede ao injusto a liberdade desajuizada.

33º — Lei, Justiça e Razão são requisitos fundamentais para uma evolução justa, uma ascensão sólida e um aprendizado contínuo.

34º — Lei, Justiça e Evolução são três das Sete Linhas de Umbanda.

35º — As outras quatro são Fé, Amor, Conhecimento e Geração. Temos aí as sete linhas que cortam ou passam tanto pela linha vertical quanto pela horizontal, pois, em verdade, são linhas retas de eixos visuais pelos quais nos aproximamos das verdades divinas e das próprias divindades maiores que regem nossas vidas, tanto quando estamos acima da linha horizontal quanto abaixo dela, e tanto à direita quanto à esquerda da linha vertical.

36º — Por isso, a quadratura do círculo é fundamental à compreensão do Todo (Deus) e de como atuam Suas hierarquias regentes (Tronos ou Orixás).

37º — No círculo estão posicionadas todas as Sete Linhas de Umbanda que, ao se entrecruzarem, quando passam pelo ponto neutro, dão origem ao Trono Divino ocupado pelo Regente da Coroa Divina.

38º — Este Trono Divino, para melhor compreensão de sua magnitude, podemos defini-lo assim:
Ele tanto é o todo planetário, como o "Todo" está nele.
Ele é a emanação divina em toda a sua abrangência celestial, que estacionou nesse ponto do universo e, em si mesmo, deu origem à condensação das essências, que deram origem aos elementos, que deram origem às energias, que deram origem às formas. Estas formas são encontradas em todas as dimensões planetárias, cada uma obedecendo a um padrão vibratório próprio.
A matéria tem uma forma só sua, a qual vibra em um padrão que sustenta tudo o que denominamos "criação material".
O padrão vibratório "humano" tem sustentado o mundo material em que vivemos, mas ele é dual e também se manifesta no plano espiritual, que obedece a uma "geografia" análoga à material.
No plano espiritual, a água também corre do ponto mais alto para o mais baixo e quem for mais "pesado" que o "ar" espiritual não consegue pairar acima do nível "terra" lá existente.
Tudo isso está contido no todo planetário, que é em si mesmo o Trono das Sete Encruzilhadas, regente planetário por excelência divina.
Toda a ciência do entrecruzamento originou-se desse Trono Divino e nele estão assentados todos os seus fundamentos originais. Todas as linhas de forças originam-se a partir dele, assim como nele todas estão contidas.
Nós já comentamos que os Orixás Naturais são mistérios divinos, os quais só conseguimos interpretar se os "humanizarmos". Sim, nós precisamos de um referencial humano, senão não conseguimos entendê-los, já

que nossa razão é humana e só entende as coisas humanas ou que foram "humanizadas".

Não entenderíamos nada se alguém dissesse: "Existe uma irradiação divina de natureza 'aquática' que atua como elemento ativo em todos os processos geradores, dando-lhes os meios necessários para que a vida floresça em todas as dimensões planetárias e nas faixas vibratórias que distinguem umas das outras".

Isto seria abstrato demais, pois falta o elemento humano que, de imediato, tornaria assimilável essa definição científica de um mistério divino que rege a geração em seu polo mais amplo.

Mas se nos disserem que Iemanjá é o mistério em si mesmo, que aí está definido, então diremos:

— Ah! Agora entendi! Iemanjá é a Mãe da Vida, não é mesmo?

Isso mesmo! Ela é definida, como a "Mãe da Vida", pois demos a um mistério divino uma definição que a caracterizou como "mãe". É no ventre bendito das mães que vidas são geradas! Mãe tanto é a nossa mãe humana, quanto as mães de todas as outras espécies, pois são, em si mesmas, matrizes geradoras de seres semelhantes a si mesmas.

Todas as mães são mistérios individualizados do mistério planetário que na Umbanda conhecemos como Iemanjá, a mãe de todos os Orixás mais "novos", pois os Orixás "velhos" são mistérios pouco estudados ou entendidos pelos umbandistas.

As sete vibrações planetárias são sete mistérios, e Iemanjá — a Mãe Divina — é um deles! Se a temos no grau de mãe dos Orixás é porque, se um Orixá existe, então foi gerado. E se tudo é gerado em Iemanjá, então todos foram gerados por esse mistério divino que humanizamos com o nome carinhoso de "Mãe da Vida".

As lendas dos Orixás, se corretamente interpretadas, fornecem-nos todo o roteiro que devemos seguir para que os compreendamos a partir desta nossa razão humana das coisas.

Uma pessoa pouco ligada aos estudos mais profundos dos mistérios, ao fixar-se somente nas lendas, apega-se a uma definição humana de um mistério do Divino Criador que pontifica a linha da geração.

Saibam que os Senhores Orixás não só aceitam estas definições humanas de seus caracteres divinos como ainda as estimulam, pois, por serem simples, mas sintetizadoras de um mistério divino, são aceitas por todos e por todos são entendidas.

Todas as definições humanas que os sintetizam e definem são estimuladas por eles, pois só assim se tornam compreensíveis e adorados. Afinal, ninguém adoraria com fé e amor uma irradiação divina de natureza aquática, mas milhões incontáveis adoram e amam a adorável e amorosa mãe da vida, Iemanjá!

Em um nível ainda mais elevado, ninguém adora o "Divino Criador", porém todos reverenciam a "Deus", que é o mesmo Divino Criador, mas já humanizado em "Deus" ou como "Deus".

Todos dizem "o meu Deus", mas poucos observam que embora Deus nos tenha criado à Sua imagem e semelhança, e por isso O idealizamos a partir de nossa razão humana, no entanto Ele criou os peixes, os répteis, as aves, etc. E cada uma dessas espécies são regidas por uma concepção análoga à que temos do "nosso Deus", mas todas se referem ao mesmo Divino Criador.

Em um passado já distante, quando a clarividência era mais comum entre os encarnados, e como, a partir de certos subpadrões vibratórios, um vidente enxergava o que existe em outras dimensões da vida, não raro surgiam cultos hoje tidos como arcaicos ou pagãos.

Mas o fato é que existem dimensões onde vivem seres "naturais" semelhantes aos que vemos no plano material. E os videntes que "viam" uma faixa vibratória habitada por répteis também viam seres naturais parecidos com homens-cobras. Isso deu origem ao culto ao "deus-cobra" em regiões assoladas pelo terror na forma de cobras peçonhentas que os ameaçavam.

Não raro realizavam até sacrifícios em honra a esses "deuses-cobras", pois acreditavam que assim se livrariam da ameaça — as cobras "materiais" que se multiplicavam assustadoramente.

Outros "deuses naturais" também foram vislumbrados por pessoas que possuíam a clarividência e foram cultuados em muitos pontos do planeta, todos isolados uns dos outros.

Com os Sagrados Orixás aconteceu da mesma maneira, assim como aconteceu em Portugal com a aparição de Nossa Senhora de Fátima; no Brasil, com o aparecimento de uma imagem de Nossa Senhora Aparecida; e em outros pontos do mundo cristão, com outros mistérios do Cristo humanizado. E se muitos dos seus mistérios já se humanizaram como santos e santas, outros ainda aguardam o momento mais propício para se humanizar e assumir um local onde sustentarão muitas pessoas na fé em Cristo Jesus, nosso amado Mestre Divino, que se humanizou para ser melhor entendido pelos homens. Jesus Cristo não é Deus, mas por ser em si mesmo um mistério divino, conduz a Deus todos os que seguirem fielmente suas mensagens divinas.

Bem, desviamo-nos um pouco para melhor explicarmos o mistério "Orixás", que também se humanizaram para serem facilmente entendidos, assimilados, amados e adorados, e mais facilmente conduzirem a Olorum seus filhos de Fé. Humanizando, os assentaremos nos Tronos Naturais que pontificam as Sete Linhas de Umbanda, facilitando a compreensão da ciência dos entrecruzamentos que nos mostra como as linhas são vistas dentro do círculo, em cujo centro neutro está assentado o Trono Planetário das Sete Encruzilhadas. Afinal, se muitos já escreveram a respeito da Umbanda, ninguém associou o mistério Sete Encruzilhadas ao Trono Regente de todas as

Sete Linhas de Umbanda, que são pontificadas por Orixás já humanizados no decorrer dos milênios.

Exu Sete Encruzilhadas dispensa apresentações, pois já se incorporou aos conhecimentos básicos dos umbandistas. Entretanto, esses desconhecem o Trono Planetário Sete Encruzilhadas e associa automaticamente Exu à "encruza".

A verdade é bem outra e o grau hierárquico "Exu Sete Encruzilhadas", sendo um mistério em si mesmo, também é um manifestador à esquerda dos Orixás assentados nos níveis vibratórios das linhas de forças planetárias regidas pelo mistério Sete Encruzilhadas.

É certo que ninguém sabia disso ou sequer suspeitava que, atrás do já conhecido mistério Exu Sete Encruzilhadas, oculta-se o Trono do Regente Planetário.

Nós, por estarmos cumprindo com nossa missão esclarecedora dos mistérios divinos, estamos revelando este mistério. Mas outros mentores instrutores, se não o revelaram não foi porque o desconheciam. Apenas estavam velando o mistério o qual ainda não estavam autorizados a revelar, mesmo aos seus mais diletos discípulos do plano terra.

Os mistérios só são comentados pelos mestres instrutores quando recebem uma ordem direta dos Senhores Orixás Regentes das linhas do Conhecimento e da Lei.

Os humildes Pretos-Velhos de Lei, os aguerridos Caboclos de Lei, os galhofeiros Exus guardiões, ou mesmo os encantados ibejis, são orientados pela mais rígida e respeitada Lei que rege as manifestações espirituais no plano terra: A Lei do Silêncio sobre os Mistérios!

Espírito nenhum comenta o lado oculto do mistério que o rege, senão o próprio mistério o pune no mesmo instante. E mesmo nós, autorizados a abrir alguns e incorporá-los ao conhecimento básico já existente e disponível aos umbandistas, só transmitimos ao nosso médium psicógrafo o que autorizam nossos regentes assentados no Magno Colégio de Umbanda Sagrada, um "departamento" do Magno Colégio dos Magos.

Portanto, não julguem como ignorantes os mentores da Umbanda que nunca comentaram os mistérios, aos quais conhecem muito bem, mas aos quais estão impedidos de abordar fora dos locais onde lhes são ou foram "abertos". Esses locais pertencem a instâncias espirituais superiores do Ritual de Umbanda Sagrada! Não tentem induzi-los a abordar mistérios, pois nada eles comentarão e, se insistirem, eles se afastarão para não incorrer em um dos ditames maiores da Lei dos Mistérios.

O primeiro mistério é este: "Nunca revelarás o teu mistério ou comentará algo referente a um mistério alheio". Ou alguém já viu ou ouviu um Caboclo, Preto-Velho, Exu ou erê comentar algo neste sentido? As únicas coisas autorizadas são revelar seus nomes simbólicos e riscar pontos de fixação de forças, sempre parciais.

Portanto, não entendam o finíssimo raio de luz do conhecimento que temos refletido como o suprassumo do saber, pois não o é. Nem temos autorizado alguém a classificá-lo como tal. Classificamos este raio da Luz do Saber como "Ciência", e nada mais.

Quem interpretar corretamente o termo "ciência" saberá que ele envolve um campo muito vasto, vastíssimo mesmo, ao qual, por mais que o estudemos, nunca dominaremos totalmente. Afinal, sempre que pensamos estar esgotando uma linha do conhecimento, descobrimos estar estudando o portal de entrada de uma colossal universidade.

Para que entendam o termo "ciência", recorro ao "computador", o qual não deixo de admirar como uma prova concreta da habilidade humana. Como não sou cego, nem sou uma entidade abstrata, e como passo boa parte do meu tempo ao lado do meu médium, então recorro a um invento humano que explica o que é ciência: se o operador o liga, abre-se um painel luminoso (conhecimento).

Ao acessar um tópico da tela, um novo painel se abre (mais conhecimento...). E ao acessar um tópico desta nova tela, outro painel se mostra (mais conhecimento...), e assim um campo vastíssimo vai-se mostrando em cada uma das telas que vão sendo abertas. E todas lhe fornecem um "campo de trabalho".

Ciência é isto: cada descoberta (painel) proporciona, por meio dos tópicos que nos são mostrados, vastos campos de trabalho. Ciência é algo parecido com um computador! Maravilhoso, não?

Claro, pois o Mistério Sete Encruzilhadas pode ser comparado a um, já que todos o conhecem (a máquina em si mesma), mas não sabem nada além de ligá-lo ou desligá-lo (ativar ou desativar Exu Sete Encruzilhadas com "despachos").

Ninguém sabe nada do vastíssimo campo em que ele atua; quais as suas "ferramentas" de trabalhos; como ele realmente é por trás de sua aparência plasmada; que vibração (Orixá) o habilita ao trabalho magístico, a qual Orixás ele está servindo.

Bem, desculpem-me pela comparação. Mas outra comparação tão terra não me ocorreu para definir "ciência" e "mistério".

O mesmo ocorre com os Sagrados Orixás, mistérios do Criador.

Todos sabem que existem "Caboclos" de Ogum, Exus de Ogum etc. E quando descobrem algumas particularidades de uma destas "entidades", ficam sabendo que é regida por um Ogum localizado em uma outra faixa vibratória.

Se se aprofundarem mais, descobrirão que aquele Ogum que rege as entidades estudadas pertence ou é parte de um mistério maior, o qual por sua vez pertence a um mistério do... e assim sucessivamente. Em verdade, na matéria "ciência divina", nunca ultrapassamos o portal de acesso à imensurável universidade do saber que é o Criador em Si mesmo.

Por isso, só lhes revelamos que Exu Sete Encruzilhadas é um mistério do Mistério "Guardião" das Sete Encruzilhadas, que é um mistério da Coroa Divina, que é um mistério do Trono das Sete Encruzilhadas, que é o Regente Planetário, que em si mesmo dá sustentação ao campo dentro do qual está o nosso "Todo Planetário", que é um mistério do nosso Divino Criador.

Bem, paremos aqui, pois já devem ter percebido o quanto estão enganados todos os que acreditam que o Mistério Sete Encruzilhadas começa e termina com Exu Sete Encruzilhadas.

Saibam que todos os nomes simbólicos de linhas de ação, reação e trabalhos do Ritual de Umbanda Sagrada que usam o "sete" são, direta ou indiretamente, regidos pelo Trono das Sete Encruzilhadas, que não é o Exu Sete Encruzilhadas.

Lembrem-se bem disso para que não incorram no mesmo erro de alguns umbandistas que, tendo recebido um raio, apenas um, da grafia oculta (cabalística), acreditaram ter recebido todo o conhecimento gráfico magístico usado pelos guias de ação e reação.

Atentem bem para esse alerta, senão logo um tolo qualquer dirá isto: "Bem que li, em um livro inspirado pelo Pai Benedito de Aruanda, M..L.., que meu Exu Sete Encruzilhadas é o Regente Planetário! Puxa, se o meu Exu é o Regente Planetário, então vou colocar o nome de todos os meus desafetos na tronqueira dele, que serão punidos no mesmo instante!"

Cuidado com as interpretações dos conhecimentos que lhes chegam, pois já vimos tolos realizarem esse tipo de confusão com mais frequência do que possam imaginar.

Lembrem-se de que, ao contrário do que já ousaram a escrever como conhecimento último — que Exu é isso ou aquilo — Exu é apenas um acesso cósmico (negativo) aos mistérios alinhados (assentados) ao redor do Trono das Sete Encruzilhadas, este sim, um mistério planetário! Não incorram no erro dos que escreveram tal absurdo julgando-se muito inteligentes.

Não confundam intelectualismo com sapiência. Afinal, inteligentes todos somos. Mas sábios só uns poucos são, e não se acham como tal ou "o tal", pois sabem que ainda não adentraram pelo portal que conduz ao conhecimento interno do nosso Divino Criador.

Não confundam o nosso tênue e fraquíssimo raio de conhecimento com a esplendorosa e radiante luz do saber irradiada pelo divino Trono das Sete Encruzilhadas. Exu Sete Encruzilhadas é mistério em si mesmo, regido pelo Trono Planetário Sete Encruzilhadas!

DÉCIMO CAPÍTULO

A Ciência dos Entrecruzamentos

A ciência dos entrecruzamentos (ou do X) fundamenta-se na bipolaridade existente nas coisas criadas por Deus.

Se não, vejamos:

1 — Do ponto central da circunferência partem raios em todas as direções e quando dois deles localizados em direções opostas formam uma linha reta, ali temos uma linha reta, ali temos uma linha de forças bipolarizadas, sendo que ambos são influenciados pelo ponto central e ambos o influenciam, pois tanto transportam a energia emitida pelo ponto central quanto o energizam.

2 — Então, temos isso:

Todas as possibilidades de termos ângulos de 180° formam linhas de forças bipolarizadas.

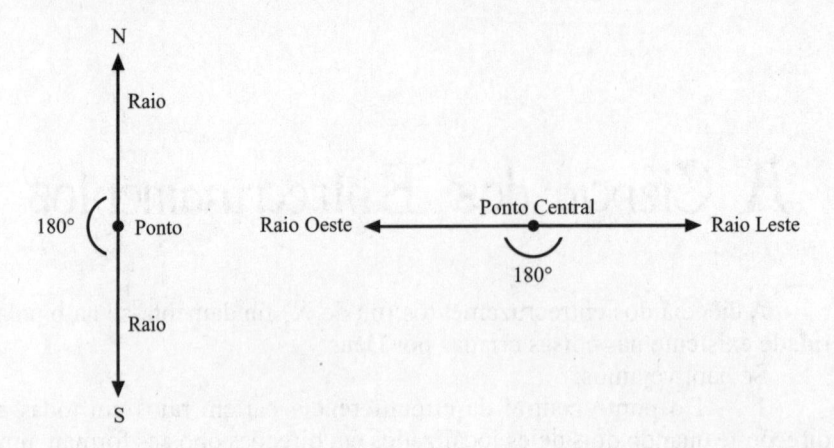

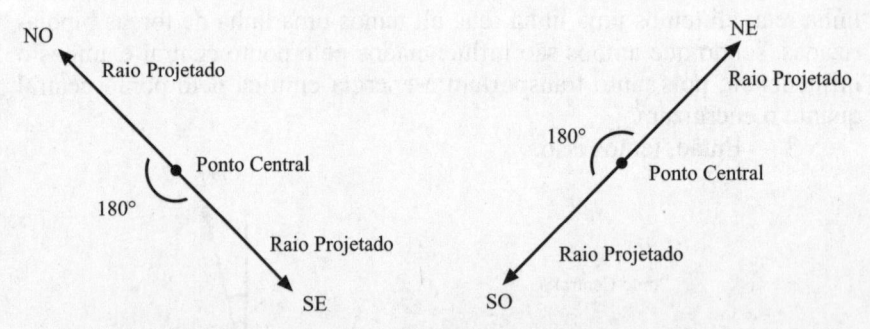

3 — Aqui, só mostramos quatro linhas de forças bipolarizadas (N-S, L-O, NO-SE, NE-SO), formadas por oito raios que, a partir do ponto central, partem para direções opostas.

4 — Como cada ponto é um polo e como a linha que forma a circunferência também é formada por pontos, então podemos inferir que ela possui um ponto-polo para cada grau, perfazendo 360 pontos-polos, e os 360 graus da circunferência permitem a existência de 180 linhas de forças bipolarizadas.

5 — Como os pontos-polos cardeais são só oito, então temos um modelo fácil de ser aplicado na ciência do X, ou dos entrecruzamentos, já que até a linha que forma um raio também é formada por pontos colocados lado a lado em linha reta. Ou não é isto que nos ensina a geometria elementar?

6 — Isto ela nos ensina e é a partir da geometria que a ciência do X encontra seus fundamentos energéticos, magnéticos, eletromagnéticos e suas polarizações.

A Ciência dos Entrecruzamentos 473

7 — Vejamos, então: O ponto central polariza-se com os 360 polos-graus da circunferência ao mesmo tempo e com cada um deles individualizados ou separados dos outros.

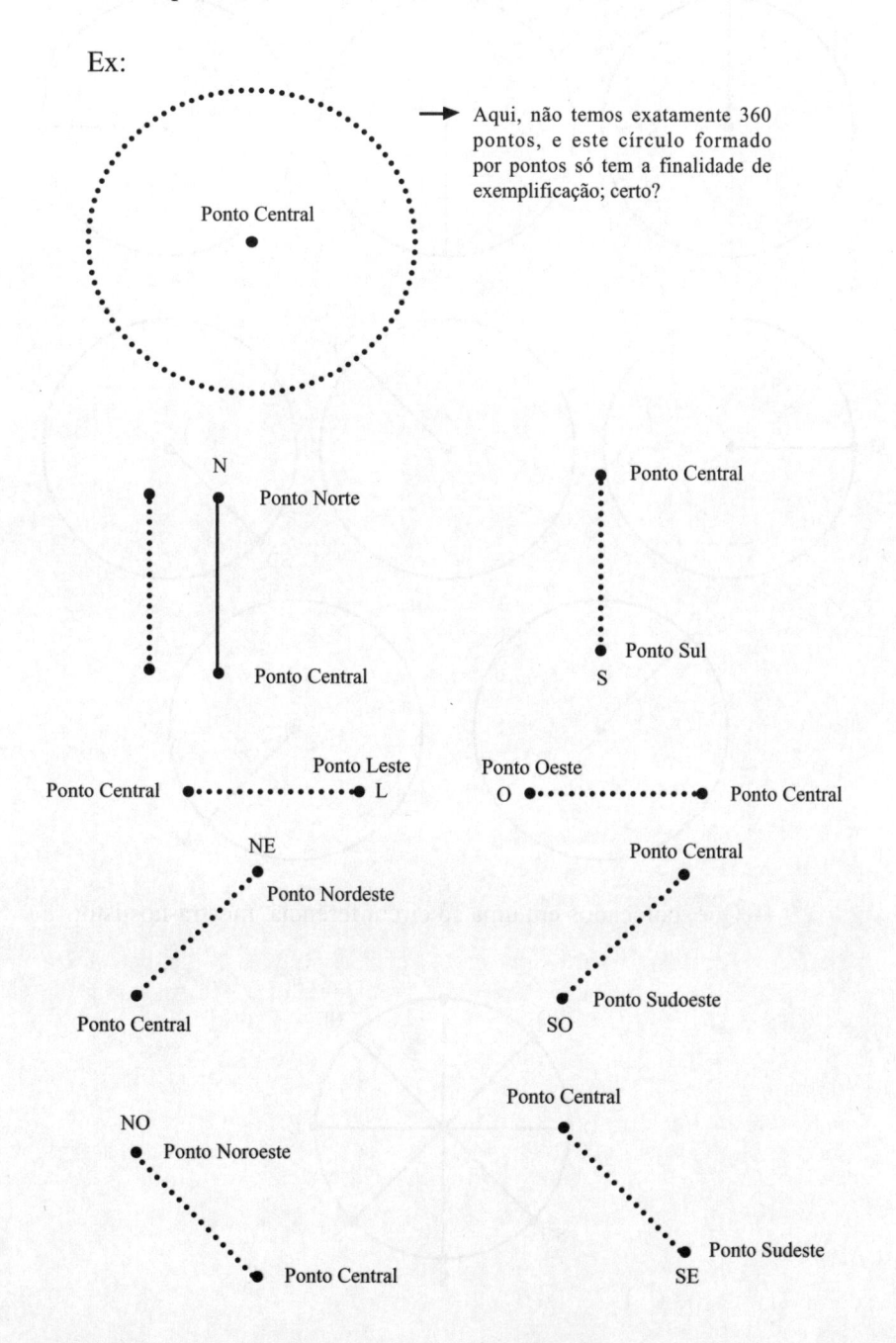

Ex:

Ponto Central

→ Aqui, não temos exatamente 360 pontos, e este círculo formado por pontos só tem a finalidade de exemplificação; certo?

N Ponto Norte

Ponto Central

Ponto Central

Ponto Sul
S

Ponto Leste
Ponto Central ●••••••••••● L

Ponto Oeste
O ●••••••••••● Ponto Central

NE
Ponto Nordeste

Ponto Central

Ponto Central

Ponto Sudoeste
SO

NO
Ponto Noroeste

Ponto Central

Ponto Central

Ponto Sudeste
SE

8 — Na circunferência, temos isto:

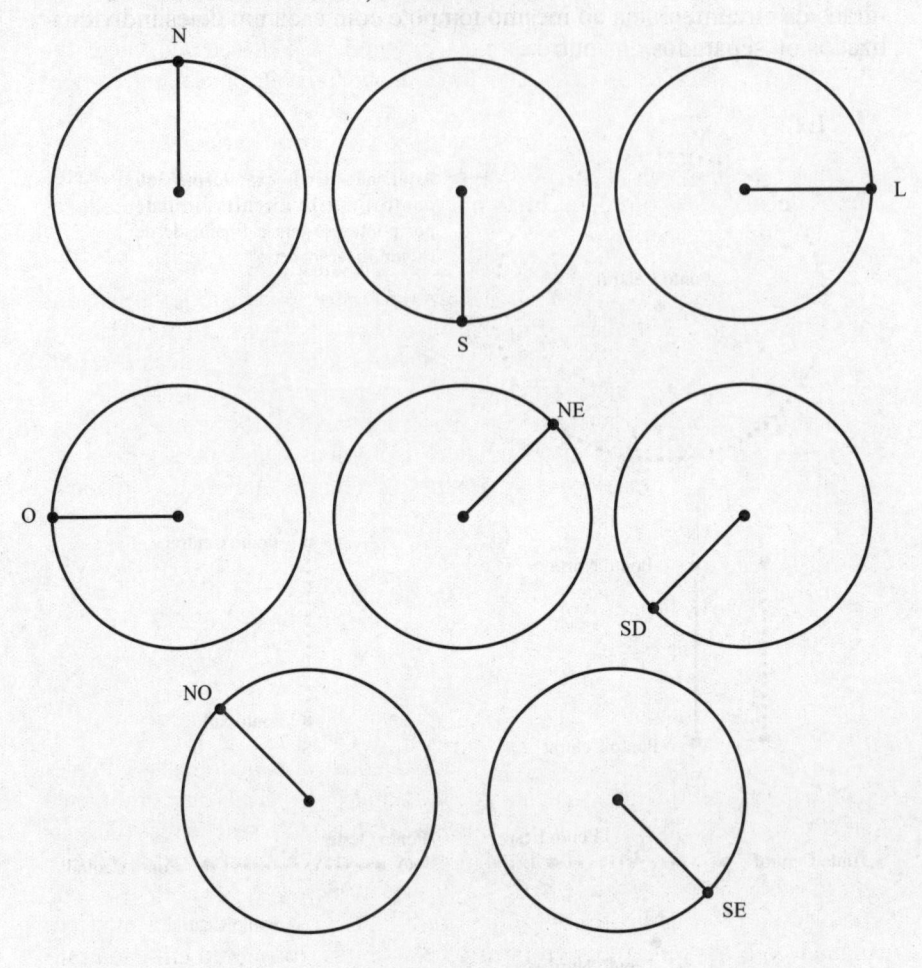

9 — Que, colocados em uma só circunferência, mostra-nos isto:

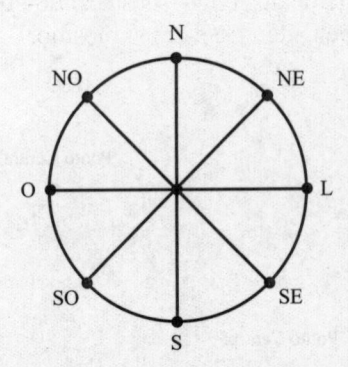

10 — Aí surgem oito raios que, de dois a dois, partem para pontos-graus diametralmente opostos e formam quatro linhas de forças bipolarizadas.

11 — Em cada polo-grau assenta-se um poder e, pelo seu raio, chega-lhe uma energia, uma cor, uma vibração, uma função, uma atribuição, um campo, um elemento, etc.

12 — Sendo assim, e assim o é, então os raios que partem em direções opostas a partir do ponto central formam uma linha reta que, em certos pontos de suas duas direções, cruzam com dois polos-graus identificadores com um poder específico.

13 — A Umbanda é regida pelo setenário sagrado.

14 — O setenário da Umbanda é bipolarizado: sete mistérios emanados por Deus (o ponto central) para duas direções opostas para cada um deles.

15 — Se Deus emana cada um dos seus mistérios para duas direções opostas, isto se deve à necessidade dele de criar os polos opostos-complementares, tais como: ativo-passivo, masculino-feminino, atrator-repulsor, expansor-concentrador, positivo-negativo, alto-embaixo, direita-esquerda, etc.

16 — Os sete mistérios que formam o setenário sagrado da Umbanda são esses:
- Mistério da Fé
- Mistério do Amor
- Mistério do Conhecimento
- Mistério da Justiça
- Mistério da Lei
- Mistério da Evolução
- Mistério da Geração

17 — Como cada mistério é irradiado em duas direções opostas complementares, então, em relação ao ponto central, dois polos-graus diametralmente opostos são ocupados por divindades-mistérios que tanto recebem as mesmas emanações de formas diferentes (ativa-passiva, etc.) como enviam ao ponto central suas emanações também de formas diferentes.

18 — E, como somos regidos pelo setenário, então cada mistério emanado o é em sete graus vibratórios diferentes, formando em cada raio uma escala vibratória própria dividida em sete graus ou sete pontos-polos, distribuídos equidistantemente entre si, destacando-se entre os muitos pontos que formam a linha que cada raio é em si mesmo.

19 — Então, temos isto:

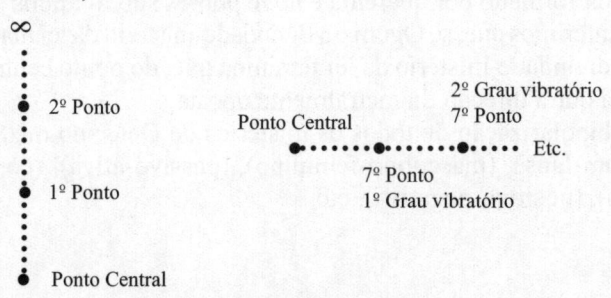

20 — Cada linha, ou raio, é formada por infinitos pontos e aqui, no setenário, a cada sete pontos temos um polo-grau, entre um e outros seis polos-graus que nomeamos como subpolos-graus ou subníveis vibratórios, também ocupados por divindades-mistérios, mas que não recebem, aqui, o mesmo destaque, senão teríamos que desdobrar todas as suas ligações polares com outras divindades-mistérios que interagem com elas. (Como estamos fundamentando os nossos comentários no setenário da Umbanda, então cada ponto é um X, ou ponto de entrecruzamentos em si mesmo, e gera todo um fundamento divino regente de um polo energomagnético.

Obs: Polo energomagnético é aquele que tanto emite energia em muitos padrões vibratórios como também tem a capacidade de recebê-la de outros polos, regraduando suas frequências vibratórias e irradiando-as para outros meios de vida necessitados delas.

21— Com isso entendido, então temos toda uma base para desdobrarmos a ciência dos entrecruzamentos e das linhas elementares ou puras e chegamos às linhas complexas ou polielementares.

Vamos, passo a passo, demonstrá-las:

P.C. (Ogum)   Ponto Grau (P.G.)   (P.G.)   (P.G.)   (P.G.)   (P.G.)   (P.G.)   (P.G.)
                  1º   2º   3º   4º   5º   6º   7º
Pontos   (P.S.G.)   (P.S.G.)   (P.S.G.) (P.S.G.) (P.S.G.) (P.S.G.) (P.S.G.)
Subgraus
(P.S.G.)

Em uma linha pura de Umbanda, desde o seu ponto central até o seu sétimo grau vibratório, ou sétimo polo-grau, existem outros seis polos-graus, ou seis outros graus vibratórios, e entre um e outro também existem outros seis subpolos-graus.

Tomemos a linha pura da divindade-mistério Ogum (Orixá da Lei). E, se o colocarmos no ponto central, ele irradia-se em sete graus diferentes, criando uma linha ou raio dividido ou graduado por sete polos-graus principais ou formado por quarenta e nove pontos subdivididos sete a sete.

Daí, inferimos que, se Ogum é a divindade-mistério da lei masculina, há uma outra divindade-mistério da lei feminina que, do ponto central (Deus), irradia para outra direção diametralmente oposta.

Pela bipolarização de todos os mistérios de Deus, no mistério da lei temos Ogum-Iansã, (masculino-feminino), (passivo-ativa), (concentrador-expansora), (positivo-negativa), etc.

A Ciência dos Entrecruzamentos

Em Iansã, temos isto:

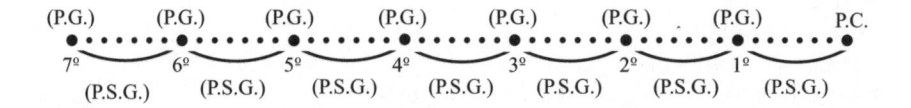

```
(P.G.)    (P.G.)    (P.G.)    (P.G.)    (P.G.)    (P.G.)    (P.G.)           P.C.
 •●●●●●●●●●●●●●●●●●●●●●●●●●●●●●●●●●●●●●●●●●●●●●●●●●●●●●●●●●●
  7º       6º        5º        4º        3º        2º        1º
(P.S.G.) (P.S.G.) (P.S.G.) (P.S.G.) (P.S.G.) (P.S.G.) (P.S.G.) (P.S.G.)
```

— Do ponto central, Deus irradia seus mistérios ordenadores da criação (a lei) de duas formas, e temos, na circunferência, isto:

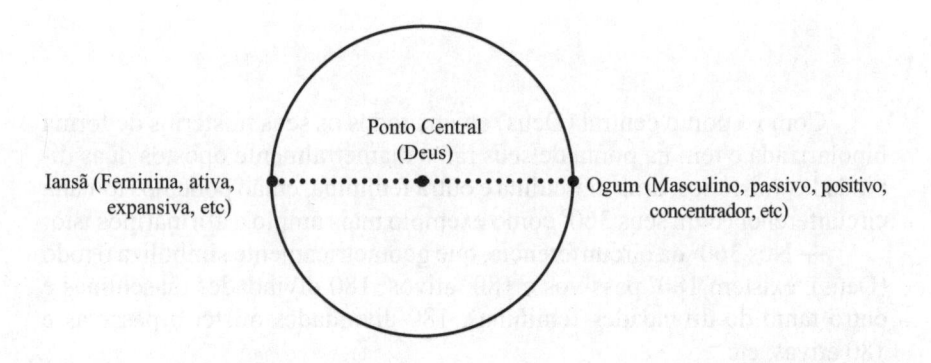

```
                    Ponto Central
                       (Deus)
Iansã (Feminina, ativa,  •••••••••••••  Ogum (Masculino, passivo, positivo,
    expansiva, etc)                          concentrador, etc)
```

— À medida que a emanação ou irradiação passiva da lei avança na circunferência em direção ao seu polo leste (Ogum), ela cria sete subgraus, sete graus vibratórios ou sete Oguns-graus, também nomeados por Oguns regentes dos graus vibratórios da irradiação da Lei (Ogum), e todos têm a mesma classificação (de Oguns) que é, porém, diferenciada pelo grau vibratório que rege.

E o mesmo acontece com a irradiação ativa da lei que avança na circunferência em direção ao seu polo oeste (Iansã).

Aqui, temos duas linhas puras com dois raios diametralmente opostos em cujos polos na circunferência estão assentadas duas divindades-mistérios (Ogum e Iansã) que, entre si, formam a linha pura da lei emanada por Deus e regida desde os seus polos extremos por eles, mas que, como toda linha, é formada por pontos, realçamos aqui sete pontos, ou polos-graus graduadores dos níveis vibratórios ocupados por quarenta e nove Oguns regentes de pontos-subgraus (PSG) e destacamos o setenário de Ogum em sete pontos-graus (PG).

E aí temos as linhas puras de Ogum e Iansã e a linha bipolarizada da lei maior, a qual, graficamente, podemos mostrá-la assim:

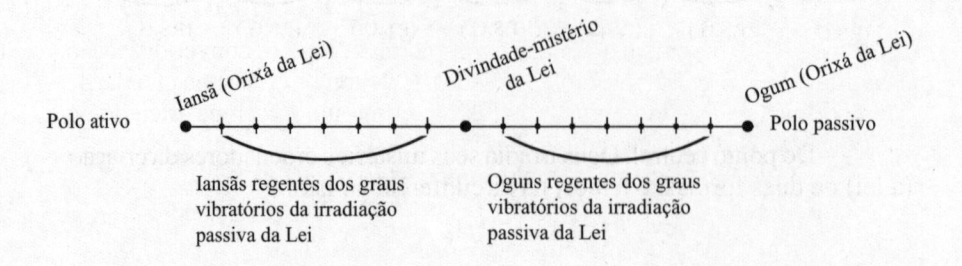

```
                Iansã (Orixá da Lei)      Divindade-mistério         Ogum (Orixá da Lei)
                                                da Lei
Polo ativo         •--|--|--|--|--|--|--•--|--|--|--|--|--|--•        Polo passivo
                   Iansãs regentes dos graus    Oguns regentes dos graus
                   vibratórios da irradiação    vibratórios da irradiação
                   passiva da Lei               passiva da Lei
```

Como o ponto central (Deus) emana todos os seus mistérios de forma bipolarizada e tem na ponta de seus raios diametralmente opostos duas divindades-mistérios, uma masculina e outra feminina, então podemos tomar a circunferência com seus 360° como exemplo mais amplo e afirmarmos isto:

— Nos 360° da circunferência, que geometricamente simboliza o todo (Deus), existem 180° passivos e 180° ativos; 180 divindades masculinas e outro tanto de divindades femininas, 180 divindades-mistério passivas e 180 ativas, etc.

Sabemos que a divisão da circunferência em 360° obedece a uma convenção técnica humana indispensável para tornar racional, funcional e compreensível a Geometria enquanto ciência.

Também sabemos que essa divisão está limitada a uma tela plana a apenas uma das três dimensões da Geometria (largura-altura e comprimento).

Agora, imaginem uma esfera com um ponto central emitindo raios em todas as direções.

Com certeza não serão só 360 raios que partirão do centro da esfera pois, a cada corte dessa mesma esfera, formar-se-á uma circunferência com seus trezentos e sessenta graus.

Como é possível cortá-la ou biparti-la de muitas posições, então tornam-se infinitos os polos-graus, ainda que em cada forma que a bipartirmos ou a dividirmos ao meio se formará em cada uma das duas faces internas uma circunferência que, geometricamente, tem 360 raios partindo do seu centro e que, também, tem 360 divindades-mistérios assentadas em seus polos-graus, com todas elas interagindo simultaneamente com o ponto central (Deus).

Com isto imaginado, cremos que ficou claro que o número de polos-centro ou de divindades de Deus é infinito e não temos como ordenar esse universo divino infinito porque somos mentes limitadas que não conseguem abranger o todo ao mesmo tempo mas sim apenas algumas de suas partes.

Assim, como somos apenas uma das muitas partes do todo, temos de produzir nossa imaginação em um nível racional, lógico, com codificação assimilável pelo maior número de pessoas. E devemos criar uma chance de acesso à ciência dos entrecruzamentos ou, como a nomeamos, ciência do X, aplicável às sete linhas da Umbanda.

E daí, dessa nossa limitação, criamos isto:

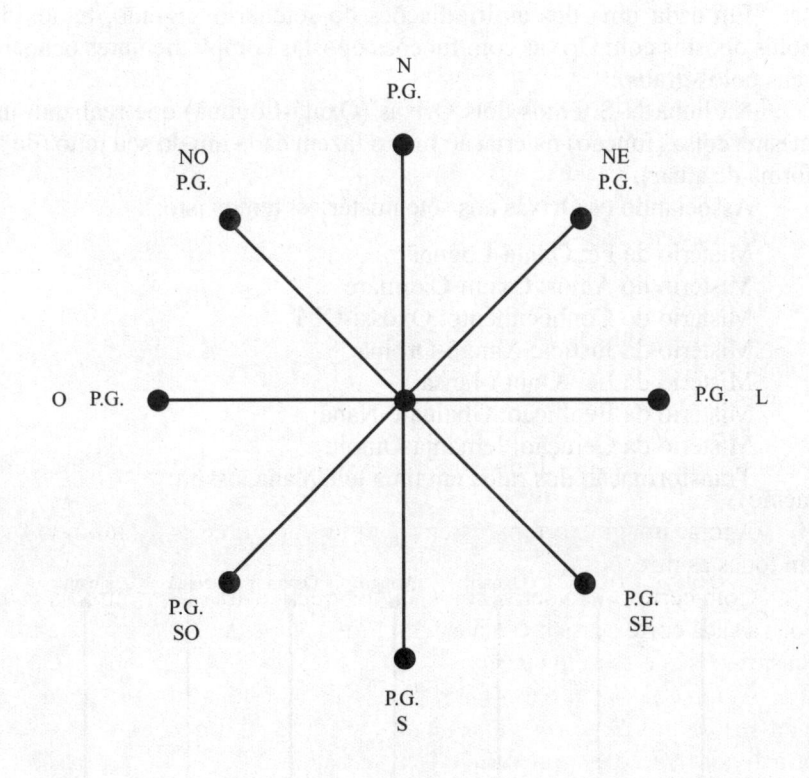

E também criamos isto:

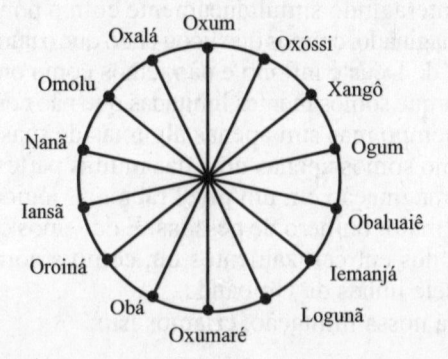

[Diagrama circular com os Orixás dispostos ao redor: Oxalá, Oxum, Oxóssi, Xangô, Ogum, Obaluaiê, Iemanjá, Logunã, Oxumaré, Obá, Oroiná, Iansã, Nanã, Omolu]

Que, graficamente, transformamos nisso já que estes Orixás ocupam polos diametralmente opostos mas unidos entre si pelo ponto central (Deus), que emana os mesmos mistérios de duas formas.

Em cada uma dessas irradiações do setenário sagrado, temos dois polos opostos com Orixás com funções opostas complementares ocupando seus polos-graus.

Na linha N-S temos dois Orixás (Oxalá-Logunã) que realizam uma mesma coisa (função) na criação mas o fazem cada um do seu jeito (de sua forma de atuar).

Associando os Orixás aos sete mistérios, temos isto:

Mistério da Fé: Oxalá-Logunã
Mistério do Amor: Oxum-Oxumaré
Mistério do Conhecimento: Oxóssi-Obá
Mistério da Justiça: Xangô-Oroiná
Mistério da Lei: Ogum-Iansã
Mistério da Evolução: Obaluaiê-Nanã
Mistério da Geração: Iemanjá-Omolu

Transformação dos raios em uma tela plana, assim:

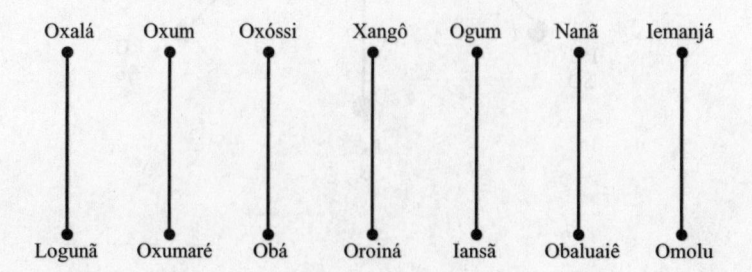

[Diagrama com pares verticais: Oxalá–Logunã, Oxum–Oxumaré, Oxóssi–Obá, Xangô–Oroiná, Ogum–Iansã, Nanã–Obaluaiê, Iemanjá–Omolu]

A Ciência dos Entrecruzamentos 481

Ou assim:

Logunã ●───────────● Oxalá
Oxumaré ●───────────● Oxum
Obá ●───────────● Oxóssi
Oroiná ●───────────● Xangô
Iansã ●───────────● Ogum
Obaluaiê ●───────────● Nanã
Omolu ●───────────● Iemanjá

E, assim como a colocamos nas posições norte-sul e leste-oeste, podemos colocá-la nas posições nordeste-sudeste (NE-SO) e noroeste-sudeste (NO-SE), que simplificadamente criam este entrecruzamento:

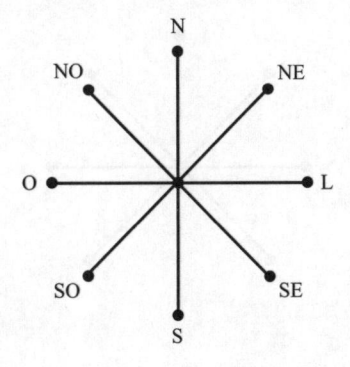

Como, expandido, esse entrecruzamento multiplica cada uma das suas linhas de forças para sete graus vibratórios intermediários, então temos isto:

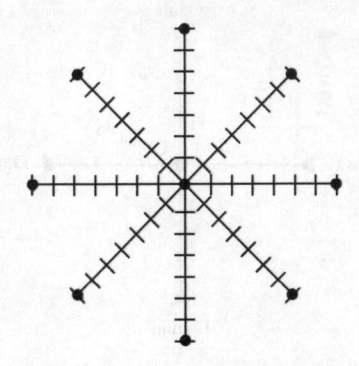

Que, colocado em uma tela plana formada por linhas verticais, horizontais e oblíquas perfeitamente cruzadas entre si nos polos-graduadores das linhas de forças bipolarizadas, gera uma tela identificada na dos Orixás Regentes dos sete níveis vibratórios positivos e dos sete negativos.

Como também nomeamos as linhas verticais como irradiações divinas, e nomeamos as linhas horizontais como correntes eletromagnéticas distintas entre si, mas formadoras das sete faixas vibratórias positivas e das sete faixas negativas onde os seres vivem, então temos, finalmente, um modelo plano para entendermos os entrecruzamentos e nomearmos corretamente os Orixás Regentes de cada um dos polos-graus ou energomagnetismos intermediários das sete Linhas de Umbanda.

Assim, o cruzamento de uma irradiação com uma corrente eletro-magnética gera um polo-grau regido por um Orixá regente de nível. E este Orixá recebe o nome Orixá Assentado no Polo Extremo do Raio.

Como exemplo, temos isto:

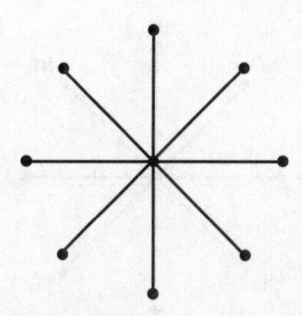

Cruzamento da irradiação da Fé (Oxalá) com a corrente eletro-magnética da Lei (Ogum).

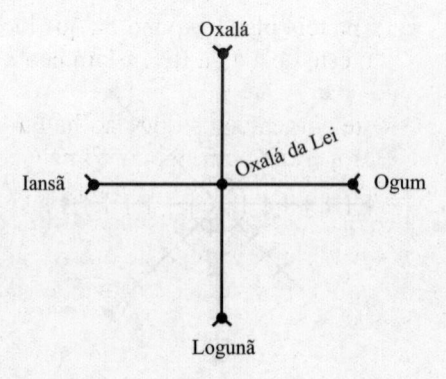

Esta divindade-mistério, aqui nomeada por Oxalá da Lei, é um Orixá da mesma magnitude divina de todos os outros Orixás, porém, aqui no nosso exemplo ele é o manifestador da fé na faixa vibratória da lei, ou simplesmente o classificamos desta forma:

— Este oxalá atua nos campos de Ogum irradiando a fé na corrente ou faixa vibratória horizontal ou corrente eletromagnética regida pelo Orixá da Lei.

Como a corrente eletromagnética da lei também é regida por Iansã (Orixá feminino da lei, ele também atua no campo de Iansã), e como a irradiação da fé também é regida por Logunã, ele também é influenciado por ela.

Para ampliarmos o entrecruzamento basta colocamos nele as linhas NE-SO e NO-SE que teremos isto:

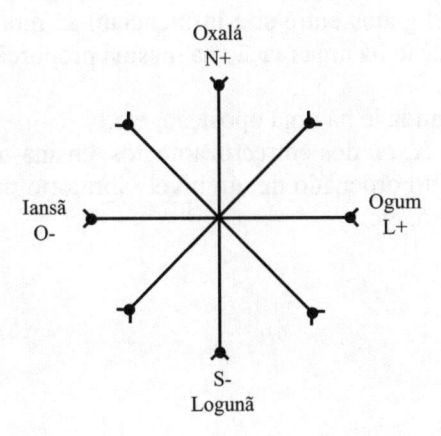

<diagram: eight-pointed star with axes labeled Oxalá N+, Ogum L+, Logunã S-, Iansã O->

A partir daí, é só ir na tela plana expandida que localizarão os Orixás que também influenciam este Oxalá da Lei, assim como são influenciados por ele.

Como anteriormente comentamos que não há um polo ou um Orixá mais importante que outro, e que aqui, tal como na Geometria, tudo obedece a uma convenção lógica, racional, compreensível e assimilável, o que aqui chamamos de "Oxalá da Lei" é apenas uma forma de classificarmos a atuação de um mesmo mistério no campo de outro, gerando com isso um modelo classificatório aplicável a todas as atuações de um mistério nos campos regidos pelos outros.

Oxalá é só um e Ogum só um. Mas, a cada nível há uma divindade Oxalá ou Ogum atuando nele e sustentando tudo e todos ao mesmo tempo e interagindo com Deus (o ponto central) e com todos os outros mistérios, pois essas divindades são em si os pontos centrais dos polos-graus que formam as graduações dos raios.

Elas emitem tantos raios (enquanto esferas) quanto o ponto central da circunferência (o Todo Deus). Porém, as suas irradiações estão contidas dentro do campo específico onde estão como divindades-mistérios assentadas nos graus vibratórios das irradiações divinas.

E tanto emitem suas vibrações mentais influenciando as outras divindades mistérios assentadas nos polos alcançados por seus raios como recebem delas, no refluxo energético, as vibrações mentais emitidas o tempo todo por elas.

Esta interligação de todas as divindades-mistérios atende ao equilíbrio da criação e às necessidades evolucionistas dos meios da vida e dos seres que neles vivem e evoluem continuamente.

Nada ou ninguém na criação está isolado realmente, mas, sim, tudo e todos estão interligados entre si e influenciam-se mutuamente o tempo todo. E para cada ação há uma reação na mesma proporção e com a mesma intensidade.

Para cada afinidade há uma oposição, etc.

A ciência do X, ou dos entrecruzamentos, ensina-nos isto e nos permite o deslocamento ordenado de um nível vibratório para outro, de uma dimensão para outra, etc.

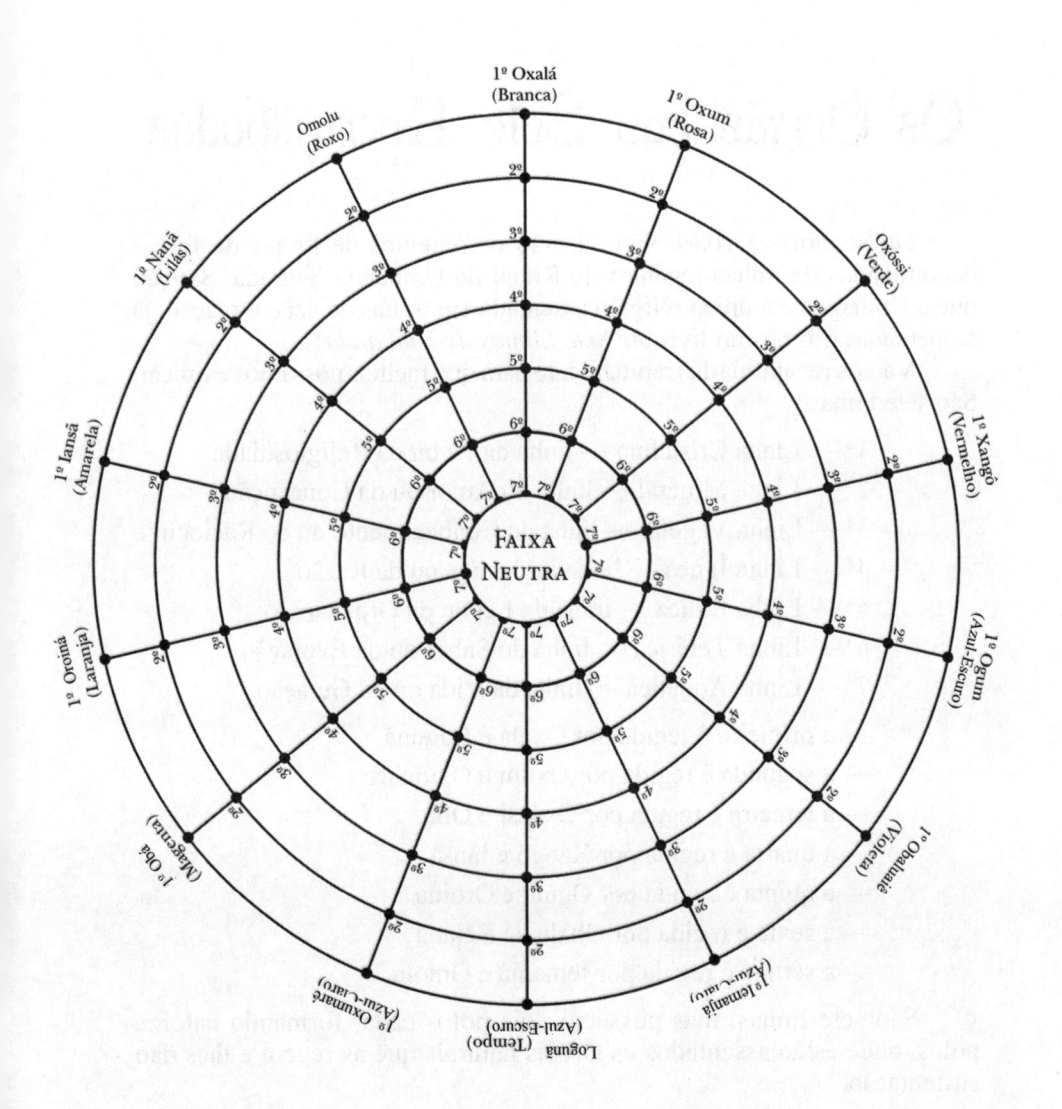

A Ciência dos Entrecruzamentos

Diagrama circular com os Orixás dispostos radialmente:

- 1º Oxalá (Branca)
- 1º Oxum (Rosa)
- Omolu (Roxo)
- Oxóssi (Verde)
- 1º Nanã (Lilás)
- 1º Xangô (Vermelho)
- 1º Iansã (Amarela)
- 1º Ogum (Azul-Escuro)
- 1º Oroinã (Laranja)
- 1º Obaluaiê (Violeta)
- 1º Obá (Magenta)
- 1º Iemanjá (Azul-Claro)
- 1º Oxumaré (Azul-Claro)
- Logunã (Tempo) (Azul-Escuro)

FAIXA NEUTRA

(Anéis numerados de 2º a 7º a partir do exterior)

DÉCIMO PRIMEIRO CAPÍTULO

Os Orixás nas Sete Encruzilhadas

Os Senhores Orixás Naturais são os regentes de linhas de forças denominadas de linhas regentes do Ritual de Umbanda Sagrada. Saibam que a Umbanda é a única religião assentada em linhas de ação e reação, já comentadas por nós no livro *As Sete Linhas de Umbanda**.

Vamos recapitulá-las rapidamente para que melhor possamos explicar. São sete linhas:

1ª — Linha Cristalina — linha da Fé ou da Religiosidade
2ª — Linha Mineral — linha do Amor ou da Concepção
3ª — Linha Vegetal — linha do Conhecimento ou do Raciocínio
4ª — Linha Ígnea — linha da Justiça ou da Razão
5ª — Linha Eólica — linha da Lei ou da Ordenação
6ª — Linha Telúrica — linha do Saber ou da Evolução
7ª — Linha Aquática — linha da Vida ou da Geração

— a primeira é regida por Oxalá e Logunã
— a segunda é regida por Oxum e Oxumaré
— a terceira é regida por Oxóssi e Obá
— a quarta é regida por Xangô e Iansã
— a quinta é regida por Ogum e Oroiná
— a sexta é regida por Obaluaiê e Nanã
— a sétima é regida por Iemanjá e Omolu.

São sete linhas, mas possuem dois polos cada, formando catorze polos, onde estão assentados os Orixás naturais que as regem e lhes dão sustentação.

---

* *Lançado pela Madras Editora.*

Podemos, graficamente, mostrá-las assim:

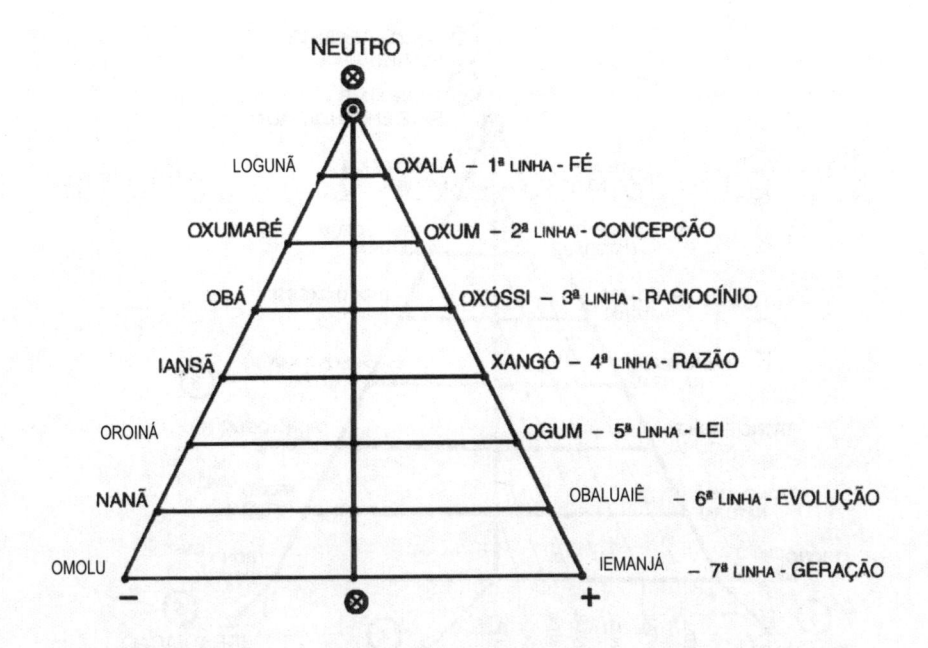

```
                        NEUTRO
                          ⊗
                          ◦
             LOGUNÃ  /    |    \  OXALÁ – 1ª LINHA - FÉ
          OXUMARÉ  /      |      \  OXUM – 2ª LINHA - CONCEPÇÃO
             OBÁ /        |        \  OXÓSSI – 3ª LINHA - RACIOCÍNIO
         IANSÃ /          |          \  XANGÔ – 4ª LINHA - RAZÃO
       OROINÁ /           |            \  OGUM – 5ª LINHA - LEI
         NANÃ /           |              \  OBALUAIÊ – 6ª LINHA - EVOLUÇÃO
       OMOLU /            |                \  IEMANJÁ – 7ª LINHA - GERAÇÃO
         −                ⊗                   +
```

Este é o triângulo divino regente do Ritual de Umbanda Sagrada, e nós o denominamos de Trono das Sete Encruzilhadas, pois cada uma destas linhas é uma linha das Sete Encruzilhadas. Se aqui as mostramos assim, isto só acontece na tela plana, pois na tela multidimensional suas posições assumem outra configuração, impossível de ser desenhada em uma folha de papel.

Explicando esta colocação:

As linhas são também vibrações, por isso as distribuímos assim. Existem sete irradiações, e cada uma vibra em um padrão próprio, criando, dessa forma, sete vibrações divinas de alcance planetário e multidimensional, pois elas não se restringem somente à dimensão humana, formada pelos lados material e espiritual.

Vamos dar nomes aos polos deste triângulo:

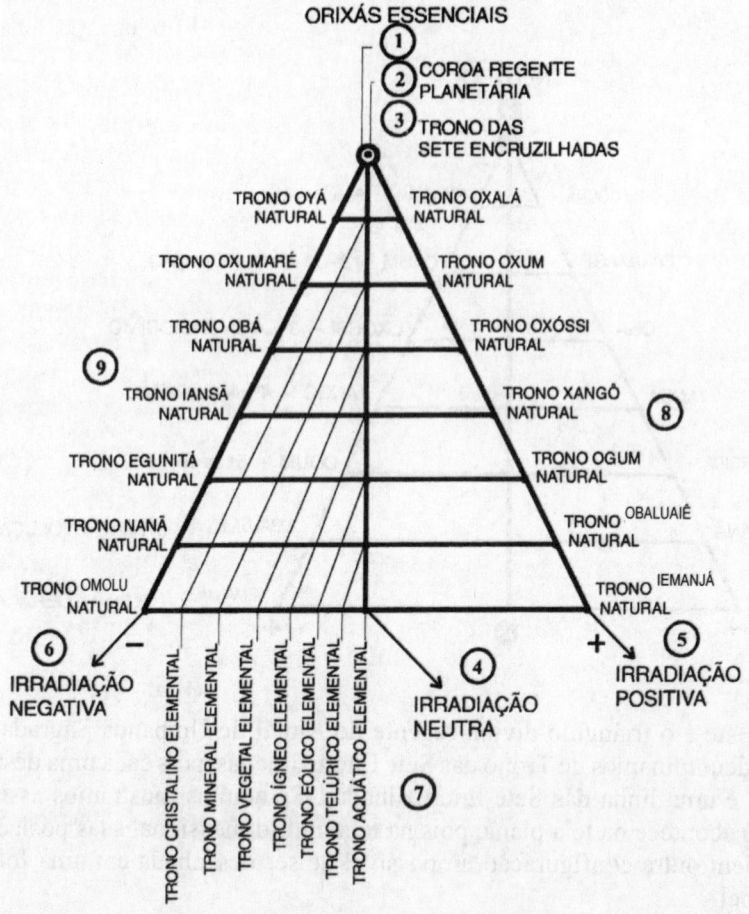

```
                    ORIXÁS ESSENCIAIS
                         ①
                         ② COROA REGENTE
                             PLANETÁRIA
                         ③ TRONO DAS
                             SETE ENCRUZILHADAS

         TRONO OYÁ              TRONO OXALÁ
          NATURAL                 NATURAL

      TRONO OXUMARÉ              TRONO OXUM
         NATURAL                   NATURAL

       TRONO OBÁ                  TRONO OXÓSSI
        NATURAL                     NATURAL
   ⑨
       TRONO IANSÃ                TRONO XANGÔ
         NATURAL                     NATURAL        ⑧

     TRONO EGUNITÁ               TRONO OGUM
        NATURAL                    NATURAL

      TRONO NANÃ                TRONO OBALUAIÊ
       NATURAL                     NATURAL

   TRONO OMOLU                         TRONO IEMANJÁ
    NATURAL                              NATURAL
   ⑥  ─                                  +  ⑤
  IRRADIAÇÃO                              IRRADIAÇÃO
   NEGATIVA                                POSITIVA
                      ④
                  IRRADIAÇÃO
                    NEUTRA
                      ⑦
```

Vamos comentar os números:

1 — Orixás Essenciais → Atuam com essências ou emanações diretas de Olorum.

2 — Coroa Regente Planetária → Ocupada pelos regentes Orixás Ancestrais.

3 — Trono das Sete Encruzilhadas → Formado pelos Tronos Naturais.

4 — Linha Vertical ou Irradiação Neutra → Possui sete Tronos ocupando seus sete níveis vibratórios, e neles estão assentados os Orixás Elementais "puros".

5 — Irradiação Positiva ou Inclinada da Direita → Forma os polos positivos das Sete Linhas de Umbanda.

6 — Irradiação Negativa ou Inclinada da Esquerda → Forma os polos negativos das Sete Linhas de Umbanda.

7 — Sete Tronos Elementais → Cristalino, Mineral, Vegetal, Ígneo, Eólico, Telúrico e Aquático.

8 — Orixás Naturais Regentes dos Polos Positivos → Oxalá, Oxum, Oxóssi, Xangô, Ogum, Obaluaiê e Iemanjá.

9 — Orixás Naturais Regentes dos Polos Negativos → Logunã, Oxumaré, Obá, Iansã, Oroiná, Nanã e Omolu.

Vimos, então, que no triângulo cabem as sete linhas, que são sete vibrações, as quais correspondem a sete elementos, que correspondem aos sete chacras principais do corpo energético dos seres humanos, ou de todos os seres naturais, encantados ou elementais. Cada linha vibra em um padrão e os chacras correspondentes captam energias elementais irradiadas pelas dimensões básicas ou elementais.

Assim, temos sete dimensões básicas, cada uma vibrando em um padrão só seu, que a mantém isolada das outras seis. São nestas dimensões que vivem os seres elementais puros também chamados por alguns autores de elementares, mas preferimos chamá-los de elementais, pois são formados de um só elemento, e espírito é um grau ou qualificação dos seres que vivenciam o estágio humano da evolução.

Então, temos sete dimensões e sete padrões vibratórios, pois só vibrando em faixas próprias os seres elementais puros ígneos se mantêm afastados da dimensão aquática, que os anula.

O mesmo acontece com a dimensão telúrica, que paralisaria os seres elementais puros do ar. Nela, eles não conseguiriam movimentar-se, e assim por diante com todos os seres elementais puros, vivendo em dimensões afins com sua natureza elemental e sua fonte de alimentação energética.

Tendo comentado isto, vamos desenvolver as Sete Linhas de Umbanda, todas elas regidas pelos Orixás Naturais.

1ª Linha (Cristalina)* — rege a religiosidade e é conhecida como a linha da Fé.

Em seu polo positivo está assentado o Orixá Oxalá, que é masculino, e por isso seu polo é (+, +). O primeiro sinal indica o sexo e o segundo indica sua atuação (passiva, positiva).

Em seu polo negativo está assentado o Orixá Logunã, que é feminino, e por isso seu polo é (-, -). O primeiro sinal indica seu sexo e o segundo indica sua atuação (ativa, negativa).

Oxalá está assentado no alto (polo positivo) e Logunã está assentada no embaixo (polo negativo). Destacando-os no eixo vertical do Trono das Sete Encruzilhadas, também formam um eixo vertical chamado de "linha da Fé". Observem a primeira figura e verão que, na linha da fé, regida por Oxalá e Logunã, a tela é dividida em direita e esquerda e que a linha da religiosidade a divide em alto e embaixo.

Na figura que aparece na sequência, verão que o mesmo acontece com o círculo, já quadriculado.

---

* Para as demais linhas ver a obra *As sete Linhas de Umbanda*, Madras Editora.

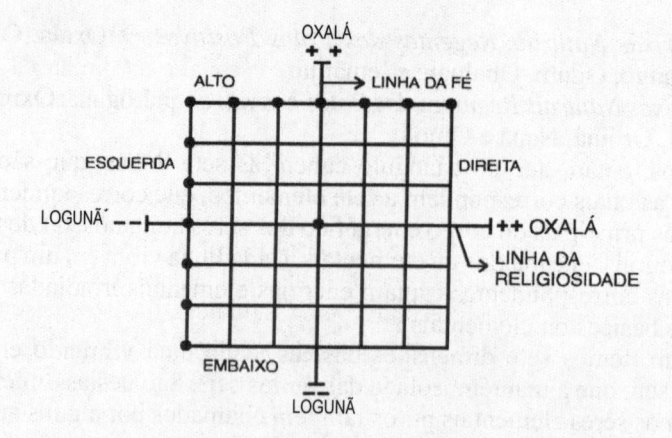

Código de Umbanda

```
                OXALÁ
                 ++
    ALTO      ┌──→ LINHA DA FÉ

  ESQUERDA              DIREITA

  LOGUNÃ --┤         ├++ OXALÁ
                       ↘ LINHA DA
                         RELIGIOSIDADE

              EMBAIXO
                 −
               LOGUNÃ
```

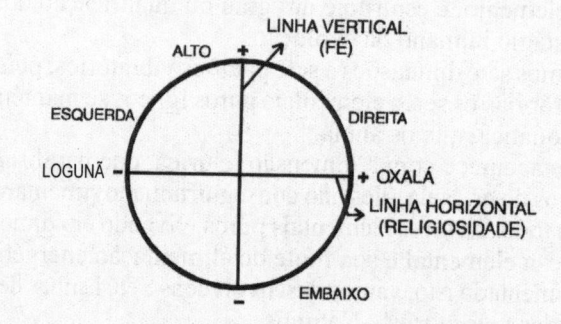

```
                    LINHA VERTICAL
          ALTO  +  ↗  (FÉ)

    ESQUERDA         DIREITA

    LOGUNÃ −         + OXALÁ
                       ↘ LINHA HORIZONTAL
                         (RELIGIOSIDADE)

              EMBAIXO
                 −
```

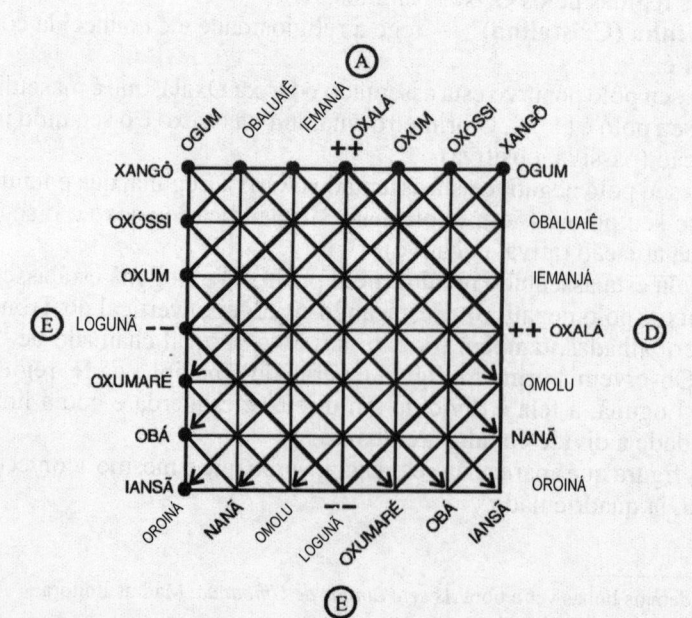

```
                        Ⓐ
         OGUM  OBALUAIÊ  IEMANJÁ  OXALÁ  OXUM  OXÓSSI  XANGÔ
                                   ++
   XANGÔ ●─────────────────────────────────────────● OGUM
  OXÓSSI                                              OBALUAIÊ
    OXUM                                              IEMANJÁ
 Ⓔ LOGUNÃ --                                    ++ OXALÁ Ⓓ
 OXUMARÉ                                              OMOLU
     OBÁ                                              NANÃ
   IANSÃ ●─────────────────────────────────────────● OROINÁ
         OROINÁ  NANÃ  OMOLU  LOGUNÃ  OXUMARÉ  OBÁ  IANSÃ
                        Ⓔ
```

Observando a segunda figura, vemos uma quadriculação dentro da tela dos Orixás. Nela, Oxalá está no alto da linha vertical e na direita da linha horizontal. Logunã está no embaixo da vertical e na esquerda da horizontal.

Alto é sinônimo de polo positivo e atuação passiva.

Embaixo é sinônimo de polo negativo e atuação ativa.

Observem que, nas irradiações diretas do alto, ou polos ocupados por Orixás positivos, as três irradiações (vertical, inclinada à direita e à esquerda) sempre chegam aos mesmos polos opostos ou negativos. Se na segunda figura isto já é visível, observem a figura seguinte e visualizarão melhor esta repetição, que independe da direção, desde que a irradiação seja reta, pois são linhas de forças. Observem a quadriculação central e verão isto claramente entre Oxalá e Logunã, pois são os polos da linha da Fé.

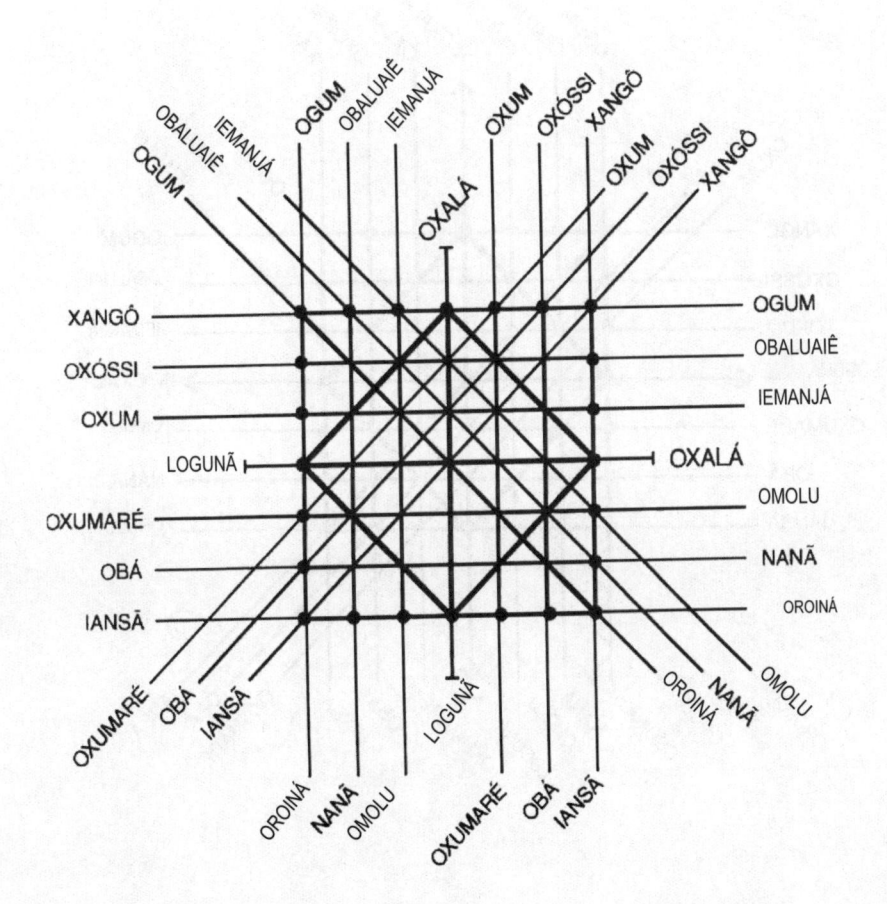

Isto é o que denominamos de "linhas de forças energomagnéticas", pois são polos opostos em todos os polos (energia, magnetismo, forma de atuação, campos de atuação, natureza ou sexo, etc.) e, no entanto, completam-se, pois são os polos opostos (positivo e negativo) de uma linha de forças que abrange desde o alto até o embaixo. Em seus níveis vibratórios estão assentados os seus Orixás Regentes dos níveis vibratórios.

Bom, passaremos agora à quadriculação de todas as sete linhas e à disposição em cada uma delas das outras linhas e dos Orixás que ocupam seus polos. Mas, antes, observem as irradiações de baixo para cima e vejam que elas também refletem nos mesmos polos positivos, tanto na vertical quanto nas perpendiculares ou nas irradiações oblíquas.

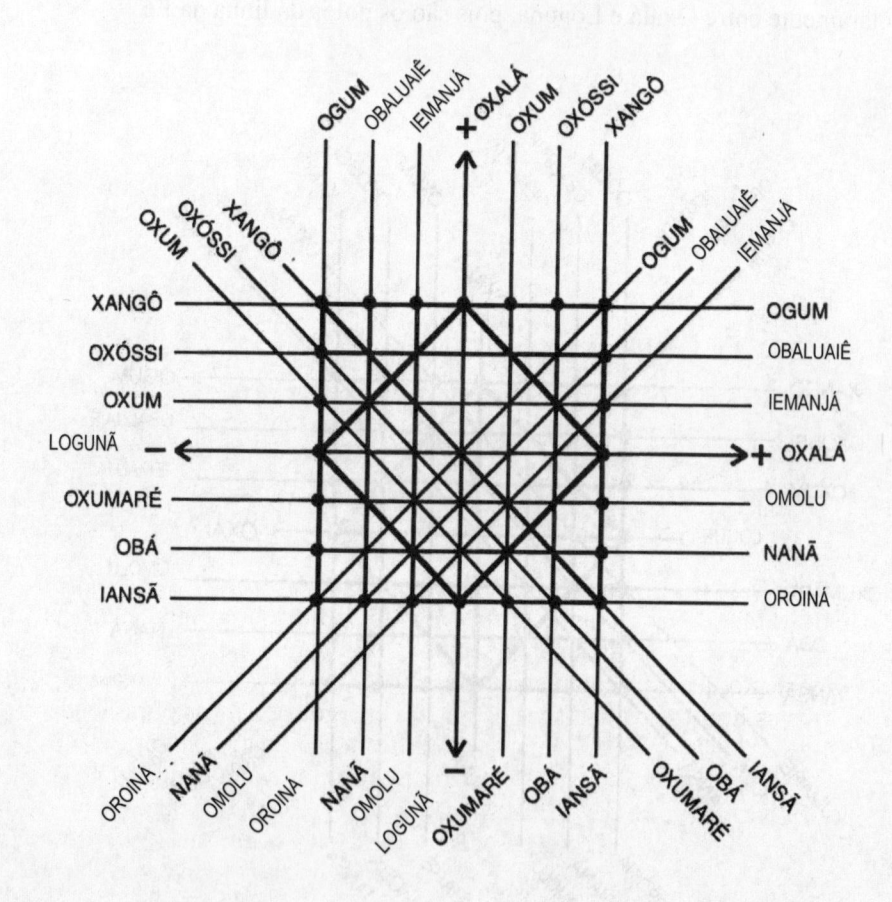

Os Orixás nas Sete Encruzilhadas 493

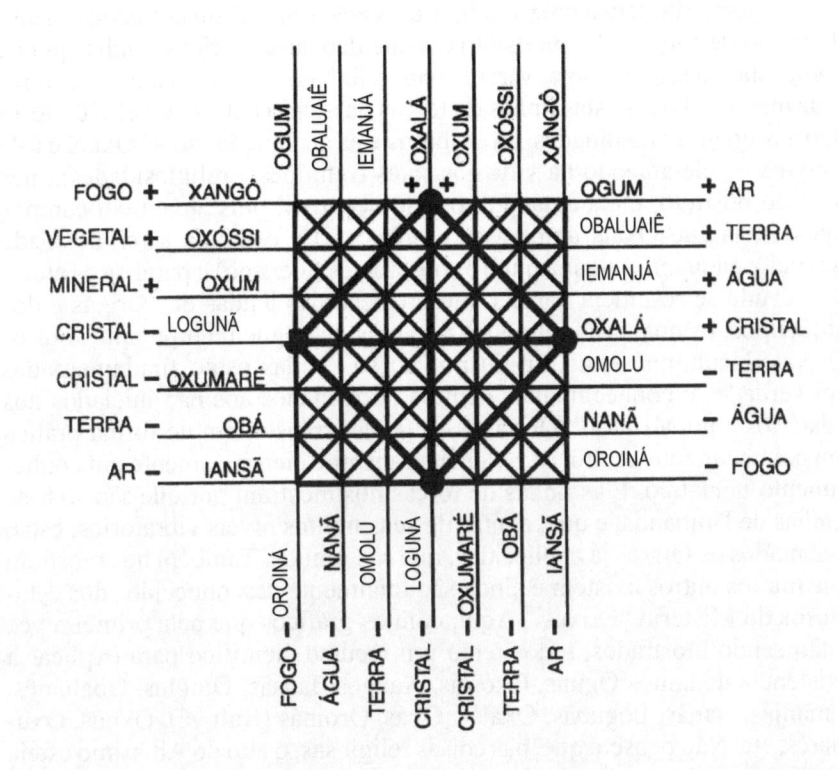

		OGUM	OBALUAIÊ	IEMANJÁ	OXALÁ	OXUM	OXÓSSI	XANGÔ		
FOGO +	XANGÔ				+	+			OGUM	+ AR
VEGETAL +	OXÓSSI								OBALUAIÊ	+ TERRA
MINERAL +	OXUM								IEMANJÁ	+ ÁGUA
CRISTAL −	LOGUNÃ								OXALÁ	+ CRISTAL
CRISTAL −	OXUMARÉ								OMOLU	− TERRA
TERRA −	OBÁ								NANÃ	− ÁGUA
AR −	IANSÃ								OROINÁ	− FOGO
		OROINÁ	NANÃ	OMOLU	LOGUNÃ	OXUMARÉ	OBÁ	IANSÃ		
		FOGO −	ÁGUA −	TERRA −	CRISTAL −	CRISTAL −	TERRA −	AR −		

Observem a figura e vejam como os elementos regentes dos polos também são opostos, mesmo que Orixás diferentes pontifiquem as linhas horizontais, pois Xangô e Ogum ocupam os polos do primeiro nível vibratório de cima para baixo. Notem que Xangô (fogo) e Ogum (ar) formam uma linha vibratória que corta na horizontal a linha cristalina, ocupada por Oxalá e Logunã, ambos cristalinos. Xangô (fogo) e Ogum (ar) são Orixás masculinos. Mas, se atentarem para o sétimo nível vibratório, (de cima para baixo), verão que Iansã (ar) está em um polo da linha horizontal e Oroiná (fogo) está no outro. Novamente, temos Orixás femininos, porém regidos por elementos opostos complementares.

Estas linhas são chamadas de "linhas energomagnéticas puras", pois a natureza (sexo) dos Orixás que as pontificam são iguais, embora os elementos sejam opostos (um limita a ação do outro). Se examinarem as linhas verticais, verão na esquerda Ogum (ar) e Oroiná (fogo), e Xangô (fogo) e Iansã (ar), formando duas linhas energomagnéticas compostas, pois tanto são de sexos quanto de elementos e magnetismos opostos, bem como atuam em campos e modos diferentes.

Agora, estudem a próxima figura e verão um "X" ou entrecruzamento de linhas de forças, já com os Orixás que dão sustentação às linhas puras, compostas, elementais, etc. Viram quantas linhas surgem em um X ou entrecruzamento? Todas estas linhas de forças passando pelo 4º nível vibratório dão a origem, as qualidades, os atributos e as atribuições ao 4º Oxalá e à 4ª Logunã — ele atuando na vida dos seres (religiões e religiosidades), mas no lado positivo, e ela atuando no lado negativo, pois atuam em campos opostos, já que Oxalá ampara os crentes (fé) e estimula a religiosidade (crença), enquanto Logunã pune os descrentes (ateísmo) e paralisa os ateus.

Tudo se resume à correta interpretação das lendas dos Orixás e dos arquétipos, os quais os individualizam e os distinguem entre tantos outros Orixás. Nenhuma lenda surgiu por acaso. Todas estão fundamentadas em verdades e conhecimentos ocultos ou fechados aos não iniciados nos mistérios e no Mistério "Orixás". As lendas transmitem de forma prática um conhecimento oculto. Já a ciência transmite cientificamente um conhecimento iniciático. E as linhas de forças nos mostram por que são só Sete Linhas de Umbanda, e que, dentro de seus muitos níveis vibratórios, estão assentados os Orixás já conhecidos, que são muitos. Também nos mostram que muitos outros existem e ainda são totalmente desconhecidos dos estudiosos do Mistério "Orixás". Aqui, com os gráficos que pela primeira vez estão sendo mostrados, todos terão um recurso científico para explicar a existência de tantos Oguns, Oxóssis, Xangôs, Iansãs, Omolus, Obaluaiês, Iemanjás, Nanãs, Logunãs, Oxalás, Obás, Oroinás (Kali yê), Oxuns, Oxumarés, etc. Não pensem que, nas coisas religiosas, o alto do Altíssimo esteja desatento ou que um nome de divindade surge (fixa-se) no plano material por acaso ou porque alguém o inventou. Por trás de cada nome existe um mistério sustentando-o e direcionando-o para que alcance seus afins junto aos espíritos encarnados. A falta do conhecimento científico dos mistérios religiosos tem causado muita confusão e deixado sem outros argumentos, além de sua fé maravilhosa, os milhões de adeptos do culto aos Orixás (os Tronos de Deus).

Esperamos que estudem os gráficos dos Orixás, meditem a respeito do que escrevemos e fortaleçam ainda mais sua fé, conhecimento e vontade de auxiliar seus semelhantes, pois não se ampara milhões de adeptos só com a fé. Tenham neste poderoso "alimento" da mente, o conhecimento, um dos recursos à sua disposição, e recorram a ele sempre que alguém tentar macular sua religião com ofensas indignas. Mais dias menos dias, esse alguém haverá de responder por elas diante da Lei Maior.

Os Orixás nas Sete Encruzilhadas 495

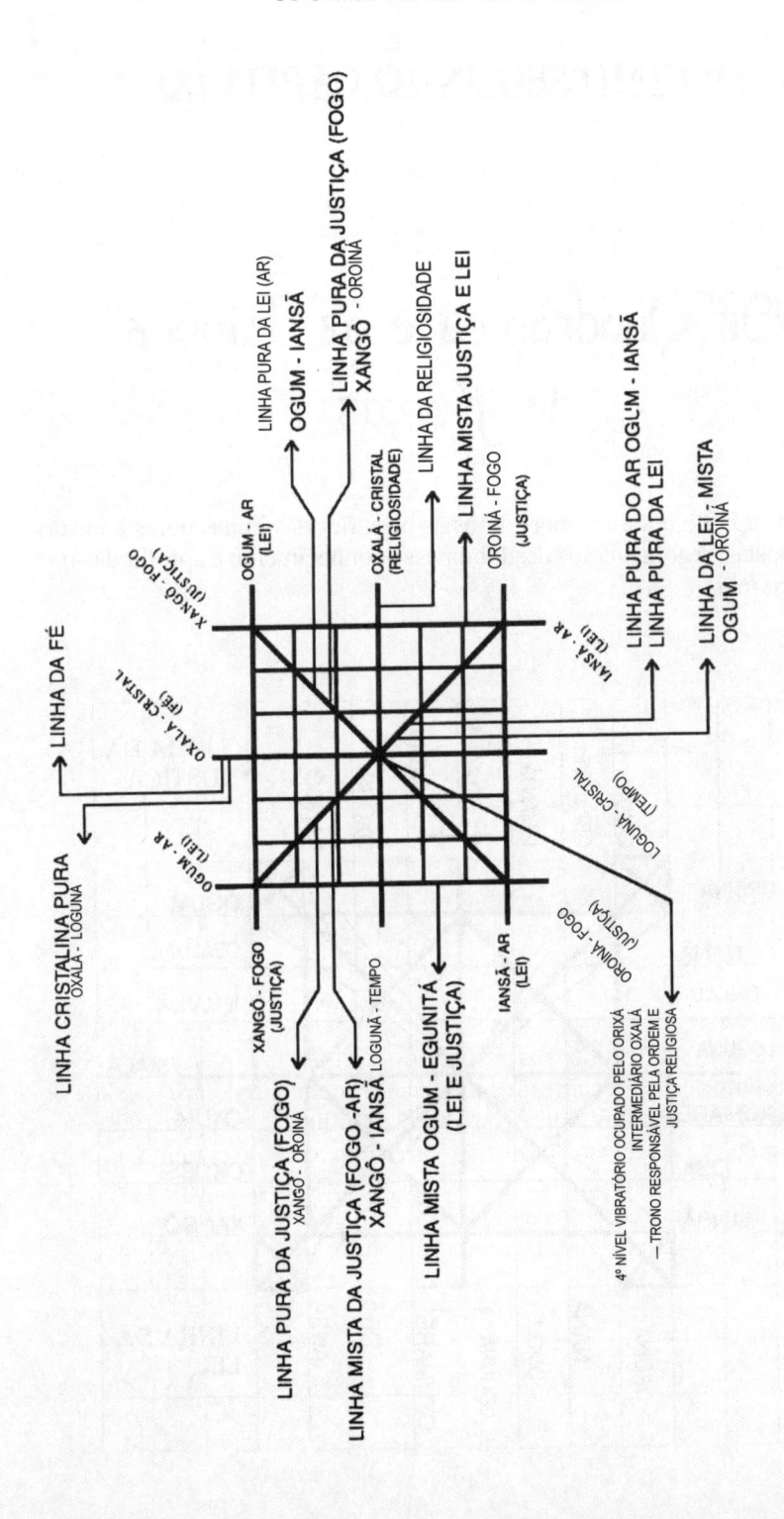

LINHA PURA DA LEI (AR)
OGUM - IANSÃ

LINHA PURA DA JUSTIÇA (FOGO)
XANGÔ - OROINÁ

LINHA DA RELIGIOSIDADE

LINHA MISTA JUSTIÇA E LEI

LINHA PURA DO AR OGUM - IANSÃ
LINHA PURA DA LEI

LINHA DA LEI - MISTA
OGUM - OROINÁ

OGUM - AR (LEI)

OXALÁ - CRISTAL (RELIGIOSIDADE)

OROINÁ - FOGO (JUSTIÇA)

IANSÃ - AR (LEI)

XANGÔ - FOGO (JUSTIÇA)

OXALÁ - CRISTAL (FÉ)

LINHA DA FÉ

OGUM - AR (LEI)

LOGUNÁ - CRISTAL (TEMPO)

OROINÁ - FOGO (JUSTIÇA)

IANSÃ - AR (LEI)

LINHA CRISTALINA PURA
OXALÁ - LOGUNÁ

LINHA PURA DA JUSTIÇA (FOGO)
XANGÔ - OROINÁ

LINHA MISTA DA JUSTIÇA (FOGO - AR)
XANGÔ - IANSÃ   LOGUNÁ - TEMPO

LINHA MISTA OGUM - EGUNITÁ
(LEI E JUSTIÇA)

4º NÍVEL VIBRATÓRIO OCUPADO PELO ORIXÁ
INTERMEDIÁRIO OXALÁ
— TRONO RESPONSÁVEL PELA ORDEM E
JUSTIÇA RELIGIOSA

DÉCIMO SEGUNDO CAPÍTULO

Os Quadrantes e as Linhas de Forças

No capítulo anterior, mostramos as posições das linhas puras e mistas ou compostas. Agora, vamos desdobrar esse conhecimento e aprofundar-nos um pouco mais.

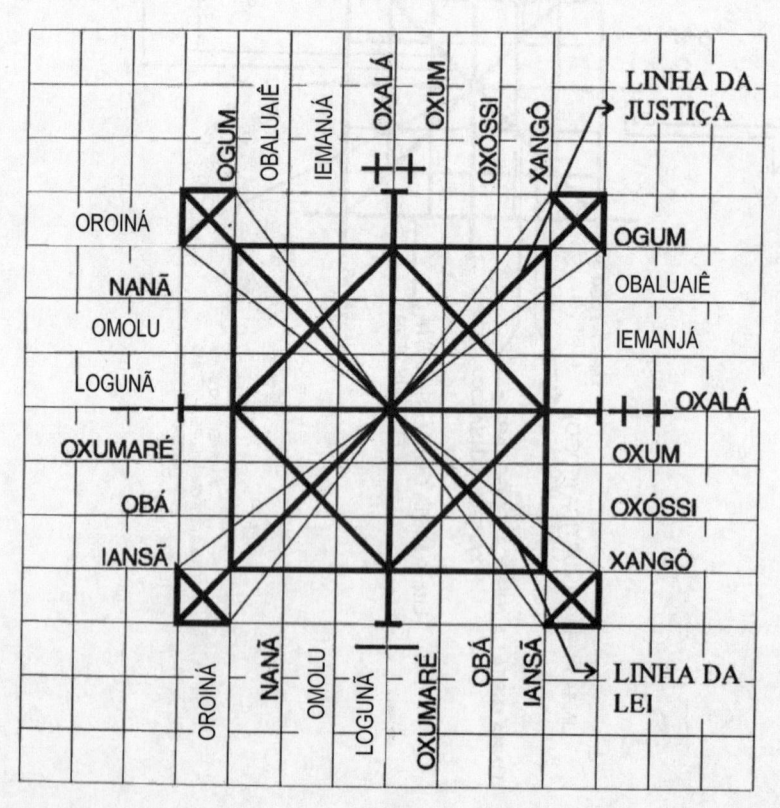

Temos três linhas verticais em destaque.

A linha central é regida por Oxalá-Logunã. Ela é a linha cristalina ou linha da Fé. Observem que a linha vertical à direita da linha da Fé é a da Justiça, regida por Xangô e Iansã. Já a linha da esquerda é a da Lei, regida por Ogum e Oroiná. São os limites da Fé, que fora deles deixa de ser o que é: fé!

Aí temos todo um simbolismo, pois está nítido e visível que só ascenderemos na linha da Fé se procedermos com justiça à direita e com o equilíbrio da Lei à esquerda.

A aplicação da justiça pertence à Lei, regida por Ogum-Oroiná, os quais não por coincidência estão à esquerda da linha da Fé. E se alterarem a leitura e tomarem o polo positivo da direita, isto se repetirá, pois a Lei permanecerá à esquerda (ativa) e a Justiça à direita (passiva). Os juízes emitem as ordens judiciais, e os agentes da Lei vão prender os foras da lei.

Trazendo este procedimento para o médium de Umbanda, temos o Caboclo julgando se uma demanda deve ser cortada ou não. E se deve, quem atua à esquerda, encerrando-a, não são os Exus?

Tudo se repete, tanto no macro quanto no micro. E como a Umbanda é uma religião e seu Regente Maior é o Orixá Oxalá (Trono da Fé), então a Justiça atua a partir da direita, e a Lei a partir da esquerda. Ou não é verdade que, mesmo não tendo essa explicação científica, todos associam Ogum e Exu, pois o Orixá Ogum rege o Mistério Exu na Umbanda? Em religião, nada surge por acaso e esta colocação ou associação Ogum-Exu não foi obra do acaso.

Na falta dos recursos científicos da Ciência dos Orixás, a prática acabou por mostrar que a associação Ogum-Exu possuía fundamentos ocultos. Tanto isto é verdade que, na linha da Fertilidade, o polo positivo é ocupado por Ogum e o polo negativo por "Mehor yê", que é o guardião cósmico do Mistério Exu.

"Mehor yê" não é conhecido no panteão africano dos Orixás, mas já foi muito conhecido e cultuado durante a Era Cristalina, quando recolheu-se, pois surgiram, daí em diante, os totêmicos deuses fálicos ou deuses da fertilidade masculina.

Por muitos milênios, os encarnados apegaram-se a divindades menores para oferendar e pedir amparo para a fertilidade masculina e para o vigor sexual, pois a vida em si mesma ainda é o maior dos bens humanos a serem preservados.

Exu, o regente do vigor sexual, em termos religiosos, é relativamente novo no plano material.

Só para que entendam isto, dizemos que Omolu, Obaluaiê, Nanã, Iemanjá, Obá, Oxumaré, "Oroiná" (Orixá feminino regente do fogo), todos são humanizações anteriores a "Exu", e contemporâneos, em idade religiosa, a Mehor yê, que é o Trono Cósmico guardião do polo negativo da linha da Fertilidade.

O mesmo ocorre com o mistério "Pombagira", de recente memória, pois na Era Cristalina (pré-Atlântida) a Guardiã Cósmica da linha da fecundidade era (e ainda é) "Mahor yê".

Mahor yê é a Orixá Cósmica assentada no polo negativo da linha da fecundidade, cujo polo positivo é ocupado pela Orixá Oxum.

Na linha da geração existe, em um de seus níveis vibratórios, um entrecruzamento Ogum-Mehor yê e Oxum-Mahor yê, que dá origem ao terceiro Trono da Vida: o Trono da Sexualidade. Este Trono Celestial rege todos os polos da sexualidade, e tanto os polos relativos à geração de vidas quanto os relativos ao desejo estão dentro de seu campo de ação. Não vamos interpretá-lo aqui, mas saibam que, de uma forma ou de outra, tudo o que se relacionar com a sexualidade está dentro do campo deste Trono Celestial, que tem em seus polos positivos Ogum, Iemanjá e Oxum, e em seus polos negativos Mehor yê, Omolu e Mahor yê.

Vamos mostrar a localização deste Trono só para que reflitam melhor acerca do fato de Ogum ser "potência", Iemanjá ser "maternidade" e Oxum ser "concepção", enquanto Exu é "vigor", Pombagira é "desejo" e Omolu é "morte".

Não estranhem as aspas, mas estes são mistérios do 7º Trono linha da Geração, conhecido somente dos iniciados de 5º nível para cima no Magno Colégio dos Magos existente no astral, e onde nós, mestres da Luz ou mestres instrutores do Ritual de Umbanda Sagrada, estudamos durante muitos séculos.

Observem o "X" de entrecruzamento e depois reflitam, pois lendas sempre velam uma verdade não revelada.

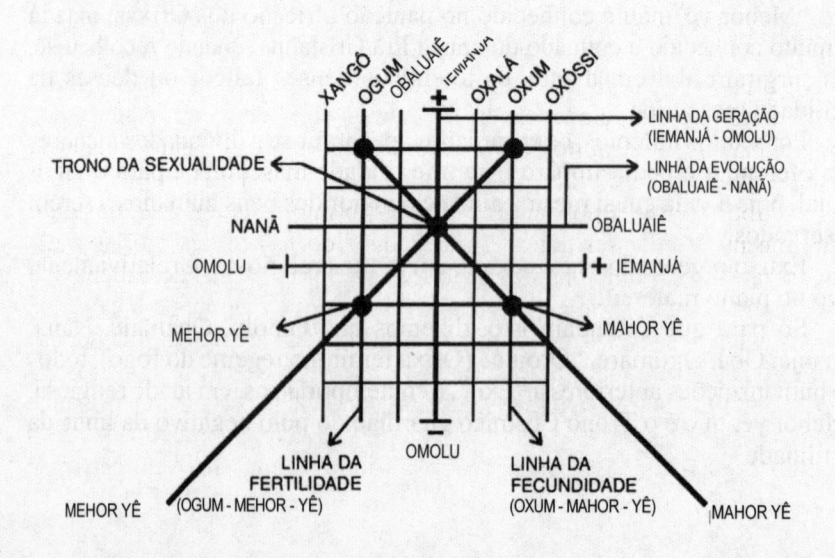

Estudem este entrecruzamento com atenção que vislumbrarão, por meio da ciência, o que as lendas ocultam, já que poucos prestam atenção ao que estavam querendo dizer quem as criou.

Bem, já deu para perceber que o assunto "linhas de forças" é muito mais complexo e abrangente do que imaginavam, não?

Ótimo! Então vamos voltar aos gráficos mais precisos, onde veremos a repetição dos entrecruzamentos centrais nas linhas inclinadas, tanto na direita quanto na esquerda da linha que dá origem ao quadrante dos gráficos.

Observem com atenção e verão várias linhas de forças em um só quadrante. É importante que analisem detalhadamente os quatro cantos, pois deles saem linhas inclinadas que atuam intensamente sobre o polo central das quadriculações, pois são vários os Orixás senhores de linhas que recorrem a ele como ponto neutro, onde assentam seus manifestadores que atuarão regidos diretamente pela linha de forças quadriculadora do gráfico e sustentadora de todas as linhas regidas pelo mistério que a distingue das outras linhas.

Vamos aos gráficos que faltam, pois o da linha da Fé abriu esse capítulo.

Oxum-Oxumaré

Estes dois Orixás regem a linha do Amor e da Concepção, e têm à direita a linha da Lei regida por Ogum-Oroiná, e à esquerda a linha da Evolução, regida por Obaluaiê-Nanã.

O simbolismo nos diz claramente que a Concepção é um bem maior, se ordenada pela Lei e atendendo à evolução dos seres, pois se for desordenada contrariará a Lei que rege as procriações e atrasará a evolução dos seres. Ou não é verdade que um filho nascido fora do casamento será vítima de vários preconceitos e desequilíbrios emocionais que o marcarão profundamente?

É certo que as sociedades terrenas atuais convivem com os excessos populacionais, e que muitos estão carentes de valores quando tratam da questão "concepção da vida".

Os abortos feitos por tantas mulheres, e muitas ainda imaturas para a sublime missão de ser mãe, têm enfraquecido os valores morais e estigmatizado o sexo unicamente como fonte de prazer, quando sabemos, e muito bem, que ele é fonte de "vidas". Alteraram os valores e a causa de sua existência nos seres (gerar vidas ou concebê-las) foi substituída por um dos efeitos do ato sexual (gozo do prazer).

O comum é vermos homens mais preocupados com sua performance que com suas possibilidades geradoras e mulheres mais preocupadas com a aparência de seus corpos que com sua saúde íntima, que seja capaz de proporcionar-lhes uma concepção equilibrada. Também os divórcios em abundância são um indício de fortes desequilíbrios em relação à concepção.

Vamos parar por aqui, senão muitos acharão que estamos nos intrometendo em suas vidas e em seu livre-arbítrio quanto à sua sexualidade. Mas o fato é que sexo é sinônimo de vida, e não como muitos pensam, que vida seja sinônimo de sexo.

Muitos escritos a respeito de Oxumaré estão bem distantes da sua verdadeira atribuição e nem vale a pena discuti-los. Que continuem ensinando errado.

Se já chegaram a caracterizá-lo como sendo seis meses macho e seis meses fêmea, o que se pode esperar desses intérpretes das lendas? Outros dizem que esse Orixá é seis meses "homem" e seis meses "cobra", etc.

Bom, que cada um interprete as lendas como quiser, desejar, for capaz ou puder. Mas o fato é que Oxumaré é o regente cósmico da linha da Concepção e, na linha da "água-cristal", é polo complementar do mistério Iemanjá Cristalina, ou Iemanjá regida pelo mistério da Fé.

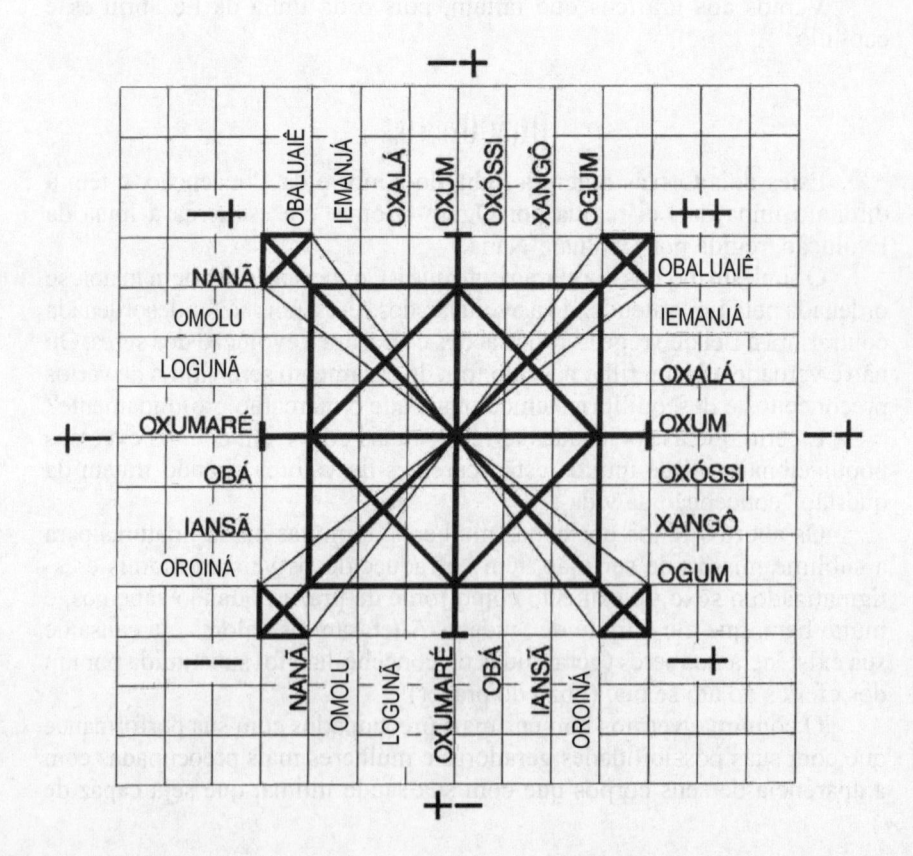

Oxóssi-Obá

Oxóssi-Obá regem a linha do Conhecimento, e a linha central dessa quadriculação tem à direita a linha da Evolução, regida por Obaluaiê Nanã, e à esquerda a linha da Geração, regida por Iemanjá-Omolu.

O simbolismo nos revela claramente que o conhecimento só será útil à evolução dos seres se for equilibrado (Obaluaiê), criativo e se for exercido com o único intuito de amparar (Iemanjá) os seres. Caso contrário, conhecer muito apenas irá desequilibrar um ser não apto a lidar com assuntos complexos.

Não vamos nos alongar mais em comentários paralelos para não ferirmos susceptibilidades, mas que muitos "sabichões" são um mal na vida de seus semelhantes, isto o são!

Mesmo na Umbanda já existe uma porção deles incrustada, que não só não acrescentam nada a ela, como dela fazem um uso digno do mais veemente repúdio.

Se não sabem, estamos falando daqueles que se dizem umbandistas e "vendem" seus "trabalhos espirituais", tudo com aspas mesmo. É o mesmo "mercantilismo" que condenamos em outras religiões.

Mas se eles se alimentam com o bolor das trevas, muitos mais, mas muitos mesmo!, existem e têm dedicado suas vidas a servir o pão abençoado da fé dentro de suas humildes tendas. E, se estes se assentarão à direita dos Orixás que os regem e amparam, àqueles está reservado o...

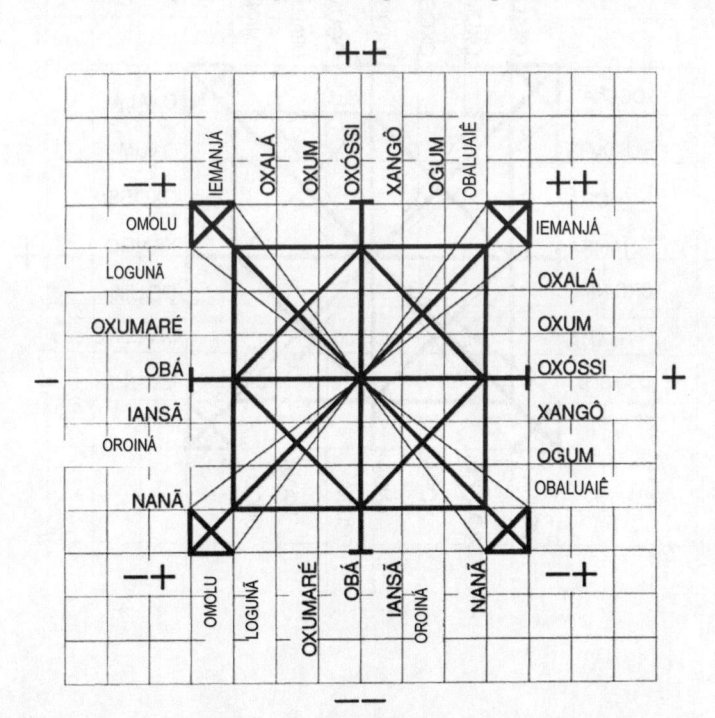

Xangô-Iansã

Xangô-Iansã são os Orixás Regentes da linha da Justiça, e têm à direita a linha da Geração (amparo à vida) e à esquerda a linha da Fé (crença na vida).

O simbolismo nos mostra que a justiça só é boa se amparar a vida e despertar nos seres o respeito (crença) pelo Alto (níveis superiores da vida). Do contrário, deixa de ser justiça e transforma-se em juízos, desequilibradores da vida e desestabilizadores das ordens preexistentes.

Ou não é verdade que um judiciário fraco, inoperante e corrupto é causa de transtornos individuais e comoções coletivas?

Saibam todos que a Justiça Divina não é cega e Iansã não está com os olhos vendados ou com sua espada flamejante embainhada ou em repouso.

Muito ao contrário, ela está atenta a todos os "devedores" da Justiça Divina e encaminha ao "tempo" (Logunã) os descrentes, e à paralisia (Omolu) os que atentam contra a vida acreditando agir com justiça.

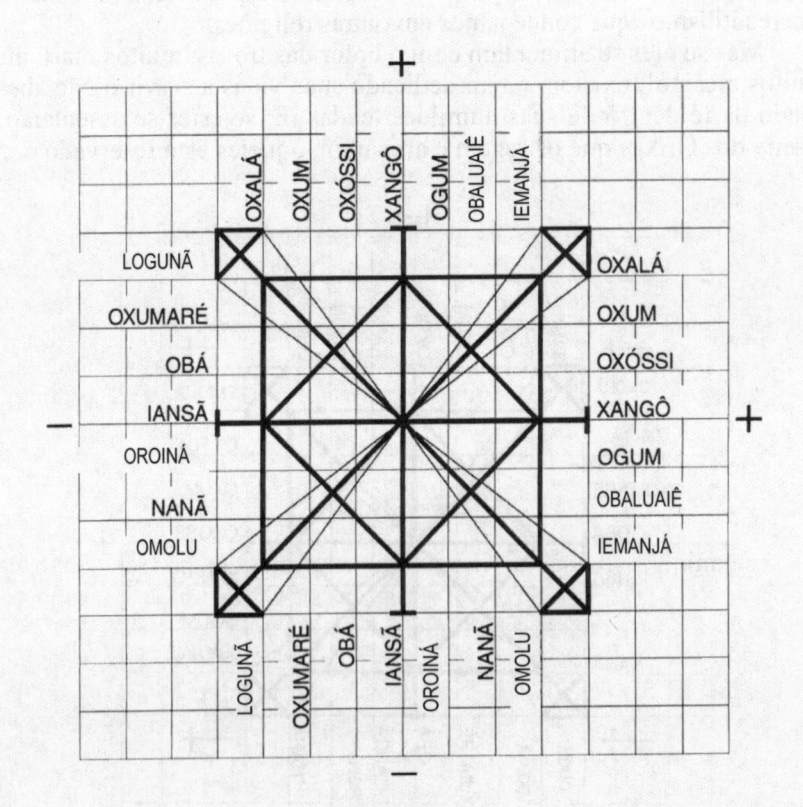

Ogum-Oroiná

Ogum-Oroiná são os regentes da linha da Lei, e têm à direita a linha da Fé, regida por Oxalá-Logunã, e à esquerda a linha do Amor, regida por Oxum-Oxumaré.

O simbolismo nos diz que a Lei tem de ser exercida com convicção (Oxalá) e com amor (Oxum), pois só assim será rigorosa sem ser cruel, será compreensiva sem ser benevolente, e terá autoridade sem ser despótica. O contrário é tornar-se um instrumento de opressão das consciências, o que não despertará nelas outros sentimentos além dos contraceptivos, que são a autoanulação e anulação de vidas alheias.

A função da Lei é impor a ordem, não o medo.

A ordem equilibrada só se consegue se todos confiarem (Oxalá) na Lei e ampararem a vida (Oxum), pois do contrário será Oroiná quem ativará sua espada rubra e, no fogo da destruição, consumirá os vícios humanos desordenadores da vida.

Não tenham dúvidas de que ela paralisará os foras da lei e os diluirá (Oxumaré) no tempo (Logunã).

Obaluaiê-Nanã

Obaluaiê-Nanã regem a linha da Evolução, e têm à direita a linha do Amor, regida por Oxum-Oxumaré, e à esquerda a linha do Conhecimento, regida por Oxóssi-Obá.

O simbolismo nos revela que a evolução só ocorre com a compreensão (Oxum) e o conhecimento (Oxóssi) de tudo o que influencia nossas vidas.

Só assim adquirimos um saber (Obaluaiê) racional (Nanã) e nos conduzimos com equilíbrio no meio das vicissitudes humanas.

Só com maturidade (Obaluaiê) um ser deixa de ser emocional (Oxumaré) e se conduz rumo a uma evolução estável (Nanã) e produtiva (Oxum).

Iemanjá-Omolu

Iemanjá-Omolu são os Orixás Regentes da linha da Geração, e têm à direita a linha do Conhecimento, regida por Oxóssi-Obá, e à esquerda a linha da Justiça, regida por Xangô-Iansã.

O simbolismo nos revela que, só conhecendo (Oxóssi) os princípios que regem (Xangô) a vida, geraremos em equilíbrio mais "vida". Este "gerar" de vida é abrangente e não se limita somente à hereditariedade, pois a criatividade também pertence à linha da Geração.

Porém, criar sem conhecer (Oxóssi) pode dar início a aberrações, e criar sem o senso do equilíbrio (Xangô) pode ser contraproducente (Omolu). Os conhecimentos aberrantes atentam contra a própria vida. Por isso, nos polos negativos estão Omolu (a morte), Obá (a esterilidade) e Iansã (a tempestade que destrói todas as construções ou gerações sem fundamentos nos princípios que regem a vida).

Bem, aí estão os sete quadrantes nos quais poderão visualizar muito mais do que comentamos, pois temos de ser sintéticos. Mas saibam que este mesmo quadrante pode ser colocado dentro do círculo, quando formará as Sete Encruzilhadas da Vida. Nele, estarão todos os Orixás, já que o Trono das Sete Encruzilhadas irradia sete linhas ou sete vibrações essenciais que se entrecruzam, interpenetram-se, completam-se, amalgamam-se e dão sustentação a tudo, a todos e a todas as manifestações divinas na vida das espécies (incluindo a humana!).

DÉCIMO TERCEIRO CAPÍTULO

Orixás Assentados nos Níveis Vibratórios das Linhas de Forças

Estes Orixás Naturais são regentes dos níveis vibratórios das linhas de forças e têm qualidades mistas, pois tanto trazem as qualidades de sua linha original, quanto daquelas que lhes são irradiadas nas linhas de forças mistas cruzadas ou inclinadas. Observando sempre isso, então é possível uma interpretação correta dos nomes simbólicos que eles assumem, assim como de seus Orixás Intermediadores (auxiliares diretos).

Já vimos no exemplo do capítulo anterior como surge o Senhor Ogum Beira-Mar, e o mesmo exemplo pode ser usado para identificação do simbolismo existente no nome dos Orixás Intermediários de Ogum ou dos outros Orixás Regentes das linhas de forças.

Temos gráficos que mostram Orixás assentados nos níveis vibratórios de suas linhas de forças originais mas que, na irradiação inclinada, recebem influências diretas dos Orixás naturais regentes das outras linhas de forças. No gráfico da "linha de Ogum" (página 491) vocês encontrarão os tão conhecidos Oguns, os quais se manifestam nos filhos de Fé que atuam como médiuns de Umbanda. Estes senhores Orixás Naturais estão assentados em níveis das linhas verticais e são Tronos Celestiais regentes de reinos onde os seres encantados ou naturais evoluem sob suas orientações. Desses reinos ou níveis saem os Orixás que acompanham tanto os filhos de Santo (Candomblé) quanto os filhos de Fé (Umbanda). Os Orixás Individuais são manifestadores das qualidades, atributos e atribuições dos Orixás Naturais, mas restritos aos seus médiuns e aos trabalhos espirituais ou magísticos que realizam.

Estes Orixás encantados ou naturais são denominados "Orixás Individuais", pois têm como missão orientar seus médiuns e ampará-los durante seus trabalhos espirituais.

Por isso, milhares de médiuns têm Ogum Beira-Mar, ou Iansã das Pedreiras, ou Oxum das Cachoeiras, ou Xangô do Fogo, etc., todos Orixás intermediários, que são representados junto aos seus médiuns pelos seus "Orixás encantados" (ou naturais), os quais atuam a nível "individual".

Atentem bem para isto que acabamos de revelar e acabar-se-ão todas as indagações acerca desse mistério dos Orixás. Afinal, ninguém incorpora o "Orixá Ogum", mas tão somente seus manifestadores encantados ou naturais "individualizados". Somos regidos pelo Ogum Ancestral e guiados pelo Ogum Natural por meio de um dos seus Orixás naturais regentes de níveis vibratórios, que enviam até os médiuns seus Orixás encantados ou Orixás naturais "individualizados".

Se prestarem atenção para o que aqui revelamos, entenderão por que, quando em uma tenda se canta para um Orixá, todos os médiuns incorporam "entidades" da linha que está sendo chamada para se manifestar.

Às vezes, são os Orixás individuais que se manifestam, ou podem ser Caboclos ou caboclas (espíritos humanos) reintegrados às hierarquias naturais regidas pelos Orixás.

Em Ogum Beira-Mar, temos os "Caboclos Beira-Mar" e as "Caboclas Janaína", que formam os pares positivos em seu subnível vibratório. Em outros Oguns, pares análogos no positivo são formados, assim como nos subníveis negativos são formados pares de Exus e Pombagiras, as quais com seus pares positivos formam linhas de trabalho que atuam junto aos médiuns em seus trabalhos espirituais.

Isto que aqui estamos comentando é Ciência de Umbanda e pouco tem sido ensinada no plano material, pois a maioria opta pela linha fenomenológica em lugar da linha do conhecimento.

Esperamos que, de posse destas chaves científicas, os médiuns deem início ao conhecimento de nível superior que têm à disposição, pois Umbanda não é só magia. Ela está assentada na ciência divina expressa no Mistério "Orixás".

Vamos aos gráficos identificadores dos Senhores Orixás Regentes dos Níveis Vibratórios.

Estes gráficos identificaram os Senhores Orixás Regentes que atuam junto aos médiuns pela direita, pois também temos os que atuam pela esquerda e regem as linhas de Exus e Pombagiras, também eles regidos por Orixás Naturais assentados nos níveis negativos (cósmicos) das linhas de forças energomagnéticas.

Alguns intérpretes umbandistas desconhecem este mistério e acabam por dar a Exu uma "autonomia" inexistente no campo mediúnico dos médiuns, onde todas as entidades obedecem aos senhores níveis das linhas de forças.

Orixás Assentados nos Níveis Vibratórios das Linhas de Forças 507

Observem as correspondências horizontais ou verticais:
Reproduzindo este gráfico, teremos os níveis vibratórios positivos e negativos, de onde saem Caboclos(as), Exus e Pombagiras. É certo que aqui só fornecemos as chaves (fórmulas), mas de posse delas poderão alcançar conhecimentos precisos, profundos e descortinadores do Divino Mistério "Orixás".

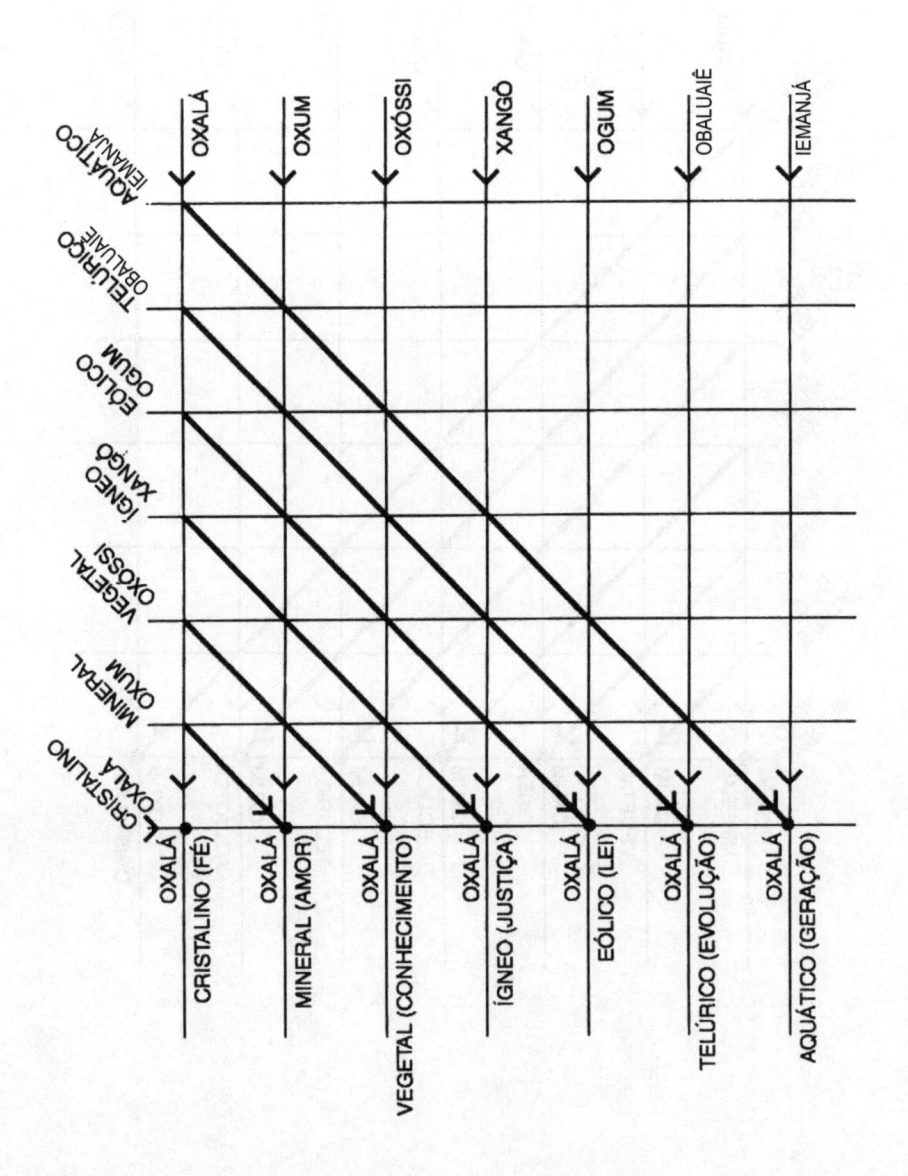

508 *Código de Umbanda*

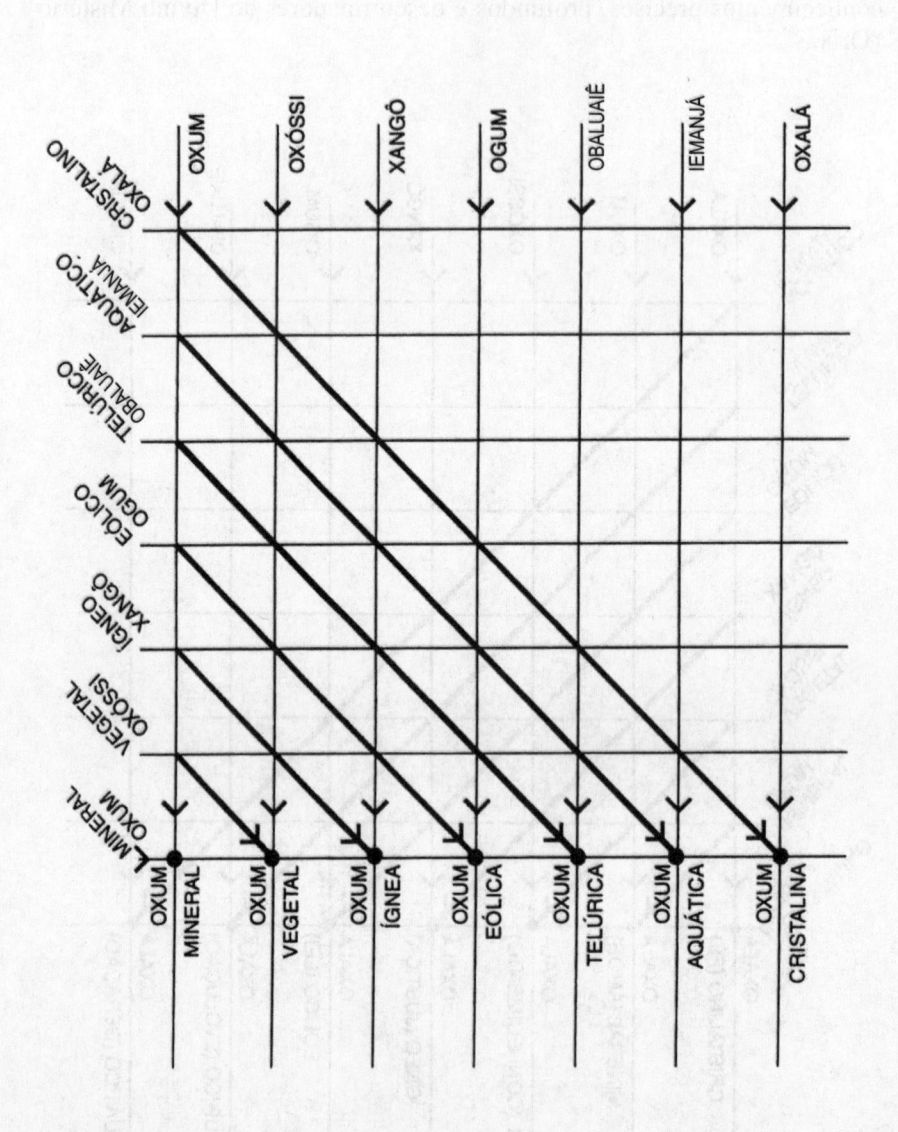

Orixás Assentados nos Níveis Vibratórios das Linhas de Forças

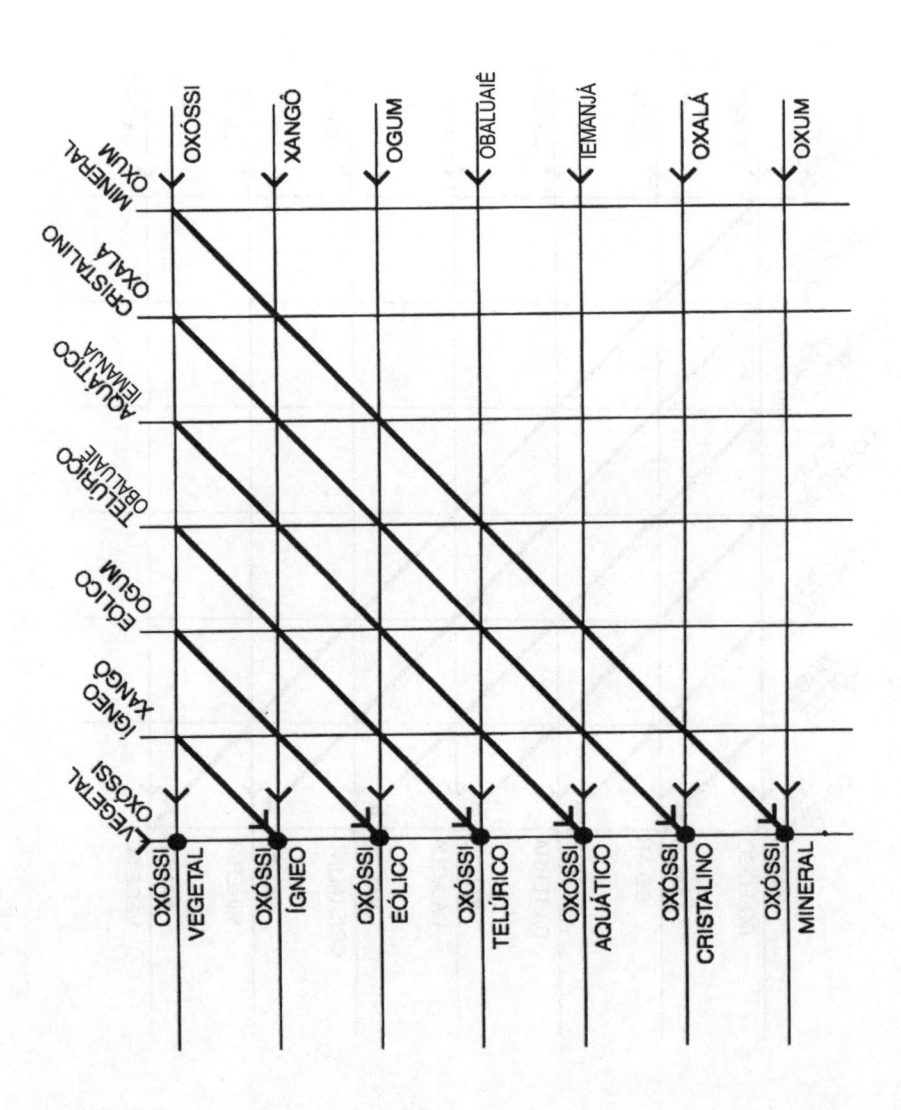

510 *Código de Umbanda*

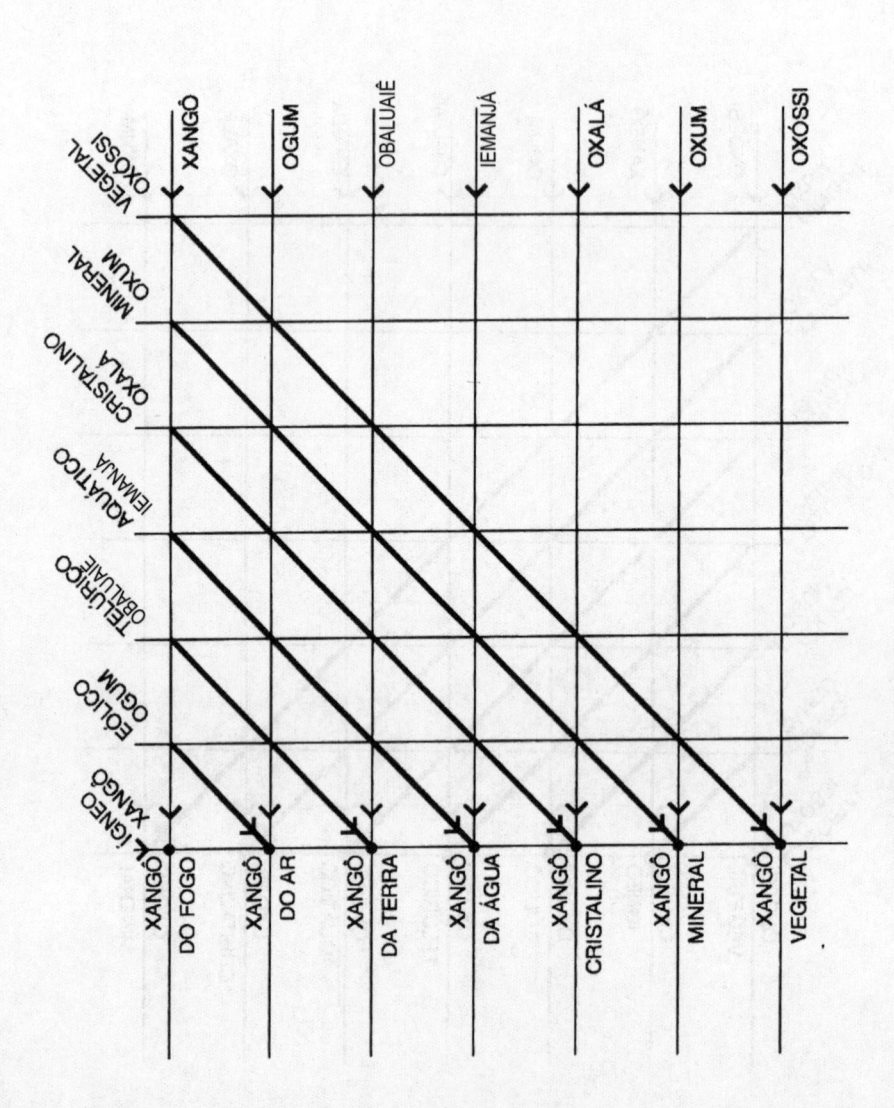

Orixás Assentados nos Níveis Vibratórios das Linhas de Forças   511

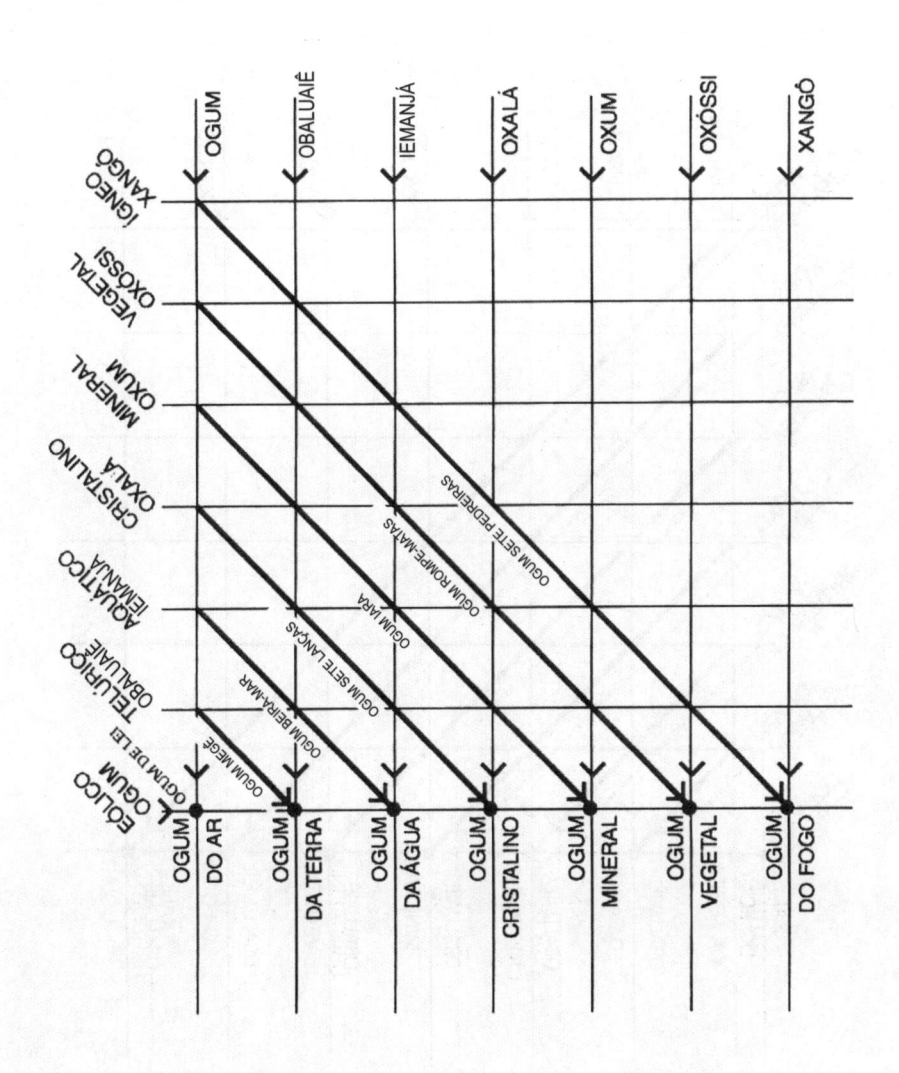

Código de Umbanda

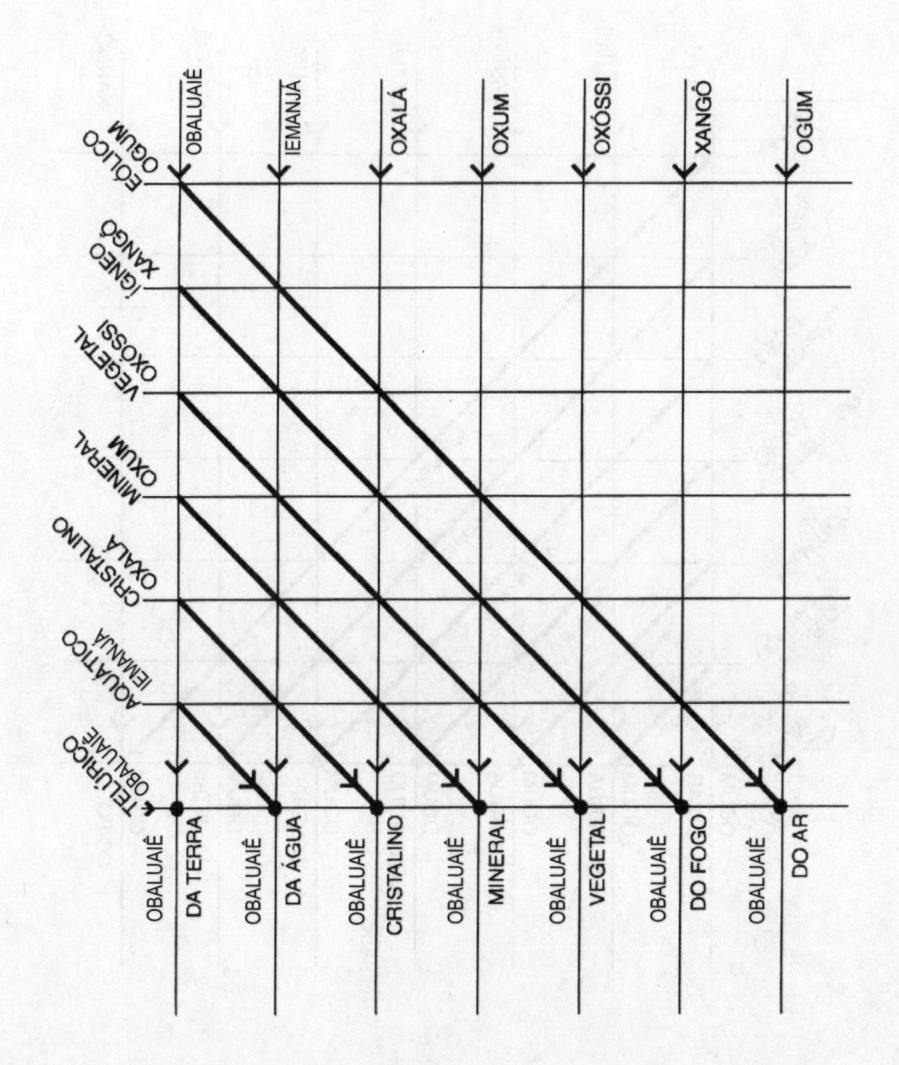

Orixás Assentados nos Níveis Vibratórios das Linhas de Forças   513

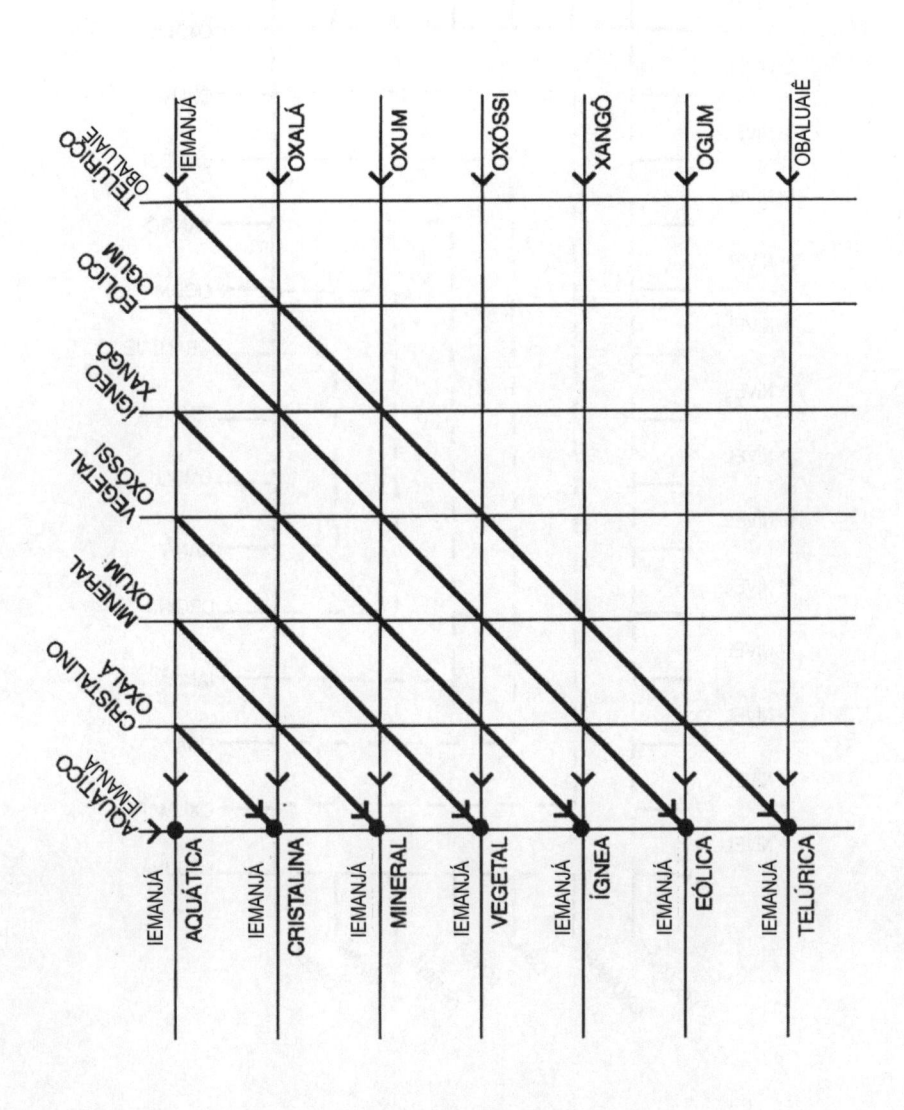

514 *Código de Umbanda*

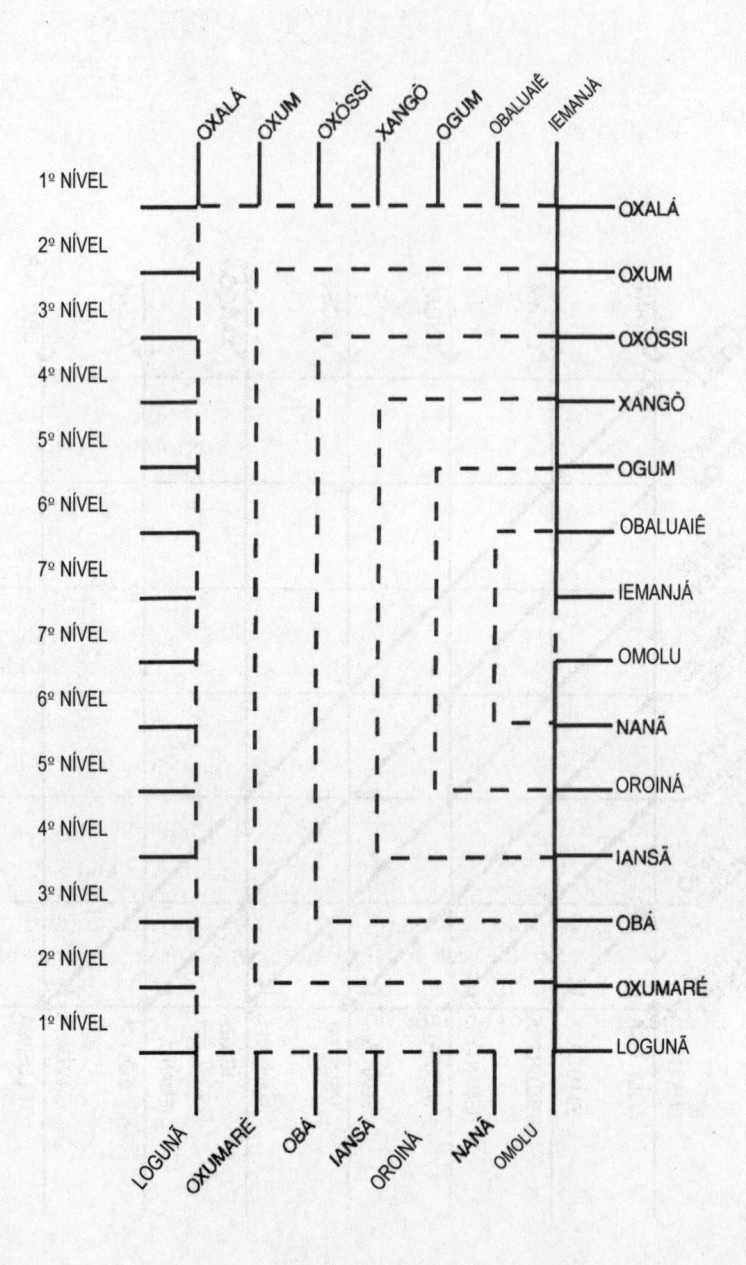

DÉCIMO QUARTO CAPÍTULO

Localização dos Orixás

Para localizá-los e nomeá-los, só precisamos de uma tela plana, para que possamos mostrar com quais linhas de forças estão atuando e quais estão intermediando nos níveis de sua linha de forças vertical.

Observem o gráfico da página seguinte com atenção e verão que na irradiação inclinada está o mesmo Orixá que pontifica a linha horizontal.

Poderão verificar que o 1º Oxalá é cristalino puro, pois não recebe irradiação inclinada ou horizontal, senão do Orixá Maior Cristalino, que é o Oxalá Natural. Já o 2º Oxalá, recebe irradiações da Orixá Oxum tanto na inclinada quanto na horizontal, e assim vai acontecendo com todos os outros Oxalás intermediários.

Para identificar todos os Orixás Regentes das outras linhas, bastará que estendam as linhas verticais para a direita, as quais irão formando telas planas. Para tanto basta que, após Iemanjá, na sétima linha, recomecem uma outra tela com Oxalá, e terão um novo gráfico para localizar todas as Oxuns, depois os Oxóssis, etc.

Não se espantem se parecer simples. Realmente, depois que se sabe como montar as telas, tudo é simples e fácil. Demos o quadro gráfico e a fórmula científica para localizá-los. Construam as outras seis telas planas simples e verão como é fácil descobrir.

Boa pesquisa, filhos amados!

516 Código de Umbanda

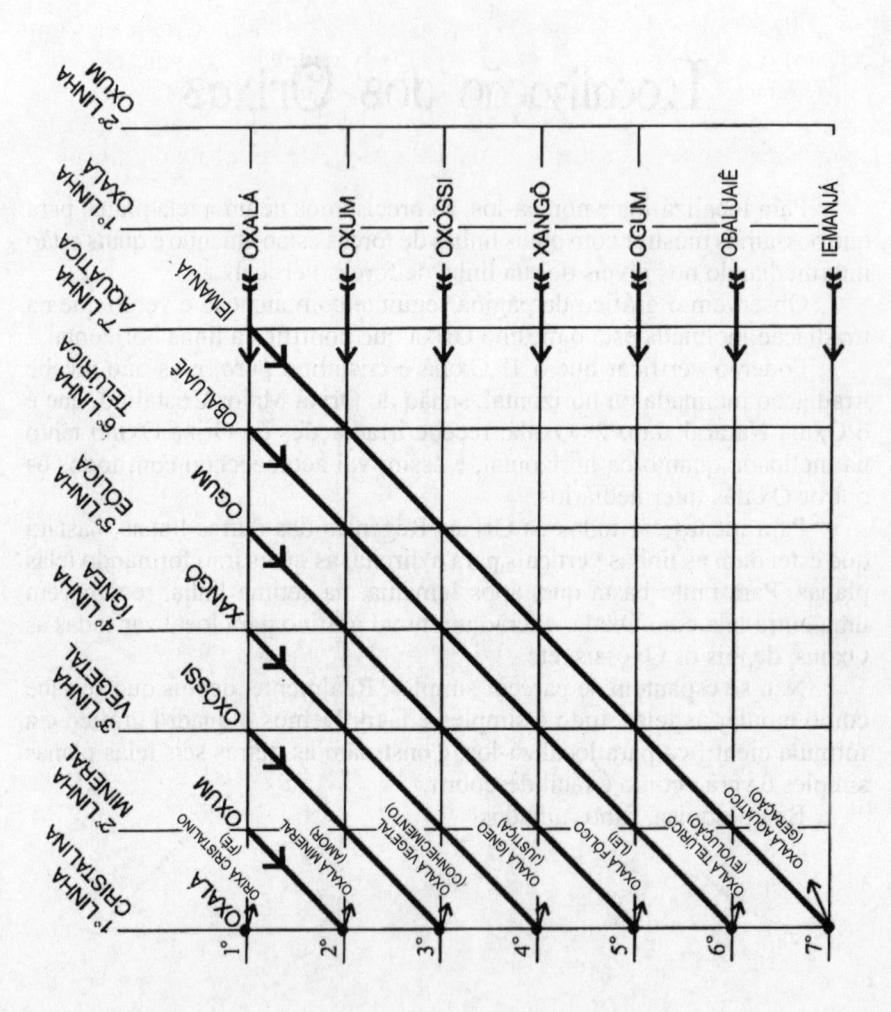

Localização dos Orixás 517

OS ENTRECRUZAMENTOS

Localização dos entrecruzamentos ("X") que atuam sobre um Orixá assentado em um nível vibratório de sua linha de forças.

Observando o 2º Oxalá e tomando a linha da direita (Amor ou Concepção) e a da esquerda (Geração ou Criatividade), vemos que ele sofre influências diretas de dois Orixás femininos, ambos responsáveis pela geração de novas vidas: Oxum atua na concepção (fecundação) e Iemanjá atua na maternidade (sustentação da gravidez). Atentem para o gráfico:

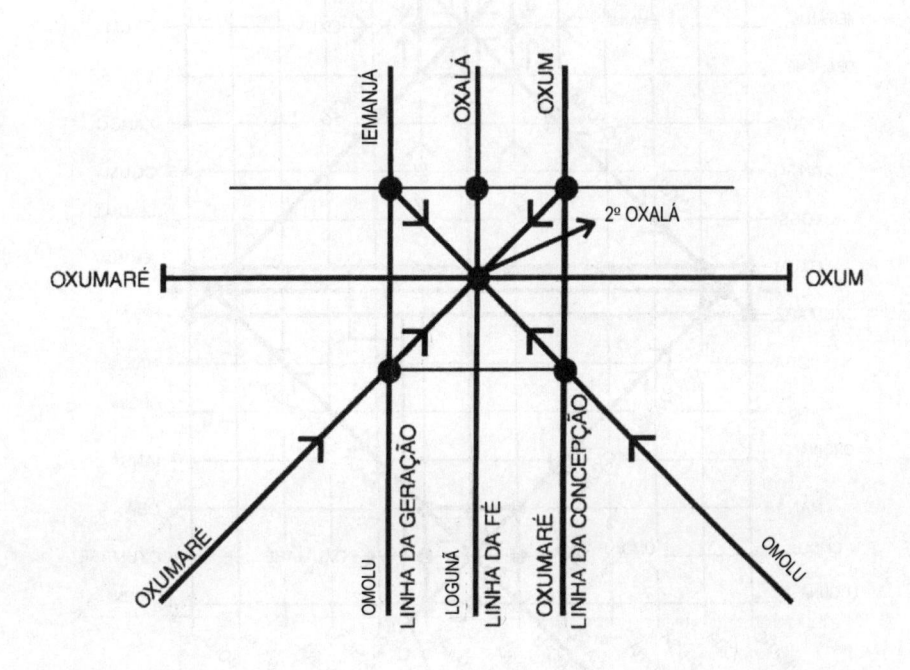

Vejam que ele está assentado no 2º nível vibratório da linha cristalina ou linha da Fé, e recebe influências de Oxum e Iemanjá e de Oxumaré e Omolu. No próximo gráfico, verão melhor estas irradiações inclinadas. Este 2º Oxalá é conhecido como "Trono Cristalino da Vida" e atua na vida dos casais, despertando a fé e estimulando-os a gerar novas vidas. Só assim o "crescei e multiplicai-vos" acontece amparado pelo Divino Criador.

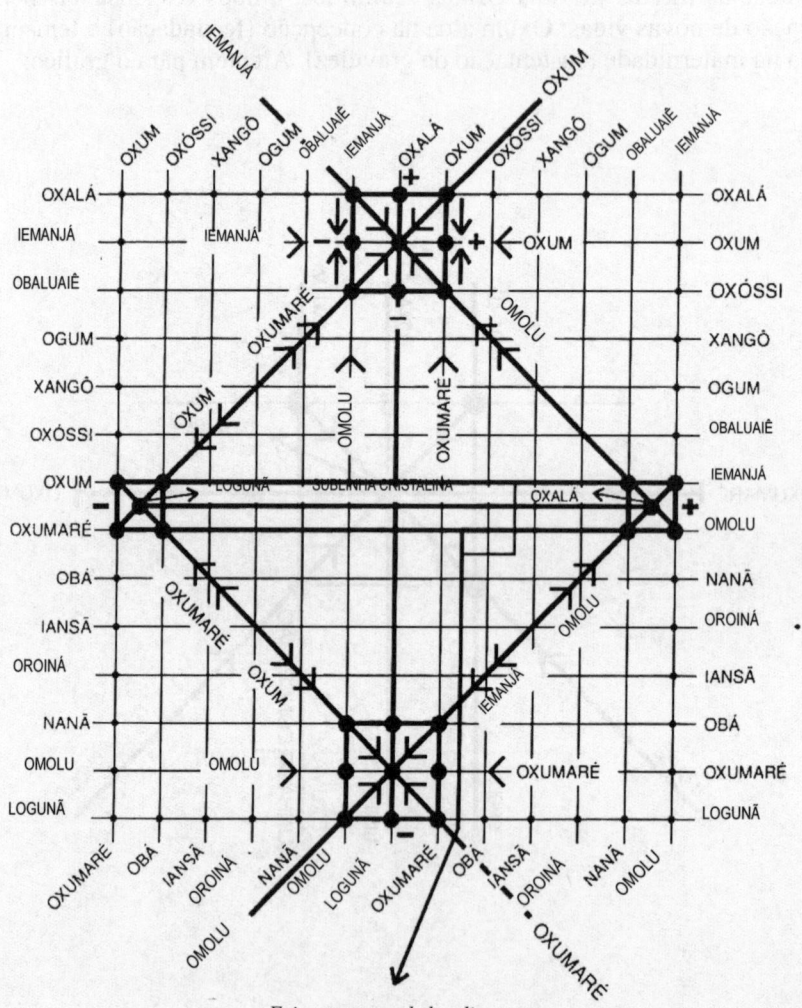

Faixa neutra onde localizamos as sublinhas regidas pelos Orixás Intermediários

Localização dos Orixás 519

A seguir, vamos desdobrar um outro gráfico e nele verão correspondências que surgem com a 2ª Logunã, assentada no 2º nível vibratório negativo da linha cristalina.

Recordando as qualidades, atributos e atribuições dos Orixás veremos que se no alto temos o "Trono da Vida", no embaixo temos o "Trono da Morte", pois tanto Logunã quanto Omolu e Oxumaré atuam na vida dos seres justamente paralisando-os ou punindo-os por atentar contra a fé, a geração e a concepção. E, abrindo-lhes novas sendas, redirecionam em suas evoluções.

As correspondências opostas são bem visíveis e temos um par natural no 2º Oxalá e na 2ª Logunã. Eles formam uma sublinha cristalina a qual localizamos na faixa neutra que divide o "alto" do "embaixo".

Estudem bem este gráfico. Ele é o modelo-padrão para que se identifique onde realmente atuam os Orixás dentro do Ritual de Umbanda Sagrada.

Após estudarem com calma e atenção todos os entrecruzamentos, vocês verão que o quadrante no qual está assentado o 2º Oxalá e a 2ª Logunã contém estes Orixás pontificando as linhas de forças que o formam.

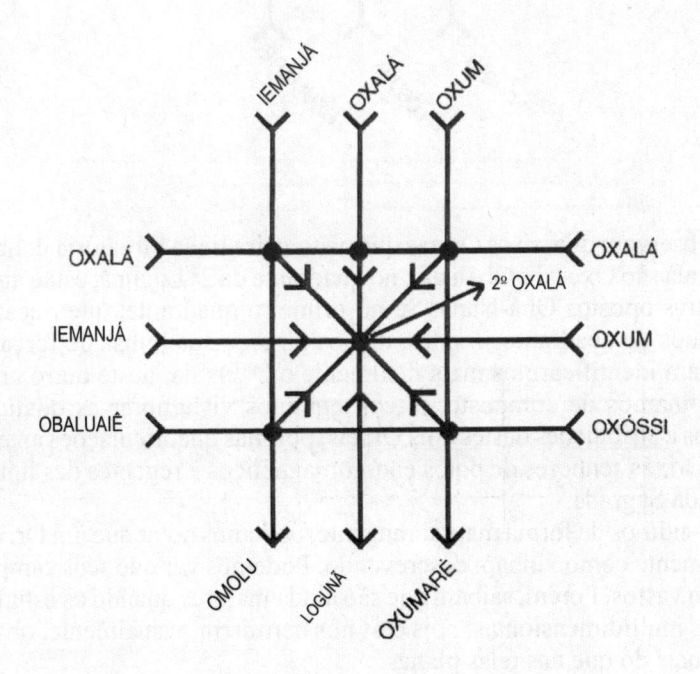

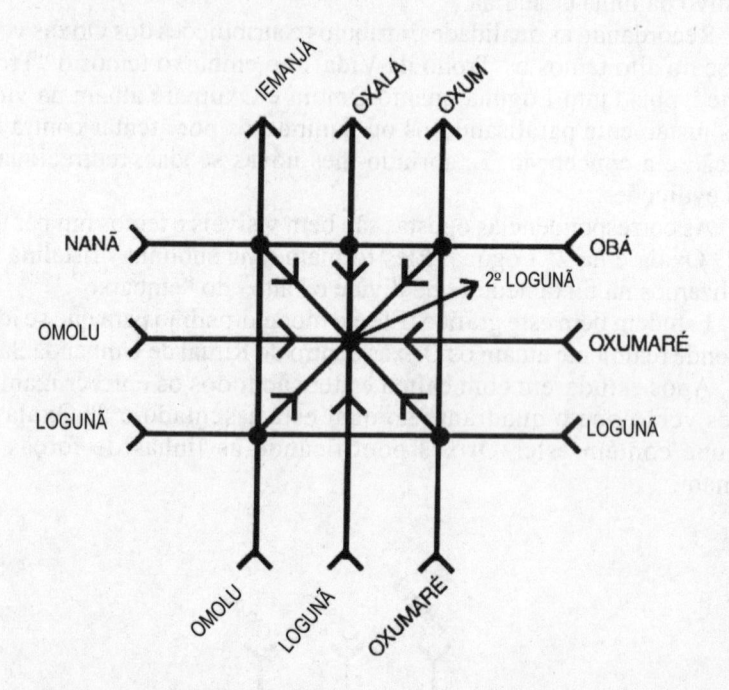

        Observem que, se os Orixás que na terceira linha vibratória delimitam o 2º Oxalá são Oxóssi e Obaluaiê; no quadrante da 2ª Logunã, estão atuando seus pares opostos Obá-Nanã. Se no primeiro quadrante, que traçamos e chamamos de quadrante simples, demos destaque às linhas de forças verticais para identificarmos mais facilmente o 2º Oxalá, neste outro gráfico, que chamamos de composto, já conseguimos vislumbrar as qualidades, atributos e atribuições destes dois Orixás, pois nas quadriculações aparecem vários Orixás senhores de polos energomagnéticos e regentes das linhas de Umbanda Sagrada.

Vendo-os de forma mais abrangente, podemos notar que um Orixá não é exatamente como vinham descrevendo. Podemos ver que seus campos de ação são vastos. Porém, saibam que são ainda maiores quando os estudamos em telas multidimensionais, pois elas nos permitem, visualmente, observar muito mais do que nas telas planas.

Vamos mostrar mais um Orixá Regente de outra linha de forças, para que dominem realmente o modo de identificá-los e descubram suas qualidades, atributos e atribuições, além dos seus quadrantes ou campos de ação.

Localização dos Orixás

Depois daremos uma tela plana, mas sem colocar os Orixás pontificadores das linhas energomagnéticas, ou os Orixás Regentes que as pontificam. Queremos que a usem para localizar Orixás Regentes, bastando copiá-la e preenchê-la segundo o modelo padrão. Depois, tudo ficará mais fácil.

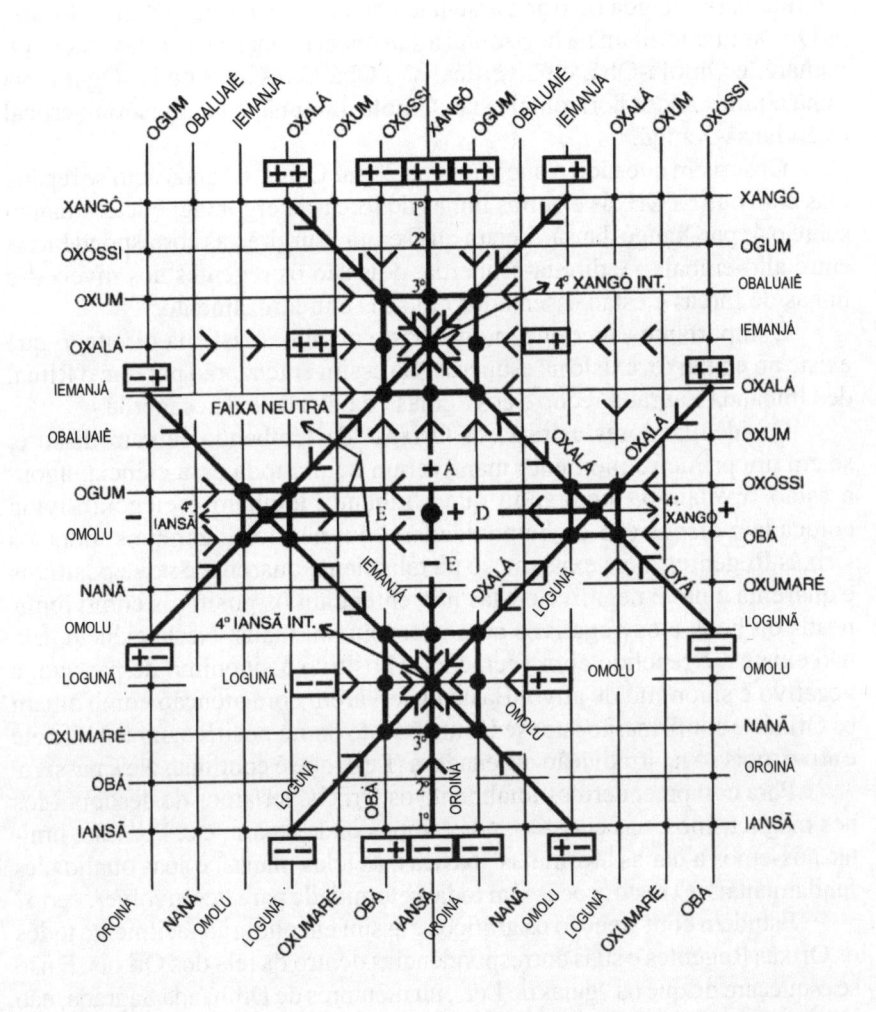

4º Xangô — 4ª Iansã

O 4º Xangô, regido pelo fogo e assentado na linha da Justiça, está ladeado na direita pela linha da Lei (Ogum-Oroiná) e na esquerda pela linha do Conhecimento (Oxóssi-Obá). Recebe do alto as irradiações inclinadas de Iemanjá e Oxalá, e do embaixo recebe as irradiações inclinadas de Omolu-Logunã. Na linha divisória ou equilibradora horizontal, ele recebe pela direita as irradiações de Iemanjá e, pela esquerda, as de Oxalá. Já a 4ª Iansã Intermediária, regida pelo ar e assentada na linha da Justiça (Xangô-Iansã), os Orixás que formam na horizontal a sua quadriculação são estes: Nanã-Oxumaré, e Omolu-Obá, e na vertical são Obá-Oxóssi e Oroiná-Ogum. Na linha equilibradora horizontal estão Omolu-Logunã, e na divisória vertical estão Iansã-Xangô.

Observem que tudo o que viram no 2º par Oxalá-Logunã aqui se repete, mas com outros Orixás e outras linhas de forças energomagnéticas atuando sobre o 4º par Xangô-Iansã. Vejam que sempre surgirão as correspondências entre alto-embaixo e direita-esquerda, pois são os regentes dos níveis das linhas de forças e estão assentados em seus entrecruzamentos.

É importante saber que, o que existe no alto, existe na direita; o que existe no embaixo, existe na esquerda. Só assim entenderão por que o Ritual de Umbanda Sagrada recorre aos "guias" da direita e da esquerda.

Os idealizadores astrais (os Orixás) da Umbanda sabiam disso e, se em um primeiro momento mantiveram oculta toda essa ciência, agora a estão revelando, mostrando que Umbanda também é ciência divina colocada à disposição da humanidade. Aqui não localizaremos todos os Orixás Regentes, pois existem, só na tela plana, quarenta e nove positivos e quarenta e nove negativos. Mas não entendam os positivos como luminosos ou bons e os negativos como sem luz ou maus. Nesta ciência, isto não existe e é repelido com veemência. Positivo é sinônimo de passivo, e negativo é sinônimo de ativo. Basta observarem com atenção como atuam os Orixás e confirmarão isto: se Ogum é visto como positivo, no entanto ele é ativo, pois só na irradiação ordenadora (Lei), que é contínua, ele é passivo.

Para compreendermos totalmente os Orixás, teríamos de desdobrá-los nos magnetismos, nas energias, nos campos onde atuam, etc. Por isso, limitar-nos-emos a dar as "fórmulas" básicas, as telas planas, e suas qualidades fundamentais. O resto, vocês têm toda a eternidade para desenvolver, certo?

Estudem com atenção os gráficos e assim encontrarão facilmente todos os Orixás Regentes e suas correspondências dentro da tela dos Orixás. E não se esqueçam de que os "guias de Lei", ou mentores de Umbanda Sagrada, não surgem em um passe de mágica. Eles, os "guias de Lei", estudam, praticam, visitam todos os Orixás Regentes, assentam-se à direita ou à esquerda de muitos deles e só depois de tudo isto feito é que assumem a coroa de um filho de Umbanda ativo (praticante com mediunidade de incorporação e portador de ordem de trabalhos). Muitos mentores não são guias de Lei de Umbanda, mas todos os guias de Lei são mentores da Umbanda.

Cuidado com os julgamentos precipitados, pois, às vezes, ocultado por trás da capa preta de um Exu, está um guia de Lei que, assim oculto, melhor vigia os que andam praticando em nome dos Orixás, sem fundamento na Lei de Umbanda. Não julguem para não serem julgados, pois nenhum guia de Lei se revelará a quem ainda não está preparado para conhecê-lo. Portanto, respeitem vossos mentores, pois eles serão os últimos a se revelar, ou a revelar seus graus nas hierarquias regidas pelos Orixás Regentes, onde são mediadores para os planos material e espiritual. Respeitem, pois Umbanda é religião e eles são os seus elos humanos de religação com seus pais e mães naturais.

Vamos às linhas e depois à tela, para que possam, se quiserem, localizar todos os Orixás que atuam no Ritual de Umbanda Sagrada, já com nomes simbólicos, tais como: Ogum Iara, Sete Espadas, das Pedreiras, Beira-Mar, Megê, de Lei, Matinada, Sete Lanças, Sete Escudos, Sete Coroas (sim, existe um Ogum e uma Iansã Sete Coroas, sabichões de Umbanda!), Marinho, Sete Ondas, Naruê, etc.; Xangô de Lei, das Pedreiras, dos Raios, das Sete Montanhas (que é o 1º dos Xangôs, e está assentado no mesmo nível vibratório, ao lado de Ogum de Lei e de Oxóssi Mata Virgem, pois as Sete Montanhas simbólicas são as Sete Linhas. Ele é o Senhor Xangô Sete Montanhas porque está assentado na linha vertical, mas no nível cruzado pela primeira linha horizontal. Por isto ele se comunica diretamente com todos os primeiros Orixás ou os picos das Montanhas, que são as Sete Linhas). E assim sucessivamente com todas as outras linhas de Umbanda Sagrada.

Bom, vamos às linhas: comecem com Oxalá-Logunã e vão colocando as outras seis sempre à direita, até formar uma tela vertical e outra horizontal, tal como a que vamos dar. Depois, vão deslocando-as para a direita, para poderem encontrar nelas qualquer um dos Orixás da Umbanda.

Código de Umbanda

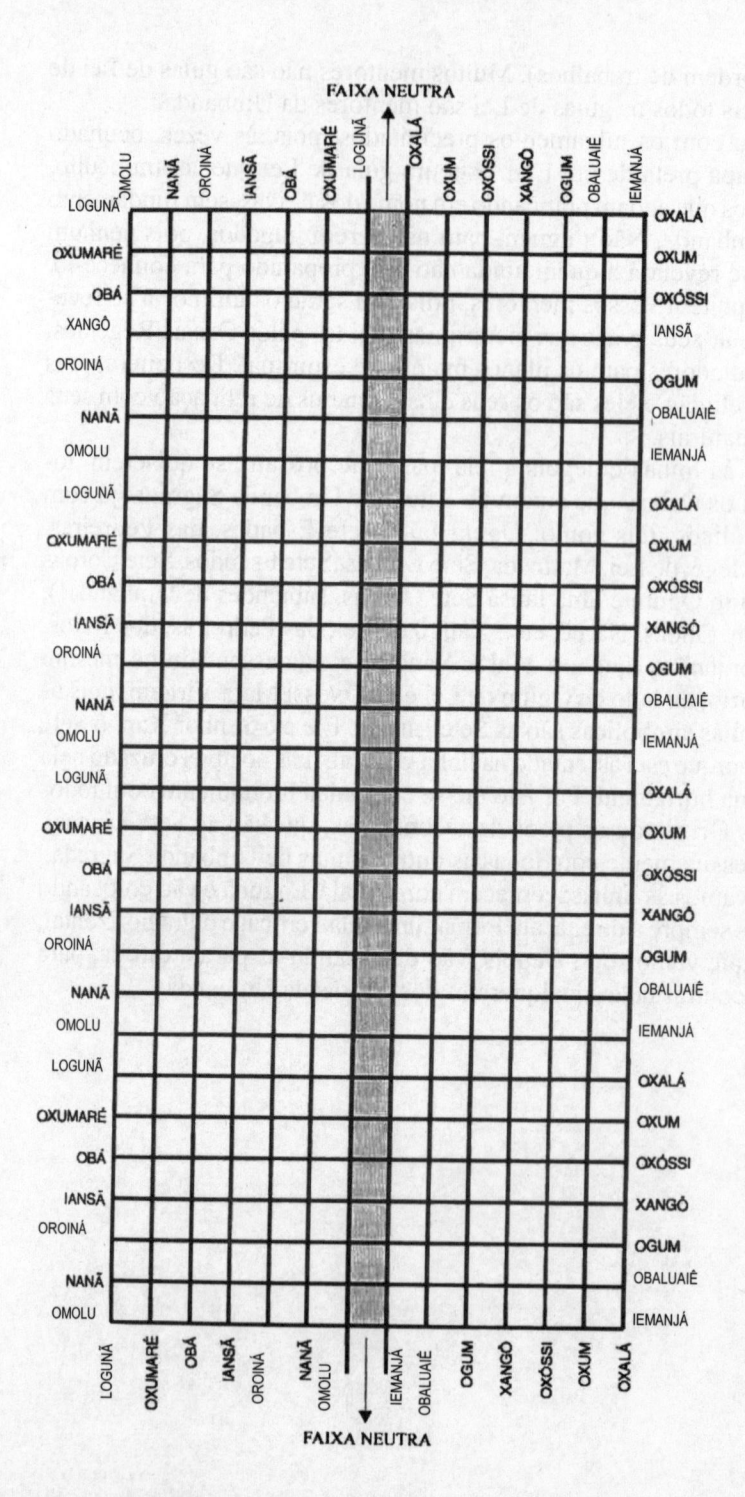

FAIXA NEUTRA

| OMOLU | NANÃ | OROINÁ | IANSÃ | OBÁ | OXUMARÉ | LOGUNÃ | OXALÁ | OXUM | OXÓSSI | XANGÔ | OGUM | OBALUAIÊ | IEMANJÁ |

Coluna esquerda	Coluna direita
LOGUNÃ	OXALÁ
OXUMARÉ	OXUM
OBÁ	OXÓSSI
XANGÔ	IANSÃ
OROINÁ	
	OGUM
NANÃ	OBALUAIÊ
OMOLU	IEMANJÁ
LOGUNÃ	OXALÁ
OXUMARÉ	OXUM
OBÁ	OXÓSSI
IANSÃ	XANGÔ
OROINÁ	
	OGUM
NANÃ	OBALUAIÊ
OMOLU	IEMANJÁ
LOGUNÃ	OXALÁ
OXUMARÉ	OXUM
OBÁ	OXÓSSI
IANSÃ	XANGÔ
OROINÁ	
	OGUM
NANÃ	OBALUAIÊ
OMOLU	IEMANJÁ
LOGUNÃ	OXALÁ
OXUMARÉ	OXUM
OBÁ	OXÓSSI
IANSÃ	XANGÔ
OROINÁ	
	OGUM
NANÃ	OBALUAIÊ
OMOLU	IEMANJÁ

| LOGUNÃ | OXUMARÉ | OBÁ | IANSÃ | OROINÁ | NANÃ | OMOLU | IEMANJÁ | OBALUAIÊ | OGUM | XANGÔ | OXÓSSI | OXUM | OXALÁ |

FAIXA NEUTRA

Esta tela pode ser estendida tanto para a direita quanto para a esquerda que não será alterada. Nela poderão ser localizados os entrecruzamentos que se desejar, desde que se mantenha a ordem de colocação dos Orixás que pontificam as irradiações verticais.

Localização dos Orixás

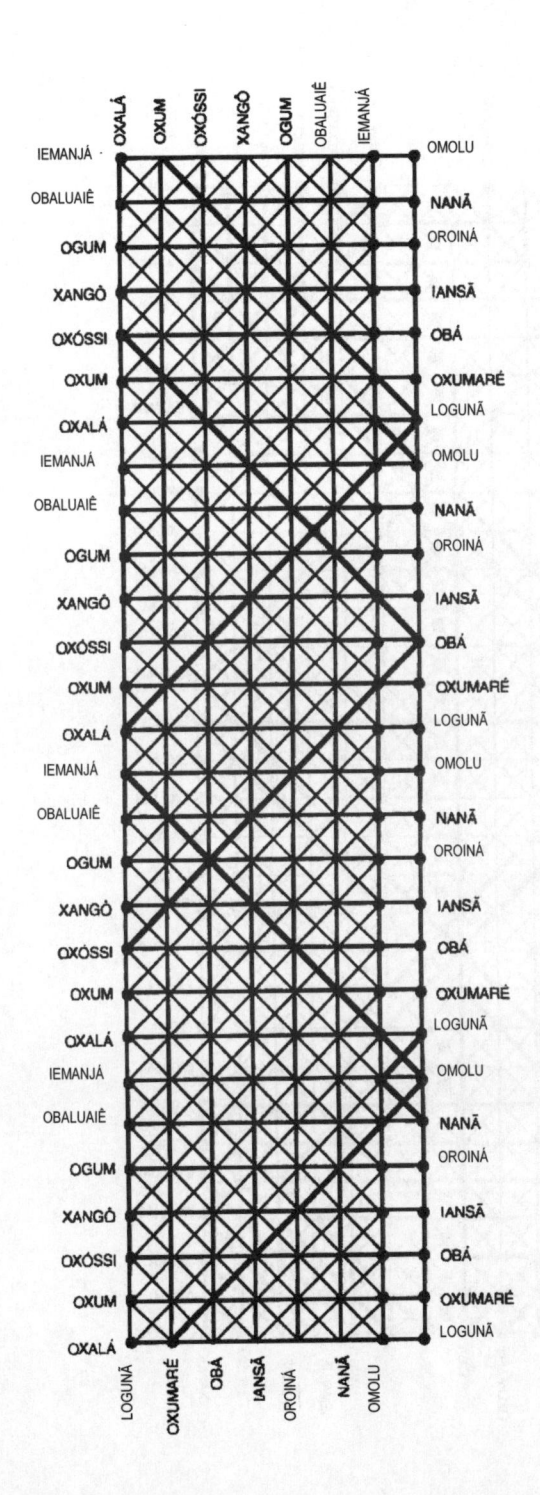

Observem que a 7ª Obá se corresponde com Oxóssi na linha vertical e nas linhas inclinadas ou perpendiculares, à direita e à esquerda. Esta é a 7ª Obá. Se descermos uma linha horizontal, teremos a 6ª Obá, que se corresponderá com Oxóssi na vertical, com Xangô, na perpendicular à direita, e com Oxum, na perpendicular à esquerda. Estas linhas ou irradiações dão qualidades a elas e as habilitam a atuar nos campos negativos destes Orixás. Portanto, desenvolvendo gráficos semelhantes poderemos descobrir com quais Orixás do alto os Orixás do embaixo se correspondem, por meio das irradiações inclinadas ou perpendiculares com as quais triangulam. E o mesmo é possível se fazer com todos os Orixás.

526 *Código de Umbanda*

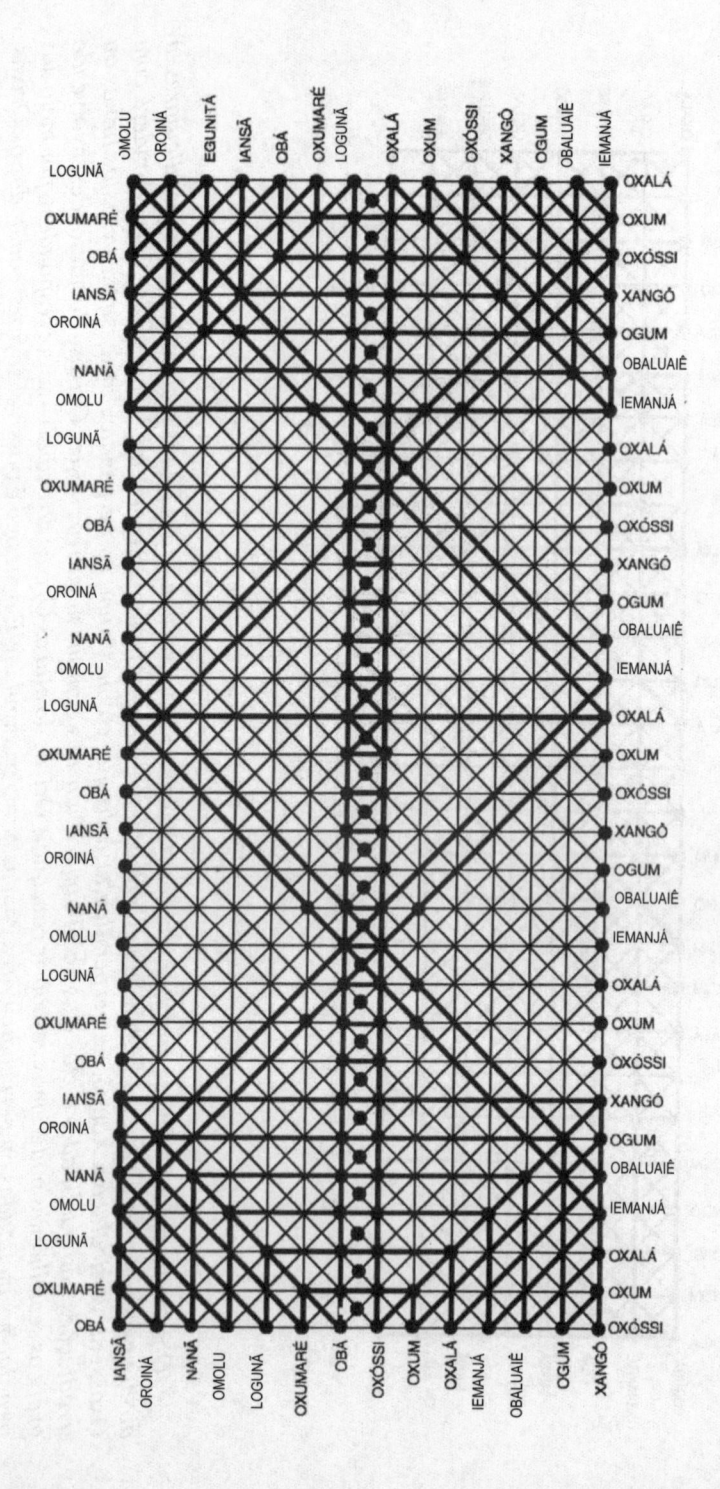

Se observarem bem no gráfico anterior, verão que Oxalá é ladeado pela irradiação vertical de Oxum à direita e de Iemanjá à esquerda. Mas ele, ao projetar sua irradiação perpendicular, alcança Iemanjá à direita no seu 7º nível vibratório e alcança Oxum no seu 7º nível vibratório à esquerda.

Por sua vez, Iemanjá é ladeada por Oxalá à direita e Obaluaiê à esquerda. Mas na irradiação inclinada, ela alcança, à direita, o 7º nível de Obaluaiê, e, à esquerda, alcança o 7º nível de Oxalá. E se continuarmos acompanhando as irradiações inclinadas, veremos que Oxalá se corresponde com Logunã em seu 7º nível vibratório, tanto à direita quanto à esquerda, fechando um triângulo de correspondências.

Mas se continuarmos descendo às faixas vibratórias negativas, veremos que ela fecha um triângulo maior, que tem Omolu à direita e Oxumaré à esquerda, enquanto mantém com Logunã a correspondência vertical. Então, temos isto:

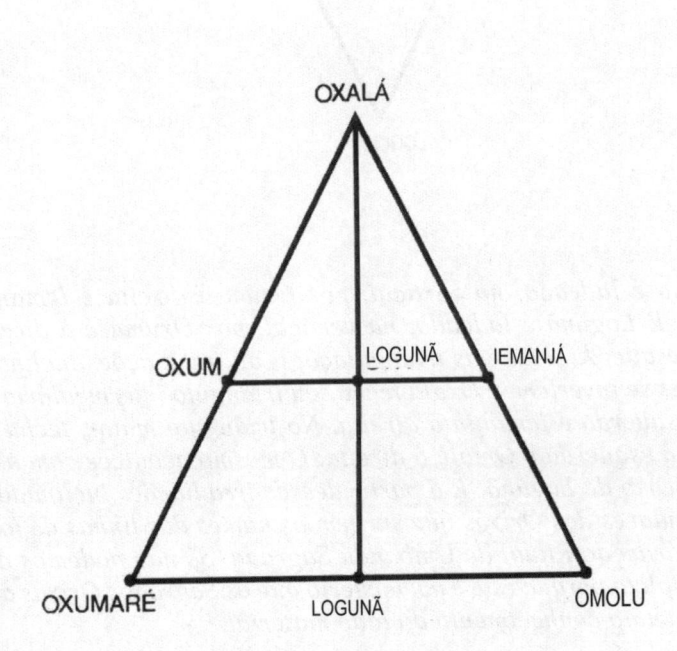

E o inverso encontrarão, caso tomem Logunã como ponto de observação, pois teremos isto:

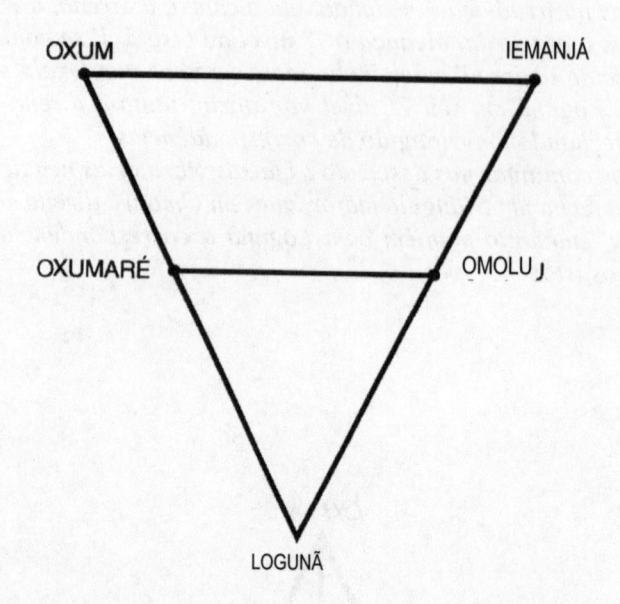

```
        OXUM                    IEMANJÁ
          •────────────────────────•
           \                      /
            \                    /
             \                  /
     OXUMARÉ  •────────────────•  OMOLU
               \              /
                \            /
                 \          /
                  \        /
                   \      /
                    \    /
                     \  /
                      •
                    LOGUNÃ
```

Oxalá é ladeado, na vertical, por Oxum à direita e Iemanjá à esquerda. E Logunã é ladeado, na vertical, por Oxumaré à direita e Omolu à esquerda. Mas nas triangulações, ou irradiações inclinadas, as posições se invertem, e Oxalá fecha seu triângulo intermediário com Oxum à esquerda e Iemanjá à direita. No triângulo maior, fecha com Oxumaré à esquerda e Omolu à direita. O mesmo acontece com as posições no caso de Logunã. É a partir dessas irradiações inclinadas ou perpendiculares dos Orixás que surgem os nomes das linhas de forças intermediárias do Ritual de Umbanda Sagrada. Só não podemos dar a chave completa porque este é um mistério que os Sagrados Orixás ainda não abriram ao conhecimento do lado material.

Aí temos três tipos de telas planas que mostram todos os Orixás, pois são gráficos cientificamente desenvolvidos pelos Magos da Luz do Saber, só agora abertos aos umbandistas, tanto os do lado material quanto os do lado espiritual, pois somente eram conhecidos dos "guias de Lei" já no 5º grau hierárquico, o grau dos Orixás Intermediadores. Os de 6º grau são ocupados pelos Orixás Intermediários e os de 7º grau são os dos Senhores das Sete Linhas de Umbanda: os Orixás Naturais.

Tenham um bom estudo, amados filhos da Umbanda e irmãos de Umbanda Sagrada!

DÉCIMO QUINTO CAPÍTULO

Orixás Regentes dos Níveis Vibratórios

Ao descrevermos as linhas de forças, mostramos quais os Orixás que as pontificam e como localizar os Orixás Intermediários assentados, cada um, em um nível vibratório.

Mostramos também que, tanto na linha vertical quanto na linha horizontal, sempre encontraremos os mesmos Orixás Regentes, pois o que existe no alto, existe na direita, e o que existe no embaixo, existe na esquerda, mas sem esquecermos que alto-embaixo e direita-esquerda são polos opostos e por isso mesmo só existem, de verdade, correspondências opostas ou vibrações opostas.

A reta numerada nos mostra isto claramente, pois +7 é oposto a -7, e vice-versa. Um é positivo e o outro é negativo. O mesmo acontece com os magnetismos, pois o polo ígneo positivo anula o seu oposto igual, mas negativo.

Bem, vocês viram nos gráficos como localizar um Orixá Regente e que um 4º Xangô possui no outro extremo uma 4ª Iansã, com a qual forma uma sublinha de forças, ou linha de forças espirituais.

Estas sublinhas, nós as chamamos de linhas de níveis e nelas atuam os Orixás Individuais regidos pelos Orixás Regentes de níveis.

Saibam que um Xangô do fogo é regido pela linha da Justiça e seu mistério "pessoal" atua no campo da Justiça. Já um Ogum do fogo é regido pela linha da Lei e seu mistério pessoal atua no campo da Lei.

Mesmo entre as divindades, existem aquelas que se manifestam movidas pela Fé, outras são movidas pela Justiça, e outras pela Lei, etc. Então, existem divindades que atuam em um campo (cirurgiões) e outras que atuam em outro campo (sacerdotes).

O campo da Fé não é o mesmo que o da Lei ou o da Justiça, mas todos são regidos por divindades afins com eles. A Fé é imutável, mas a divindade que a estimula no chinês não é a mesma que a estimula no africano, ou no europeu! A Fé é imutável, pois é comum a toda a humanidade. Entretanto, as divindades mudam, pois uns, na sua fé, adoram a Oxalá; outros a Buda e outros ao Cristo.

Aí está o mistério: são três divindades adoradas por povos diferentes; são três divindades que se mostram diferentes; mas são três divindades estimuladoras da Fé nos seres humanos, e as três são regidas pela linha de força cristalina: a linha da Fé.

A linha da Fé é imutável, mas as divindades que a estimulam mudam de povo para povo. Jesus Cristo não é Oxalá, pois nasceu para o mundo material por meio de Maria.

Já Oxalá, este nunca nasceu para o mundo, apenas humanizou-se e disseminou-se através de seus manifestadores que encarnaram. Aí reside um dos maiores mistérios religiosos.

Existe uma Linha Cristalina; é a linha da Fé.

Existe um Oxalá que nunca encarnou: é o Orixá Oxalá maior, ou puro, ou cristalino. Existem divindades cristalinas que encarnaram: Jesus Cristo, Buda, Akenaton, João Batista, Francisco de Assis, etc.

O regente de uma linha de forças nunca encarna, encarnou ou encarnará, pois é regente planetário multidimensional e é, em si mesmo, a linha de forças que sustenta todas as manifestações de suas qualidades divinas.

No nosso caso, já que estamos recorrendo à linha cristalina, Oxalá é o sustentador das manifestações da Fé em todos os níveis. Mas nestes níveis existem divindades que, apesar de serem cristalinas, atuam nas outras linhas de forças como estimuladoras da religiosidade nos seres regidos por elas.

Existe um Oxalá cristalino puro, e mais seis outros, que continuam sendo Oxalás cristalinos, os quais assumem as qualidades da linha de forças em cujas vibrações atuam. Eles assumem as qualidades desta vibração, e neles elas passam a ser seus atributos.

Assim, o 2º Oxalá, que atua na vibração de Oxum, tem como qualidades as cristalinas (Fé), como atributos as qualidades de Oxum (Amor), e como atribuição atuar no campo da maternidade (os atributos de Iemanjá)

Atentem bem para isto e entendam que o 2º Oxalá "humanizou-se" em uma Era já adormecida na memória religiosa da humanidade.

O 2º Oxalá tem como qualidade a Fé, tem como atributo o Amor e tem como atribuição atuar no campo da maternidade ou Geração de vidas humanas. Ele estimula, com suas vibrações de fé, o amor paternal que todos herdamos de nosso Divino Criador e, com suas vibrações de fé, ele sustenta as uniões matrimoniais religiosas, onde a presença divina é contínua e estimuladora da fé em "Deus Pai".

Saibam que todos os Caboclos "Estrela" são regidos por Oxalá e, se atuam sob a irradiação de outros Orixás, assumem como qualificativo uma cor, um sentido ou um elemento.

No mistério "Sete Estrelas" estão assentados todos os sete Orixás, assim como no mistério "Sete Raios" eles também estão assentados.

Mas, no mistério "Sete Estrelas", Oxalá tem sua linha pura, que são os Caboclos Sete Estrelas da Fé, e Iemanjá também tem a sua linha pura, formada por caboclas da água que atuam com o nome de "Sete Estrelas da Vida".

Estamos alertando para este polo porque vamos usar um nome simbólico para mostrar como é complexo o simbolismo das linhas de Umbanda e como este simbolismo vai se desdobrando por meio de símbolos, cores, elementos e sentidos.

No exemplo que usaremos para mostrar um Caboclo intermediador da Umbanda, recorreremos ao nome simbólico "Estrela Azul" e iremos mostrando seus campos de ação.

Estrela = Oxalá = Fé = Guia

Azul = Iemanjá = Vida = Maternidade

Então, um Caboclo Estrela Azul é um mediador de Oxalá para Iemanjá e atua como irradiador da Fé na linha da Geração.

Assim entendido, então conseguimos compreender por que um Caboclo Estrela Azul, cristalino e regido por Oxalá, atua sob a irradiação de Iemanjá e seus campos de ação são, preferencialmente, os da maternidade, regidos pela linha de forças da Geração, regida por Iemanjá e estimulada por Oxum, que rege as concepções (uniões sexuais reguladas pelos matrimônios sustentados pelo 2º Oxalá).

Esta é a correta interpretação e explicação do mistério, que se manifesta no Ritual de Umbanda Sagrada com o nome simbólico "Estrela Azul".

Os outros Mistérios Estrela atuam sob outras irradiações, ou sob a irradiação de outros Orixás, como queiram, certo?

Por isso, agucem a percepção e entenderão muitas coisas acerca dos nomes simbólicos dos Orixás, que em nível terra os conhecemos por meio das linhas de trabalho.

Bem, já sabem que por trás do nome simbólico "Estrela Azul" estão dois Orixás (Oxalá e Iemanjá), e também que são os espíritos que vieram com o 2º Oxalá que o manifestam nas linhas de ação e reação do Ritual de Umbanda Sagrada.

Então, observem que é muito vasto o campo de estudo dos Orixás, pois um Caboclo ou cabocla é um guia espiritual de uma entre as muitas linhas de ação e reação regidas pelos Orixás.

Saibam que nada impede que um Caboclo Estrela Azul, que atua sob a irradiação de Iemanjá, venha amanhã também a atuar sob a irradiação de Oxóssi, de Ogum, ou de Xangô, pois nas linhas regidas por estes Orixás também existem Orixás que atuam nos níveis influenciados por Iemanjá, Oxum ou Oxalá.

Em Oxóssi, o 5º nível vibratório recebe a irradiação de Iemanjá, e este 5º Oxóssi atua estimulando os conhecimentos acerca da maternidade ou da geração de vida.

Como comentamos, um Caboclo Estrela Azul pode assentar-se à direita do 5º Oxóssi, pois encontrará tantas afinidades que se sentirá gratificado em também poder atuar sob a irradiação dele, o 5º Oxóssi, que é o Senhor Oxóssi das Águas, que é vegetal, mas atua na parte "aquática" que existe nos vegetais ou nos seres humanos, encantados ou elementais.

Está muito difícil acompanhar nosso comentário?

Se está, saibam que ciência é difícil mesmo, pois não comporta a simplicidade das lendas ou dos criacionismos mentais que pululam no meio material sob o nome de Ocultismo.

Releiam tudo com atenção que, certamente, entenderão o porquê de seu nome, caso um Caboclo diga que se chama Estrela Azul das Matas.

Mas, se este mesmo Caboclo Estrela Azul das Matas quiser aumentar seu campo de ação, então poderá assentar-se à direita de outros Orixás, que será acolhido com alegria, amor e carinho. Eles o assentarão à direita e lhe abrirão os níveis vibratórios afins com seu mistério original, onde, então, passará a atuar também.

E ele, o nosso irmão Caboclo Estrela Azul, mais dia, menos dia, passará a responder pelo nome simbólico "Sete Estrelas Azuis da Vida", pois se terá assentado à direita de sete Orixás Regentes assentados, cada um em uma das Sete Linhas de Umbanda Sagrada. Aí, então, ele passará a atuar sob a irradiação direta do "Trono" das Sete Estrelas da Vida, que outra não é senão a nossa amada Mãe da Vida, a Orixá Iemanjá.

Por que isto acontecerá?

É simples! Ele desceu à carne através da linha da Fé amparado pelo 2º Oxalá e ascendeu, em espírito, amparado pela irradiação de Iemanjá, a Senhora das Maternidades!

Sim, no simbolismo de Umbanda Sagrada temos isto: muitos Caboclos(as) respondem por nomes simbólicos em que a Estrela está presente. Temos Estrelas Azuis, Brancas, Amarelas, Vermelhas, Roxas, Douradas, etc. Existe uma analogia com as linhas de Umbanda e, se existem sete estrelas, é porque existem sete linhas.

Como existem sete linhas, também existem sete estrelas, e cada uma dá formação a um mistério "Estrela". Então, temos Caboclos Estrela Azul, Estrela Dourada, Estrela Branca, Estrela Rosa, Estrela Vermelha, Estrela Roxa, Estrela Verde, onde as cores simbolizam os Orixás.

Mas temos também os Caboclos Estrela Cristalina, Estrela Mineral, Estrela Vegetal, Estrela do Fogo, Estrela do Ar, Estrela da Terra, Estrela da Água. Ou ainda, os Caboclos Estrela da Fé, Estrela do Amor, Estrela do Conhecimento, Estrela da Justiça, Estrela da Lei, Estrela do Saber, Estrela da Vida (o nosso Estrela Azul).

Viram como um só símbolo (a Estrela) deu origem a muitas linhas de Caboclos e caboclas? E isso sem contar as linhas de Exus e Pombagiras! Cada uma destas linhas é pontificada por um encantado natural, ou um espírito humano já no grau de guia espiritual.

Muitos são os Caboclos e caboclas Estrela; porém, uns estão atuando sob a irradiação de uma das sete linhas, outros sob a de outra, etc. Os Caboclos Sete Estrelas da Vida são regidos por Iemanjá.

Viram como o campo é muito amplo dentro da simbologia de Umbanda?

Então vamos restringir nosso campo, para que possam entender um pouco esta simbologia.

Símbolos:

A Fé é atributo de Oxalá (o sol, a estrela celeste)

O Amor é atributo de Oxum (o coração)

O Conhecimento é atributo de Oxóssi (a busca, a flecha)

A Justiça é atributo de Xangô (a firmeza, a montanha)

A Lei é atributo de Ogum (a espada)

A Evolução é atributo de Obaluaiê (a passagem, as portas)

A Geração é atributo de Iemanjá (a estrela do mar)

Os nomes simbólicos usados pelos Caboclos e caboclas que trazem estes símbolos já estão revelando uma analogia com os Orixás senhores das linhas de forças que os regem. Por isso, devem interpretar os nomes de seus guias seguindo esta linha de raciocínio, caso queiram descobrir a quais Orixás estão servindo.

Se for uma Estrela Roxa, está atuando sob a irradiação de Obaluaiê. Se for uma Estrela Cristalina (branca), está atuando sob a irradiação de Oxalá. Se for uma Estrela Dourada, está atuando sob a irradiação de Xangô. Mas, se for uma Estrela Dourada da Fé, então já atua também sob a irradiação de Oxalá, como aplicador da Justiça Divina nos campos da religiosidade.

Viram como o simbolismo vai assumindo o nome das linhas de forças?

É certo que muitos Caboclos e caboclas ainda são só estrelas, ou só estrelas mais uma cor, pois muitos ainda estão iniciando suas jornadas ascencionistas rumo aos regentes das Sete Linhas de Umbanda (os Orixás Naturais).

Não obstante, muitos, que já são portadores de muitas atribuições (campos de ação dos Orixás), continuam apresentando-se só como Caboclos(as) Estrela, e nada mais. Assim procedem porque não gostam de ostentar seus graus, para não chamar a atenção dos curiosos que pululam na Umbanda. É melhor mostrar-se como uma humilde e solitária estrela que está iluminando

Orixás Regentes dos Níveis Vibratórios   535

a vida dos seus afins, que ser uma estrela a chamar a atenção pelo nome e não pelo trabalho que realiza.

Saibam que não são poucos os médiuns ou consulentes que se impressionam mais com nomes do que com os trabalhos realizados pelos guias espirituais.

Ou não é verdade o que acabamos de comentar?

Reflitam um pouco acerca do simbolismo dos nomes das linhas de ação e reação do Ritual de Umbanda Sagrada, pois elas são regidas por Orixás individuais assentados à direita ou à esquerda dos Orixás Regentes.

Sim, porque um Caboclo Sete Espadas está assentado à direita do Ogum Sete Espadas, ao passo que um Exu Sete Espadas está assentado à esquerda dele, o Senhor Ogum Sete Espadas.

Um Caboclo Escudo ou Sete Escudos está assentado à direita, e um Exu Escudo ou Sete Escudos está assentado à esquerda do Senhor Ogum Sete Escudos.

Tanto os Caboclos quanto os Exus assentados já possuem o grau de guias de lei. Caboclo é manifestador dos níveis positivos, e Exu é manifestador dos níveis negativos. Como em todas as linhas sempre existem dois polos, então o Caboclo está assentado no polo positivo e o Exu, no polo negativo. Um atua a partir da Luz e o outro a partir das Trevas, mas ambos são regidos por um Orixá Regente.

Vamos mostrar em gráficos a linha Estrela por meio das cores, dos símbolos e dos sentidos.

Antes, vamos fixar um conhecimento que deve ser assimilado, caso queiram interpretar corretamente os Orixás Naturais, os Regentes e os Individualizados, além dos seus próprios guias de incorporação, os quais são liderados pelos mentores, pois os senhores das linhas de ação e reação são poucos e muitos são os que eles lideram e que respondem pelo nome simbólico da linha que o integrou como mais um de seus membros ativos ou atuantes nas tendas de Umbanda.

Vamos ao conhecimento que desejamos que fixem de uma vez por todas, mas vamos abordar só seus níveis positivos.

Temos sete linhas verticais:

| LINHA CRISTALINA | LINHA MINERAL | LINHA VEGETAL | LINHA ÍGNEA | LINHA EÓLICA | LINHA TELÚRICA | LINHA AQUÁTICA |

Estas linhas verticais possuem sete níveis vibratórios, ou correntes eletromagnéticas, os quais são formados pelas sete linhas horizontais, as mesmas linhas verticais. Por isso, todos os Orixás intermediários assentados em um mesmo nível vibratório (com o 1º por exemplo) são cristalinos. Já os assentados no 2º nível vibratório são minerais, e assim sucessivamente.

Vamos mostrar novamente um gráfico (ou tela plana) para que assimilem de vez este conhecimento.

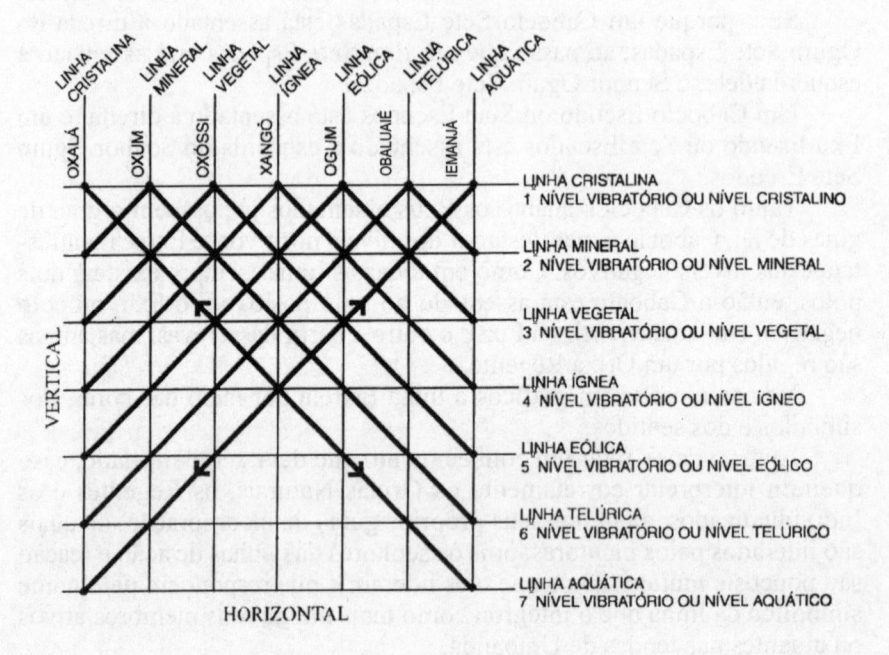

```
                LINHA      LINHA    LINHA     LINHA    LINHA    LINHA   LINHA
                CRISTALINA MINERAL  VEGETAL   ÍGNEA    EÓLICA   TELÚRICA AQUÁTICA
                OXALÁ      OXUM     OXÓSSI    XANGÔ    OGUM     OBALUAIÊ IEMANJÁ
```

LINHA CRISTALINA
1 NÍVEL VIBRATÓRIO OU NÍVEL CRISTALINO

LINHA MINERAL
2 NÍVEL VIBRATÓRIO OU NÍVEL MINERAL

LINHA VEGETAL
3 NÍVEL VIBRATÓRIO OU NÍVEL VEGETAL

LINHA ÍGNEA
4 NÍVEL VIBRATÓRIO OU NÍVEL ÍGNEO

LINHA EÓLICA
5 NÍVEL VIBRATÓRIO OU NÍVEL EÓLICO

LINHA TELÚRICA
6 NÍVEL VIBRATÓRIO OU NÍVEL TELÚRICO

LINHA AQUÁTICA
7 NÍVEL VIBRATÓRIO OU NÍVEL AQUÁTICO

VERTICAL / HORIZONTAL

Observem o gráfico e vejam que bastará inverter sua posição e o estaremos repetindo. Por isso, o que existe no alto existe na direita, e vice-versa.

Também por isso, no 1º nível vibratório, estão assentados os Orixás cristalinos; no 2º nível estão os minerais; no 3º nível estão os vegetais; no 4º nível estão os ígneos; no 5º nível estão os eólicos; no 6º nível estão os telúricos; no 7º nível estão os aquáticos.

Se observarem o 7º Oxalá, verão que ele é cristalino aquático, e a 7ª Iemanjá é aquática cristalina. As suas qualidades mantêm-se: o 7º Oxalá irradia a Fé, mas atua diretamente na linha da Geração da Vida, regida por Iemanjá. Já a 7ª Iemanjá irradia a Geração, mas atua diretamente na linha da Fé, regida por Oxalá. O 7º Oxalá estimula a fé geracionista, e a 7ª Iemanjá estimula a geração ou criatividade religiosa.

Este conhecimento é de suma importância, se quiserem aprofundar-se na Ciência dos Orixás, pois a ciência dos entrecruzamentos é divina por excelência e nela encontramos os fundamentos de todos os simbolismos de Umbanda, ou de todas as outras religiões.

Então, que fique claro que o 2º Oxóssi, por exemplo, incorporou o elemento mineral e, por meio dele, pôde receber a irradiação inclinada do 1º Xangô, que é ígneo puro ou "fogo cristalino". Se não fosse um Oxóssi já "mineralizado", não suportaria a irradiação inclinada do 1º Xangô, pois sua essência vegetal seria consumida pela irradiação ígnea do 1º, e também pela do 2º Xangô, que também é ígneo, mas já "mineralizado", já que, igualmente, está assentado no 2º nível vibratório, que é o nível regido pela mineral "Oxum Maior".

Isto sem contarmos com as irradiações que receberá o 3º Xangô, que é um irradiador do fogo vegetal ou "Chama do Conhecimento". Sim, porque o 1º Xangô irradia a "Chama da Justiça", o 2º Xangô irradia a "Chama do Amor", o 3º Xangô irradia a "Chama do Conhecimento", o 4º Xangô irradia a "Chama da Purificação", o 5º Xangô irradia a "Chama da Lei", o 6º Xangô irradia a "Chama do Saber" e o 7º Xangô irradia a "Chama da Vida".

Para a correta interpretação de um Orixá, temos de saber que suas qualidades são as da sua linha de forças vertical; seus atributos são os da linha horizontal, e suas atribuições são o campo na vida dos seres, nos quais atua.

Assim, entendam que esta ciência não foi criada pelos homens (encarnados) ou por nós, os espíritos. Ela foi criada por Deus, quando Ele criou tudo o que existe. Nós só tomamos conhecimento dela após muito evoluirmos, guiados pelos nossos amados Orixás, que agora nos estimulam para que a ensinemos aos filhos de Fé do Ritual de Umbanda Sagrada. Lembrem-se de que um dia Isaac Newton "descobriu" a lei da gravidade. Mas esta lei sempre existiu e era do conhecimento de milhões de espíritos já portadores do grau de mestres instrutores, porém estes estavam impedidos de abrir seus postulados ao plano material, ou ao conhecimento humano.

O mesmo acontece com a ciência dos entrecruzamentos, ou Ciência dos Orixás: ela sempre existiu e era conhecida de todos os guias de Lei da Umbanda Sagrada. Mas todos estavam impedidos de ensiná-la aos seus filhos de Fé. Por isso, não duvidem que seus mentores a conheçam, pois eles a conhecem, sim. Só não comentam com vocês porque estão impedidos.

Mas saibam que, noventa por cento da grafia dos Orixás sustenta os pontos riscados por seus guias de Lei. E se eles a conhecem o suficiente para riscar os seus pontos cabalísticos de descarga, de fixação de forças ou de atuação magística, então não duvidem que também conhecem os dez por cento restante, pois estes são só teoria.

Bem, está ficando interessante este nosso livro de comentários, não?

Sendo assim, por que será que alguns autores de Umbanda colocaram seus escritos como sendo o conhecimento definitivo do assunto "Orixás", se a verdadeira ciência ainda não havia sido aberta ao plano material e nada se sabia dos entrecruzamentos?

Parece-nos falta de bom senso. Afinal, bom senso, humildade e muita cautela só trazem benefícios quando se deseja escrever algo acerca dos mistérios do Criador. E os Sagrados Orixás são mistérios por sua excelência divina!

No campo das especulações nada pode ser colocado de forma taxativa ou como a palavra final, uma vez que no campo de estudos da Umbanda Sagrada tudo pode ser alterado de uma hora para outra, basta alguém descobrir a "lei da gravidade" que rege o mistério "Orixás". Ou Isaac Newton não revolucionou as ciências com suas descobertas?

Bem, voltemos aos gráficos. Apesar de nosso comentário ser necessário para que entendam o mistério "Orixá" e seus nomes simbólicos, não prescinde dos gráficos, que são essenciais para que possam estudá-los e depois desdobrá-los, pois aqui não têm a "palavra final", mas tão somente a abertura inicial da Ciência dos Orixás: a ciência dos entrecruzamentos!

Temos, a seguir, três gráficos com linhas simbólicas Sete Estrelas. Estudem, reflitam e desdobrem-nos a partir deste novo conhecimento, pois as Sete Flechas são de Oxóssi, Sete Espadas são de Ogum (mistos), Sete Pedras são de Oxum (mistos), Sete Montanhas são de Xangô (mistos), Sete Cruzes são de Oxalá (mistos), Sete Cruzeiros são de Obaluaiê (mistos), Sete Raios são de Iansã (mistos), Sete Quedas são de Oxum e de Ogum (Pombagiras), Sete Coroas são de Oxalá (mistos), Sete Portas são de Obaluaiê (Exus), Sete Escudos são de Ogum (mistos), Sete Lanças são de Oxalá (Caboclos), Sete Porteiras são de Omolu (Exus), Sete Túmulos são de Obaluaiê (Exus), Sete Covas são de Omolu (Exus), Sete Lagoas são de Nanã (Exus e Pombagiras), Sete Ventanias são de Logunã Tempo (mistos), Sete Encruzilhadas são de todos os Orixás (mistos), Sete Praias são de Omolu (Pombagiras), Sete Ondas são de Iemanjá (Caboclos), Sete Cristais são de todos os Orixás (mistos), Sete Cabeças são de Oxalá (Exus), etc., etc., etc.

Por "mistos", entendam nomes simbólicos compartilhados por vários Orixás. Existe uma Oxum elemental cósmica "Sete Quedas", e existe um Ogum natural cósmico também "Sete Quedas". "Misto" é isto: nome usado por vários Orixás, ou nome coletivo, certo?

Interpretem os nomes simbólicos a partir do que já ensinamos e chegarão aos mistérios da Umbanda, que outros não são senão os Sagrados Orixás Regentes do Ritual de Umbanda Sagrada.

Orixás Regentes dos Níveis Vibratórios

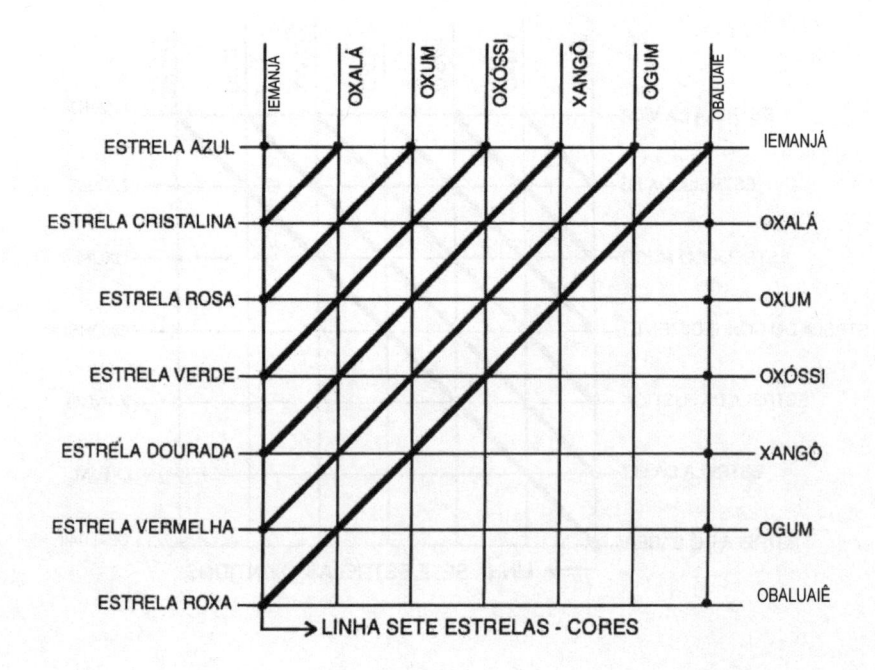

[Diagram: LINHA SETE ESTRELAS - CORES]

Colunas (de cima): IEMANJÁ, OXALÁ, OXUM, OXÓSSI, XANGÔ, OGUM, OBALUAIÊ

Linhas (à esquerda → à direita):
- ESTRELA AZUL — IEMANJÁ
- ESTRELA CRISTALINA — OXALÁ
- ESTRELA ROSA — OXUM
- ESTRELA VERDE — OXÓSSI
- ESTRELA DOURADA — XANGÔ
- ESTRELA VERMELHA — OGUM
- ESTRELA ROXA — OBALUAIÊ

Azul = Iemanjá

Cristalina = Oxalá

Rosa = Oxum

Verde = Oxóssi

Dourada = Xangô

Vermelha = Ogum

Roxa = Obaluaiê

```
                    ┌──┬──┬──┬──┬──┬──┬──┐
                    │IE│OX│OX│OX│XA│OG│OB│
                    │MA│AL│UM│ÓS│NG│UM│AL│
                    │NJ│Á │  │SI│Ô │  │UA│
                    │Á │  │  │  │  │  │IÊ│
ESTRELA DA VIDA ────┼──┼──┼──┼──┼──┼──┼──── IEMANJÁ
ESTRELA DA FÉ ──────┼──┼──┼──┼──┼──┼──┼──── OXALÁ
ESTRELA DO AMOR ────┼──┼──┼──┼──┼──┼──┼──── OXUM
ESTRELA DO CONHECIMENTO ┼──┼──┼──┼──┼──┼──── OXÓSSI
ESTRELA DA JUSTIÇA ─┼──┼──┼──┼──┼──┼──┼──── XANGÔ
ESTRELA DA LEI ─────┼──┼──┼──┼──┼──┼──┼──── OGUM
ESTRELA DO SABER ───┴──┴──┴──┴──┴──┴──┴──── OBALUAIÊ
                    └──▶ LINHA SETE ESTRELAS - SENTIDOS
```

Vida = Iemanjá (Geração)

Fé = Oxalá (Religiosidade)

Amor = Oxum (Concepção)

Conhecimento = Oxóssi (Raciocínio)

Justiça = Xangô (Razão)

Lei = Ogum (Ordenação)

Saber = Obaluaiê (Evolução)

Orixás Regentes dos Níveis Vibratórios

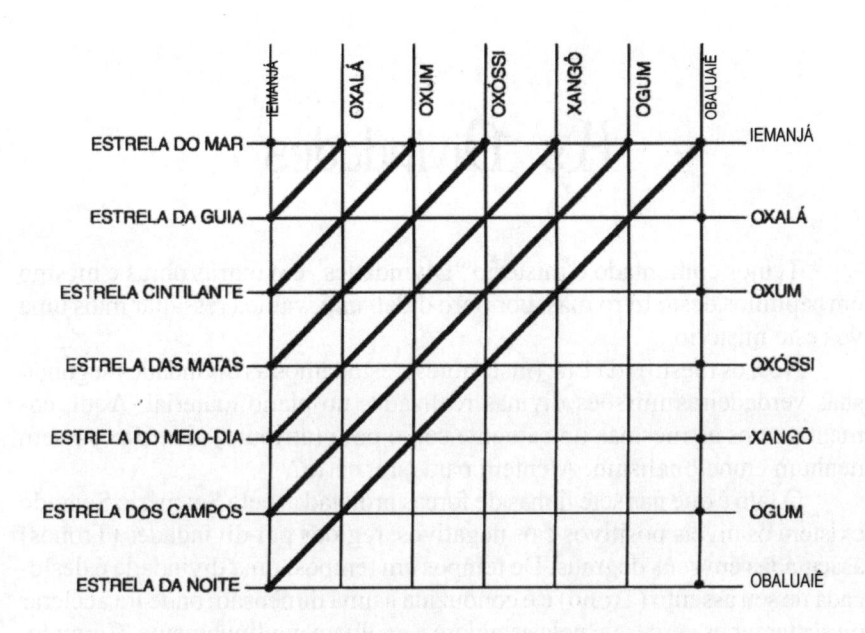

	IEMANJÁ	OXALÁ	OXUM	OXÓSSI	XANGÔ	OGUM	OBALUAIÊ
ESTRELA DO MAR							IEMANJÁ
ESTRELA DA GUIA							OXALÁ
ESTRELA CINTILANTE							OXUM
ESTRELA DAS MATAS							OXÓSSI
ESTRELA DO MEIO-DIA							XANGÔ
ESTRELA DOS CAMPOS							OGUM
ESTRELA DA NOITE							OBALUAIÊ

Mar = *Vida (Iemanjá)*

Guia = *Fé (Oxalá)*

Cintilante = *Arco-íris (Oxum)*

Matas = *Conhecimento (Oxóssi)*

Meio-dia = *Equilíbrio (Xangô)*

Campos = *Caminhos (Ogum)*

Noite = *Adormecimento ou repouso na Evolução (Obaluaiê)*

DÉCIMO SEXTO CAPÍTULO

As Divindades

Temos comentado o mistério "Divindades" em outras obras e mesmo em capítulos deste livro mas, por puro didatismo, vamos ressaltar mais uma vez este mistério.

Nós, os mestres da Luz (instrutores), estudamos as divindades segundo suas verdadeiras missões divinas realizadas no plano material. Aqui, comentaremos as mesmas unicamente sob o polo (atributo) científico, e sem nenhum emocionalismo. Atentem para isto, certo?

O fato é que nas sete linhas de forças projetadas pelo Setenário Sagrado existem os níveis positivos e os negativos, regidos por divindades (Tronos) assentadas em seus degraus. De tempos em tempos, uma divindade é deslocada de seu assento (Trono) e é conduzida a uma dimensão, onde irá acelerar ou sustentar os seres que nela estagiam e evoluem continuamente. Contudo, aqui não vamos comentar outra dimensão além da nossa, a humana.

É do conhecimento geral que todas as religiões possuem suas divindades celestiais, cósmicas e universais.

Divindades Celestiais:
São as que tanto atuam nas faixas (níveis) positivas, quanto nas negativas e nas neutras. Elas são tripolares e tanto nos guiam na "Luz" quanto nos amparam na "Escuridão", pois têm nos seus níveis positivos — e também nos negativos — Tronos positivos assentados.

Divindades Cósmicas:
São as que atuam só nas faixas (níveis) negativas. São portadoras de uma natureza muito ativa; são intolerantes com nossos "erros, falhas e pecados", e só nos veem a partir de nossas deficiências conscienciais, emocionais, racionais, mentais ou de nossos desvirtuamentos ou vícios.

Divindades Universais:
São as que atuam só nas faixas (níveis) positivas. São portadoras de uma natureza passiva; são tolerantes conosco e nos veem a partir de nossa

capacidade de alterarmos nossas condutas negativas e reassumirmos nossa evolução virtuosa.

Com isto em mente, comentemos as atribuições destas divindades:

As **divindades celestiais** têm como atribuição recolher em suas hierarquias espíritos aptos a servir à humanidade, tanto em seus níveis positivos (Luz) quanto em seus níveis negativos (Trevas).

Estas divindades são regentes de linhas de forças mistas ou de dupla polaridade e, por serem regentes tanto no alto quanto no embaixo, vão agrupando os espíritos afins em seus polos magnéticos, onde serão estimulados a optar pela evolução positiva ou pela negativa, mas sempre por processos naturais, pois quem aprecia a Lei pode auxiliar aplicando-as tanto segundo os princípios universais quanto segundo os princípios cósmicos (ditames da Luz ou das Trevas).

Se assim são as divindades celestiais, é porque elas são regentes naturais da "evolução das espécies", a humana, até mesmo.

As **divindades cósmicas** têm como atribuições atrair magneticamente os espíritos negativos, recolhê-los em seus domínios e retê-los, até que esgotem seus negativismos, para só então devolvê-los às faixas neutras, onde serão redirecionadas para a Luz ou para a reencarnação.

Estas divindades são regentes de polos energomagnéticos negativos, ativos e esgotadores de acúmulos de energias viciadas formados a partir da vivenciação de sentimentos negativos.

As divindades universais têm como atribuições atrair magneticamente os espíritos positivos, recolhê-los com seus afins conscienciais, franquear-lhes meios de mais rapidamente evoluírem e facultar-lhes recursos para que possam amparar seus afins ainda atrasados em suas evoluções.

Estas divindades são regentes de polos energomagnéticos positivos, passivos e estimuladores do virtuosismo dos espíritos que vivenciam sentimentos positivos.

Vamos repetir aqui um esquema já mostrado no livro *As Sete Linhas de Umbanda,* onde mostramos como a evolução natural (não encarnacionista) se processa:

Estas setas indicam a linha de forças que está conduzindo para a faixa neutra seres naturais (não encarnacionistas), que nela estagiarão até que comecem a ser atraídos pelos polos. Observem que este é um estágio da evolução, dual, regido por Orixás elementais:

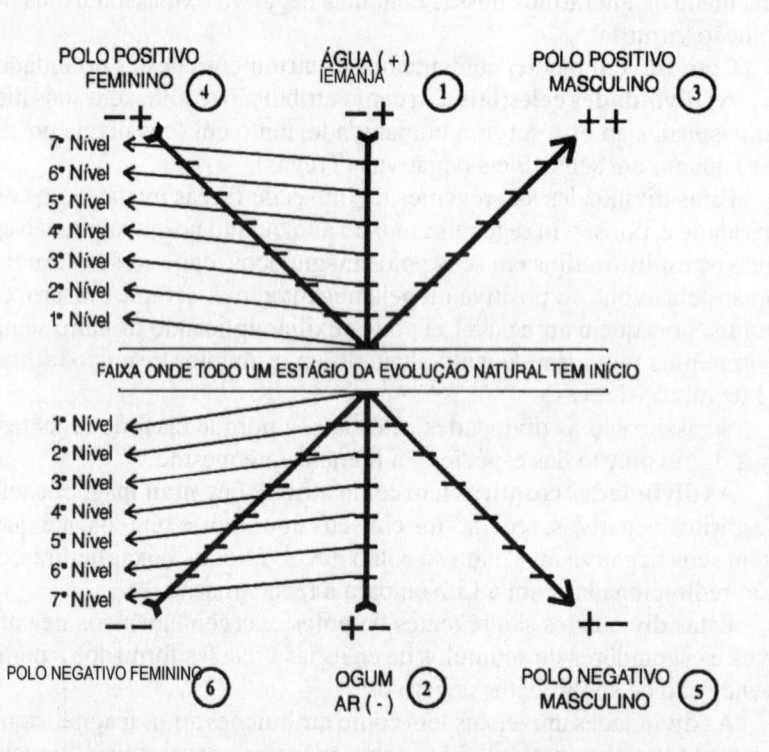

```
POLO POSITIVO        ÁGUA (+)        POLO POSITIVO
  FEMININO          IEMANJÁ            MASCULINO
     -+                -+                  ++
   7° Nível
   6° Nível
   5° Nível
   4° Nível
   3° Nível
   2° Nível
   1° Nível
       FAIXA ONDE TODO UM ESTÁGIO DA EVOLUÇÃO NATURAL TEM INÍCIO
   1° Nível
   2° Nível
   3° Nível
   4° Nível
   5° Nível
   6° Nível
   7° Nível
     --                +-                  +-
POLO NEGATIVO FEMININO   OGUM         POLO NEGATIVO
                         AR (-)         MASCULINO
```

1 — Iemanjá é feminina (-) e positiva, ou passiva (+)

2 — Ogum é masculino (+) e negativo, ou ativo (-)

Temos estes quatro polos nas linhas de evolução:

3 — polo masculino positivo (+ +), que atrairá os seres cujas naturezas íntimas os conduzam para este polo.

4 — polo feminino positivo (- +), que atrairá os seres cujas naturezas íntimas os conduzam para este polo.

5 — polo masculino negativo (+ -), que atrairá os seres naturais cujas naturezas íntimas os conduzirão para este polo.

6 — polo feminino negativo (- -), que atrairá os seres naturais cujas naturezas íntimas os conduzirão para este polo.

Observem que polos masculinos e femininos, positivos e negativos, destacados das linhas originais (Iemanjá — Ogum), surgem para atrair os seres que, durante seus estágios na faixa neutra, desenvolverem afinidades com eles.

Estes polos são regidos pelos Orixás intermediários elementais, já comentados em um capítulo anterior, e só atrairão seres que desenvolverem qualidades, atributos e atribuições realmente afins com os regentes dos níveis, que daí em diante os conduzirão, até que venham a estar aptos a adentrar em uma outra faixa neutra, e nela iniciarão um novo estágio de suas evoluções, onde se aperfeiçoarão ainda mais.

Esta é a evolução natural!

A figura é simbolizadora de um ponto de forças natural regido no lado passivo por Iemanjá e no ativo por Ogum. Este ponto de forças é a interseção entre duas dimensões: uma aquática (Iemanjá) e outra aérea (Ogum), o qual conduz naturalmente os seres a uma outra dimensão neutra, pois água e ar nela se combinam e formam um meio estável que possibilita a convivência de seres "elementalmente" afins. Água e ar são magneticamente opostos, mas energeticamente complementares. O mesmo não ocorre com fogo e ar, magneticamente afins, mas energeticamente opostos.

Nos quatro polos, já assentados em outras dimensões (níveis vibratórios), os Orixás Regentes, atuando neles como Tronos Celestiais localizados, reterão os seus afins, até que se tornem aptos a ser conduzidos a uma outra faixa neutra trielemental (encantada) ou trienergética. Nela, após processarem (vivenciarem) todo um estágio evolutivo, serão atraídos por outros Orixás assentados em outros polos, os quais os sustentarão até que estejam aptos a ser conduzidos a mais uma dimensão, esta já quadrielemental ou quadrienergética. Aí, após outro estágio, serão conduzidos a uma dimensão pentaelemental ou pentaenergética, e depois a uma formada por seis elementos, etc.

Esta é uma descrição sucinta do processo evolutivo que denominamos de "evolução natural", todo ele regido por divindades naturais (Orixás).

Na evolução natural, os processos são contínuos e, assim que um ser alcança um magnetismo mental afim com um nível superior (tanto positivo, quanto negativo), é atraído pelo Orixá Intermediário que o rege.

Os estágios desta evolução natural são estes:

1º Estágio — Original: o ser vive em uma dimensão elemental pura ou essencial.

2º Estágio — Dual ou Misto: o ser vive em uma dimensão bielemental.

3º Estágio — Encantado: o ser vive em uma dimensão multielemental, onde evolui inconscientemente.

4º Estágio — Natural: o ser vive em uma dimensão multielemental, onde teve a consciência despertada.

- No Estágio Original, o ser absorve (alimenta-se de) essência.
- No Estágio Dual, o ser absorve energias elementais puras.

- No Estágio Encantado, o ser absorve energias elementais mistas.
- No Estágio Natural, o ser absorve energias elementais amalgamadas ou plasmas energéticos.

Aí têm uma descrição sucinta dos estágios da evolução natural. Tanto os seres encantados quanto os naturais são regidos pelos Orixás, mas o mesmo não acontece nos dois primeiros estágios. Os Orixás Essenciais regem o estágio original e os Orixás Elementais regem o estágio dual.

Os Orixás Regentes estão assentados nos níveis das linhas de forças regidas pelos Orixás Naturais; sofreram diferenciações que os individualizaram e regem linhas de forças de alcance multidimensionais.

Os seres de natureza aquática serão regidos por Orixás "aquáticos", os ígneos por Orixás ígneos, etc., os quais já incorporaram às suas qualidades as energias que os habilitam a atrair seres afins pela ancestralidade (mesma essência original).

Uma Iemanjá elemental pura (água) não está capacitada a sustentar encantados da água que incorporam energias telúricas, ígneas, eólicas, etc., aos seus corpos energéticos. Ela só atrairá naturais aquáticos puros. Mas uma Iemanjá natural assentada no 7º nível da linha de forças regida pela Iemanjá Natural (maior) está capacitada, pois incorporou às suas qualidades todas as sete essências e manipula todos os elementos.

Enfim, há toda uma ciência a reger a evolução natural e, por isso, na Umbanda, temos os Orixás Intermediários, os quais são muitos.

O fato é que estes Orixás Regentes de níveis das linhas de forças já enviaram seus Tronos voltados para a dimensão humana, para que, "humanizados", pudessem auxiliar os seus afins que haviam adentrado no estágio humano da evolução (o nosso ciclo reencarnacionista). Todos nós, hoje espíritos humanos, já passamos pela evolução natural, na qual éramos regidos diretamente pelos Orixás. Eles nos sustentaram durante todo um estágio de nossa evolução natural, até que estivéssemos aptos a adentrar no estágio humano e déssemos início ao nosso ciclo reencarnacionista.

Neste estágio da nossa evolução, já não somos sustentados diretamente pelos Tronos Celestiais regentes das linhas de forças, mas sim pelos Tronos regentes de níveis de suas linhas de forças, que foram humanizados e assumiram o grau de divindades mediadoras entre nós e Deus.

Mas estas humanizações não aconteceram aleatoriamente, pois cada Trono que assumiu a condição de intermediador já era responsável por "nós" durante nosso estágio "natural".

Assim, se hoje na Umbanda os iniciados dizem: "Sou filho de Ogum!", não tenham dúvidas de que o são, pois "Ogum" rege a coroa deles desde seus estágios originais, ou "puros", quando inconscientemente eram amparados pelo Orixá Ancestral Ogum, e sua natureza íntima o identifica como um portador de qualidades pessoais afins com a de seu Orixá Regente.

Esta ligação entre o filho com seus Orixás não acontece somente porque ele se tornou umbandista. Ela independe da religião que ele abraçou e já existia mesmo quando ele reverenciava Deus no Catolicismo, ou em outras religiões. Esta ligação pela ancestralidade tem a ver com a linha de forças que primeiro nos sustentou.

Mesmo a um fiel de outra religião, caso um "mão de Ifá" jogue os búzios, um Orixá irá mostrar-se como o Senhor da sua coroa, ou seu "Ori".

Muitos indagam como isso é possível se não sabem ou conhecem nada a respeito dos Orixás. Mas a verdade é que tudo está gravado na memória imortal de quem consulta os búzios, e estes, por serem a "revelação", mostram quem é o Orixá Regente do consulente, independentemente de seu credo religioso, pois nesta encarnação ele pode ter sido iniciado em uma religião, mas em encarnação anterior outra foi sua iniciação. E se fosse possível abrir as comportas de sua adormecida memória imortal, certamente seria reconduzido até os estágios anteriores de sua evolução, quando evoluía sob a vibração de algum dos Sagrados Orixás.

Todos nós, hoje espíritos humanos, já estagiamos em outras dimensões da vida, que são regidas diretamente pelos senhores das linhas de forças sustentadoras de "todas" as evoluções. Conduzam um mongol, um japonês, um alemão, um polinésio, um hindu, um índio brasileiro e um banto africano até um "babalaô mão de Ifá", e ele, jogando seus búzios, indicará a cada um qual é o seu Orixá Regente.

Então comparem cada um deles, em seus múltiplos polos, com os arquétipos idealizados para os "filhos" dos Orixás e verão como as muitas características afins se mostrarão.

O local de nascimento, a religião que está sendo vivenciada, a raça a que pertence na presente encarnação, etc., não alteram em nada a natureza íntima dos seres. E lá, bem no íntimo dele (seu "Ori"), está o Orixá Ancestral a regê-lo e a alimentá-lo com sua essência natural, e a guiá-lo inconscientemente no seu estágio humano da evolução.

Quando o ser encerrar todo o seu ciclo reencarnacionista, lá estará seu Orixá Ancestral para recolhê-lo, já purificado e com a consciência aperfeiçoada, para conduzi-lo a um estágio superior onde vivenciará novos conceitos acerca do Divino Criador, Suas criaturas e Sua divina criação.

Por isso é que as "divindades naturais", que foram "humanizadas", assumiram características afins com o estágio evolutivo daqueles que por elas foram (e são) amparados. Umas divindades assumiram características (qualidades) aquáticas, outras foram identificadas com a terra, etc. Mas, se assim aconteceu, acontece e sempre acontecerá, é porque as divindades pertencem a uma das sete linhas de forças sustentadoras das evoluções, que não acontecem só na dimensão humana.

Realizem um estudo comparativo entre as religiões e em todas elas encontrarão divindades regidas pelo elemento água, e com as mesmas qualidades, atributos e atribuições da nossa amada mãe Iemanjá, ou da nossa mãe Oxum, ou mesmo da nossa mãe Nanã. Todas as três, mas em níveis diferentes, sustentam a linha de forças aquática. Só que Iemanjá é água cristalina; Oxum é água mineral e Nanã é água terrosa.

Isso explica o mistério "Água" que as três, em níveis diferentes, regem. E o mesmo acontece com outros níveis, pois na água sulfurosa encontrarão uma "calorosa" mãe Iansã, e na água da chuva encontrarão uma mãe do Tempo (Logunã). Observem que encontrarão em cada nível vibratório do elemento água, já amalgamado com outro elemento, uma "mãe" Orixá.

Em cada religião, encontrarão seus arquétipos místicos em uma divindade Mediadora entre os homens e Deus.

Isso não acontece por acaso, pois todas as religiões são "pensadas" pelo alto do Altíssimo (o Setenário Sagrado ou os Senhores Orixás Essenciais), e em todas elas suas essências se manifestam, quer as vislumbremos e vivenciemos conscientes (Orixás) ou inconscientes (divindades ou conceitos divinos abstratos).

Nossos irmãos africanos foram os mais sábios pensadores religiosos, pois ao invés de darem asas à imaginação e criarem conceitos abstratos acerca da natureza de Deus, criaram arquétipos humanos que nos identificam como portadores de naturezas divinas (Orixás).

Ninguém e nenhum "pensador religioso" aproximou-se mais da verdade do que os religiosos africanos, pois eles nos identificaram pela nossa ancestralidade ou descendência divina e, firmados em sua sabedoria natural, olharam para os búzios lançados diante de seus consulentes e sentenciaram: "Você é filho de Ogum!"; "Você é filho de Iemanjá!"; "Você é filho de Xangô!"; "Você é filho de Oxóssi!"...; de Oxum; de Obaluaiê; de Nanã; de Iansã; de Omolu; de Logunã; de Oxumaré; de Oxalá; de Oroiná (Kali yê), ou... de "Exu"? Sim, porque até Exu tem seus "filhos" evoluindo no ciclo reencarnacionista, já que "Exu" é um Orixá Cósmico assentado em um dos polos da linha de forças regida pelo celestial Orixá Ancestral Ogum.

E, em capítulos anteriores, já comentamos que o divino Ogum é o Orixá planetário responsável pelo equilíbrio (Lei), ou pela ordenação dos estágios das muitas evoluções que acontecem nas muitas dimensões que formam o nosso "todo" planetário.

Atentem sempre para este detalhe: muitas evoluções e várias dimensões planetárias. Ou ainda estão no estágio medieval, quando os religiosos de então acreditavam que Deus havia criado a "Terra" e todo o Universo só para nós, os espíritos humanos?

Saibam que o celestial Ogum rege desde o alto até o embaixo toda uma linha de forças "essenciais", que possui desdobramentos que fazem surgir o ancestral Ogum, o elemental, o encantado e o natural Ogum, e os regentes Oguns, todos Orixás ou divindades celestiais.

As Divindades

Nos seus polos negativos, em um deles está assentado um Orixá cósmico de nível intermediário que aqui denominamos por "Mehor yê".

Mehor yê rege um nível cósmico da linha de forças regida pelo celestial Ogum.

Mehor yê é cósmico, negativo, magneticamente atraente, e responde por um polo energomagnético que sustenta uma faixa cósmica em que milhões (bilhões?) de seres encantados naturais vivem e evoluem.

Mehor yê é polo negativo na linha de forças regida por Ogum yê.

Mehor yê acolhe em seu nível todos os encantados que evoluíram na dimensão cósmica (X) e os ampara até que estejam aptos a um novo estágio e possam alcançar um nível evolutivo superior.

Vamos ser bastante didáticos e precisos neste ponto, do contrário não entenderão a ciência que existe por trás das lendas africanas:

1º — Iniciemos na linha da Geração (linha pura da água), que é regida por Iemanjá — Oxumaré, três linhas puras se entrecruzam, formando um "X". Então temos isto:

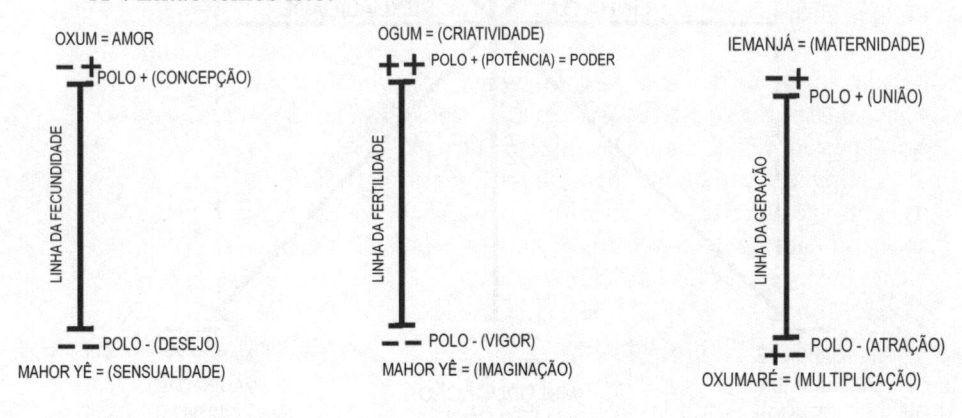

OXUM = AMOR	OGUM = (CRIATIVIDADE)	IEMANJÁ = (MATERNIDADE)
POLO + (CONCEPÇÃO)	POLO + (POTÊNCIA) = PODER	POLO + (UNIÃO)
LINHA DA FECUNDIDADE	LINHA DA FERTILIDADE	LINHA DA GERAÇÃO
POLO - (DESEJO)	POLO - (VIGOR)	POLO - (ATRAÇÃO)
MAHOR YÊ = (SENSUALIDADE)	MAHOR YÊ = (IMAGINAÇÃO)	OXUMARÉ = (MULTIPLICAÇÃO)

2º — Ordenando-as, temos:

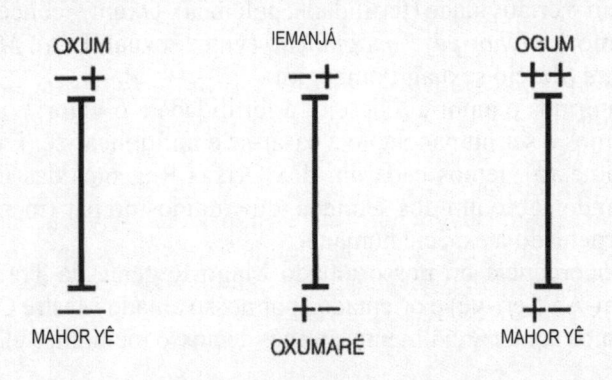

OXUM	IEMANJÁ	OGUM
−+	−+	++
−−	+−	+−
MAHOR YÊ	OXUMARÉ	MAHOR YÊ

3º — E entrecruzando-as, temos o seguinte:

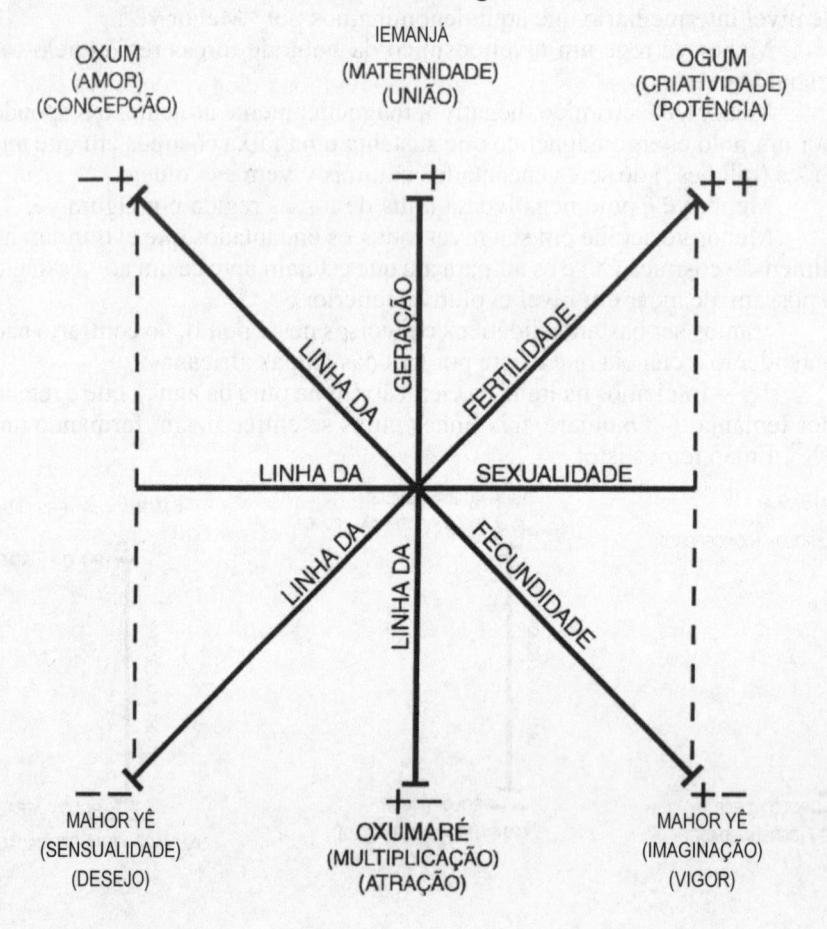

```
     OXUM            IEMANJÁ              OGUM
    (AMOR)        (MATERNIDADE)       (CRIATIVIDADE)
  (CONCEPÇÃO)        (UNIÃO)            (POTÊNCIA)

      −+              −+                    ++
        \              |                   /
         \     LINHA     FERTILIDADE     /
          \    DA GERAÇÃO               /
           \         |                 /
    LINHA DA ————————+———————— SEXUALIDADE
           /         |                 \
          /   LINHA  |   FECUNDIDADE    \
         /     DA                        \
        /                                 \
      −−              +−                   +−
   MAHOR YÊ         OXUMARÉ             MAHOR YÊ
 (SENSUALIDADE)  (MULTIPLICAÇÃO)      (IMAGINAÇÃO)
    (DESEJO)        (ATRAÇÃO)            (VIGOR)
```

4º — Interpretemos cada um dos polos segundo as lendas acerca dos Orixás: *Iemanjá = geradora* (maternidade). *Oxumaré = multiplicador* (sexualidade). Ogum = criatividade (fertilidade, potência). Oxum = concepção (fecundidade, amor). *Mehor yê = imaginação* (vigor sexual, Exu). *Mahor yê = sensualidade* (desejo sexual, Pombagira).

5º — Se unirmos o amor e o desejo; a fertilidade e o vigor; a união e a atração, teremos o ser humano apto a casar-se e multiplicar-se. E neste "X" (entrecruzamento), temos cada um dos Orixás Regentes das linhas polarizadas atuando sobre um dos sentidos, que, unidos no par (marido e esposa), têm perpetuado a espécie humana.

Com a concordância do nosso amado Mago Regente da Tradição Natural (Li-Mahi-An-Seri-yê) e orientados por nosso amado Mestre Ogum Beira-Mar, abrimos aqui, parcialmente, através de nosso médium, a ciência do "X", que é Ciência dos Orixás, divina por excelência e inacessível em sua totalidade ao meio material humano.

Revelamos isso para mostrar aos umbandistas em particular, e aos filhos dos Orixás em geral, que eles são regidos pelos verdadeiros senhores Tronos Celestiais regentes das muitas evoluções que se processam nas muitas dimensões da vida as quais formam este todo planetário em que vivemos.

E, se podemos fazê-lo, é unicamente porque nosso médium já alcançou seu 5º grau consciencial dentro da Tradição Natural, sempre regido pelos Orixás, servindo-os com criatividade, amor, desejo e vigor, fecundidade e fertilidade, sensibilidade e sensitividade, percepção e consciência de que é apenas um instrumento da Lei e da Vida regido pelo seu Orixá Ancestral cristalino Oxalá yê. Niyê He já alcançou na Tradição Natural um grau único para alguém ainda vivendo no plano material.

Os únicos que sabemos terem alcançado o 5º grau ainda no plano material foram: Selmi Laresh yê (que é o Senhor Exu Guardião Tranca-Ruas) e Seiman Hamiser yê (Senhor Ogum Sete Espadas da Lei e da Vida).

Se aqui isso revelamos, e esperamos que nosso médium-psicógrafo não venha a suprimir quando resolver publicar este livro, é para que todos os umbandistas se conscientizem de que têm no Ritual de Umbanda Sagrada um vasto campo de estudos, que os conduzirão naturalmente e muito rapidamente a elevadíssimos níveis conscienciais quando, então, serão absorvidos de forma natural pelos mistérios regentes, os Sagrados Orixás.

Bem, após esta pausa explicativa em que nós, os M..L.. instrutores, homenageamos nosso médium regido pelos Orixás Sagrados, voltemos a abordar o mistério "Exu":

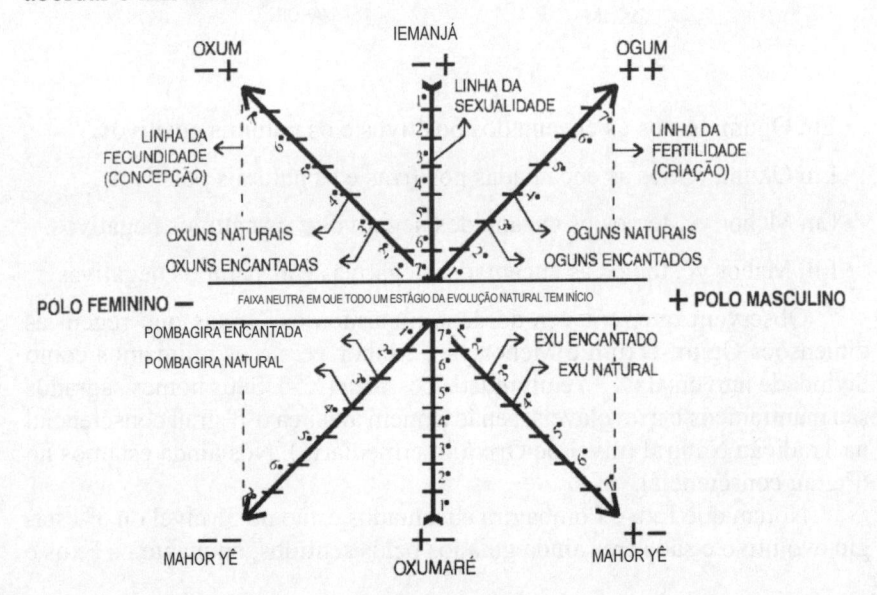

Observem que no 3º nível de Oxum surgem as Oxuns encantadas e no 4º nível surgem as Oxuns naturais; que no 3º nível de Ogum surgem os Oguns encantados e no 4º nível os Oguns naturais; que no 3º nível de Mahor yê surgem as Pombagiras encantadas e que no 4º nível surgem as Pombagiras naturais; que no 3º nível de Mehor yê surgem os Exus encantados e no 4º nível os Exus naturais.

Se vocês acreditavam saber muito a respeito de Orixás, evolução, dimensões, etc., saibam que é pouco, muito pouco o que realmente sabem, pois, invertendo-se as entradas e saídas, surgem duas novas dimensões, muito mais populosas que toda a dimensão humana em seus dois polos (espiritual e material).

Observem isto:

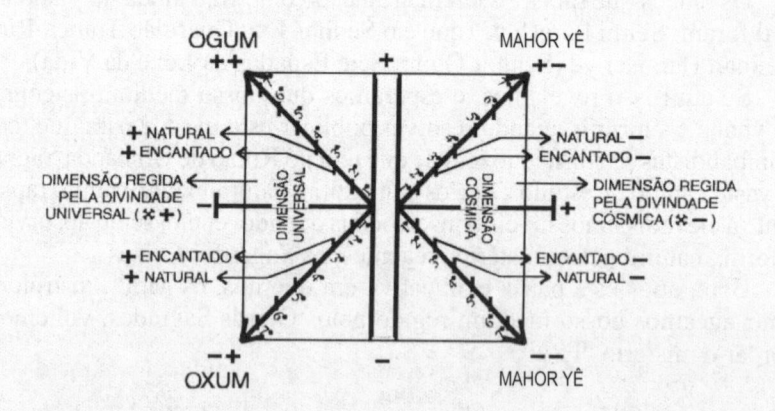

- Em Ogum, temos os encantados positivos e os naturais positivos.
- Em Oxum, temos as encantadas positivas e as naturais positivas.
- Em Mehor yê, temos os encantados negativos e os naturais negativos.
- Em Mahor yê, temos as encantadas negativas e as naturais negativas.

Observem que, em vez de denominarmos os Orixás que regem as dimensões Ogum-Oxum e Mehor yê e Mahor yê, só os indicamos como divindade universal (X +) e divindade cósmica (X -). Seus nomes sagrados são mantrânicos e irreveláveis, senão a quem alcança o 7º grau consciencial na Tradição Natural (nível de Orixá Intermediário). Nós ainda estamos no 6º grau consciencial.

Notem que Exu e Pombagira encantados estão no 3º nível ou 3º estágio evolutivo e são seres ainda guiados pelos sentidos, enquanto os Exus e

Pombagiras naturais estão no 4º nível ou 4º estágio evolutivo, e são guiados pela consciência.

Observem, também, que todas as dimensões da vida estão em paralelo umas com as outras e de tal forma distribuídas que, quando um ser vai evoluindo, sobe de nível até que alcance o nível onde está assentado um Trono Celestial (positivo ou negativo), que o tem sustentado e que o encaminhará a uma outra dimensão, já regida por outro Trono Celestial (Orixá Natural).

Atentem. Comentamos anteriormente que nós, os hoje espíritos humanos, já passamos pelo nosso 3º estágio da evolução, quando desenvolvemos nosso percepcional e éramos guiados pelos nossos sentidos, certo? E comentamos também que, ao adentrarmos no estágio humano da evolução e ingressarmos no ciclo reencarnacionista, demos início ao despertar de nossa "consciência".

No 3º estágio, o ser vivencia o despertar da percepção e é guiado pelos sentidos. No 4º estágio, o ser vivencia o despertar da consciência e é guiado pelo racional (mente).

Observem que os Exus e Pombagiras encantados seguem uma linha evolucionista cósmica (negativa, não irradiante; magneticamente absorventes, energeticamente negativos). Os encantados Oguns e Oxuns seguem uma linha evolucionista universal (positiva, irradiante; magneticamente expansivos, energeticamente positivos). O mesmo ocorre com os naturais, que são seres positivos ou negativos já em seu 4º estágio da evolução.

Considerem que nós, hoje humanos ou seres espiritualizados, também estamos no nosso 4º estágio da evolução.

Com isto em mente, então saibam que o mistério "Esquerda-Direita" do Ritual de Umbanda Sagrada está a nos dizer o seguinte: na esquerda estão os Exus e Pombagiras; na direita estão os Caboclos e caboclas.

Então, temos isto:

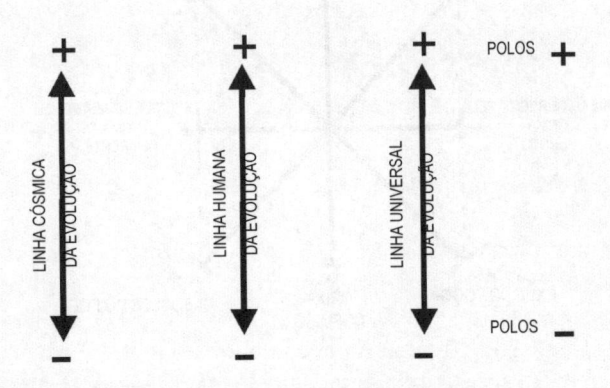

Que, entrecruzando por meio da Ciência do "X", fornece-nos:

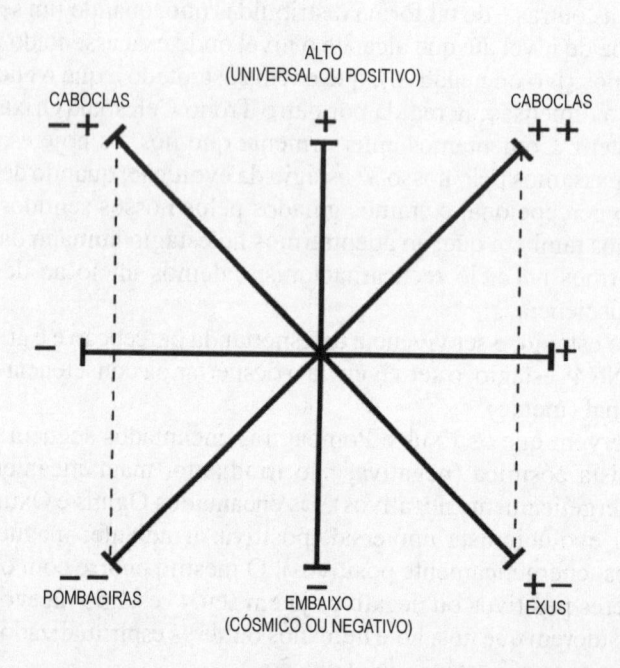

```
              ALTO
       (UNIVERSAL OU POSITIVO)
                 +
  CABOCLAS               CABOCLAS
    -+                      ++

     -                       +

  POMBAGIRAS              EXUS
              EMBAIXO
       (CÓSMICO OU NEGATIVO)
```

Que, invertendo, fornece-nos:

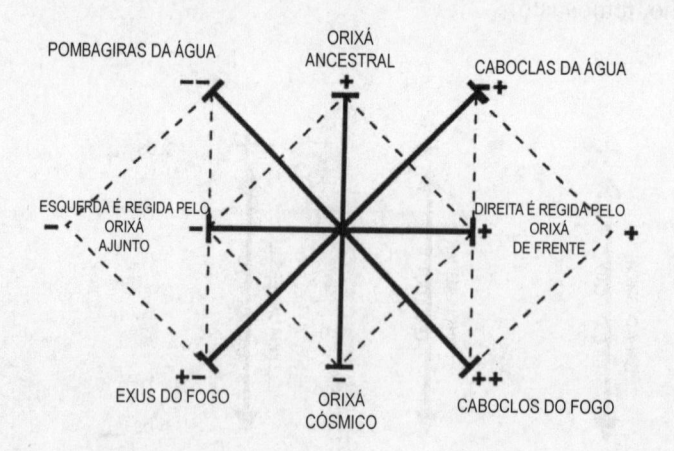

```
                    ORIXÁ
                  ANCESTRAL
  POMBAGIRAS DA ÁGUA    +    CABOCLAS DA ÁGUA
         -+                        -+

  ESQUERDA É REGIDA PELO      DIREITA É REGIDA PELO
       ORIXÁ                        ORIXÁ
       AJUNTO                     DE FRENTE
         -                          +

         +                          ++
   EXUS DO FOGO               CABOCLOS DO FOGO
                    ORIXÁ
                   CÓSMICO
```

As Divindades   555

Será que vocês já conseguem ter uma visão parcial do que sejam linhas puras, mistas, magnéticas, energéticas e energomagnéticas? Não? Então, montemos outro gráfico mais explícito:

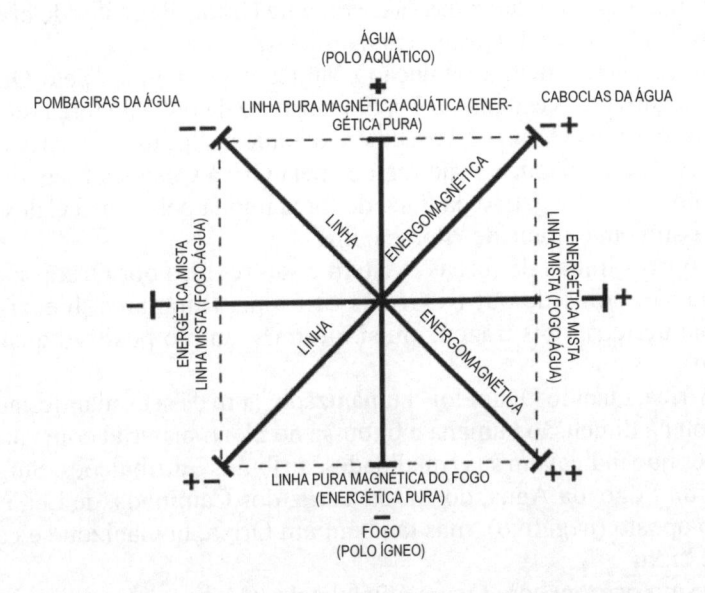

ÁGUA
(POLO AQUÁTICO)

POMBAGIRAS DA ÁGUA — LINHA PURA MAGNÉTICA AQUÁTICA (ENERGÉTICA PURA) — CABOCLAS DA ÁGUA

ENERGÉTICA MISTA LINHA MISTA (FOGO-ÁGUA)

LINHA

ENERGOMAGNÉTICA

ENERGÉTICA MISTA LINHA MISTA (FOGO-ÁGUA)

LINHA

ENERGOMAGNÉTICA

LINHA PURA MAGNÉTICA DO FOGO
(ENERGÉTICA PURA)

FOGO
(POLO ÍGNEO)

Se mudarmos a posição do "X", teremos novamente o "X" inicial, mas já com seus polos diferenciados (denominados):

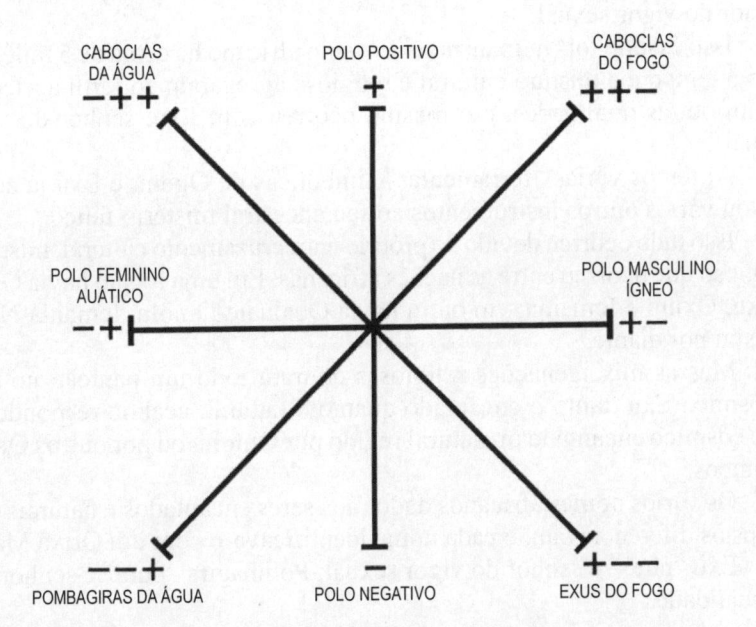

CABOCLAS DA ÁGUA — POLO POSITIVO — CABOCLAS DO FOGO

POLO FEMININO AUÁTICO — POLO MASCULINO ÍGNEO

POMBAGIRAS DA ÁGUA — POLO NEGATIVO — EXUS DO FOGO

Acharam difícil?

Claro, pois, isto sim é que é Ciência de Umbanda Sagrada.

E tanto a ciência sagrada quanto o bom senso nos indicam que todas as divindades naturais "humanizadas" são somente Orixás Regentes de níveis vibratórios das linhas de forças, puras ou mistas.

Os seres que seguem a evolução cósmica e são regidos pelo Orixá Cósmico (negativo), assentado no 7º polo negativo da linha de força regida pelo Orixá Celestial "Ogum yê", assumem o nome de "Exus". Os seres que seguem a evolução cósmica e são regidos pela Orixá Cósmica (negativa), assentada no 7º polo negativo da linha de força regida pela Orixá Celestial "Oxum", assumem o nome de "Pombagiras".

Mas outras linhas de forças existem e são regidas por Orixás Cósmicos, que são polos de outros Orixás celestiais (bipolares, bienergéticos, bimagnéticos, pois trazem em si mesmos tanto o positivo quanto o negativo).

Na África, quando Ogum foi "humanizado", um de seus manifestadores adentrou na dimensão humana e fixou-se no plano material com várias designações que indicavam suas qualidades, atributos e atribuições. Surgiu um Ogum do Fogo, da Água, do Ar, da Terra, dos Caminhos, de Lei, etc. E um polo oposto (negativo), mas também um Orixá, humanizou-se com o nome de "Exu".

O mesmo ocorreu com Oxum e Pombagira (Mahor).

Oxum é a senhora da concepção, e Pombagira (Mahor yê) é a senhora dos desejos e da sensualidade. Ogum é o senhor da fertilidade, e Exu é o senhor do vigor sexual.

Isso é o que foi "humanizado" em solo africano há cerca de 5 milênios. Mas o tempo e a mistura cultural e religiosa agregaram ao fértil agricultor Ogum outras qualidades, e o mesmo ocorreu com Exu, senhor do vigor sexual.

Aí temos várias "ferramentas" simbólicas de Ogum, e Exu já acrescentou vários outros instrumentos ao seu ancestral mistério fálico.

Isso tudo ocorreu devido ao próprio entrecruzamento cultural, místico e religioso que ocorreu entre as nações africanas. Em uma região havia Ogum e Exu, Oxum e Iemanjá; em outra havia Obaluaiê-Omolu, Iemanjá-Nanã; e assim por diante.

Mas as miscigenações religiosas criaram todo um panteão no qual o cósmico Exu, tanto o encantado quanto o natural, acabou respondendo pelo cósmico encantado ou natural regido por Omolu, ou por outros Orixás cósmicos.

Os vários nomes africanos dados aos seres encantados e naturais cósmicos os diferenciavam, e cada nome identificava-o com um Orixá Maior.

Exu "puro" é senhor do vigor sexual; Pombagira "pura" é senhora da sensualidade.

As Divindades

Agora, peguem os nomes simbólicos e aí diferenciarão encantados ou naturais de outros Orixás cósmicos, mas que acabaram, todos, sendo reunidos sob a designação de "Exu isto" ou "Exu aquilo", qualificando-o não pelo nome Exu, mas sim pela sua qualidade cósmica, aquilo que o torna um Exu de Iemanjá (Exu do Lodo), ou de Xangô (Exu da Pedra Preta), ou de Omolu (Exu Caveira), ou de Iansã (Exu dos Raios) e outros.

Atentem bem para o que acabamos de escrever, pois foi isso o que aconteceu!

Porém, como Exu se destacou tanto, todos os outros seres cósmicos encantados ou naturais passaram a ser cognominados de Exus ou Pombagiras, para só depois receberem as qualidades relativas aos Orixás cósmicos que os regem, pois estão sustentados por polos negativos regidos pelos Senhores Orixás Celestiais, que são bipolares (são Universais e Cósmicos em si mesmos).

Isto é Ciência dos Orixás.

Adentremos agora nos polos negativos dos outros Orixás celestiais:

Os Orixás Naturais, regentes das linhas de forças, são Tronos Celestiais bipolares e atuam tanto no alto quanto no embaixo, ou nas esferas tanto positivas quanto nas negativas. Mas nunca atuam diretamente, pois em cada nível vibratório eles possuem os Orixás Intermediários responsáveis por estes níveis ou faixas vibratórias, cujos magnetismos atraem todos os seres que lhes são magnética, energética e vibratoriamente afins.

Estes Orixás Regentes formam as hierarquias planetárias multidimensionais regidas pelos Orixás Naturais celestiais e respondem pela evolução das espécies.

Orixá é uma classe de divindades denominada de "Tronos".

Com isso em mente, vamos entendendo melhor o mistério "Orixás":

1º — Iansã é regente de toda uma linha de forças multidimensional e, por ser bipolar, tanto sustenta evoluções universais, quanto cósmicas.

Ela possui as suas hierarquias irradiantes (universais) e as atrativas (cósmicas).

Sua linha de forças possui sete níveis positivos e sete negativos, que formam sete pares energéticos puros, mas bipolares:

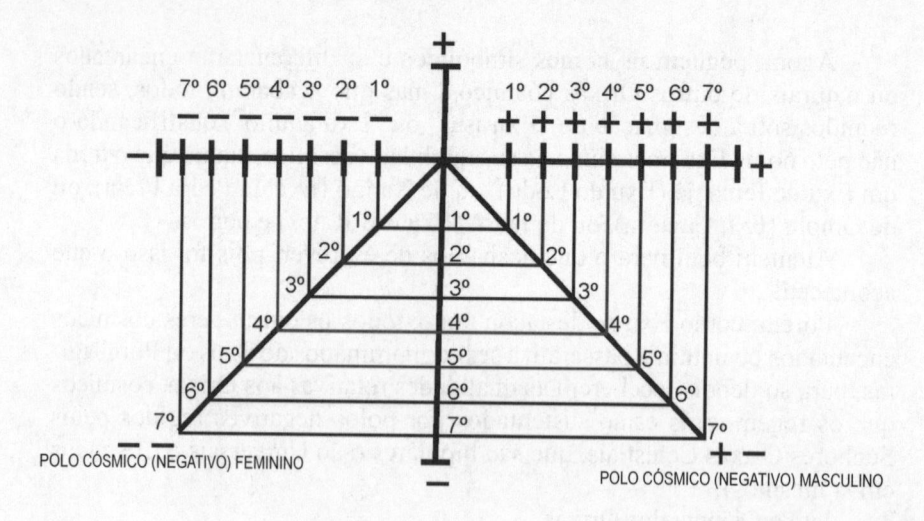

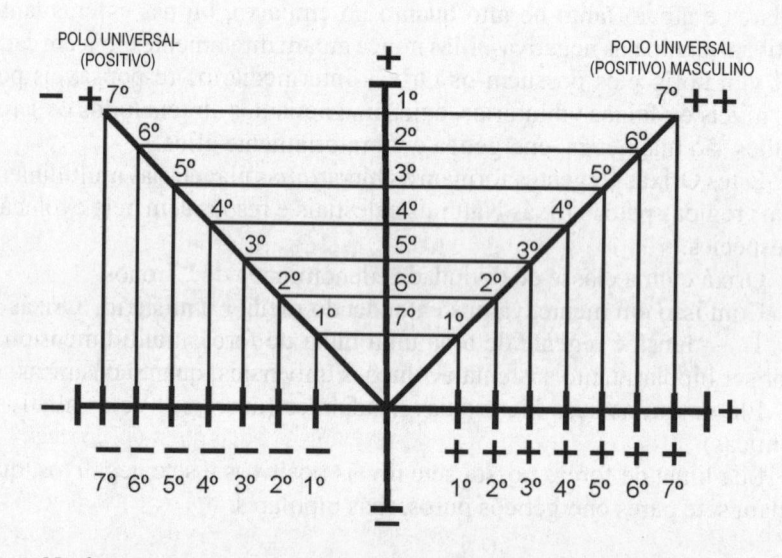

Na figura anterior, temos as Iansãs intermediárias cósmicas que sustentam, cada uma em seu nível, milhões de seres elementais, encantados e naturais, todos negativos. Nesta figura, temos as Iansãs universais que sustentam, cada uma em seu nível, milhões de seres elementais, encantados, naturais, etc., todos positivos.

Com isto entendido, então podemos afirmar que, na linha de forças regida por Iansã, o seu 4º nível cósmico está localizado à esquerda da linha de forças "humana"; e o 4º nível universal de sua linha de forças está localizado à direita da linha de forças humana.

Mostremos isto graficamente:

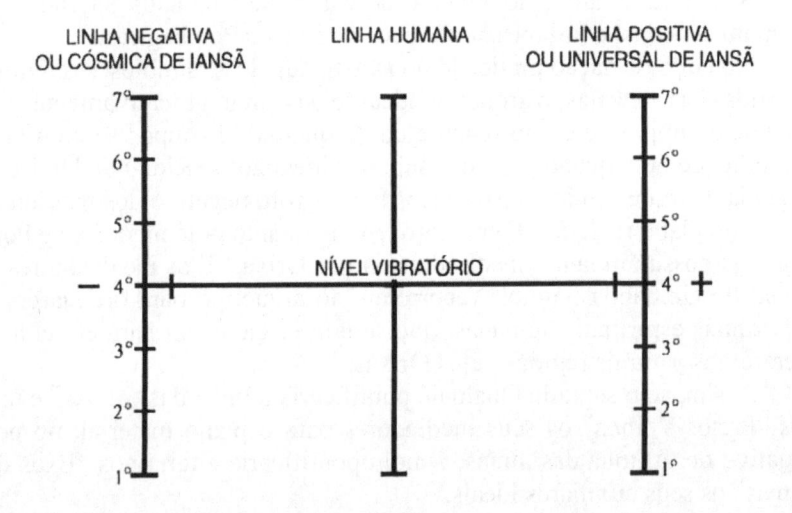

```
LINHA NEGATIVA          LINHA HUMANA         LINHA POSITIVA
OU CÓSMICA DE IANSÃ                          OU UNIVERSAL DE IANSÃ
     7°                     7°                    7°
     6°                     6°                    6°
     5°                     5°                    5°
  —  4° —————————— NÍVEL VIBRATÓRIO ——————————— 4° +
     3°                     3°                    3°
     2°                     2°                    2°
     1°                     1°                    1°
```

Estas naturais de Iansã estão em um mesmo padrão vibratório que o do ser espiritualizado e evoluem em paralelo conosco, os espíritos humanos.

Quando um médium regido por Iansã "desenvolve-se", recebe uma encantada natural Iansã, que poderá manifestar-se em determinadas ocasiões como a sua Orixá Iansã pessoal, a qual, por ser uma natural, manifestará qualidades, atribuições e atributos análogos aos da Orixá Iansã que o rege pelo "alto".

Também recebe uma encantada natural cósmica, que atuará a partir da esquerda do médium. Ela poderá manifestar-se ou não, mas estará no polo cósmico do filho(a) de Iansã, isto é certo. E se algum dia se manifestar, dirá que é uma Pombagira do Ar, dos Raios, etc.

Tanto a que atua no polo positivo quanto a que atua no polo negativo são plenamente conscientes e, quando o médium extrapola seus limites, imediatamente reagem tentando reconduzi-lo à sua linha de equilíbrio. Mas se não conseguem, então recolhem-se aos seus pontos de forças naturais junto às suas linhas de forças, e o médium é abandonado momentaneamente, até que recupere seu equilíbrio natural.

Mais uma vez, tiveram uma explicação de como as linhas se entrecruzam, colocando-nos em contato com evoluções que ocorrem paralelas à nossa, a dos seres espiritualizados.

Saibam que todos os Orixás regem seres naturais que estão no 4º estágio da evolução, e a eles recorrem para que guiem os médiuns ainda inconscientes de tudo acerca de suas ligações naturais com os Orixás Naturais.

Estes conhecimentos são fundamentais para os médiuns, porque só assim despertarão para a verdadeira dimensão do mistério "Orixás".

Saibam que, antes do advento do Ritual de Umbanda Sagrada, não existiam as linhas ou nomes simbólicos de Exus e Pombagiras.

No culto de nação praticado no Brasil, devido às simbioses religiosas ocorridas nas senzalas, o arquétipo ideal foi surgindo gradativamente, para finalmente impor-se como regente da "esquerda". E impôs-se com tanta naturalidade que, quando o astral superior idealizou o Ritual de Umbanda Sagrada, o arquétipo ideal para identificar o polo negativo dos médiuns já existia no plano material. E era tanto temido quanto polêmico. Exu e Pombagira já possuíam tanto prestígio quanto os Orixás. E os idealizadores do Ritual de Umbanda Sagrada recorreram ao arquétipo para ordenarem as hierarquias espirituais humanas, que seriam erigidas em paralelo com as hierarquias naturais regidas pelos Orixás.

Assim, se o sagrado Obaluaiê pontificaria a linha das "almas" e teria nos "Pretos-Velhos" os seus mediadores para o plano material, no polo negativo desta linha das almas, Omolu pontificaria e teria nos "Exus das Almas" os seus auxiliares ideais.

Exu e Ogum, nas lendas, eram irmãos inseparáveis. Eram assim porque no lado cósmico da linha regida por Ogum, "Exu" é o nome genérico dado a milhões de seres naturais que evoluem sustentados por "Mehor yê", que é o cósmico regente do polo negativo da linha regida pelo celestial "Ogum yê". E se Exu iria abarcar todas as esquerdas, Ogum também multiplicou-se, e aí surgiram Ogum Megê (cemitério), Ogum Iara (rios), Ogum Beira-Mar (mar ou oceano, terra e água), etc.

E o mesmo ocorreu com todos os outros Orixás, pois todos os pontificadores das sete linhas iriam participar da nova religião fundamentada no culto aos Orixás Naturais.

Mas que fique claro que Exu mesmo só o são os encantados no 3º nível e os naturais no 4º nível cósmico da linha regida por Ogum. O mesmo ocorre com as Pombagiras, que são encantadas ou naturais cósmicas de Oxum yê.

Mas o arquétipo ideal foi usado e os encantados e naturais cósmicos de todos os outros Orixás respondem por "Exu".

Os nomes simbólicos ocultam verdadeiros mistérios, que devem ser estudados atentamente pelos médiuns de Umbanda. Afinal, uma divindade cósmica assentada em um dos polos rege o mistério "Exu", que foi "humanizado" há exatos 4.800 anos em solo africano, e tanto foi assimilado que se impôs sobre muitas outras divindades cósmicas já humanizadas anteriormente ou que o foram depois, mas em outras regiões.

Exu, no Brasil, absorveu a todas e assumiu uma função ímpar como intermediador para o plano material. Mas que fique entendido que o "Exu Africano", companheiro de Ogum e Senhor das Encruzilhadas da Vida, é

As Divindades

tão diferente de um Exu do Lodo (Iemanjá) ou de um Exu do Fogo (Xangô) que nem temos como discuti-los.

São mistérios totalmente opostos e atuam em níveis diferentes, mas, como são mistérios cósmicos (negativos), o Ritual de Umbanda Sagrada englobou a todos no arquétipo "Exu".

E o mesmo foi feito com os mistérios cósmicos femininos, todos reunidos no arquétipo "Pombagira".

Isto simplificou a religião e ordenou toda a esquerda, erigida em paralelo com a linha de forças humana. Pela direita, o arquétipo do guerreiro justo (Caboclos) e das mulheres destemidas (caboclas) solucionou e ordenou todos os mistérios da direita.

Bem, aqui encerramos este capítulo e recomendamos aos leitores que reflitam a respeito dos nossos comentários simples, mas parcialmente reveladores do mistério "Orixás".

DÉCIMO SÉTIMO CAPÍTULO

Exu

Com a permissão e inspiração do sagrado "Mehor yê"

Muito já foi escrito a respeito de Exu e, no entanto, tudo o que escreveram está baseado unicamente no que vislumbraram em um Orixá "humanizado" justamente para amparar os "seus", que haviam sido conduzidos ao ciclo reencarnacionista humano.

O fato é que, nas lendas africanas, Exu aparece como um Orixá que todos temem, segregam, despacham, mas a ele recorrem sempre que se encontram em dificuldades.

Nos estágios da evolução, há toda uma vertente (faixa) cósmica que desemboca em uma dimensão bipolar (masculina e feminina), para a qual são conduzidos os encantados que desenvolveram um magnetismo atraente.

Esses encantados não conseguiram desenvolver seus polos mentais irradiantes e, ao invés de luminosos, tornaram-se opacos ou monocromáticos. A textura cristalina (plasma) que envolve seus corpos energéticos densifica-se e lhes dá uma aparência semelhante à dos espíritos humanos encarnados. Uns desenvolveram o magnetismo negativo no sentido da Fé, outros no do Conhecimento, outros no da Razão, outros no da Concepção, outros no da Geração, outros no da Ordem, e outros no da Evolução.

Temos comentado com insistência que sete são as essências, sete são os Tronos Regentes do todo planetário, sete são as linhas de forças, sete são os sentidos da vida, sete são os Orixás Ancestrais, e que sete são as linhas de Umbanda, já bipolarizadas.

Então, temos isto:

Linha	Orixá Positivo	Orixá Negativo
Cristalina	Oxalá	Logunã
Mineral	Oxum	Oxumaré
Vegetal	Oxóssi	Obá
Ígnea	Xangô	Iansã
Eólica	Ogum	Oroiná
Telúrica	Obaluaiê	Nanã
Aquática	Iemanjá	Omolu

Entre o polo positivo e o negativo está toda uma linha de forças, que possui muitos níveis onde estão assentados os Orixás Regentes. Temos Orixás passivos e ativos. Os primeiros são irradiantes e os segundos são atrativos, tudo porque os magnetismos são opostos (+ -).

Um Ogum de Lei é irradiante, mas seu polo oposto na mesma linha é atrativo.

Ogum de Lei irradia "ordem" o tempo todo, mas seu polo oposto atrai os seres desequilibrados no 5º sentido da vida (Lei) e os ampara até que desenvolvam toda uma consciência e seus polos positivos (irradiantes).

Quanto tempo dura este reequilíbrio consciencial não importa. Mas que ele acontece, isto é certo.

O Divino Criador, generoso por excelência, conduz para o ciclo reencarnacionista todos os seres naturais que se conscientizam de seus estados, mas não conseguem desenvolver seus magnetismos positivos (irradiantes).

Muitas divindades cósmicas foram "humanizadas", para que amparassem seus afins conduzidos ao ciclo reencarnacionista.

No panteão africano, encontramos várias divindades cósmicas (Omolu, Oxumaré, Logunã, Nanã, etc.) que, no decorrer dos milênios, humanizaram alguns de seus aspectos divinos responsáveis pelo amparo dos espíritos paralisados em seus polos negativos.

Se em Oxalá está o polo positivo da Fé, em Logunã está o polo negativo que atrai os "descrentes". Ela não pune ninguém. Apenas os atrai, pois seu poderoso magnetismo atrativo existe justamente para atraí-los e retê-los em algum dos níveis negativos de sua linha cósmica, até que desenvolvam seus polos positivos e se reequilibrem magnética e energeticamente, quando serão conduzidos a uma dimensão bipolar onde despertarão por completo suas consciências e adormecerão seus instintos naturais básicos.

Estas dimensões regidas pelos Orixás senhores das evoluções são denominadas de dimensões "X", quando são cósmicas. Existem sete destas dimensões cósmicas para o 4º estágio da evolução, onde os seres naturais desenvolverão totalmente seus níveis "conscienciais".

Um mesmo tanto de dimensões universais, ou positivas, ou luminosas, ou irradiantes, ou multicoloridas também existem.

Destas dimensões os Orixás Regentes retiram os Orixás Individuais que guiarão, conscientemente, os médiuns de Umbanda.

Estes Orixás Individuais, plenos consciencialmente, amparam os médiuns até o instante em que deixam o plano material para trás (morte física).

Por isso, os sacerdotes africanos ensinam que, quando é chegado o momento da passagem, os Orixás "abandonam" seus filhos, mas isto não reflete toda a verdade.

Apenas o Orixá Individual recolhe-se, para que seu poderoso magnetismo mental seja desligado do mental do médium que ele sustentou durante anos a fio, e para que o médium seja conduzido a um nível vibratório afim com seu próprio magnetismo mental (nível consciencial).

Mas isto ocorre só em nível de Orixá Individual, certo?

Bem, o fato é que os médiuns também recebem no momento de seus nascimentos para a carne um Orixá Individual de natureza e formação cósmica, ou energeticamente negativo, que é um ser cujo magnetismo é atrativo.

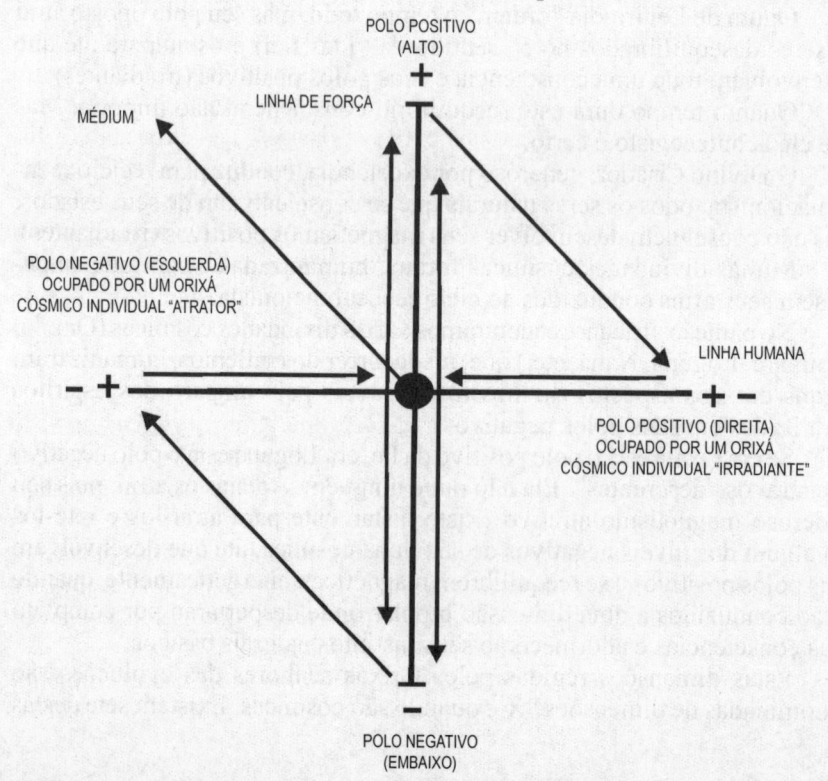

Como existem sete dimensões (cósmicas) negativas para o 4º estágio natural (não encarnacionista), então de uma delas virá seu Orixá Individual cósmico, cujo magnetismo negativo se contraporá ao do Orixá Individual positivo, e assim formará uma linha energomagnética equilibrada em cujo centro estará o médium.

Dependendo do magnetismo (consciência) que o médium desenvolver, tanto poderá ascender, quanto descer vibratoriamente após seu desencarne. Se ascender, irá para alguma faixa luminosa e multicolorida. Se descer, irá para alguma faixa sem luz e cor.

O fato é que o Orixá Individual positivo todos identificam logo como uma Oxum, um Ogum, uma Iemanjá, um Oxóssi, um Oxalá, um Xangô, uma Iansã, etc. Mas o Orixá Individual cósmico ou negativo, que está no outro polo formando a linha de equilíbrio (direita-esquerda), dificilmente é identificado como realmente ele é, e só se apresenta se o médium estiver diante de um verdadeiro "Pai no Santo", reconhecido como tal pelos Orixás. E estes Orixás individuais cósmicos, desconfiados por natureza e formação, olham isto assim que seus protegidos na carne entram em algum templo de Umbanda ou Candomblé. E só a estes os guardiões do polo negativo se mostram, pois reconhecem neles sacerdotes dignos de conhecê-los e de assentá-los à esquerda de seus médiuns.

Quando não reconhecem o iniciador(a) de seus protegidos na carne como um verdadeiro Pai no Santo, então quem se mostra e se apresenta é o(a) esquerda espiritual do médium, que denominamos de Exu ou Pombagira de trabalho, que são os polos negativos de guias de frente (Caboclos, caboclas, pretos(as)-velhos(as)).

Mas quando identificam um verdadeiro "Pai no Santo", aí se tornam impacientes e exigem primazia no tratamento e assentamento. Mas se assim ocorre, não é por outra razão senão a de, finalmente, poderem "humanizar-se" ou fixar-se na dimensão humana, onde terão acesso ao lado negativo dos pontos de forças da natureza, em que seres naturais afins vivem e servem os Orixás bipolares.

Assim, assentados no plano material, se um filho de Oxóssi (e que tem um Exu Vegetal) for até o mar, este o acompanhará e tratará, muito rapidamente, de estabelecer uma ligação com algum natural cósmico da linha de água, que o apresentará ao seu regente aquático. E o que o apresentou ao regente aquático será apresentado ao regente vegetal do recém-chegado ao plano "espírito-matéria", ou dimensão humana.

Essas ligações são importantes para eles, pois abrem novos campos de ação e estabelecem ligações que facilitarão seus futuros trabalhos de natureza espiritual, e também poderão ser requisitados pelo Orixá cósmico guardião do lado negativo do ponto de forças que se abriu para eles.

Todos os Orixás cósmicos individuais procedem assim logo que são assentados! É de suas naturezas e formações individuais abrirem novos campos, onde poderão atuar como auxiliares "ativos" dos Orixás cósmicos guardiães dos lados negativos dos pontos de forças da natureza.

Se são prestativos, no entanto, não são tolos, pois caso o médium fracasse e, após o desencarne, venha a descer, eles, ao invés de descerem junto ou retornarem às suas dimensões de origem, colocam-se à disposição dos guardiões cósmicos dos pontos de forças naturais, e aí permanecem com uma "porta aberta" para a dimensão humana, a qual, se não é melhor, para eles, é muito mais atraente que as dimensões cósmicas onde viviam. Elas são opacas (sem luz e cor), enquanto a dimensão humana é colorida e farta em recursos energéticos facilmente assimiláveis por eles, os Orixás cósmicos individuais.

Todos estes Orixás cósmicos individuais são Exus ou Pombagiras? Não! — respondemos nós.

Simplesmente, se por uma convenção humana toda a esquerda responde pelo nome de Exu ou Pombagira, então assumem a designação de Exu "isto", Pombagira "aquilo", etc. No "isto" ou "aquilo" está a identificação de qual é o guardião cósmico que o rege desde a dimensão onde evoluía antes de ser conduzido ao polo negativo de um mediador encarnado.

Um verdadeiro (natural) Exu "Caveira" não é um Exu na acepção da palavra, mas sim um natural de Omolu que se está "humanizando". E, quando surgir uma oportunidade para ele, com certeza aceitará entrar no ciclo reencarnacionista, onde se humanizará de vez.

Omolu é um Orixá que se "humanizou" há milênios, ainda em outra Era da humanidade. E até hoje continua ativo e atuante na dimensão humana da vida, onde milhões de "Omolus" se espiritualizaram e evoluíram, ou estão evoluindo, como espíritos humanos "filhos" do Orixá Omolu.

O mesmo tem ocorrido com outros naturais cósmicos "individualizados" ou que tiveram suas consciências despertadas. Temos filhos de Oxum, filhos de Xangô, filhos de Oxóssi, e assim por diante.

Mas nem todos seguiram este processo, pois a grande maioria adentrou no ciclo reencarnacionista de forma inconsciente, após superar seu terceiro estágio da evolução. E foram contingentes numerosos, os quais, em uma corrente contínua, foram sendo humanizados, até que todo o nível positivo ou negativo de uma linha de forças fosse esvaziado, quando, então, o próprio Orixá responsável pelo nível encarnou, fundou um culto religioso, no qual a divindade cultuada era o Orixá regente da linha de forças onde ele ocupava um nível. É certo que, no passado, em outras culturas e povos, não tinham o nome de "Orixá", mas sim "deuses ou divindades".

Lembrem-se de que o termo "Orixá" era exclusivo de apenas um dos povos africanos, e de recente fixação como sinônimo de divindade. Hoje assumiu maior abrangência porque a propria época facilita isto. Se forem até a China, verão que este termo é desconhecido pelos chineses, ainda que eles cultuem divindades naturais análogas aos Orixás africanos.

Bem, vocês já têm uma noção do que são os Orixás cósmicos individuais, certo?

Também já sabem que o termo Exu é genérico e abrange Orixás cósmicos individuais nem um pouco afins entre si, certo?

Já sabem de onde vêm os nossos irmãos cósmicos (dimensões cósmicas e em seu quarto estágio da evolução), certo?

Já sabem que são prestativos e interesseiros. E já sabem por que, certo?

Bom, como já sabem tudo isso, pois fomos bastante didáticos, então vamos revelar-lhes que a cerca de 4.800 anos todo um nível cósmico da linha de forças regida pelo celestial Ogum foi direcionado para a dimensão humana, e todos os naturais cósmicos que nele viviam, e eram regidos por um Orixá cósmico, adentraram no ciclo reencarnacionista, ou no estágio humano da evolução.

Encarnaram ao mesmo tempo (uns 300 anos) por todo o globo terrestre em meio às mais diversas culturas e religiões, diluindo-se na grande corrente reencarnacionista humana.

Em várias partes também encarnaram os manifestadores deste nível cósmico de Ogum, e muitos cultos fundamentados na "fertilidade" foram iniciados no plano material.

Todos eram sustentados por divindades agrárias ou fálicas. As agrárias eram regidas pelo polo positivo (Ogum yê) e as fálicas eram regidas por uma divindade cósmica que aqui o denominamos por Mehor yê, senhor da potência e da virilidade.

Em uma determinada região da África, surgiu posteriormente o Orixá Exu, guardião simbólico da sexualidade masculina.

O falo simbólico ostentado pelos verdadeiros naturais de Exu é de fato revelador de que Exu é regente da sexualidade humana em seu polo negativo e portador de uma vigorosa potência, ou de um poderoso mistério ligado à sexualidade masculina.

Pela mesma época, todo um nível cósmico (negativo) da linha da concepção regida pela Orixá Oxum também foi esvaziado, e as naturais cósmicas Oxuns que ali viviam foram conduzidas ao ciclo reencarnacionista humano, formando o polo feminino complementar do masculino, que também estava encarnando. E, fechando uma linha bipolar, surgiu o Exu viril e a Pombagira sensual, tudo coordenado tanto pelo Alto (polo positivo), quanto pelo Embaixo (polo negativo) das linhas de forças.

Com o tempo, estes dois polos se fixaram no plano material tão naturalmente que se tornaram arquétipos humanos de divindades cósmicas. E aí, hoje, temos eles a identificar todos os naturais cósmicos individualizados atuando à esquerda dos médiuns.

O natural Exu incorporou ao seu polo quase todos os outros naturais, e que hoje se apresentam como Exu "isto" ou "aquilo", dizendo que é um Exu deste ou daquele Orixá. E o mesmo aconteceu em solo brasileiro com a natural e verdadeira Pombagira. De apenas uma natural de Oxum, ela incorporou todas as naturais cósmicas dos outros Orixás ao seu nome e mito.

Coisas dos "mistérios", não?

O fato é que o Ritual de Umbanda Sagrada, quando de sua idealização astral, optou pelos arquétipos Exu e Pombagira como ideais para ocuparem o polo negativo dos médiuns que, por intermédio deles, tornariam-se mediadores entre os humanos e os Orixás. E temos centenas de hierarquias negativas formadas por espíritos humanos que se paralisaram em seus polos magnéticos negativos, mas aceitam responder por nomes de Exu "isto" ou Exu "aquilo", pois só assim poderão retornar ao convívio com o meio humano, já que dele se haviam afastado e estavam vivendo em um meio "desumano" (inferno consciencial).

Estes Exus humanos são tão prestativos e interesseiros quanto os, ainda, naturais cósmicos, e têm sustentado o trabalho de milhões de médiuns umbandistas, atuando a partir de suas "esquerdas".

Bem, aqui fomos didáticos, cautelosos e verdadeiros ao abordarmos os polêmicos Exu e Pombagira.

Meditem acerca de tudo o que revelamos. Muitos dos ensinamentos fixados no plano material carecem de fundamentos mais precisos ou são pura criação de mentes humanas privilegiadas.

Considerações Finais

Aos amados filhos dos Orixás que nos acompanharam até aqui, recomendamos que recebam este livro, escrito em uma linguagem acessível a todos, como mais uma fonte de informações a respeito da Umbanda, bem como que o estudem atentamente, pois, embora nem tudo possa ser colocado no papel, vocês têm aqui muitas "chaves" que poderão usar para abrir vastos campos de estudo e de conhecimentos. Esta não é a palavra final, mas tão somente a palavra inicial acerca da Ciência de Umbanda.

Estudem atentamente a Ciência do "X", ou dos entrecruzamentos das linhas de forças regidas pelos Sagrados Orixás, pois temos certeza de que certas ordenações fixadas aleatoriamente, até agora, nos livros de Umbanda não resistirão às comparações.

Afinal, temos acompanhado com atenção os escritos de Umbanda e sabemos como surgem: alguém mune-se de vários outros livros, retira deles alguns conhecimentos e conceitos, burila-os e depois lança seu "livro", como se fosse a última palavra em conhecimentos umbandistas (ocultos). Quem age assim ou nisso acredita comete um ledo engano. Em se tratando de Orixás, a última palavra não nos pertence... e nunca será proferida, pois o mesmo Oxalá cristalino africano é encontrado na religião grega como o celestial "Apolo", e a mesma Iemanjá aquática africana é encontrada como a divina Afrodite.

Nós sabemos que ambos os "Oxalás" pertencem à linha cristalina, e que ambas as "Iemanjás" pertencem à linha aquática.

Sabemos que se, no futuro, uma outra religião natural surgir, surgirão divindades celestiais cristalinas e aquáticas, mas com outros nomes, pois outra língua e cultura as idealizarão. Porém, sabemos que serão sempre as mesmas divindades, pois são mistérios adaptados às épocas, às religiões, às raças, às culturas e aos anseios e ideais humanos.

Saibam que não existem mais do que sete linhas sustentadoras das evoluções.

Saibam também que dos muitos níveis destas "Sete Linhas" têm saído todas as divindades que se humanizaram por amor a nós, os seres espiritualizados.

Estudem bem os níveis nos quais surgem os Orixás, que não são só aqueles até agora transmitidos nos escritos de Umbanda

Observem bem como surgem os Orixás pontificadores dos seus níveis e descobrirão que, se Oxalá yê rege a linha da Fé e Oxum yê rege a linha do Amor, no 2º nível da linha cristalina temos um Orixá regido tanto pelo mistério da Fé quanto do Amor. E saibam que foi deste nível polarizador da fé e do amor que um dia, há cerca de dois mil anos, um Orixá da Fé e do Amor adentrou na dimensão humana, encarnou, "humanizou-se" e deu início a toda uma religião, maravilhosa em todos os seus polos.

Sabem de quem estamos falando, não?

Isto mesmo: do nosso amado "Cristo", Jesus!

Para nós, os M..L.., ele é um Oxalá, pois além de servi-lo com nossa fé e amor, também temos acesso aos conhecimentos dos níveis superiores que isto confirma: o Cristo Jesus é um Trono Celestial Cristalino localizado no 2º nível da linha cristalina, e que vibra com a mesma intensidade tanto a Fé quanto o Amor.

Estudem bem o que o divino Cristo Jesus realizou na sua semeadura humana e descobrirão que ele foi, talvez, o maior "Pai de Santo" que já viveu na carne. Sim, ele o foi, pois em vez de realizar sacrifícios aos seres celestiais, sacrificou-se pelos seres humanos, que somos todos nós.

Saibam que na "Tradição Natural", em seu 5º nível humano da linha de forças cristalinas, quem o rege é o mistério "Jesus Cristo", celestial por sua origem divina, e excelso por suas qualidades humanas.

Saibam que no alto do Altíssimo não existem as dissensões religiosas que vemos no plano material. Mas aqui elas acontecem porque as divindades que se humanizam pertencem a linhas diferentes, atendem a níveis conscienciais (evolutivos) diferentes, e estão suportando seres sustentados por essências diferentes, que os diferenciam e os afinizam, ora com uma divindade, ora com outra.

Saibam que não tem sustentação na Ciência dos Orixás a beligerância entre eles, tal como é ensinado nos mitos e nas lendas. Contudo, mesmo ali existe uma outra verdade desconhecida por muitos, e que se abre com o que aqui ensinamos como "As Sete Linhas de Umbanda Sagrada". Nos níveis destas "Sete Linhas" estão seres cósmicos, os quais possuem formações energéticas que os individualizam. Nestas "individualizações" estão as polarizações que os afastam ou os tornam incompatíveis, magneticamente.

E, sendo um "encantado" a individualização de seu regente maior, então ele é o mistério em si mesmo. Por isso, quando dois mistérios opostos se encontram, repelem-se.

Observem, aí, mais uma explicação científica do mistério "Orixás", pois eles (os mistérios opostos) só estão mostrando aos que os assistem que são opostos entre si e que não convivem em harmonia, uma vez que o mistério de um anula o do outro.

Considerações Finais

Estudem, meditem, reflitam e depois tirem suas conclusões finais dos assuntos aqui abordados superficialmente, porém calcados em profundos conhecimentos acerca da Ciência dos Orixás. Descubram o que aqui colocamos e desenvolvam linhas de raciocínio fáceis de serem assimiladas por todos os umbandistas pouco afeitos ao estudo dos Orixás. Afinal, já é hora de os umbandistas revelarem a verdadeira natureza divina dos Sagrados Orixás e esclarecerem a todos que a Umbanda não surgiu para confundir, mas sim para ensinar.

Nota Final

Irmãos em Oxalá, colocamos aqui, nesta obra, um enunciado teológico que visa a dar à Umbanda a sua verdadeira feição religiosa: ela é ciência divina colocada à disposição dos seres humanos sustentada pelos Orixás e pelos guias espirituais.

Nossa intenção é a melhor possível, e só tornaremos concreto nosso objetivo após vocês lerem tudo o que foi apresentado e refletirem acerca do que os mestres e os mentores esperam de todos nós, os seus médiuns.

Recebam este livro com amor e com respeito, pois ele é fruto de uma vontade manifestada pelos Sagrados Orixás, os quais desejam ver a Umbanda embasada em conceitos científicos, filosóficos e religiosos aceitáveis por todos e próprios para a época em que vivemos.

Se, porventura, identificarem-se com o que foi aqui colocado para o estudo e o aprimoramento de nossa religião, sintam-se à vontade para extrair conceitos e ciências e passá-los a seus pares nos espaços de que dispõem, para que este conhecimento possa ser transmitido e ampliado, visando ao esclarecimento de todos os que se interessam pelo Ritual de Umbanda Sagrada.

Leitura Recomendada

O Cavaleiro da Estrela Guia
A Saga Completa

Nesse livro, é narrada a saga completa de Simas de Almoeda, ou o Cavaleiro da Estrela Guia, homem perseguido por uma terrível história e por um implacável sentimento de culpa, apesar de suas ações e realizações maravilhosas. Vários ensinamentos a respeito da realidade do "outro lado da vida" são revelados, dando ao leitor a exata dimensão dos atos humanos, colocando-o diante de situações que expressam os conflitos do homem do novo milênio, tais como religião, fé, riqueza, poder, alma.

Guardião da Meia-Noite, O

O Guardião da Meia-Noite é um livro de ensinamentos éticos, envolvendo os tabus da morte e dos erros vistos sob uma nova ótica. Nova porque somente agora está sendo quebrada a resistência da ciência oficial, mas que é, realmente, muito antiga, anterior aos dogmas que insistem em explicar tudo pela razão extraída nos laboratórios.

Código da Escrita Mágica Simbólica, O

O Código da Escrita Mágica Simbólica é mais uma obra do Mestre Mago Iniciador Rubens Saraceni, que traz ao leitor uma fonte de estudos e práticas da Magia Divina, a qual está em afinidade com a Vida, a Lei Maior e a Justiça Divina. Tendo em vista o seu caráter Divino e sustentador da vida e dos seus meios de fluir, A Magia Divina é um refreador poderoso de todas as formas de "Magia Negativa". Essa Arte se adapta a todas as práticas espiritualísticas, terapêuticas ou holísticas.

As Sete Linhas de Umbanda
A Religião dos Mistérios

As Sete Linhas de Umbanda permite ao leitor conhecer as minúcias dos mistérios dos sagrados Orixás. Por meio das revelações dos Mestres da Luz, Rubens Saraceni traz em uma linguagem clara e objetiva uma abordagem inovadora a respeito das linhas que atuam no Ritual de Umbanda Sagrada.

Doutrina e Teologia de Umbanda Sagrada
A Religião dos Mistérios — Um Hino de Amor à Vida

Essa obra desempenha a função de um manual que traz um verdadeiro curso para os umbandistas e simpatizantes da Umbanda. Tem por objetivo despertar os umbandistas para que desenvolvam uma consciência religiosa verdadeiramente de Umbanda e totalmente calcada em conceitos próprios.

MADRAS® Editora
CADASTRO/MALA DIRETA

Envie este cadastro preenchido e passará a receber informações dos nossos lançamentos, nas áreas que determinar.

Nome _____
RG _____ CPF _____
Endereço Residencial _____
Bairro _____ Cidade _____ Estado ____
CEP _____ Fone _____
E-mail _____
Sexo ❏ Fem. ❏ Masc.   Nascimento _____
Profissão _____ Escolaridade (Nível/Curso) _____

Você compra livros:
❏ livrarias   ❏ feiras   ❏ telefone   ❏ Sedex livro (reembolso postal mais rápido)
❏ outros: _____

Quais os tipos de literatura que você lê:
❏ Jurídicos   ❏ Pedagogia   ❏ Business   ❏ Romances/espíritas
❏ Esoterismo ❏ Psicologia ❏ Saúde   ❏ Espíritas/doutrinas
❏ Bruxaria   ❏ Autoajuda   ❏ Maçonaria ❏ Outros:

Qual a sua opinião a respeito desta obra? _____
_____

Indique amigos que gostariam de receber MALA DIRETA:
Nome _____
Endereço Residencial _____
Bairro _____ Cidade _____ CEP _____

Nome do livro adquirido: *Código de Umbanda*

Para receber catálogos, lista de preços e outras informações, escreva para:

MADRAS EDITORA LTDA.
Rua Paulo Gonçalves, 88 – Santana – 02403-020 – São Paulo/SP
Tel.: (11) 2281-5555 – (11) 98128-7754
www.madras.com.br

MADRAS® Editora

Para mais informações sobre a Madras Editora,
sua história no mercado editorial
e seu catálogo de títulos publicados:

Entre e cadastre-se no site:

www.madras.com.br

Para mensagens, parcerias, sugestões e dúvidas, mande-nos um e-mail:

marketing@madras.com.br

SAIBA MAIS

Saiba mais sobre nossos lançamentos,
autores e eventos seguindo-nos no facebook e twitter:

@madrased

/madraseditora

Livro 3

Orixás: Os Tronos de Deus 171
   A Renovação dos Orixás 173
   Hierarquias Divinas: as Irradiações e as Faixas Vibratórias 178
   O Magnetismo nas Dimensões Paralelas 186
   Orixás: os Tronos de Deus 192
   O Magnetismo dos Orixás, os Tronos de Deus
      MAGNETISMO: A BASE FUNDAMENTAL DOS SÍMBOLOS SAGRADOS 197
         Correntes negativas ou alternadas 201
         Correntes contínuas 201
      CRISTAL 203
      FOGO 203
      AR 204
      ÁGUA 204
      TERRA 204
      MINERAL 205
      VEGETAL 205
   O Magnetismo dos Orixás 210
   O Trono das Sete Encruzilhadas, a Gênese da Terra 223
   Magnetismo: os Pontos de Forças e os Símbolos Sagrados 231
   O Magnetismo e as Linhas de Trabalho da Umbanda 235
   As Hierarquias dos Tronos de Deus: as Linhas de Lei da Umbanda 242
   A Atuação dos Orixás 246
   As Bases das Hierarquias dos Orixás 256
   As Hierarquias Naturais 278
   As Hierarquias Divinas 293
   Os Orixás na Religião de Umbanda Sagrada 297
      ORIXÁS UNIVERSAIS: OS REGENTES DOS POLOS MAGNÉTICOS
      POSITIVOS DO RITUAL DE UMBANDA SAGRADA 297
         Oxalá 298
         Oxum 301
         Oxóssi 304
         Xangô 306

Ogum 309
Obaluaiê 315
Iemanjá 318
Os Orixás Cósmicos no Ritual de Umbanda Sagrada 320
ORIXÁS CÓSMICOS: OS REGENTES DOS POLOS MAGNÉTICOS
NEGATIVOS DO RITUAL DE UMBANDA SAGRADA 320
Omolu 321
Logunã 338
Obá 341
Oxumaré 350
Citação sobre Orixá Oroiná 359
Iansã 366
Nanã 369

Livro 4

A Ciência dos Orixás (A Ciência dos Entrecruzamentos) 371
   As Linhas de Forças 373
   A Natureza das Divindades 378
      1 — NATURAIS 378
      2 — MENTAIS 380
   Umbanda Natural 382
   As Sete Linhas de Umbanda Sagrada 388
   Os Orixás — I 392
      POLOS NEGATIVOS OU ABSORVENTES (ATRATORES) 404
   Os Orixás — II 407
   As Linhas de Umbanda Sagrada 421
   As Linhas de Forças da Umbanda 447
   O Quadrante Visual 457
   A Ciência dos Entrecruzamentos 471
   Os Orixás nas Sete Encruzilhadas 486
   Os Quadrantes e as Linhas de Forças 496
      OXUM-OXUMARÉ 499
      OXÓSSI-OBÁ 501